经以济世
建德崇未
贺教育部
社科攻关项目
圆满结项

李建村
癸巳冬八

教育部哲学社会科学研究重大课题攻关项目
"十三五"国家重点出版物出版规划项目

黔西北濒危彝族钞本文献整理和研究

HANDWRITTEN COPIES OF ENDANGERED
YI DOCUMENTS IN NORTHWEST GUIZHOU:
COLLECTION AND STUDIES

张学立 等著

中国财经出版传媒集团
经济科学出版社
·北京·

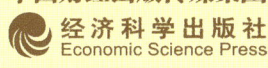

图书在版编目（CIP）数据

黔西北濒危彝族钞本文献整理和研究/张学立等著
. -- 北京：经济科学出版社，2025.1
教育部哲学社会科学研究重大课题攻关项目 "十三五"国家重点出版物出版规划项目
ISBN 978 - 7 - 5218 - 3222 - 8

Ⅰ.①黔… Ⅱ.①张… Ⅲ.①彝族 - 古籍 - 汇编 - 贵州 Ⅳ.①K281.7

中国版本图书馆 CIP 数据核字（2021）第 249530 号

责任编辑：孙丽丽　戴婷婷
责任校对：易　超
责任印制：范　艳

黔西北濒危彝族钞本文献整理和研究

张学立　等著

经济科学出版社出版、发行　新华书店经销
社址：北京市海淀区阜成路甲 28 号　邮编：100142
总编部电话：010 - 88191217　发行部电话：010 - 88191522
网址：www.esp.com.cn
电子邮箱：esp@esp.com.cn
天猫网店：经济科学出版社旗舰店
网址：http://jjkxcbs.tmall.com
北京季蜂印刷有限公司印装
787×1092　16 开　30 印张　590000 字
2025 年 1 月第 1 版　2025 年 1 月第 1 次印刷
ISBN 978 - 7 - 5218 - 3222 - 8　定价：120.00 元
(图书出现印装问题，本社负责调换。电话：010 - 88191545)
(版权所有　侵权必究　打击盗版　举报热线：010 - 88191661
QQ：2242791300　营销中心电话：010 - 88191537
电子邮箱：dbts@esp.com.cn)

课题组主要成员

首席专家： 张学立
主要成员： 王明贵　王　俊　王继超　张斌峰　禄玉萍
　　　　　　马　辉　杨岗营

总　序

哲学社会科学是人们认识世界、改造世界的重要工具，是推动历史发展和社会进步的重要力量，其发展水平反映了一个民族的思维能力、精神品格、文明素质，体现了一个国家的综合国力和国际竞争力。一个国家的发展水平，既取决于自然科学发展水平，也取决于哲学社会科学发展水平。

党和国家高度重视哲学社会科学。党的十八大提出要建设哲学社会科学创新体系，推进马克思主义中国化、时代化、大众化，坚持不懈用中国特色社会主义理论体系武装全党、教育人民。2016年5月17日，习近平总书记亲自主持召开哲学社会科学工作座谈会并发表重要讲话。讲话从坚持和发展中国特色社会主义事业全局的高度，深刻阐释了哲学社会科学的战略地位，全面分析了哲学社会科学面临的新形势，明确了加快构建中国特色哲学社会科学的新目标，对哲学社会科学工作者提出了新期待，体现了我们党对哲学社会科学发展规律的认识达到了一个新高度，是一篇新形势下繁荣发展我国哲学社会科学事业的纲领性文献，为哲学社会科学事业提供了强大精神动力，指明了前进方向。

高校是我国哲学社会科学事业的主力军。贯彻落实习近平总书记哲学社会科学座谈会重要讲话精神，加快构建中国特色哲学社会科学，高校应发挥重要作用：要坚持和巩固马克思主义的指导地位，用中国化的马克思主义指导哲学社会科学；要实施以育人育才为中心的哲学社会科学整体发展战略，构筑学生、学术、学科一体的综合发展体系；要以人为本，从人抓起，积极实施人才工程，构建种类齐全、梯队衔接的高校哲学社会科学人才体系；要深化科研管理体制改革，发挥高校人才、智力和学科优势，提升学术原创能力，激发创新创造活力，建设中国特色新型高校智库；要加强组织领导、做好统筹规划、营造良好学术生态，形成统筹推进高校哲学社会科学发展新格局。

哲学社会科学研究重大课题攻关项目计划是教育部贯彻落实党中央决策部署的一项重大举措，是实施"高校哲学社会科学繁荣计划"的重要内容。重大攻关项目采取招投标的组织方式，按照"公平竞争，择优立项，严格管理，铸造精品"的要求进行，每年评审立项约40个项目。项目研究实行首席专家负责制，鼓励跨学科、跨学校、跨地区的联合研究，协同创新。重大攻关项目以解决国家现代化建设过程中重大理论和实际问题为主攻方向，以提升为党和政府咨询决策服务能力和推动哲学社会科学发展为战略目标，集合优秀研究团队和顶尖人才联合攻关。自2003年以来，项目开展取得了丰硕成果，形成了特色品牌。一大批标志性成果纷纷涌现，一大批科研名家脱颖而出，高校哲学社会科学整体实力和社会影响力快速提升。国务院副总理刘延东同志做出重要批示，指出重大攻关项目有效调动各方面的积极性，产生了一批重要成果，影响广泛，成效显著；要总结经验，再接再厉，紧密服务国家需求，更好地优化资源，突出重点，多出精品，多出人才，为经济社会发展做出新的贡献。

作为教育部社科研究项目中的拳头产品，我们始终秉持以管理创新服务学术创新的理念，坚持科学管理、民主管理、依法管理，切实增强服务意识，不断创新管理模式，健全管理制度，加强对重大攻关项目的选题遴选、评审立项、组织开题、中期检查到最终成果鉴定的全过程管理，逐渐探索并形成一套成熟有效、符合学术研究规律的管理办法，努力将重大攻关项目打造成学术精品工程。我们将项目最终成果汇编成"教育部哲学社会科学研究重大课题攻关项目成果文库"统一组织出版。经济科学出版社倾全社之力，精心组织编辑力量，努力铸造出版精品。国学大师季羡林先生为本文库题词："经时济世　继往开来——贺教育部重大攻关项目成果出版"；欧阳中石先生题写了"教育部哲学社会科学研究重大课题攻关项目"的书名，充分体现了他们对繁荣发展高校哲学社会科学的深切勉励和由衷期望。

伟大的时代呼唤伟大的理论，伟大的理论推动伟大的实践。高校哲学社会科学将不忘初心，继续前进。深入贯彻落实习近平总书记系列重要讲话精神，坚持道路自信、理论自信、制度自信、文化自信，立足中国、借鉴国外，挖掘历史、把握当代，关怀人类、面向未来，立时代之潮头、发思想之先声，为加快构建中国特色哲学社会科学，实现中华民族伟大复兴的中国梦做出新的更大贡献！

教育部社会科学司

前 言

  教育部哲学社会科学研究重大课题攻关项目"黔西北濒危彝族钞本文献整理和研究"【项目编号：12JZD010】已经顺利结题。全部研究成果，包括最终提交的总成果1部，已经出版的中期成果1部论文集，第一子课题的2部调查研究报告、专著，第二子课题的1部提要和3部黔西北濒危彝文古籍精选，第三子课题的3部黔西北彝文古籍精选翻译，第四子课题的1部专著和第五子课题的2部专著，共计14部成果。现在要出版的是这个项目的总成果。其他各子课题成果已经分别交付出版，或正在出版过程之中。这些关于黔西北彝文古籍调查、整理、翻译和研究的各种形式的成果集中展示出来后，当交给社会来分享和评判。值此之际，拟就这一课题的相关情况作一个回顾和小结。

一

  黔西北是贵州彝族的聚居区，有丰富的彝文古籍收藏，整个贵州境内特别是黔西北地区的彝文古籍，是全世界藏量最为丰富且质量最好的地区。黔西北这一地理概念包括贵州省毕节市全境和六盘水市大部分区域。毕节市是中国四大彝族聚居地之一，六盘水市在贵州彝族聚居地中仅次于毕节市。黔西北彝族历史悠久，文化积淀丰厚。据清道光二十九年所印《大定府志》载，彝族阿哲家族君长妥阿哲从蜀汉建兴三年（公元225年）受封罗甸王建罗甸国开始统治贵州中西部，直至清康熙三十七年（公元1698年）水西宣慰使时期实行"改土归流"，以家族世袭制统治该区域长达1474年之久，这是世界政权史上罕见的特殊个案。由此，黔西北地区流传有"没有千年皇帝，却有千年土司"之说。在这片土地上，厚重的彝族历史文化积淀，令其他彝族地区难以比肩。仅就黔西北彝文古籍来说，据不完全统计，国家有关机构、单位的收藏已近万册，散藏民间的文本还较多。单位收藏中仅毕节市彝文文献翻译研究中心（原毕节地区彝文翻译组）就有1 330册，毕节市档案馆180多册，六盘水市档案馆250多册，六枝等县区的民族工作部门，都有一定数量的收藏。毕节学院（今贵州工程应用技术学院）在兴建彝族文化博物馆（一期）期间，收藏114部彝文古籍原件和235部复制件，其中有被称作"牛皮档案"的珍贵古籍原件。贵州民族大学也收藏近500部彝文古籍原件，贵州省博物馆收藏有50多部彝文古籍，贵州省民族文化宫也藏有彝文古籍。此外，部分省外高校和科研机构也有一定数量的收藏。黔西北彝文古籍不但数量、种类多，质量亦堪称上乘。被誉为"彝族古代百科全书"的《西南彝志》，彝族毕摩文献中篇幅最长的《彝族源流》，摩史文献中唯一的清代木刻本文献《摩史苏》，发现于20世纪80年代且震动学术界的彝族古代文艺理论《彝族诗文论》《彝语诗律论》《论彝诗体例》《诗音与诗魂》《彝诗史话》等，皆为黔西北最具代表性的优质彝文古籍。同时，此地还有大量的彝文金石文献，如目前发现时代最为久远的西汉时期的青铜器《祖祠手碓》铭文，字数最多的碑刻《水西大渡河建桥碑记》等，在全国同类文献中堪称之最。

然而，随着时间的推移和诸多因素的影响，黔西北彝文文献大量处于濒危状态，亟须抢救。唯因这些巨量的、上乘的彝文古籍亟待拯救，由原毕节学院院长张学立教授领衔申报的2012年度国家教育部哲学社会科学研究重大课题攻关项目《黔西北濒危彝族钞本文献整理和研究》得以立项，为整理研究濒危彝文古籍提供了重要的理论总结与策略支持。

关于黔西北地区彝文古籍的搜集、整理和研究，始于民国时期丁文江先生，而进行大规模的系统的搜集、整理和翻译，则是在新中国成立后1957年成立毕节专署民委彝文翻译组之后。除了"文化大革命"中断了十年，这项工作一直坚持到今天。党的十一届三中全会以后，黔西北地区的一些县也成立了民族古籍工作机构，从事彝文古籍的搜集、整理和翻译工作。这些机构取得大小不等的成就，为社会所瞩目，为学界所肯定。但是，相对于彝文古籍的搜集整理和翻译所取得的成就，系统而集中的研究却十分稀少，针对濒危彝文古籍整理和研究的则极为少见。因此，当教育部将"黔西北濒危彝族钞本文献整理和研究"的选题列为2012年度重大攻关项目进行招标的时候，原毕节学院院长张学立教授，依托本校成立的彝学研究院，整合国内在彝文古籍整理和研究方面的资源，积极组织申报。经过激烈的竞争，2012年5月这个攻关课题终获中标立项，落户毕节学院。这是贵州省的专家获准立项的第二个教育部重大课题攻关项目，课题组认为得之不易，也深感荣幸，从另外一个角度看也体现了教育部对西部高校的关心和支持。

经过数月的前期精心准备，课题组于2012年11月邀请了教育部，北京、云南、四川、贵州等地的有关领导和专家学者，在贵阳市举行本课题的开题研讨会。研讨会上，贵州省内外相关单位或部门有关领导和专家对课题的指导思想、目标任务、总体框架的设计和论证，板块的划分，课题内容和总量，能否达到目标等，展开了充分的讨论和评审，提出了许多富有建设性的意见。这个课题在申报的时候，设计了10个子课题和1个总的提炼成果，全部内容为18部调查报告、专著、译著和编著。根据有关领导和专家的意见、建议，10个子课题减至5个，18部成果减至10部，把原有的研究力量重新组合到新的子课题中，课题的量虽然减少但体现出质的要求更高，而研究的力量就更为集中。经过开题研讨会后形成的《投标评审书》，体现了教育部对课题"有限目标"原则的要求，使课题更具有集中力量攻关的性质，更能够实现预期的目标。经过开题研讨会进一步理顺思路，聚集目标，整合力量，各个子课题也先后进入实质性的工作阶段，调查、整理与翻译、研究分别展开。

2013年、2014年和2015年三年间，课题组分别在毕节、贵阳等地每年集中一至二次，交流课题的进展情况、中期成果的完成与发表情况，适时掌握调查、整理和研究工作的进度。课题的进展比较顺利，中期发表了40多篇论文，其中发表在核心期刊上的有30余篇。至2015年7月31日，整理工作的"提要"部分，濒危文献的精选和编纂部分，精选出来的文献的翻译部分及第四子课题的研究部分都已经全部完成，调查研究部分和第五子课题的研究也部分完成。课题组在贵州民族大学召开了一次成果讨论会，将各部分成果与《投标评审书》对比，在设计的框架中内容是否全面完成，课题的调查、整理、翻译与研究质量情况如何，对最终提交成果进一步明确重点，细化目录，提炼内容，对照相关要求设定质量标准和写作要求，明确撰写人和内容提供者，等等，为拿出最终成果提交结题，作好充分准备。

二

进入具体实施阶段，各子课题根据总体设计和开题研讨会专家提出的意见、建议，组织本子课题成员，充分领会专家提出的具体意见、建议，结合各子课题对所属部分的纲目进行调整、细化研究内容，明确具体任务。

第一子课题负责人王俊博士、马辉博士、陈兴才副教授及课题组的成员，以课题设定的黔西北地区为核心，深入到毕节市各县区和六盘水市各县区，开展了广泛的调查，做到了"五必"：即每个县区必到、重点乡镇必走、重要机构必去、知名毕摩必拜、著名专家必访。在广泛调查走访的基础上，选择了毕节市彝文文献翻译研究中心，毕节市威宁彝族回族苗族自治县的板底乡，赫章县珠市彝族乡的阿西里西村，大方县的彝族漆器制造，六盘水市水城县大湾镇的陈兴平毕摩，等等，作为主要调查点及访谈对象，开展了深入的民族志工作。同时多方查阅有关民族古籍的国家法律、法规、政策、文件，运用人类学、民族学、语言学、文献学、政策学的相关理论工具，较好地完成了第一子课题的调查与对策研究。

第二子课题负责人禄玉萍副研究员，带领课题组成员熊梅副译审、陈宗玉翻译、王明亮助理研究员（已故）等，充分利用寒假、暑假和双休日，跑遍了黔西北各个县区，重点对毕节市的威宁、大方、金沙等县、六盘水市的盘县（今盘州市）、水城等县进行了濒危彝文古籍的调查，特别把非馆藏的彝文古籍作为重点调查对象，运用专业的古籍总目提要登记表，将调查到的濒危彝文古籍逐一登记、拍照、录入电脑，最后汇总，撰写出专业规范、图文并茂的"总目提要"，获得了大量宝贵的第一手材料。在此期间，课题组还依托贵州工程应用技术学院建设彝族文化博物馆的力量，搜集了114册珍贵的彝文古籍原件（部分已经残破），扩展了调查研究服务大学文化建设的内涵，使这个博物馆被评选为贵州省教育系统5个"优秀校园文化育人基地"之一。同时，她还分别遴选了毕节市的七星关区、大方县、黔西县、金沙县这四个传统上被称为"毕节东四县"片区，和织金县、纳雍县、威宁县、赫章县这四个传统上被称为"毕节西四县"片区，以及六盘水市地区共三大片区的濒危彝文古籍，分别编纂成了三个有代表性的选本，从中可以粗略了解到这三个片区的濒危彝族古籍情况。

第三子课题负责人王继超译审是国内外著名的彝文古籍翻译专家，他根据调查所获得的濒危彝文古籍情况，结合多年来掌握的彝文古籍翻译出版情况，分别从彝族哲学、宗教、文学艺术三个方面的内容，精心选择了《黎咪数》《丧祭大经》和《打铜织绸》三部古籍，带领课题组成员开展翻译，采用专业的"四行加注"翻译法，用彝文原文、标注国际音标、直译、意译四行对照并加上注释，让即使不懂彝语彝文的读者或者从事研究的专业人员，只要懂得国家音标，就可以识读彝文古籍，了解其中内容，从而开展研究，高质量地完成了课题的翻译部分。

第四子课题负责人王明贵研究员从古籍研究出发，注意研究层面的扩展与延伸，以黔西北彝族钞本文献为基础，扩展视野，以尚处于新生阶段的文学人类学理论结合传统的文学主流理论和彝族古代文艺理论，在总体把握和介绍彝文古籍特别是传统经籍的基础上，将早在1936年就已经搜集整理和翻译出版的蜚声海内外的丁文江先生编纂、罗文笔先生翻译绝大部分的《爨文丛刻》（甲编）以及后来经过马学良先生增订的本子的内容，纳入该子课题的研究范围，使黔西北彝文古籍的研究向历史延伸，向贵州省外拓展，体现了这个重大课题的开放性和包容性，也是本课题研究向纵深掘进的体现，取得了质量较高的研究成果。这既是一项大胆的探索，也检验了课题设计中预设目标的合理性。

第五子课题负责人张斌峰教授，凭借厚实的学养和积累，率领他的博士研究生团队，以彝文古籍相关内容为线索，结合对彝族生产、生活、风俗、习惯、文学、艺术等方面的考察，重点结合彝族文艺和传统习惯法，深入研究了黔西北彝族的生产方式、思维方式、法律制度，从较新的角度切入，拓展了彝文古籍研究的范围和深度，其成果呈现出新的内涵特征。

各个子课题在调查、整理、翻译和研究的过程中，在不同的阶段，结合各自的目标、任务、方向，将最新的研究成果及时发表在多家核心期刊及其他刊物上，适时展示研究的新成果和新动向。为了让学术界及时了解到这一重大课题研究取得的最新进展，让社会及时掌握和利用这些最新的信息资源和智力成果，课题组选择了其中的主要部分，编辑成书，由民族出版社出版了《黔西北濒危彝族钞本文献研究》，凝聚众智，集思广益，快速推出新成果为政府提供决策参考，为社会提供有益便捷的资源，体现社科研究为社会服务的时效性，收到了较好的效果。

三

2014年10月，根据教育部社科司的要求，进行中期检查。课题组将已经发表的调查报告、论文汇集起来，并与第一、二、三、四子课题基本完成和部分完成的成果编印成册，撰写课题研究进展情况报告，与成果一同报送教育部社科司。半年后，中期检查顺利通过，教育部社科司将中期检查的专家评审意见反馈课题组。其后，课题组在贵州民族大学召开专题会议，结合课题《投标评审书》，认真学习、深入领会教育部有关通知精神和中期检查评审专家的意见建议，决定在保持总体构架不变的前提下，根据教育部的通知和专家的意见建议，适当微调课题的重点，加强调查、抢救、保护、对策部分，稳定整理与翻译部分，压缩研究部分。同时，加快调查和研究工作，力求整体进度平衡、协调，确保在规定的时限内完成任务。

各个子课题基本完成调查、整理、翻译和研究任务后，分别从不同的角度，把自己的研究成果作了系统的梳理和提炼，根据课题最终总成果的设计要求，提出了本子课题的精华，充实到课题总成果的构架之中。按照申报时的课题框架，经过吸收开题研讨会专家的意见，本课题把全部调查、整理、翻译和研究总体分为三个大板块：第一板块是"调查、抢救与保护"，第二板块是"整理与翻译"，第三板块是"研究探析"。对应不同的子课题，第一子课题"黔西北濒危彝族钞本文献调查、抢救和整理"属于第一板块，第二子课题"黔西北濒危彝族钞本文献总目提要与精品选辑整理出版"和第三子课题"黔西北濒危彝族钞本文献精选翻译出版"属于第二板块，第四子课题"基于黔西北濒危彝族钞本文献的传统经籍文学研究"和第五子课题"基于黔西北濒危彝族钞本文献的彝族思维方式、生产方式、法律思想研究"属于第三板块。这三大板块对应五个子课题，构成了整个重大课题成果的全貌，只是在中期检查后把重心向前倾斜，重点向前移动，突出课题需要突破的重点和难点，聚焦课题设计的核心目标。而这些成果的精要部分，则通过提炼并有机整合到最终的总成果之中。

总成果文本完成后，课题组邀请了有关方面的专家杨昌儒教授、龙耀宏教授和柳远超译审，在贵州民族大学举行了本课题最终成果初审会。专家们认为这个最终文本是黔西北濒危彝族钞本文献整理和研究的标志性成果，是对此前特别是近三十年来黔西北地区彝族古籍调查研究的最新成果，体现了彝文古籍调查研究的新水平。同时，对总成果特别是第一板块提出了更高的要求，认为这是体现全部成果的核心部分，需要进一步扩展和深化调查研究的内容，提出更加有力度的政策、对策建议，体现社会科学研究服务社会发展的目的性、针对性。课题组认真消化了专家的意见、建议，对全部课题的总成果特别是第一板块进行修订和完善，使课题成果更加精练而有用，保证提交的最后成果能够顺利结题，发挥建言献策和推动学术发展的作用。

四

目前，该课题已经顺利结项。整个课题的总成果文本在送审前专门邀请相关领域的著名专家进行初审，作出进一步的修改、完善，再上报课题管理部门。除了已经完成的总成果和中期成果论文集外，计划搜集的100册彝文古籍超额完成了任务。5个子课题的12项成果已经全部完成，并在按计划出版，1部中期成果论文集和5部专著已经付印。从总体上看，各个子课题的调查、整理、翻译和研究任务完成得很好，一些子课题成果已经过有关专家严格的评审，或良好，或优秀，成绩不俗。50多篇中期成果的调查报告和论文，80%以上发表在核心期刊，得到学界同行的认可。应该说，这些成绩还是令人欣慰的。当然，正如课题总成果和其他子课题成果的评审专家们指出的，还存在一些需要完善的地方、需要解决的问题和需要修改的内容，特别是在调查研究方面还需要再拓展、再深入、再细化、再思考，希望水平更高，建议与对策更有针对性和可操作性。在接下来的工作中，这些问题都得到了解决，交付出版的成果质量更高，效用更具针对性。也就是说，交付出版的成果，质量优于专家们此前评审的成果，因此专家们宝贵的意见和建议，已得到充分的消化吸收和认真落实。

通过"黔西北濒危彝族钞本文献整理和研究"这个教育部重大课题的协同攻关，课题组有几点深刻的感受。归纳起来有"八个一"：通过重大攻关课题这一重要载体，攻克了一个重大的学术课题，普查了一片区域的彝文文献，搜集了一批重要的彝文古籍，形成了一批重要的调查研究成果，凝练形成了一部颇具价值的标志性学术著作，锻炼了一批优秀学术人才，形成了一个团结协作、富有创新精神的研究团队，开拓了一个新的研究领域。彝族优秀传统文化作为中华优秀传统文化的一个重要组成部分，该课题的实施，课题组为之实现创造性转化和创新性发展作出了富于价值的探索，为铸牢中华民族共同体意识提供了可资借鉴的素材。

五

"黔西北濒危彝族钞本文献整理和研究"的总成果即将面世，而全部子课题成果已经陆续公开出版，这是民族文化研究具有特别意义的重要学术事项。值此之际，要感谢为这个课题的申报、开题研讨、调查、整理、翻译、研究和管理工作付出辛勤劳动的所有同志，是大家的精诚合作、不懈努力，才让这个课题顺利获批立项、有效实施，成果得以顺利面世。也正是这个课题，让课题组成员站在一个更新的高度认识学术，理解合作，砥砺前行。

课题组全体成员始终坚持不忘本来、吸收外来、面向未来，将更加勠力同心，竭尽所能，致力于中华民族优秀传统文化的创造性转化和创新性发展研究工作，期冀在构建中国特色哲学社会科学学科体系、学术体系和话语体系上作出积极的尝试和有益的探索。

摘　要

黔西北是一个地理概念，在行政区划上对应于贵州省的毕节市和六盘水市的大部分区域。彝族是中国人口较多的少数民族，世居于西南地区的云南、四川、贵州、重庆等省市，据第六次人口普查，贵州有彝族人口80余万。彝文是彝族先民创制的一种古老的原生文字，具有独立的创制体系和传承脉络。关于彝文的起源目前尚无定论，但从贵州省大方县明万历年间的水西大渡河桥彝汉文碑刻，以及明成化彝汉文钟看，在明代彝文就已经是广泛使用的成熟文字，可以推测彝文在明朝前经历了一定时期的演化过程。黔西北濒危彝族钞本文献载体有纸、铜、石、木、竹、皮、布、绢等物质材料，进而形成纸书、岩书、布书、瓦书、皮书、竹简、木牍、骨刻、木刻、金石铭刻等形态。本研究分为上、下两编，其中上编"黔西北濒危彝族钞本文献调查整理"，由两章构成；下编"基于黔西北濒危彝族钞本文献的彝族文化思想研究"，由五章构成。

在实施"上编"计划任务过程中，课题组沿着所制定的调查线路再次对黔西北濒危彝族钞本文献进行搜集、编目，尤其是对毕节市档案局（馆）、六盘水市档案局（馆）、贵州工程应用技术学院彝学研究院的300余部（册）濒危彝族钞本文献作了完整的规范性编目。据调查，15家国家机构收藏有黔西北濒危彝族钞本文献2 600余册，同时还有大量的钞本文献被黔西北民间毕摩所收藏。此类钞本文献除政府有关单位和毕摩持有外，还有不少散落于民间，且多属孤本。这些文献散落在黔西北彝族山乡，由于条件艰苦，管理不善，处于濒危或灭绝的境况。彝族钞本文献的损毁是触目惊心的，持有者与传承人对钞本文献的爱护心态是有差异的。本研究搜集了114卷（册）彝文古籍原件，还搜集了电子彝文文献127件、彝汉文功德碑1通、彝族谱牒税票15件、《西南彝志》（"文革"前原始译稿油印本）2份46册、复制电子彝文古籍47种235册。目前贵州省西北部的彝文钞本文献民间蕴藏量还相当丰富，据不完全统计，在毕节市的七县一区，就有5 000余册（部）。

在"下编"的五章中，涉及彝族经籍文学、思维方式、生产方式、法律道德思想、孝文化等研究。彝族传统经籍文学，包括现在彝族宗教信仰活动使用的经书和口头言说中，具有文学、人类学价值的部分，从形式上来说，既包括诗歌体裁的经籍，也包括散文体裁的经籍。彝族传统经籍文学具备传统功能的价值、文学发生论的价值、开掘文学禳灾和文学疗愈功能新的价值等。彝族传统经籍无论是否作为文学作品看待，其认识功能和作用都是较为鲜明和突出的。彝族传统经籍的叙述，与其他叙事文学有一定的区别，专门有一套程式或者说结构上的组织与安排。黔西北彝族先民在认识自然、开拓自然、征服自然的漫长艰辛的历史岁月中形成了原始的艺术思维，由于社会历史的原因，直至20世纪中期仍保持着这种原始文化形态的原始艺术思维，并且集中体现在其音乐、服饰、绘画、色彩等外在表现形式上。在黔西北彝族地区的民间法中，习惯法是其最具代表性的呈现方式。黔西北彝族思维方式的具体性又在一定程度上与类比性存在关联。因为类比性思维往往也就是具体性思维，它总是用一定的个别经验去类比另一情况，而不能脱离具体物象作纯粹的理论概括与抽象。历史上彝族阿者部与乌撒部两个支系统治着黔西北地区，这里的经济法律制度非常独特。以清初改土归流为转折点，这些经济法律制度也发生了重大的改变。彝族习惯法也成为民族法学的比较重要的渊源。黔西北彝族钞本文献反映的法治思想，对研究我国的少数民族习惯法以及对发掘少数民族法律文化，促进民族地区的稳定发展繁荣，确保社会主义法治的贯彻落实有重要意义。"孝文化"是彝族钞本文献中的重要内容，在记载彝族孝文化的钞本文献中，尤以黔西北的《赛特阿育》最具代表性。《赛特阿育》译自汉族文献"董永孝道故事"，翻译者将汉族董永行孝故事翻译成彝文版的

《赛特阿育》时，为了让主人公董永的形象民族化，运用了彝族的传统民间文学素材。作为彝族文化变迁与涵化的经典案例，《赛特阿育》的成书与流传具有必然性，它是黔西北彝族社会历史发展过程中重要而具体的文化事件。

Abstract

Qianxibei (Northwest Guizhou) is a geographical term, which is predominantly placed under the jurisdiction of two prefectures of Guizhou Province, namely, Bijie and Liupanshui cities. In this district, Yi is a minority ethnicity with a big population. The 6th population census indicates that there are over 800 000 Yi people in Guizhou. Together with the Yi people living in neighboring Yunnan, Sichuan and Chongqing, they have produced quantities of cultural heritages, one of which is the Yi writing. This is a long-time aboriginal writing, characterized with unique systems and inheritance routes. It is not clear when exactly this linguistic means came into being, but the Yi and Han (majority Chinese) bilingual tablet inscriptions on the Dadu River Bridge in Shuixi (Yi areas) carved in the Wanli Reign (1573-1620) of the Ming Dynasty (1368-1644) indicate that the Yi writing was then widely-used, mature and history-loaded, suggesting it had been evolving for some time up to that period. Studies show that the hand-copied works of Yi writing have gone through different stages of materials, including paper, copper, stone, bamboo, leather, cloth, satin and bone, hence resulting in books of paper, rock, tile, leather, bamboo slice, bone engraving, wood engraving and other forms alike. As the hand-copied works of Yi writing are on the verge of extinction, it is of much significance to study and preserve them for the sake of cultural heritage protection, which is the core mission of this project, divided into Part 1 and Part 2. Part 1 is surveys and collections of the hand-copied Yi works in Qianxibei, composed of two chapters, while Part 2 is a study on the ideas embodied in these works, comprising five chapters.

In completing the assignment of Part 1 the project group formulated a roadmap of surveys, particularly targeting at the 300-plus Yi collections available in the Bijie City Archives, the Liupanshui City Archives and the Yi Studies Institute of Guizhou University of Engineering Science. This task of surveys and category-editing finished, we then found that in fact 15 government agencies collect over 2 600 volumes of extinction-prone hand-copied Yi works whereas a big number of such books, mostly single-copy in possession, are scattered in the hands of Bimo (Yi shaman) and villagers. Due to the improper means of preservation, the latter faces a risk of extinction or ruin. Our surveys show that the difference between inheritors and owners is so big that it determines the fate of the hand-copied Yi works to a large extent. Through arduous work we obtained 114 volumes of original ancient Yi works, 127 electronic Yi files, 1 set of Yi and Han bilingual tomb tablets praising heroic deeds, 15 pieces of aboriginal Yi tax receipts, 2 copies (46 volumes) of "Southwest China's Yi Record" (Han-translated, mimeographed), and 47 kinds (235 volumes) of duplicated electronic ancient Yi works. At present there is a rich storage of hand-copied Yi works in the folk, estimated roughly to be over 5 000 volumes in Bijie alone.

Part 2 involves the Yi literary classics, thinking ways, modes of production, legal and ethical ideas, and filial piety. The Yi literary classics cover two components, that is, those employed in religious activities and oral communication respectively, displaying an abundance of literary and anthropological values as well as a mind-healing power in fighting against natural disasters and achieving a collective harmony. Our research shows that the Yi literary classics are prominent cognitively in terms of either functions or roles. The narratives as adopted in them are different from conventional narratives, for the former is featured with distinctive procedures. The Yi thinking ways have matured through a long time of development, surviving harsh living conditions and long-term coexistence with nature. To our delight, the Yi primitive ways of thinking have been well preserved up to the mid-20th century, adding beauty to the Yi music, costumes, drawing and hues. These ways of thinking normally are specific, experience-based and analogical, thus combining abstract and concrete elements in an organic manner. The folk law or unwritten law is a representative of the Yi legal and ethical ideas. In Yi history two tribes once ruled the Qianxibei district—Azhe and Wusa, exercising a unique economic institution there, which lasted until the Gai Tu Gui Liu policy implementation (centralized ruling replacing Tusi or local minority leadership) in the early Qing Dynasty. The Yi people's law is an organic part of Chinese law, showcasing their conventions of cohesiveness in binding the locals. Thus, it is an indispensable component in the Chinese legal system as China advocates harmony and solidarity between the Han and minority people. The Yi people's filial piety culture is rich as found in the hand-copied Yi works. Take "Sai Te A Yu" for instance. It successfully converts the Han people's tale of Dong Yong (a mortal) marrying a fairy into a Yi story. The story praises love as well as filial piety among the common people. This incidence suggests that the Yi and Han people have been members of the same Chinese family throughout history, exhibiting similar ethics when it comes to love, family and human relations.

目录

Contents

导论　1

上编

黔西北濒危彝族钞本文献调查整理　25

第一章 ▶ 黔西北濒危彝族钞本文献调查　27

 第一节　黔西北彝族文献的历史与流布　28

 第二节　黔西北彝族钞本文献的保存现状调查　31

 第三节　黔西北彝族钞本文献的搜集整理现状调查　43

 第四节　黔西北彝族钞本文献的濒危程度调查　58

 第五节　黔西北濒危彝族钞本文献的保护及其问题　63

第二章 ▶ 黔西北濒危彝族钞本文献整理　71

 第一节　黔西北濒危彝族钞本文献研究、搜集和整理简述　71

 第二节　对黔西北濒危彝族钞本文献的搜集整理　73

 第三节　黔西北濒危彝族钞本文献总目提要　78

 第四节　黔西北彝族钞本文献译述　189

下编

基于黔西北濒危彝族钞本文献的彝族文化思想研究　209

第三章 ▶ 基于黔西北彝族钞本文献的彝族经籍文学研究　211

 第一节　彝族传统经籍文学总论　211

 第二节　彝族传统经籍文学形式分类　231

　　　　第三节　彝族传统经籍文学内容分类　235

　　　　第四节　彝族传统经籍的文学艺术表达　242

　　　　第五节　彝族传统经籍对彝族文学的影响　259

　　　　第六节　彝族传统宗教的生态与经籍文学的传承　263

　　　　第七节　彝族传统经籍文学研究对文学人类学的贡献　269

　第四章▶基于黔西北彝族钞本文献的彝族思维方式研究　274

　　　　第一节　黔西北彝族的原始思维　274

　　　　第二节　黔西北彝族的艺术思维　283

　　　　第三节　黔西北彝族的逻辑思维　293

　　　　第四节　黔西北彝族思维方式的整体特征　306

　第五章▶基于黔西北彝族钞本文献的彝族生产方式研究　311

　　　　第一节　黔西北彝族传统生产方式的存在及其变迁轨迹　311

　　　　第二节　从法律的视域来审视黔西北彝族生产方式的变迁　316

　　　　第三节　近现代黔西北彝族地区社会经济状况　328

　第六章▶基于黔西北彝族钞本文献的彝族法律道德思想研究　336

　　　　第一节　黔西北彝族地区的法治思想　336

　　　　第二节　黔西北彝族婚姻习惯法　340

　　　　第三节　黔西北彝族地区的继承规则　355

　　　　第四节　黔西北彝族传统纠纷解决机制　362

　　　　第五节　黔西北彝族的道德思想　373

　第七章▶基于黔西北彝族钞本文献的彝族孝文化研究　386

　　　　第一节　翻译文献中的彝族传统孝文化　386

　　　　第二节　《赛特阿育》在黔西北彝区传播的历史镜像　396

　　　　第三节　彝文古籍中的孝文化　409

结语　422

参考文献　425

后记　439

Contents

Introduction 1

Part 1

The Investigation and Organization of Yi Endangered Transcript Literature in Northwest Guizhou 25

Chapter 1 The Investigation of Yi Endangered Transcript Literature in Northwest Guizhou 27

1.1 The History and Distribution of Yi Literature in Northwest Guizhou 28
1.2 The Preserved Status Survey of Yi Transcript Literature in Northwest Guizhou 31
1.3 The Current Survey on Collection and Arrangement of Yi Transcript Literature in Northwest Guizhou 43
1.4 The Endangerment Survey of Yi Transcript Literature in Northwest Guizhou 58
1.5 The Protection Problem of Yi Endangered Transcript Literature in Northwest Guizhou 63

Chapter 2 The Arrangement of Yi Endangered Transcript Literature in Northwest Guizhou 71

2.1 The Study and Arrangement Overview of Yi Endangered Transcript Literature in Northwest Guizhou 71

2.2　The Collection and Arrangement of the Study on Yi Endangered Transcript Literature in Northwest Guizhou　73

2.3　The General Catalog Summary of Yi Endangered Transcript Literature in Northwest Guizhou　78

2.4　The Translation Overview of Yi Transcript Literature in Northwest Guizhou　189

Part 2
The Yi People's Culture and Thought Based on Yi People's Endangered Transcript Literature in Northwest Guizhou　209

Chapter 3　The Literary Study Based on Yi Endangered Transcript Literature in Northwest Guizhou　211

3.1　The General Discussion of Yi Traditional Ancient Book Literature　211

3.2　The Form Classification of Yi Traditional Ancient Book Literature　231

3.3　The Content Classification Study of Yi Traditional Ancient Book Literature　235

3.4　Literary and Artistic Expression of Yi Traditional Ancient Book Literature　242

3.5　The Literature Influence of Yi Traditional Ancient Book Literature　259

3.6　The Ecology of Yi Traditional Religion and the Heritage of Yi Traditional Ancient Book Literature　263

3.7　The Literary Anthropology Contribution of Yi Traditional Ancient Book Literature　269

Chapter 4　The Study on Yi People's Thinking Way Based on Yi Endangered Transcript Literature in Northwest Guizhou　274

4.1　The Study on the Primitive Thinking of Yi People in Northwest Guizhou　274

4.2　The Study on Artistic Thinking of Yi People in Northwest Guizhou　283

4.3　The Study on Logical Thinking of Yi People in Northwest Guizhou　293

4.4　The Overall Characteristics on Thinking Way of Yi People in Northwest Guizhou　306

Chapter 5　The Study on Yi Production Method Based on Yi Transcript Literature in Northwest Guizhou　311

    5.1　The Existence and Transition Track on Traditional Production Methods of Yi People in Northwest Guizhou　311

    5.2　The Change Study from the Law Perspective on the Production Method of Yi People in Northwest Guizhou　316

    5.3　The Modern Social Economic Situation of Yi Area in Northwest Guizhou　328

Chapter 6　The Study on the Legal and Moral Thoughts Based on Yi Transcript Literature in Northwest Guizhou　336

    6.1　The Legal Thought of Yi Area in Northwest Guizhou　336

    6.2　The Customary Law on Yi Marriage in Northwest Guizhou　340

    6.3　The Customary Law on Yi Inheritance in Northwest Guizhou　355

    6.4　The Solution Mechanism on Yi Traditional Dispute in Northwest Guizhou　362

    6.5　The Moral Thought of Yi in Northwest Guizhou　373

Chapter 7　The Study on Filial Piety Culture Based on Yi Transcript Literature in Northwest Guizhou　386

    7.1　The Filial Piety Culture of Yi in Translation Literature　386

    7.2　The Historical Mirror of Sai Te A Yu in Yi Area of Northwest Guizhou　396

    7.3　The Study on Filial Piety Culture in Yi Ancient Books　409

Conclusion　422

References　425

Postscript　439

导　论

一、选题的缘起及价值意义

（一）选题的缘起

彝族是中国最古老的民族之一，主要分布于西南地区的滇、黔、川、渝及桂地的那坡等区域。关于彝族的族源，主要有北来说、东来说、西来说、南来说和土著说等观点，其中以北来说和土著说的观点最具代表性。北来说以方国瑜等民族史家为代表，认为彝族由北方迁徙到西南地区的羌人演化而成；土著说则认为彝族是以土著为主，兼容了氐羌、濮等其他民族。

彝族人民在历史发展过程中创造了自己灿烂的文化，这一灿烂文化的一个重要内容便是彝文的创制和使用。彝文是一种古老的原生文字，具有独立的创制体系和传承脉络。关于彝文的起源，目前尚无定论，但从贵州省大方县明万历年间的水西大渡河桥彝汉文碑刻，以及明成化彝汉文钟看，在明朝时，彝文就已成为广泛使用的成熟文字。马锦卫认为彝文的产生可能在古夷人时代，产生的年代不会晚于六祖分支时期，即春秋战国时期①。彝文自创制以来，便成为西南地区区域文化和民族文化的重要载体，承载着深厚的区域历史文化内涵。作为多元一体中华文化的重要组成部分，彝族文化在中国的文化生态中发挥着积极的作用，这种积极作用的实现途径之一便是彝文古籍的整理和研究。

黔西北地区是贵州彝族的主要聚居区，彝族人民在黔西北地区建立过持续千年的水西和乌撒地方政权，积淀了丰富的彝文古籍。就彝文古籍而言，黔西北地区是彝文古籍最为丰富的地区之一，文献的发育完善，文献的门类齐全，有金石

---

① 马锦卫：《彝文起源及发展考论》，西南大学博士论文，2010年，第148页。

铭刻、布书、皮书、木刻和纸书等，其中大多为纸书。随着清朝在贵州的改土归流，黔西北彝族地方政权被瓦解，大量彝文古籍随彝族知识分子毕摩等散落民间，并随着时间的流逝、社会的变化等逐渐散失。据相关调查研究，在1966年"文革"前，毕节市民间收藏的彝文古籍有5万册以上，但在"文革"中，约三分之二的彝文古籍被毁。①虽受到"文革"的冲击，但据估计，现毕节市留存的彝文古籍仍有约5 000册以上，除已被部分馆藏机构、科研院所收藏之外，大多散存于一些边远偏僻的彝族村寨，由于受保存条件的限制，许多书籍正遭受着烟熏火燎、虫蛀和雨淋的损害。目前毕节市存世的彝文古籍约80%以上属国内外孤本，一旦毁损、丢失，就意味着这份古籍在地球上永远消失了，因此对黔西北彝文古籍的整理和研究就成了迫在眉睫的事情。

综合来看，黔西北濒危彝族钞本文献整理和研究的基础有两方面，一是目前尚处于自然状态的、尚未被人们发现或采取措施抢救的彝族文献原始存在，使得人们可以通过田野调查、挖掘、抢救、保护诸过程，形成钞本文献；二是前人工作形成的彝族钞本文献，由于各种原因而成为濒危彝族钞本文献，此类钞本文献的形成也有一个田野调查、挖掘、抢救、保护的过程。

党和国家对少数民族古籍的保护工作十分重视，国家民委和文化部于2008年1月出台了《关于进一步加强少数民族古籍保护工作的实施意见》。毕节市委、市政府十分重视彝文古籍的抢救和保护，为此在原毕节地区彝文翻译组基础上成立"毕节市彝文文献翻译研究中心"，中心在黔西北彝文古籍的抢救保护工作中作出了卓越的贡献。该中心是本课题的重要合作方。作为毕节市唯一的本科院校，毕节学院（今贵州工程应用技术学院）多年来非常重视濒危彝族文献的抢救、整理和研究，为此专门成立了彝学研究院，学术团队整合了优秀彝学研究人才资源和全国彝文信息化专家学者，开展了古彝文整理、古彝文信息化研究、传统彝文申报国际标准编码、彝汉文比较研究等工作，形成了独具特色的研究方向。其中，彝学研究院针对至今在滇川黔桂四省彝区形成的六大方言区、25个土语区古彝文的不同而进行规范统一，组织编写了滇川黔桂四省区超方言的《彝文字典》，并在此基础上对滇、川、黔、桂四省区的古彝文进行了一次全面深入的研究；2011年11月，毕节学院彝学研究院完成了国家教育部、国家民语委立项的"古彝文整理及计算机输入软件"项目，为古彝文信息化和彝文网络平台的建设作出了重要贡献；彝学研究院出版、发表了高质量的彝学论著和论文，在彝学研究方面取得了丰硕的成果；该研究院还吸引了中央民族大学、清华大学、中

---

① 王继超：《有代表性的两部彝文古籍的整理与翻译——以〈西南彝志〉与〈彝族源流〉为例》，载于《贵州民族宗教》2008年第4期。

国社会科学院、韩国、日本等国内外大学和科研院所的专家到校开展学术交流活动，与国内外专家学者联合攻关，进行项目合作。黔西北濒危彝族钞本文献整理和研究是国家多元一体文化建设的客观需要，有国家相关法规政策及各级领导的大力支持，有毕节市彝文文献翻译研究中心、毕节学院彝学研究院、贵州民族大学西南夜郎文化研究院（彝族历史文化研究中心）、贵州民族大学民族文化与认知科学学院及其他相关研究机构从成果到人员的大力支持，相关因素的有效聚合是促成本选题的重要原因。

（二）选题的价值

该项目在申报时，是基于贯彻落实中共中央、国务院关于促进文化事业繁荣发展的有关要求，尤其是2011年10月党中央通过的《关于深化文化体制改革推动社会主义文化大发展大繁荣若干重大问题的决定》（以下简称《决定》）、2012年1月国务院通过的《关于进一步促进贵州经济社会又好又快发展的若干意见》精神，以及国务院办公厅2007年发布的《关于进一步加强古籍保护工作的意见》和2008年1月国家民委、文化部制定的《关于进一步加强少数民族古籍保护工作的实施意见》等。其中，《关于进一步促进贵州经济社会又好又快发展的若干意见》明确提出贵州省要构建"文化旅游发展创新区"，传承优秀传统文化，弘扬社会主义先进文化，探索特色民族文化与旅游融合发展新路子，努力把贵州建设成为世界知名、国内一流的旅游目的地、休闲度假胜地和文化交流的重要平台。在项目实施后期，2017年1月，中共中央办公厅、国务院办公厅印发了《关于实施中华优秀传统文化传承发展工程的意见》，强调要开展少数民族特色文化保护工作，加强少数民族语言文字和经典文献的保护传播，做好少数民族经典文献和汉族经典文献互译出版工作，等等。2020年，中共中央召开十九届五中全会，提出到2035年，我国要建成文化强国、教育强国、人才强国、体育强国、健康中国等，强调"十四五"时期要繁荣发展文化事业和文化产业，提高国家文化软实力。其后，中共贵州省委十二届八次全会全面贯彻落实党的十九届五中全会精神，明确"十四五"时期要深入挖掘和传承民族文化、红色文化、生态文化、阳明文化等特色文化资源，推动文化大发展大繁荣。之后，中共贵州省委十二届九次全会强调要繁荣发展民族特色文化，以社会主义核心价值观为引领，以建设多彩贵州民族特色文化强省为目标，大力激发文化创新创造活力。总之，实施本项目，通过黔西北濒危彝族文献资源的挖掘、抢救、保护、整理和研究，既是建设多彩贵州民族特色文化强省的内在要求，也是民族文化赋能民族地区高质量发展的奠基工作。无疑，黔西北濒危彝族钞本文献整理和研究成果的出版，对于落实党中央、国务院和中共贵州省委、省人民政府关于文化传承创新、繁荣发展的有关要求，既是实际行动，又具有启示价值。

1. 濒危钞本彝族文献具有重要的学术研究价值

濒危彝族文献是中华文化宝库重要组成部分，是民族学、宗教学、哲学、文字学、社会学、经济学、历史学等多学科研究的珍贵的学术资料。彝文是通用表意文字，已使用了数千年之久。彝文是我国成熟的少数民族文字。在数千年的历史长河中，由于彝汉文化的涵化、交融，彝文和汉文曾发生过错综复杂的互动，传世彝文典籍所体现出来的彝文文字中演变的史实，可成为深入探讨汉字演化不可替代的辅助资料。

传世彝文典籍所记载的内容涉及面极广，可谓包罗万象，包括地理、天文、历史、医学、政治、经济、社会、军事等，其中尤以黔、滇、川、桂四省区的历史、地理、灾变等资料最为丰富。不少彝文资料还填补了汉族及其他少数民族文本资料的空缺。就此而言，中国的自然环境学科，尤其是西南地区的地理、水文、气象、生态等学科都需要彝文资料的辅助，离开彝文文献，我们很难查找上述地区凭借历史资料的考证。只有深入研究彝文文献，才可能为上述学科奠定更加坚实的资料基础。在《三国演义》中有"七擒孟获"的故事，故事讲述了诸葛亮七擒七纵南中土著部落首领"孟获"的故事。关于诸葛亮的南征，汉史记载较略，但在彝文古籍中却能找到较为详尽的记载。如《西南彝志·六祖起源》就讲述了水西开国君长济济火资助诸葛亮而被封为王的故事。再以彝族的历史为例，关于彝族的源流，目前学界普遍接受"氐羌说"，即彝族是北方的氐羌南迁、演化而成，持此观点者的一个重要证据便是彝族的"火葬"习俗。火葬少有坟茔、少有随葬品，因此凡是在西南地区发现的非火葬大多认为与彝族无关，殊不知彝族历史上也是有土葬习俗的，这在彝文古籍《彝族源流》和《指路经》中都有明确的记载，这为彝族史、西南史的研究提供了新的视角。

2. 濒危彝族钞本文献研究具有重要的应用价值

通过对濒危彝族钞本文献的搜集、整理、保护和研究，可为国家及地方政府对文化的传承保护和开发利用提供科学的依据，并为贯彻落实《关于进一步促进贵州经济社会又好又快发展的若干意见》精神提出构建贵州省"文化旅游创新区"和贵州省委、省政府关于建设多彩贵州民族特色文化强省，提供更加丰富的文化资源，从而促进贵州的文化及旅游业高质量发展。

（三）选题的意义

总体来看，本选题的意义主要体现在以下两个方面。

1. 促进黔西北濒危彝文文献的抢救、保护和整理

目前黔西北彝文古籍整体处于濒危状态，这种濒危状态表现在三个方面：一是存世的彝文古籍稀少；二是由于各种原因，存世的彝文古籍保存状态堪忧；三是能够熟练掌握彝文的人越来越少。有鉴于此，本课题的研究无疑将为有关部门和机构直接提供相关的决策依据，从而促进濒危彝族钞本文献的抢救、保护与整理工作。综合来看，黔西北各地对馆藏的濒危彝族钞本文献，大多还未及开展系统的整理翻译工作，从而造成了彝学研究出现两大脱节：一是拥有大量的彝文古籍，但由于懂得古彝文的翻译家群体人员有限，翻译的进度远远滞后于研究者对文献的需求速度；二是优秀的彝文翻译家陷于繁重的文字翻译工作，无暇顾及彝文文献的研究工作。本课题通过优选对黔西北彝族文化具有代表性意义的濒危彝族钞本文献，组织专家进行翻译、出版，为广大的彝学研究人员，提供较为便捷的汉译本彝族文献，为开展全方位、多学科的彝学研究，为中华优秀传统文化之彝族文化的传承创新作出积极贡献，使彝族文字能够与世界其他古文字进行有效的对话和交流。本选题是首次对黔西北濒危彝族钞本文献进行的自觉性、系统性调查，时间最近，数据和内容等最新。

2. 促进黔西北濒危彝文文献的研究和转化利用

黔西北彝文经籍整理翻译的历史悠久。《华阳国志·南中志》即载："夷中有桀黠能言议屈服种人者，谓之'耆老'，便为主。论议好喻物，谓之《夷经》。今南人言论，虽学者，亦半引《夷经》。"这里的《夷经》即彝文经籍。新中国成立后，在国家的大力支持下，对黔西北濒危彝族钞本文献籍搜集、整理、翻译的成果丰硕。但总的来看，对黔西北濒危彝族钞本文献整理、翻译的多，研究的少。本选题是对黔西北濒危彝族钞本文献进行的首次较为系统的研究，内容涉及文学、思维方式、生产方式和法律思想等，视角新、内容新。

（1）通过研究彝族先民的思维和论证方式，探究彝族起源。

由黔西北濒危彝族文献所见，彝族先民有自己独特的思维和论证方式。如过去从黔西北濒危彝族钞本文献整理、翻译、出版的《西南彝志》（第三、四卷）中就十分详尽地记录了"彝族八卦"的生成规则及推演的规律。通过比较研究，我们可以发现"彝族八卦"和"伏羲八卦"既相似又有明显区别的推演模式。可以期待，随着本课题的实施，通过对其他濒危彝族钞本文献的整理和研究，对于我们进一步研究彝族起源，乃至彝族的迁徙史，将会有重要的启示。

（2）通过研究彝族先民法律思想，为民族地区法制建设提供参考。

随着黔西北地区的发展，法制建设得到全面提高。目前，在某些区域还存在国家法和民间法之间的二元互动模式，大的纠纷由国家法来解决，小的纠纷则由民族村寨中的"毕摩""寨老"按传统的习惯法和民间调节机制解决，国家法和民间法之间相辅相成，有效地化解了黔西北村寨中的各种矛盾。在《西南彝志》卷八《祖宗明训》一章中有这样的记载："从慕齐齐，到耿思思，由滇入黔，寻青松不事砍伐。树木枯了匠人来培植，树很茂盛不用刀伤害。祖宗有明训，祖宗定下大法，笔之于书，传诸子孙，上古如此，而今已如此。"在国家法律一体化的进程中，如何充分发挥以民间法为基础的民间纠纷解决机制，实现国家法与民间法之间的良性互动是一个十分值得探讨的问题。通过对蕴含在黔西北濒危彝族钞本文献中此类文献的进一步发掘、整理，对当今民族地区的法制建设和乡村社会治理具有一定的借鉴意义。

（3）通过研究彝族先民的生产生活方式和文化模式，为构建新型民族关系，铸牢中华民族共同体意识提供借鉴参考。

黔西北地区在历史上虽然只是传统中央王朝统治的边缘地带，但自明朝初期傅友德"调北征南"并相继在黔西北的威宁（乌撒卫）、毕节（毕节卫）实施"军屯"政策以来，由"军屯"继之以大规模的"商屯""民屯"，促进了民族交流融合，逐渐改变了原住民的生产生活方式和文化模式。通过研究黔西北濒危彝族钞本文献，有助于还原汉彝文化互动融合的历史脉络，继而研究彝族人民将国家认同、区域认同和民族认同融为一体、相辅相成的历史演化进程及其经验，对于多民族国家的中国在新时代巩固和发展平等团结互助和谐的社会主义民族关系、铸牢中华民族共同体意识有着不可忽视的启发价值。

总之，本课题拟通过黔西北濒危彝族文献分布状况的广泛调查，深入挖掘、抢救各种实存形态的濒危文献，通过所形成的钞本进行全面分析、整理和研究，旨在为建设多彩贵州民族特色文化强省、实现中华民族优秀传统文化的创造性转化和创新性发展作出积极务实的努力。

二、研究对象及基本概念

（一）黔西北的彝族及历史文化

从地理区划来看，黔西北指贵州省的西北部，位于"东经103 036.2′~106 043.3′，北纬26 021.7′~27 046.6′"[①]；从行政区划来看，黔西北包括贵州省的毕节市及六盘水市的大湾镇，东靠贵阳市、遵义市，南连安顺市，西邻云南省昭通市、曲靖市，北接四川省泸州市；从地形地貌来看，黔西北地区位于乌蒙山腹地川，地处滇、黔之锁钥，长江、珠江之屏障，是乌江、北盘江、赤水河发源地，境内地势西高东低，位于毕节市赫章县珠市彝族乡和六盘水市钟山区二塘乡交界处的韭菜坪是贵州省的最高峰，海拔2 900.6米，号称贵州屋脊，最低海拔

---

① 贵州省毕节地区地方志编纂委员会：《毕节地区志地理志》，贵州人民出版社2004年版。

457米，平均海拔1 685.3米。

黔西北彝族历史悠久，彝族是贵州中、西北、西南部最早的原住民之一，有数千年延续不断的分布历史可追溯。关于黔西北地区的彝族源流，项目子课题负责人、毕节市彝文翻译研究中心原主任王继超译审有过专门的研究，摘录如下：

> 根据《西南彝志》和《彝族源流》等彝文文献记载，早在春秋战国时期，在金沙江的中下游、乌江和北盘江流域，活动着一个被称为"武僰"的庞大族群，夜郎的主体民族"夷濮"就是其中的一支。夷濮的群体有多个来源，活动在今贵州省的贵阳、毕节、安顺、六盘水、黔西南境内的够阿娄部族先后结合了"武僰"群体中的武濮所部族、"六祖"分支的第六支默德施氏的两大分支和古侯的两个分支，发祥于古曲州、靖州地的阿着仇部在此地活动千余年，或为卢夷的阿着仇部等，都是当时的夷濮群体的组成部分。卢夷的阿着仇的故地又作朱提，称巴凡兀姑的今贵州威宁一带也曾为其活动中心。在公元前5~4世纪时期，夜郎国始进入卢夷国地。随着彝族"六祖"中各部的入黔，夜郎国灭亡，余部远逃至云南西部。阿着仇氏势弱，被秦的势力所压制，又受他部攻打，其第27代君长沓卢乌从今贵州威宁草海一带经威宁可渡、云南宣威迁往云南的沾益和曲靖一带。此事在《大定府志》中有一段叙述。《大定府志·旧事志六·乌撒安氏本末六》载[①]："鲁望者（今威宁城一带——引者），昆明王所居，盖祝明长子楛之胄，所谓乌君者也。东爨盖氏之亡也，乌君自立为王，谓之鲁王，盖本其姓，以为称。卤、鲁一也。西南人称王为望，故中国呼之鲁望也。已而内附，置为宝州。夷语讹宝为巴，讹州为的，讹都门为兀姑，故谓鲁望为巴的兀姑也。是时，巴的兀姑之部长为他蛮所逼，而南迁与存沕之东（今云南省宣威市与贵州省威宁间——引者）。"因阿着仇被他称之"吐哦阿着仇"，曲州、靖州的地名被阿着仇带到当地后，即产生了合称的"曲靖"这一地名。今云南的一些彝族支系的最初活动地可追溯到黔西北地区，如石林的撒尼支，出自他们的彝族叙事长诗《阿诗玛》（彝文本）中的地名，记录的地名先从威宁草海，再到阿着地（即沾益与曲靖），然后到今天他们的住地石林一带。
>
> 彝族武、乍、糯、侯、布、默"六祖"分支后，乍支系最先进入今威宁草海与赫章可乐一带，《彝族源流·乍氏谱》等载："乍择地可道，可道与可乐。"乍支系在这一带作短时的留住后，经今云南昭通一带，大部迁到凉

[①] 贵州省毕节地区地方志编纂委员会：《大定府志》，中华书局2006年版。

山地区。分支后的彝族"六祖"中的乍支系也开始进入这一地域，《彝族源流·乍氏谱》等载①："乍择地可道，可道与可乐。"乍支系在这一带作短时的留住后，经今云南昭通一带，大部迁到凉山地区。分支后的彝族"六祖"中乍支系也开始进入这一领域。这里已经涉及到贵州省赫章县的可乐地方。公元前2至1世纪时，彝族"六祖"中的第四支古侯氏更是大规模迁徙来到黔西北及周边地区，在今贵州省的威宁草海之滨举行隆重的"九德额"分支仪式后，即东向今贵州省的安顺市和遵义市等地迁徙与活动，西向今云南省的昭通市、大理州一带迁徙与活动，北向今四川省的凉山州和泸州市一带迁徙与活动。西汉末至东汉初，彝族"六祖"中的第六支默德施氏也不遗余力地迁入今黔西北、黔中、黔西南等地，彝族"六祖"中的第五支德布氏也至迟于魏晋时期迁入黔西北及周边地区。公元前2至1世纪时，笃慕的第四子慕雅卧下传16代到卧侯德额，卧侯德额生九子，称之"九德额"，九德额中的德额罗、德额巴、德额仁、德额陀尼、德额辉在威宁草海分支后，较长一个时期活动在这一带，其中德额辉部还在可乐居住了一些代数。

默支系发展19代后，由滇东北向黔西北迁徙，到可乐住下，据彝文古籍《彝家宗谱》记载："在直诺谷姆，勿阿纳去世。纳阿宗一家，过纪古鲁堵勾，来到了巴底。可乐洛姆，住阿纳孙子宗氏……在可乐洛姆，住纳氏四宗：长为宗毕索，庶为宗阿姆，次为宗迫维，幼为宗阿补。宗阿补一代，阿补枃二代，枃阿妥三代。在巴底妥太，妥氏有两子，妥芒布居左，妥阿哲居右。"②其第20~23代时先后在黔西北的今威宁草海和赫章可乐一带活动，到第24代妥阿哲时以今贵州省大方县为中心定居下来。《大定府志》中水西阿哲氏的父子连名谱记录和传承"凡千四百七十四年世长水西，受命于中朝，为蛮长，为罗甸王，为姚州刺使，为顺元宣抚使，为贵州宣慰使，为水西宣慰使，号凡六更"。水西部以四十八部辖十三"则溪"之地，其方国型的地方政权建构尤具特色，阿哲部的慕俄勾彝族方国政权，由阿哲蔺（尼）升格而来。尼政权和勾政权的区别在于，尼政权的构建是以一个家族为主的，而勾政权则是以一个家族为主的同时联合多个家族来构建。阿哲部（宋代又称"阿者国"）的"慕俄勾"勾政权在所有彝族勾政权中，也是具有典型意义的。阿哲部的"慕俄勾"勾政权结构紧密，体系发育完善，在内阁设置上引进了南诏的"九爽"，阿哲部称之"九扯"，即九个部门，所谓"九扯九纵"即是"九个部门，九位主官"的意思。水西的政权体制由定格到

---

① 王继超、王子国：《彝族源流（第十七—二十卷）》，贵州民族出版社1994年版。
② 佚名毕摩：《彝家宗谱》，贵州省毕节市档案局。

完善到沿袭了一千四百七十四年，并一直影响着彝民族的古今分布，其政权的沿袭是世界政权史上的一大奇迹，也是当时其境内彝位钞本文献发达的原因所在。

魏晋时期，乌撒部进入黔西北，今贵州威宁、赫章及毕节、纳雍、水城、盘县及云南宣威的一些地方属于其势力范围，存在了近 1 200 余年，也建立了称之"纪俄勾"的政权，辖二十四部、九大"则溪"之地。乌撒部与水西部互为依存，一荣俱荣，一损俱损，共同传承着彝族各个历史时期在黔西北地区的连接不断的分布，为历史以来这一地区既是彝族的发祥地，又是彝族的主要分布地的条件提供了时空上的可能。①

（二）彝族文献

"文献"指具有价值及与某学科相关的图书、文物资料。② 彝族文献指的是所有以彝族文化为记载内容的图书或文物资料。彝族文献既指以彝文文字表征的彝族文献，也指称用非彝文文字表征的反映彝族文化的文献，如汉语彝族文献等。本研究指的是彝文文字为表征的彝族文献。

（三）彝族钞本文献

《辞海》将"钞"定义为"抄，誊写"③，"钞本"即"抄写的本子"，即指用来抄写的簿本，也指照原稿或刻印本抄写的书。本研究所谓"钞本"，是指原稿或据原稿誊抄而成的纸书。本研究所谓"彝族钞本文献"，是指以彝文文字为表征的彝族纸质文献。

黔西北彝文钞本文献的材质，目前能见到的主要是构皮纸和草皮纸，民国前，散藏黔西北彝文钞本文献地的周边都有做构皮或草纸的纸厂（作坊），其所生产的纸对当时的黔西北彝文钞本文献抄录提供了较为方便的条件，其次是牛羊皮及麻布，传说还用丝绢等材料抄录典籍，可能是采购困难或价格较贵等原因，未被大量采用。黔西北彝文钞本文献因用牛羊皮、麻布作封面，也部分作抄录用，因此也被称作"牛皮档案"或"羊皮档案"。黔西北彝文钞本文献的装帧，基本上都是线订册叶装和细绳订册页装。黔西北彝文钞本文献的封面，多用麻布制作，约 1/5 用牛羊皮制作，上面书写书名，或注明从有书名的一面朝里翻阅。黔西北彝文钞本文献的书写工具，有竹笔、松尖笔和毛笔等若干种，竹笔是将竹

---

① 王继超：《试论古代彝族在黔西北的迁徙发展》，载于《毕节学院学报》2010 年第 11 期。
② 夏征农、陈至立：《辞海》，上海辞书出版社 2010 年版，第 1797 页。
③ 夏征农、陈至立：《辞海》，上海辞书出版社 2010 年版，第 206 页。

片削尖，再捣茸，即可蘸墨书写，相比之下，松尖笔的制作则十分简单，马尾松（俗称黄松）的芽尖露出毛笔尖状时取下安在竹管里蘸墨也可作书写工具，更多的时候，彝族毕摩自己用羊毛或兔毛制作毛笔，后来也到商铺购买现成的商品毛笔，各类书写工具在使用前都必须以净水浇淋烧红的石头，做洁净仪式后才能使用，因认为文字和书都各有神灵，做洁净仪式以示对文字神和书神的敬重。黔西北彝文钞本文献几乎都是手抄书写的，极少用木刻版印刷。一般用墨，墨的制作一是取用黑色矿物质，一是用各种木炭舂成粉末，通过粘胶压制墨砖晾干，用时在砚台里加水研出墨汁来书写，部分用红矿物质书写，如红石研汁，红土捣做粉末，用制作研墨的办法，或研朱砂来书写。黔西北彝文钞本文献的开本版式没有统一的规格，一般是纸张材料大的抄录大书，材料小的纸张抄录小书，板框尺寸小的仅 10.5cm×21.8cm，5 行×15 字，如贵州省大方县民宗局转奢香博物馆藏的《寻亡灵经》，板框尺寸大的有 55cm×26cm，18 行×43 字，如贵州省赫章县妈姑镇砂石村扬正举家传的《人生预测》一书。黔西北彝文钞本文献的版口一般为白口，少部分的如木刻版《摩史苏》版口有鱼口纹，有页码。有无边栏，单边或双边也都没有统一的要求。黔西北彝文钞本文献主要分布在赫章、七星关、威宁、纳雍、黔西、大方、金沙、织金、盘州、水城、六枝、钟山等县市区，基本上呈现出乌撒、水西两种风格，乌撒风格的黔西北彝文钞本文献主要分布在威宁、赫章、钟山等县区并影响毗邻的云南省宣威、镇雄、彝良、鲁甸等市县，其主要特点是抄本的开本大，文内的小标题少。水西风格的黔西北彝文钞本文献主要分布在大方、金沙、七星关、黔西、织金、六枝、水城、盘州等县市区，影响毗邻的四川叙永、古蔺等县，其主要特点是抄本除类似《玄通大书》的开本较大外，大多都偏小，文内的小标题多。黔西北彝文钞本文献的著者几乎都不留名，只有在研读典籍的时候窥探其作者的名字，最早的经书作者以布獗举奢哲和恒依阿卖妮为代表，有"布獗举奢哲，不停地讲述，恒依阿卖妮，不停地书写（记录）"。

（四）濒危彝族钞本文献

《辞海》对濒危的解释是"接近危险的境地或将死"[1]。文献的濒危涉及三方面的内容，一是文献语言的濒危，二是文献文本的濒危，三是文献文化生境的濒危。关于文献语言的濒危，正如哲学家海德格尔所说，"存在在思想中形成语言。语言是存在的家。"[2] 在某种程度上可以认为现存文献的濒危程度，根本上取决

---

[1] 夏征农、陈至立：《辞海》，上海辞书出版社 2010 年版，第 129 页。
[2] （德）海德格尔著、孙周兴译：《在通向语言的途中》，商务印书馆 2004 年版，第 146 页。

于现存语言的濒危程度,目前尚无关于语言濒危程度唯一的鉴定标准。

2000年2月,在德国科隆召开了濒危语言学会议,会议通过了濒危语言的鉴定标准。根据此次会议,语言按现状被分为7个等级,其中4~6级为"濒危",第7级为"灭绝",其中4级"濒危"语言的标准是:语言的所有使用者年龄都在20岁以上,而群体内部的儿童都已经不再使用语言。根据第六次人口普查数据,贵州有彝族人口80余万,大多分布在毕节、六盘水两市。由于历史上"改土归流"的时间较早,加之近现代全球化过程的加快,黔西北地区的彝族人能熟练掌握本民族语言的已经很少了,如按2000年濒危语言学会议的标准,则目前黔西北的大部分彝族聚居区已达到或超过"濒临危险的"第4级。文献文本的濒危指文献文本由于保存不善或文献文本自身衰败等原因逐渐消失;文献文化生境的濒危指的是在全球化背景下,文献依存的聚落、区域等生境不断改变,从而导致文献的功能消失,进而导致文献的消失。

(五)整理研究

整理的前提是搜集,首先需要挖掘出原始文献的实存形态,即田野调查工作。由于钞本的形成首先来源于田野调查挖掘出的原始文献,因而本课题所谓的"整理研究",既指对黔西北濒危彝族钞本文献的搜集抢救、整理保护,也指对相关濒危彝族钞本文献钞本的整理、辑注、翻译和研究。

三、黔西北彝族文献整理研究综述

前已述及,黔西北彝文经籍整理翻译的历史悠久,如《华阳国志·南中志》所载《夷经》,即彝文经籍。新中国成立后,在国家的大力支持下,对黔西北濒危彝族钞本文献搜集、整理和翻译的成果丰硕。

(一)黔西北濒危彝族文献的搜集整理

这里的整理既包括对搜集文献文本本身的归纳、修复、装帧、翻译未出版等,也包括对搜集文献的翻译出版等。从历史来看,黔西北彝族文献的搜集整理可以20世纪30年代、50年代为界分为三个时期。20世纪30年代以前,黔西北彝族文献的搜集整理主要由彝族毕摩及部分彝族知识分子自发进行,由于彝族毕摩传承的世袭性特点,因此彝族毕摩对彝族文献的搜集整理多限定在家传的谱系范畴,而其他彝族知识分子对彝族文献的搜集整理也相对有限。在20世纪30年代以前,尚缺少其他民族对彝族文献搜集整理的介入。20世纪30年代,著名地质学家丁文江先生与彝族学者罗文笔先生合作翻译了彝文古籍《爨文丛刻》（上海商务印书馆1936年1月出版），开创了彝文古籍翻译出版的先河。① 随着《爨文丛刻》的出版，彝文古籍作为中华民族宝贵的文化遗产真正进入到全国和国际视野。黔西北彝族文献的系统搜集整理始于20世纪50年代，随着毕节地区彝文翻译组的成立，黔西北彝文古籍的搜集整理进入到国家统筹的系统化阶段。

1952年，中央访问团访问大定县（今大方县）时，彝族代表献上了一面彝文锦旗，因文字奇特引起了民族学家费孝通先生的注意，组织专人翻译了锦旗上的彝文。他深知彝文文献在西南地区，尤其是在黔西北地区的分量，倡导要对彝文进行翻译研究。获悉这一重要信息后，时任贵州省人民政府驻毕节地区专员公署副专员李仿尧在下乡开展工作时，带领相关人员寻访彝族老毕摩，并开始在毕节地区各县收集彝文古书。1955年，他倡导并筹建了毕节地区彝文翻译组，并归属其分管的地区民族事务委员会，并从大方县东关请来罗文笔之子罗国义先生，从赫章县请来毕摩世家的传人王兴友先生作为骨干，各县有名气的毕摩如陈执忠、李守华等一批人被请到还是临时机构的彝文翻译组来参加整理翻译彝文古籍的工作，彝文及其古籍的整理翻译被地方政府正式提上议事日程。

毕节地区彝文翻译组从1955年成立至1966年，共搜集彝文古籍282册，其中20册送给北京文化局，7册送给中央第四语言工作队，实存255册。1966年因机构被撤销，这批古籍被转到毕节地区档案馆保管，1977年彝文翻译组恢复为临时机构后，250余册彝文古籍由毕节地区档案馆转回翻译组。1956年至1958年，贵州省民委在威宁彝族回族苗族自治县黑土河一带收集到51部彝文古籍并交贵州省博物馆收藏。从1955年至1966年的10多年间，毕节地区彝文翻译组的搜集翻译工作取得丰硕成果，共计翻译彝文古籍25部、51卷，共约80万字，若加上音标、字译、句译和注释等内容，则全部共有200余万字，被誉为"彝族文化的百科全书"的《西南彝志》就是在这一时期整理翻译完成的。自1977年毕节地区彝文翻译组恢复到1982年，翻译组共整理、翻译了《奴仆工匠记》《彝文字典》《彝汉常用词语》《彝语千字文》等油印本各1卷。1983年至1985年，彝文翻译组整理、翻译出《洪水与笃米》《彝汉常用语对话》《彝语语音知识》等油印本各1卷；《播勒娶亲》《绣荷包》《三才文史》《凤凰记》稿本各1卷。1986年至1996年期间，为配合全国彝族服饰展览、滇川黔桂四省区彝文古籍协作组、奢香博物馆的建立等活动，各地展开了彝文古籍的大量收集，威宁自治县民委收集近200册，赫章县民委收集200余册，大方县民委收集近300册，其中110余册移交奢香博物馆收藏，纳雍、织金、金沙等县民委也各收集到10

---

① 王继超：《彝文古籍整理与历史文化研究》，贵州民族出版社2013年版，第1页。

余册或20余册不等。1986年至1992年，毕节地区彝文翻译组集中大量的精力，聘请专人到毕节地区各县征集彝文古籍1 000余部（册）。2007年，西南民族大学彝文文献中心在云南、贵州、四川等省大量征集彝文古籍时，在毕节地区境内征集到300余册。2008年至2009年，毕节地区档案馆从各县征集彝文古籍近180册。毕节地区彝文翻译组还为贵州大学的中文系整理、翻译了彝族民歌4 000首，民间故事3篇共22万字。以毕节地区彝文翻译组为中心，积极培养农村翻译人员，发展农村翻译网点，重点辅导毕节县龙场营区彝文翻译点，就地举办36人的农村业余翻译人员培训班，组成了6个古籍整理翻译小组，共整理、翻译出《鄂莫人》《投确数》《尼能人》《婚姻歌》《书文史记》《赫达以》《丧礼歌》《民歌》《故事诗》等70余万字的初译稿等。

1982年至1988年初，毕节地区彝文翻译组翻译、出版《爨文丛刻》《宇宙人文论》《西南彝志选》等3部5卷濒危彝族钞本，计发行了9 000册，共134.2万字。2008年3月，彝文古籍《彝族源流》进入首批《国家珍贵古籍名录》；2009年6月，《彝家宗谱》《摩史诺沤苏》《彝族诺沤书》等10部彝文古籍进入第二批《国家珍贵古籍名录》；2010年6月，经过三次申报，又有《扯勒丧仪经》《阿鲁玄通书》《宇宙人文论》等9部彝文古籍进入第三批《国家珍贵古籍名录》。至此，毕节地区已有20部彝文古籍进入《国家珍贵古籍名录》。其中，毕节彝文文献翻译研究中心收藏有17部，地区档案局和毕节彝文文献翻译研究中心的退休译审王子国先生（已故）、威宁县彝族毕摩李幺宁先生收藏的各有1部。在这20部权威专家认证的国宝级古籍中，《彝族源流》《彝族诺沤书》《宇宙人文论》3部古籍先后进京参加特展。可以说，改革开放以来少数民族古籍整理翻译得到了党和国家的高度重视，黔西北地区彝文古籍整理也迎来新的历史发展机遇。经过几十年的调查整理翻译，已整理的黔西北彝族古籍储藏量居全国之首，文献类别丰富，文献研究水平处于国内领先的水平。

1986年至今，毕节彝文文献翻译研究中心（原毕节地区彝文翻译组）整理、翻译了100余部、2 000余万字的彝文古籍，公开出版了其中的《彝族源流》《西南彝志》等62部，120余卷，共1 826余万字。其中国家重点科研项目《彝文典籍目录·贵州卷》等一批整理、翻译成果连续获得了省部级以上的大奖：《彝文典籍目录》（1部，35余万字，国家重点科研项目）荣获国家图书提名奖，国家民族图书一等奖，贵州省优秀社科成果二等奖；《彝族源流》（27卷，254.1万字，国家重点项目）中的1至4卷获贵州省社科优秀成果四等奖，7至8卷获国家民族图书二等奖，9至12卷获国家民族图书提名奖，其余的荣获贵州省彝学会及毕节社科优秀成果二等奖以上；《西南彝志》（14卷，216.5万字，国家重点项目）1至2卷获贵州省社科优秀成果三等奖，5至6卷获国家民族图书三等奖，7至8卷荣获省图书二等奖，其余荣获贵州省彝学学会及毕节地区一等奖；《彝族指路丛书》（7卷、33.2万字，国家重点科研项目）荣获贵州省社科优秀成果三等奖，毕节地区社科优秀成果一等奖，等等。这些彝文古籍的公开整理出版，让彝文古籍展示了无穷的文化魅力，使《中国彝族通史》古代史部分有了重要的文献依托，而这些成果的推广应用，有力地推动了彝学学科建设，让黔西北的彝族文化遗产品牌得到了弘扬，扩大了毕节在国内外的知名度和美誉度。除毕节地区彝文翻译组外，1986年至2007年间，在赫章、威宁、大方等县的民族管理部门内部成立了彝文翻译组、古籍办、文献研究中心等科研机构。相关科研机构也搜集、整理、翻译出版了一定数量的彝文古籍。

  本项目在开展的过程中，项目组共搜集整理了100余本濒危彝族钞本，其中《献酒经》（合订1册，31页）、《献酒经》（合订1册，25页）、《献牲经》（不分卷1册，46页）、《鲁补鲁旺》（不分卷1册，66页）、《解冤经》（不分卷1册，96页）、《消灾经》（不分卷1册，100页）、《鲁朵的雨点》（不分卷1册，60页）、《消灾献酒经》（不分卷1册，47页）、《禳解消灾经》（不分卷1册，68页）、《消灾大经》（不分卷1册，65页）、《丧仪大经》（不分卷1册，72页）、《丧仪经》（不分卷1册，64页）、《丧仪经》（不分卷1册，65页）、《丧祭礼俗经》（不分卷1册，42页）、《迎接布摩书》（不分卷1册，52页）、《丧祭经》（不分卷1册，31页）、《打铜织绸书》（不分卷1册，77页）、《迎布摩献酒经》（合订本2卷1册，66页）、《丧祭释名经》（合订本2卷1册，60页）、《丧祭指路经》（不分卷1册，40页）、《遣送退雷书》（不分卷1册，14页）、《安置祖灵书》、（不分卷1册，38页）、《更换祖筒经》（不分卷1册，60页）、《更换祖筒经》（不分卷1册，25页）、《祭土地神树书》（不分卷1册，24页）、《献山诵经》（不分卷1册，22页）、《献山诵经》（不分卷1册，68页）、《安魂书》（不分卷1册，13页）、《局卓布苏》（不分卷1册，50页）、《鲁补大论》（不分卷1册，54页）、《扶正土地神书》（不分卷1册，51页）、《解灾经》（不分卷1册，52页）、《局卓布苏》（不分卷1册，77页）、《破除诅咒经》（不分卷1册，37页）、《安魂经》（不分卷1册，28页）、《祈福消灾书》，（不分卷1册，44页）、《去污除垢书》（不分卷1册，36页）、《家园禳解书》（不分卷1册，72页）、《诺沤苏》（不分卷1册，65页）、《肯洪书》（不分卷1册，8页）、《择期书》（不分卷1册，43页）、《择期书》（不分卷1册，20页）、《算书》（不分卷1册，59页）、《吉禄咋苏》（不分卷1册，95页）、《札苏》（不分卷1册，20页）、《占病书》（不分卷1册，88页）、《占亡书》（不分卷1册，28页）、《占亡书》（不分卷1册，48页）、《凶兆算书》（不分卷1册，61页）、《不祥之兆占算书》（不分卷1册，14页）、《竹卦经》（不分卷1册，36页）、《六祖的来源》（不分卷 1 册，51 页）、《勘舆书》（不分卷 1 册，24 页）、《札苏》（不分卷 1 册，134 页）、《占算书》（不分卷 1 册，19 页）、《黎咪苏》（不分卷 1 册，110 页）等 56 本系黔西北地区首次发现，填补了黔西北濒危彝族搜集整理的空白。

纵观黔西北彝文古籍调查整理的历史进程，可以说道路曲折，成就辉煌。从学理层面讲，主要取得的成绩有：一是基于丰富的彝文文献田野材料之上的彝文文献研究理论和方法的形成；二是基于多年的彝文文献田野经历，积累了比较丰富的田野经验；三是发现了重要的彝文文献，促进对天文历法的认知和人类文明的认识；四是基于卷帙浩繁的彝文文献的发现，为彝学学科的建立奠定了坚实基础。尽管黔西北彝文古籍调查整理取得了可喜的成绩，但是存在的问题依然明显。首先是散落在彝族民间的大量彝文文献没有被搜集，据专家预测研判，目前贵州省的黔西北地区彝文钞本文献的蕴藏量还相当丰富。据不完全统计，在毕节市的七县一区中，大约还有 5 000 余册（部）彝文古籍散藏民间，其中威宁县有 1 100 余册，赫章县有 1 000 余册，纳雍县有 300 余册，大方县有 1 200 余册，黔西县有 150 余册，织金县有 80 余册，金沙县有 200 余册，七星关区有 800 余册。此外，百里杜鹃风景名胜区管理委员会有 100 余册。在六盘水市，据市民宗局典籍办统计，在水城、盘县、六枝、钟山四县区有 7 000 余册（部）彝文钞本文献在民间散藏。在省外，有中国革命博物馆、北京民族文化宫、国家图书馆、清华大学、中央民族大学、中山大学、西南民族大学等单位收藏有黔西北彝文钞本文献；在省内，贵州省博物馆、贵州民族文化宫、贵州省民族研究院、贵州民族大学、毕节市档案馆、毕节市奢香博物馆、毕节市彝文文献翻译研究中心、威宁县民宗局典籍办等 16 个单位黔西北彝文钞本馆藏都很丰富。除了贵州省博物馆、贵州省民族研究院、贵州民族大学西南夜郎文化研究院（彝族历史文化研究中心）、毕节市彝文文献翻译研究中心、贵州工程应用技术学院、六盘水市档案馆、水城县档案馆等 7 个收藏单位外，其余 11 个收藏单位均为市、县民宗委。

黔西北彝文古籍的搜集整理虽然取得了不俗的成就，但客观地说，现在仍然存在不少问题。首先，仍有不少濒危彝族钞本文献散落民间，急需抢救、整理和保护。黔西北地区真可谓是名副其实的濒危彝文文献宝库，但这些散落在彝族民间的彝文文献因管理不善，随时都有灭绝的可能。无论从时空上看，还是从彝文文献传承和保护人的年龄来看都已处于濒危的界定范围。其次，由于整理翻译者的彝、汉文化水平有差异，因此整理翻译的成果质量也是参差不齐。由于目前尚无彝文古籍整理翻译的学术规范，造成了不同机构、译者之间的整理翻译成果存在着彼此重叠、恶性竞争、刻意曲解的情况，从而破坏了彝文信息内在的关联性和完整性。此外，由于目前还未建立黔西北濒危彝族钞本文献的全文数据库，使得彝文文献的跨机构、跨地域共享难以实现。

（二）黔西北濒危彝族钞本文献的研究

由于历史的原因，对彝文钞本文献汉译本的再研究——彝学研究工作，一直相对滞后。一方面是文献的地域属性很高，非本土学者，对文献生成的文化背景不熟知，短期内无法进行有效的针对性研究。另一方面，从事彝文翻译的老专家人数少，翻译整理钞本任务艰巨，无暇旁及钞本文献的再研究工作。客观上造成黔西北濒危彝族钞本文献研究的脱节。总体观之，对黔西北濒危彝族钞本文献的研究主要集中在文本的研究及文本所蕴含文化的研究两个方面。

1. 黔西北濒危彝族钞本文献文本的研究

关于文献文本的研究一直是文献学的重要内容。对黔西北濒危彝族钞本文献文本的研究，成为黔西北濒危彝族钞本文献研究的重要内容，是彝学研究中的一个亮点。关于黔西北濒危彝族钞本文献文本的研究，代表性的成果有毕节市彝文翻译研究中心在翻译工作基础上形成的5项科研成果，计141.5万字。其中：《彝文文献释名集》1部，34万字；《彝文文献翻译与彝族文化研究》1集，30万字；《彝族原始信仰文献研究》1部，41万字，贵州民族出版社2010年版；《中国少数民族古籍总目提要·贵州彝族卷一》1部，150余万字。《中国少数民族原始宗教资料经籍汇编·彝族毕摩卷》中的18万字，由中央民族大学出版社2009年出版；贵州省社科课题《贵州彝文古籍整理翻译研究》一书（贵州民族出版社2008年版）中的第五章，计3.5万字，陶学良著的《爨文化椎论》，德宏民族出版社1997年出版，罗曲、王俊所著《彝族孝文化载体〈赛特阿育〉研究》也是黔西北濒危彝族钞本文献文本研究的代表，等等。

2. 黔西北濒危彝族钞本文献的文化研究

历史上，彝文文字是有阶级性的，由属于统治阶级的"君长"和"毕摩"掌握使用。其中"君长"是中国历史区域中彝族地方政权的最高统治者，"毕摩"是彝族人信仰中人神之间的使者。如果说"君长"主管行政的话，那么"毕摩"则主管"信仰"，因此有学者认为彝族历史上实行的是"神守——鬼主制"。基于彝文古籍的历史特点，彝文文献中蕴含了丰富的历史、信仰、语言、音乐、美术、民俗、民间知识、传统体育等文化。关于黔西北濒危彝族钞本文献的文化研究，子项目负责人王俊有过专题研究，他在项目专著《彝族非物质文化遗产研究》中有过专门表述，具体如下：

在历史研究方面，依托于黔西北等地的彝文文献，方国瑜完成了《彝族史稿》，并在书中详细提出了影响深远的彝族"北来说""氐羌说"的观点，方国瑜等认为彝族是北方的羌人南迁形成；易谋远完成了《彝族史要》，在书中，易谋远提出了彝族"母族昆夷而祖古东夷"的观点。无论什么学科背景，要研究彝族历史，离开黔西北的彝文古籍根本不可能实现。

彝族民间信仰是彝文钞本文献文化研究的重要内容。在19世纪末和20世纪初，有不少外国传教士进入中国彝族聚居区，为了传教的方便，他们了解彝区的风土人情、学习彝族人的语言、历史和文化，由此产生了独特的传教士彝学研究成果，代表人物有法国传教士保禄·维亚尔、利埃达尔，英国传教士伯格理等。保禄·维亚尔于1887年至1917年间在今云南省的石林彝族自治县传教，直至病逝于石林，共30年，在这30年中，保禄·维亚尔不但学会了彝语，还向彝族毕摩学会了古彝文，并于1880年发表了《云南罗罗文字研究》，1909年出版了《法倮字典》，该书对后来国际彝学的研究产生了深远影响。

近现代进行彝族民间信仰研究的"他观"者多为具有西学背景的中国人类学、民族学家，他们受过人类学的系统培训，秉承人类学尽可能价值中立的原则，对云、贵、川等省的彝族聚居区进行了大量详实的田野调查，并由此产生了许多在国内外有广泛影响的成果，代表性的有杨成志的《云南罗罗族的巫师及其经典》《罗罗太上清净消灾经对译》，《云南罗罗族的巫师及其经典》发表于1934年《地学杂志》第1期，作者将收集到的一百三十部彝族毕摩经典分为献祭、祈愿、做斋、禳祓等十六类进行阐述，《罗罗太上清净消灾经对译》刊载于1932年10月的《国立中央研究院历史语言研究所集刊》第四本，丁文江的《爨文丛刻》是一部彝族文化的集大成之作，其中收录的十一部彝文经典囊括了彝族的历史、宗教等内容，1939年雷金流考察云南澄江松子园彝区撰写的《云南澂江罗罗的祖先崇拜》，陶云逵考察云南彝区撰写的《大寨黑彝之宗族与图腾制度》，马学良的《罗民的祭礼研究》《倮族的巫师"呗耄"和"天书"》，陈宗祥的《倮罗的宗教》等都是对彝族的民间信仰进行的专题研究。1949年中华人民共和国成立后，许多曾经从事彝族民间信仰研究的人类学家、民族学家依旧进行着相关研究。马学良于1993年出版了《彝族原始宗教调查报告》，于1998年出版了《彝族经籍文化辞典》。《彝族原始宗教调查报告》是马学良对曾经取得的彝族民间信仰研究成果的重要补充，其中的一个调查点"三官寨"是黔西北的一个彝族村寨。《彝族经籍文化辞典》是马学良从事彝族研究的集大成之作，凝聚了他几十年的心血，其中有关彝族民间信仰的内容详尽而准确，是进行彝族民间信仰研究的十分重要的参考资料，等等。

历史上彝族民间信仰的"自观"者多为彝族社会的精英层，研究主要由彝族文字和宗教的掌控者"毕摩"群体来进行，由于"毕摩"群体师承的差异而产生出不同的"毕摩"流派,不同"毕摩"流派对彝族民间信仰的诠释和演绎不尽相同。但从历史来看,无论是何流派,由于受地理环境、经济条件及封建正统思想的影响,彝族民间信仰的"自观"研究多局限于具体的空间,影响范围极小。近现代彝族民间信仰具有影响的"自观"研究当肇始于1933年曲木藏尧的《西南夷族考察记》,该书虽文字不多,但对彝族民间信仰却有详细记载。1936年《爨文丛刻》的出版是彝族民间信仰研究的一个重大突破,《爨文丛刻》是地质学家丁文江到大定(今贵州大方县)后行程受阻,百无聊赖中转而研究"倮倮文"(即彝文)的成果。成果开始于一本叫《玄通大书》彝文古籍,而这本古籍的得到也颇有讽刺意味,"第一部搜集到的是《玄通大书》是内地会教士斯密特(Schmidt)小姐替我八元钱买来的。"① 作为毕摩圣物的经籍却是由一个传教士八元钱就买得,可见当时的彝族民间信仰已式微到何等的地步,更具讽刺的是将丁文江搜集到的彝文翻译成汉文的也不是彝族的智者毕摩,而是五十多岁才开始学习彝文的半路出家的基督教徒罗文笔,"其后有人介绍一位罗文笔先生,他已经七十岁,少年时曾经应该是县牧。他自己说原来是白夷家(白倮倮)。本不懂倮倮文。五十岁以后信了耶稣教(先在内地会,以后转入安息会),想用倮文翻译圣经,后发奋学起来。"② 正应了中国那句老话"有心栽花花不开,无心插柳柳成荫",《爨文丛刻》第一次通过彝文古籍的译注出版向国内人民系统化地介绍了彝族人的民间信仰,在国际人类学、民族学研究中产生了积极的影响,对于彝族文化研究、彝学学科的建立具有里程碑式的意义。

　　文献是语言的"文字"话表述,彝族语言研究是彝族钞本文献研究的另一种方式。在彝族语言研究方面的代表性成果有专著《彝语结构助词研究》《他留话研究》等;代表性的研究生学位论文有《彝族学生中介语使用研究:以宁蒗县为个案》《凉山彝族田坝人语言文化研究》《大姚县三台乡彝族青少年语言使用情况研究》等;代表性的期刊论文有《两年来彝族语言文字的发展》《彝族与拉祜族的历史语言比较研究》《彝语阿扎话的语言活力评估》《彝汉杂居区彝族的语言生活:云南通海县里山乡彝族个案研究》等。相关成果或以彝语本身为研究对象,或以彝语的使用与传承为研究内容,对彝语进行了程度不同的研究,这些研究为彝语的传承提供了一定的理论参考,经过分析可知,对彝语进行研究的一个重要前提是必须熟知彝语,随着彝语在社会大环境下的逐渐式微,掌握彝语的人正逐渐变少,从事彝语研究的人正呈现出一种青黄不接的态势。有民俗学的强势支撑,民间

---

①② 丁文江:《爨文丛刻》,贵州大学出版社2011年版。

文学作为一门显学一直受到追捧,研究涉及民间文学的方方面面,相关成果可谓汗牛充栋、不胜枚举,彝族民间文学研究的代表性成果有专著《彝族歌谣探微》《彝族叙事诗》《彝族民间文艺概论》等。代表性的研究生学位论文有《史诗传统的田野调查》《从民间长诗比较彝族、傣族审美意识的异同》等。代表性的期刊论文有《彝族民间文学中的虎图腾》《论彝族民间长诗》等。

对彝族音乐文化的研究也是彝文文献研究的一个重要内容。彝文文献都是通过彝族的毕摩或摩史通过吟唱的形式表达出来的,本身就具有艺术性。以彝族乐器葫芦笙为例,葫芦笙在唐朝的《蛮书》和宋朝的《桂海虞衡志》等文献中均有记载。

彝文古籍通常都是图、文并茂的,彝文古籍里面的美术内容是彝族美术文化的重要内容。代表性的成果有专著《黔西北彝族美术那史·彝文古籍插图》,该书就是对彝文古籍《那史》中的插图进行研究。其他代表性的成果有《彝族美术前辈民间工艺美术辑》汉、彝、英文对照,《彝族原始宗教绘画(上、下)》和《彝族原始宗教艺术文化初探》等;代表性的学位论文有《彝族"尼木措毕"仪式剪纸研究:以凉山彝族自治州俄千村阿支家族祭祖送灵仪式为个案》《图像与讲述·彝寨中的剪花:云南楚雄姚安县西山彝族村寨服饰剪花传统研究》等;代表性的期刊论文有《彝族美术与古代楚美术的趋同与联系》《巍山彝族民间工艺美术现状与变迁浅议》和《彝族服饰的生态审美观》等。在中国的非物质文化遗产分类中,将民间手工技艺分为工具和机械制作、家畜产品加工、烧造、织染缝纫、金属工艺、编织扎制、髹漆、造纸及印刷和装帧,其他等九类。彝族的手工技艺主要体现在彝族髹漆技艺、擀毡工艺、银饰制作和织染手工等方面。关于彝族传统手工技艺研究的代表性成果有专著《西南民族研究彝族专集——浅析凉山彝族漆器的美学价值》《凉山彝族文物图谱漆器》等等;代表性的学位论文有《彝族黑——凉山彝族植物染黑研究》《云南石林彝族自治县彝族撒尼火草布纺织技术研究》等等;代表性的期刊论文有《彝族漆器的造型、色彩及图纹意蕴》《彝族漆器工艺》等等。

民俗是彝文古籍中重要内容,民俗文化是彝文古籍文化研究的一个重要组成部分,系统性的研究成果有专著《彝族风俗志》《彝族民俗风情》等,研究生学位论文《云南楚雄彝族民俗旅游文化研究》《凉山彝族自治州民俗旅游产品开发研究》等,期刊论文《试论彝族民俗的变迁及其与现代化的调适》《荞麦与彝族民俗》等。没有研究彝族生产习俗方面的专著,研究彝族生活习俗的专著有《中国彝族服饰》《西南彝族服饰文化历史地理——暨民族服饰旅游资源开发研究》《彝族饮食文化》《凉山彝族饮食文化》《彝族建筑文化全球化背景下传承楚雄彝族建筑文化个案研究》。代表性的研究生学位论文有《中国西南地区彝族服饰文化地理研究》《彝族服饰文化研究》等，目前还没有关于彝族饮食方面的研究生学位论文，关于彝族建筑方面代表性的研究生学位论文有《彝族传统生活中的"人神共宅"：探析云南楚雄彝族传统民居中的伦理内涵》《凉山彝族建筑文脉表达及其在现代城市中的传承与发展》等。代表性的期刊论文有《彝族传统文化中的农业知识与实践》《凉山彝族地区主要林业资源开发史述论》《彝族经典中的原始农林牧业与煮茶酿酒的起源》等等。

彝族传统知识是彝文古籍中的重要内容。以彝族医学为例，彝医与藏医、蒙医等其他民族医学一起成为中国传统医学中的重要组成部分。著名的彝药有云南白药、排毒养颜胶囊等。目前对彝族民间知识的研究成果丰富，有关彝族医药的代表性专著有《彝族医药》《彝族医药史》《中国彝族医药学》等，目前无研究彝族物候方面的专著，有关彝族历法研究的专著有《古今彝历考》《彝族古宇宙论与历法研究》等等；医药学是专业性要求很高的学科，作为中华医药的重要组成部分，彝族医药往往进行的是家族传承，掌握者通常都是有长期彝区生活背景的人，有学位授权的科研院所并无专门的彝族医药学科，像云南彝医医院（云南楚雄州中医院）等又无学位授权能力，因此目前还没有专题研究彝族医药的学位论文，目前能查到的与彝族医药有关的研究生学位论文有两篇，一篇是中央民族大学鹿燕的硕士学位论文《中国彝族医药文献现状及分析》，这是一篇彝文古籍研究方面的论文；另一篇是云南大学郑艳姬的硕士论文《小凉山彝族地区医疗体系的人类学研究：以宁蒗县跑马坪乡沙力坪村为个案》，这是一篇人类学视角的关于社区研究的论文，两篇学位论文虽然提到了彝族医药，但实际上与彝族医药的关系不大，不属于彝族医药研究的专题论文，目前没有关于彝族物候与天象方面的研究生学位论文；彝族民间知识方面的期刊论文众多，代表性的有彝医药方面的《彝族医药理论研究》《彝族医药学的发展研究》《彝族医药治疗股骨头缺血坏死》等。彝族物候方面的《上古授时仪式与农事诗——以〈夏小正〉〈七月〉彝族"根谱"为例》等。彝族历法方面的《彝族历法述论》《从彝族古历法谈长夏的本源》《彝族历法与向天坟》等等。

彝族是一个尚勇的民族，彝文古籍中有许多关于彝族传统体育的记载。对彝族传统体育的研究也是彝文古籍研究中的一个重要内容。代表性的专著有《云南彝族传统体育文化》；代表性的学位论文《四川凉山州彝族传统体育现状调查与研究》《腊罗巴文化在彝族民族传统体育起源与传承中的作用》等；代表性的期刊论文有《彝族传统体育文化的起源与传承》《对楚雄州彝族传统体育现状的调查研究》《论彝族传统体育的形成和特点》等等。①

彝文古籍文化的相关研究还有很多，基于项目设计，在此就不一一阐述了。

3. 现有研究成果中存在的主要问题

黔西北濒危彝族钞本文献的研究，分为两个层次，一个是地方性的叙述维度，还原历史真实；另一个是"地方性的普适性"的规范维度，揭示一般意义。前者是基础，后者是深化。从特殊性到一般性。目前的研究成果，在这两个层次上依然是不充分的。主要表现如下。

（1）黔西北濒危彝族钞本文献中反映的彝族思维与论证方式有待研究。

特定民族的思维与论证方式，决定了该民族的行为与生活方式。一方面，思维和论证方式决定了人际之间交往和沟通方式，从而影响到彝族先民之间的言语行为、沟通理性的形成；另一方面，交际沟通和生活方式是思维方式的载体，是物化的思维方式和物质外壳，使得我们可以通过深入研究彝族先民的交际沟通方式和生活方式去探究彝族先民的思维与论证方式成为可能。

（2）黔西北濒危彝族钞本文献中的民间习惯法模式有待研究。

据有关专家推测，彝文迄今已有八千到一万年的历史，并且在广大的滇川黔桂地区长期通用，可以推知，作为有独立文字、有相对独立政权的彝族先民聚居区，其人民之间的民事、刑事等行为，一定有自己独特的民间法律规范。对于这些处于习惯法状态的、在黔西北濒危彝族钞本文献中必定有所蕴含的古代彝族民族民事法律制度的探究，有助于我们更加深入全面地揭示彝族先民的生产生活方式和纠纷解决机制。

（3）黔西北濒危彝族钞本文献中的汉彝文字比较及不同区域间彝族文字比较研究薄弱。

中国古彝文是与中国甲骨文并列的古文字，通过对二者之间产生背景、发展源流的比较研究，可以揭示汉族彝族先民的迁徙流转；通过对古彝文和古汉文语形、语义、语用进行符号学研究，可以揭示两个民族文化的共同性和差异性；通过不同区域间彝族文字比较研究，可以明晰彝族六大方言片区文化的异同。

（4）黔西北濒危彝族钞本文献中的经济命题被长期忽视。

一个民族的发展史，首先是一部民族发展的经济史。通过对黔西北濒危彝族相关钞本文献的研究，当有助于厘清黔西北彝族的经济发展史轨迹，对毕节市曾经进行的建设"开发扶贫、生态建设、人口控制"三大主题试验区和当前正在进

---

① 王俊：《彝族非物质文化遗产研究》，民族出版社2015年版。

行的建设"创新、协调、绿色、开放、共享"新发展理念示范区,无疑具有重要的启示。

四、本研究的主要内容

本研究由四个部分构成,分别是导论、上编、下编和结语。其中"导论"对选题的缘起、价值、意义、基本概念,以及黔西北彝族文献的整理和研究概况等进行了阐述。上编为"黔西北濒危彝族钞本文献的调查整理",包括第一章"黔西北濒危彝族钞本文献调查",第二章"黔西北濒危彝族钞本文献整理"。其中"黔西北濒危彝族钞本文献调查"对"黔西北彝族文献的历史与流布"进行了阐述,并对黔西北彝族钞本文献的搜集整理、濒危程度进行了调查,还对黔西北濒危彝族钞本文献的保护及其问题进行了探讨;在"黔西北濒危彝族钞本文献的调查整理"中,项目对黔西北濒危彝族钞本文献的研究、搜集和整理进行了简述,对项目开展过程中所搜集整理的"黔西北濒危彝族钞本"进行了概述,并结合所搜集的部分濒危彝族钞本文献,对黔西北的部分彝族钞本文献进行了提要梳理,还对黔西北彝族钞本文献的翻译情况进行了概述。下编为"基于黔西北濒危彝族钞本文献的彝族文化思想研究",包括第三章"基于黔西北彝族钞本文献的彝族经籍文学研究",第四章"基于黔西北彝族钞本文献的彝族思维方式研究",第五章"基于黔西北彝族钞本文献的彝族生产方式研究",第六章"基于黔西北彝族钞本文献的彝族法律思想研究"。其中,"基于黔西北彝族钞本文献的彝族经籍文学研究"对彝族传统经籍文学进行了总论,对彝族传统经籍文学的形式进行了分类,对彝族传统经籍文学的内容进行了分类研究,还对彝族传统经籍的文学艺术表达、彝族传统经籍对彝族文学的影响、彝族传统宗教的生态与经籍文学的传承等进行了深入的研究。"基于黔西北彝族钞本文献的彝族思维方式研究"依托黔西北相关彝族文献,对黔西北彝族的原始思维、艺术思维、逻辑思维及黔西北彝族思维方式的整体特征等进行了深入的研究。"基于黔西北彝族钞本文献的彝族生产方式研究"对黔西北彝族传统生产方式的存在及其变迁轨迹进行了概论,并从法律的视域来审视黔西北彝族生产方式的变迁,进行了专题探讨,还对近现代黔西北彝族地区社会经济状况进行了研究。"基于黔西北彝族钞本文献的彝族法律思想研究"对黔西北彝族地区的法治思想、黔西北彝族婚姻习惯法、黔西北彝族地区的继承规则、黔西北彝族契约规则研究、黔西北彝族传统纠纷解决机制、黔西北彝族的道德思想等进行了专题研究。

五、研究思路和主要观点

（一）研究思路

本课题属于跨学科的综合研究，在研究方法上主要采用田野调查法、文献研究法、比较研究法、逻辑方法、符号学方法与认知分析法等。

首先，使用田野调查法。通过田野调查，对黔西北地区濒危彝族钞本文献进行地毯式普查。对黔西北濒危彝族文献的民间保藏量、保存状况等进行深入调查，并力所能及地搜集彝族文献。田野调查不仅针对社区乡民，而且还要和政府相关职能部门、档案机构、科研机构等领导、专家、学者，进行访谈、座谈、问卷调查等形式，进行广泛的交流，集思广益。

其次，对搜集整理的彝族文献进行整理研究。通过文献考据、相互参证，才可能去伪存真，客观描述黔西北彝族人民的社会经济和文化生活情境，同时也可以克服照搬现存西方理论范式，或简单套用其他区域的解释模式等的弊端，避免随意移植现代学术话语，曲解和遮蔽历史的真实。一是将黔西北濒危彝族钞本文献整理与其他地区（如四川凉山）濒危彝族钞本文献整理进行比较研究，吸取文献分类著录整理方面的经验，以确定规范和标准；二是进行现有黔西北濒危彝族文献抢救保护模式的比较，以便选择和确立合适的抢救保护模式；三是把对黔西北濒危彝族钞本文献的解读，置于整个西南彝族六大语言片区的大背景下，既关注黔西北濒危彝族钞本文献的特殊性，又要通过纵向比较，探究西南彝族六大语言片区彝文文献的共同性。在黔西北濒危彝族文献抢救保护模式的多重机制中，最重要的机制之一就是多方参与的民间分布式抢救保护区、保护点的建设，需要让彝族人民对黔西北濒危彝族文献抢救、整理工作有参与的热情，有被尊重的感受。黔西北濒危彝族钞本文献的特殊性，在于它是彝族人民在数千年的历史发展进程中形成的一种古老的原生文字，与甲骨文同属世界六大古文字之一，是彝族至今仍通行的表意文字。彝文不是借用和模仿汉字的产物，其中蕴含着彝族先民特有的思维和论证方式，以及传承者自己特有的思维和论证方式。通过对黔西北濒危彝族钞本文献中所见彝族人民日常言语行为的逻辑学、符号学和认知科学研究，可以帮助我们认知彝族先民特有的思维和论证方式，从而为全面地正确解读黔西北濒危彝族钞本文献提供方法论的保障。

（二）主要观点

本研究认为，黔西北濒危彝族钞本文献是彝族人民的瑰宝，是中华民族的瑰宝，对丰富中华文化宝库具有重要的意义，从政府到民间都应该加大保护传承的力度。从传承的角度看，作为毕摩专有的文本，黔西北濒危彝族钞本文献的活态传承只能依存于毕摩的存在，而毕摩的存在须以彝族的传统信仰为依托，这是一种以"彝族六祖"为核心的信仰体系。综上所述，黔西北濒危彝族钞本文献整理研究是新世纪濒危语言典藏视野下一次濒危文献抢救和保护的重要行动。濒危语言典籍具有强大的功能性，即保存行将消失的语言和文化信息。为了实现典籍的这一功能，本研究搜集了濒危的彝文文献、濒危的彝语词汇，还对部分濒危的彝文文献进行了翻译和标注，同时对濒危文献的内涵进行研究。这些文献资料对本民族汲取传统文化精华，以及本土知识的传承传播有着不可替代的作用，可为民族地区的经济社会发展提供现实的智力支持。同时，濒危语言典藏理论认为各种语言文献都是人类文明的成果，所记录的语言文献应该归全人类共享。基于此，本项研究所建立的语料库包括其出版物都是中华文明之黔西北古彝文明融入世界文明的第一手资料。

上 编

黔西北濒危
彝族钞本文献
调查整理

第一章

黔西北濒危彝族钞本文献调查

  黔西北濒危彝族钞本文献调查路线是以历史背景与当代现状结合进行的。项目组以毕节市政府所在地七星关城区为中心，向东沿326国道，经大方县到凤山乡，访问张道明、王天奎等毕摩。沿321国道经大方、黔西县城，往黔西县城东北到定新乡访问宋毕摩，到永燊乡访问罗国玉毕摩。从七星关城区经大纳公路，到大屯乡访问陈毕摩，到田坎乡访问潘毕摩，再向东进经龙场营镇到金沙马路乡访问沙中心、宴朝辉毕摩。从七星关城区向西，沿326国道，经赫章县城，沿赫章到财神、可乐、河镇公路，访问财神的阿侯王姓毕摩，结构乡、朱明乡阿景王姓毕摩及其后人，到可乐乡访问觉卧李姓毕摩，到河镇乡访问支纪王姓毕摩，罗姓与洛啥凯毕摩。经赫章县城到妈姑镇访问陈姓和文姓毕摩的后人，到双坪乡访问两家王姓毕摩的后人。沿326国道经赫章、妈姑到威宁县板底乡访问龙毕摩家，再从威宁县城向西北，到牛棚镇访问禄毕摩的后人，到龙街镇铺嘎、白磨院子访问安姓毕摩或其后人，再到云贵乡访问禄毕摩。从威宁县城到龙场镇访问龙、田、王三姓毕摩，新发乡开坪村访问85岁的车口陈开学老毕摩及其徒弟。从赫章县城经212省道，到六盘水市水城县汪家寨访问嘎娄杨兴德毕摩，再经水城去果布嘎乡大寨村访问陈兴平毕摩，到鸡场乡访问年轻的曹毕摩，到盘县访问高毕摩回到水城，经水纳公路，到纳雍黄家垄阿诺科访问文顺益毕摩。除上述外，项目组还对贵州保存彝文古籍的相关机构进行了调查，按所制订的调研计划，完成了田野访问的作业。

第一节　黔西北彝族文献的历史与流布

历史上，彝族各部在黔西北存在了数以千年，以后来的阿者水西与乌撒两部而言，到公元 1664 年，分别存在了 1 500 余年和近 1 300 年。在今贵州省及毗邻地区，水西部以妥目亥索、渣喇家为首席毕摩，有毕余莫德等若干家世袭毕摩，妥目亥索是水西阿哲的家族，共祖于俄索毕额一代。《大定府志》所录的"白皆土目安国泰所译《夷书》九则"称："其先，蛮夷君长突穆为大巫，渣喇为次巫，慕德为小巫。"[①] 突穆即妥目亥索家；乌撒部以维遮阿尼、麻博阿维家为首席毕摩，有德歹、举雨、阿都乃素等若干家世袭毕摩；磨弥部以德勒，芒部以益吉洛安，乌蒙部以阿寿等若干家世袭毕摩。这种传承形式主要延续到清康熙初年，少部分还延续到 1949 年前。这些世袭毕摩家族，是历史上黔西北彝族钞本文献权威的持有者、传承者和传播者，清理彝族钞本文献的源头，一定和必然是要追溯到这些家族里去的。

一、彝文的起源与文献载体

贵州《大定县志》卷十三风土志记载：明朝"安国亨所译夷书九则，内载阿町唐时纳垢酋，居岩谷撰爨字，字如蝌蚪，三年始成，字母一千八百四十，号曰韪书，即今彝字。文字左翻倒念，亦有象形、会意诸义"。《天启滇志》、《一统志》、《滇系·杂载》、《景春云南志》、《云南通志》（旧）、《开化府志》等也有类似记载。这是一种流传广泛、历时久远的说法古彝文"阿町造字说"。据此有学者认为象形、会意是彝文的主要造字法，而且用汉字"六书"造字和用字规律来解释彝文造字。马锦卫认为彝文的产生可能在古夷人时代，产生的年代不会晚于六祖分支时期，即春秋战国时期[②]。彝族人民在黔西北地区建立过持续千年的水西和乌撒地方政权，据有关彝学专家推测，彝文应有几千年的历史。从贵州大方县明万历年间的水西大渡河桥彝汉文碑刻，以及明成化彝汉文钟看，在明朝时，彝文就已成为广泛使用的成熟文字，可以推测彝文在明朝前经历了一定时期的演化过程。

---

① 贵州省毕节地区地方志编纂主任委员会：《大定府志·旧事志五》，中华书局 2000 年版。
② 马锦卫：《彝文起源及发展考论》，西南大学博士论文，2010 年，第 148 页。

黔西北濒危彝族钞本文献载体有纸、铜、石、木、竹、皮、布、绢等物质材料,从而形成纸书、岩书、布书、瓦书、皮书、竹简、木牍、骨刻、木刻、金石铭刻等形态,其中绝大部分为纸书,金石铭刻次之。早期刀刻文字在木牍、竹简、骨头上,以竹片捣柔软削尖成笔,或以松尖笔,蘸石墨、朱砂或红色泥土,书写于皮、崖、丝绢、布帛等物之上。造纸技术传入彝区后,彝文文献载体逐渐脱离皮、丝绢、布帛等物,大量落于皮纸等纸质载体之上。兽毛笔替代了竹、松等书写工具,精制的矿物与植物混合墨取代石墨、朱砂墨水,钞本文献也因而发达和丰富起来。以竹、木刻,竹、木简为彝文载体,目前见于文献《西南彝志》《彝族源流》和《物始纪略》等文献中"木刻竹简,堆积如柴薪"或"堆放如柴禾"的记载。皮书即以牛、羊皮为载体的彝文文献,在毕节地区境内大概残存有10件左右,其中保存较完整的是毕节市彝文文献翻译研究中心收藏的牛皮文《余吉米体访亲记》1件。贵州省毕节市彝文文献翻译研究中心收藏的《摩史苏》即木刻件的其中之一。贵州工程应用技术学院彝学研究院收藏有牛皮封面《札署》1件。明清以来的数以万计的彝文文献都是以构皮纸作载体的。石刻为载体的文献有数千件,绝大部分也形成于明清时期。

二、毕摩与文献的流传

"毕"为彝语"诵经"之意,也有彝语将"毕"发音为"布"。"摩"为彝语"有知识的长者","毕摩"也称为"布摩"(本研究中由于参考文献的不同,有"毕摩"和"布摩"两种表述,均是同一意思),就是念诵经文的长者。需要说明的是这里的"长者"代表的不完全是年龄,更是对"毕摩"从业者的认可和尊重,毕摩不是老年人的专利,中年人、青年人和少年等经过专业的传承学习也能充当。在彝族政权社会中,"毕摩"属于兹(君)、莫(臣)、毕(师)三位一体统治结构中的"毕(师)",主管礼赞、祈祷和祭祀。"毕摩"内部有等级之分,"毕摩"可分为"毕摩"(大法师)、"毕兹"(二法师)、"毕惹"(众多的小法师)等,随着彝族政权的瓦解,毕摩文化逐渐衰落,"毕摩"内部的等级越来越被人们淡化,"毕摩""毕兹"和"毕惹"等均被称为"毕摩"。因此"毕摩"的真正含义是有知识的智者,是彝族社会知识的集大成者,而不一定是长者。

黔西北彝族文献的流传与历史上黔西北彝族政权的分布是一致的。与现实空间相对应,黔西北濒危彝族钞本文献的分布,地理分布主要是基于古代统治家族的分布,黔西北的东部,以七星关城区为分界线,往东的大方、金沙、黔西,东南方的织金、纳雍直至贵阳市的各县市区,是水西阿哲家族的统治范围。七星关城区往北20余公里,是扯勒部的统治范围;七星关城区往西经过赫章、威宁两县县城，并一直到离云南省昭通市府所在地10余公里的地方，贵州省与云南省曲靖市下辖的宣威市接壤的北盘江流域，是乌撒部的统治范围。这样几片地方，面积在2.6余万平方公里，也就是黔西北濒危彝族钞本文献的地理分布，这种分布主要是阿者、乌撒两个家族的分布所决定的。阿哲、乌撒两个家族任用的毕摩是黔西北彝族钞本文献的持有者和传承者。

家族的分布同样也基于地理分布，两者紧密相关。水西阿哲王室家族以其近亲家族的果瓦、渣喇、亥索、慕德四大家为世袭毕摩，《夷书》"九则"称："其先，蛮夷君长突穆为大巫，渣喇为次巫，慕德为小巫。"四大家为世袭布摩家族，掌握彝文，为王室所供养而占有大量的土地，后来甚至也成了雄踞一方的土目（官）；乌撒部同样也立其亲近家族的阿尼、举雨家为世袭毕摩，后来又启用阿维和阿都乃索等外姓布摩作世袭毕摩。水西阿哲王室之下有四十八土目，每家土目起码任用两姓人作世袭毕摩，在水西阿哲家族统治下的地区，做毕摩的家族在历史上曾达上百个家族，这种痕迹尚保留在当地的白沓、恩孜等彝族姓中。乌撒部下面有二十四土目，每家土目按常规，至少任用三姓人做世袭毕摩，如牛棚子禄姓土目任用严（支机）、王（阿尼）、德歹（禄）、杨（欧寓）等多姓毕摩，住今威宁雪山一带的大官寨土目任用卢（毕余莫岱）、王（阿尼）、安（阿维）等三姓布摩。

《迎布摩经》载："……主人商议请布摩，纪古地方布摩多，……东边布摩多，有举雨、有诺怒、有阿瓯威名，亥索如虎啸，却都在得远，远了请不来。西边布摩多，（阿芊）陡家有德歹布摩，笃（磨弥）家有直娄布摩，乌蒙家有阿娄布摩，有阿娄阿阁布摩，芒布家有依妥布摩，有依妥洛安布摩，……北边布摩多，阿租迫维是布摩，麻靡史恒是布摩，维遮阿尼是布摩，阿蒙举雨是布摩。"[①]"……阿者以亥索氏为布摩，举雨的布摩神是雾形，阿载的布摩神是鹰形，阿尼的布摩神是鸡形。……陡家德歹氏，芒布有益吉氏，益吉洛安氏，阿底家有支吉氏。……乌蒙部有阿收氏，阿收阿阁氏。益支布摩声望大，麻育布摩很突出，……还有毕余孟德氏，麻弥史恒氏，赫海（芒布）地方布摩济济。笃磨（弥）以德勒为布摩，又有阿租迫维氏，都是世袭布摩。"[②] 彝族钞本文献的传承、拥有者是彝族毕摩，而彝族毕摩又是先时的彝族君长、后来的彝族土司所世代供养而为自己服务的。毕摩的世袭是以土地的继承作支撑的，部政权君长直到演化为土司的漫长时期，都给毕摩世家一片可观的土地，这就形成了如今黔西北彝族文献的流传格局。

---

① 根据贵州省威宁龙场刘松林布摩家原书、毕节地区彝文文献翻译研究中心第717号藏书翻译。
② 根据贵州省威宁县迤那镇拖沟已故布摩禄小玉家所藏的《迎布摩献酒经》一书翻译。

第二节 黔西北彝族钞本文献的保存现状调查

一、馆藏机构及其馆藏彝族文献

黔西北濒危彝族钞本文献蕴藏量大，分布面广，从 20 世纪四五十年代的 1 万多册逐步锐减到 8 000 多册、5 000 多册。在 20 世纪的 1990 年至 1997 年间，有关机构对黔西北濒危彝族钞本文献进行大面积调查、登记，登记了 3 500 余册，对其中的 1 274 册按政治、历史、天文、地理、哲学、文学、算学、宗教、军事等 42 个类别进行分类，以《彝文典籍目录·贵州卷（一）》的成果形式出书。2000 年 6 月起，毕节地区成立《中国少数民族古籍总目提要·彝族卷》编目领导小组，除做好毕节地区彝文翻译组的藏书编目，组织人员分别到贵州省博物馆、大方奢乡博物馆、毕节地区档案馆、黔西、织金、大方、威宁、赫章等地进行编目登录，到 2005 年 11 月，完成《中国少数民族古籍总目提要·彝族卷》条目 2 600 条，形成了《中国少数民族古籍总目提要·贵州彝族毕节地区》的成果。在此基础上，本课题组沿所制定调查线路再次对黔西北濒危彝族钞本文献进行搜集、编目，对毕节市档案局（馆）、六盘水市，贵州工程应用技术学院彝学研究院的近 300 部（册）黔西北濒危彝族钞本文献作了规范性编目，根据调查，黔西北濒危彝族钞本文献 15 家国家机构收藏有 2 613 册，具体机构收藏现状如下：

（1）毕节市彝文文献翻译研究中心收藏有 1 330 册（部、卷），分别为谱牒类文献《六祖纪略》《乌撒谱》《布布世系》《阿哲世系》《扯勒世系》等 40 余册（部、卷）；历史类文献《彝族源流》《十二部勾则》《摩史诺沤苏》《摩久》《驿道记》《古哺记》《阿芋陡九十重宫殿》等 30 余册（部、卷）；哲学类文献《宇宙人文论》《黎咪》《苏巨黎咪》《哎哺诗篇》《舍窘伟》等 20 余册（部、卷）；天文历法类文献《苏舍》《苏莫》《吉禄札》《细札》《诺札》《奶笃札》《雅哺》《磨帕》等 100 余册（部、卷）；军事类文献《阿哲乌撒的战争》《笃慕战鄂莫》《俄索毕余战苏蝡武》《水西抗击吴三桂》《菲德论手段》等 30 余册（部、卷）；丧事祭祀类文献《细载》《热梳热肯》《细布》《细乃》《叶孔叶托》《额歹默岸》《确舍默鞍》《摩细摩恒》《那史纪特》《布觉写》《纠赠》《任沽》《解冤经》《权苏》《特权》《遣送死星经》《丧祭经》《丧仪经》《指拨归宿经》《鲁补大论》等 350 余册（部、卷）；丧事消灾类文献《玉珠》《诺陡》《许陡》

《塞陡》《哼本》《哼岔术》《鲁补鲁旺》《禹陡》《玉陡》等 300 余册（部、卷）；祭祖类文献《招灵经》《绾草招灵经》《乌撒祭祖经》《祭祖大典图文经》《匹筛》《化替》《尼目》《维哺陡》《女课尼目》《则特》等 200 余册（部、卷）；献酒类文献《丧事献酒》《婚事献酒》《年节献酒》等 60 余册（部、卷）；指路类文献《翁摩》《翁摩觉默》等 20 余册（部、卷）；祭祀神祇类文献《麽色把》《省舍多》《鲁弄》《吉禄弄》《祭山诵经》《安神消灾经》《搭桥续寿祈生育》《续寿命经》《求延年益寿》等 30 余册（部、卷）；丧事艺文类文献《摩诺》《益侯》《尼巧》《细沓》《肯咪》《肯洪》《铺窘莫筛》等 50 余册（部、卷）；婚事艺文类文献《诺沤》《曲姐》《阿买恩》等 40 余册（部、卷）；祈福消灾类文献《局卓布》《恒拖陡》《野课》《苟哺陋》等 50 余册（部、卷）。这些文献 1955~2012 年搜集或征购于威宁自治和大方、赫章、毕节、纳雍黔西、水城、织金等县市。

（2）毕节市档案馆藏有《载苏》《诺沤》《吉禄札》《彝家宗谱》《十二勾则》《禹陡苏》《局卓布》《局卓献酒经》《指拨归宿经》《解灾经》《阿鲁除魔记》《择期书》《天地的起源》《丧仪经》《叙根源》《曲姐苏》《挖土出七日占算》《阿买恩》《家园禳解经》《遣送死星经》《诺沤苏》等 171 余册（部、卷），在 2007~2010 年四年间，搜集征购于威宁自治县和织金、赫章、七星关等县区。

（3）贵州工程应用技术学院彝学研究院藏有《凶兆算书》《算书》《献酒经》《献山诵经》《占亡书》《肯洪苏》《更换祖筒经》《丧祭释名经》《择期书》《丧仪大经》《竹卦经》《祈福消灾书》《丧祭礼俗经》《札苏》《解冤经》《祭土地神树书》《更换祖筒经》《早祭指路经》《消灾经》《鲁朵的雨点》《鲁补鲁旺》《占病书》《局卓布苏》《献牲经》《安魂经》《解灾经》《迎接布摩书》《去污除垢书》《鲁补大论》《破除诅咒经》《破迷恋经》《丧仪经》《遣送退雷书》《迎布摩献酒经》《扶正土地神书》《打铜织绸书》《禳解消灾经》《勘屿书》《黎咪苏》《吉禄炸苏》《六祖的来源》《不祥之兆占算书》《肯洪书》《诺沤苏》《凶兆算书》《献酒经》《献山诵经》《肯洪苏》《更换祖筒经》《丧祭释名经》《择期书》《丧仪大经》《竹卦经》《祈福消灾书》《献山诵经》《丧祭礼俗经》《札苏》《解冤经》《祭土地神树书》《更换祖筒经》《早祭指路经》《消灾大经》《局卓布苏》《献牲经》《占病书》《择期书》《安魂经》《解灾经》《迎接布摩书》《去污除垢书》《破除诅咒经》《破迷恋经》《丧仪经》《遣送退雷书》《迎布摩献酒经》《札苏》《安魂书》《扶正土地神书》《打铜织绸书》《禳解消灾经》《家园禳解书》《勘屿书》《消灾献酒经》《局卓布苏》《黎咪苏》《安置祖灵书》《吉禄炸苏》《消灾经》《六祖的来源》《丧祭经》《不祥之兆占算书》《肯洪书》《占算书》《诺沤苏》等 160 余册（部、卷），系 2012~2016 年间，在威宁、赫章、纳雍、水城等县区境内搜集或征购。

（4）大方县奢香博物馆、大方县档案馆藏有《献酒书》（10余部）、《寻亡灵经》《丧仪经》（20余部）、《弭苏》《丧祭献酒》（10余册）、《丧祭释名经》《招灵经》《释述经》《祭奠经》《解灾经》（10余册）、《送污秽经》《洁净经》《解除灾难经》《指拨归宿经》（10余册）、《散丧收场经》《解冤经》（10余册）、《洁净寻归宿》《治病经》《献祭回熟经》《献酒献茶经》（10余册）、《献茶献酒经》（5册）、《六祖谱系》《祭祖》等109余册（部、卷），1986～1996年搜集于大方、威宁自治等县境内。

（5）威宁自治县民宗局藏有《竹卦》《六十甲子》《丧仪》《指路》《曲姐》《解冤书》《解灾书》《治星书》《鲁补》《支嘎阿鲁》等20余册（部、卷），1984～1987年征集于威宁自治县牛棚、幺站、二塘等区乡境内。

（6）赫章县民宗局藏有《延请毕摩经》《丧祭经》《打铜织绸经》《目确舍织绸》《四成邑织绸》《指路经》《毕摩礼仪经》《破死》《慰死者》《责死神》《清灾难》《鲁补鲁旺》《射哼怪》《馈献牲礼》《献药供牲》《打铜织绸》《哭祭经》《掩坑经》《叙谱分支》《延请毕摩经》《织绸溯源》《丧祭经》《那史释名》《论死经》《丧祭释名经》《献早晚祭饭》《献祭了愿》《那史》《归死丧礼》《牛猪牲丧礼》《驮魂马丧礼》《指路经》《禳署鬼》《除恶》《禳未果》《除污祟》《丧祭》《播寿命与收生命》《老死善终》《举行丧祭》《丧祭礼俗》《馈赠祭礼》《确舍织绸》《悼死经》《追死根》《鲁补鲁旺定分野》《请毕摩》《献茶》《断诅咒》《了心愿》《退神献祭》《查验祭牲》《指路献祭》《贤媳祭婆》《贤孙祭祖》《孝子祭父》《姑母灵堂诵词》《黑鼠祭母》《白龙祭母》80余册（部、卷）1997～2010年的十余年间，搜集于赫章县妈姑、兴发、双坪、朱明、财神等乡镇境内。

（7）大方县民宗局藏有《献酒经》《指路经》《解冤经》《诺札苏》《特榷苏》《慕道靡杜》等20余册（部、卷），1986～2016年搜集、征集大方县境内。

（8）贵州省博物馆藏有《德布谱系》《德施九天君》《延请毕摩经》《织绸溯源》《丧祭经》《那史释名》《丧祭经》《论死经》《那史释名》《丧祭释名经》《解冤经附指路经》《禳解消灾经》《解冤经》《解咒经》《哭祭经》《祭祖经》等51余册（部、卷），1957年，贵州省民委搜集威宁自治县黑土河乡，而后转交给贵州省博物馆。

（9）国家图书馆藏有《解冤献酒经》《招魂慰魂经》《解灾大全》《斗死经》《解灾经》《退邪经》《黎咪苏》《细沓把》《去污经》《解污秽经》《丧祭大经》《乌撒史拾轶》《解灾会要》《治福禄经》《解困除秽经》《换祖筒安祖灵》《解困灾经》《续寿命树经》《丧祭迎布摩献酒经》《指路经》《鲁补鲁旺》《支嘎阿鲁记》《吉禄札》《择期大书》《哎哺世系》《尼能世系》《什勺世系》《米靡世系》

《六祖世系》《诺陡苏》《更换祖筒经》《续生命树》《祭土地神》《司车输诏》《鲁朵根本》《日月谱》《瞿叟根源》《阿莫鲁瞿根源》《鲁朵陷坑》《宰杀地龙蛇》《揭开绚丽天地》《论哼哈》《铜像》《支嘎阿鲁传》《摩史丧仪书》《天开地辟的开始》《君长与族谱》《布默功业》《六祖谱牒》《洪水泛滥史》《尼能与什勺》《哎哺与开天辟地》《鄂莫源》等70余册（部、卷），2008～2013年征集于威宁、七星关两县区境内。

（10）中国民族图书馆藏有《西南彝志》《吉禄大书》等10余册（部、卷），1977～2009年搜集于大方、威宁等县境内。

（11）中央民族大学古籍研究所藏有《玄通大书》《支嘎阿鲁玄通书》等5余册（部、卷），1982～2009年搜集于威宁自治县等县境内。

（12）西南民族大学文献中心《指拨归宿经》《阿鲁除魔记》《择期书》《天地的起源》《丧仪经》《玄通大书》《解冤经》《德施谱系》《叙根源》《那史纪特》《遮觉苏》《解冤经》《局卓献酒经》《曲姐苏》《家园禳解经》《献酒经》《遣送死星经》《诺陡苏》《谱书》《诺沤苏》《丧祭驱鬼经》《消灾驱鬼经》《丧祭与消灾》《绾草招灵经》《局卓布苏》《解冤经》《阿鲁除魔书》《更换祖筒经》《铺窨莫筛》《那史纪特》《布觉写》《细沓》《省舍多》《堵维札》《司车苏》《把苏》《纠期苏》《鲁补鲁旺》《曳卡》《借古苏》等110余册（部、卷），2005～2010年搜集于威宁自治县和赫章等县境内。

（13）贵州民族图书馆藏有《祭土地神书》《指路经》《那史释名一》《那史释名二》《那史释名三》《去灾经》《塞特阿育（故事诗）》《婚仪诵本》《洪水与笃慕》《嫁歌歌词集》《阿鲁预测书》《乌撒部族史》《古氏族谱系》《哎哺与开天辟地》《尼能与什勺世系》《洪水泛滥史》《六祖世系》《布默功业》《摩史丧仪书》《支嘎阿鲁传》《阿哲君长世系》《消灾仪式大古经》《君长与族谱》《解冤经》《省舍多》《鲁补鲁旺》《家园禳解经》《德布谱系》《掩坑经》《破迷恋经》《安魂经》105余册（部、卷），2009～2015年搜集于威宁自治县和赫章等县境内。搜集于威宁自治县和赫章、大方、七星关等县境内。

（14）六盘水市档案馆藏有《摩细摩恒》《玉珠》《靡色把》《续寿命经》《布觉写》《吉禄札》《细札》《诺札》《奶笃札》《解冤经》《开天地门经》《指路经》《丧仪经》《掩犯重丧经》《招灵经》《绾草招灵祭》《尼能丧仪经》《择解除诅咒日子》《札苏谟》《占病书》《择日期书》《吉禄大书》《献酒经》《丧场献酒经》《家园禳解经》《更换祖筒经》《占亡经》《指拨归宿经》《开路经》《退神书》《插神枝书》《洁净》《示范》《赞美》《离世》《骑魂马》《撵牲》《受地》《成全》《美食》《盛装》《美德》《立根本》《迈步》《磨戟》《挎弓》《备盾》《打仗》《复仇》《驻足》《叙火》《连姻》《婚配》《生子》《建房》《食租》《成

功》《祭祖》《施寿》《扎根》《果熟》《示礼》《献仪》《修天补地》《矛系缨》《动摇》《布置日月》《权势出现》《建基立业》等252余册（部、卷），1982~2014年搜集于六盘水市水城、钟山、六枝和威宁自治县等县区境内。

（15）水城县档案馆藏有《丧仪大经》《占亡书》《日建占亡书》《占病经书》《消灾经》《交待生育经》《告土地神书》《献酒经》《进新房书》《占算伤病书》《更换祖筒经》《招灵经》《指路经》《占病书》《消灾经》《丧仪经》《解冤经》《解灾经》《丧仪经》《开天地门经》《招魂经》《招灵入祖经》《命运预测书》《年节献酒经》《开宇宙门书》《给归宿经》《解灾献酒经》《勾曲谷》《甲子》《择日期书》《吉禄大书》《献茶献酒经》《祭祖》等125余册（部、卷），1982~2014年搜集于水城县、钟山区境内。

除了上述统计的15家国家单位外，中国革命博物馆、清华大学图书馆和贵州民族研究院、贵州民族大学的公家与私人有一部分数目不详的收藏。在15家国家单位的收藏中，国家图书馆、中国民族图书馆、贵州民族图书馆、毕节市档案馆、六盘水市档案馆、贵州省博物馆、西南民族大学文献中心7家单位收藏条件好，防火、防潮、防盗、防酸、防损毁等手段有力，措施到位，另外8家的收藏条件，除贵州工程应用技术学院彝学研究院和毕节市彝文文献翻译研究中心两家目前正在改善中，其余几家还亟待改善。

二、民间毕摩保存的民间文献

黔西北民间毕摩收藏有大量的濒危彝族钞本文献，例如：

（1）贵州省毕节市威宁县龙场镇长坪村岩脚组王继尧家收藏有《解冤经》《祭祖经》《指路经》《神通大书》《祈福消灾经》《六祖谱牒》《解尼能愆尤经》《解恒投冤愆》《解权势冤愆》《驱风经》《掩犯坑经》《施祭经》《伯助哭灵经》《破死经》《解婚配联姻冤愆经》《解冤献酒经》《求威借神力》《慰死经》《布摩解冤经》《进三段箴言》《退财物之污》《迎接根本》《求举偶神威》《求笃慕神威》《求克博神威》《点毕摩谱借神力》《借助毕摩威力》《借日月神力》《借威势神力》《借十二神神力》《借十二圣神力》《借天地神力》《借祖先神力》《借土地神力》《借高山平坝之力》《借土主神力》《解身上灾难》《解年月所克》《解年灾月灾》《除年丧月丧》《解年月灾难》等。

（2）贵州省六盘水市水城县果布嘎乡大寨村陈兴平家收藏有《占病书》《占死书》《占失落书》《献酒书》《献草书》《驱司署鬼经》《婚姻经》等。

（3）贵州省六盘水市钟山区经家寨镇杨兴德家收藏有《支嘎阿鲁除魔书》《祭土地神书》《局卓消灾书》《早祭晚祭书》《祭吉禄神书》等。

（4）贵州省六盘水市钟山区经家寨镇杨兴举家收藏有《吉禄札》《细赠苏》《禹陡苏》《玉珠苏》《细踏哭灵书》等。

（5）贵州省威宁自治县板底乡雄英村龙顺峰家收藏有《开天门书》《指拔归宿书》《婚事退车马书》《择找吉日书》《占算预兆书》《黎味哲理书》。

（6）贵州省大方县风山村张道明家收藏有《特榷书》《解冤献酒经》《年节献酒经》《百解经》。

（7）贵州省黔西市永乐乡磨里村罗国玉家收藏有《玄通大书》《献药经》《退灾退污经》《丧仪仪式经》。

（8）贵州省毕节市金沙县马路乡箐上组沙忠兴家收藏有《榷苏》《以斗》《慕靡丧祭冤》《作祭冤》《佩刀冤》《嬉戏冤》《寿衣冤》《出生界冤》《家屋冤》《根基冤》《丧房冤》《虎皮冤》《焚尸冤》《魂路冤》《魂马冤》《那史冤》《指路冤》《开宇宙门》等。

（9）贵州省毕节市威宁县新发乡联合村开勤组陈永兴家收藏有《丧祭经》《撒播与收割生命》《盖绸经》《指路经》《献祭》《祭土地神》《祭龙》《祭十二方位神》《用鸡牲》《净水源头》《麂子的产生》《点神谱》《龙的产生》《积德》《娱神》《许还愿》《召龙神》《召福禄神》《召诸神》等。

（10）贵州省毕节市威宁县新发乡联合村开勤组陈开学家收藏有《解年（岁）月灾星》《解火灾》《解犯星》《解诅咒》《解鬼灾》《解偶像灾》《解风灾》《解祖灵桶之灾》《解鼠患》《解神座之灾》《解惊吓》《解阴木之灾》《解焚尸柴之灾》《解树木之灾》《扫勾魂鬼》《排解灾难》《转灾给替身》《解门槛黯灾》《布笃布依同布嶓尼诺对话》等。

（11）贵州省毕节市大方县百纳乡新华村黄承龙家收藏有《解冤经》《招灵经》《指点归宿经》《大堂冤》《行善冤》《屋室冤》《门槛冤》《歌场冤》《丧场冤》《献水冤》《谷茶冤》《妻室子女冤》《焚场焚柴冤》《指路冤》《什勺冤》《鄂莫冤》《楚陀冤》《修天补地冤》《布置日月冤》等。

（12）贵州省毕节市七星关区大屯乡高坡村天新桥下寨潘正文家收藏有《天君龙轿》《仇扣金轿》《奢武吐之轿》《毕余藤轿》《阿鲁象轿》《九只象骨筷》《九把扁勺》《茶的产生》《姻亲转丧》《祭牛经》《姻亲椎牛经》《长志助威经》《毕摩堂献经》《姑娘献丧经》《解马尾经》等。

（13）贵州省毕节市大方县竹园乡显母村中心组张登益家收藏有《辟地冤》《设沽祖位冤》《祖灵秩序冤》《度死冤》《祭祖冤》《自身冤》《婚配冤》《骑马冤》《婚配》《生子》《建房》《结伴》《披甲》《磨矛》《佩剑》《挎弓》《打仗》《复仇》《受土》《食租》《祭祖》《叙谱》《播寿》《溯源》《权势产生》等。

（14）贵州省毕节市大方县安乐乡安乐村营山组杨成松家收藏有《播寿》

《根本》《修天补地》《制矛》《挂缨》《纺丝织绸》《天婚地配》《权势形成》《行为品德》《寻医找药》《六祖根源》《献水》《止哭》《洗发》《破死》《晚献祭》《慰死》《迤里阿迭祭母》《织绸》《得根本》《熟祭》等。

（15）贵州省毕节市大方县兴隆乡菱角村杨中伦家收藏有《拃苏谟》《摩史书》《诺沤苏》《招灵经》《禳解经》《献酒经》《解冤经》《吉禄拃苏》《招魂经》等。

（16）贵州省毕节市七星关区龙场营镇者把村中寨组罗洪武家收藏有《线团拉线》《线上架》《退解冤神》《招亡魂》《锁牢司署鬼》《遮眼》《焚烧司署》《寻失落亡魂》《排解灾难》《亡灵归附》《安置亡灵》《药献亡灵》《体面》《换竹筒》《供盐茶》《送旧》《洁净》《安置灵》《点祭》《排位置》《普祭》《熟食献祭》等。

（17）贵州省毕节威宁县龙场镇长平村岔河组田绍忠家收藏有《鲁补安署司鬼》《白狗为司署开道》《遣送启布司鬼》《树威力》《退污》《退冤过之污》《退飞禽之污》《退祭牲之污》《退身体之污》《退破败之污》《退牵挂之污》《退奴仆之污》《退塑像之污》《退沽秽之污》《退司署之污》《退诅咒之污》《退雷电之污》《退灾祸之污》《解犯哭之灾》《解诅咒之灾》《解不端之灾》《解犯死星之灾》《解吃喝之灾》《解雷神之灾》《解犯妥署者所带之灾》等。

（18）贵州省毕节大方县百纳乡百纳社区陈泽军家收藏有《名分冤》《行善冤》《屋室冤》《门槛冤》《丧场冤》《献水冤》《寿衣冤》《献祭冤》《丧房冤》《自身冤》《叶衣冤》《黑鼠冤》《疾病纠缠冤》《病根冤》《收冤过》《伤祖灵冤》《伤始祖冤》《祸根冤》《伤矛冤》《燃伤冤》《伤害冤》《旗害冤》《司鬼伤害冤》《野鬼伤害冤》《怯弱冤》《寿衣冤》《山林鲁朵冤》《给归宿》《定名分》《鲁朵愿》《灾难尽》《那史释名》等。

（19）贵州省毕节赫章县雉街乡联发村发姑组陈卫军家收藏有《破死经》《九大陀尼星》《更换祖筒经》《献酒经》《额索哭祭母》《确写苏》《蛇为替身经》《珠宝赎命经》《献药故事》《蜥蜴摘桑叶》《求德施神威》《解冤献酒经》《若策阿维的丧祭》《白虎哭祭母》《占祭神树后得失》《孝子哭祭母》《占亡经》《洗牲经》《额哲布嘎的丧祭》等。

（20）贵州省毕节赫章县城关盐务支局宿舍苏世成家收藏有《招灵作祭经》《禳解与哭祭》《细沓把》《解冤经》《献酒经》《解除愆尤经》《丧祭献酒》《婚事礼仪》《摩久苏》等。

（21）贵州省毕节七星关区龙场营镇者把村中寨组罗朝林家收藏有《药医》《掌权冤》《鲁朵冤》《修天冤》《拓土冤》《设祖灵位冤》《列祖灵秩序冤》《丧祭冤》《婚配冤》《骑马冤》《耕地冤》《祭祖冤》《打铜冤》《大帐冤》《执法

冤》《嫁女冤》等。

（22）贵州省毕节七星关区田坎乡田坎村高家寨高正伦家收藏有《职责》《扬名》《掌祭》《生民》《药医》《神医》《设丧场》《叙威名》《溯源》《嫁女冤》《祭奠冤》《楚陀氏冤》《家屋冤》《盖面冤》《寿衣冤》《魂马冤》《灵堂冤》《行为冤》《鄂莫冤（二）》《请毕摩》《遣送司署鬼》等。

（23）贵州省毕节七星关区田坎乡田坎村高家寨高定顺家收藏有《解冤经》《您尤形成》《鄂莫氏冤》《哼哈氏冤》《鲁朵氏冤》《修天冤》《布置日月冤》《祖位次序冤》《丧祭冤》《叙谱冤》《自身冤》《婚配冤》《祭祖冤》《打铜冤》《织绸冤》《设置神座冤》《大帐冤》《门槛冤》《掌权冤》等。

（24）贵州省毕节七星关区大屯乡三官村田坎组范月家收藏有《布置日月冤》《灵魂变化冤》《祖灵位置冤》《丧祭冤》《合魂冤》《叙谱冤》《祭祖冤》《打仗冤》《开亲冤》《婚配冤》《嫁女冤》《娶妻冤》《骑马冤》《耕地冤》《毕摩犯讳冤》《鄂莫冤》《什勺冤》《绵羊星座宁冤》《山羊星座冤》《屋室冤》《门槛冤》《什勺冤》等。

（25）贵州省毕节七星关区小吉场镇新建村兔儿山组陈银明家收藏有《举偶冤》《丧事冤》《伤害身体冤》《六祖冤》《献水冤》《灵桶冤》《乃布冤》《寿衣冤》《形象冤》《住房冤》《马厩冤》《打兽冤》《翁车冤》《指路冤》《伤害冤》《溯源》《修路》等。

（26）贵州省毕节七星关区大屯乡三官村田坎组陈文君家收藏有《解冤经》《开亲冤》《犁马冤》《织绸冤》《执法冤》《解冤指路经》等。

（27）贵州省毕节赫章县财神镇马鞍村田坎组王秀平家收藏有《解冤经》《诺沤苏》《丧祭经》《祭龙经》《续寿命经》《诺沤苏》《婚嫁诺沤》《招灵经》《算病经》《诺沤苏》《排解灾难经》《丧仪经》《献茶献酒经》《贤人记》等。

（28）贵州省毕节七星关区小吉场镇新建村兔儿山组陈发元家收藏有《解冤经》《置灵位冤》《连姻冤》《好事冤》《打仗冤》《议堂冤》《骑马冤》《召高师》《道旁祭》等。

（29）贵州省毕节七星关区小吉场镇新建村兔儿山组陈发先家收藏有《退灾经》《祭龙经》《祭龙续生命树等经》《祭奠经》《指路经》《解冤经》等。

（30）贵州省毕节七星关区大屯乡三官村田坎村民组陈大远家收藏有《延请布摩》《谴司署鬼》《焚司署鬼》《德施祭壮年》《织绸》《织日月绸》《南方织绸》《北方织绸》《西方织绸》《东方织绸》《世间织绸》《释织绸》《祈富贵》《献绸》《释酒类》《释盐》等。

（31）贵州省毕节七星关区大屯乡三官村新房村民组王福兴家收藏有《消灾经》《献牲交牲》《盛装》《释肥肚祭牲》《婚配》《连姻》《生子》《结伴》《阿

买恳》等。

（32）贵州省毕节七星关区大屯乡三官村新房村民组张荣军家收藏有《神医》《愆尤形成》《修天冤》《布日布月冤》《土地冤》《苍天冤》《掌权冤》《祭祖冤》《叙谱冤》《祭灵冤》《耕地冤》《打铜冤》《织绸冤》《好事冤》《闺室冤》《人间冤》《出丧冤》《门槛冤》《丧场冤》等。

（33）贵州省毕节大方县竹园乡显母村张志昌家收藏有《释遣司署鬼》《释锁司署鬼》《释手杖》《释建房》《释染房》《开场白》《释晾牲》《释灵位》《释屋脊》《释盛装》《释绸缎衣物》《释礼衣礼裙》《释虎皮》等。

（34）贵州省毕节赫章县财神镇马鞍村田坎组王秀龙家收藏有《破死经》《神座边祝辞》《求德施神威》《借十二神神力》《掩腐星败星》《求克博神威》《送写姆曲姐》《贤人祭父记》《占米卧摩所在方位》《清根溯源经》《额哲布嘎的丧祭》《陀尼哭祭母》《解土地冤愆》《笃勒策若为母哭祭》《解高山平坝冤愆》《解捏造冤愆》等。

（35）贵州省毕节威宁县龙场镇元平村岩口组李昌银家收藏有《求尼能神威》《祭神树经》《入洞房时求富贵》《求笃慕神威》、《掩丧经》、《解冤经》《披毡曲姐》《金银掩丧经》《陆外苏》《算禁忌日》《占亡书》等。

（36）贵州省毕节威宁县龙场镇元平村水井组李才友家收藏有《一方七只虎》《延请布摩经》《解婚配冤愆》《破死经》《召集布摩神》《布摩丧祭经》《求德施神威》《掩坑经》《解冤献酒经》《求克博神威》《施祭经》《黑猪掩犯丧经》《十二部勾则的分布》《献水经》《指路经》《什勺六只手》《什勺氏巨仓》《慰死经》等。

（37）贵州省毕节威宁县龙场镇元平村元平组龙昌文家收藏有《米靡氏智者》《布举与布陀解梦》《十二部勾则的分布》《住地的叙述》《向君臣交代》《磨弥谱系》《献酒经》《摩史聚会献酒》《解萎缩病经》《招灵入祖经》《祭岩祠献酒经》等。

（38）贵州省毕节市七星关区大屯彝族乡三官王华恩家有《解冤经》。

（39）贵州省毕节市七星关区大屯彝族乡三官陈明才家有《人类产生史》《溯源经》《造华宫记》等。

（40）贵州省毕节市七星关区大屯彝族乡三官陈文韵家有《人类的由来》《拨正墓向经》《择期书》等。

（41）贵州省毕节市威宁县龙场镇罗洪武家有《西京记》《祭龙经》《献灵经》等。

（42）贵州省毕节市七星关区田坎乡张国祥家有《出嫁起身辞》《招游魂经》《礼仪献酒经》《洁净经》等。

（43）贵州省毕节市七星关区大屯彝族乡潘正文家有《色吞氏三姐妹》《占算大书》《酒坛史话》《丧仪经》等。

（44）贵州省毕节市七星关区大屯彝族乡陈祝云家有《阿哲世系》《祖史话》《孝敬父母经》等。

（45）贵州毕节市七星关区小吉场镇新建村陈毕摩有《解冤经》《退灾经》《祭奠经》等。

（46）贵州毕节市七星关区小吉场镇新建村陈发先家有《献酒经》《阿买恳》。

（47）贵州省毕节市大方县凤山乡张道明家有《献猪膀经》《毕摩退神经》。

（48）贵州毕节市黔西县定新乡宋德全家有《慰亡经》。

（49）贵州毕节市纳雍县新房乡安才富家有《节庆献酒经》《献祭山神土主经》。

（50）贵州毕节市纳雍县新房乡陈升富家有《献酒经》《献山林土地经》《献福禄经》。

（51）贵州毕节市纳雍县新房乡文顺益家有《启迪经》。

（52）贵州毕节市纳雍县新房乡陈兴德家有《命理全书》《指路经》《预测命运书》。

（53）贵州毕节市纳雍县新房乡张贞祥家有《占算人生结局书》。

（54）贵州毕节市纳雍县维新镇杨德文家有《退车马经》《压地气经》《喜拖维》。

（55）贵州毕节市纳雍县水东乡高来友家有《符法书》。

（56）贵州毕节市纳雍县维新镇胡显文家有《延师经》。

（57）贵州毕节市纳雍县维新镇安祥明家有《除煞经》。

（58）贵州毕节市纳雍县董地乡陈国良家有《典故由来》《算失物》《论孝道》。

（59）贵州毕节市金沙县马路乡沙忠心家有《解梦经》《了愿经》《接灵经》。

（60）贵州毕节市织金县三塘镇龙兴友家有《择日期书》《测算命运经》。

（61）贵州毕节市织金县桂果镇倚陌村新发寨邬恩荣《推算命运书》。

（62）贵州毕节市威宁县二塘镇文康唐家有《局卓布苏》《收灾经》。

（63）贵州省毕节市威宁县双龙乡黄五九毕摩家有《献酒经》。

（64）贵州省毕节市威宁县双龙乡张晓常毕摩家有《占亡经》《遣送司署经》。

（65）贵州省毕节市威宁县双龙乡张伟清毕摩家有《更换祖筒经》。

（66）贵州省毕节市威宁县龙场镇阿迪家有《迎接毕摩经》《慰死经》《乌撒谱系》《彝文字迹》《开天辟地史》。

（67）贵州省毕节市威宁县龙场镇田五保家有《策格兹之梦》《遣彩虹怪经》

《辞别经》《召唤日月》。

（68）贵州省毕节市威宁县龙场镇罗明海家有《天生三匹锦》《什勺无奈经》《那史图解》。

（69）贵州省毕节市威宁县龙场镇李小腊家有《十二部尼则》《四大城织绸》《求德施神威》。

（70）贵州省毕节市威宁县猴场镇吴学科家有《迪腊思母》《打铜织绸》。

（71）贵州省毕节市威宁县龙街镇安再荣家有《卡依贤士》。

（72）贵州省毕节市赫章县双坪村大石村三家寨李朝文家有《掩星经》《丧祭经》《丧祭献酒》《破迷恋经》《告神树经》《六组富贵根》。

（73）贵州省毕节市赫章县财神镇阿候鲁能收藏有《史诗》《算年景书》《择期书》《庆贺经》《驱邪经》《祭天神》《历书》《丧事献酒经》。

（74）贵州省毕节市赫章县朱明乡付家湾村董家湾组王兴军收藏有《解冤经》《历书》《解灾经》《更换祖筒经》《哭祭经》。

（75）贵州省毕节市赫章县妈姑镇沙石出村杨正举家收藏有《丧祭故事》《摩史苏》《收掩灾难经》。

（76）贵州省毕节市威宁县龙场镇吕顺井家收藏有《开天地道路》。

（77）贵州省毕节市威宁县龙场镇阿迪布尤家收藏有《慰死经》《那史苏》《寻失散亡灵》《贤人祭父记》。

（78）贵州省毕节市威宁县龙场镇李龙才家收藏有《神座边祝词》《贤妻哭祭父》《求德施神威》《借十二神神力》《孝子哭祭母》。

（79）贵州省毕节市威宁县龙场镇龙昌文家收藏有《占鸡卦经》。

（80）贵州省毕节市威宁县龙场镇李五香家收藏有《鹤娟悼念树》。

（81）贵州省毕节市威宁县龙场镇吕顺井家收藏有《黑星九层翅》。

（82）贵州省毕节市威宁县龙场镇李布摩家收藏有《解咒经》《凤冠歌》《指路经》《树木挡咒经》。

（83）贵州省毕节市威宁县龙场镇龙昌文家收藏有《老死寿终经》。

（84）贵州省毕节市威宁县龙场镇李幺宁家收藏有《禳解疯病经》《开天门经》《占亡经》《受绸经》《开天与辟地》。

（85）贵州省毕节市威宁县龙场镇李荣林家收藏有《掩坑经》《逆风经》《神位献酒经》《尽情了愿经》。

（86）贵州省毕节市威宁县雪山镇龙国德家收藏有《献酒经》《摩史聚会献酒》《占病书》。

（87）贵州省毕节市威宁县龙场镇文道荣家收藏有《一方七只虎》。

（88）贵州省毕节市赫章县妈姑镇付兴明家收藏有《论十二诸侯》《掩吉录

经》《送贴巴雷电经》。

（89）贵州省毕节市威宁县龙街镇禄洪明家收藏有《解冤经》《占病经》《布摩清障经》。

（90）贵州省威宁县龙场镇长坪村岩脚组王继尧家收藏有《解冤经》《祭祖经》《指路经》《神通大书》《祈福消灾经》《六祖谱牒》。

（91）贵州省六盘水市水城县果布嘎乡大寨村陈兴平家收藏有《占病书》《占死书》《占失落书》《献酒书》《献草书》《驱司署鬼经》《婚姻经》。

（92）贵州省六盘水市钟山区经家寨镇杨兴德家收藏有《支嘎阿鲁除魔书》《祭土地神书》《局卓消灾书》《早祭晚祭书》《祭吉禄神书》。

（93）贵州省威宁自治县板底乡雄英村龙顺峰家收藏有《开天门书》《指拔归宿书》《婚事退车马书》《择找吉日书》《占算预兆书》《黎味哲理书》。

（94）贵州省大方县凤山村张道明家收藏有《特榷书》《解冤献酒经》《年节献酒经》《百解经》。

（95）贵州省水城县果布嘎乡大寨村小寨陈兴平家收藏有旧抄本《凶兆算书》《算书》《献酒经》。

（96）贵州省毕节市赫章县妈姑镇付文明家收藏旧抄本《占病书》《安魂经》《解灾经》《迎接布摩书》。

（97）贵州省毕节市赫章县双坪乡丰沟村李朝文家收藏旧抄本《去污除垢书》《鲁补大论》《破除诅咒经》《破迷恋经》。

（98）贵州省赫章县一带收藏旧抄本《迎布摩献酒经》《札苏》《安魂书》。

（99）贵州省赫章县双坪乡一带阿景洛博毕摩收藏旧抄本《禳解消灾经》。

（100）贵州省赫章县妈姑镇打丰村已故付文明毕摩旧抄本《六祖的来源》《诺沤苏》。

（101）贵州省赫章县河镇乡发达村王科元家收藏有《指路经》（嗯脚慕苏）、《解冤经》（雨斗苏）、《献酒经》（脚栽直侯）、《黑书》（系那扎）、《命算书》（吉禄扎苏）、《招魂经》（红系苏）、洁净经（子头苏）、《献茶经》（及堵侯苏）、《活血经》（纠泽苏）、《扫送经》（秋火苏）、《安灵经》（弄散个苏）、《献饭经》（做则苏）、《献水经》（以侯苏）、《神龛献酒》（各夏直侯）、《择期经》（尼哈说苏）、《献牲经》（摩读直侯）。《退神经》（武气）、《铃铛舞》（克合呗苏）、《婚嫁歌》（阿说克）。

三、黔西北彝族钞本文献的保存状态

黔西北濒危彝族钞本文献载体有纸、铜、石、木、竹、皮、布、绢等物质材料，从而形成纸书、岩书、布书、皮书、瓦书、木牍、竹简、骨刻、木刻、金石铭刻等形态，其中绝大部分为纸书，金石铭刻次之。

据调查，黔西北彝族钞本文献除部门持有外，多数散落于民间，且多属于孤本。这些文献散落在黔西北彝族山乡，由于条件艰苦，管理不善，濒临濒危或灭绝的境遇。尤其这些钞本文献多为纸质文本，防潮、防虫、防氧化是文献保护中面临的经常性困难。同时黔西北濒危彝族钞本文献遗产现行保护方式多为持有人自发的、按自己习惯的方式进行保护，这种保护方式虽符合持有人的习惯，操作简单，但因持有人缺乏系统、专业的保护方法，某些不当的保护方式不仅很难起到保护文献的作用，反而会加快文献的损毁程度。

黔西北彝族钞本文献实物档案库、图书资料库的建设，集中在贵州省博物馆、贵州省档案馆、毕节市档案馆、毕节市彝文文献翻译研究中心、贵州工程应用技术学院彝学研究院、大方奢香博物馆、大方县档案馆、六盘水市档案馆、水城县档案馆等多家单位。信息建设方面，贵州省档案馆、毕节市档案馆、贵州工程应用技术学院彝学研究院大方县档案馆、六盘水市档案馆、水城县档案馆等多家单位扫描了上万页、数十部册彝族钞本文献，毕节市彝文文献翻译研究中心则拍摄近百部册、约 2 万页彝族钞本文献，均作电子档案保存。毕节市彝文文献翻译研究中心、贵州工程应用技术学院彝学研究院二单位已登录编目彝族钞本文献 2 600 部（册），形成《中国少数民族古籍总目提要·贵州彝族卷》2 600 余条，作为《中国少数民族古籍总目提要·贵州彝族卷·毕节地区》，出版其中的 2 200 余条，分别输送 2 200 余部彝文钞本的相关要求数据到国家古籍保护中心和贵州省古籍保护中心。

第三节　黔西北彝族钞本文献的搜集整理现状调查

一、黔西北彝文文献的搜集

20 世纪的 30 年代，著名的地质学家丁文江与时大定的罗文笔老先生就合作翻译出版了《爨文丛刻》，首开翻译出版彝文古籍的先河。1952 年，中央访问团访问大定县（今大方县）时，彝家献上了一面彝文锦旗，因文字奇特引起了人类学家费孝通先生的注意，组织专人翻译了锦旗上的彝文。他深知彝文文献在西南地区，尤其是在黔西北地区的分量，倡导要对彝文进行翻译研究。知道这种信息后，时任毕节地区专员公署副专员的李仿尧在下乡工作时，带领人们打访彝家老毕摩，并开始在毕节地区各县收集彝文古书。1955 年，他倡导并筹建了毕节地区彝文翻译组，并归在他分管的地区民族事务委员会门下，并从大方县东关请来罗文笔之子罗国义老先生，赫章请来毕摩世家的传人王兴友老先生作骨干，各县有名气的毕摩如陈执忠、李守华等一批人被请到临时机构的彝文翻译组来参加整理翻译彝文古籍的工作，彝文及其古籍的整理翻译被提上议事日程。毕节地区彝文翻译组从 1955 年成立到 1966 年，共搜集彝文古籍 282 册，其中送 20 册给北京文化宫，送 7 册给中央第四语言工作队，实存 255 册。1966 年因机构被撤销，这批古籍被转到毕节地区档案馆保管，1977 年彝文翻译组被恢复为临时机构后，250 余册彝文古籍由毕节地区档案馆转了过来。1956 年到 1958 年，贵州省民委在威宁自治县黑土河一带收集 51 部彝文古籍交贵州省博物馆收藏。1986 年到 1996 年期间，为配合全国彝族服饰展览、滇川黔桂四省区彝文古籍协作会、奢香博物馆的建立等活动，各地展开了彝文古籍的大量收集，威宁自治县民委收集近 200 册，赫章县民委收集 200 余册，大方县民委收集近 300 册，其中 110 余册交到奢香博物馆，纳雍、织金、金沙等县民委也各收集到 10 余或明或 20 余册不等。1986 年到 1992 年，毕节地区彝文翻译组集中大量的精力，聘人专门到毕节地区各县征集彝文古籍 1 000 余部（册），2007 年，西南民族大学彝文文献中心在云南、贵州、四川等省大量征集彝文古籍时，在毕节地区境内征集去 300 余册。2008 年至 2009 年，毕节地区档案馆从各县征集彝文古籍近 180 册。具体搜集按类分如下。

（一）丧祭习俗类

在每家毕摩的藏书中，丧事祭祀类钞本都约占三分之一以上，毕摩用于丧事仪式的钞本一般有《丧祭大经》《丧仪大经》《丧祭仪式禳解经》《驱逐司署经》等。

1. 丧祭献祭类文献

丧祭献祭类文献有《迎布摩时献酒经》《丧祭献酒经》《丧祭献茶经》《丧祭献水经》《椎牲经》《用牲献酒》《献早饭献酒》《献晚饭献酒》《祭丧献酒》《解冤献酒》《椎牲献酒经》《指路献酒》等。一部《椎牲献酒经》有的还分得细，如分为《椎牲献酒经》《沾土经》《清洗马蹄印》《晚献祭》《到丧场献酒》《献水经》《椎牲经》《洗牲经》《椎牛经》《绾草根招灵时献酒》《用绸经》等，介绍无论举行土葬或火葬，亡者都要沾土，天降水盛满谷昌（滇池）海，该海水作水源流向四方，以此圣洁之水洗去尘印；献晚祭，献水使亡灵吃饱喝足去归祖。《献酒经》分红事用（婚姻节庆），白事用（丧礼、祭祀）两个大类。在两大类中还可以因事细分。

2. 丧祭禳解消灾

丧事禳解经作为丧礼中使用频率最高与最多的一种，彝语称之"ndɯ³³su³³"，音"陡数"，在丧事经文中解释为禳解，故丧事类钞本"陡数"有人称之《百解经》。然而不唯丧事有禳解经，即丧事的禳解经，还有用于家庭洁净、治病驱邪、祈求生育子女、祈求平安的禳解经。就以丧事禳解经而言，除通常的《宇陡数》译作《解除衍尤经》或《解冤经》，还有"玉陡"可译作《解除伤害经》，主要替亡灵解除鬼怪邪魔带来的伤害；有《诺陡数》，为亡灵驱除病魔，使之洁净；有《司陡数》，为专门为亡灵赶开勾魂鬼"司署"的经籍。此类经籍作为禳解，是直接为善终的亡灵服务的。作为非善终者，还必须通过洁净禳解的过程，《珐陡》为战死者禳解，诵《赫陡》；为落水者禳解，念诵《益笃陡》；为雷击者死者禳解，念《撮车数》，不单送走雷神，还要给被害死的人作禳解；为纵欲死的男人与妇科病（如大流血）而死的女人作禳解，念诵《许陡塞陡》；还有禳解毒鬼的《俞陡》《哼陡数》禳解绑魂鬼的《纠陡数》等。为亡灵作禳解的经籍不少于30种，在贵州地区收藏和散藏的不少于800部。现略举几例：

如《解冤经》或《解除愆尤经》。《解冤经》介绍为死者解除所有过错或罪过，使之清白地归祖，书中包含了对人的行为道德要求，表达追求真善美，摒弃假丑恶的要求和愿望。

又如降魔破司署鬼消死灾的经书。降魔破司署鬼的仪式通常在大型丧祭活动时才进行。降魔破司署鬼仪式用的书名有《驱逐司署经》《清除司署经》《遣送司署经》《破除司鬼经》《降伏恶魔》等。

再如用于消死灾的《禳病经》。《禳病经》一般录有《禳病大道》《尼能氏禳病》《什勺氏禳病》《米靡氏禳病》《日月禳病》《举偶氏禳病》《笃慕禳病》《为亡灵禳病》《禳失魂落魄》《为嚎叫之病禳解》《送瘟病的九大兵将》《解除侯旺所致病》《尼能解伤害》《鄂莫改换丧礼》《禳脱皮病》《禳下巴脱臼病》《禳瘫痪病》《禳解肺痨病》《禳解血水病》等，记录针对不同病死者，施以对号的禳解、除病、治愈死者生前之病，使其不带病症归祖，反映了彝族先民的卫生观。

3. 丧祭主体仪式

丧祭主体仪式用的钞本主要是《丧祭大经》《丧仪大经》。古乌撒式的《丧祭大经》《丧仪大经》一般分为《丧祭献酒》《丧祭范本》《播寿命收寿命》《老死寿终》《了却心愿》《掩死礼仪》《丧祭根源》《馈献祭礼》《打铜织绸》《织绸》《确舍氏织绸》《四部洛那织绸》《破咒退神》《灵堂迎奉》《献水献祭》《交牲》《朝祭夕祭献饭》《退神献祭》《献丧牲祭奠》《献牛牲祭奠》《指路献祭》《献牛猪祭奠》《追死根问病由》《追病根死由》《破死除病》《献药经》《理归宿》《弥咪（仪式）》《开布摩道》《淡忘音容》《收丧祭》《牛牲丧礼》《归死丧礼》《牛猪牲丧礼》《驮魂马丧礼》等。

古水西式的《丧祭大经》《丧仪大经》一般分为以下几个方面：叙述开天辟地与人类形成的有《织天织地》《天地》《断识日月》《论天地》《修天地》《释天》《人类产生》《天地形成》《吉年吉月》《中部地带》《团圆地》《天高地阔》《修天补地》《武国》《六祖源》《论天地形成》《辨别日月》《理山脉》《年景气候》《断识日月》《中央山岳》《受田地》《拓土地》《扎根经》《哎哺哪则》《武氏地方》《出处所在人类形成》《叙根》等篇目。

4. 丧祭指路

《指路经》一般不单独成册。乌撒地区的《指路经》是附在《丧祭大经》的后面；水西地区的《指路经》一般都附在《解冤经》之后。彝族的原始宗教观念认为：人死后肉体消亡，三个灵魂中的一个守墓地或葬场，一个依附草根、进入竹筒，享受子孙后代的敬供。三魂之一的"觉"由毕摩指往祖宗故地后再归于星座。死者三个灵魂归宿的取得，取决于丧祭仪式的是否进行，死者在没有举行丧祭仪式前，其灵魂都属没有归宿的游魂游鬼。祖宗崇拜是彝族原始信仰的核心，能成为人祖而享受子孙供奉崇拜的前提是丧祭仪式曾经举行，丧祭指路仪式的举行即是入祖的准入证。乌撒故地的《指路经》一般将亡灵从其住地及其附近的一带指经今威宁草海、过牛栏江，进入云南省境后，经会泽、宣威、曲靖、马龙、嵩明、昆明、安宁、禄丰、弥渡、祥云到达大理苍山上，反映贵州西北部彝族的迁徙历史和叶落归根、人死归祖观念。水西故地的《指路经》以大方本为例将死者之魂从其家门口指经贵州大方、毕节、纳雍、水城、威宁后进入云南省境内，又经会泽、东川、曲靖、昆明、安宁、富民、禄丰、祥云、弥渡进入点苍实液（云南大理）。经书还介绍彝族土葬与火葬两种葬俗、三个灵魂的最后归宿、亡灵在路途遭遇的艰难险阻与克服办法等。尤其记述彝族尚白者土葬、尚黑者火葬的葬俗，可供研究古代彝族迁徙路线、丧葬习俗、星辰崇拜及文学等参考。

（二）祭祀祖宗类

当丧事祭祀收场时，即进行招灵依附草根或木质载体入供的仪式。招灵仪式念诵的钞本有《招灵经》《绾草招灵经》《绾草根招灵献酒》《洁净换装献酒》《（亡灵）夫妻聚拢时献酒》《祖灵过关时诵词》《料理祖灵》等。

1. 普通祭祖仪式用的钞本

普通祭祖仪式以新置祖筒或更换祖筒为主，钞本的篇目有《换祖筒献酒》《迎祖献酒》《献茶并献一巡酒》《聚议献酒》《洁净换装献酒》《绾草根招灵献酒》《夫妻聚拢时献酒》《祖灵过关时诵词》《与主人家的祝愿词》《掩地时献酒》《克补神座边的收掩》《理归宿献酒》《借神力赐归宿》《排名册》《安祖位

《奉献食物作祭》《退避祸患》《换祖祠房梁》《祖衣》等。

2. 中型祭祖活动的钞本

中型祭祖活动的钞本称《祭岩祠经》。中型祭祖的祭岩祠仪式，根据文献的反映，有献酒、即向灵桶神的君长、臣子、毕摩献酒，向制作灵桶的阿娄氏，向主管灵桶的那乍姆、向灵桶神的众男女、向岩神、岩神中的管事、灵桶的威风、势力，灵桶中的神器、灵桶中的神灵等献酒。为灵桶除污垢、洁净祖桶，为灵桶里的祖灵破死、献药、供牲、理归宿，为长者立位、为所立的长者位献酒献牲、为所立的长者致词等。钞本的篇目有《祭岩上灵桶经》《理归宿经》《六代祭祖祭岩上祖桶经》《洁净祖桶经》《祭祖迎客（布局摩神）经》《祭祖时布摩堂相聚》《立长位献酒》《立嫡长位时致词》《立嫡长位经》《稳灵桶经》《灵桶除污垢》《破死》《献药》《供牲》等。

3. 大型祭祖仪式用的钞本

大型祭祖称作"尼姆维弄"。大型祭祖仪式通常是难以举行的，一是一个家族要满九代人才能举行，二是要耗费不少的资财，仅牛、羊、猪、鸡等就要用去不少的数目。举行这种仪式，也不是所有的毕摩都能遇上的。习俗仪式的传承主要是靠留存的文本，如《祭祖大典图文经》，它既有习俗仪式的程序说明，神座图与说明，什么习俗仪式用牛、羊、猪、鸡、布、粮食等，用多少数量等，照本宜科地去进行即可。钞本篇目有《送祸祟出门关外》《设嫡位的根源叙述》《设嫡位》《向祖灵献酒》《料理祖灵》《祖灵偶像》《洁净经》《求德施神威》《午饭后献词》《靠山与替身》《退野鬼》《遣侯旺司鬼》《乌撒祭祖经》《顶敬祖灵经》《祭祖迎接仪式》《祭祖献酒》《出示祖桶经》《出示祖灵的依附物》《使祖桶洁净》《用牛祭祖经》《接根基》《高贵》《布摩地位》《献祭牲祭物》《点谱借神力》《通居所》《通归宿》《通祖灵地》《祈求土地》《稳固祖灵桶》《祭祖经》《接根基》《祭熟肉食》《送祖》《馈赠献礼》《额布苏》《献土地神》《铜状神座图及说明》《对面神座与叙知识》《祖灵所附神座图与献酒》《设场摆布神座图与献酒》《拓旗场神座图与献酒》《聚集拢神座图与献酒》《献祭场沿神座图与献酒》《洁净场削白神座图》《贵位神座图与献酒》《布摩自身神座图》《根基位神座》《祖灵台位神座图》《占卜猪膀》《点祭始祖》《嫡长祭祖》等。

4. 为祖灵解除灾难的钞本

祖灵桶即祖神桶虽放置在人迹罕至的悬崖绝壁，但鹰、鼠到崖上筑巢，鹰有可能抓坏祖神桶，老鼠可能咬会坏祖神桶，猴子会掀落祖神桶，野蜂会进祖神桶，野火会烧坏祖神桶，水也进祖神桶，等等，一旦出现这种情况，祖神桶里居住的祖灵会遭殃，会迁怒于后人而带来灾难，所以，在供奉崖祠祖灵的时候，都要提防类似的情况发生，为祖灵禳解、解除灾难，实际上就是为他的后代解除灾难。这类钞本的篇目有《为祖宗除灾》《为灵桶除灾》《去祸祟》《为祖灵解灾难》《凶星带不祥兆》《为祖宗破除伤害》《为蜂进祖灵桶禳解》《为被烧的祖灵桶禳解》《为猴搬祖灵桶禳解》《为进水的祖灵桶禳解》《续根基》《为祖灵桶除污进水秽》《送污秽后献牲》《为鹰抓祖神桶禳解》《为鼠咬祖神桶禳解》《回避凶死与病神》《送蛇祛病》《送水神》《送火烟火神》《送邪秽》《排解灾星》《退犯禁忌时日之灾》《就地献酒》《布局摩退神》《退大灾难星》等。

（三）祭祀与崇拜神祇类

祭祀与崇拜的神祇主要有土地神、生育神、龙神、寿命神等。

1. 祭祀土地神的钞本

祭祀土地神称"省舍多"，又名"靡色弄"或"靡色把"。祭祀土地神的钞本篇目有《祭神树时献牲经》《祝告土地神》《祭山诵经》《立行为规矩》《侍奉恭维》《退邪》《祭土地神》《还土地神愿》《还祖灵愿》《告神树经》《占看妻命子命》《属相与风向》《安神消灾经》《清点》《退死煞病神》《侍奉经》《还功力愿》《还魂马愿》《清明献酒经》《恭奉经》《祭水神借威力》《为德布洁净》《为德施洁净》《献牲祭树神》《祭居住地土地神》《交代土地神》《拜布摩》等。内容为向土地神界各司其职的君、臣、毕摩、男、女、压界、把渡、护路、守关及所有处所角落的土地神献酒献祭，交代乌撒、水西、阿底、閟畔等部的属地界线、山脉主峰、河流等，认土地神（下层为猴、水獭，多为黑蛇、灰蛇、花蛇）为父母，把一切灾难祸祟转嫁给土地神。

2. 祭祀生育神的钞本

生育神的名字叫阿皮额索，民间的习俗是在孩子生下三天后，举行"阿皮额索让"的仪式，意思是宴请生育神阿皮额索。这类仪式，一般宰杀公母两只鸡，吃饭前用鸡肉祭奠一下生育神，以表示对他（她）的感谢。毕摩不参与这种活动，但生育不顺利或养育过程中子女多夭折的家庭往往要请毕摩专门举行"医治吉禄"或"扫除迷诺"的仪式，实际上包含了祭生育神、消除克子之灾和求子的内容，可以从以下几本书的内容里反映出来，如《医治迷诺经》《送鲁朵鸡狗》《送斯里鸡狗》《去龙灾龙祸》《立龙》《向额索的鲁卓神求寿》《君王掌权》《献龙》《迎吉禄根基》《迎安生》《生寿》《求寿》《鲁朵斯里迷觉的少妇起身处》《少男无妻买妻争子者的座位》《为夫妻得子向鲁卓神献祭》《求的与赐的》《治三女之病》《尼能破阴合》等篇目。

3. 祭祀龙神的钞本

彝族的龙神祭祀，从相关钞本反映的内容看，仍是对福禄、命运与生育神的祭祀，也就是把龙的内涵理解为福禄、命运与生育神，把希望寄予它而祭祀与崇拜。为祈雨而祭龙的个案几乎是空白,在威宁、大方等一带彝区,有的山或称"祭龙山",是将山作为献祭的对象,仪式叫作"bʊ²¹ ɬ o²¹(献山)"。由于习俗与仪式的失传,所祭祀的对象也含混不清,要么是以龙为对象的献祭,有某地为防冰雹对山献祭的传说,所祭的对象应该是龙,因为龙掌管雨类;更多的时候,献祭的对象可能就是山神。钞本的篇目有《祭龙经》《依随》《贴近》《祈求》《赐位》《铺垫》《接根基》《护本》《立业》《高位》《收灵》《生祭》《熟祭》《允口》《献酒》《叙根源》《招神以献》《龙的根源》等,叙述东南西北中产生了五色龙,南方的龙善于变化,化为小黑蛇的龙在洱海与浣丝纱的哀牢山彝女鲁叩沙壹邂逅,口吐人言,说是福禄、命运与生育之保护神,因德补、陀尼所怠慢而投沙壹,沙壹招之,并善待,安置祭祀,得龙神荫佑而人丁兴旺,地方风调雨顺,并享太平。祭龙仪式由六祖传承并沿袭下来,反映彝族龙崇拜的具体内涵。

4. 祭祀寿命神等及其钞本

《延续寿命经》系彝文经籍"ze²¹ tsɑ¹³ su³³"的音译,"热匦数","热"为寿命,生命,"匦"为接,为续,故译作《延续寿命经》,这类钞本流传于贵州西北部,云南省东北部。在贵州西北部的毕节、六盘水两地市,民间至少散藏150余册,古籍机构收藏的不少于40册,以原毕节地区彝文翻译组征集自威宁县金钟镇孔氏毕摩抄本为例,每册字数约1.5万。《延续寿命经》的使用,是在经过《吉禄乍》的基础上进行的。首先根据人的出生年、月、日、时,结合天干、属相、五行八卦推算"吉禄",在《吉禄乍》的生命树图谱中找出所推算对象的生命树,属什么树,如果生命树是断的,就认为该对象寿命短,为提高或延续其寿命,就得举行延寿命仪式。从该钞本的内容上看,它首先叙述哎哺的产生,又由哎哺分支出采舍、恳索、哲咪、武侯等氏族,这些氏族的首领先后做了一至七层天的君长、臣子、毕摩,因此,逐一向他们求寿,请他们帮助接上生命树,以延续对象的寿命,还请尼能、什勺、米靡、举偶、六祖等各个历史时期的祖宗神帮助接生命树,帮助对象延续寿命。钞本的篇目有《续寿命经》《接花树全书》《安魂经》《求寿续命》《续生命树》《求寿续命地》《洁净》《献松桃神座》《珠玉替身》《野兔替身》《松桃替身》《虎豹替身》《蛇替身》《茅人替身》《猪牲替身》《鸡作替身》等。

(四)祈福消灾类

祈福消灾类钞本作《局卓布苏》,或以《禳解灾难经》《家园禳解经》《禳解经》《解灾经》等为书名,它在毕摩所用钞本中,与《丧仪大经》《解冤经》《解死灾经》等量齐观,都是大部头分以若干册卷的书籍。

1. 禳解灾难经

《局卓布苏》为书名的禳解灾难经的篇目有《求恒投神威》《求举偶神威》《求笃慕神威》《求克博神威》《求德施神威》《请布摩神》《借助神力》《十二兄妹经》《点布摩谱借神力》《求叟遮神力》《求沽能神力》《求土神神力》《求地神神力》《借助布摩威力》《借日月神力》《借威势神力》《借十二神神力》《借十二圣神力》《借天地神力》《借祖先神力》《借土地神力》《借高山平坝之力》《借土主神力》《借布摩神力》《割断诅咒》《解身灾献酒》《解身灾》《解身上之灾》《解年灾月灾》《解怂恿之害》《解不吉不利》《解病灾瘟疫》《解游魂野鬼之害》《解犯重丧之焚尸木害》《解凶星恶煞》《解司署饥寒》《解畜鬼之害》《解不端之行为》《解鬼与盗贼之害》《解犯禁忌日》《解本命年危害》《解不祥预兆》《解犯丧之害》《割断诅咒》《送祸害》《借神力概要》《收掩犯丧》《解年灾月灾》《解年煞月煞》《解本命年月克星》《解犯年丧月丧》《解年伤月害》等。

2. 消灾经

以《家园禳解经》《禳解经》《解灾经》等为书名的消灾祈福经。以《家园禳解经》为书名的禳解灾难经的篇目有《求助神威》《求笃慕神威》《求助克博神威》《溯布摩源借神力》《借布摩威风与神力》《借太阳威力与神力》《借威势神神力》《借祖宗神神力》《借根基神神力》《借土地神神力》《借高山平坝神神力》《祭水神借威力》《替有灾之身禳解》《解年灾月灾》《解寿命之灾》《解精力之灾》《解威望之灾》《解福禄之灾》《解命运之灾》《解灵魂之灾》《解富贵之灾》《解知识之灾》《解破败星宿》《解游魂恶鬼》《解畜星作祟》《解犯不检点》《解凶煞恶盗》《解犯禁忌》《解不利年岁》《解凶灾恶兆》《解犯重丧》等。

3. 祈福经

以招魂来消灾祈福的钞本的篇目有《招魂经》《为魂除灾害》《退邪》《招魂》《招魂至家园》《折寿》《寿命出众超群》《添寿》《生寿》《倚美》《晋见祖灵》《还愿》《慰魂》《安魂》《安魂经》等。以"叟卡陡"仪式来消灾祈福的钞本作《叟卡陡》《排解凶兆经》。"叟卡"是一种害人的鬼的名称，它也会"勾魂夺命"。"叟卡"是以人畜生病，出现恶梦，或以异常现象，异物入宅等作为征兆，来预示灾难行将到来。钞本介绍对出现凶兆可能带来的灾难设仪式进行排解，驱除凶煞邪气，使解脱灾难，以保犯灾患之家平安。退解诅咒消灾除祸的钞本称《退咒经》，也可称之为《禳解诅咒经》，彝语叫"辞求陡"。有种灾难的名称谓之"辞求"，是由诅咒产生的。有十二方可把诅咒带去，禳解诅咒，请日月收去，替君与臣解诅咒，除灾难，为人们招回魂，护好根基，理顺秩序。反诅咒、退诅咒，把诅咒还与咒人者，把诅咒送往外地，送往远方，退打仗时敌方的诅咒，由毕摩口中收了带去，让诅咒产生的灾难降临在发出诅咒的地方，落在发出诅咒的人的身上，收拢所有的"辞求"灾难，禳解所有的灾难，送走所有的灾难，为被诅咒设防，随时返还他人的诅咒。《退诅咒经》类钞本的篇目有《诅咒兴起》《阻诅咒源》《十二类诅咒》《退诅咒》《日月星云咒》《为君民除祸》《为君民安宁》《设位置》《布白色位置》《治理白色位》《续白色根基》《治白色归宿》《退咒反诅咒》《土地咒》《天地之咒》《树木之咒》《神座咒》《灵魂之咒》《开箱》《清除诅咒》《释放诅咒》《禳解诅咒》《清除灾祸》《解诅咒之灾》《解诅咒蔓延》《解诅咒文辞》《解诅咒之灾》《解犯诅咒》《割断诅咒根》《禁诅咒反诅咒》《断诅咒》等。退诅咒反咒经还有一种特殊的版本，如《许愿惩恶引火经》。彝族有禳解、收掩灾星的习俗仪式，是其存在星辰崇拜的反映。彝族的星辰崇拜从《治星经》的叙述里表现了出来："天上一颗星，地上一个人，天上一群星，地上一家人，天上一箩星，地上一族人。人靠星保佑，星监管人威，星完善人道，星展示人度，星吉人昌，星饱满人富。北方七颗星，星斗保佑人；南方䐴妥星，星荫佑死者；东方柴确星，煞神依靠它……"。"人靠星保佑，星展示人度……"，星明则人旺，星晦则人衰，星陨而人亡。星分善恶，恶星凶星犯天、犯地、犯人，带来祸患。人若犯上灾星，或照应本人的星辰受到凶星的侵犯，都会生病或死亡，因此要掩灾星、退灾星，为犯死犯病者找替身。因凶星涉及的范围广，犯火的星也在其中，所以还要送火星，送火星的仪式一般在农历的正月十五举行。禳解灾星的钞本的篇目有《掩灾星经》《退灾星经》《替身经》《送火星经》《绵羊送铜链》《以羊赎命》《花羊驮尸衣》《献马头牛头》《退克命灾星》《黄羊收重丧》《送纪兜灾星》《送恳鲁灾星》《送尼能灾星》《献牲解铜怪》《猪羊替身》《供猪头羊头》《用鸡绕丧场除煞》《牛马作替身》《替身》《送灵魂天敌》《鞍马作替身》《收掩青赤牛》《黑猪掩死煞》《黑猪关闭死门》《掩丧》《兔替身》《虎替身》《蛇替身》《牛马替身》《掩重丧》《替身路数》《送炭》《马镫替身》《掩青牛红马》等。

（五）历史谱牒类

彝文历史谱牒文献是由毕摩和摩史共同传承下来的，因此在属毕摩文献的祭祖和消灾（如《局卓布》）的典籍里有谱牒的篇目；在摩史文献里记录谱牒是比较频繁的。两类文献里记录谱牒的书籍达100余部，如有《西南彝志》《彝族源流》《彝族创世志·谱牒志》《彝家宗谱》《六祖富贵根》（2部）《诺沤·侯世系》《彝家宗谱》《德布氏源流》《谱牒书》《谱系·丧祭·禳解》《哎哺源流》《巴底四砥柱》《乌撒源流》《叙谱溯源》《洪水泛滥史》《乌撒谱系》《诺沤与谱牒》《摩久苏》《诺沤苏·罗纪谱》《摩史苏·叙史》《六祖源流》《贤人记》《摩史苏·阿芋陡家》《溯源书·姻亲》《诺沤苏·姻亲走访》《谱牒与万年历》《扯勒世系》《扯勒谱牒》《彝族创世志·谱牒志》《彝家宗谱》《乌撒源流》《谱牒与襄星》《论述能益》《阿哲世系拾遗》《远古轶闻》《君长世系》《水西传》《执法者宗谱》《阿哲世系》（若干部）《阿买尼源流》《溯源与谱牒》《乌撒宗谱》《磨弥谱系》《乌蒙谱》等。谱牒文献中最有代表性的是《西南彝志》《彝族源流》《彝族创世志·谱牒志》《彝家宗谱》四部，涉及面广，又有互补性。

（六）摩史丧礼文献类

摩史丧礼文献类有《细沓把》《哭祭经》《破死经》《比赛经》《摩史苏》《恳咪》《恳沤苏》《哭灵哭祭经》《孝敬父母》《丧礼歌》《悼念哭祭》等50余种，篇目十分丰富。

（七）摩史婚礼艺文类

摩史婚礼艺文类有《诺沤苏婚事诺沤》《阿买恳苏》《阿买恳》《曲姐苏》《婚礼词》《摩史苏》《叙婚史》《婚姻史话》《摩久苏》《婚礼仪式诵词》《婚事礼仪》《诺沤曲姐》《贺词》《歌词》《婚姻史话》《婚礼对歌书》《宣诵词》《阿买恳苏》《婚姻歌》《说古与论史》《联姻典故》《天文史话》《彝礼记》《婚嫁词》《婚仪书》等50来种，其中作《阿买恳》的最多。小的篇目有《勃弄脸君长源流》《九条凳子上赛诗》《叙连姻》《婚姻史》《德施的姻亲》《相互依附》《仁氏（于矢部）的姻亲》《那勾家姻亲》《笃氏（磨弥）的姻亲》《继子袭位》《扯勒的姻亲》《乌撒与妥洪氏互为姻亲》《依靠贤奴》《更兹寻归宿》《非母所生的九人》《婚颂词》《诺沤的根本》《建房祝福》《赞颂生命》《赞颂威势》《赞颂命运》《赞颂婚礼》《兄报妹仇》《妹报兄仇》《武茹阿玉哭嫁记》《招魂归宅》《述亲路》等。

（八）天文历法类

天文历法类有《历书》《二十八宿星》《宇宙生化》《宇宙人文论》《开天辟地》《天文历法》《万年历》数十种（部）。

（九）教育文献类

教育文献类有《黎咪》《阿野额外的箴言》《黎咪苏》《黎咪婚礼祝辞》《布摩开场白》《苏巨黎咪》《祝福酒辞》《物事启蒙》《彝文字迹》《舍纠伟》等。

（十）彝文长诗与歌词

彝文长诗与歌词仅是剔出部分文献来分类，几乎所有的摩史文献都是长诗，既有创世史诗、英雄史诗,又有爱情长诗等。篇目和种类有《乌鲁诺纪》《阿姆复仇》《娄纪放鹅》《朴确侯乌哭嫁记》《才女救兄》《曲谷走谷选》《曲谷精选》《阿诺楚》《益那悲歌》《支嘎阿鲁王》《俄索折怒王》《史诗选》《曲谷集》《尼曲谷》《阿始岩上》《蜜蜂采花酿蜜糖》《策耿兹的生日》《恒堵府的威荣》《阿奎的三女儿》《君、臣、师的女儿》《慕奎白乍戈》《阿纪君长家》《密姆纪阿买》《天地人文史》《论天地形态》《洪水泛滥史》《突目布孺啥》《阿鲁巡察天地》《阿诺楚与阿诺苟》《开天辟地》《天地断往来》《七层天君长》《北方云雾山》《召唤日月》《沾扎阿尼》《够阿娄寻药》《摩史苏》《吉笃阿诗形象的叙述》《策格兹之梦》《溯天地起源》《天地人道纪》《诗文汇集》《神奇的宝刀》《德施氏阿芋陡、妥阿哲、妥芒三部迁徙史》等。

(十一)军事文献类

军事文献类有《阿芋陡世系》《水西传》《阿伍记》《摩久苏》《阿哲战史》《阿哲与乌撒的交战》《布默战史》等数十部。其中《摩久苏》之一录有《乌撒与惹部纠洪之战》《阿哲与乌撒巴底之战》《播勒与阿哲洪益妥太之战》《南诏与窦部道峨德太之战》等篇目;《摩久苏》之二录有《神剑记》《阿芋陡的四只酒缸》《阿芋陡九十重宫殿》《乌撒拓土记》《色特啥孜救生记》《阿哲乌撒的结盟》等篇目;《摩久苏》之三录有《理九大根源》《阿哲与乌撒交战》《历史典故新说》《煮牛论》《煮猪论》等篇目。《阿哲与乌撒的交战》录有《阿哲乌撒兵马记》等篇目。《布默战史》录的篇目有《笃慕战鄂莫》《俄索毕余攻打苏僰武》《菲德论手段·妥太之战》《菲德论手段·徽洪之战》《菲德论手段·赖启之战》《菲德论手段·乌撒与阿外惹交战》《菲德论手段·厄德与袅摩的谋略》《菲德论手段·伯助修韬略》《菲德论手段·鸠孜与阿俄论战》《菲德论手段·播勒与阿哲交战》《阿哲与乌撒两部的交战》《神奇剑》《阿哲与芒布的争端》《水西抗击吴三桂之战·甲辰首战》《水西抗击吴三桂之战·濯色兹摩遇害》《水西抗击吴三桂之战·栖身阿芋陡》《水西抗击吴三桂之战·吴三桂叛清》《水西抗击吴三桂之战·益诺与归宗反目》《水西抗击吴三桂之战·助平叛洗冤》《水西抗击吴三桂之战·迎兹摩归来》等。

(十二)翻译与故事类

翻译与故事类的篇目有《丧祭故事》《赛特沙孜之梦》《打开弄车门》《风死因断气》《雪降丧祭场》《雨落丧祭场》《阿育孝敬父母记》《凤凰记》《陈状元记》《张孝记》《赛特阿育传奇》《协和诗》《赛特阿育》《三仙姑下凡》《神猴记》《恳沤苏》《色吞氏三姐妹》《西京记》《帕若鲁逗故事》《求寿记》《抓日撞

月》《卡依贤士》《孝子郭仪》《人间建房记》《天生三匹锦》《张孝张礼》等。

（十三）占算预测类

占算预测类分为《测算日期》《命运预测》《占算疾病》《占算死亡类》《占看鸡卦》《占看猪膀》《占看竹卦》《占算凶兆》《占算失物》《占梦》等10个类，有200部以上的藏书，被归纳为毕摩工具书。

1. 测算日期

《测算日期》被译作《通书》《玄通大书》《神通大书》等。

2. 命运预测

命运预测类有《占子女生月》《占子女生日》《占子女生时》《占长不命克星关》《以时占》《属相占生命树生命话花》《占犯重丧关》《占子女说法》《占花树生命树》《占四季实楚》《占春三月实楚》《占夏三月实楚》《占冬三月实楚》《开日闭日占子女》《干支属相占人生》《皮骨占》《占酒的拥有》《占失势》《耕地门》《花卉门》《神门》《鬼门》《游门》《疯门》《口舌门》《雷火门》《占龙门》《皮与骨》《九十九权势门》《读书做官门》《坎坷之命运》《大田大坝之命》《富有之命》《得天君之冠命》《生命树照内外四方》《生年占生命树》《续生命树者》《安床》《养马》《五行十二宫占》等。

3. 占算疾病

占算疾病类有《占十二月中的死煞》《占十二月中的死星》《八卦占法》《占邪祟带凶灾预兆》《圆梦》《占夫妻命宫》《按年占病》《按月占病》《按五行占病》《占病根所在》《按时占病》《病因所在》《占患病部位》《患病请布摩》《占申寅己亥、卯午、酉子、戌辰丑未各月灾星》《十二属相患病日》《农历某天患病日》《十二建星患病日》《六十甲子患病日》《久病全愈日》《五行患病日》等篇目。

4. 占算死亡类

占算死亡类篇目有《占亡》《占归宿》《相墓地》《观地气所落方位》《占犯重丧》《死星死气所去方向》《以时刻占死》《占亡灵变化》《死因在生期》《占四星与死月》《占六黄星》《占死时》《属相日占死》《从死者归宿上占归位》《以五行占落方》《以四方占落气》《以十二属相占亡》《一月三十日内占死星》《十二夜占亡》《十二日内占亡人所克》《以六十甲子占亡灵变化》《外族以时占亡》《占归宿之星》《破日占亡》《铜宫铁宫占》等。

5. 占看鸡卦

占看鸡卦类为上图下文，图为鸡股骨卦例，图下面为文字解说，以雄鸡股骨眼数、位置预测祭祖、连姻、出征、贸易、建房、疾病等的吉凶。占看鸡卦类都只有相同书名，各毕摩家的书所录鸡股眼卦象不尽相同，骨眼分别有94、184、120、64、72等类型，其中又以72、120类型为居多。

6. 占看猪膀

占看猪膀类书籍现存20部左右，以猪膀上的纹路、颜色等迹象判断结盟、联姻、贸易、建房、打仗、祭祖等的成败、利弊等。均为上图下文，每种膀相均有文字说明，收录的有12至31种不同类型图与说明。

7. 占看竹卦

《竹卦经》是每家毕摩都有一部的工具书。《竹卦经》内以角形竹卦按六数分阴阳列出数十种类型图式，每式逐一用文字说明其吉凶祸福。《阿鲁竹卦经》，相传为支嘎阿鲁所撰，对28类竹卦阴阳卦象、卦数图进行了吉凶解说，涉及家庭婚姻、祭祀、出征、交易等内容。有一部《竹卦经》还分别录有《开辟土地卦象》《失物卦象》《祭祖求寿卦象》《祭祖叙谱卦象》《得权得势卦象》《出征作战卦象》《阿普额索管事卦象》《哎哺采舍卦象》《招祖灵作祭卦象》《招魂卦象》《木孜白宫占》《塑寿像卦象》《斯艺阴龙象》《富贵招财卦象》《闪电雷鸣卦象》《人所思》《如愿卦象》等篇目。

8. 占算凶兆

占算凶兆类也叫作"占算叟卡"，也是每家毕摩都有一部的工具书。以《三十七类叟卡凶兆占》为例，认为灾难之神"叟卡"将降死病之灾于人，先发布信息，让蛇、蛙等异物进入家带信，或以母鸡啼、甑子鸣、狗上房等形式昭示，计三十七种形式，根据预兆发的年月日时结合预兆类型，对凶兆进行占算预测，并提示预防和排解办法。还有的《占算凶兆》分得细，如分为《以十二时辰算蜂进屋》《推算十二属相日内蛙进屋》《测十二属相日内旋风破屋》《十二属相日内十二类不祥之兆》《推算十二属相日内的沾飞禽屎》《推算十二属相日内的不祥兆》《推算十二属相时刻遇不祥兆》《推算遭遇的十二类不祥兆》《推算不祥兆中的蛇交》《推算甑子鸣甑子断箍》《推算牛鸣马嘶》《推算牛马羊猪上房》《十二属相日内算失财》等篇目。

9. 占算失物

占算失物类经书是毕摩卜算失物的工具书，每家毕摩人手一部。此类书根据财物失落的时间卜算结果，包括失物的下落、去向、能否回归，回归与否的一定期限。另有《占被盗窃破案》《占叛逃者下落》一类也归这个类别。

10. 占梦

占梦的一些书名被译作《圆梦》，每家毕摩都有一部。两种类型：一是对所梦见的天地人间、自身、衣着打扮、刀弓等武器、房屋门道、水井、炉灶、钱财、梳头洗发照镜、床、实物用具、渡船过河、走路过桥、夫妻关系、饮食、坟墓、书本知识、病死、耕耘收获等视为预兆，进行吉凶解释。二是记录做梦故事，如《策举祖的梦》《恒度府的梦》《撮矮阿晔的梦》《布举与布陀解梦》等。

（十四）其他类

其他类是不便于归入前面十三个类别的一些文献，如有《丧祭毕摩酬谢录》《布摩记事》《还愿献酒》《娶妻时向祖灵献酒》《嫁女还愿献酒》《丧祭记录》《估哲数》《文论集》《论地理书》《地理书》《祭坟墓经》《拨正墓向经》《祭墓经》《祭坟经》《彝文对联》《符法书》《神灵像》《五行与宅基》《九宫八卦》《星象书》《压地气经》等。

二、黔西北彝文文献的翻译整理

最早整理翻译彝文古籍的机构是毕节地区彝文翻译组，从 1955 年到 1966 年，整理、翻译了《西南彝志》等 25 部，52 卷，译文约 80 万字，加上音标、字译、句译、注释，共 200 余万字。

1. 《西南彝志》26 卷（油印本）；
2. 《六祖纪略》3 卷（复写本）；
3. 《水西全传》1 卷（油印本）；
4. 《水西制度》1 卷（油印本）；
5. 《水西地理城池考》1 卷（油印本）；
6. 《吴三桂入黔记》1 卷（油印本）；
7. 《阿哲乌撒兵马记》1 卷（油印本）；
△8. 《天经地纬》1 卷（复写本）；
9. 《精灵论》1 卷（复写本）；
10. 《泸祖论》1 卷（油印本）；
11. 《笃慕史记》1 卷（复写本）；
12. 《洪水泛滥史》1 卷（油印本）；
13. 《洪水前后轶事》1 卷（油印本）；
14. 《德施氏史略》1 卷（复写本）；
△15. 《德布史略》1 卷（复写本）；
△16. 《水西安氏谱》1 卷（复写本）；
△17. 《母系史》1 卷（复写本）；
△18. 《安氏远祖考》1 卷（复写本）；

△19.《猿猴做斋记》1卷（复写本）；

△20.《奴仆纪略》1卷（复写本）；

△21.《人类史详论》1卷（复写本）；

△22.《德布氏谱》1卷（复写本）；

23.《天仙世纪》1卷（复写本）；

24.《阿者后裔迁移考》1卷（油印本）；

25.《寻药找医》1卷（复写本）。

其中有"△"符号的翻译文本交中央第四语言工作队。

1966年8月，撤销了毕节彝文翻译组后，很多彝文文献被烧毁，有的被丢失，导致太大的损失。

"文革"结束后，1977年恢复毕节地区彝文翻译组。1980年，中共贵州省委下文批准毕节地区彝文翻译组为国家常设机构。1986~2007年，在威宁、赫章、大方等县成立古籍办、彝文翻译组、文献研究中心等机构，以地区彝文翻译组为中心，积极培养农村翻译人员，发展农村翻译网点，重点辅导毕节县龙场营区彝文翻译点，就地举办36人的农村业余翻译人员培训班，组成6个古籍整理翻译小组，共整理、翻译出《尼能人》《赫达以》《鄂莫人》《投确数》《书文史记》《婚姻歌》《丧礼歌》《民歌》《故事诗》等70余万字的初译稿。

1983年到1985年，地区彝文翻译组整理、翻译出《洪水与笃米》《彝语语音知识》《彝汉常用语对话》油印本各1卷；《三才文史》《播勒娶亲》《绣荷包》《凤凰记》稿本各1卷，编译小学彝文试用课本1至6册，共36.6万字；其中重要彝文文献《西南彝志选》《宇宙人文论》《爨文丛刻》于1982年至1988年3月，在毕节地区彝文翻译组的努力下翻译、出版，共3部5卷，合计134.2万字，共发行9 000册。

1986年至今，彝文古籍整理工作步入比较好的阶段，其中仅毕节地区彝文文献翻译中心就整理翻译100余部2 700多万字的彝文古籍，公开出版了其中的《西南彝志》《彝族源流》《彝文金石图录》《彝族指路丛书》《物始纪略》《黔西北彝族美术》《彝文文献释名集》《土鲁窦吉》《曲谷精选》《曲谷走谷选》《苏巨黎咪》《支嘎阿鲁王》《彝文指路经集译》《赛特阿育》《乌鲁诺纪》《益那悲歌》《估哲数·农事篇》《阿买恳》《诺沤曲姐》《摩史苏》《彝文金石图录》《彝族创世史诗》《布默战史》《彝族毕摩经典译注》《彝文字释》《载苏》《实勺以》《彝族古歌》《爨文丛刻》《特权》《土鲁黎咪》《丧仪经典》等90余部、140余卷、2 000万字，国家重点科研项目《彝文典籍目录·贵州卷》等一批成果连获省部级以上大奖。

第四节　黔西北彝族钞本文献的濒危程度调查

以载体而言，黔西北濒危彝族文献濒危程度高的主要是民间散藏的纸质钞本。彝族钞本文献的保护与传承、传播，是与其所处的文化环境密切相关的。在1966年之前，彝族的生、婚、丧是形成完整的文化生态链的，生、婚、丧都必须有彝族钞本文献传承人的毕摩主持一定的仪式，特别是丧事，死者必须经过一定的仪式后才能入祖，进祖祠、崖祠。所以，彝族钞本文献传承人毕摩的职业与生存空间都极大。1966年延续到1981年，祖祠、崖祠甚至于设在家中的神龛一类全被捣毁，生、婚两种礼俗难以延续，加上强势文化，特别是外来宗教的介入，彝族的生、婚、丧完整的文化生态链被割断，古籍文献传承人毕摩甚至失去了立足之地。近30多年来，随着经济市场化、信息全球化的冲击，人流与物流都发生了翻天覆地的巨大变化，彝族钞本文献的传承更是遇到了前所未有的挑战，传统文化生态已不再形成链，传统的生、婚、丧习俗消亡，在彝族聚居区连起码的民族语言的传承都面临濒危，在这种背景下，彝族钞本文献的损毁与流失就难以避免了，其程度也是可想而知的。

彝族钞本文献的流失主要是被有关部门正常征集和通过其他渠道流失两种途径，有关部门正常征集的文献可以得到有效的保护，而得以较为长期地保存下去。但流出本省、本市垂直关系外的省、市，则是属一种优势和有效资源的非合理流失，这必然导致原产地失去了优先使用权。关于其他渠道流失，属于私人与私人之间产生的交易，一种是出于收藏，另一种不乏为倒卖，这种流失有着很强的隐秘性，它不给你知晓权，所以通常是不易被察觉的。

一、语言与原本信仰导消失致的文献消亡

像"水能载舟，亦能覆舟"的道理一样，语言是这种语言的文献赖以存在的根本，文字是记录语言的工具，文献即是文字这种工具记录留下的历史语言信息的积累，语言既然是它赖以生存的根本依托，黔西北地区的彝语在经济市场化、信息全球化的冲击状态下，它的使用越来越感到力不从心，先是电视机、再是手机等现代传媒的强势占领人们的语言空间，从儿童到少年乃至于青年人，对本民族语言的自信一天天地缺失，即便是像威宁自治县板底和赫章县这样的彝族聚居区，现代彝语的弱化到"汉式彝语"（字词句大部分是汉语，只保留着彝族腔）

的普及，语言与文献的距离在一天天地疏远，到对文献语言、信息的不理解，没兴趣，没有了敬畏。"文革"之后，外来宗教在很大程度上又影响着彝族区原本存在数千年的传统信仰，生、婚、丧都可以没有彝族钞本文献传承人毕摩主持一定的仪式，办丧事，死者不再经过一定的仪式，入祖、进祖祠、崖祠不再是生者的义务、死者的追求，彝文文献一天天淡出人们的视野、人们的生活，特别是信仰意义上的宗教生活，因此，不被重视，不被妥善保管，教学失去空间，传承必然失去市场，作用、市场、必要性的缺失，传统文化生态已不再形成链条，起码的民族语言的传承都面临濒危，又没有了原本信仰的支撑，文献的消亡便为期不远了。

二、传承断层导致的文献流失

从历史来看，黔西北彝族文献的传承有两个重要的时间节点，一是清朝时期的"改土归流"，二是基督教在黔西北地区的传播。"改土归流"导致了彝族文献传承的首次断层，基督教在黔西北地区的传播导致了彝族文献的再次断层，基督教的排他性特点，使得彝族文献在黔西北地区受到了毁灭性的打击。

以威宁彝族回族苗族自治县板底乡为例。板底乡位于威宁彝族回族苗族自治县城的东北部，面积106.31平方公里，全乡东与赫章县妈姑、珠市两乡镇接壤，西、南与威宁县的东风、炉山、盐仓三个乡镇毗邻，地处东经104°33′，北纬25°57′。全乡辖8个行政村、50个村民组，居住着彝、汉、苗、白、穿青人等7个民族，共3 712户、17 719人，其中农业人口17 489人，占总人口的98.7%，少数民族人口11 935人，占总人口的67.4%，其中彝族人口达11 280人，占少数民族人口的97.4%，因此板底乡的民族文化主要是彝族文化，但由于受基督教信仰的影响，如今板底乡的彝族非物质文化遗产已产生变异，是一种变异化的彝族文化。经笔者调查，在"撮泰吉"的发源地板底乡倮嘎村，全村401人中，信教的有115人，信教群众占总人口的29%，其中36人是男性，79人是女性，55岁以上的28人，30岁至55岁的有56人，30岁以下的有31人。

基督教在贵州彝区的传播经历了一个缓慢而艰难的过程。这主要是因为以毕摩为代表的彝族文化群体进行了坚决的抵制。另外，彝族是一个崇尚祖先崇拜的民族，要让彝族人不信"祖宗"是很困难的事。黔西北基督教首先是在苗族群众中得到传播，又因为黔西北彝苗杂居的客观存在，使得宗教信仰的文化效应能够在彝族群体中得到参照、展现。随着1904年黔西北苗族首次在昭通城拜会伯格理并入会，带动了黔西北部分生活窘迫的彝族人于1905年在威宁州（包括现赫章县的部分地区）组建教会，黔西北的彝族教会主要由以伯格理为代表的循道公会教会、以党居仁为代表的内地会组成。"从20世纪初到1949年，威宁县循道公会彝族教堂主要有：四方井、威宁、色木戛、顶拉、卯大路、大桥、得姑路、哲觉、沙厂、大街子、青木戛、四十五户、哈喇河、色计罗、坝口、白岩脚、脚落、狗街子、锅底档、灼乐多、果回瓦等。"① 而以党居仁为代表的内地会主要在赫章县的结构、大定（今大方）、毕节城（今七星关区县城）。如今，基督教在黔西北的绝大多数彝区都有流传（见表1-1）。

表1-1　2001年6月底毕节地区基督教徒分布点（乡、镇、办事处）

毕节	市西、市东、大桥、田坝、阴底、岔河、层台、燕子口、小吉、野角、梨树、长春、青场、何官屯、田坎、朱昌、八寨坪、海子街、农场、大屯、阿市、普宜
大方	城关、沙厂、响水、竹园、东关、文阁、鼎新、绿塘、猫场、牛场、高店、马场、理化、羊场、小屯、安乐、核桃、六龙、凤山、三元、八堡、兴隆、长石、瓢井、星宿
黔西	城关、金坡、甘棠、钟山、雨朵、协和、绿化
金沙	箐门、马路、岩孔、平坝
织金	上寨坪、实兴、黑土、阿弓、熊家场、城关、营合、绮陌、八步、纳雍、化起、大坪、牛场、猪场、鸡场、支东、龙场
纳雍	雍熙、维新、董地、库东关、阳长、老凹坝、龙场、化作、姑开、羊场、锅圈岩、昆寨、猪场、左鸠戛、新房、乐治
威宁	城关、幺站、金钟、东风、二塘、龙场、黑石、哲觉、哈喇河、斗古、黑土河、炉山、石门坎、龙街、雪山、大街、观风海、兔街、小海、羊街、板底、秀山、盐仓、云贵
赫章	城关、白果、妈姑、水塘堡、兴发、松林、雉街、珠市、双坪、罗州、铁匠、辅处、可乐、德卓、河镇、安乐溪、结构、朱明、财神、六曲河、姑基、达依、古达、平山、哲庄

资料来源：吴道军：《有关黔西北地区基督教历史与现状认识》，西南民族大学硕士论文，2006年。

任何文化都有其核心的价值观和伦理观，即服务的对象和依据，当文化的核心价值观和伦理观消失之后，实际上这种文化便不复存在了。彝族的核心文化是祖先信仰。这是彝族文化续存的源点，是彝族文化的凝结核，广义来说，彝族的一切文化都是围绕这个源点进行的，当祖先信仰消失后，本质上彝族文化便也就消失了，从彝族文化传承的序列来看，失去祖先信仰的所有文化实践行为都是简

---

① 东人达：《黔西北滇东北彝族教会及其自立特征》，载于《毕节学院学报》2011年第11期。

单和片面的,这种基于肤浅文化的一系列解构和建构对于文化传承来说实际上不利且危险,这种文化实践进行得越多,便越有可能背离彝族文化的本源。基督教神灵信仰的排他性恰好让彝族信众失去其核心的价值观和伦理观。千年传承的核心价值和伦理体系被推翻,取而代之的是基督教的一系列伦理道德和行为规范。凡基督教盛行的彝区,彝族文献大多已被损毁,基督教在板底乡传播的结果便是,板底乡的彝族毕摩已几近消失,彝族文献也呈濒危。

三、文物倒卖导致的文献流失

文献的一大特点在于它的文物属性,而文物又有着经济利益的可大可小的空间,文献的传抄到形成文献,一般或都有着100年到300年、400年不等的历史,明代的抄本极其稀罕,清乾隆到光绪、到民国初年的抄本则比比皆是。钞本文献既然有着文物属性,又有着巨大的经济潜力,于是就成了一种不可多得的文物资源。

这种资源并非取之不尽用之不竭的,而是流失了一本就少一本,直至最后消失得无影无踪。钞本文献广泛地散藏在民间,政府文化机构会在民间进行征集,在1991年以前的征集,以当时的毕节地区彝文翻译组在各县的征集为例,一般的一册抄本从3元、5元、7元、10元、15元、20元的征集价不等,最贵的抄本也只在30或50元左右,到了本世纪,尤其是在彝文钞本文献到了资源已高度枯竭的今天,它的正常征集,要花费比当年高出上百倍的价钱,在巨大经济利益的驱动下,钞本文献被加入到文物倒卖的行列。资源已高度枯竭,再加上进入被当作文物倒卖之时,便是彝文钞本文献可能甚至在此全部消失之日。

四、保管不善导致的文献损毁

目前黔西北彝族文献的保管主要由民间彝族毕摩和政府财政支持的相关事业机构在做,如毕节彝文翻译研究中心、贵州工程应用技术学院彝族文化博物馆(一期)等。以载体而言,黔西北濒危彝族文献损毁最严重的主要是民间散藏的纸质钞本。

整体来看,民间毕摩由于经济条件限制,以及彝族文献使用环境的消失,彝族文献普遍保管不善。民间散藏彝族钞本文献,保管条件十分简陋,稍好一点的,做专门的木箱或木柜存放,加放旱烟烟叶防虫,有些放在衣柜、碗柜一类木器中,有的用塑料薄膜包裹,随意放在家中的某一高处的角落,有的用塑料编织袋装书,吊在房梁或房柱上。家里有传承人,随时使用这些文献的,保护的意识相对而言要好些；家里无人传承，而只是持有，并不使用的，情况就会非常糟糕，这些古籍会任鼠噬咬、任虫蛀蚀、任烟熏黑、任雨淋烂，到最后，会成为成箱、成柜、成捆的书粉。彝族钞本文献的损毁是触目惊心的，持有者与传承人对彝族钞本文献的爱护心态是有差异的，前者一般由传承世家转化而来，他们对待彝族钞本文献，仅是将它当作一份祖传遗产而已，放置在一个地方后，往往忘记关顾。作为传承者来说，彝族钞本文献既是工具，更重要的是，觉得彝族钞本文献是有灵性的，即是与神相通的，因此也就有着较为强烈的保护意识。

相关事业机构的特点是彝族文献有专门的保管场所和保管人员，保管人员往往也是研究人员，他们领着国家的财政工资，自身生活有保障，经济条件相对要好一些。但彝族古籍由于已具有一定的历史年限，加之材质多为牛、羊皮、麻、纸等，容易受温度、湿度等的影响，对其妥善保管往往需要恒温恒湿的条件，因此配置恒温恒湿等设备是必要的。但由于各种原因，目前黔西北保管彝族古籍文献的相关事业机构中，尚无配置专业恒温恒湿等设备的，以贵州工程应用技术学院彝族文化博物馆（一期）为例。

作为贵州工程应用技术学院打造特色学科的重要步骤，作为"贵州省民族古籍研究基地""贵州省民汉双语服务基地""贵州省优秀文化育人基地"，贵州工程应用技术学院彝族文化博物馆（一期）收藏有彝文古籍114册，电子彝文文献127册，彝汉文功德碑1块，有关彝族谱牒、税票15件。其中彝汉文功德碑在国内尚属首次发现，具有重要的历史文化价值，但由于经费的缺乏，该碑被敞置于大厅门旁，由于受温度和湿度的影响，部分字迹已开始脱落。另外作为博物馆重要彝文文献的"牛皮档案"，由于没有专门的恒温恒湿的保险柜，每一次有需要时才由专门人员用一个木匣从其他地方带到博物馆，使用完之后，再由专门人员用木匣装上带走，除了不具备保管条件时彝族文献材质的自身损耗外，每一次使用时的搬出搬进对彝族文献也是一种人为的损坏。

五、自然本身导致的文献损毁

作为一种由纸、石、金属、动物皮革及墨汁等物质构成的文本，彝族文献不能避免相关物理规律，由于彝族文献大多具有一定的历史，随着物质的衰变，彝族文献本身也在不断损毁。

彝族钞本文献的保护与传承、传播，与其所处的文化环境密切相关。在1966年之前，彝族的生、婚、丧是形成完整的文化生态链的，生、婚、丧都必须有彝族钞本文献传承人的毕摩主持一定的仪式，特别是丧事，死者必须经过一定的仪式后才能入祖，进祖祠、崖祠。所以，彝族钞本文献传承人毕摩的职业与生存空间都极大。1966年延续到1981年，祖祠、崖祠甚至于设在家中的神龛一类全被捣毁，生、婚两种礼俗难以延续，加上强势文化，特别是外来宗教的介入，彝族的生、婚、丧完整的文化生态链被割断，古籍文献传承人毕摩甚至失去了立足之地。在近30多年来，随着经济市场化、信息全球化的冲击，人流与物流都发生了翻天覆地的巨大变化，彝族钞本文献的传承更是遇到了前所未有的挑战，传统文化生态已不再形成链，传统的生、婚、丧习俗消亡，在彝族聚居区连起码的民族语言的传承都面临濒危。在这种背景下，彝族钞本文献的自然损毁与流失就难以避免了，其程度是十分严重的。

第五节 黔西北濒危彝族钞本文献的保护及其问题

一、成绩

黔西北濒危彝族钞本文献的保护所取得的成绩在于以下几个方面：

（1）贵州工程应用技术学院彝学研究院、毕节市彝文文献翻译研究中心、毕节市档案馆、六盘水市档案馆、贵州民族图书馆、贵州省档案馆等国家机构和单位，通过一系列的征集，使黔西北濒危彝族钞本文献从得到规范化保护的数量上有了很大的积累，这是保护最能够体现的地方。

（2）国家机构和单位的防火、防虫、防盗、防潮等保护措施的加大，甚至于恒温等先进技术的利用，这些手段对于黔西北濒危彝族钞本文献寿命的延长有了科学的保证。

（3）多种措施多管齐下，内容提要和目录的编撰，钞本的影印出版和整理翻译出版，改善了许多文献的孤本状态，信息化地开展工作，数据化的介入，保护工作与现代化衔接。

（4）"救人、救书、救学科"得到广泛的认同，彝族钞本文献传承人的培养有一定起色，毕节市彝学会和毕节彝文双语学校培养了一批中初级传承人，传承保护已初见成效。

二、问题与建议

黔西北濒危彝族钞本文献的保护也存在着诸多方面的困难和问题，主要有以下几个方面。

一是缺乏活态保护。尤其在静态保护与活态保护的关系上，静态保护与活态保护协调的空间很大，活态保护还不足，在活态的保护过程中，高层次保护人才培养的机制没有形成，政策与体制都得不到向这一方面倾斜，活态的传承跟不上彝族钞本文献的消亡的速度。人类有两条生命：一条是生物性的生命，一条是文化性的生命。文化的传承也就是传承人类文化性的生命，把某一文化的基因遗传下来，是一个文化历史信息鲜活的传承过程。因此凡讲传承就该指"活态"传承，即人的传承，离开了"人"便谈不上传承。当下我们很多时候把文化的"传承"和"保护"混为一谈，这样导致我们对"传承""保护"都谈不清楚，最要害的是问题的解决没落在实处。简单来说，两者是有区别的，前者侧重人的传承，后者重在物的保护；换言之前者重在文化的内在信息的传递和升华，后者重在文化的外在处境的保护。民间是文化的栖身之地，可以说是文化的精神家园，没有民间就没有真正的文化可谈。文献无民间基础就没有根基可谈，文献应该是民间的精灵，因此民间保护就很重要。民间保护其实主要保护民间的传承人，也就是活态传承。活态传承不是说随便关心一下某个文献持有者那么简单，而是全方位地关心该文献人，目的是让该文献人有充分的时间保护文献。彝族传统文化一直以来都以"自传"的方式进行，这种自传主要指以民间的形态流传，而不是以官方或帝王文化方式流传。例如，彝族宗教的传承从来就是以自传的方式进行，家头历来是做宗教法事的地方，没有寺庙。彝族传统的文献传承也是自传方式进行的，主要是以"父传子"的形式进行。然而这种传统的传承方式在当下社会受到了致命的挑战，根本原因是人们的生存的经济文化类型改变了，传统半农半牧的经济类型里生产自足，而且比较封闭，保证有足够的时间研习经典；而来到现代化主导的社会里后，因现代生活方式与传统的距离太大，始终感觉自己跟不上时代的精神压力和实际的经济困难，导致自然传承法受阻碍，传统文化自然传承的方式断链。黔西北地处乌蒙山脉，山美水美，但客观地讲，彝族人所居住地方都是属于高寒山区，土地非常贫瘠，今天我们能看到的一本本彝族的文献也是出自这样土地里，由于条件艰苦等多种因素，这些文献正遭受着空前的灾难。因此民间保护问题关键是怎样调动民间的积极性，让民间有充分的时间去传承和保护这些文献，要调动民间保护的参与意识。

二是缺乏现代技术的保护。抢救是保护的前提。同样根据目前黔西北濒危彝族钞本文献的现实状况来看，首先也要抢救，抢救什么呢？就是救人和救书。对于救人来说，如何把人安置在一个适当的位置，延续其民族文化记忆，这也是所谓的活态传承；对于救书来说，非常迫切，如不及时抢救，当能识字的老人和经书全部丢失时结果会怎么样？毫无疑问，这些濒危文献会退出历史舞台，与人类告别，即灭绝。从我们的调查来看，黔西北濒危彝族钞本文献情况危急，需要引起大家的重视。其次是恢复的过程，黔西北濒危彝族钞本文献抢救下来后需要一个系统的修复过程才能完整。在修复的过程中注意几个问题：（1）在内容上尽量将已经缺漏的地方补上，最好的方式就是让文献持有者来回忆；（2）用现代技术进行修复，不能再次使用过去的竹片、木片等来对文献进行记载的方式。科学技术同时也是推动人类精神文明发展的强大动力。利用现代技术就是要用现代通信技术、声像技术、光学技术等，这样彝文古籍的生命力才能延续，而且使用起来比较方便。杜威说过：经验就是生活，生活就是应付环境。传统社会人类虽然没法突破技术的障碍，但那时古彝文献还在其生存的活态的胚胎之中，根本就不需要保护，而是自然地在生长；而今天由于这些古彝文献的所依托的社会基础被打破，人们很多时候立足当下面对过去，虽然今天的生活也是传统的延续，但毕竟传统的文化生态系统被破坏，无法让这些残留的文献自然发挥昔日的光辉。因此在这种条件下，人类必须争气，必须用现代的技术对古彝文献进行科学的强行过渡。现代是技术的社会，必须利用技术这个坚强有力的武器保护濒危文献。并且现代技术有复制和网络的系统，我们可以想象一个小小邮件的能耐，如果我们担心发一份会丢失，那就可以同时发很多份，并且当我们需要时，无论何时何地都可以随时取走。所以有什么力量比现代技术方法来保护文献还强呢？我们认为现代技术是 21 世纪甚至很长一段时间人们以此保存自己行为方式的有力方法。比如，当你感动时候可以把自己的声音用手机录下来，等 20 年后你再去听，可能会成为语言学、人类学等研究的重要资料。我们现在的一个共同任务是面向现代技术视野下的传统文化的保存和人类自己行为的传达。只有把这个问题解决好，我们的文化才能和谐。

三是保护投入不足。在比较濒危的语言文化的抢救和保护上必须有政府的支持才能将工作落在实处。民族文化已成为西部民族地区经济增长、社会和谐、生态良好等可持续发展的重要资源。黔西北的民族文化很丰富，尤其是彝文古籍有大量的流传，政府应该把彝文古籍保护作为一个重点工作来抓，这样不仅能为地方经济社会发展作文化支撑，也能为地方文明的传承和发展作出贡献。黔西北完全可以走民族文化走廊经济圈发展战略，把中国古彝文化打造成世界级的文化乐园，这样不仅可以实现经济效益，也可以实现文化效益。黔西北的生态非常脆弱，过去的粗放经济模式给黔西北的自然生态带来严重危机，这些破坏在经济社会建设中已经付出了代价，这是有目共睹的。但当下我们可以走文化反馈社会的道路，就是充分发挥文化多元性的优势来弥补生物多元性的缺陷。黔西北有那么多彝文古籍，应该站在人类古老文明的历史视角予以彰显，这样可以实现经济和文化的双赢效果。虽然黔西北彝族古籍保护已取得了一些成绩，但这个成绩和我们理想中的指数差距还很大，因此尚需加倍努力。这里有一个关键问题：政府如何保护黔西北濒危彝族钞本文献呢？我们认为可以从以下几个方面去做比较科学合理。

第一给政策。要出台一系列黔西北多元民族文化保护的政策。这个政策必须站在地方经济社会发展和民族文化资源开发的切合点来制定。这样政策才能深入人心，并充分显示其存在的价值。政策不仅对事情本身的解决起支持的作用，而且对文化保护的行为有积极宣传的作用。现在正是黔西北彝族文化崛起的最佳时机，主要是有了国家政策的支持。黔西北被列入藏羌彝文化产业走廊范畴，目的是民族文化要为经济发展服务。在此背景下地方政府应该主动积极争取支持。主要是拿出具体的建设规划方案，通过专家论证后上报。另外把所争取到的政策不要仅仅写在红头文件上，还要落实在行政村一级，并设立专门建设点，由专人进行负责。

第二给项目。把财力支持转化成项目支持的形式。这样的好处是目标明确，节省成本，并可以在有效的监督体系下完成所规划的目标。具体做法是在黔西北濒危彝族钞本文献比较集中的地方或黔西北彝族文化的社会基础比较浓厚的地方，用文化项目的方式将文化资源科学地保存，并以美学的方式得以展示。

第三整合专家力量。地方文化的建设不能离开文化专家的支持。在地方文化项目的落实之前，政府应该组织专家进行严格评估，对项目的价值、效应和可操作性等都需要比较科学的判断，以免落入低俗或短寿的下场。现在社会说起文化或说起研究文化人人都有自己的看法，但真正站在比较有高度的文化美学或民族的美学的角度去提升文化的不多，所以地方在文化项目建设过程中，不能光给了钱就算数，还必须在科学的意义上首先考证，这样项目才能功在当今、利在千秋。

第四给足时间的长度。文化的建设是一项非常富有想象力的工程，但很多时候我们都没站在一个宽阔的时空去建设文化，而是仅仅把文化做成一个项目实体，没有文化生命呼吸的空间，缺乏灵性。因此我们政府在设立文化项目的时候，必须选好角度，看从哪方面规划才能体现文化的大美时空。政府要保护黔西北濒危彝族钞本文献，必须要站在时空的长度去认识，看怎样保护才能将文献的生命延续得最长，也看怎样彰显才能将文献的内涵表现得最热烈等。这些都是我们作为文化建设的规划者应该思考的。

四是档案信息要数字化。档案信息数字化的建设是指利用现代技术将档案做成有序结构的信息库。这些现象技术主要表现在数据库技术、数据压缩技术、高速扫描技术等手段。黔西北濒危彝族钞本文献的抢救和保护不能再停留在原始的羊皮、竹简和纸质等载体上。大家知道，人类传统的文字或文化传承方式大致方向类同，几乎都是以原始的器物为载体的。这些以器物为载体的传承方式是可以理解的，因为相对那时封闭的社会环境是可以适应的。但今天在现代高科技的时代，如果仍然保持传统的文字载体方式显然不是很合适，因为我们的社会已变得很开放，在此前提下，人们对信息交流和传递的要求越来越苛刻、越来越高，原始的笨重的器物载体无法满足人们的要求，所以由器物载体向数字化转向是历史的必然。在现代社会文化背景下，只有这样才算找到了正确的文献传承和保护方式。那么怎样将黔西北濒危彝族钞本文献档案信息数字化呢？这才是需要我们认真探讨的问题，只有把这个问题搞清楚了，我们才算将问题落到了实处。一般来说，档案信息数字化的原则主要遵循规范性原则、安全性的原则、效益性原则。所谓的规范性原则属于科学性的原则，简单地讲档案信息要走严格的程序；所谓的"安全"是指档案信息保存的方式要牢固妥当；所谓的效益性原则是指档案信息便于人们的阅读和应用等。黔西北濒危彝族钞本文献档案信息数字化也必须遵循这些原则。由于黔西北濒危彝族钞本文献多年来一直处于钞本的状态，储藏比较零散杂乱，所以必须走严格的程序；同时这些彝族文献多年来一直处于濒危的状态，所以其安全性不够保障。有的属于自然破坏；有的属于人文破坏等。对于这些彝文文献来说，从调查搜集到整理翻译，再到文献数据库的建立，都需要经历一个比较艰苦的过程。效应性的原则对该彝文文献来说，非常重要。我们这里讲的不是指经济效益，而指文化效益。黔西北濒危彝族钞本文献储存量很丰富，但一直没被开发出来，我们这里的开发是指其社会效益还不高，也就是被人利用率还不高。因此社会效应或文化效应成了黔西北濒危彝族钞本文献的归属。

　　档案信息数字化包括两个方面的内容：一是档案目录信息数字化；二是档案全文信息数字化。目录是文献的眼睛，好的目录就能让人快速找上所需要的文献信息，而且档案目录不要花样太多，再好的技术也要尽量地做到傻瓜化，这样操作起来方便许多。具体讲构建一个黔西北濒危彝族钞本文献目录查询系统，在具体设置的时候一定要以用户为中心（不是以信息为中心），用户根据自己的需要对彝文文献进行查询、全文浏览。在界面设计的时候，要使用 Ajax 技术，这样系统会更加有效；在平台设计中要留有不少接口，用于和其他系统连接等。这些都是目录设计时必须考虑的问题。对于档案全文信息数字化应该是该文献数字化的中心问题。黔西北濒危彝族钞本文献的内容庞杂，载体样式多样，所以全文信息化的对象不再单一，而是涉及文字、图像、声音等。在处理全文信息化的时候，不能单一地只重视文字，而是把这些文字、图像和声音通过现代技术有机地整合起来。大家知道，文字、图像和声音其实都是一些符号，而这些符号都是一种认知的符号，也是一种解读文献意义世界的方式。因此当多种解读方式结合起来同时应用于同一文献的注释上时，文献解读效果会变得更加深刻。但是文字、图像和声音的结合是一个技术的问题,这个技术怎么处理才能科学或恰到好处,这是需要认真探讨的问题,需要语言学家、文字学家、计算机专家共同协商。这个技术永无止境,只能精益求精。特别是少数民族文字符号,如何更加有效地和汉字搭配,这不仅是简单的字符处理问题,更应该是一系列的技术处理问题。

五是数字档案馆建设。数字档案馆建设其实就是利用电子网络远程获取档案信息的一种方式。数字档案馆和实体档案馆的关系是相互依存的关系,而不是相互交替的关系。数字档案馆准确地说是顺应了历史潮流、社会发展的需要。这同时暴露了实体档案馆的弊病之处。从大的社会背景来讲,少数民族或及其文化的现代化是当下民族学、人类学应该主要研究的对象,因为人类学、民族学的使命应该是想象人类的未来或为人类的幸福作出指导。尤其对城市化下的民族文化生存作出指导。而不是一味地将目光放在山乡田野,进行自我想象中的或想当然的民族文化解构之中。今天的数字档案馆的建设准确地说是响应这个主张。目的就是冲出实体档案馆的传播局限,将目光放在环球的视野作出努力。世界那么多国家、那么多族群,要是让人人都去走访的话,肯定走不完,想用实体的传递来满足人类自身的需要,显然已经不可能。因此最终走上数字化档案馆建设的道路,在分秒之间了解世界各民族之间的文化信息也成为一种趋势。这也是少数民族文化正在面临的现代困境,也是少数民族文化走向良好发展的机遇所在。从整个彝族文化发展的态势来看,当下最缺的还是平台建设,平台建设没跟上导致彝族文化的故步自封。当然目前已经有了像"彝族人网"这样影响比较大的彝族网络文化博物馆,并在彝族文化传播上起了很大的作用。但仅此还不够。尤其在彝族古文献的传播上还起不到实质的作用。这里我们可能首先要搞清楚数字档案馆与网络的关系。简单网络平台应该侧重宣传、报道;数字档案馆更应该侧重的是信息实质内容的转载和传播。我们一旦利用网络平台建立起黔西北濒危彝族钞本文献档案数字馆,对文献本身的保存和对社会传播文化正能量都是很有帮助的。下面我们谈谈如何建设数字档案馆。

第一,文字数字档案馆建设。任何数字档案建设都离不开文字。这是我们都理解的一般意义上的文字数字化处理,就是将黔西北濒危彝族钞本文献全文数字化。这需要本土学者和数字专家共同发挥作用,本土彝学专家要对纸质版的文本进行详细解读、注释;对于数字化问题就交给数字专家。这需要很长时间、财力等支持才能完成。

第二,建设文献有声数据库。有声数据库一直以来是最容易被人们忽视的一件事。然而事实上在哲学社会科学研究的实践中"语音"的作用是多么的重要,这是被语言科学、生物学、人类学等早已证明了的事实。大家知道文化是基于语言基础而形成的,而语言最终又基于音位系统形成。人类如果没有利用发音器官发出语音，就根本不会有语言①。要把文化讲清楚、把文献注释透彻，那么语音的分析和理解就特别重要。历史音韵学是一门构拟古人发音的学科，因为古时候没有收录机，通讯技术不发达，所以古人发音我们没办法记录下来。而在今天信息技术如此发达的情况下，如果我们还不进行记录的话，很有可能会步古人后尘。黔西北濒危彝族钞本文献有声数据库的建立，有利于汉藏语音史、汉藏语音比较的研究；同时更利于文化的传承和传播，文化的传承其实最基本的就是对声音的传承。语言是文化的基因，语言是一个民族非常重要的特征，如果没有了语言的发声，那么该民族的文化应该算是比较缥缈了。

第三，语法系统数字化建设。彝文文献语法系统数字档案馆建设具有重要的现实意义和学术意义。为了更深刻地解读黔西北濒危彝族钞本文献，将来彝文文献的语法系统必须数字化。

第四，词库与词法的数字档案馆建设。对于黔西北濒危彝族钞本文献来说，词库与词法的数字档案馆建设是一个基础性的问题。可以说词库与词法是一种阅读的工具。它的好处在于让没有彝文基础者可以利用它来对彝文献进行阅读。当我们把彝文献的词库和词法做好并和彝文献同时放置在网上相应的位置，和彝文献形成相互对照，大家在读不懂的时候，选中文本中的词并双击一下，该词的意义就跳出来。这里彝文献的词库、词法和彝文献文本是相互匹配的，而且词库和词法主要是服务于彝文献本身阅读的。这样的现象在汉文献和英文文献的档案数字馆中已经常见，彝文献也应该要做到这一步。这是目前网络文献阅读中比较先进的方法，只有做好这些基础性技术，才说得上彝文献的网络远程传播，也才能算得上彝文献档案数字馆建设。要做好这项工作主要从两个方面入手：一是从语言学的角度入手。词库和词法的研究是语言学的范畴，首先要符合语言的基本规律。既要基于彝文献语言内部结构的基本组织，又要符合国际词库和词法整理与研究的规范。这样才能科学地导出彝文献语言的基本情况。只有规范才能称得上科学，也只有科学了我们的阅读才能方便。关于彝文献词库的建立、词法的探索是一个比较深刻的话题，从前人的研究来看，很少有人从这方面下过苦功夫。但如果词库和词法这些基础性的研究没做好的话，比较彻底地阅读彝文文献是不可能的。这些基础没做好，再好的技术也只是宣传的口号，没有实质性的作用。可以说这也是彝文献数字档案馆建设的基础。黔西北濒危彝族钞本文献将面对的是很多不懂彝文的人，也就是将被很多不懂彝文的人阅读，这样一来这个基础性的工作就显得很重要，因为它充当了一种重要的工具性角色。二是从技术上下功夫。关于阅读的技术，现在技术在日新月异地更替、发展，要尽可能地充分利用

---

① 王理嘉、林涛：《语音学教程》，北京大学出版社1992年版，第1页。

现代技术，尽力减少阅读的障碍或负担。比如说，一个小小手机内存器就可以储存牛津词典、柯林斯英汉双解词典等，为什么就不能装一部彝文词典呢？彝文手机软件不也出现了吗？我们希望借助现代可利用的技术，将彝汉英多解词典装上去，供人们使用。有人可能会担心，谁来用呢？不必担心，世界那么大，总会有人用。简单地讲，世界范围内搞语言研究、民族学研究、人类学研究、考古学研究、宗教学研究等的人可能会用，还有对彝族文化或彝学感兴趣的人也可能会用。这个技术对于民族文化研究来说也是一个比较大的贡献。目前，彝文献的数字档案馆建设刚起步，很多理论和方法不成熟，需要借鉴。可以说在当下彝族文化或彝文献数字档案馆建设是民族文化研究和铸牢中华民族共同体意识对这个时代的诉求，也是民族书写方式更新的表现，更是文化建设者的历史责任。万丈高楼平地起，细节决定成败。在某种角度上细节决定了前进的方向。黔西北濒危彝族钞本文献要突破陈旧观念，摆脱传统的书写方式，利用现代信息技术，其光芒才更加可见。

第二章

黔西北濒危彝族钞本文献整理

第一节 黔西北濒危彝族钞本文献研究、搜集和整理简述

彝族创造了自己的语言文字,有自成一套的比较完整、成熟的文化要素及其使用彝文字书写,记载着人、事、时、地、物等源远流长、丰富多彩的钞本文献。彝族古文字的创造和使用,标志着彝族早已进入了文明社会,保障了彝族传统文化得以较为系统、完整地继承和流传。其研究内容包含了自然、社会、文化、宗教、哲学、科技、医药、教育等领域,对社会历史、宗教礼俗、文学艺术、哲学思想、文教卫生等方面作了比较宏富的著述。彝族文化作为中华多元一体格局中的重要组成部分并非独立存在,而是在与其他民族文化共融、碰撞的过程中有着自身的民族文化轨迹的具有特色的、典型的文化。贵州黔西北地区因有藏量丰富的彝族钞本文献而成为彝学研究的重镇,在全国具有很大的影响力和代表性。

彝文文献《物始纪略》记载:"有毕摩就有字,有毕摩就有书。"以谱牒为脉络叙史的《彝族源流》(彝语称"喽数恒勺")记载,彝族的君、臣、毕摩出现在哎哺时期,这一时期,据《阿买尼谱》记载:"在笃慕之前,有三百八十六代。"[①]我国现存最早最完整的地方志之一《华阳国志》载:"夷人大种曰'昆',

---

① 陈乐基、王继超:《中国少数民族古籍总目提要·贵州彝族卷(毕节地区)》,贵州民族出版社2010年版,第5~7页。

小种曰'叟'。皆曲头木耳，环铁裹结，无大候王，如汶山、汉嘉夷也。夷中有乐黠能言议屈服种人者，谓之'耆老'，便为主。议论好譬喻物，谓之'夷经'。今南人言论，虽学者亦半引'夷经'。"① 说明彝族文字及其古籍的形成经历了漫长的历史时期。根据《中国古彝文在世界古文字中的价值地位评鉴与申报世界记忆遗产建议报告》实证研究显示："中国古彝文与中国甲骨文、苏美尔文、埃及文、玛雅文、哈拉般文相并列，是世界六大古文字之一，而且可以代表着世界文字一个重要起源。"关于古彝文起源的问题有明代说、元代说、唐代说、汉代说、半坡说、万年说等，至今尚无定论，彝族先民用自己创造的文字记录世界、认识和改造世界，留下了卷帙浩繁的文献典籍，《彝族源流》、《彝族诺沤书》、《彝家宗谱》、《摩史诺沤苏》、《爨文丛刻·玄通大书》（二卷）、《摩史苏》、《摩史丧仪书》、《摩史叙史书》、《祈福习俗书》、《苏巨黎咪》、《算天罡》（一卷）、《宇宙人文论》、《阿鲁玄通书》、《扯勒丧仪经》、《洪水泛滥记》、《那史释名经》、《彝家大通书》、《水西彝族解冤经》、《祈福消灾大经》、《彝史辑录》为代表的彝族钞本文献进入国家珍贵古籍名录，是中华文化艺术遗产宝库的重要组成部分。

明清以来，彝文曾广泛流行于彝族聚居的区域，彝文碑刻谱牒和契约文书等较为普遍。如今流传和遗存于黔西北彝区的彝族文献载体形制主要有岩书、布书、皮书、纸书、瓦书、木牍、竹简、骨刻、木刻、金石铭刻、印章等，其中绝大部分为纸书，即我们所说的钞本文献，它是一个民族文明发展史的物质见证。彝族钞本文献主要是用彝文书写的各种古书和将各种古代彝文金石铭刻辑录成集的书。黔西北一带对彝族古籍称为"苏排"，四川凉山称为"特依史博"，云南路南一带称为"司波"。三种称法都是指用彝族文字书写成的书籍。② 一般没有具体的作者和写作年代，多为民间古籍，其内容"广博宏富，系统、全面地记录了彝族社会中的诸多文化事象和文明成果，具有很高的历史价值和学术价值"。它历史年代久远，从哎哺时期到"六祖"时期，尤其是从尼能、什勺、慕靡、举偶到"六祖"分支，直到公元1664年的近4 000年间，就有近200代父子连名谱牒世系完整相连而不间断。记录涉及哲学、历史、天文、历法、算学、文学、军事、宗教、地理、民族、民俗等多方面的内容，反映彝族的发祥、发展、迁徙、分布，与各兄弟民族和睦相处，巩固西南边疆的稳定，维护祖国统一等情况，形成独具特色的哲学、伦理学、文学、天文学、教育学和数理思想。

19世纪60年代，彝族及其文化就已经成为西方国家进行社会调查和人类学

---

① 黄建明：《彝族古籍文献概要》，云南民族出版社1993年版，第5~7页。
② 黄建明：《彝族古籍文献概要》，云南民族出版社1993年版。

考察研究的重要对象。"从19世纪后半期开始，许多西方人先后深入彝区，调查彝族社会历史与风情民俗，搜集彝文典籍。运回自己的国家，并收藏于各图书馆。他们对彝文典籍的研究也取得了很多成绩，有一些很有影响的论著先后问世，如《法倮字典》《华西的倮字》《倮倮及其甝书》《云南倮倮文研究》《倮语研究论文集》等；先后出现诸如法国人亨利·科尔迪埃、美国学者哈里·弗兰克、法国传教士保禄·维亚尔等。"① 如1899年法国亲王奥尔良在《对倮倮语言研究所作的贡献》一书中对彝族语言文字作了专门论述。② 20世纪初，美国学者哈里·弗兰克在他的著作《华南漫游记》中称彝文为表意字而不是表音字，比汉文更简单，很有点像史前的象形文字，他能说一口流利的撒尼语，对彝族的社会历史与语言文字进行调查研究，成绩显著，在当时影响很大，特别是在彝文典籍的整理研究方面做了很多开拓性的工作，著有《倮倮·历史·宗教·习俗·语言文字》《云南彝族文字研究》《彝语语法》等书，他的论著引起了许多学者的重视，为当时的彝学研究提供了大量的实地调查资料和文献依据。

20世纪初始，彝文典籍引起国内学术界的关注。1928年，民族学家杨成志先生深入彝区调查，对彝族文化、彝族典籍文化进行了调研，著有《中罗字典》《云南罗罗族的巫师及其经典》等，还整理翻译一些彝族典籍经书。1930年，我国地质学家丁文江先生在云、贵、川三省搜集了十多部彝文古籍，经彝文翻译家罗文笔先生翻译后出版了《爨文丛刻》，是公开出版的第一部彝文古籍巨著。全书收录《千岁衢碑记》、《说文（宇宙源流）》、《帝王世纪（人类历史）》、《献酒经》、《解冤经》（上、下卷）、《天路指明》、《权神经》、《夷人做道场用经》、《玄通大书》、《武定罗婺夷占吉凶书》等11种彝文经典，内容涉及彝族的历史、宗教、天文、历法等，采取彝文、汉文对照方式排列，一行原文，二行注音，三行直译，四行意译。1940年，著名语言学家马学良先生在云南搜集了2 000多册彝文古籍，后来分别藏于原中央研究院历史语言研究所、国立北平图书馆及北大、清华、南开等校图书馆，包括书、占卜经、谱牒、碑刻等几大类③。

第二节 对黔西北濒危彝族钞本文献的搜集整理

近年来，贵州工程应用技术学院彝学研究院院长、著名彝学专家王明贵研究

---

① 朱崇先：《彝文古籍整理与研究》，民族出版社2008年版。
② 余宏模：《贵州彝文典籍翻译工作的历史和现状》，载于《贵州民族学院学报》1981年6月。
③ 六盘水市志·民族志编纂组织机构：《六盘水市志·民族志》，贵州人民出版社2003年版，第86页。

员带领彝学团队，在彝学学科建设、彝文古籍收集、整理、研究等方面取得了丰硕成果，在国内外学术界颇具影响力。还有各地民族事务部门以及彝学研究机构的彝学专家、学者们，他们同样对彝族文化的传承起到了重要作用。正是一代代彝学专家的不懈努力，使人们逐渐认识到彝族文化、彝族古籍文献的核心内涵和重要价值。

贵州工程应用技术学院彝学研究院自承担本课题研究任务以来，全力投入整个黔西北地区的濒危彝文古籍的调研、搜集、整理和研究，经过几年的时间，从毕节市的七星关、大方、黔西、金沙、织金、纳雍、威宁、赫章等县市，六盘水市的六枝、盘县、水城、钟山区等地，共搜集到彝族濒危古籍钞本原件114卷（册），采集到的彝文古籍条目共计400余条。主要有：《献酒经》《凶兆算书》《献山诵经》《扶正土地神书》《择期书》《札苏》《鲁补大论》《祈福消灾书》《打铜织绸书》《禳解消灾经》《家园禳解书》《破除诅咒经》《去污除垢书》《迎接布摩书》《早祭指路经》《破迷恋经》《解冤经》《祭土地神树书》《丧仪大经》《竹卦经》《六祖的来源》《勘屿书》《局卓布苏》《丧祭经》《丧祭释名经》《丧仪经》《鲁补鲁旺》《占病书》《鲁朵的雨点》《迎布摩献酒经》《占亡书》《消灾献酒经》《献牲经》《献山诵经》《吉禄拃苏》《安置祖灵书》《黎咪苏》《札苏》《算书》《安魂书》《消灾大经》《消灾经》《更换祖筒经》《解灾经》《遣送退雷书》《安魂经》《丧祭礼俗经》《择期书》《不祥之兆占算书》《肯洪书》《占算书》《诺沤苏》等彝族钞本濒危古籍原件，这些彝文古籍都是从黔西北地区彝区搜集到的，大多是彝族毕摩藏书。

除了114卷（册）彝文古籍原件外，我们还搜集了电子彝文文献127件、彝汉文功德碑1通、彝族谱牒、税票15件、《西南彝志》（"文革"前原始译稿油印本）2份46册、复制电子彝文古籍47种235册。其中，这通彝汉文功德碑是又一新发现的彝汉文合璧碑刻，是在毕节市七星关区彝区新发现的，所有史书、地方志、彝文汉文文献中都没有记载，有关专家初步考证它是明朝时期的文物，上面用彝文记载了彝族、苗族、汉族共同修建卷洞桥内容，是民族团结的最好见证。

我国各民族对本民族古籍的分类有着悠久的历史，各有不同且离不开本民族的特点。彝族文化传承人毕摩多是根据文献内容做斋、祭祀、占卜等功能对彝族古籍文献进行分类。随着科学文化的发展，借鉴《中国图书馆图书分类法》对民族古籍进行分类。发现尤其是少数民族古籍——彝族古籍记录的内容非常丰富，一般会涉及多个论述的内容，为便于操作和不剥离古籍的特点，道光《大定府志》卷四十九《水西安氏本末》附录《土目安国泰所译夷书九则》中说："阿町，唐时纳垢酋，居岩谷，撰爨字，字如蝌蚪，三年始成。字母一千八百四十，

图 2-1　彝汉文功德碑

号曰韪书；即今夷字。文字左翻倒念，亦有象形会意诸义，一名韪书。书籍有曰命理，言性理者；有曰苴载，记世系事迹者也；曰辅苏，巫祝书也；曰弄恩，雅颂也；曰怯杰，风歌也。又有堪舆、禄命书。"其内容包括有历史、哲学、天文、民俗和文艺等。这是目前已知汉文典籍中介绍彝族文字和彝文典籍比较系统的一个记载，它既说明了彝文产生的历史和特点，又概括地对当时存在的彝文典籍比较系统地进行了分类。由陈乐基和王继超（执行）主编，贵州民族出版社 2010 年出版的《中国少数民族古籍总目提要·贵州彝族卷》（毕节地区），按《〈中国少数民族古籍总目提要〉编写纲要》规定和要求编纂，并结合彝文古籍的功用做 14 个相对的分类，内容涵盖有历史、哲学、文学、教育、军事等。按照全国统一的标准，进行科学的分类，彝文古籍文献同 16 个大类都能挂上号，但为便于操作，根据彝文文献自身的特点，该书将所登录的彝文古籍条目按其实际情况，在甲编文献类中将其分为 14 个类别，分别是丧祭习俗类、祭祀祖宗类、祭祀与崇拜神祇类、祈福消灾类、历史谱牒类、摩史丧礼文献类、摩史婚礼艺文类、天文历法类、教育文献类、彝文长诗与歌词类、军事文献类、翻译与故事类、占算预测类、其他类。《中国少数民族古籍总目提要·贵州彝族卷》还登录了 80 余条碑刻铭文类和 500 条讲唱类。从中国少数民族古籍的总体上来说，《中国少数民族古籍总目提要·贵州彝族卷》能充分反映贵州黔西北地区彝文古籍的分布与收藏的基本概貌。我们课题组在对黔西北濒危彝族钞本文献进行整理时，借鉴和延续了这种分类方法。

在这次课题调研过程中，我们对整个黔西北地区的彝文古籍藏书情况有了更新的认识，散藏于民间的彝文古籍的生态环境状况堪忧，保存环境恶劣，保护手段落后，加之受潮、虫蛀、上尘和自然灾害等原因，很多彝文古籍损毁程度严重。毕节市纳雍县新房乡阿聋村安姓毕摩家因为火灾烧毁了所有数十册彝文古籍；纳雍县姑开乡有一户人家的几册彝文古籍因为水灾后无法恢复和辨认。还有的情况是有彝文古籍藏书的人家因改信其他宗教后人为损毁的，威宁彝族回族苗族自治县一户彝族人家信仰其他宗教后，将家里的所有彝文古籍封存起来放到无人知晓的岩洞中，最后直至自然腐烂损毁；还有一种是藏书者思想观念落后，将自己的藏书深藏不露，在这次登录的过程中，不要说让我们进行条目登录，连看也不给看。以上种种因素导致虽然我们普查到的散藏彝文古籍大多损毁严重，我们能够登录到的民间散藏彝文古籍条目数量有限，这是非常遗憾的！已经被收藏到专业机构保存的馆藏彝文古籍状况明显有很大的改观，有专门的人员管理，有专门的存放场所，但由于部分机构管理缺乏科学性，保存手段落后，经费投入不足，思想意识不到位等因素，其现状也不容乐观，尽快采取有效措施和科学手段对濒危彝族钞本文献进行保护、整理研究、开发利用刻不容缓。

当下，在文化多元化和大繁荣、大发展的背景下，各类收藏机构、民间团体、学术研究机构、民族地方高等院校等非常重视地方文献的收藏、整理和研究工作，多渠道、多形式地开展对民族古籍文献的开发、研究、保护和传承。基于此，贵州工程应用技术学院（原毕节学院）以张学立教授为首席专家向教育部申报了《黔西北濒危彝族钞本文献整理和研究》课题，并成功获得教育部 2012 年度哲学社会科学研究重大课题攻关项目的立项。立项之后，张学立教授要求："课题组要通过实实在在的田野调查、文献考据、比较研究、参与式评估等方法，从文学、文献学、人类学、社会学、哲学、伦理学、逻辑学、符号学、法学等多学科，对黔西北濒危彝族钞本文献进行全面、深入的整理和研究。"作为课题子项目之一，课题组得到了王继超、王明贵等知名彝学专家的极大帮助和支持，研究团队根据既定的研究方案和计划，有序开展调查研究工作。课题组在开展调研工作以来，翻山越岭，历尽千辛万苦，历时数年，先后到黔西北区域的六盘水市水城县、钟山区、盘县（今盘州市）、毕节市七星关区、大方县、黔西县（今黔西市)、金沙县、纳雍县、威宁彝族回族苗族自治县、赫章县等地调研。课题组先后奔赴黔西北地区各县区有关收藏机构，走村入户深入到彝区彝族毕摩家，实地调查濒危彝族钞本文献的收藏状况，通过多方努力，投入了大量人力、物力、财力收集到彝文古籍原件114卷（册），这些珍贵的彝文古籍搜集回来之后，现收藏于贵州工程应用技术学院彝族文化博物馆，对在调研中未能搜集回来的彝文古籍，我们采取了拍照、扫描、复制等方式获取研究材料。回想整个调研过程，实属不易。在六盘水市，通过六盘水市民委，六盘水市民族古籍办等有关单位，尤其在得到六盘水市民族古籍办柳远胜主任和市民委车明旭老师的悉心关照和帮助下，翻山越岭，冒着倾盆大雨来到盘县鸡场坪乡高宗明等彝族毕摩家翻阅和采集、登录彝文古籍文献资料。仅在六盘水一带，收集到的彝文古籍（包含电子古籍）就有50余卷册。课题还得到了时任贵州省民委民族古籍整理办公室罗世荣主任等领导的大力支持和鼓励。在调研期间，贵州工程应用技术彝学研究院课题组老师们不辞辛劳，深入彝族村寨，不管刮风下雨，白天黑夜，从早到晚，艰辛工作，收集到了很多珍贵的彝文古籍文献资料。记忆尤为深刻的是课题组驱车百余公里来到金沙县马路乡金龙村箐上组彝族毕摩沙中兴家途中，一路泥泞，车子爆胎……课题组同志们虽然历尽千辛万苦，但值得欣慰的是这一路下来收获颇丰。在课题研究过程中，还得到了有关彝学专家和课题组每位成员的鼎力支持和帮助，为研究工作顺利进行做出了巨大努力。

　　对于全国彝族古籍文献的收藏情况，到目前也没有一个准确的数字。仅就贵州而言，作为全国彝族古籍数量最多、质量最好的地区来说，其彝族古籍数量也只有一个大概，因为除了有关学术研究、图书收藏、档案管理等机构收藏以外，还有很多古籍散存在民间，用数以万计形容不为过。根据《大定府志·旧事志·水西安氏本末》《大定府志·旧事志·乌撒安氏本末》《西南彝志》《彝族源流》等古书记载，彝文古籍文献在毕节形成如此大的蕴藏量，是同彝族先民在这一地区的繁衍生息、开发与分布的历史分不开的。彝文经书曰："慕俄格家获大权后，竹简本牍堆成山。"著名彝学专家王继超先生曾经做过调查，以仅分布在威宁县原观风海、牛棚两区的一支彝族禄姓毕摩为例，一代人中，八家人都各自有一位毕摩，号称"八先生"，每家的藏书都不下300册，八家八位毕摩的藏书就达2 400册之多，这些藏书的三分之二毁于1966年至1976年间，除强行收缴烧毁的外，其中的上百册被当时的人们用来揩拭拖拉机等物品；现贵州省博物馆、毕节地区彝文翻译组、威宁彝族回族苗族自治县民宗局古籍办等单位收藏，禄氏本家自藏，流散外地的加在一起，尚为500册左右。这个例子，仅是毕节彝文古籍文献蕴藏损毁与流传中的冰山一角。而这种情况，在当年的毕节地区的毕节、大方、黔西、金沙、织金、纳雍、威宁、赫章八个县中是带有普遍性的。尽管如此，据不完全统计，目前毕节市的彝文古籍被国家机构收藏和民间散藏的至少还有8 000余册。其中，国家有关机构和单位收藏的仅为三分之一还不到，北京的有关机构和中央民族大学、西南民族大学、贵州民族大学等民族院校收藏约400册；贵州省博物馆收藏有60余册；毕节市档案局收藏180余册；毕节市彝文文献翻译研究中心收藏有1 300册（卷）左右；贵州工程应用技术学院彝族文化博物馆收藏有古籍原本114册；奢香博物馆、大方县民委民族古籍研究所、赫章县民委古籍办彝文组、威宁县民委古籍办彝文组等单位收藏的共有600余册；约有三分之二，还有几千册尚散藏于民间。这可以说是对毕节地区彝文古籍文献比较新和比较全面的统计与估计。而六盘水市，尚留存3 000余册件，多为毕摩收藏，且多为经书、碑刻，有祭经、通书、占卜经、谱牒、碑刻等几大类①。

第三节　黔西北濒危彝族钞本文献总目提要

一、丧祭仪式类、祭祀祖宗类

（一）丧祭仪式类

1. 丧祭献祭

ŋ dẓ ʅ²¹ xɯ¹³ su³³

献　　酒　　经　合订1册，31页。佚名撰。彝族丧祭仪式经书，与《献水合订》。本书叙述酒的酿制来历，并向诸神献酒，为亡灵的去归宿给予方便。因为死界水源奇缺，亡灵在那里饮水困难，故而予以献水。可供研究彝族丧俗参考。贵州省毕节市境内旧抄本。本色绵纸，线订册页装，楷体，墨书。页面24.7×15.5cm，墨框24×13.6cm，上下墨单栏，7行×14字不等。白口。版口无特征，朱（墨）圈断句，墨框标题，内有彩色插图，无封页。保存一般，有缺损。今藏贵州省贵州工程应用技术学院彝族文化博物馆。

---

① 《六盘水市志·民族志》编纂组织机构编：《六盘水市志·民族志》，贵州人民出版社2003年版，第86页。

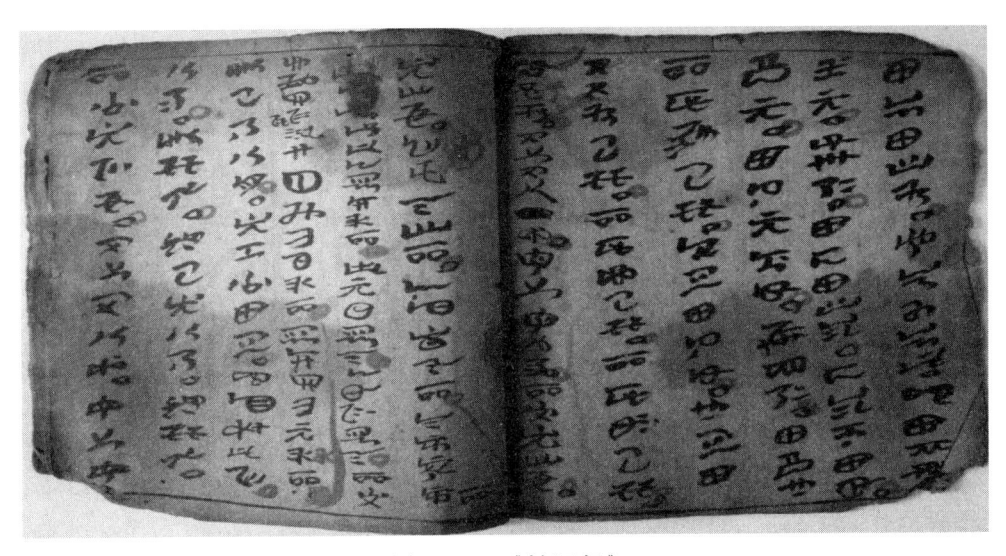

图 2-2 《献酒经》

dze¹³ dzɿ²¹ ŋ̩ dzɿ ʅ²¹ xɯ¹³

丧 场 献 酒 经 不分卷1册，11页。佚名撰。彝族丧祭仪式经书。介绍向诸神与亡灵献酒，向消灾、作祭、献药、驱司署鬼、破死、掩坑、荐亡、释名、指路等九大毕摩献酒。可供研究彝族丧俗参考。贵州省水城县果布嘎乡大寨村小寨组陈兴平家清光绪年间抄本。本色皮纸，线订册页装，楷体，墨书。页面 21.3×23.1cm，11 行×15 字，无边栏，白口。版口无特征。墨标书题。保存一般。今藏贵州省水城县果布嘎乡大寨村小寨组陈兴平家。

ŋ̩ dzɿ²¹ xɯ¹³ su³³

献 酒 经 合订1册，25页。佚名撰。彝族丧祭仪式经书，与《献药书》合订。叙述酒的酿制来历，并向诸神献酒，酒的提神，使君长发号令，臣子断案，毕摩祭祖都得以顺畅。因勾魂鬼司署的侵犯，人染病死亡，药医、神医无一不采取，但仍不能挽留死者的生命，献上药，为其亡魂治愈生前疾病。可供研究彝族丧俗参考。贵州省毕节市境内旧抄本。本色绵纸，线订册页装，楷体，墨书。页面 24.6×13.3cm，墨框 21.5×11.5cm，上下墨单栏，7 行×17 字不等。白口。版口无特征，朱墨圈断句。保存一般。今藏贵州省贵州工程应用技术学院彝族文化博物馆。

ɕi¹³ dze¹³ ŋ̩ dzɿ ʅ²¹ xɯ¹³

丧 祭 献 酒 经 不分卷1册，52页。佚名撰。彝族丧祭仪式经书。叙述酒未出现前，日月不明，天地黯然失色，人间秩序混乱，民众愚钝。尼伟与能沽两地的尼能氏族男女发明制酒药、酿出美酒，敬天地则日月放光，天地出现生机，君长用酒而发号令，臣子用酒而理事，毕摩用酒行祭祀，人间建秩序，民众进化了,并重视知识,丧祭中,用酒敬献天地诸神、死界的君、臣、毕摩,用酒祭奠亡灵。可供研究彝族丧祭习俗与经济、文学等参考。贵州省水城县果布嘎乡大寨村小寨组陈兴平家清光绪三十二年(1906)丙午三月十五日抄本。本色皮纸,线订册页装,楷体,墨书。页面 12.5×24.3cm,墨框 12×19.7cm,6 行×15 字,无边栏,白口。版口无特征,墨标书题。保存一般。今藏贵州省水城县果布嘎乡大寨村小寨组陈兴平家。

ȵ dz ʐ²¹ xɯ¹³ su³³

献　酒　经　不分卷 1 册,8 页。佚名撰。彝族丧祭仪式经书。本书叙述历代毕摩的世袭与传承情况,再向死界的君、臣、毕摩奠酒,向诸神奠酒,向亡灵献酒致祭。可供研究彝族丧葬习俗参考。贵州省水城县果布嘎乡大寨村小寨组陈兴平家旧抄本。本色皮纸,线订册页装,楷体,墨书。页面 23.6×23cm,墨框 22.2×22.8cm,11 行×20 字,两周单栏,白口。版口无特征,墨标书题。保存一般。今藏贵州省水城县果布嘎乡大寨村小寨组陈兴平家。

ȵ dz ʐ²¹ xɯ¹³ su³³

献　酒　经　不分卷 1 册,53 页。佚名撰。彝族丧祭与祭土地神仪式经书。录有《献酒经》《用牲经》《告土地神书》三部经书,向死界君臣和毕摩献酒,叙述自尼能以来什勺、慕靡、举偶、六祖各个时期的丧事献觞用觞习俗;奉土地神为父母,请收去人世间可能发生的所有灾难。可供研究彝族丧葬与原始信仰习俗参考。贵州省水城县果布嘎乡大寨村小寨组陈兴平家旧抄本。本色皮纸,线订册页装,楷体,墨书。页面 12.5×25cm,墨框 11×20.7cm,6 行×15 字,无边栏,白口。版口无特征,墨标书题。保存一般。今藏贵州省水城县果布嘎乡大寨村小寨组陈兴平家。

dze¹³ dʐ ɿ²¹ ȵ dz ʐ²¹ xɯ¹³

丧　祭　献　酒　经　不分卷 1 册,23 页。佚名撰。彝族丧祭仪式经书。叙述人生的一般经历。人生病后要寻医找药,死后要请毕摩作祭祀,为死者献酒,安慰死者,请他吃饱喝足,以充沛的精力踏上归祖的行程。可供研究彝族原始宗教参考。贵州省水城县果布嘎乡大寨村小寨组陈兴平家民国时期旧抄本。本色皮纸,线订册页装,楷体,墨书。页面 13×24cm,6 行×15 字,无边栏,白口。版口无特征。墨标书题。保存一般。今藏贵州省水城县果布嘎乡大寨村小寨组陈兴平家。

mu³³ nɯ²¹ tɕ ɿ¹³

献　牲　经　不分卷 1 册,46 页。佚名撰。彝族丧祭仪式献牲经书。分为献牲、点牲、查验、献酒等部分,逐一叙述从尼能、什勺、米靡、举偶到六祖的献牲习俗的传承等,还记录释魂、放魂归等消灾的相关经书。可供研究彝族丧祭献牲等习俗参考。贵州威宁自治县龙场镇一带旧抄本。本色绵纸，线订册页装，楷体，墨书。页面 27.3×17.8cm，墨框 24×13cm，四周墨单栏，7 行×20 字不等。白口。版口无特征，朱圈断句，朱墨框标题，彩色符号断章，麻布护封。保存一般。今藏贵州省贵州工程应用技术学院彝族文化博物馆。

图 2-3 《献牲经》

dze^{13}dz ɿ^{21}ŋ dz ʅ^{21}xɯ^{13}

丧 祭 献 酒 经 不分卷 1 册，22 页。佚名撰。彝族丧祭仪式经书。叙述向死界的君、臣、毕摩献酒，给死者以通融；给死者献酒，以体现死者为尊的尊严，反映其子媳的孝心，家族、姑舅表亲、邻里的真诚与尊重。可供研究彝族原始宗教参考。贵州省水城县果布嘎乡大寨村小寨组陈兴平家民国时期旧抄本。本色皮纸，线订册页装，楷体，墨书。页面 12×24.4cm，墨框 10.5×20.5cm，6 行×15 字，无边栏，白口。版口无特征。墨标书题。保存一般。今藏贵州省水城县果布嘎乡大寨村小寨组陈兴平家。

dze^{13}dz ɿ^{21}ŋ dz ʅ^{21}xɯ^{13}

丧 祭 献 酒 经 不分卷 1 册，24 页。佚名撰。彝族丧祭仪式经书。叙述人生前与死后都要一样的享受，给死者献酒，使之得酒即是享受的表现。献酒之俗始于什勺时期，经慕靡、举偶、六祖一直沿袭下来。可供研究彝族原始宗教参考。贵州省水城县果布嘎乡大寨村小寨组陈兴平家清光绪年间抄本。本色皮纸，线订册页装，楷体，墨书。页面23.5×23.5cm，墨框21×21.2cm，11行×20字，无边栏，白口。版口无特征。墨标书题。略有破损。今藏贵州省水城县果布嘎乡大寨村小寨组陈兴平家。

ȵdʐ ʅ²¹xɯ¹³su³³

献　酒　经　不分卷1册，38页。佚名撰。彝族丧祭仪式经书。本书叙述酒未出现前，日月不明，天地黯然失色，人间秩序混乱，民众愚钝。尼伟与能沽两地的尼能氏族男女发明制酒药、酿出美酒，敬天地则日月放光，天地出现生机，君长用酒而发号令，臣子用酒而理事，毕摩用酒行祭祀，人间建秩序，民众进化了，并重视知识，丧祭中，用酒敬献天地诸神、用酒祭奠亡灵。可供研究彝族丧祭习俗与经济、文学等参考。贵州省水城县果布嘎乡兴隆村罗盘组宋正昌家旧抄本。本色皮纸，线订册页装，楷体，墨书。页面13.1×12.8cm，墨框11×21cm，6行×20不等字，三周双栏，白口。版口无特征，墨标书题。保存一般。今藏贵州省水城县果布嘎乡兴隆村罗盘组宋正昌家。

ȵdʐ ʅ²¹xɯ¹³su³³

献　酒　经　不分卷1册，18页。佚名撰。彝族祭祀仪式献酒经书。本书介绍酒的酿造来历，并逐一向天地、日月、土地、死神、毕摩神等诸神献酒，叙述献酒后根基得到巩固，寿命得到延长，知识得以增长等。可供研究彝族原始宗教习俗与酒文化参考。贵州省水城县果布嘎乡兴隆村罗盘组宋正昌家旧抄本。本色皮纸，线订册页装，楷体，墨书。页面14×22.5cm，8行×20不等字，无边栏，白口。版口无特征，墨标书题。保存一般。今藏贵州省水城县果布嘎乡兴隆村罗盘组宋正昌家。

dzʋ²¹tʂʻɛ⁵⁵

献　祭　经　不分卷1册，14页。佚名撰。彝族祭祀仪式开场经书。介绍以死者为尊，为死者赴死界而举行饯行仪式，献上酒肉饭食，交代死者尽情享用。可供研究彝族原始宗教习俗参考。贵州省水城县果布嘎乡兴隆村罗盘组宋正昌家旧抄本。本色皮纸，线订册页装，楷体，墨书。页面12.2×26.3cm，8行×15不等字，无边栏，白口。版口无特征，墨标书题。保存一般。今藏贵州省水城县果布嘎乡兴隆村罗盘组宋正昌家。

no⁵⁵nɑ³³ȵdʐ ʅ²¹xɯ¹³

丧 祭 献 酒 经　不分卷1册，28页。佚名撰。彝族丧祭仪式经书。叙述众鸟跟随雄鹰，雄鹰为众鸟作主；众兽跟随老虎，老虎为众兽作主；众人跟随君长，君长为民众作主。人死后，根据君长所定规矩，由毕摩向死神献酒，向死者献酒，为解除因死而产生的灾难，并福及死者的后人。可供研究彝族丧祭习俗参考。贵州省毕节市赫章县双坪乡王正贤毕摩家旧抄本。本色绵纸，线订册页装，楷体，墨书，页面24×23.5cm，无边栏，13行×16字不等，白口，版口无特征，朱点断句。保存一般。今藏贵州省毕节市档案馆。

ŋ̩dʐ̩^{21}xɯ^{13}su^{33}

献　　酒　　经　　不分卷1册，21页。佚名撰。彝族丧祭神仪式经书。叙述未兴起献酒时，天地昏暗，日月不明，君不理事，臣不断案。自从尼能氏男女发现酒药、发明酿酒后，用酒献天地诸神，天地光明，日月灿烂，君理事、臣断案，此后献酒习俗传承不断。可供研究彝族宗教习俗参考。贵州省毕节市七星关区大屯乡一带陈姓毕摩旧抄本。本色绵纸，毛装，楷体，墨书。页面18.5×21cm，无边栏，白口。版口无特征。朱点断句。保存基本完好，书口略有残破。今藏贵州省毕节市档案馆。

ŋ̩dʐ̩^{21}xɯ^{13}su^{33}

献　　酒　　经　　不分卷1册，41页。佚名撰。彝族祭神仪式经书。叙述尼家少女和能家少男发现酒药，用山上的六味与坝子的六味配成酒药酿酒，自从用酒敬献神灵后，天神管事而风调雨顺，富贵神显灵而财富足，生育神显灵而人口繁衍。可供研究彝族原始信仰崇拜习俗参考。贵州省威宁县二塘镇艾家坪村三组已故唐开贤毕摩家旧抄本。本色绵纸，线订册页装，楷体，墨书。页面18.5×27cm，墨框15×22.6cm，四周墨双栏，9行×23字不等。白口。版口无特征。符号断章，墨圈断句，保存一般。今藏贵州省毕节市档案馆。

ŋ̩dʐ̩^{21}xɯ^{13}lu^{55}xɯ^{13}su^{33}

献　酒　献　茶　经　　不分卷1册，24页。佚名撰。彝族祭祀仪式献酒献茶经书。叙酒谱，叙配药方、酿制酒的历史，用酒献年神、月神、神威之神，势力之神，毕摩保护神等。介绍芒布的峨安、水西的扒瓦、麻育的寿觉、于矢部的觉侯四种名茶，用茶献天地、日月、权势与四方之神等。可供研究彝族原始宗教习俗与经济参考。贵州省威宁县二塘镇艾家坪村三组已故唐开贤毕摩家旧抄本。本色绵纸，线订册页装，楷体，墨书。页面13.5×23.1cm，墨框10×21cm，上下墨单栏，7行×21字不等。白口。版口无特征。朱圈句读，符号断章。保存一般。今藏贵州省毕节市档案馆。

ɕi^{13}dze^{13}ŋ̩dʐ̩^{21}xɯ^{13}su^{33}

丧　祭　献　酒　经　　不分卷1册，12页。佚名撰。彝族丧祭仪式经书。本书介绍向诸神与亡灵献酒，向消灾、作祭、献药、驱司署鬼、破死、掩坑、荐亡、释名、指路等九大毕摩献酒。可供研究彝族丧俗参考。贵州省威宁县二塘镇艾家坪村三组已故唐开贤毕摩家旧抄本。本色绵纸，线订册页装，楷体，墨书。页面13.2×24.2cm，墨框9.5×21.4cm，上下墨单栏，6行×25字不等。白口。版口无特征。朱点句读，保存一般。今藏贵州省毕节市档案馆。

dʑı¹³ dʑı²¹ ndʐ ʅ²¹ xɯ¹³ su³³

丧 祭 献 酒 经 不分卷1册,9页。佚名撰。彝族丧祭仪式经书。本书介绍向诸神与亡灵献酒,向消灾、作祭、献药、驱司署鬼、破死、掩坑、荐亡、释名、指路等九大毕摩献酒。可供研究彝族丧俗参考。贵州省威宁县二塘镇艾家坪村三组已故唐开贤毕摩家旧抄本。本色绵纸,毛装,楷体,墨书。页面13.3×22,5cm,无边栏,7行×25字不等。白口。版口无特征。无断句。保存一般。今藏贵州省毕节市档案馆。

pu³³ ɬ i³³ dʑ i²¹ xɯ³³

献 酒 经 不分卷1册,42页。佚名撰。彝族毕摩祭祀用书。本书介绍了以前,献酒礼仪未兴起,苍天朦胧,大地昏暗,君难收赋,臣难纳税。后来兴起献酒礼仪之后,苍天光明,大地辉煌。叙述了人的人生历程——恋爱、结婚、生子、战争、祭祖等。最后,毕摩禳灾。对研究彝族原始宗教可提供参考。贵州省盘县坪地彝族乡新抄本。本色绵纸,线订册页装,楷体,墨书。页面17.2×24.7cm,墨框15×22.5cm,两周墨单栏,5行×15字不等,白口。版口无标记,墨点句读。书末有"此书原系舅父孔令恺老经书,传授于本人,忠明本人在舅父孔老先生指导下转抄,并注上彝语国际音标,让彝学爱好者都能释读,共同学习研究,弘扬博大精深的彝族毕摩文化。公元二〇一一年秋九月高忠明手抄。"的汉字说明。书口略有破损。今存贵州省六盘水市盘县坪地彝族乡高忠明老毕摩收藏。

dzei¹³ dʐ e²¹ dʐ i²¹ xɯ³³ su³³ ŋɯ³³

祭 场 献 酒 经 不分卷1册,22页。佚名撰。彝族毕摩祭祀用书。本书介绍了献酒礼仪未产生之前,君难施政,臣难行令,师难祭祖,工匠手不巧、心不灵活。各个地方,万事万物都模模糊糊的。铺赤抠、莫皮涅认为这样很不行,便制作酒药,酿制酒,兴起献酒礼仪。献祭天地日月星云,从此,君能施政,臣能行令,师能祭祖,工匠心灵手巧,世间万物变清晰。对研究彝族原始宗教和彝族自然崇拜都具有参考价值。贵州省六盘水市盘县坪地彝族乡孔令恺老毕摩旧抄本。本色绵纸,线订册页装,楷体,墨书。页面40×27cm,墨框37×24cm,两周墨单栏,6行×17字不等,白口。版口无标记,墨点句读。保存一般。今存贵州省六盘水市盘县坪地彝族乡孔令恺老毕摩收藏。

2. 丧祭禳解消灾

lu³³ bu³³ lu²¹ vɑ¹³

鲁 补 鲁 旺 不分卷1册,66页。佚名撰。彝族丧祭仪式消灾经书。叙述支嘎阿鲁受天命勘测天地,以九鲁补八鲁旺定方位、定天地、日月星辰、山川河流的界线,为民除害,灭掉吃人的窍毕鼠等三只恶魔;叙述献药、供牲、讨伐死神、收灾、驱灾等仪式。可供研究彝族丧事习俗参考。贵州威宁自治县龙场镇一带旧抄本。本色绵纸，线订竹夹装，楷体，墨书。页面 23×28cm，墨框 17.3×24.5cm，上下墨单栏，13 行×20 字不等。白口。版口无特征，朱墨框标题，朱圈断句，符号断章，麻布护封。保存一般。今藏贵州省贵州工程应用技术学院彝族文化博物馆。

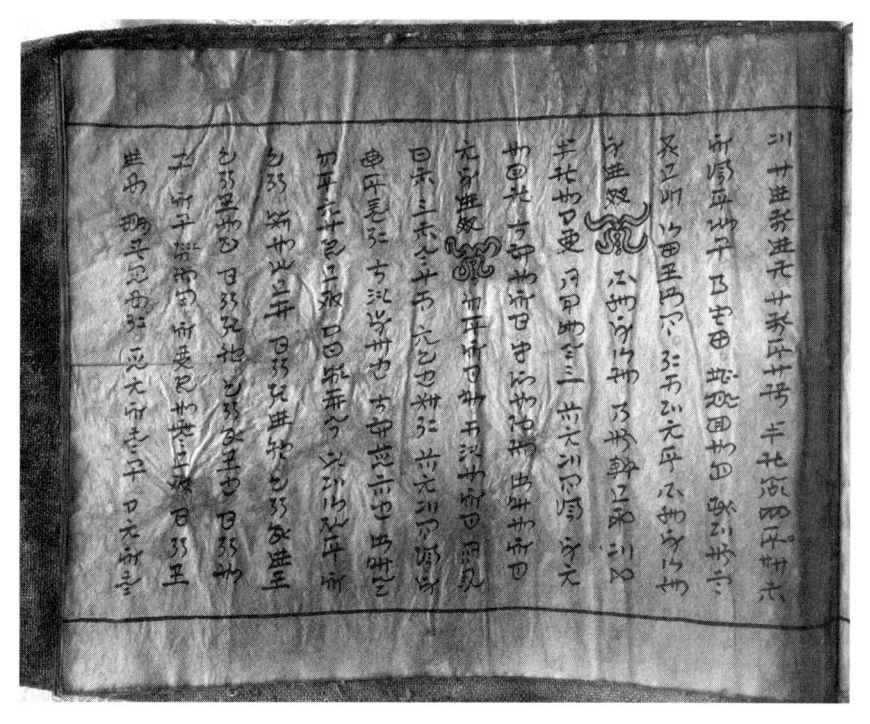

图 2-4 《鲁补鲁旺》

ẑ y^{33} ndɯ^{33} su^{33}

解　冤　经　不分卷 1 册，94 页。佚名撰。彝族丧祭仪式解冤经书。分为《掌权冤》《执法冤》《敬祖之冤》《祭祖冤》《嫁女冤》《骑马冤》《号令冤》《聚议冤》《山与平地冤》《根地冤》《叙谱冤》《祖先冤》《打铜冤》等部分，人的一生都必然有冤过，死后请鎓启尼和诺武费与九大解冤神为之解脱或开脱，使之归祖的旅途无纠缠，无障碍。可供研究彝族原始宗教习俗与道德参考。贵州省水城县果布嘎乡大寨村小寨组陈兴平家旧抄本。本色皮纸，线订册页装，楷体，墨书。页面 25.2×24.8cm，墨框 22×20.8cm，11 行×15 不等字，上下单栏，白口。版口无特征，墨标书题。从右往左读。有彝文页码和汉文"××章（张）"，有"丙午年龙月二十六辛巳日……乌蒙毕摩阿补六十一岁时抄，付三块银元"标记。保存一般。今藏贵州省水城县果布嘎乡大寨村小寨组陈兴平家。

ʑy³³ndɯ³³su³³

解冤经（上） 不分卷1册，58页。佚名撰。彝族丧祭仪式解冤经书。录有解冤仪式中的请解冤的大力神鍮启尼、诺武费和三六九解冤毕摩神过程和解冤的开场仪式等。可供研究彝族原始宗教习俗与道德参考。贵州省水城县果布嘎乡大寨村小寨组陈兴平家旧抄本。本色皮纸，线订册页装，楷体，墨书。页面26.6×12.5cm，墨框21.2×9.2cm，5行×15字，上下单栏，白口。版口无特征，墨标书题。保存一般。今藏贵州省水城县果布嘎乡大寨村小寨组陈兴平家。

ʑy³³ndɯ³³su³³

解冤经（中） 不分卷1册，94页。佚名撰。彝族丧祭仪式解冤经书。系经书的主体部分的前半部，录有因保境、叙谱境、嫁女、犁牛、祭祖、安祖灵、打铜、织绸、伤害、念经、驱鬼、开山、修路、焚尸、打牛等留下了，失误、过错乃至罪过，死后为之开脱、解脱，使之无纠缠，无障碍地去归祖。可供研究彝族原始宗教习俗与道德参考。贵州省水城县果布嘎乡大寨村小寨组陈兴平家旧抄本。本色皮纸，线订册页装，楷体，墨书。页面26.6×12.5cm，墨框21.2×9.2cm，5行×15字，上下单栏，白口。版口无特征，墨标书题。保存一般。今藏贵州省水城县果布嘎乡大寨村小寨组陈兴平家。

ʑy³³ndɯ³³su³³

解冤经（下） 不分卷1册，174页。佚名撰。彝族丧祭仪式解冤经书。系经书的主体部分的后半部，录有《骑马冤》《号令冤》《聚议冤》《山与平地冤》《洁净冤》《播寿冤》《黑鼠冤》《布妥管事冤》《送鬼冤》《收过错冤》《开道冤》《归宿冤》《揭示愆尤冤》《火葬冤》《净位置》《尼能位》《鲁朵位》《云雾位》《风位》等，叙述恒依阿买之法，对死者进行了神医、药医，却都未能挽救其性命，为亡灵设座解冤，用鼠皮、虎皮来解冤。解冤后，退神、送回诸神。可供研究彝族原始宗教习俗与道德参考。贵州省水城县果布嘎乡大寨村小寨组陈兴平家旧抄本。本色皮纸，线订册页装，楷体，墨书。页面26.6×12.5cm，墨框21.2×9.2cm，5行×15字，上下单栏，白口。版口无特征，墨标书题。保存一般。今藏贵州省水城县果布嘎乡大寨村小寨组陈兴平家。

ʑy³³ndɯ³³su³³

解　冤　经 不分卷1册，96页。佚名撰。彝族丧祭中解除愆尤指路仪式经书。本书号称七十二类《解冤经》，介绍为亡灵解除生前一切愆尤，驱逐纠缠亡灵的所有妖蠛，为亡灵生前的所有过错作开脱，使亡灵顺利归祖，并对后人进行伦理道德提示等。可供研究彝族丧祭习俗与伦理道德参考。贵州威宁自治县龙场镇一带旧抄本。本色绵纸，线订册页装，楷体，墨书。页面30.1×20.5cm，墨框27×14cm，四周朱墨双栏，8行×21字不等。白口。版口无特征，朱圈断句，朱墨框标题，彩色符号断章，麻布护封。保存一般。今藏贵州省贵州工程应用技术学院彝族文化博物馆。

vi^{13}ndɯ^{33}su^{33}

消 灾 经　　不分卷1册，100页。佚名撰。彝族丧祭仪式消灾经书。叙述亡魂世界的四方，分青红黑白黄神把守。先是支嘎阿鲁神奇地降生，受天命依五行八卦划定天地界限，除妖降魔，分开人、鬼、神。阿鲁身后还有未尽事宜，因此要给亡灵献药、献牲、解病灾、除污秽。可供研究彝族丧俗和文学参考。贵州省赫章县一带旧抄本。本色绵纸，线订册页装，楷体，墨书。页面26×32cm，无边栏，12行×15字不等。白口。版口无特征，朱点断句，朱墨框标题，符号断章，书尾有龙形插图。右翻右读。保存一般，前几页略破。今藏贵州省贵州工程应用技术学院彝族文化博物馆。

图2-5　《消灾经》

se^{33}ŋ dz o^{21}se^{33}k'ɛ^{33}su^{33}

掩 犯 重 丧 经　　不分卷1册，34页。佚名撰。彝族丧祭仪式消灾经书。叙述请鍮启尼和诺武费诸神相助，对死者家人所犯的三、六、九、重丧进行收掩。记录名人撮隘布施等的丧祭，介绍送保护神和毕摩神等习俗。可供研究彝族原始宗教习俗参考。贵州省水城县果布嘎乡大寨村小寨组陈兴平家旧抄本。本色皮纸，线订册页装，楷体，墨书。页面23.6×23.3cm，墨框19.5×21cm，12行×15字，上下单栏，白口。书口有页码，墨标书题。保存一般。今藏贵州省水城县果布嘎乡大寨村小寨组陈兴平家。

$se^{33}\eta\,dz\,o^{21}se^{33}k'\varepsilon^{33}su^{33}$

掩犯重丧经 不分卷1册，35页。佚名撰。彝族丧祭仪式消灾经书。叙述请鍮启尼和诺武费诸神相助，对死者家人所犯的三、六、九、重丧进行收掩。白丧三重，形如白马；花丧六重，形如花马；黑丧九重，形如黑马。所犯丧连同死者焚尸炭烬，一并收齐，交给作替身的祭牲黄黑猪、草木带到鲁旺之外，为生者与死者解除灾难。可供研究彝族原始宗教习俗参考。贵州省水城县果布嘎乡大寨村小寨组陈兴平家旧抄本。本色皮纸，线订册页装，楷体，墨书。页面24.5×12cm，墨框19.7×9.2cm，5行×15字，无边栏，白口。版口无特征，墨标书题。书后有补夹页。书口略有破损。今藏贵州省水城县果布嘎乡大寨村小寨组陈兴平家。

$k'\varepsilon^{55}t'ɯ^{13}su^{33}$

指拨归宿经 不分卷1册，15页。佚名撰。彝族丧葬消灾仪式经书。叙述人死灵魂上星去，有策举祖、恒度府、沽色、苏哄、伦多、土署六种星作归宿。人死归前三者吉，归后三者凶，为逢凶化吉，根据死者的属相，择定时间，将其亡灵调拨到前三者归宿中的一个归宿，方保其后人无灾祸。可供研究彝族原始宗教观参考。贵州省水城县果布嘎乡大寨村小寨组陈兴平家旧抄本。本色皮纸，线订册页装，楷体，墨书。页面11×14.3cm，墨框9×21.2cm，5行×15字，上下单边栏，白口。版口无特征。墨标书题。保存一般。今藏贵州省水城县果布嘎乡大寨村小寨组陈兴平家。

$hɪ^{21}ko^{13}ndɯ^{33}$

家园禳解经 不分卷1册，30页。佚名撰。彝族消灾祈福仪式经书。叙述请天地威力神和祖宗神发挥神力，对家中受到的污染进行清除；对犯病、犯死、犯年灾月难、犯诅咒、犯祸祟进行禳解，用替身将所犯灾难带走，并祈福临门，再请诸神回去，各归其位。可供研究彝族原始宗教习俗参考。贵州省水城县果布嘎乡大寨村小寨组陈兴平家旧抄本。本色皮纸，线订册页装，楷体，墨书。页面21.8×24.3cm，墨框20×21cm，8行×15字，上下单边栏，白口。版口无特征。墨标书题。书口略有破损。今藏贵州省水城县果布嘎乡大寨村小寨组陈兴平家。

ɬu³³ho²¹to³³ndza³³ŋɯ³³

鲁朵的雨点 不分卷1册，60页。佚名撰。彝族丧祭仪式消灾经书。叙述为死者驱逐鲁朵、斯里、司署、许塞等邪祟恶魔，一并解除由各邪祟恶魔带给死者的灾难。可供研究彝族丧事习俗参考。贵州威宁自治县龙场镇一带旧抄本。本色绵纸，线订竹夹装，楷体，墨书。页面 22.5×29cm，墨框 17.7×24.1cm，上下墨单栏，14 行×19 字不等。白口。版口无特征，朱圈断句，朱墨框标题，彩色符号断章。保存一般。今藏贵州省贵州工程应用技术学院彝族文化博物馆。

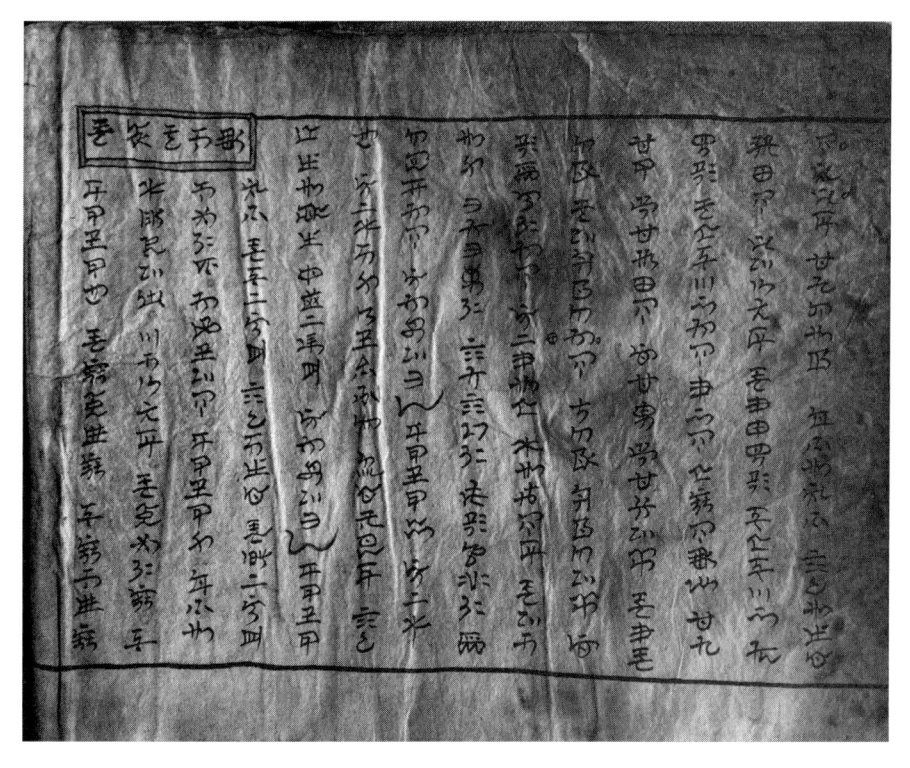

图 2-6 《鲁朵的雨点》

ʐy³³ndɯ³³su³³

解冤经 不分卷1册，92页。佚名撰。彝族丧祭仪式解冤经书。本书记录古老氏族间相互征讨而结下冤过；鲁朵、斯里、迷觉等山精、岩神、水怪等妖邪曾与祖先结仇，因而遗患后世；亡者在生前的生产生活中，从小到大，也留下了若干过失过错，乃至罪过，所以替亡者解除所有新旧愆尤，使之脱离妖邪，脱离冤愆，脱离苦难，得归宿而安。本书还记录尼能、实勺、慕靡、举偶、六祖时期的解冤仪式与习俗。可供研究彝族原始宗教与道德观参考。贵州省水城县果布嘎乡大寨村小寨组陈兴平家旧抄本。本色皮纸，线订册页装，楷体，墨书。页面 25.3×24cm，墨框 20×12cm，11 行×15 字，上下单栏，白口。版口有记号，墨标书题。有 19 页添补，保存一般。今藏贵州省水城县果布嘎乡大寨村小寨组陈兴平家。

ʑy³³ndɯ³³ze¹³

解冤经（上） 不分卷1册，58 页。佚名撰。彝族丧祭解冤经书。叙述恒依阿买之法，对死者进行了神医、医药，却都未能挽救其性命，为亡灵设座解冤，用鼠皮、虎皮来解冤。对亡灵生前犯的过失过错进行解除，使之得以解脱，便于顺利归祖。可供研究彝族丧祭习俗参考。贵州省水城县果布嘎乡大寨村小寨组陈兴平家旧抄本。本色皮纸，线订册页装，楷体，墨书。页面 12×23.8cm，5 行×15 字，无边栏，白口。版口无特征。墨标书题。保存一般。今藏贵州省水城县果布嘎乡大寨村小寨组陈兴平家。

ʑy³³ndɯ³³I⁵⁵

解冤经（中） 不分卷1册，58 页。佚名撰。彝族丧祭解冤经书。向解冤愆的保护神鏊启尼、诺武费献酒后，介绍对相关冤愆的解除。解冤仪式与习俗由来已久，在"六祖"中，乍家的毕摩首先兴起解冤的仪式，并形成习俗。在六祖各家的毕摩中，乍氏毕摩都享有很高的地位。解了冤，还要为死者将夺命的司署鬼驱赶到它所居住的鲁旺内，让死者与亲属都脱离司署鬼，以免带来危害。可供研究彝族丧俗参考。贵州省水城县果布嘎乡大寨村小寨组陈兴平家旧抄本。本色皮纸，线订册页装，楷体，墨书。页面 12×23.8cm，5 行×15 字，无边栏，白口。版口无特征。墨标书题。保存一般。今藏贵州省水城县果布嘎乡大寨村小寨组陈兴平家。

ʑy³³ndɯ³³sɯ³³

解冤经（下） 不分卷1册，60 页。佚名撰。彝族丧祭解冤经书。人们所犯的冤分为祖传冤、农事冤、战事冤、祭祀冤、狩猎冤、婚冤等几个大类。总结人生的一般经历。在人的一生中，难免亵渎神灵、虐待禽畜、伤身害命、与人结怨等行为，死后亡灵受各方纠缠，身陷痛苦，进不了死界，归不了祖宗。请十二大毕摩神，根据鏊神与诺神旨意，为亡灵的罪孽与过失作开脱。既为死者解除痛苦，也对生者进行行为道德教育。介绍解冤退神与退场仪式，毕摩与诸神及亡灵隔开，以期自我保护。可供研究彝族丧俗参考。贵州省水城县果布嘎乡大寨村小寨组陈兴平家旧抄本。本色皮纸，线订册页装，楷体，墨书。页面 12×23.8cm，5 行×15 字，无边栏，白口。版口无特征。墨标书题。保存一般。今藏贵州省水城县果布嘎乡大寨村小寨组陈兴平家。

vi¹³tʂo⁵⁵ɳdʐʐ²¹xɯ³³su³³

消 灾 献 酒 经　不分卷1册，47页。佚名撰。彝族丧祭仪式《消灾献酒经》《指路经》合订本。叙述为消除死灾，向神力大、威望高、见识广的六位天毕摩、八位地毕摩，向跨白马的神毕摩等一一献酒，借助他们的神力，消除死灾。将亡灵从贵州省赫章县的双坪、可乐一带，指经威宁四铺、盐仓、草海，渡过牛栏江，又经云南省的会泽、东川、昆明等地，到滇西的苍山周围与老祖先汇合。可供研究彝族丧俗与迁徙史参考。贵州省赫章县一带旧抄本。本色绵纸，线订册页装，楷体，墨书。页面25×19.5cm，无边框，8行×16字不等。白口。版口无特征，朱点断句，朱墨框标题，彩色符号断章，棉布护封。略有残破。今藏贵州省贵州工程应用技术学院彝族文化博物馆。

图2-7　《消灾献酒经》

ɳdʐo²¹se³³k'ɛ³³su³³

掩 犯 重 丧 经　不分卷1册，34页。佚名撰。彝族丧祭仪式消灾经书。叙述请鎓启尼和诺武费诸神相助，对死者家人所犯的三、六、九、重丧进行收掩，解除他们犯死的灾难。可供研究彝族原始宗教习俗参考。贵州省水城县果布嘎乡大寨村小寨组陈兴平家旧抄本。本色皮纸，线订册页装，楷体，墨书。页面12×24cm，6行×15字，无边栏，白口。版口无特征，墨标书题。保存一般。

今藏贵州省水城县果布嘎乡大寨村小寨组陈兴平家。

ʑɛ²¹lɯ¹³su³³

退　神　书　不分卷1册，6页。佚名撰。彝族退神驱邪仪式经书。本书介绍新娘在出嫁途中恐山神鲁朵、岩神斯里、水怪密觉相随到来而危害生育，为此将它们隔离驱赶，亦谓之退车马。可供研究彝族民间习俗参考。贵州省水城县果布嘎乡大寨村小寨组陈兴平家旧抄本。本色皮纸，线订册页装，楷体，墨书。页面13×15.2cm，6行×1字不等，无边栏，白口。版口无特征，墨标书题。保存一般。今藏贵州省水城县果布嘎乡大寨村小寨组陈兴平家。

ŋgɯ²¹dzo³³su³³

插神枝书　不分卷1册，14页。佚名撰。彝族毕摩工具书。该书图文并茂，以示意图的形式，绘出丧祭解冤、消灾等仪式用的插神枝图，并用彝文字进行说明。可供研究彝族毕摩文化丧祭习俗参考。贵州省水城县果布嘎乡大寨村小寨组陈兴平家旧抄本。本色皮纸，线订册页装，楷体，墨书。页面11.8×22.5cm，5行×1字不等，无边栏，白口。版口无特征，墨标书题。保存一般。今藏贵州省水城县果布嘎乡大寨村小寨组陈兴平家。

ʑy³³ndɯ³³

解　冤　经　不分卷1册，51页。佚名撰。彝族丧祭仪式经书。向解冤愆的保护神鍮启尼、诺武费献酒后，请求两大力神相助，为死者解脱生前的冤愆，并为其犯过失、罪过作开脱，使之顺利入祖位。可供研究彝族丧俗与道德观参考。贵州省水城县果布嘎乡兴隆村罗盘组宋正昌家旧抄本。本色皮纸，线订册页装，楷体，墨书。页面28×24cm，墨框25×21cm，8行×15不等字，三周单栏，白口。版口无特征，墨标书题。保存一般。今藏贵州省水城县果布嘎乡兴隆村罗盘组宋正昌家。

k'ɛ⁵⁵bi⁵⁵su³³

给归宿经　不分卷1册，36页。佚名撰。彝族丧祭仪式消灾经书。记录丧祭仪式中为亡灵的不得归宿而争取归宿，清除污秽，使之清白归祖，为其解脱苦难，又免殃及其家人。可供研究彝族原始宗教习俗参考。贵州省水城县果布嘎乡兴隆村罗盘组宋正昌家旧抄本。本色皮纸，线订册页装，楷体，墨书。页面11.5×26cm，6行×15不等字，无边栏，白口。版口无特征，墨标书题。保存一般。今藏贵州省水城县果布嘎乡兴隆村罗盘组宋正昌家。

ʑy³³ndɯ³³su³³

解　冤　经　不分卷1册，52页。佚名撰。彝族丧祭仪式解冤经书。叙述请鍮瞿尼、诺武费两大力神、三六九大解冤等毕摩神主持解冤仪式，为死者解除其一生中留下的冤过、过错或污点，本着"有冤解冤，无冤无碍"的宗旨，清白体面地归祖。可供研究彝族丧葬仪式习俗与道德观参考。贵州省水城县果布嘎乡兴隆村罗盘组宋正昌家旧抄本。本色皮纸，线订册页装，楷体，墨书。页面28×24.6cm，11行×15不等字，无边栏，白口。版口无特征，墨标书题。保存一般。今藏贵州省水城县果布嘎乡兴隆村罗盘组宋正昌家。

vi^{13}ndɯ^{33}su^{33}

禳解消灾经　不分卷1册，68页。佚名撰。彝族丧祭仪式禳解消灾经书。录有《那史释名经》中的《九头鸟》《人首蛇身》等故事；录有《哭祭经》中的德朴折怒送阿诺侯鸠亡魂等故事；录有《解冤经》的部分篇目；录有《禳病经》的部分篇目；以及《丧事消灾经》中的堵漏、掩盖、去孤等内容，以及《掩破乱》的程序等。可供研究彝族丧事习俗与文学参考。贵州省赫章县双坪乡一带阿景洛博毕摩旧抄本。本色绵纸，包背装，楷体，墨书。页面26.7×16.3cm，无边栏，8行×19字不等。白口。版口无特征，朱点和圈断句，符号断章，墨框和朱墨框标题，棉布护封。保存一般，书口残破。今藏贵州省贵州工程应用技术学院彝族文化博物馆。

图2-8　《禳解消灾经》

vi^{13}ndɯ^{33}su^{33}

解　灾　经　不分卷1册，85页。佚名撰。彝族丧祭仪式解灾经书。叙述请天上诸神和笃慕等祖宗神，为死者驱除夺去其生命的司署勾魂鬼，以及参与危害其生命的死星、腐星、海猪、海羊等凶煞，安慰死者，解除死灾，使其顺利归祖。可供研究彝族原始宗教习俗参考。贵州省毕节市七星关区大屯乡一带旧抄本。本色绵纸，毛装，行体，墨书。页面 17.2×21.7cm，无边栏，白口。版口无特征。朱点句读，符号断章。保存一般。今藏贵州省毕节市档案馆。

vi^{13}ndɯ^{13}su^{33}

消　灾　经　不分卷1册，80页。佚名撰。彝族丧祭仪式消灾祈福经书。叙述从尼能到六祖时期毕摩的传承，习俗的差异，叙述尼能的二十余代谱系，记录其消灾祈福以塑偶像、崇拜偶像的形式来达到目的，与举偶和六祖的消灾祈福借助神力神威的习俗存在差异，介绍消灾献牲、破死献药的习俗等。可供研究彝族丧事习俗与谱牒参考。贵州省威宁自治县二塘镇艾家坪村唐毕摩家旧抄本。本色绵纸，线订册页装，楷体，墨书。页面 27.5×24.8cm，墨框 24.2×22.4cm，无边栏，15 行×25 字不等。白口。版口无特征，朱圈句读，朱框标题，符号断章。破损严重。今藏贵州省毕节市档案馆。

ʐy^{33}ndɯ^{331}su^{33}

解　冤　大　经　不分卷1册，102页。佚名撰。彝族丧祭仪式解冤经书。本书辑录《鄂莫冤》《楚陀冤》《鲁朵冤》《修天冤》《人的来源》《布置日月冤》《修天补地冤》《屋室冤》《丧场冤》等篇目，记录请天神梯瞿尼、诺武菲光临丧场，为亡灵解除与生俱来的冤怨，总结社会生产生活活动、人生一般规律、道德行为要求等。可供研究彝族原始宗教习俗及伦理参考。贵州省毕节市七星关区大屯乡一带旧抄本。本色绵纸，毛装，楷体，墨书。页面 25.2×23cm，无边栏，13 行×18 字不等。白口。版口无特征。朱圈句读。保存基本完整，书口略有破损。今藏贵州省毕节市档案馆。

vi^{13}ndɯ^{33}su^{33}

解　灾　经　不分卷1册，51页。佚名撰。彝族丧祭仪式消灾祈福经书。该书认为，人的灵魂被各种勾魂的"司署"所侵害，于是躯体死亡，亡魂还被拴锁，戴着铜铁链，请神毕摩相助，卸去亡魂的铜铁链和枷锁，替其解除灾难，并福及其家人。可供研究彝族原始崇拜习俗参考。贵州省毕节市赫章县双坪乡王正贤毕摩家旧抄本。本色绵纸，线订册页装，行体，墨书。页面 12.6×25.6cm，白口。版口无特征。墨框标题，自然断句，右翻右读。保存一般，待装订。今藏贵州省毕节市档案馆。

k'ɯ²¹bo³³ɯ²¹su³³

消 除 灾 难 经　不分卷1册，75页。佚名撰。彝族丧祭仪式消灾经书。该书由《平常献酒经》和《消除灾难经》辑成前经。叙述酒药的发现，酒的发明酿制，献神后的效果等。《消除灾难经》则要求对岸的米阿买出嫁时把灾难带走，路过的什俄奏顺便也将灾难带去，要灾难随云雾，跟着北方的大水迅速离去。可供研究彝族原始信仰习俗参考。贵州省赫章县朱明乡已故毕摩龙德富家旧抄本。本色绵纸，毛装，楷体，墨书，页面18×17.7cm，无边栏，15行×18字不等。白口。版口无特征。朱墨双框书题，朱墨圈或点句读。保存一般。今藏贵州省毕节市档案馆。

ʐy³³ndɯ³³su³³

解　冤　经　不分卷1册，104页。佚名撰。彝族丧祭仪式经书。本书辑有《解冤经》《治理归宿经》《大人物死亡开天门》《献水经》《迎毕摩经》等7部经书，其中的解冤叙述将冤愆归为祖传冤、农事冤、战事冤、祭祀冤、狩猎冤、婚冤等几个大类，总结人生的一般经历中，难免亵渎神灵、虐待禽畜、伤身害命、与人结怨等，死后亡灵受各方纠缠，身陷痛苦，进不了死界，归不了祖宗。请十二大毕摩神，根据鎓神与诺神旨意，为亡灵的罪孽与过失作开脱。既为死者解除痛苦，也对生者进行行为道德教育，《治理归宿经》为死了不得归宿者拨乱反正指归宿，《大人物死亡开天门》引导死者与天界、亡界的君臣师见面，并受接纳。《献水经》叙述各部祭祀时的取水点，《迎毕摩经》叙述毕摩的师承谱系等。可供研究彝族丧俗与道德教育参考。贵州省赫章县朱明乡已故毕摩龙德富家旧抄本。本色绵纸，毛装，楷体，墨书，页面27×24.5cm，无边栏，10行×14字不等，白口。版口无特征，无断句，符号断章。前半部破损严重。今藏贵州省毕节市档案馆。

vi¹³ndɯ³³su³³mo²¹

消　灾　大　经　不分卷1册，65页。佚名撰。彝族丧祭仪式消灾经书。叙述支嘎阿鲁划定天下九星野，将死神、恶魔、勾魂鬼、鸟兽鬼与人类分开，使人们得到安宁。人死亡后，也必须将死神、恶魔、勾魂鬼、鸟兽鬼同其亡灵划清界限，使死者顺利归祖，生者免受牵累。可供研究彝族丧事习俗参考。贵州威宁自治县龙场镇一带旧抄本。本色绵纸，线订竹夹装，楷体，墨书。页面23×32.3cm，墨框17.5×23cm，上下墨单栏，14行×20字不等。白口。版口无特征，自然断句，朱墨符号断章，朱墨框标题。保存一般。今藏贵州省贵州工程应用技术学院彝族文化博物馆。

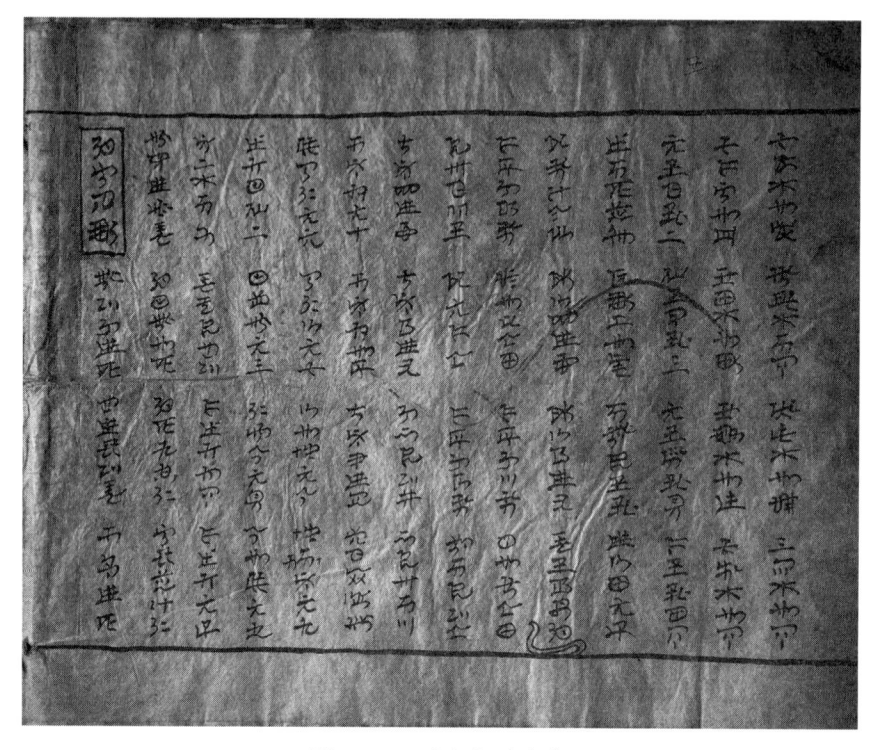

图 2-9 《丧仪大经》

ʐ y³³ ndɯ³³ su³³

解　冤　经　不分卷 1 册，55 页。佚名撰。彝族丧祭仪式经书。本书列举祖传冤、农事冤、战事冤、祭祀冤、狩猎冤、婚冤等几个大类冤愆的来由，总结人生的一般经历中，难免亵渎神灵，虐待禽畜，伤身害命，与人结怨等，死后亡灵受各方纠缠，身陷痛苦，进不了死界，归不了祖宗。请十二大毕摩神，根据鍮神与诺神旨意，为亡灵的罪孽与过失作开脱。既为死者解除痛苦，也对生者进行行为道德教育。可供研究彝族丧俗与道德教育参考。贵州省威宁县二塘镇艾家坪村三组已故唐开贤毕摩家旧抄本。本色绵纸，线订册页装，楷体，墨书。页面 13.8×24.2cm，墨框 9×21.9cm，上下墨单栏，5 行×12 字不等。白口。版口无特征。朱圈句读，墨框标题。保存一般。今藏贵州省毕节市档案馆。

tɕ ɿ¹³ tʂ 'ɛ⁵⁵ su³³

送　星　经　不分卷 1 册，19 页。佚名撰。彝族丧祭仪式消灾经书。本书认为天上一颗星，地上一个人，人死星腐，腐而生恶，即成灾，故请天上法力最高的毕摩神梯瞿尼和诺武菲清除腐星，为死者顺利归祖铺平道路。可供研究彝族星辰崇拜习俗参考。贵州省织金县三塘镇高姓毕摩家旧抄本。本色绵纸，线订册页装，楷体，墨书。页面 12.6×26cm，无边栏，6 行×12 字不等。白口。版口无特征。朱点句读，符号断章。保存一般。今藏贵州省毕节市档案馆。

ŋ dz̩ u¹³ so²¹ su³³

还　愿　经　不分卷 1 册，5 页。佚名撰。彝族丧祭仪式祈福消灾经书。本书叙述丧祭习俗的传承，鄂莫的丧祭是天上奢布野主持的，什叴的丧祭是布㚼举主持的，六祖的丧祭是扎沾益呢主持的。人生在世，没有无过错的人，要懂得欠债还钱，许愿还愿。可供研究彝族丧葬习俗与伦理道德参考。贵州省织金县三塘镇高姓毕摩家旧抄本。本色绵纸，线订册页装，楷体，墨书。页面 12.9 × 26.4cm，无边栏，4 行 ×14 字不等。白口。版口无特征。墨圈句读。保存一般。今藏贵州省毕节市档案馆。

vi¹³ tʂ u⁵⁵ su³³

退　灾　经　不分卷 1 册，28 页。佚名撰。彝族丧祭仪式消灾经书。叙述人因受死灾而去世，为使亡灵不被死神继续纠缠，请毕摩神替死者退走死神，故请天上的梯启尼、诺武费下凡，给亡灵退开死神，卸去铜枷铁链，让亡灵尽快地平安归祖。可供研究彝族原始宗教参考。贵州省威宁县二塘镇艾家坪村三组已故唐开贤毕摩家旧抄本。本色绵纸，线订册页装，楷体，墨书。页面 15 × 24.4cm，墨框 9.8 × 21.6cm，上下墨单栏，7 行 ×14 字不等。白口。版口无特征。朱圈句读。保存一般。今藏贵州省毕节市档案馆。

vi¹³ tʂ u⁵⁵ su³³

退　灾　经　不分卷 1 册，9 页。佚名撰。彝族丧祭仪式消灾经书。叙述请天上的梯启尼、诺武费下凡，给亡灵退开死神，卸去铜枷铁链，让亡灵尽快地平安归祖。可供研究彝族原始宗教参考。贵州省威宁县二塘镇艾家坪村三组已故唐开贤毕摩家旧抄本。本色绵纸，线订册页装，楷体，墨书。页面 30 × 24cm，无边栏，18 行 ×22 字不等。白口。版口无特征。破损严重，内容缺失。今藏贵州省毕节市档案馆。

tɕ ɿ¹³ tʂ 'ɛ⁵⁵ su³³

掩　星　经　不分卷 1 册，21 页。佚名撰。彝族丧祭仪式掩灾星经书。叙述天上一星，地上一人，星明人旺盛，星陨人亡，亡魂与死星合流而成灾，禳解遣送亡灵所带致命灾星，避免它们对生者的殃害。可供研究彝族原始宗教习俗参考。贵州省毕节市七星关区大屯乡一带旧抄本。本色绵纸，毛装，楷体，墨书。页面 11 × 20cm，无边栏，6 行 ×19 字不等。白口。版口无特征。朱点句读，符号断章。保存一般。今藏贵州省毕节市档案馆。

s̩⁵⁵ tʂ 'ɛ⁵⁵ vi¹³ tʂ ɯ⁵⁵ su³³

丧　祭　驱　鬼　经　不分卷 1 册，49 页。佚名撰。彝族丧祭仪式经书。该书辑有延请毕摩献酒，驱除司署鬼，招灵祭祀，送凶星，消灾献酒等内容的经书。可供研究彝族丧葬习俗参考。贵州省毕节市威宁县龙街乡安朝文旧抄本。本色绵纸，线订册页装，楷体，墨书。页面22.8×33.8cm，无边栏，11行×25字不等。白口。版口无特征。墨框书题，自然断句。保存一般。今藏贵州省毕节市档案馆。

tɕɿ³³ xɯ¹³ ȵ dzɿ²¹ xɯ¹³ dy³³ ʐy²¹ su³³

献茶献酒消灾经 不分卷1册，58页。佚名撰。彝族丧祭仪式消灾经书。该书辑有献茶、献酒经书，献茶献酒给威望神和力量神，借助他们的神力，解除犯死星、犯重丧、犯病灾等灾星、凶星，祈求平安与富贵。可供研究彝族原始宗教习俗参考。贵州省毕节市赫章县财神镇马鞍村王姓旧抄本。本色绵纸，线订册页装，楷体，墨书。页面30×22.5cm，无边栏，16行×15字不等。白口。版口无特征。双墨框书题，保存一般。今藏贵州省毕节市档案馆。

vi¹³ tʂɿ⁵⁵ sɿ⁵⁵ ʂu³³ ndɯ³³

消灾驱鬼经 不分卷1册，54页。佚名撰。彝族丧祭仪式经书。该书辑有《献药经》《驱鬼经》《丧祭责死经》等经书，叙述人因司署鬼勾去灵魂而生病，先是药医治不愈，再是神医没奈何，为此为死者追究司署鬼，责问病死神，以期给死者一个安慰。可供研究彝族丧葬习俗参考。贵州省毕节市威宁县龙街乡安朝文旧抄本。本色绵纸，线订册页装，楷体，墨书。页面22×34cm，无边栏，11行×25字不等。白口。版口无特征。墨框书题，自然断句。保存一般。今藏贵州省毕节市档案馆。

dzɿ¹³ tɕ'o²¹ vi¹³ tʂɿ⁵⁵

丧祭与消灾 不分卷1册，61页。佚名撰。彝族丧祭仪式经书。该书辑有《丧祭经》中的迎师、聚集、责死、禳解各种病，借神力、除魔驱灾、掩死星等内容，反映彝族的丧祭习俗与对待生死的态度。可供研究彝族丧葬习俗参考。贵州省毕节市威宁县龙街乡安朝文旧抄本。本色绵纸，散装，楷体，墨书。页面22.5×34cm，无边栏，11行×25字不等。白口。版口无特征。墨框书题，自然断句。保存一般。今藏贵州省毕节市档案馆。

ʐy³³ ndɯ³³ su³³ ŋɯ³³

解冤仪式经 不分卷1册，66页。佚名撰。彝族丧祭仪式解冤经书。本书分为《人的来源》《药医》《寻医》《服药》《神医》《天地冤》《布置日月冤》《修天补地冤》《祖灵位冤》《祖灵秩序冤》《田地冤》《月份冤》《大堂聚议冤》《打仗冤》《婚配冤》《骑马冤》《嫁女冤》《叙谱冤》《打铜织绸冤》《祭祖冤》《好事好意冤》《屋室冤》《丧场冤》《门槛冤》《寿衣与那史冤》《佩刀冤》《恩怨冤》等27个部分，本书与其他抄本不同之处，在于有《大堂聚议冤》与《寿衣与那史冤》两章内容。记录请天神鍮启尼、诺武费光临丧场，为亡灵解除与生俱来的冤怨，同时记录开天辟地传说，总结社会生产生活活动、人生一般规律、道德行为要求等。本书可供彝族原始宗教习俗及多学科研究作参考。贵州省织金县三塘镇松树坪高兴文毕摩家1948年抄本。纸色白，绵纸，线装，楷体，墨书。页面13.7×25.1cm，墨框12×23.5cm，无边栏，6行×17字不等，白口。版口无特征。朱墨圈断句，朱墨记号断章，半墨框标题。保存一般。今藏贵州省毕节市档案局（馆）。裱糊后重新装订。

vi^{13}ndɯ^{33}su^{33}

消 灾 等 经　不分卷1册，76页。佚名撰。彝族消灾、祭祖、丧祭仪式等经书杂录。本书录有《消灾经》《小型祭祖经》与《丧祭·献水》《丧祭·慰死》《丧祭·诵词》《丧祭·释神器一》《丧祭·释神器二》《丧祭·开额车门》《丧祭·开绰嘎门》《丧祭·献牲》《丧祭·验牲》等篇目，叙述对丧灾、祖灵灾等各种灾难的解除，介绍小型祭祖中的各种程序，介绍丧祭活动的一系列礼俗。可供研究彝族消灾、丧葬与祖宗崇拜习俗参考。贵州省毕节市赫章县境内文科学旧抄本。本色绵纸，线订册页装，楷体，墨书。页面28.8×25.6cm，无边栏，12行×16字不等。白口。版口无特征。朱点（圈）句读，双墨框标题，符号断章。保存一般，前后几页略有残破。今藏贵州省毕节市档案馆。

vi^{13} tʂu^{55} su^{33}

收 灾 经　不分卷1册，17页。佚名撰。彝族丧祭仪式消灾经书。本书录有《收灾经》《寻药经》和《收灾经》叙述请天地诸神和毕摩神为死者收灾、消灾，使其灵魂平安归祖；《寻药经》就为亡者治病而施行药医、神医，因而引出药的来历神话。可供研究彝族习俗与神话传说参考。贵州省威宁县二塘镇艾家坪村三组已故唐开贤毕摩家旧抄本。本色绵纸，线订册页装，楷体，墨书。页面15.8×22.5cm，无边栏，12行×21字不等。白口。版口无特征，无断句，墨框标题。保存一般。今藏贵州省毕节市档案馆。

vi^{13}ndɯ^{33}su^{33}

禳 解 经　不分卷1册，16页。佚名撰。本书辑有《鲁补鲁旺方位》《遣亨鬼》等篇目。记录丧葬过程中，亡灵归于祖的一些仪式，部分记录有关支嘎阿鲁等传说。可供研究彝族祖宗崇拜、丧葬习俗、彝族文学参考。贵州省威宁县二塘镇艾家坪村三组已故唐开贤毕摩家旧抄本。本色绵纸，线订册页装，楷体，墨书。页面35×24.8cm，无边栏，17行×19字不等。白口。版口无特征。墨圈断句。保存一般，无封面。今藏贵州省毕节市档案馆。

a^{21} lu^{33} hɪ^{55}tʂ 'a^{33}ʂu^{21}

阿 鲁 除 魔 书　不分卷1册，24页。佚名撰。彝族丧祭仪式消灾经书。天命阿鲁为天子，代天行事。阿鲁千辛万苦，完成测天量地事业，将鲁补鲁旺把天下划为九大分（星）野。哼魔残害人类，世间白骨千里，万户萧疏，阿鲁战胜吃人的三支哼魔，在用火焚烧时，魔气不慎漏出，并永远致人生病死亡，故阿鲁的传人们一代又一代地清除魔气，给死者以安慰。可供研究彝族神话与丧俗参考。贵州省威宁县二塘镇艾家坪村三组已故唐开贤毕摩家旧抄本。本色绵纸，线订册页装，楷体，墨书。页面15.7×22.3cm，无边栏，10行×26字不等。白口。版口无特征。墨圈断句。保存一般。今藏贵州省毕节市档案馆。

tɕɯ²¹tɕ'ɯ²¹su³³

消　　灾　　书　不分卷1册，73页。佚名撰。彝族丧祭仪式消灾经书。叙述为死者解除被困、被射灾，解除毒病等十八般病灾，并献药等。可供研究彝族丧事习俗参考。贵州省威宁自治县境内旧抄本。本色绵纸，线订册页装，楷体，墨书。页面28.8×23cm，无边栏，7行×15字不等，白口。版口无特征。墨框标题，有符号断章。保存一般。今藏贵州省毕节市档案馆。

dʑi²¹lo³³na³³

解　冤　经　不分卷1册，64页。佚名撰。彝族毕摩祭祀用书。本书介绍了从前，有一段时间，年老的也死，年少的也死，强壮的也死，弱小的也死。有希署作孽，有鲁朵作孽。天地巧布色，说这样不行，要派天地间最强的毕摩前往治理。确统翁、亥阿维等毕摩，设坛祭祀，捉拿希署。之后，大地上犹如春光普照，万物复苏，人们健康如初。可为研究彝族原始宗教提供参考。贵州省六盘水市盘县平地彝族乡抄本。信签纸誊抄，线订册页装，楷体，墨书。页面13.2×19.1cm，墨框12×17cm，三周墨单栏，6行×15字不等，白口。版口无标记，墨点句读。书末有"此书系解冤经、产难死者解结经，天地之间，清浊二气，世有妖魔，害人之死，阴魂受冤，有冤则解，解则诵经，经文叙冤，深冤解除，亡魂托化，归祖极乐"的字样。书口有破损。今存贵州省六盘水市柳远胜处。

tɕ'i³³ndu³³lu³³ŋa¹³ŋɯ³³

寻 药 捕 獐 记　不分卷1册，42页。佚名撰。彝族毕摩祭祀用书。本书介绍了在哎哺境内，兴起了用药治病。鲁额乌甫生了病，余洪陇博，到处去寻药。至尊策耿兹说，生病找药，要问密毕益阿买，她知道药生在什么地方。问到密毕益阿买，阿买不肯说。问她要什么，阿买要耳环。耳环给阿买，阿买不肯说。问她要什么，她说要配偶。给阿买配偶，还是不肯说。问她要什么，她说要獐牙。只好去捕獐，捕到了獐子，拿獐牙给她，拿獐麝给她的配偶，她才说出药的生长地和药的样子。然后去挖药。连挖三处才得到药。又找熬药锅和熬药的人。之后献药接福寿，赐爵。对研究彝族原始宗教可提供参考。贵州省盘县坪地彝族乡新抄本。本色绵纸，线订册页装，楷体，墨书。页面19.3×25.3cm，墨框16.5×23.25cm，两周墨单栏，5行×15字不等，白口。版口无标记，墨点句读。书末有"整套经书来自于舅父孔令恺老毕摩处，舅父孔老先生把毕摩文化传授于本人，忠明本人在舅父老师傅的指导下抄写经书，并注上彝语国际音标，让所有彝族毕摩文化爱好者都能释读，共同学习研究，弘扬博大精深，自然而神秘的毕摩文化！高忠明二〇一一年金秋九月于家中书房书。"的汉字说明。保存一般。今存贵州省六盘水市盘县坪地彝族乡高忠明老毕摩收藏。

$z\ i^{33}\ nd\gamma^{33}\ su^{33}\ \eta w^{33}$

解　　冤　　经　　不分卷1册，81页。佚名撰。彝族毕摩丧祭用书。本书叙述了人在生产生活及战争中产生了冤愆而生了病，先以药医无效后改为神医，由布氏毕摩妥姆和直娄、默氏毕摩亥索和莫迭设神座医治。经医治无效而死。死后为其解冤，使其清清白白地顺利到达翁米。对研究彝族原始宗教具有参考价值。六盘水市盘县鸡场坪乡俄嘎村康氏旧抄本。本色绵纸，线订册页装，楷体，墨书。页面27.3×22.8cm，墨框22.5×20.3cm，两周墨单栏，15行×17字不等，白口。版口无标记，墨点句读。保存一般。今存贵州省六盘水市盘县坪地彝族乡车明旭毕摩收藏。

$z\ i^{33}\ nd\gamma^{33}\ su^{33}\ \eta w^{33}$

解　　冤　　经　　不分卷1册，30页。佚名撰。彝族毕摩祭祀用书。书中说，生前没有冤，死后不需要解冤，生前结了冤，死后必解冤。介绍了密氏毕摩、投氏毕摩、六祖毕摩等各个时期的毕摩。介绍了解冤之后指路，并根据死者的身份给予最后的归宿。对研究彝族原始宗教具有参考价值。六盘水市盘县鸡场坪乡俄嘎村康氏旧抄本。本色绵纸，线订册页装，楷体，墨书。页面27.3×22.8cm，墨框22.5×20.3cm，两周墨单栏，15行×17字不等，白口。版口无标记，墨点句读。保存一般。今存贵州省六盘水市盘县坪地彝族乡车明旭毕摩收藏（复印件）。

$z\ i^{33}\ nd\gamma^{33}\ su^{33}\ \eta w^{33}$

解　　冤　　经　　不分卷1册，45页。佚名撰。彝族毕摩祭祀用书。书中介绍了冤愆的产生，寻药熬药、药治无效、改用神医、神医无效，接寿也无效，那是有冤愆，介绍了整理日月冤、嫁娶冤、战争冤、开辟冤、祭祖冤、骑马冤、犁牛冤、高山平坝冤、喜所冤、播寿冤等，对研究彝族原始宗教具有参考价值。六盘水市盘县鸡场坪乡俄嘎村康氏旧抄本。本色绵纸，线订册页装，楷体，墨书。页面28.8×24.6cm，墨框24×20.2cm，四周墨双栏，15行×16字不等，白口。版口无标记，墨点句读。保存一般。今存贵州省六盘水市盘县坪地彝族乡车明旭收藏（复印件）。

$z\ i^{33}\ nd\gamma^{33}\ su^{33}\ \eta w^{33}$

解　　冤　　经　　不分卷1册，40页。佚名撰。彝族毕摩丧祭用书。本书认为，一切冤愆都是又鲁和朵互相结合而产生的，如婚配冤、战争冤等，生前不结冤，死后无冤愆，生前结了冤，死后要解冤，若是不解冤，去翁米之时，路上行不通，到不了翁米。对研究彝族原始宗教具有参考作用。贵州省六盘水市盘县鸡场坪乡俄嘎村康氏旧抄本。本色绵纸，线订册页装，楷体书，墨书，页面 28.5×24cm，墨框 26.1×27cm，四周无边栏，16 行×17 字不等，白口，墨框标题，保存一般。六盘水市民委车明旭收藏复印本。

3. 丧祭主体仪式

$dze^{13} tɕ'o^{33} su^{33} ŋɯ^{33}$

丧　仪　大　经　不分卷 1 册，72 页。佚名撰。彝族丧祭仪式经书，本书有《说法》《叙根》《示范》《论美》《养马》《收牲》《善死作祭》《吃租》《牧牲》《祭祖》《播寿》《赏根》《受牲》《织天织地》《献水》《止哭》《洗发》《收礼》《织绸》《馈礼》《熟祭》《召富贵》《释献盐》《款待》《示牲》《停歇》《朝祭》《释寿衣》《释魂马》《绸缎衣》《释常规丧祭》《毕摩脱干系》等篇目，反

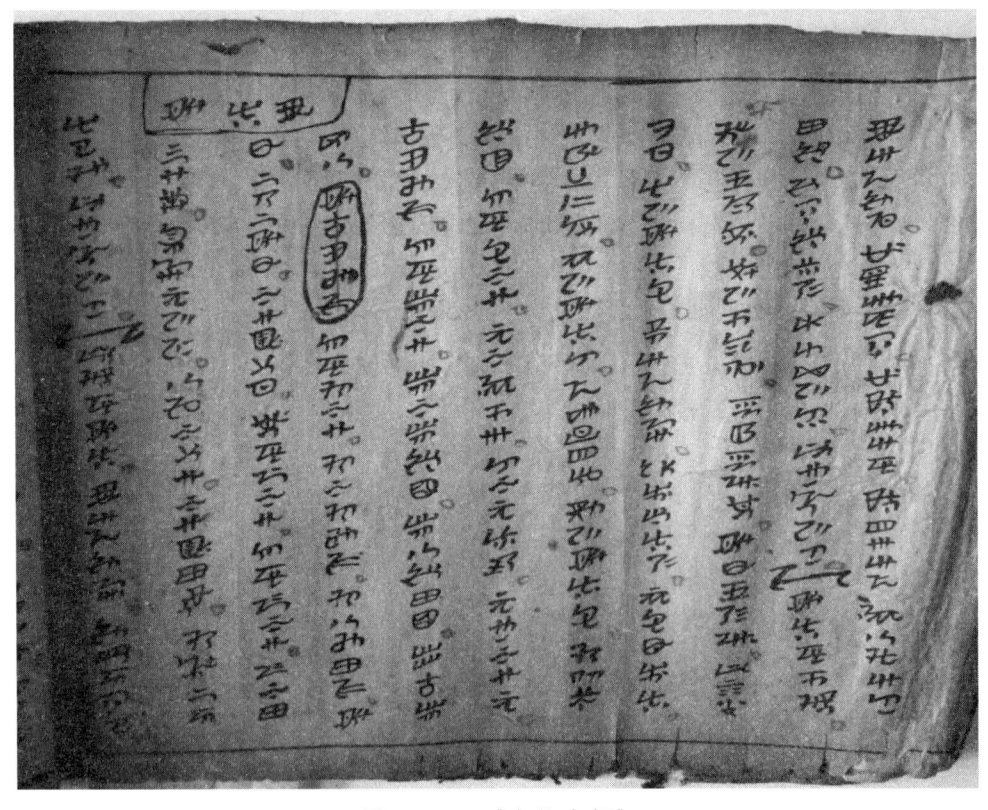

图 2-10　《丧仪大经》

映彝族社会历史、生产生活、迁徙、分布、源流等，反映彝族的人生观、生死观等。可供研究彝族丧祭礼俗和社会历史参考。贵州省纳雍一带旧抄本。本色绵纸，线订册页装，楷体，墨书。页面24.5×23.6cm，墨框20.4×19cm，上下墨单栏，11行×21字不等。白口。版口无特征。内有鸟图，墨框标题，朱圈断句，符号断章。保存一般。今藏贵州省贵州工程应用技术学院彝族文化博物馆。

$ʂʅ^{33}ŋo^{33}su^{33}$

招　灵　经　不分卷1册，14页。佚名撰。彝族丧祭仪式安祖经书。根据一魂守焚场，一魂去死界，一魂在宗祠接受子孙的供奉的习俗观念，请毕摩神为死者之从渡口、战场、集市、岩穴、悬崖、山林招回失散亡魂，除难星、死星、煞星后，放入竹筒，送入宗祠供奉。可供研究彝族原始宗教习俗参考。贵州省水城县果布嘎乡大寨村小寨组陈兴平家旧抄本。本色皮纸，线订册页装，楷体，墨书。页面23.8×9.5cm，5行×15字，偶有单边栏，白口。版口无特征，墨标书题。保存一般。今藏贵州省水城县果布嘎乡大寨村小寨组陈兴平家。

$ɳdʐɯ^{55}dze^{13}su^{33}$

绾草招灵祭　不分卷1册，42页。佚名撰。彝族丧祭仪式经书。本书叙述名人往往都不用马革裹尸回家乡祭奠，如撮隘布施，弃尸在木革打姆；慕勾阿哲家德初仁育，弃尸于叩诺铺启等，给他们的待遇，就是绾草招灵回来作丧祭，丧礼也十分隆重。献祭金银，使之在死界富裕；献祭兵甲，使之在死界能作战；献祭绸缎，使之在死界居于人上。人死若不能热祭，若干年后再绾草招灵祭，也是应该满足的。可供研究彝族丧俗参考。贵州省水城县果布嘎乡大寨村小寨组陈兴平家旧抄本。本色皮纸，线订册页装，楷体，墨书。页面12×23.4cm，墨框9×19.7cm，5行×15字，无边栏，白口。版口无特征，墨标书题。略有破损。今藏贵州省水城县果布嘎乡大寨村小寨组陈兴平家。

$dze^{13}su^{33}$

丧　祭　经　不分卷1册，51页。佚名撰。彝族丧祭仪式经书。本书录有《叙火》《连姻》《婚配》《生子》《建房》《食租》《成功》《祭祖》《施寿》《扎根》《果熟》《示礼》《献仪》《修天补地》《矛系缨》《动摇》《布置日月》《权势出现》《建基立业》《晚祭亡人》《献水》《止哭》《尽全力》《献牲礼》《织绸》《披挂整容》《叙富贵》《善死献祭》《入室》《释名分》等篇目，道丧祭礼仪，叙述创世传说，人类起源、尚武精神的表现和与人为善、崇尚美德、对社会和婚姻家庭的负责要求。可供研究彝族丧祭习俗与哲学参考。贵州省水城县果布嘎乡大寨村小寨组陈兴平家旧抄本。本色皮纸，线订册页装，楷体，墨书。页面25×24.5cm，墨框23×21cm，11行×15字，上下单栏，白口。书口有页码记号，墨标书题。保存一般。今藏贵州省水城县果布嘎乡大寨村小寨组陈兴平家。

tɕ'o²¹su³³

丧 仪 经 不分卷1册，57页。佚名撰。彝族丧祭仪式经书。介绍指路仪式中给亡人敬献的晚、早祭奠。祭奠的开场献酒等过程。叙述人类的由来，对尊舅尊母伦理意义的阐释，祭台设置由来，猪、羊、牛、马等祭品献给亡人的意义与目的。特吐、久尼、低透、约崩等法具的典故与功用等。可供研究彝族丧祭习俗参考。贵州省水城县果布嘎乡大寨村小寨组陈兴平家旧抄本。本色皮纸，线订册页装，楷体，墨书。页面12.3×24.2cm，6行×15字，1~7页有边栏，白口。版口无特征，墨标书题。保存一般。今藏贵州省水城县果布嘎乡大寨村小寨组陈兴平家。

dz e¹³tɕ'o²¹su³³

丧 祭 经 不分卷1册，76页。佚名撰。彝族丧祭仪式经书。本书记录的丧祭仪式名有：《攻司署鬼》《婚配》《生子》《披裓》《备矛》《打仗》《复仇》《拓土》《吃租》《祭祖》《播寿》《居高》《备礼》《丧祭》《理根》《仿效》《章法》《献祭》《修天》《理山脉》《五对哎哺》《提高威风》《牛羊牲》《天婚地配》《辩识日月》《权势产生》《馈献礼物》《中央山岳》《干叶护贵》《断诅咒》《退污》《竹竿》《议食气》《献水》《行祭》《绕丧》《退神》《洁净》《弥味》《羊肉》《晒牲》《开场》《盖房》《居室》《戈屋司肉》《释那史》《释通巧》《交叉》《灵木》《灵房》《织绸》《晚祭》《早祭》《问魂马》《伞》《牛牲》《猪牲》《基础》《破死》《有根》《收场》《毕与主功德》等。反映彝族的迁徙、分布、生死观、送死礼仪等。可供研究彝族丧祭习俗参考。贵州省纳雍—水城一带旧抄本。本色绵纸，线订册页装，楷体，墨书。页面27×23.3cm，墨框24.6×21.2cm，无边栏，15行×16字不等，白口。版口无特征。墨框标题，朱圈断句。保存基本完整。今藏贵州省毕节市彝文文献翻译研究中心。裱糊后重新装订。有编目收入《彝文典籍目录》，四川民族出版社1994年版。

dz ɿ³³su³³ŋɯ³³

丧 仪 经 不分卷1册，64页。佚名撰。彝族丧祭仪式经书。录有《丧仪经》中的开头部分，夹杂有《解冤》的部分内容，叙述丧祭仪式的来源，各部族的起源，产生君、臣、师的氏族，德施支系的丧俗等。可供研究彝族丧俗与历史参考。贵州省赫章县一带旧抄本。本色绵纸，线订册页装，楷体，墨书。页面24.98×25.3cm，无边栏，13行×14字不等。白口。版口无特征，墨框标题，朱圈断句，符号断章，麻布护封。保存一般。今藏贵州省贵州工程应用技术学院彝族文化博物馆。

图 2-11 《丧仪经》

t'u³³lu³³ŋgo²¹p'u²¹

开 天 地 门 经 不分卷1册，34页。佚名撰。彝族丧祭仪式经书。叙述天地君臣与毕摩的位置与星宿，将君臣与毕摩的亡灵引导到他们所属的星宿，分别归属太阳、月亮和北斗七星。可供研究彝族原始宗教习俗参考。贵州省水城县果布嘎乡大寨村小寨组陈兴平家旧抄本。本色皮纸，线订册页装，楷体，墨书。页面13×23.8cm，5行×15不等字，上下单栏，白口。版口无特征，墨标书题。保存一般。今藏贵州省水城县果布嘎乡大寨村小寨组陈兴平家。

tɕ'o²¹su³³

丧 仪 经 不分卷1册，52页。佚名撰。彝族丧祭仪式经书。介绍指路仪式中给亡人敬献的晚、早祭奠。祭奠的开场献酒等过程。叙述人类的由来，对尊舅尊母伦理意义的阐释，祭台设置由来，猪、羊、牛、马等祭品献给亡人的意义与目的等。可供研究彝族丧祭习俗参考。贵州省水城县果布嘎乡大寨村小寨组陈兴平家旧抄本。本色皮纸，线订册页装，楷体，墨书。页面12.3×24.2cm，6行×15字，1~7页有边栏，白口。版口无特征，墨标书题。书口有破损。今藏贵州省水城县果布嘎乡大寨村小寨组陈兴平家。

tɕ'o²¹su³³

丧 祭 经 不分卷1册，40页。佚名撰。彝族丧祭仪式经书。录有《人类形成》《布设丧场》《叙地位》《叙根源》《叙样榜》《叙驮魂马》《叙撑牲》《祭祀善死者》《拓土地》《美食》《盛装》《美德》《连姻》《叙建房》《扬名》等篇目，本书叙述人类形成、彝族历史与习俗传承、医药卫生、土葬火葬葬俗、丧祭礼仪、仪式、祖宗崇拜等，涉及多方面内容。可供研究彝族习俗与历史等学科参考。贵州省水城县果布嘎乡大寨村小寨组陈兴平家旧抄本。本色皮纸，线订册页装，楷体，墨书。页面13×25cm，6行×15字，无边栏，白口。版口无特征，墨标书题。保存一般。今藏贵州省水城县果布嘎乡大寨村小寨组陈兴平家。

dzɿ¹³su³³ŋɯ³³

丧 仪 经 不分卷1册，65页。佚名撰。彝族丧祭仪式经书。录有《丧仪大经》中的《撒播与收割生命》《老死寿终》《打铜织绸》等篇目，阐述人与万物有生有灭而不可抗拒的自然规律，解释彝族对生死的态度即生死观。可供研究彝族丧俗与哲学参考。贵州省赫章县双坪乡大石村三家寨李朝文老先生家旧抄本。本色绵纸，线订册页装，楷体，墨书。页面24.5×15cm，无边栏，8行×20字不等。白口。版口无特征，墨框标题，朱点断句，有符号断章，无封页。略有残破。今藏贵州省贵州工程应用技术学院彝族文化博物馆。

图 2-12 《丧仪经》

tɕ'o²¹su³³

丧 祭 经 不分卷1册，105页。佚名撰。彝族丧祭仪式经书。录有《建房》《挎弓》《佩剑》《英容》《打仗》《带刀》《受土地》《天地间十二座名山》《收租》《祭根本》《叙谱分支》《施寿》《扎根》《行礼》《摆布日月》《示范》《打造利刃》《释地位》《释星座》《系缨》《制矛》《献水》《寻医找药》《破死》《止哭》等篇目，叙述人类起源，丧祭仪式的兴起，向亡灵演示所总结的一般人生，尚武精神在丧祭过程中展示，反映彝族先民的人生观、生死观、价值取向等。可供研究彝族丧祭习俗参考。贵州省水城县果布嘎乡大寨村小寨组陈兴平家旧抄本。本色皮纸，线订册页装，楷体，墨书。页面27×12cm，6行×15字，无边栏，白口。书开有彝文页码。墨标书题。保存一般。今藏贵州省水城县果布嘎乡大寨村小寨组陈兴平家。

t'ɯ²¹tɕ'o²¹su³³

丧 仪 经 不分卷1册，40页。佚名撰。彝族丧祭仪式经书。记录彝族的丧祭习俗中向死者介绍人的来源，认为人的生死是不可抗拒的规律，既不能怨天地诸神，也怪不得祖宗神，长寿是一种追求，长生只是一种不现实的理想。为死者复仇而与勾魂的"司署"鬼拼杀是其亲人与后代的义务。可供研究彝族人生观与丧祭习俗参考。贵州省水城县果布嘎乡兴隆村罗盘组宋正昌家抄本。本色皮纸，线订册页装，楷体，墨书。页面26.3×24cm，13行×15不等字，无边栏，白口。版口无特征，墨标书题。保存一般。今藏贵州省水城县果布嘎乡兴隆村罗盘组宋正昌家。

tɕ'o²¹su³³ŋɯ³³

丧 仪 经 不分卷1册，20页。佚名撰。彝族丧祭仪式经书。叙述人的死亡是因司署鬼勾去灵魂所致，故将其从司署的手里解救出来，脱离苦海后指到祖先发祥地，同时请威力相助，斗杀司署，为死者复仇，把司署逐出人间之外。可供研究彝族原始宗教习俗参考。贵州省水城县果布嘎乡兴隆村罗盘组宋正昌家旧抄本。本色皮纸，线订册页装，楷体，墨书。页面28×23.2cm，16行×20不等字，无边栏，白口。版口无特征，墨标书题。前几页书页有破损。今藏贵州省水城县果布嘎乡兴隆村罗盘组宋正昌家。

tɕ'o²¹su³³

丧 仪 经 不分卷1册，28页。佚名撰。彝族丧祭仪式经书。本书录有《治丧》《摆饭》《理根》《效法》《行好》《骑魂马》《牲礼固》《盛装》《美德》《早祭》《婚配》《晚祭》《嘎娄底所》《祭阿苻那苦》《点通巧》《点归宿》等篇目，记录一系列丧祭仪式，叙述彝族各部来源，丧祭习俗的兴起、传承及在各地各部间差异，反映对生死的认识等。可供研究彝族丧俗与历史参考。贵州省水城县果布嘎乡大寨村小寨组陈兴平家旧抄本。本色皮纸，线订册页装，楷体，墨书。页面 14×27cm，5 行×15 字，无边栏，白口。版口无特征，墨标书题。保存一般。今藏贵州省水城县果布嘎乡大寨村小寨组陈兴平家。

$ny^{21}\,nɯ^{21}\,tɕ\,'o^{21}$

尼能丧仪经　不分卷 1 册，5 页。佚名撰。彝族丧祭仪式经。叙述尼能氏毕摩奢哲（亦作直米亥）、洪额在称米举勾的地方兴起丧祭仪式，这种仪式又为什勺氏传承并发展。可供研究彝族丧祭习俗参考。贵州省水城县果布嘎乡大寨村小寨组陈兴平家旧抄本。本色皮纸，线订册页装，楷体，墨书。页面 22.5×10.5cm，5 行不等×15 字，无边栏，白口。版口无特征，墨标书题。保存一般。今藏贵州省水城县果布嘎乡大寨村小寨组陈兴平家。

$t'u^{33}\,lu^{33}\,ŋgo^{21}\,p'u^{21}$

开宇宙门书　不分卷 1 册，26 页。佚名撰。彝族丧祭仪式经书。叙述由够阿娄和奢武图开了十二通天地的道路，分为天三地四，由相应的君、臣、毕摩分管，并各司其职。可供研究彝族神话参考。贵州省水城县果布嘎乡兴隆村罗盘组宋正昌家旧抄本。本色皮纸，线订册页装，楷体，墨书。页面 22.5×13cm，8 行×16 不等字，无边栏，白口。版口无特征，墨标书题。保存一般。今藏贵州省水城县果布嘎乡兴隆村罗盘组宋正昌家。

$tɕ\,'o^{21}\,su^{33}$

丧祭经　不分卷 1 册，60 页。佚名撰。彝族丧祭仪式经书。录有《人的来源》《设场》《名就》《洁净》《示范》《赞美》《离世》《骑魂马》《撵牲》《受地》《成全》《美食》《盛装》《美德》《立根本》《迈步》《磨戟》《挎弓》《备盾》《打仗》《复仇》《驻足》《叙火》《连姻》《婚配》《生子》《建房》《食租》《成功》《祭祖》《施寿》《扎根》《果熟》《示礼》《献仪》《修天补地》《矛系缨》《动摇》《布置日月》《权势出现》《建基立业》《晚祭亡人》《献水》《止哭》《献牲礼》《织绸》《释名分》等篇目。反映彝族的迁徙、分布、生死观、送死礼仪等。可供研究彝族丧祭习俗参考。贵州省水城县果布嘎乡大寨村小寨组陈兴平家旧抄本。本色皮纸，线订册页装，楷体，墨书。页面 12.8×26.8cm，5 行×15 字，无边栏，白口。版口无特征，墨标书题。开头部分破损。今藏贵州省水城县果布嘎乡大寨村小寨组陈兴平家。

$tɕ\,'o^{21}\,su^{33}$

丧仪经（节选）　不分卷 1 册，16 页。佚名撰。彝族丧祭仪式经书。叙述人虽死亡，名字却是要留下来的，尤其是有名望和为社会有贡献的人，死后仍然要被扬名，为人们所纪念。可供研究彝族生死观参考。贵州省水城县果布嘎乡兴隆村罗盘组宋正昌家旧抄本。本色皮纸，线订册页装，楷体，墨书。页面 12.6×

25cm，16 行×19 不等字，无边栏，白口。版口无特征，墨标书题。书口有严重破损。今藏贵州省水城县果布嘎乡兴隆村罗盘组宋正昌家。

t'u³³lu³³ŋo²¹p'u²¹su³³

开 天 地 门 经　不分卷1册，16页。佚名撰。彝族丧祭仪式经书。叙述为毕摩、摩史或艺人等职业的人去世后，直接将他们的灵魂引导到所归属的星座上去，使他们继续从事生前从事的职业。可供研究彝族原始宗教习俗参考。贵州省水城县果布嘎乡兴隆村罗盘组宋正昌家旧抄本。本色皮纸，线订册页装，楷体，墨书。页面 16×26.9cm，6 行×14 不等字，无边栏，白口。版口无特征，墨标书题。书页和书口均有破损。今藏贵州省水城县果布嘎乡兴隆村罗盘组宋正昌家。

tɕ'o²¹su³³

丧 仪 经　不分卷1册，40页。佚名撰。彝族丧祭仪式经书。记录彝族丧祭仪式中的 30 余道程序，追溯族源，彰扬美德，向死者演示人生的一般经历，归纳对生与死的认识，展示彝族尚武精神等。可供研究彝族丧祭习俗参考。贵州省水城县果布嘎乡兴隆村罗盘组宋正昌家旧抄本。本色皮纸，线订册页装，楷体，墨书。页面 14×25cm，7 行×15 不等字，无边栏，白口。版口无特征，墨标书题。保存一般。今藏贵州省水城县果布嘎乡兴隆村罗盘组宋正昌家。

tɕ'o²¹su³³ŋɯ³³

丧仪经（节选）　不分卷1册，15 页。佚名撰。彝族丧祭仪式经书。叙述人类起源，丧祭仪式的兴起，向亡灵演示一般的人生经历，尚武精神在丧祭过程中展示，反映彝族先民的人生观、生死观、价值取向等。可供研究彝族丧祭习俗参考。贵州省水城县果布嘎乡兴隆村罗盘组宋正昌家旧抄本。本色皮纸，线订册页装，楷体，墨书。页面 28×23.8cm，16 行×20 不等字，无边栏，白口。版口无特征，墨标书题。保存一般。今藏贵州省水城县果布嘎乡兴隆村罗盘组宋正昌家。

no³³ ꜱ ɛ³³ su³³

招灵入祖经　不分卷1册，24 页。佚名撰。彝族丧祭仪式安置亡灵经书。叙述招请死者留下三魂中的一魂依附灵魂草，并说明此俗兴起于武洛撮时期，交付入祖的灵魂羊毛、五谷盐茶、猪羊心肝、火种等。可供研究彝族供灵习俗参考。贵州省水城县果布嘎乡兴隆村罗盘组宋正昌家旧抄本。本色皮纸，线订册页装，楷体，墨书。页面 14×23.5cm，6 行×15 不等字，无边栏，白口。版口无特征，墨标书题。保存一般。今藏贵州省水城县果布嘎乡兴隆村罗盘组宋正昌家。

na³³ ʂʅ³³ tɕ'ɪ¹³ t'ɯ¹³

那 史 释 名 一　不分卷，1册，78 页。佚名撰。彝族丧祭仪式经书。

君长、大臣、毕摩有知识,有知识的受尊重。注重品德,摒弃坏言行。半人半神的英雄们修天补地,管理日月,有战胜邪魔的超凡能力。观测九大行星,划分星野,为28宿星命名。由星占活动,形成天上一颗星,地上一个人,天上一团星,地上一家人,天上一星座,地上一族人,人死星斗败的星人感应论。人类原先像鸟兽一样过日子,到米阿娟时代才种五谷,织布做衣服。叙述尼能氏、什勺氏、莫靡氏的形成发展及塑造偶像的活动。可供研究彝族文化作原始资料参考。贵州省威宁县龙场镇阿景毕摩家旧抄本。本色绵纸,线订册页装,楷体,墨书。页面27.7×17.3cm,墨框24.5×16cm,有边栏,7行×22字,白口。版口无特征。墨框书题,朱点或圈断句。保存一般。今藏贵州民族文化宫图书馆。

na^{33} ʂʅ^{33} tɕɿ^{13} t'ɯ^{13}

那 史 释 名 二 不分卷1册,80页。佚名撰。彝族丧祭仪式经书。天地形成后,妇女带领大家种荞、养蚕,找药又医病,女人分割肉,大家服从她。先用石刀石斧,后来用铜铁。大事无人管,大家选君长,后来成了终身制。祭天地,祈求丰收,祭祖宗求吉祥。无水草不生,无草水不清。世间知识大,君是第二位。世上无知识,一切都没有。若没有人类,天地不完美。介绍高山银鸟、鸟兽、鸟头白龙、母猪拖耙、井底燃烧、九掐脸白人、野人、三弟兄、独脚野人、六只手什勺、九只脚尼能、九头鸟、丧房、狮子、白象、野象、魂马、鸡冠黄人、金星老人、羊头青人、猪毛黑人等典故。贵州省威宁县龙场镇阿景毕摩家旧抄本。本色绵纸,线订册页装,楷体,墨书。页面27.6×17.6cm,墨框24.9×15.7cm,有边栏,9行×24字,白口。版口无特征。朱墨框书题,朱点或圈断句。保存一般。今藏贵州民族文化宫图书馆。

na^{33} ʂʅ^{33} tɕɿ^{13} t'ɯ^{13}

那 史 释 名 三 不分卷1册,92页。佚名撰。彝族丧祭仪式经书。叙述开天辟地,天地阴阳符号,宇宙,天、地、日月、雨雾,补天连地,天神谱等。介绍人类出现的若干阶段的情况。叙述米古鲁、靡阿那的形成。两者分别代表天地、父母、阴阳,是万物的根本。叙述九层天的形成,装修天地,织天造地、安装天顶、挂天幕、管理天地。在这里凸显人类的主观能动性和人类改造客观环境的强烈愿望,这就是此书的价值所在。可供研究彝族哲学与传说等参考。贵州省威宁县龙场镇阿景毕摩家旧抄本。本色绵纸,线订册页装,楷体,墨书。页面27×17.1cm,墨框24×16cm,有边栏,8行×24字,白口。版口无特征。朱墨框书题,朱点或圈断句。保存一般。今藏贵州民族文化宫图书馆。

ȵɿ^{13} ŋo^{21} su^{33}

招 灵 经 不分卷1册,8页。佚名撰。彝族丧祭仪式招灵经书。叙述招灵习俗源自什勺氏。人死后留下禹额、洪斗、诺色三个魂,将称"诺色"的灵魂招进祠堂享受祭祀，以保佑后人。亡灵在夏无酷暑，冬无严寒，不冷不热，四季温暖的地方，不耕而食、不织而衣，享有无人能及之福。可供研究彝族祖灵崇拜习俗参考。贵州省毕节市七星关区大屯乡一带旧抄本。本色绵纸，毛装，楷体，墨书。页面20×20.6cm，无边栏，12行×16字不等，白口。版口无特征。朱点句读，墨框标题。保存一般。今藏贵州省毕节市档案馆。

n ɛ^{55} ʂu^{21} ɖu^{33} ŋga^{13} su^{33}

招失落亡魂经 不分卷1册，28页。佚名撰。彝族丧祭仪式经书。本书收录有《招失落亡魂》和《招灵经》叙述要求山川河流、沟壑洞穴、道路之神为客死他乡的亡灵让道，使之回到丧祭场受祭，进死界。人死后将称"诺色"的灵魂招进祠堂享受祭祀，归祖。可供研究彝族祖灵崇拜习俗参考。贵州省毕节市七星关区大屯乡一带旧抄本。本色绵纸，线订册页装，行体，墨书。页面12.5×21.4cm，无边栏，5行×15字不等，白口。版口无特征。朱点句读，墨框标题。保存一般。今藏贵州省毕节市档案馆。

tɕ i^{13} tʂ 'ɛ^{55} su^{33}

送 星 经 不分卷1册，15页。佚名撰。彝族丧祭仪式经书。叙述人死有凶星缠绕，故请天上神毕摩梯瞿尼和诺武菲率众大力神到丧场，为死者驱逐凶星，消除灾难，使死者顺利归祖，亦保其后人平安。可供研究彝族星辰崇拜等习俗参考。贵州省毕节市七星关区大屯乡一带旧抄本。本色绵纸，毛装，楷体，墨书。页面25.4×26.4cm，无边栏，9行×16字不等，白口。版口无特征。无断句。保存一般。今藏贵州省毕节市档案馆。

ɿ^{13} ŋgo^{21} su^{33}

招 灵 经 不分卷1册，28页。佚名撰。彝族丧祭仪式招灵经书。叙述人死后留下禹额、洪斗、诺色三个魂，请求天上神毕摩梯瞿尼和诺武菲帮助，将称"诺色"的灵魂招进祠堂享受祭祀，使之不耕而食、不织而衣，享有无人能及之福。可供研究彝族祖灵崇拜习俗参考。贵州省毕节市七星关区大屯乡一带旧抄本。本色绵纸，线订册页装，楷体，墨书。页面17.2×24cm，无边栏，7行×16字不等，朱点断句，白口。版口无特征。朱点句读。保存一般。今藏贵州省毕节市档案馆。

ç i^{13} dz ɿ^{13} su^{33}

丧 祭 经 不分卷1册，45页。佚名撰。彝族丧祭仪式经书。本书录有丧祭献酒、献水、迎接毕摩、丧祭消灾、慰死、指路等丧祭仪式中必备篇目，介绍丧事仪式程序，总结人生的一般规律，反映乌撒地区彝族丧事习俗。可供研究彝族丧事习俗参考。贵州省威宁自治县二塘镇艾家坪村唐毕摩家旧抄本。本色绵纸，线订册页装，楷体，墨书。页面21.5×24.2cm，14行×20字不等，无边栏，白口。版口无特征，未断句。保存一般，未装订。今藏贵州省毕节市档案馆。

dʑɿ¹³dʑɿ²¹ne³³dʑɿ³³su³³

丧 祭 礼 俗 经　不分卷1册，42页。佚名撰。彝族丧祭礼俗经书。系奔丧的姻亲摩史到献水、灵房、收礼台等各个仪式场所的朗诵词，表达对死者的缅怀和悼念等，可供彝族丧俗与诗歌研究参考。贵州省毕节市纳雍境内文氏旧抄本。本色绵纸，线订册页装，楷体，墨书。页面26.4×15.1cm，墨框25.5×11.5cm，上下朱双栏，7行×19字不等。白口。版口无特征，墨框标题，朱圈断句，符号断章。保存一般。今藏贵州省贵州工程应用技术学院彝族文化博物馆。

图2-13　《丧祭礼俗经》

tɕʻo²¹su³³ŋɯ³³

丧 仪 经　不分卷1册，35页。佚名撰。彝族丧祭仪式经书。叙述丧事祭祀自什勺时期兴起后，仪式就不断完善，人类和各部族的来源是必须告诉死者和生者的，建房、娶妻、生子、祭祖、求寿、消灾是人生中所必需的活动；吃香喝辣，美食盛衣既是生者的向往，也是死者的追求，隆重的丧祭即是了却死者死如生前的愿望。可供研究彝族丧葬习俗与人生观参考。贵州省毕节市七星关区大屯乡一带旧抄本。本色绵纸，线订册页装，楷体，墨书。页面20.4×21.2cm，无边栏，12 行×17 字，白口。版口无特征。朱点句读，符号断章，墨框标题。保存基本完好，书口略有破损。今藏贵州省毕节市档案馆。

n ε⁵⁵ ʂu²¹ ɖu³³ ŋɑ¹³ su³³

招失落亡魂经　不分卷1册，5页。佚名撰。彝族丧祭仪式经书。叙述请天上毕摩梯瞿尼和诺武菲发挥神力，帮助招回失落在山野、洞穴的亡魂，使之如同正常死亡者的灵魂一样，享受应有祭祀，并顺利归祖。可供研究彝族祖灵崇拜习俗参考。贵州省毕节市七星关区大屯乡一带旧抄本。本色绵纸，毛装，楷体，墨书。页面 18.6×20.5cm，白口。版口无特征。朱点句读。保存一般。今藏贵州省毕节市档案馆。

nɑ³³ ʂʅ³³ tɕɪ¹³ t'ɯ¹³

那史释名　不分卷1册，45页。佚名撰。彝族丧祭仪式"那史"挂图释名经文，为《鹰覆天脊》《虎盖地底》《释龙》《释鹤》《释鹃》《释云》《独脚野人》《人首青蛇》《羊头青人》《猪毛黑人》《鸡冠黄人》《什勺六只手》《英雄扑波阻》《野人扛耙》《母猪拖耙》丧祭仪式挂图叙述来源或典故。此书叙述丧祭典故、物源物始、神话故事、图腾崇拜等。可供研究彝族丧祭习俗、神话等参考。贵州省赫章县朱明乡已故毕摩龙德富家旧抄本。本色绵纸，线订册页装，楷体，墨书，页面 18.6×25.8cm，墨框 15.2×21.2cm，上下墨单栏，8 行×20 字不等。白口。版口无特征。朱圈断句，朱框标题，有符号断章。保存一般。今藏贵州省毕节市档案馆。

ɕi¹³ t'ɑ³³ mbɑ³³ su³³

哭祭经　不分卷1册，71页。佚名撰。彝族丧祭仪式哭祭经书。通过讲述《克博哭失子》《阿耐舍曲寻父记》《阿格苏更买父》等故事，宣示彝族式的孝道与亲情伦理义务，文中讲究三段式格式与韵律等，可供研究彝族伦理与文学参考。贵州省威宁县二塘镇艾家坪村三组已故唐文康毕摩家旧抄本。本色绵纸，线订册页装，楷体，墨书。页面 13×26.8cm，墨框 10×23.4cm，无边栏，7 行×16 字不等。白口。版口无特征。麻布护封，朱圈句读，符号断章。残破不全。今藏贵州省毕节市档案馆。

nɑ³³ ʂʅ³³ tɕɪ¹³ t'ɯ¹³

那史释名　不分卷1册，21页。佚名撰。彝族丧祭仪式经书。叙述丧祭时丧场上"那史"图画由来典故，有月、野兔、天鹰、地虎、天人不下地、地人不出来、天君金冠、鹤、杜鹃、英雄杜波阻、高山银鸟丧房、狮子、白象、野象、魂马、鸟兽、鸟头白龙、母猪拖耙等内容，反映彝族丧祭习俗，记录了神话与传说。可供研究彝族原始宗教文化、文学等参考。贵州省威宁自治县境内抄本。本色绵纸，毛装，楷体，墨书。页面 26×25.8cm，无边栏，12 行×17

字，白口。墨框标题，自然断句。右翻右读。保存基本完整。今藏贵州省毕节市档案馆。

$dy^{33} z\!\!\!\!\!z \, y^{33} su^{33} ŋɯ^{33}$

去　灾　经　不分卷1册，32页。佚名撰。彝族祈福消灾仪式经书。叙述人生中的三大要紧的事，其中主要之一是驱除灾难，生活平安，只有如此才有可能开展各种活动，因此，因用错时间，或遭受诅咒，或冲撞神灵等，都有可能会带来灾难、祸害，必须借助神威神力驱除灾难。可供研究彝族原始宗教习俗参考。贵州省威宁自治县境内抄本。本色绵纸，毛装，楷体，墨书。页面 23.5×30cm，无边栏，12 行×20 字不等，白口。朱点断句。保存一般，右下角有破损。今藏贵州省毕节市档案馆。

$dz\!\!\!\!\!z \, \imath^{13} su^{33} ŋɯ^{33}$

丧　仪　经　不分卷1册，40页。佚名撰。彝族丧祭仪式经书。该书残存《丧亦经》中的《撒播和收割生命》《责死神》等篇目，阐述彝族先民的生死观和对生死规律的认识，记录淑女祭公婆、淑女祭嫂、淑女祭母、淑女祭父等五个故事。可供研究彝族丧事习俗与生死观、道德观参考。贵州省赫章县河镇乡恒底村白磨院子王姓旧抄本。本色绵纸，毛装，楷体，墨书，页面 10.6×22.8cm，无边栏，6 行×15 字不等，白口。版口无特征。墨框书题，自然断句。残破不全。今藏贵州省毕节市档案馆。

$dz\!\!\!\!\!z \, \imath^{13} su^{33} ŋɯ^{33}$

丧　仪　经　不分卷1册，17页。佚名撰。彝族丧祭仪式经书。录有《溯源》《撒播与收割生命》《寿终正寝》等篇目，追溯陀尼、罗纪、仇苏等古部族的来源，叙述人死的由来故事，反映对生与死的认识等。可供研究彝族哲学与文学和丧祭习俗参考。贵州省威宁县二塘镇艾家坪村三组已故唐开贤毕摩家旧抄本。本色绵纸，线订册页装，楷体，墨书。页面 13.2×22.5cm，墨框 9.5×20cm，上下墨单栏，7 行×28 字不等。白口。版口无特征。朱圈句读，有符号断章。保存一般。今藏贵州省毕节市档案馆。

$ɕ \, i^{13} \, t\!\!\!\!\!t \, 'a^{33} mba^{33} su^{33}$

哭　祭　经　不分卷1册，41页。佚名撰。彝族丧祭仪式哭祭经书。通过叙述古代的《哭失子》《寻父记》《买父》丧祭故事，记录丧祭习俗的传承，强调彝族式的孝道与亲情伦理义务。可供研究彝族伦理与文学参考。本色绵纸，线订册页装，楷体，墨书。页面 16.6×13.2cm，无边栏，15 行×14 字不等。白口。版口无特征。保存一般。今藏贵州省毕节市档案馆。

$dz\!\!\!\!\!z \, ɛ^{55} dz\!\!\!\!\!z \, o^{21} ŋu^{21} su^{33}$

指　拨　归　宿　经　不分卷1册，17页。佚名撰。彝族安顿亡灵仪式经书。

叙述人死后，灵魂二次归宿于星，归耿兹、堵府、沽色者为吉，归苏洪、妥署、伦多者为凶，请诸神相助，将归入妥署、伦多、苏洪三凶星的亡灵指拨引导到君、王、神三吉星上。可供研究彝族祖宗崇拜参考。贵州省威宁县二塘镇艾家坪村三组已故唐开贤毕摩家旧抄本。本色绵纸，散装，楷体，墨书。页面15.2×25cm，无边栏，8行×21字不等。白口。朱圈句读。残破不全。今藏贵州省毕节市档案馆。

$pu^{33} dz_{l} u^{21} t'u^{55} su^{33}$

迎 接 布 摩 书　不分卷1册，52页。佚名撰。彝族丧祭仪式经书。叙述彝族毕摩起源于哎哺时期，经连续不断的传承，到靡靡时期，形成十大布槊毕摩学派，到六祖时期，六祖有二十家毕摩，毕摩传承到乌蒙、乌撒、阿者、磨弥等部，各有世袭毕摩，但都离得远，请不来。请得有修养，好品德的邻近毕摩，也是有造化的。可供研究彝族毕摩传承参考。贵州省毕节市赫章县妈姑镇付文明家旧抄本。本色绵纸，线订册页装，楷体，墨书。页面21×22.8cm，无边栏，9行×15字不等。白口。版口无特征，墨框标题，朱圈断句，符号断章。保存一般。今藏贵州省贵州工程应用技术学院彝族文化博物馆。

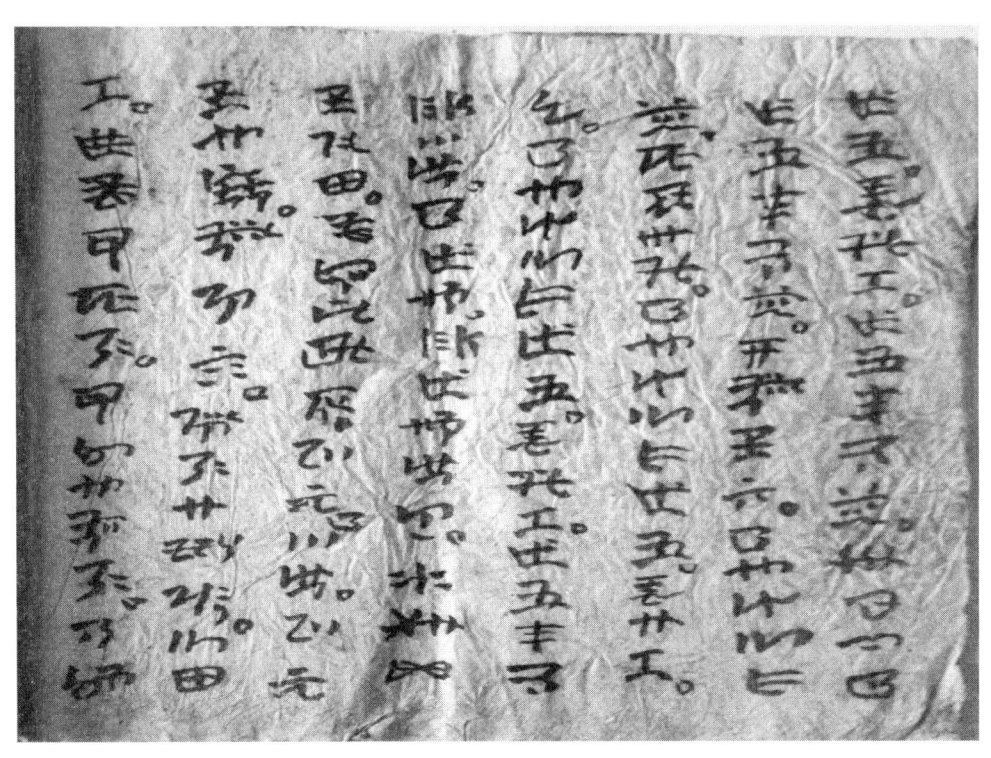

图2-14　《迎接布摩书》

ç i¹³ t¸ 'a³³ su³³

哭　祭　经　不分卷1册，66页。佚名撰。彝族丧祭仪式经书。本书反映历史上的一系列哭祭范例，阐释社会、民族、家庭伦理道德要求。可供研究彝族丧葬（祭）习俗和伦理道德参考。贵州省威宁县二塘镇艾家坪村三组已故唐开贤毕摩家旧抄本。本色绵纸，线订册页装，楷体，墨书。页面13.3×23.5cm，墨框9.6×20.7cm，上下墨单栏，8行×14字不等。白口。版口无特征。朱圈句读，保存一般。今藏贵州省毕节市档案馆。

ç i¹³ dz ɿ¹² tç 'o²¹ su³³

丧　祭　仪　式　经　不分卷1册，62页。佚名撰。彝族丧祭仪式经书。本书汇集了《延请毕摩经》和《丧祭仪式经》两大部经书。叙述人类起源，六祖分支、迁徙、分布、丧祭制兴起，丧祭习俗在各地各族间的差异，人生礼仪、人类从火的发明到兴起农耕，婚姻家庭建立、织绸纺织、金属冶炼、君长制政权建立等。可供研究彝族丧葬习俗与历史参考。贵州省毕节市赫章县境内文科学旧抄本。本色绵纸，毛装，楷体，墨书。页面27.5×25.8cm，无边栏，13行×15字不等。白口。版口无特征。有牌记，双墨框标题，自然断句。保存一般，前几页破损。今藏贵州省毕节市档案馆。

ŋ dz ɿ³³ vu³³ mu²¹ su³³

丧　仪　经　不分卷1册，35页。佚名撰。彝族丧祭仪式经书。叙述彝族丧祭礼仪，丧祭由什勺氏首先在待吐博略兴起，并经慕摩、耿额、六祖时期的进一步完善，得以继承并流传下来。反映彝族社会历史与个人的社会责任及人生观。可供研究彝族丧葬习俗与社会伦理参考。贵州省毕节市七星关区大屯乡陈文志家旧抄本。本色绵纸，毛装，楷体，墨书。页面20×22.4cm，墨框17.5×19.3cm，双周墨单栏，12行×18字不等。白口。版口无特征。朱点句读，有符号断章。保存一般。今藏贵州省毕节市档案馆。

ç i¹³ dz ɿ¹³ tç 'o²¹ su³³

丧　事　祭　祀　经　不分卷1册，54页。佚名撰。彝族丧祭仪式经书。本书汇集了《丧祭经》必备的《播寿命与收寿命》《寿终正寝》《献丧祭礼》《打铜织绸》《确舍织绸》《辞别献祭》《献丧场》《牛牲献祭》《死道献祭》《归宿献祭》《驮魂马献祭》等篇目。反映人类起源与六祖分支的历史，表现丧祭习俗在各地各族间的差异等，可供研究彝族丧葬习俗与历史参考。贵州省毕节市威宁县龙街乡安朝文旧抄本。本色绵纸，线订册页装，楷体，墨书。页面22.7×33.6cm，无边栏，11行×25字不等。白口。版口无特征。墨框书题，符号断章。保存一般。今藏贵州省毕节市档案馆。

ç i¹³ tຸ 'a³³ mba³³

哭　祭　经　不分卷1册，45页。佚名撰。彝族丧祭仪式经书。本书系《曷谷启诺谷》《额索哭祭母》《唤笃哲奋足》3章（部）经文汇集成。叙述药物的发现传说，"天上"的牧场上，绵羊连连昏倒，什依诺妮先取一植物在羊头上挥，羊无动静；尼咪姆折另一植物在羊头绕，羊抬起了头；又将所取植物在羊嘴边一挥，羊就精神抖擞站立了起来，以此发明了植物药。先祖额索因人缘好，当她母亲去世时，动植物中的松、竹、兔、虎为她派出了毕摩，四方的人派出了毕摩，争相要为额索的母亲举行丧祭，她一一婉言谢绝，自己操办了母亲的丧事。笃哲奋足的母亲去世时，及时为母操办了丧事，奋足为哭祭母真是感天动地。本书对研究彝族伦理道德与传说研究有参考价值。贵州省威宁县一带旧抄本。纸色白，绵纸，线装，楷体，墨书。页面31×25.4cm，墨框26×21cm，无边栏，白口。版口无特征。墨框标题，变体彝文字断句。上下残破，版口处无一页完好。今藏贵州省毕节市档案馆。裱糊后重新装订。

sɿ³³ ŋo³³ su³³

绾草招灵经　不分卷1册，54页。佚名撰。彝族丧祭仪式经书。本书由《绾草招灵经》《指路经》《寻归宿》3部经书汇集成。本书强调：凡彝族六祖子孙，有条件者割竹招灵而祭；一般条件者绾草招灵而祭；对不能及时举丧祭者，在丧葬过后的一定时间，绾草从亡者墓地、葬处或其所安息方向用草根招灵依附，经举行祭祀后，安置起三个灵魂，将其中的一个安置入祖祠长期供奉，一个交待于墓葬处或安息处，另一个则按祖人的迁徙路线，经贵州织金、大方、毕节、纳雍、水城、威宁、云南东川、曲靖、昆明、楚雄到大理苍山，居住三年三月三日后，进入其所属星座寻找归宿。可供研究彝族安置亡灵与送亡灵习俗参考。贵州省织金县三塘镇松树坪高兴文毕摩家旧抄本。本色绵纸，线订册页装，楷体，墨书。页面13.6×23.5cm，墨框11×22.5cm，无边栏，6行×17字不等，白口。版口无特征。朱点断句，朱标记断章。保存一般。今藏贵州省毕节市档案馆。裱糊后重新装订。

ç i¹³ dzɿ¹³ tɕ 'o²¹ su³³

丧祭仪式经　不分卷1册，104页。佚名撰。彝族丧祭仪式经书。本书由《走遍八方》《点名·掌祭奠》《点祭》《布场承传统》《叙根源》《献祭食》《骑马》《着盛装撵牲》《女子着盛装》《婚配》《释插木叉》《美德》《连姻》《献词》《建房》《挎弓》《佩剑》《英容》《打仗》《带刀》《受土地》《天地间十二座名山》《收租》《祭根本》《叙谱分支》《施寿》《扎根》《行礼》《摆布日月》《示范》《打造利刃》《释地位》《释星座》《系缨》《制矛》《献水》《寻医找药》《破死》《止哭》等39个标题汇集成。介绍丧祭主要程序仪式，涉及人类起源传说、生产生活记录,社会家庭伦理道德要求、尚武精神的宣扬等内容,记录彝族古毗那部(水西分部,今织金县地)丧祭习俗。可供研究彝族丧俗及多学科参考。贵州省织金县三塘镇松树坪高兴文毕摩家1948年抄本。本色绵纸,线订册页装,楷体,墨书。页面13.7×23.2cm,墨框12.6×22.4cm,部分两周单栏,6行×17字不等,白口。版口无特征。墨圈断句。保存一般。今藏贵州省毕节市档案馆。裱糊后重新装订。

$dz_I{}^{13}tɕ'o^{21}su^{33}ŋɯ^{33}$

丧　仪　经　不分卷1册,174页。佚名撰。彝族丧祭仪式经书。本书录有丧仪献酒,丧仪经,责死神、怨死神、打铜织绸,各种献祭,指路经等《丧仪经》所必备内容。反映彝族先民的生死观,反映土葬和火葬两大葬俗,然后将亡魂从其住地指经威宁草海,再跨牛栏江,经会泽、东川、昆明等地,最后到达点苍山。可供研究彝族生死观、葬俗与迁徙史参考。贵州省赫章县财神镇境内自称"阿侯小麻"者旧抄本。本色绵纸,线订册页装,楷体,墨书。页面25×22.8cm,无边栏,8行×14字不等。白口。版口无特征。墨框书题,朱点(圈)断句,符号断章。保存一般。今藏贵州省毕节市档案馆。

$ɕi^{33}dz_I{}^{13}su^{33}$

丧　祭　经　不分卷1册,31页。佚名撰。彝族丧祭仪式经书。此书系黔西北彝族通用的丧仪祭经书,分别为《丧祭》《播寿命与收生命》《老死善终》《举行丧祭》《馈赠祭礼》《打铜织绸》《确舍织绸》《献牲退神》。记录彝族丧祭

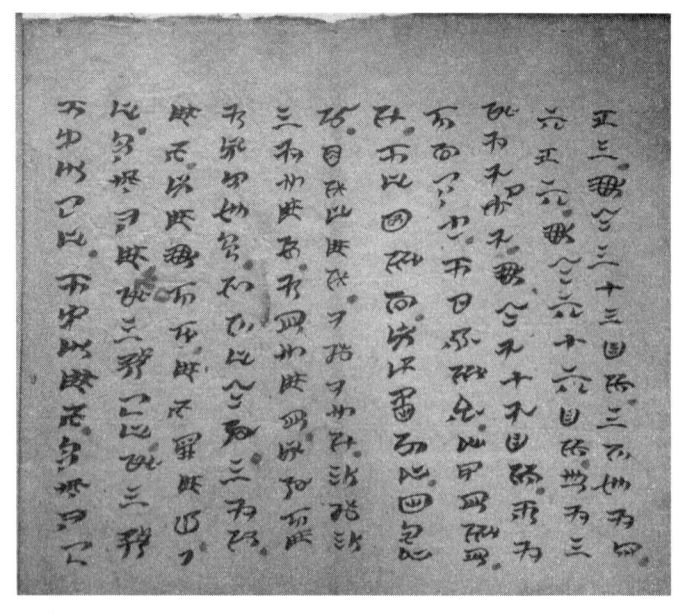

图 2–15　《丧祭经》

仪式的同时，还介绍人类由来、部族的分布、发明农耕、打铜织绸等相关生产生活活动，丧仪习俗以尼能、什勺、米麽、举偶、六祖以及阿德布为历史顺序的不间断传承，反映彝族哲学意义上的生死观。可供研究彝族丧俗、历史、文学等参考。贵州省赫章县一带旧抄本。本色绵纸，毛装，楷体，墨书。页面24×27cm，无边栏，15行×23字不等。白口。版口无特征，朱点断句，符号断章，墨框标题。保存一般。今藏贵州省贵州工程应用技术学院彝族文化博物馆。

$ç\ i^{13}\ dz\ ɿ^{13}\ su^{33}$

丧 祭 经 不分卷1册，33页。佚名撰。彝族丧祭仪式经书。本书追究死因，总结出物有生灭、人有生死的必然规律；向死界的君长诺苦姆、臣子诺洪额、毕摩诺奢哲献祭，以接纳亡灵，祈求善待。记录彝族先民尼能氏在能沽（成都平原）纺织丝绸，在德晋（昆明）冶炼铜制作铜器，并总结人生的一般规律。可供研究彝族丧葬习俗与历史、哲学等参考。贵州省威宁县二塘镇艾家坪村三组已故唐开贤毕摩家旧抄本。本色绵纸，线订册页装，楷体，墨书。页面16.7×13.4cm，无边栏，12行×14字不等。白口。版口无特征。保存一般。今藏贵州省毕节市档案馆。

$m\ ɛ^{33}\ a^{13}\ su^{33}$

织 绸 书 不分卷1册，63页。佚名撰。彝族丧祭仪式经书。因君长死用九幅绸、臣子六幅绸、毕摩三幅绸、平民一幅绸裹尸，因而引起对纺织丝绸历史的追溯，从尼能、什勺、米麽、举偶、六祖，各个时期无不为丝绸纺织作出贡献。可供研究彝族古代经济参考。贵州省威宁自治县境内旧抄本。本色绵纸，线订册页装，楷体，墨书。页面28×23.8cm，无边栏，7行×15字不等，白口。版口无特征。符号断章，自然断句，墨框标题。保存一般。今藏贵州省毕节市档案馆。

$z\ i^{21}\ xɯ^{13}\ mba^{55}\ mu^{55}\ no^{13}\ su^{33}$

献 水 慰 死 经 不分卷1册，36页。佚名撰。彝族丧祭仪式经书。本书介绍向亡灵献酒、献水，总结人的十月怀胎，一朝分娩，从一岁至一百岁的普遍人生经历。叙述阿哲、芒布、乌撒、磨弥、于矢等各部各支系取洁水做献祭及取水的地点，介绍毕摩的分布和谱系传承等。可供研究彝族习俗与毕摩历史参考。贵州省威宁县二塘镇艾家坪村三组已故唐开贤毕摩家旧抄本。本色绵纸，线订册页装，楷体，墨书。页面12×19.7cm，无边栏，7行×20字不等。白口。版口无特征。朱点句读，有符号断章。保存一般。今藏贵州省毕节市档案馆。

$vi^{13}\ ndɯ^{33}\ su^{33}$

解除伤害经 不分卷1册，64页。佚名撰。彝族丧祭仪式经书。叙述支嘎阿鲁以天七地八原理，巡查天下，划定星野，划分人与鬼神界限。哼魔残害人类，世间白骨千里，万户萧疏，阿鲁战胜吃人的三支哼魔，在用火焚烧时，魔气不慎漏出，并永远致人生病死亡，故阿鲁的传人们一代又一代地清除魔气，给死者以安慰。可供研究彝族神话与丧俗参考。贵州省威宁自治县境内旧抄本。本色绵纸，线订册页装，楷体，墨书。页面25.5×32cm，无边栏，9行×28字不等，白口。版口无特征。朱框书题，朱色符号断章。保存一般。今藏贵州省毕节市档案馆。

ҫi¹³dzɿ¹³su³³

丧 祭 经 不分卷1册，14页。佚名撰。彝族丧祭仪式经书。本书录有《献药》《献牲》《慰死者》等《丧祭经必备》篇目，介绍自尼能、什勺、慕靡、举偶、六祖等六个时期献牲献药的传承不断的丧祭礼制；责问病灾死神给人带来的痛苦。可供研究彝族原始宗教习俗参考。贵州省威宁自治县境内旧抄本。本色绵纸，线订册页装，楷体，墨书。页面16.2×22.7cm，无边栏，10行×26字不等，白口。版口无特征。墨框书题，保存一般。今藏贵州省毕节市档案馆。

tsɯ²¹tʽɤ¹³su³³ŋɯ³³

洁 净 经 不分卷1册，93页。佚名撰。彝族毕摩祭祀用书。彝族人认为，青山、绿水、坟墓等被玷污，导致风不调、雨不顺、旱涝交替，庄稼歉收，或者家不吉、人不和。需请毕摩设神座，念经清扫，使其洁净。对研究彝族先民保护生态环境，研究彝族原始宗教具有参考价值。贵州省威宁、水城一带旧抄本。本色棉纸，线订册页装，楷体，墨书。页面13×24cm，墨框12×26.2cm，三周墨单栏，7行×21字不等，白口。版口无标记，句间没有标点符号，段末用符号断句，墨框标题。保存一般。今存贵州省六盘水市柳远胜处。

ҫi³³dzɿ¹³su³³ŋɯ³³

丧 祭 经 不分卷1册，92页。佚名撰。彝族毕摩丧祭仪式经书。本书介绍了人类的繁衍，在鲁旺之外，色吞出自鄂朱氏、绰博出自利朱氏、武尼出自习朱氏、额补出自丽朱氏、罗纪实朱氏。在鲁旺之内，六祖的子孙，出自窦朵氏，人密如林。会生不会死，人多了，大地承受不了，于是君长实阿武，把寿龄撒向人间，对人和动物的寿龄都做了明确的规定。从此，君也会死了，臣也会死了，百姓也会死了。人死要设祭，人死要解冤，祭后便焚烧等。对研究彝族原始宗教可提供参考。贵州省盘县坪地彝族乡新抄本。本色绵纸，线订册页装，楷体，墨书。页面17.2×24.7cm，墨框15×22.5cm，两周墨单栏，5行×15字不等，白口。版口无标记，墨点句读。保存一般。今存贵州省六盘水市盘县坪地彝族乡高忠明老毕摩收藏。

dz ɿ¹³ dʑe²¹ dzu³³ xɯ³³ ŋɯ³³

招 灵 献 灵 经 不分卷1册,24页。佚名撰。彝族毕摩祭祀用书。彝族人认为,人死有三魂,一魂守墓地(火化场),一魂去翁米,一魂进祠堂。人死之后,要将其灵魂招进灵筒,招灵时,为了使祖魂四季温暖、不受饥渴,毕摩将绵羊毛(代表衣服、被子)、五谷盐茶(代表食物、饮料)、香灰(代表火)装进灵筒,供奉到祠堂里。然后备供品,献灵,献土地大神。对研究彝族原始宗教可提供参考。六盘水市盘县坪地彝族乡孔令恺老毕摩旧抄本。本色绵纸,线订册页装,楷体,墨书。页面40×27cm,墨框37×24cm,两周墨单栏,6行×23字不等,白口。版口无标记,墨点句读。保存一般。今存贵州省六盘水市盘县坪地彝族乡孔令恺老毕摩收藏。

dz ɿ¹³ su³³ ŋɯ³³

丧 仪 经 不分卷1册,77页。佚名撰。彝族丧祭用书。本书叙述了一个人的人生经历,包括生老病死四个方面的内容,具体讲了一个人出生之后要取名、扬名,以及在成长过程中的学习、创业、生活等;人老以后已是儿孙满堂,在家养老;生病寻药、配制药物,人老之后最终还是要死的;人死之后要做祭,在鲁旺之外,外族人死后他有他的规矩,在鲁旺之内,彝族人死后,子贤祭父母、媳贤祭翁姑、孙祭祖父母、幼祭长、民祭君、奴婢祭主人。死者在翁米,同样跟生前一样,要开疆拓土,生产生活,谈婚论嫁,建设房屋以及战争等。对研究彝族原始宗教具有参考价值。六盘水市盘县鸡场坪乡俄嘎村康氏旧抄本。本色绵纸,线订册页装,楷体,墨书。页面27.8×25.3cm,墨框23.1×21.7cm,两周墨单栏,15行×16字不等,白口。版口无标记,墨点句读。保存一般。今存贵州省六盘水市盘县坪地彝族乡车明旭毕摩收藏(复印件)。

ŋ ɛ²¹ d ɛ³³ me³³ ɑ¹³ su³³

打 铜 织 绸 书 不分卷1册,77页。佚名撰。彝族丧祭仪式经书。系《丧仪大经》的部分抄录,录有《馈赠丧牲礼》《确舍织绸》《献饭祭奠》《退神祭奠》《开辟场地》等篇目,阐释彝族的生死观,体现仪式中的等级制度,反映黔西北古代彝族丧俗中的为死者消灾、退煞神、献死者丝绸仪式。可供研究彝族丧事习俗与历史参考。贵州省赫章县一带旧抄本。本色绵纸,线订册页装,楷体,墨书。页面25.2×26.5cm,无边栏,10行×12字不等。白口。版口无特征,朱圈断句,符号断章,墨框标题。保存一般,右下角残破。今藏贵州省贵州工程应用技术学院彝族文化博物馆。

图 2-16 《打铜织绸书》

hi¹³ dʐ²¹ su³³ ŋɯ³³

解 决 经 不分卷11册，110页。佚名撰。彝族毕摩丧祭用书。本书介绍了人的人生经历，认为出生要取名，人死要扬名，叙述了人类的根源，人生都要经历娶妻、生子、建房、战争等，对威力神的产生、敬酒、早祭、暮祭、美的叙述、织绸穿绸、寻医问药等。对研究彝族原始宗教具有参考价值。六盘水市盘县鸡场坪乡俄嘎村康氏旧抄本。本色绵纸，线订册页装，楷体，墨书。页面27.3×22.8cm，墨框22.5×20.3cm，四周墨双栏，15行×17字不等，白口。版口无标记，墨点句读。封面上写有"解决经"和"2005年3月16日，盘县民宗局古籍办车明旭"的字样，书末有"松河乡埕坞村五组赵开贤写这本经书贰仟年八月初六日，立出彝文经书。这本经书五十九章六十八提目总数二万三千多字"汉文说明和用彝文写的抄书的时间。保存一般。今存贵州省六盘水市盘县坪地彝族乡车明旭收藏（复印件）。

bu²¹ tʂ o²¹ me³³ fei¹³ su³³ ŋɯ³³

博 绰 买 费 书 不分卷1册，38页。佚名撰。彝族丧祭用书。书中介绍了人生要扬名、人类渊源、寿龄的根源、整理日月、打制刀具、织绸穿绸、寻找归宿等。对研究彝族原始宗教具有参考价值。六盘水市盘县鸡场坪乡俄嘎村康氏旧抄本。本色绵纸，线订册页装，楷体，墨书。页面25.9×20.5cm，墨框 24×20.2cm，四周墨双栏，15 行×16 字不等，白口。版口无标记，墨点句读。保存一般。今存贵州省六盘水市盘县坪地彝族乡车明旭收藏（复印件）。

$bu^{21}ʂo^{21}me^{33}fei^{13}su^{33}ŋɯ^{33}$

博 绰 买 费 书 不分卷 1 册，29 页。佚名撰。彝族毕摩祭祀用书。本书认为，天上鹃死鹤还在，美丽大地上，花落山还在。人生取了名，死后名还在，人死要喊他的名字，因此要取名。从前人不死，人越来越多，大地承载不了。至尊策耿兹，撒下了寿数，大地上，人和各种动物、植物都有了寿数。开天辟地，整理日月，打铜织绸，联姻婚配等，处处有冤怨，有冤要解冤，解冤则清白，清白才能到翁米。对研究彝族原始宗教具有参考作用。贵州省六盘水市盘县鸡场坪乡俄嘎村康氏旧抄本。本色绵纸，线订册页装，楷体书，墨书，页面 28.5×24cm，墨框 26.1×27cm，四周无边栏，16 行×17 字不等，白口，墨框标题，保存一般。六盘水市民委车明旭收藏复印本。

$tɕi^{33}tʂ'e^{55}su$

祭 祀 星 宿 经 不分卷 1 册，36 页。佚名撰。彝族毕摩用书。本书认为，一个人有三颗星宿。星宿产生十代之后在人间作孽，经密布吐姆伟和投布舍喽斗设起神座进行一番祭祀和治理后，整个人间平安幸福。对研究彝族原始宗教有着重要的参考价值。贵州省金沙县马路彝族乡一带旧抄本。本色绵纸，线订册页装，楷体书，墨书，页面 16×24cm，墨框 14×22cm，四周无边栏，7 行×21 字不等，白口，墨框标题。书的扉页有"家和气，子孙贤。念真经，发善言。氏哭断，紫荆树。富贵荣华万万年。""仙过海，夫游行。子坐朝，管万民。国□学，真上将。义重还是巳多人"和"新官寨郡氏史补妮益，阿沓斗额投"的字样。保存一般。今存贵州省金沙县马路彝族苗族乡契默沟沙忠兴家。

$dʐo^{21}ɕɿ^{33}ndʐ\text{ɿ}^{21}xɯ^{13}su^{33}$

迎 布 摩 献 酒 经 合订本 2 卷 1 册，66 页。佚名撰。彝族丧祭仪式经书与丧祭挂图。叙述用酒敬献毕摩的各保护神，介绍毕摩的鹰、虎、蛇的象征神力，神帽、神筒、神扇、神铃的神力，介绍阿哲、乌撒、芒布、磨弥等各部的世袭毕摩等。书的后部分为祭仪式中《那史》挂图的范本。可供研究彝族毕摩文化参考。贵州省赫章县一带旧抄本。本色绵纸，线订册页装，楷体，墨书。页面 24.9×14.3cm，无边栏，7 行×15 字不等。白口，版口无特征。墨框标题，自然断句，内有龙、马、虎、鸟、人形等彩色插图。保存一般。今藏贵州省贵州工程应用技术学院彝族文化博物馆。

4. 丧祭指路

$mu^{55}ʐɯ^{21}su^{33}$

开 路 经 不分卷 1 册，18 页。佚名撰。彝族丧祭开路经书。叙述尼能、恒投、什勺、举偶、六祖各部族时期丧祭开路礼仪。牛羊开路，祭献牛羊首，祭奠天地及亡者的福禄威势，借天地神威开路，与拦路挡道者送礼并指引亡者沿祖先的迁徙路线去归祖。可供研究彝族原始信仰习俗参考。贵州省水城县果布嘎乡大寨村小寨组陈兴平家旧抄本。本色皮纸，线订册页装，楷体，墨书。页面13×24.5cm，6行×15字，无边栏，白口。版口无特征。墨标书题。保存一般。今藏贵州省水城县果布嘎乡大寨村小寨组陈兴平家。

$mie^{21}su^{33}ŋɯ^{33}$

丧祭释名经 合订本2卷1册，60页。佚名撰。分为《释名经》与《指路经》两个部分。《释名经》解释丧事仪式的来源、物件的出处或典故、用途等，以告慰亡灵。《指路经》将亡灵从其丧祭场指经威宁草海等地，跨过牛栏江后进入云南，最后到达点苍山同老祖宗会合。可供研究彝族原始宗教习俗考。王国举家旧抄本。本色绵纸，线订册页装，楷体，墨书。页面23.6×22.7cm，无边栏，11行×14字不等。白口。版口无特征，朱点断句，墨框标题，符号断章。保存一般。今藏贵州省贵州工程应用技术学院彝族文化博物馆。

图2-17 《丧祭释名经》

ŋu³³ mu⁵⁵ su³³

指　路　经　不分卷1册，27页。佚名撰。彝族丧祭仪式指路经。本书将亡灵从生前住地的水城果布嘎一带指经水城（南开）、威宁（百草坪）、云南省宣威、沾益、曲靖、昆明、安宁、富民、禄丰、弥渡、祥云到苍山山麓。在那里居住三年三月三日后，君长归太阳星，臣子归月亮星，毕摩归北斗星，民众归满天星。可供研究彝族丧俗及迁徙历史参考。贵州省水城县果布嘎乡大寨村小寨组陈兴平家旧抄本。本色皮纸，线订册页装，楷体，墨书。页面25×24.6cm，墨框23×20.6cm，11行×17字，上下单栏，白口。版口有彝汉文页码，墨标书题。朱圈断句。保存一般。今藏贵州省水城县果布嘎乡大寨村小寨组陈兴平家。

ŋu³³ mu⁵⁵ su³³

指　路　经　不分卷1册，27页。佚名撰。彝族丧祭仪式经书。由《指路经》和《归宿经》两部经书辑成。叙述沿祖先迁徙路线，将亡灵水城县果布嘎乡一带住地的丧场指经贵州省威宁、云南省会泽、东川、曲靖、昆明等地到点苍山归祖，属六祖子孙，都要在欧纳峨奏会合，六祖各支从住房、兵器、习俗上存在差异，都留标记，告诫亡灵不可乱了秩序。并把误入凶星的亡灵引导到吉星上。可供研究彝族原始宗教与道德观参考。贵州省水城县果布嘎乡大寨村小寨组陈兴平家旧抄本。本色皮纸，线订册页装，楷体，墨书。页面25.7×24.2cm，墨框23.3×20.4cm，11行×15字，上下单栏，白口。版口无特征，墨标书题。保存基本完整。今藏贵州省水城县果布嘎乡大寨村小寨组陈兴平家。

ŋu³³ mu⁵⁵ su³³

指　路　经　不分卷1册，29页。佚名撰。彝族丧祭仪式经书。叙述沿祖先迁徙路线，将亡灵水城县果布嘎乡一带住地的丧场指经贵州省威宁、云南省会泽、东川、曲靖、昆明等地到点苍山归祖。将君、臣、毕摩、工匠、武士、男女、民众引导到各自所属的星座。可供研究彝族原始信仰习俗与迁徙史参考。贵州省水城县果布嘎乡大寨村小寨组陈兴平家旧抄本。本色皮纸，线订册页装，楷体，墨书。页面25×27cm，10行×15字，无边栏，白口。版口无特征，墨标书题。保存基本完整。今藏贵州省水城县果布嘎乡大寨村小寨组陈兴平家。

ŋu³³ mu⁵⁵ su³³

指　路　经　不分卷1册，59页。佚名撰。彝族丧祭仪式指路经。本书将亡灵从生前住地的水城果布嘎一带指经水城（南开）、威宁（百草坪）、云南省宣威、沾益、曲靖、昆明、安宁、富民、禄丰、弥渡、祥云到苍山山麓，在那里同历代祖先会合。本书反映古代水西地区彝族的迁徙历史。可供研究彝族丧俗及历史参考。贵州省水城县果布嘎乡兴隆村罗盘组宋正昌家旧抄本。本色皮纸，线订册页装，楷体，墨书。页面 24×13.3cm，墨框 22×12cm，6 行×14 字不等，两周单栏，白口。版口无特征，墨标书题。保存一般。今藏贵州省水城县果布嘎乡兴隆村罗盘组宋正昌家。

tʂʻɯ⁵⁵ tʂ u³³ ŋu³³ mu⁵⁵ su³³

丧 祭 指 路 经 不分卷 1 册，40 页。佚名撰。彝族丧事仪式经书。介绍早祭习俗，并将亡灵从其丧祭地指经今威宁草海，跨牛栏江进入云南，然后经会泽、东川、昆明等地到达苍山，与老祖宗会合。还介绍招失落亡灵的仪式等。可供研究彝族丧事习俗参考。贵州威宁自治县龙场镇一带旧抄本。本色绵纸，线订竹夹装，楷体，墨书。页面 31×22.5cm，墨框 25.5×15cm，上下墨单栏，13 行×20 字不等。白口。版口无特征，自然断句，朱墨框标题，有符号断章，麻布护封。保存一般。今藏贵州省贵州工程应用技术学院彝族文化博物馆。

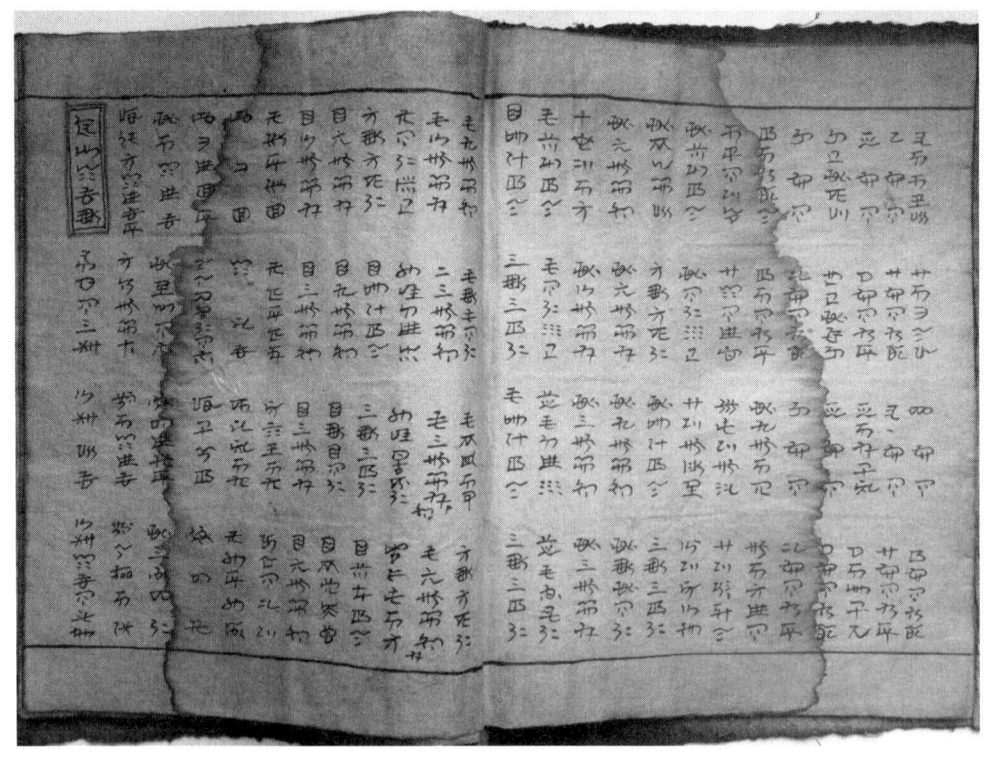

图 2-18 《丧祭指路经》

ŋu³³ dʐ u³³ mu⁵⁵

指 路 经 不分卷 1 册，29 页。佚名撰。彝族丧祭仪式经书。叙述沿祖先迁徙路线，将亡灵水城县果布嘎乡一带住地的丧场指经贵州省威宁、云南省会泽、东川、曲靖、昆明等地到点苍山归祖。记录献药、土、火葬等葬俗，人死后三个灵魂的去处等。可供研究彝族原始信仰习俗与迁徙史参考。贵州省水城县果布嘎乡大寨村小寨组陈兴平家旧抄本。本色皮纸，线订册页装，楷体，墨书。页面 12×26.8cm，6 行×15 字，无边栏，白口。版口无特征，墨标书题。保存基本完整。今藏贵州省水城县果布嘎乡大寨村小寨组陈兴平家。

ŋʊ³³ mu⁵⁵ su³³

指 路 经 不分卷 1 册，60 页。佚名撰。彝族丧祭仪式指路经书。该书的前部分为丧事仪式大经的残存，指路经部分，将死者的灵魂从其住地的今威宁自治县金钟镇大营村一带指经上帝山、草海、西凉山，渡过牛栏江后，再经会泽、东川、昆明、祥云、弥渡、巍山到苍山顶上，并同先祖会合，反映历史上彝族的迁徙。可供研究彝族丧事习俗与迁徙史参考。贵州省威宁自治县金钟镇大营村孔氏毕摩家旧抄本。本色棉纸，毛装，楷体，墨书，页面 28×26.5cm，墨框 26.5×24.5cm，四周朱单栏，12 行×19 字不等。白口。版口无特征，墨框标题，无断句。破损严重。今藏贵州省毕节市档案馆。

me³³ tʂʻe⁵⁵ su³³ ŋɯ³³ 、ŋʊ³³ dʑʊ³³ mu⁵⁵ su³³

挂 绸 书、指 路 书 分 2 卷 1 册，22 页。佚名撰。彝族毕摩祭祀用书。第一卷挂绸书介绍人死要挂绸，君长挂九匹，臣子挂六匹，毕摩挂三匹，百姓挂一匹。绸中织着太阳，太阳上有兔子。织中织着月亮，月亮之上有鸟。绸中织着四海龙，东海为青龙，西海为赤龙，南海为黑龙，北海为白龙。中央还有一条黄龙。第二卷指路书介绍了人生三部曲。人未出生时，由天地养育。人出生之后，由父母养育。人年老之后，由子媳赡养。人死了之后，由毕摩指路，从家里出发，经威宁草海，往云南昭通，到达点苍山，然后根据自己的身份寻找自己的归宿。最后，毕摩做自我祝福。贵州省威宁县新发乡、水城县开坪乡一带旧抄本。本色棉纸，线订册页装，楷体，墨书。页面 12.5×25.6cm，墨框 10.4×23cm，无边栏，5 行×22 字不等，白口。书口有鱼尾，版口有页码和书名，没有标点符号。保存一般。今存贵州省六盘水市柳远胜处。

ŋʊ³³ dʑʊ³³ mu⁵⁵ su³³ ŋɯ³³

指 路 经 不分卷 1 册，64 页。佚名撰。彝族毕摩祭祀用书。本书介绍了盘县坪地乡当地的指路路线，从当地出发，经云南省昭通市昭阳区向马龙县，最后到达弥渡县的竹遮可姆（红岩）。以竹遮可姆为翁米，然后寻找归宿。最后向死者所经过的地方的土地神献酒。可为研究彝族原始宗教提供参考。贵州省盘县坪地彝族乡新抄本。本色绵纸，线订册页装，楷体，墨书。页面 17.2×24.7cm，墨框 15×22.5cm，两周墨单栏，5 行×15 字不等，白口。版口无标记，墨点句读。保存一般。今存贵州省六盘水市盘县坪地彝族乡高忠明老毕摩收藏。

$ŋʊ^{33}dʑʊ^{33}mu^{55}su^{33}$

指　路　经　不分卷 1 册，13 页。佚名撰。彝族毕摩丧祭用书。本书介绍了毕摩从死者所在地将死者指向翁米。途经 30 个站口，路上关卡较多，如有人要和死者联姻，有人要与死者战争，死者都可以用自己所带的牛、羊、猪以及盔甲、战戟来解决问题。到了翁米之后，还要根据自己的身份寻找自己最后的归宿。得到托付后，毕摩退神。对研究彝族原始宗教具有参考价值。六盘水市盘县鸡场坪乡俄嘎村康氏旧抄本。本色绵纸，线订册页装，楷体，墨书。页面 25.9×20.5cm，墨框 24×20.2cm，四周墨双栏，15 行×15 字不等，白口。版口无标记，墨点句读。书的扉页和书末均写有抄书的时间。保存一般。今存贵州省六盘水市盘县坪地彝族乡车明旭毕摩收藏（复印件）。

5. 摩史诵词

$kɪ^{33}miː^{55}su^{33}$

肯　咪　苏　不分卷 1 册，33 页。佚名撰。彝族丧祭仪式摩史唱诵词。本书抄录有《丧歌词》《勾魂鬼司署》《唢呐由来》《死星娄纪替耙》《先祖笃慕的丧祭》《什勺祭"老猿"》《开天辟地》等篇目。本书记录摩史在丧祭场上的对赛，反映丧祭礼仪，丧祭传说与故事，描写与死者离别的悲痛之情记录创世神话与传说。可供研究彝族诗歌、神话传说及丧俗等参考。贵州省威宁县龙场镇一带旧抄本。本色绵纸，线订册页装，楷体，墨书。页面 34.5×25cm，无边栏，19 行×15 字不等。白口。版口无特征。朱墨双框标题，麻布护封，符号断章。保存一般。今藏贵州省毕节市档案馆。

6. 丧祭退神

$tsʻɔ^{21}tʂʻɛ^{55}su^{33}$

遣送退雷书　不分卷 1 册，14 页。佚名撰。彝族丧祭退神仪式经书。叙述人因冒犯雷电之神而遭其劈死，死后亦为雷电神缠身。以牛马猪羊之耳祭奠雷神，将其退下并送往天上，使受害者灵魂得以超脱、取得享受祭祀的资格。可供研究彝族原始宗教习俗参考。贵州省赫章县双坪乡大石村三家寨李朝文老先生家旧抄本。本色绵纸，线订册页装，楷体，墨书。页面 24.5×15cm，无边栏，8 行×20 字不等。白口。版口无特征，墨框标题，朱点断句，有符号断章，无封页。略有残破。今藏贵州省贵州工程应用技术学院彝族文化博物馆。

图 2-19　《遣送退雷书》

（二）祭祀祖宗类

a²¹ ŋ̩ dz̩ ε²¹ ts'e¹³ du³³

阿 哲 君 长 世 系　不分卷 1 册，105 页。佚名撰。彝族祭祖仪式经书。叙述彝族君长勿阿纳西汉末东汉初开基今黔西北，以今贵州省赫章县可乐为活动中心，先分出称亥索的毕摩家族，主持祭祀和彝文化的传播。勿阿纳的四子分作四支，四代人经营可乐，形成芒布和阿哲两大部，各世袭传承六十余代。阿哲水西家按彝族习俗，经常为祖桶内的祖灵举行禳解鼠蛇灾、水火灾、飞禽灾、污染灾等仪式，祖灵安静，后代繁荣昌盛。可供研究彝族族谱与信仰习俗参考。贵州省毕节市大屯乡陈章正毕摩家清道光三十年（公元 1850 年）抄本。本色绵纸，线订册页装，楷体，墨书，朱点断句。页面 18×14cm，墨框 16.5×10.5cm，无边栏，7 行×17 字不等，白口。版口无特征。保存一般。今藏贵州民族文化宫图书馆。

p'i³³ ɬ ɛ⁵⁵ su³³

更换祖筒经　不分卷1册，22页。佚名撰。彝族小型祭祖仪式经书。本书叙述请天神鎓启尼、诺武费等诸神相助，招已作丧祭指路的亡灵归附灵魂草，放入祖筒供奉。介绍换祖筒、洁净、献祭、排位、安置安顿祖灵等仪式。反映供奉、崇拜祖灵的具体内涵。可供研究彝族祖宗崇拜参考。贵州省水城县果布嘎乡大寨村小寨组陈兴平家旧抄本。本色皮纸，线订册页装，楷体，墨书。页面20×23cm，墨框16×19.2cm，8行×15字，上下单边栏，白口。版口无特征。墨标书题。保存一般。今藏贵州省水城县果布嘎乡大寨村小寨组陈兴平家。

p'i⁵⁵ tʂ 'ɛ⁵⁵ su³³

安置祖灵书　不分卷1册，38页。佚名撰。彝族安置祖灵经书。叙述将亡故的夫妻双方灵位合拢，将失落的灵魂招来，经过洁净等仪式归祖。可供研究彝族祖灵崇拜参考。书中还有相当一部分用彝文记录汉语的篇幅，内有"出门做生意""求财大胆不利"等。贵州省赫章县一带旧抄本。本色绵纸，线订包背装，楷体，墨书。页面17.8×16.1cm，无边框，11行×15字不等。白口。版口无特征，朱点断句，墨框标题，有符号断章，棉布护封底，内有人物插图，夹汉字。保存一般。今藏贵州省贵州工程应用技术学院彝族文化博物馆。

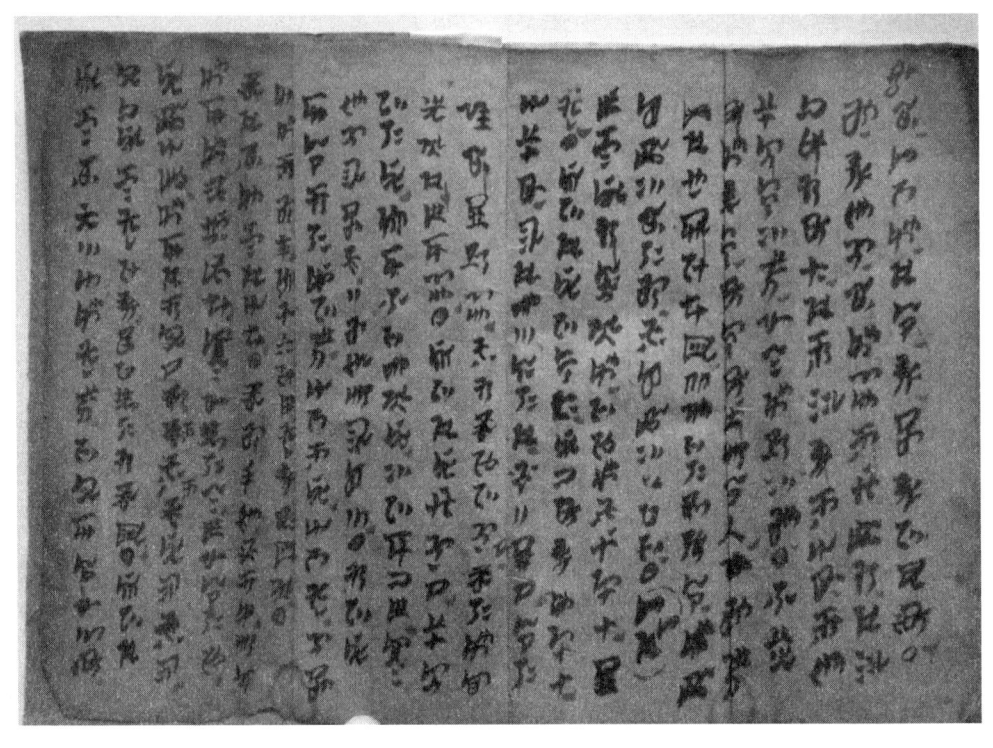

图2-20　《安置祖灵书》

p'i^{33}ɫɛ^{55}su^{33}

更换祖筒经 不分卷1册，28页。佚名撰。彝族小型祭祖仪式经书。本书叙述由武洛撮与尼阿德兴起祭祖制度。介绍祭祖活动分类的更换祖筒仪式，祖神筒祭祀的系列过程与不同地区的习俗差异等。可供研究彝族祖灵崇拜习俗参考。贵州省水城县果布嘎乡大寨村小寨组陈兴平家清光绪年间抄本。本色皮纸，线订册页装，楷体，墨书。页面23.5×23.5cm，墨框21×21.2cm，11行×20字，无边栏，白口。书口有页码标记。墨标书题。略有破损。今藏贵州省水城县果布嘎乡大寨村小寨组陈兴平家。

p'i^{33}ɫɛ^{55}su^{33}

更换祖筒经 不分卷1册，60页。佚名撰。彝族小型祭祖仪式经书。叙述小型祭祖的更换祖筒仪式，追溯祭祖制度的形成与完善，介绍献绵羊、旧筒换新筒、为祖筒举行洁净、排名分、安位置、避祸祟、排解灾难等仪式，可供研究彝族祖宗崇拜参考。贵州威宁自治县龙场镇一带旧抄本。本色绵纸，线订竹夹装，楷体，墨书。页面31×23.1cm，墨框24.3×16.5cm，上下墨单栏，13行×20字不等。白口。版口无特征，自然断句，朱墨框标题，彩色符号断章，麻布护封。保存一般。今藏贵州省贵州工程应用技术学院彝族文化博物馆。

图 2-21 《更换祖筒经》

no³³s ɛ³³ŋgo²¹su³³

招　　灵　　经　　不分卷1册，7页。佚名撰。彝族祭祖仪式经书。本书认为人死后，灵魂失去依托，但可附于称为灵魂草的草根，因此实勺氏时期兴起用草根召亡灵依附习俗，并沿袭下来，用灵魂草根招灵入祖供奉。可供研究彝族祖灵崇拜参考。贵州省水城县果布嘎乡兴隆村罗盘组宋正昌家旧抄本。本色皮纸，线订册页装，楷体，墨书。页面23×13cm，墨框21×11cm，6行×16字不等，三周双栏，白口。版口无特征，墨标书题。保存一般。今藏贵州省水城县果布嘎乡兴隆村罗盘组宋正昌家。

p'i³³ɬɛ⁵⁵su³³

更换祖筒经　　不分卷1册，45页。佚名撰。彝族小型祭祖仪式经书。本书叙述献绵羊、旧筒换新筒、为祖筒举行洁净、排名分、安位置、避祸祟、排解灾难等仪式，追溯祭祖习俗的形成过程。叙述恒阿德为武洛撮祭祖、立典章的故事。可供研究彝族祖宗崇拜习俗参考。贵州省威宁自治县二塘镇艾家坪村唐毕摩家旧抄本。本色棉纸，毛装，楷体，墨书。页面19.5×27.2cm，墨框16×24.1cm，上下墨单栏，8行×21字，白口。版口无特征。朱圈句读，有符号断章，朱框标题，保存一般。今藏贵州省毕节市档案馆。

p'u⁵⁵ɬɛ⁵⁵su³³

更换祖筒经　　不分卷1册，25页。佚名撰。彝族小型祭祖仪式经书。叙述彝族崇拜无形的祖灵，放弃塑像的供奉。恒阿德氏建立一套完整的祭祖礼制。介绍旧灵筒更换，洁净、献猪、鸡、羊三牲，排祖灵位，灵筒安放，献祭等。可供研究彝族祖宗崇拜习俗参考。贵州省纳雍县境内旧抄本。本色绵纸，线订册页装，楷体，墨书。页面22.3×13.1cm，无边栏，8行×16字不等。白口。版口无特征，朱墨圈断句，墨框标题。保存一般。今藏贵州省贵州工程应用技术学院彝族文化博物馆。

fa¹³ɬi¹³su³³

祭岩祠经　　不分卷1册，9页。佚名撰。彝族中型祭祖仪式经书。本书叙述迎接祖宗神灵作祭，清扫灵桶后，又送灵桶入桶，安置复位供奉，以乌撒家历次祭灵桶的情况，反映对中型祭祖习俗的规范。可供研究彝族祖灵崇拜参考。贵州省威宁县二塘镇艾家坪村三组已故唐开贤毕摩家旧抄本。本色绵纸，毛装，楷体，墨书。页面13.8×25.1cm，墨框11×23.4cm，双周墨单栏，8行×25字不等。白口。版口无特征。朱圈句读，保存一般。今藏贵州省毕节市档案馆。

p'i³³ɬɛ⁵⁵su³³

更换祖筒经　　不分卷1册，18页。佚名撰。彝族小型祭祖仪式经书。本书叙述献绵羊、旧筒换新筒、为祖筒举行洁净、排名分、安位置、避祸祟、排解灾难等仪式，追溯祭祖习俗的形成过程，记录武洛撮请恒阿德主持祭祖，并规范祭祖仪式的故事。可供研究彝族祖宗崇拜参考。贵州省威宁县二塘镇艾家坪村三组已故唐开贤毕摩家旧抄本。本色绵纸，线订册页装，楷体，墨书。页面14.6×24.5cm，墨框10.3×22.5cm，双周墨单栏，7行×25字不等。白口。版口无特征。朱圈句读，符号断章，保存一般。今藏贵州省毕节市档案馆。

$ȵ\mathrm{I}^{13}\,\mathrm{mu}^{21}\,\mathrm{li}^{21}\,\mathrm{t}'\mathrm{i}^{33}$

祭祖程序书 不分卷1册，38页。佚名撰。彝族大型祭祖示范图文经书。有《献土地神》《为祖灵解灾难神座图》《铜状神座图及说明》《设场摆布神座图与献酒》《拓旗场神座图与献酒》《聚集拢神座图与献酒》《毕摩自身神座图》《点祭始祖》《嫡长祭祖》。此图文范本，记录黔西北彝族德布氏祭祖的祭祖仪式，六祖的祭祖传统仪式，长、嫡、庶制度等。可供研究彝族祖宗崇拜与历史参考。贵州省威宁县境内旧抄本。本色绵纸，线订册页装，楷体，墨书。页面23.8×23cm，无边栏，6行×15字不等，白口。版口无特征。内有插图，墨框标题。保存一般。今藏贵州省毕节市档案馆。

$\mathrm{ei}^{13}\,\mathrm{mu}^{21}\,\mathrm{su}^{33}\,ŋɯ^{33}$

祭 祖 经 书 不分卷1册，23页。佚名撰。彝族毕摩祭祀用书。本书叙述了尼能、姆米、耿额、六祖祭祖之后，改天换地，到处呈现一片欣欣向荣的景象。祭祖要转，转则有富贵，转则有威荣。不知道者不祭祖，知道之后就祭祖，没见过的不祭灵，见了之后把灵祭。对研究彝族原始宗教具有参考价值。贵州省六盘水市盘县坪地彝族乡孔令恺老毕摩旧抄本。本色绵纸，线订册页装，楷体，墨书。页面40×27cm，墨框37×24cm，两周墨单栏，6行×23字不等，白口。版口无标记，墨点句读。保存一般。今存贵州省六盘水市盘县坪地彝族乡孔令恺老毕摩收藏。

二、祭祀与崇拜神祇类、祈福消灾类

（一）祭祀与崇拜神祇类

$\mathrm{mi}^{33}\,\mathrm{s}\varepsilon^{33}\,ɬo^{13}\,\mathrm{su}^{33}$

祭土地神树书 不分卷1册，24页。彝族祭祀仪式经书。本书记录通过祝告神树，向土地神父母转达所还的愿信；请地方土地神作主，收掩水、涝、旱、火、疾病、瘟疫、盗贼、官司口舌等灾难祸祟，保一方、保一寨、保一户人口平安，五谷丰登、六畜兴旺。可供研究彝族原始宗教习俗参考。贵州威宁自治县龙场镇一带旧抄本。本色绵纸，线订册页装，楷体，墨书。页面 30×22cm，墨框 24×15.8cm，上下朱单栏，8 行×20 字。白口。版口无特征，朱圈断句。保存一般。今藏贵州省贵州工程应用技术学院彝族文化博物馆。

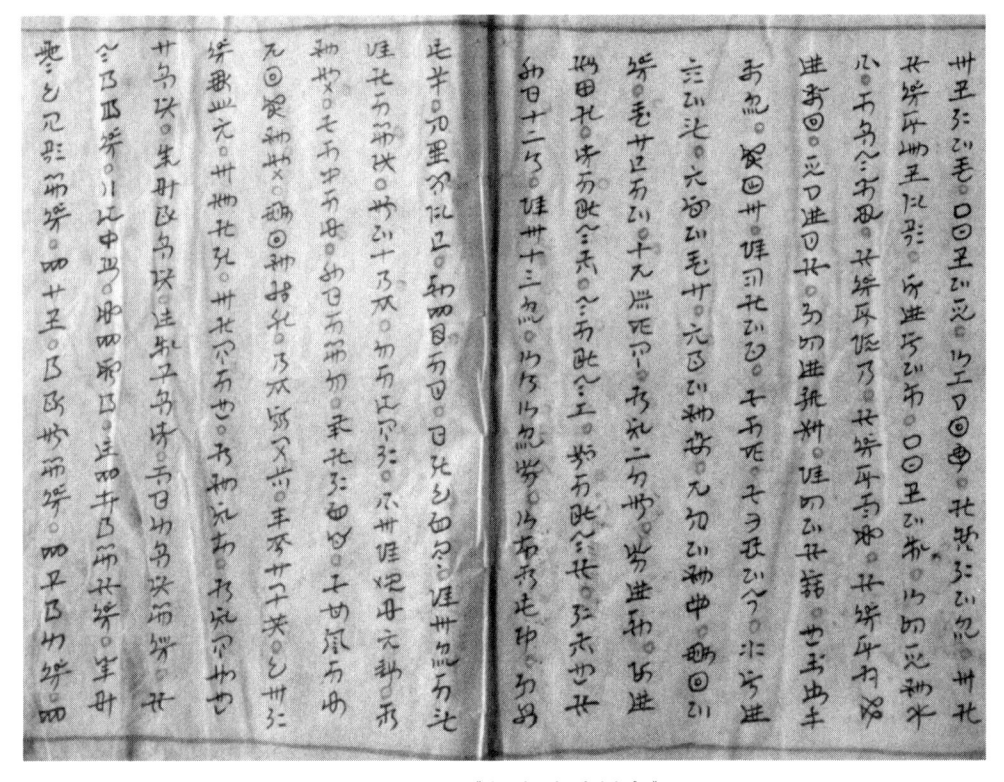

图 2-22 《祭土地神树书》

ŋ²¹ dz̩²¹ ʐ²¹ xɯ¹³ su³³

献　酒　经　不分卷 1 册，16 页。佚名撰。彝族祭神仪式经书。介绍酒的产生，献酒礼仪的兴起，向天地间的诸神献酒，请机遇之神赐福，得机遇神相伴，君长号令通达，臣子断案公平，毕摩祭祀顺利，民众吉祥如意，风调雨顺、五谷丰登，六畜兴旺。可供研究彝族原始宗教习俗参考。贵州省水城县果布嘎乡大寨村小寨组陈兴平家旧抄本。本色皮纸，线订册页装，楷体，墨书。页面 12.5×23.8cm，6 行×15 字，无边栏，白口。版口无特征。墨标书题。保存一般。今藏贵州省水城县果布嘎乡大寨村小寨组陈兴平家。

bu²¹ mu²¹ mba³³ su³³

献　山　诵　经　不分卷 1 册，22 页。佚名撰。彝族毕摩祭山仪式经书。叙述天君天王交配，生下娄纪替巴，娄纪替巴又生山君山臣，白衣山君和黄裙山臣共同把山治理，为风调雨顺、五谷丰登、六畜兴旺向山君山臣和山的各阶层献祭。可供研究彝族多神崇拜习俗参考。贵州省毕节市境内旧抄本。本色绵纸，线订册页装，楷体，墨书。页面 25×13.5cm，墨框 22.3×11.3cm，上下墨单栏，7行×16字不等。白口。版口无特征，朱（墨）圈断句，墨框标题。有彝文作的内容提示和"辛未年六月初抄书"字样。保存一般。今藏贵州省贵州工程应用技术学院彝族文化博物馆。

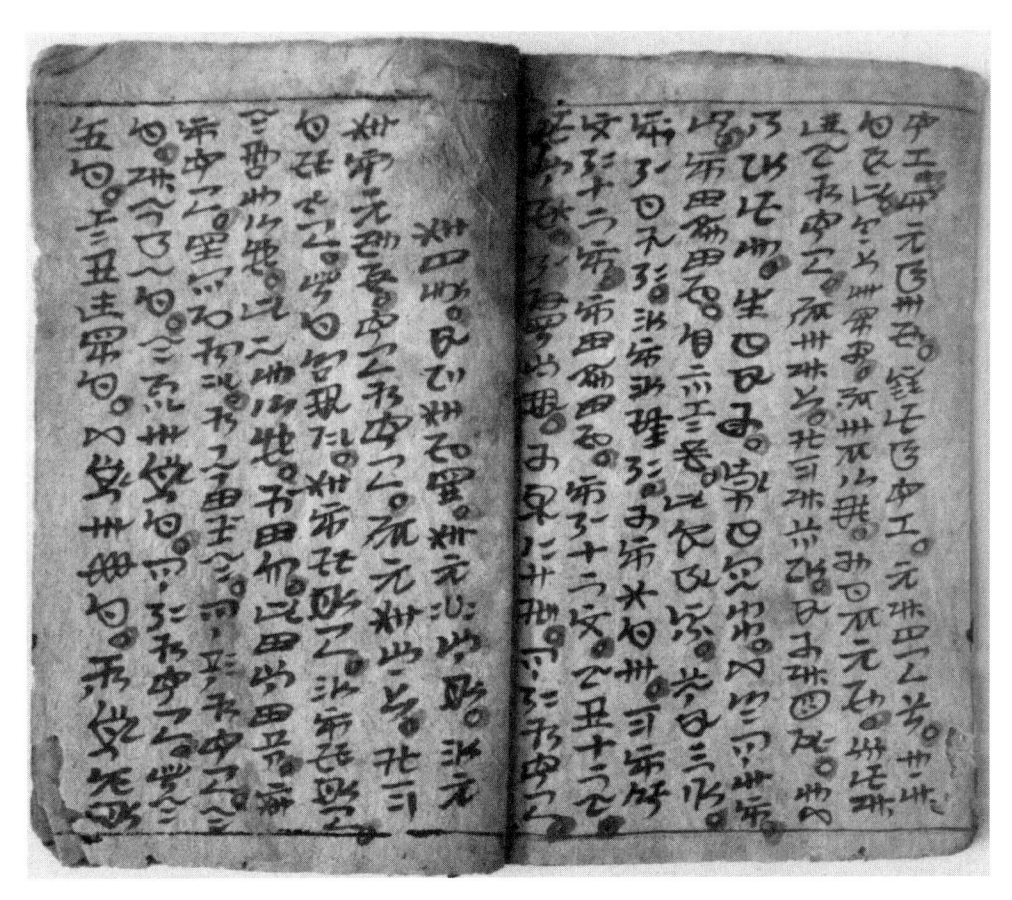

图 2-23 《献山诵经》

mi¹³ sɛ³³ mba³³ su³³

告土地神书 不分卷 1 册，22 页。佚名撰。彝族祭祀土地神仪式经书。点祭一个片区的土地神，要求他将当地可能发生的诅咒、瘟疫疾病、是非口舌、贼盗、天灾人祸全部收了带走，以保一方人口平安、五谷丰登、六畜兴旺。可供研究彝族原始宗教习俗参考。贵州省水城县果布嘎乡兴隆村罗盘组宋正昌家旧抄本。本色皮纸，线订册页装，楷体，墨书。页面 23.5×23.1cm，7 行×15 不等字，无边栏，白口。版口无特征，墨标书题。保存一般。今藏贵州省水城县果布嘎乡兴隆村罗盘组宋正昌家。

$\eta\ dz\ \imath^{21} x\mu^{13} su^{33}$

献　　酒　　经　不分卷1册，61页。佚名撰。彝族祭神仪式经书。介绍酒的产生，献酒礼仪的兴起，向天、地、日、月、风、雨等诸神献酒，祈求风调雨顺、五谷丰登，让人们安居乐业。可供研究彝族原始宗教习俗参考。贵州省水城县果布嘎乡大寨村小寨组陈兴平家清光绪年间抄本。本色皮纸，线订册页装，楷体，墨书。页面20.8×23cm，7行×15字，无边栏，白口。版口无特征。墨标书题。略有残缺。今藏贵州省水城县果布嘎乡大寨村小寨组陈兴平家。

$\eta\ dz\ \imath^{21} x\mu^{13} su^{33} \eta\mu^{33}$

献　　酒　　经　不分卷1册，36页。佚名撰。彝族祭祀仪式经书。叙述向年神、月神、知识神、智慧神、司命神、五谷神、牧神、保护神、祖宗神等献酒，以保各行业有所收获，心想事成。可供研究彝族传统习俗参考。贵州省水城县果布嘎乡兴隆村罗盘组宋正昌家旧抄本。本色皮纸，线订册页装，楷体，墨书。页面14.3×14.5cm，7行×15字不等，无边栏，白口。版口无特征，墨标书题。保存一般。今藏贵州省水城县果布嘎乡兴隆村罗盘组宋正昌家。

$\eta\ dz\ \imath^{21} x\mu^{13} su^{33}$

献　　酒　　经　不分卷1册，16页。佚名撰。彝族祭神仪式经书。叙述给天地诸神献酒后，家道兴旺，人的寿命延长，得到年、月、时神的保佑，得到知识和智慧神赐给的机遇。可供研究彝族原始宗教习俗参考。贵州省水城县果布嘎乡大寨村小寨组陈兴平家旧抄本。本色皮纸，线订册页装，楷体，墨书。页面13.3×25.3cm，墨框11.7×21.2cm，6行×15字，7行×15字，上下单栏，白口。版口无特征。墨标书题。保存一般。今藏贵州省水城县果布嘎乡大寨村小寨组陈兴平家。

$bu^{21} mu^{21} mba^{33} su^{33}$

献　山　诵　经　不分卷1册，68页。佚名撰。彝族毕摩祭山与消灾仪式经书。先叙述为风调雨顺、五谷丰登、六畜兴旺向山君山臣和山的各阶层献祭。再逐一介绍借用神力，禳解人与祖灵间的污秽，消除各种灾难。可供研究彝族宗教信仰习俗参考。贵州省毕节市纳雍县境内文氏旧抄本。本色绵纸，线订册页装，楷体，墨书。页面25.3×15.5cm，墨框22.4×12cm，上下墨单栏，7行×19字不等。白口。版口无特征，墨框标题，朱圈断句，符号断章。保存一般。有文氏祖谱。今藏贵州省贵州工程应用技术学院彝族文化博物馆。

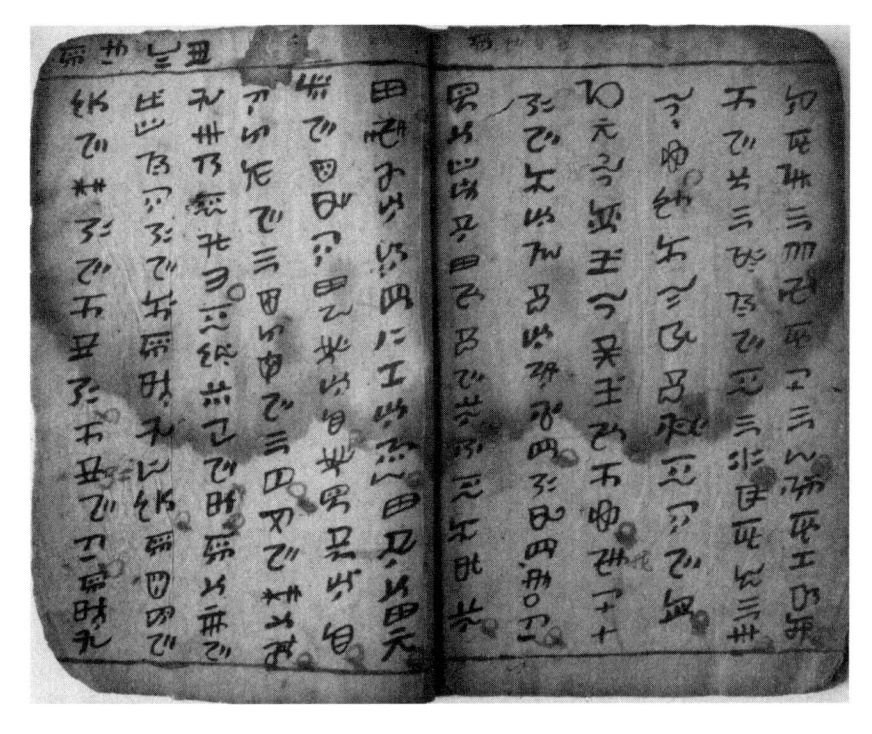

图 2-24 《献山诵经》

mi¹³ xo⁵⁵ ɬ o¹³ su³³

祭奠坟墓经 不分卷1册，14页。佚名撰。彝族祭奠坟墓仪式经书。叙述请求梯瞿尼、诺武菲光临坟墓祭奠场，排除干扰，驱逐邪祟，整治秩序，使坟墓给其子孙带去福禄富贵。可供研究彝族原始信仰习俗参考。贵州省毕节市七星关区大屯乡一带旧抄本。本色绵纸，线订册页装，行体，墨书。页面24×24.4cm，无边栏，10行×17字，白口。版口无特征。朱圈句读，墨框标题。保存一般。今藏贵州省毕节市档案馆。

mi³³ s ɛ³³ ŋgu²¹ su³³

祭祀土地神 不分卷1册，27页。佚名撰。彝族祭祀土地神仪式经书。先以属相日占算土地神在神位是否符合所居方位，再叙述向土地神界君长濮纠纠、诺朵朵，臣子濮毕余、诺毕德，毕摩濮始楚、诺乍姆献酒献祭，向生存环境中的各家所居地的大小土地神献酒献祭，把一切福分留下，把所有灾难祸害收走。可供研究彝族原始宗教习俗参考。贵州省威宁县二塘镇艾家坪村三组已故唐开贤毕摩家旧抄本。本色绵纸，线订册页装，楷体，墨书。页面14.4×24.5cm，墨框10.2×21.5cm，上下墨单栏，7行×25字不等。白口。版口无特征。朱圈句读，有符号断章，墨框标题，内有插图。保存一般。今藏贵州省毕节市档案馆。

（二）祈福消灾类

ʑɿ^{33} tɛ^{13} su^{33}

安　魂　书　不分卷1册，13页。佚名撰。彝族祈福消灾仪式经书。叙述将失落的魂从深山野林、从悬崖峭壁、从江河水中、从死界招回，安慰安顿。为病者增寿延寿，祈求山川与寿命之神给增寿添寿，使走失的灵魂得安宁，归附病人之躯，挽回生命。反映彝族万物及人有灵的观念。可供研究彝族原始宗教习俗参考。贵州省赫章县一带旧抄本。本色绵纸，包背装，楷体，墨书。页面26×16cm，墨框20.5×14.5cm，三周墨单栏，12行×16字。白口。版口无特征，朱圈和朱点断句，有符号断章，朱墨框标题，内有人物彩色插图。保存一般。今藏贵州省贵州工程应用技术学院彝族文化博物馆。

dʑy^{21} dʑo^{33} pu^{13} su^{33}

局　卓　布　苏　不分卷1册，50页。佚名撰。彝族祈福消灾仪式经书。用错日子，或亵渎冒犯神灵等多种原因而犯死灾，借助天地诸神的神力，用鸡、猪、蛇或草木制作的茅草人作犯灾者的替身去替死，为犯病、灵魂失落者等消灾祈福。可供彝族宗教信仰习俗参考。贵州省赫章县一带旧抄本。本色绵纸，线订册页装，楷体，墨书。页面24.8×27.5cm，墨框20.5×22.3cm，三周墨单栏，12行×16字。白口。版口无特征，朱圈断句，有符号断章，朱墨框标题，棉布护封。保存一般。今藏贵州省贵州工程应用技术学院彝族文化博物馆。

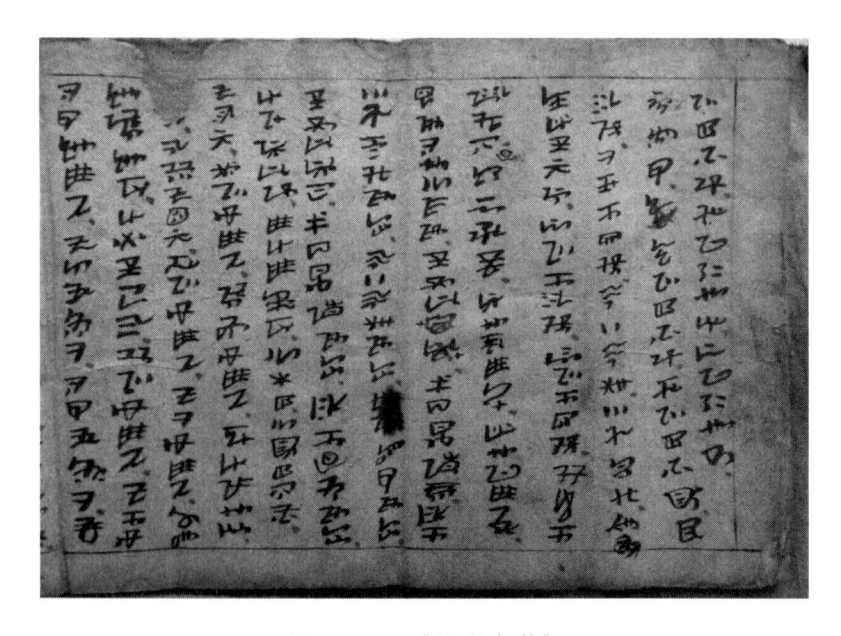

图 2-25　《局卓布苏》

lu³³ bu³³ dʐu²¹ mo²¹

鲁 补 大 论 　不分卷1册，54页。佚名撰。彝族消灾仪式经书。叙述支嘎阿鲁受天帝策举祖派遣，丈量天地，以九宫八卦划出方位，命名山川河流。在勘查天地的途中，用神力一举剪除鼠阿余等三支妖魔，在焚烧妖魔的过程中，漏跑了的妖气继续降病灾于人，因此毕摩继承阿鲁的传统，为死者解除病灾，使其后人得到安宁。可供研究彝族神话与原始信仰参考。贵州省毕节市赫章县双坪乡丰沟村李朝文家旧抄本。本色绵纸，线订册页装，楷体，墨书。页面 24 × 22.5cm，无边栏，8 行 ×15 字不等。白口。版口无特征，墨框标题，无断句，有符号断章。保存一般。今藏贵州省贵州工程应用技术学院彝族文化博物馆。

dy³³ ʐ y³³ su³³ ŋɯ³³

去 灾 经 　不分卷1册，70页。佚名撰。彝族祈福消灾仪式经书。叙述毕摩的谱系，请所有的毕摩神、毕摩的保护神光临仪式场，帮助灾难在身者脱离灾难，以保平安。可供研究彝族原始宗教习俗参考。贵州省赫章县河镇乡恒底村白磨院子王姓旧抄本。本色绵纸，线订册页装，行体，墨书，页面 24.5 × 25.3cm，无边栏，10 行 ×15 字不等，白口。版口无特征。自然断句，墨框标题，受潮破损严重。今藏贵州省毕节市档案馆。

dʐ y²¹ dʐ o³³ pu¹³ su³³

局 卓 布 苏 　不分卷1册，39页。佚名撰。彝族献酒与祈福消灾仪式经书。该书辑有《献酒经》和《局卓布苏》两部经书，《献酒经》介绍年节、祭神和婚嫁等活动时的向诸神献酒。《局卓布苏》通过借神威神力解除灾难，反映六祖分支，先祖笃慕与洪水，德布支系诺克博的攻占武支系三支地盘而创业，德施支系的俄索毕余征战今云南省巍山一带，灭掉苏蕻武等情况。可供研究彝族历史与原始宗教习俗参考。贵州省威宁县二塘镇艾家坪村三组已故唐文康毕摩家旧抄本。本色绵纸，毛装，楷体，墨书。页面 25 × 23.5cm，墨框 22.5 × 21.3cm，15 行 ×25 字不等。白口。版口无特征。朱圈句读，有符号断章。残破不全。今藏贵州省毕节市档案馆。

z ɛ²¹ ʦ ɑ¹³ su⁵⁵

续 寿 命 经 　不分卷1册，21页。佚名撰。彝族祈福仪式经书。占算吉禄命运时，生命树断梢者克其寿命，为此向寿命之神皮武图、列哲舍献祭，请他们为生命树断梢者续生命树树梢，以保生命树断梢者长命。该书还列有数年的二十四节气表。可供研究彝族原始宗教习俗参考。贵州省威宁自治县境内抄本。本色绵纸，线订册页装，楷体，墨书。页面 13.5 × 20.5cm，墨框 11.6 × 19.3cm，无边栏，8 行 ×18 字不等。白口。保存一般。今藏贵州省毕节市档案馆。

lɯ¹³ su³³ ŋɯ³³

退污秽书　不分卷1册，60页。佚名撰。彝族消灾祈福仪式经书。沾染山上鲁朵，崖上斯里，河里迷觉，带来污秽；男精女血，形成"许塞"污秽。污秽生成灾祸，故请神毕摩，借助神的威力退去污秽，并消除灾难。可供研究彝族原始崇拜习俗参考。贵州省毕节市赫章县双坪乡王正贤毕摩家旧抄本。本色绵纸，毛装，楷体，墨书。页面 15×27cm，无边栏，7 行×17 字不等，白口。版口无特征。墨框标题，自然断句。保存一般。今藏贵州省毕节市档案馆。

mi³³ sɛ³³ ŋgu²¹ su³³

扶正土地神书　不分卷1册，51页。佚名撰。彝族祈福消灾仪式经书。介绍安置土地神的方法、择找祭祀与扶正土地神的日子。叙述支嘎阿鲁受天命勘测天地，划分人、鬼、神界线时已安顿下土地神，认为灾难的发生与土地不予保护，反而来害，或土地神软弱无力、失灵等有关，故解除其所带灾难，将其扶正，使之重振威力，托起保佑人、收集灾难的责任。还介绍祭祀土地神的处所，忌讳打蛇。贵州省赫章县一带旧抄本。可供研究彝族原始宗教习俗参考。本色绵纸，包背装，楷体，墨书。页面 26×16cm，墨框 20.5×14.5cm，三周墨单栏，12 行×16 字。白口。版口无特征，朱圈和朱点断句，有符号断章，朱墨框标题，内有人物彩色插图。保存一般。今藏贵州省贵州工程应用技术学院彝族文化博物馆。

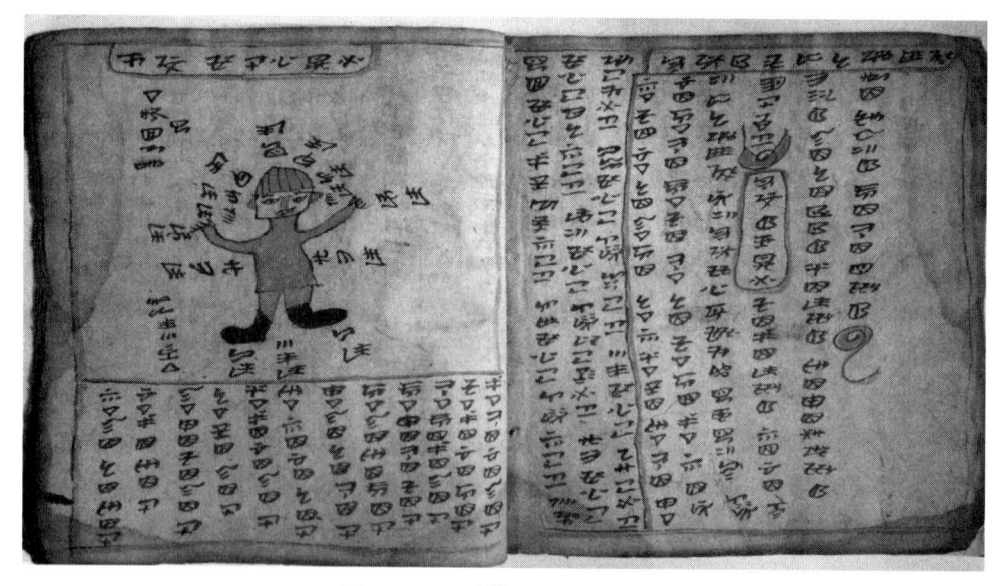

图 2-26　《扶正土地神书》

ʂɯ⁵⁵sɯ³³su³³ŋɯ³³

神　枝　经　不分卷1册，39页。佚名撰。彝族祈福仪式经书。向哎哺采舍、向哲咪武侯、向肯索目确等所有的毕摩神借神力，为消除灾难插神枝设神位，恭请诸神即位执事。可供研究彝族原始宗教习俗参考。贵州省威宁自治县境内抄本。本色绵纸，毛装，楷体，墨书。页面20.2×28cm，无边栏，10行×15字不等，白口。朱圈句读，右翻右读。保存一般。今藏贵州省毕节市档案馆。

dʐy²¹dʐo³³pu¹³su³³

局　卓　布　苏　不分卷1册，11页。佚名撰。彝族祈福消灾仪式经书。叙述向天地诸神和笃米、德施、克博等先祖借助神威和神力，驱除邪祟，驱除污秽，消除死、病、诅咒等各种年灾月难。可供研究彝族原始宗教习俗参考。贵州省威宁县二塘镇艾家坪村三组已故唐文康毕摩家旧抄本。本色绵纸，毛装，楷体，墨书。页面25×24.5cm，墨框20×22.5cm，15行×27字不等。白口。版口无特征。墨框标题，有符号断章。残破不全，破损严重。今藏贵州省毕节市档案馆。

dʐy²¹dʐo³³ndɯ³³su³³

消　灾　经　不分卷1册，52页。佚名撰。彝族消灾祈福仪式经书。为用错时辰而犯十二种禁忌，或犯年灾月灾、犯口舌、犯诅咒等的人消除灾难，祈求天地诸神和祖宗神与之赐福，使其顺利渡过难关。可供研究彝族原始宗教习俗参考。贵州省水城县果布嘎乡兴隆村罗盘组宋正昌家旧抄本。本色皮纸，线订册页装，楷体，墨书。页面14×25cm，9行×18字不等，无边栏，白口。版口无特征，朱标书题。保存一般。今藏贵州省水城县果布嘎乡兴隆村罗盘组宋正昌家。

dʐi²¹lu²¹mba³³su³³

交　待　生　育　经　不分卷1册，50页。佚名撰。彝族祈求生育仪式经书。因水神迷觉的施灾，天狗、天蛇、食子星等所克，用猪、白鸭、黑鸡、五谷等向司命神阿皮额素和生育神吉禄献祭，请求收掩恶神与凶星，并赐子。可供研究彝族原始宗教习俗参考。贵州省水城县果布嘎乡兴隆村罗盘组宋正昌家旧抄本。本色皮纸，线订册页装，楷体，墨书。页面12.5×13.5cm，9行×20字不等，无边栏，白口。版口无特征，墨标书题。保存一般。今藏贵州省水城县果布嘎乡兴隆村罗盘组宋正昌家。

vi³³ndɯ³³su³³

解　灾　经　不分卷1册，52页。佚名撰。彝族排解灾难仪式经书。借天地神与恒投氏、举偶氏、笃慕、六祖、克博等祖宗神威力，收掩所犯的灾星、恶煞、病神、死神，使病者病愈，犯死者逃生，对代表福禄命运的龙神以扶正，对失落魂魄的招附等。可供研究彝族原始宗教习俗参考。贵州省毕节市赫章县妈姑镇付文明家旧抄本。本色绵纸，线订册页装，楷体，墨书。页面32.2×25cm，无边栏，13 行×15 字不等。白口。版口无特征，自然断句，墨框标题，有符号断章，麻布护封。保存一般。今藏贵州省贵州工程应用技术学院彝族文化博物馆。

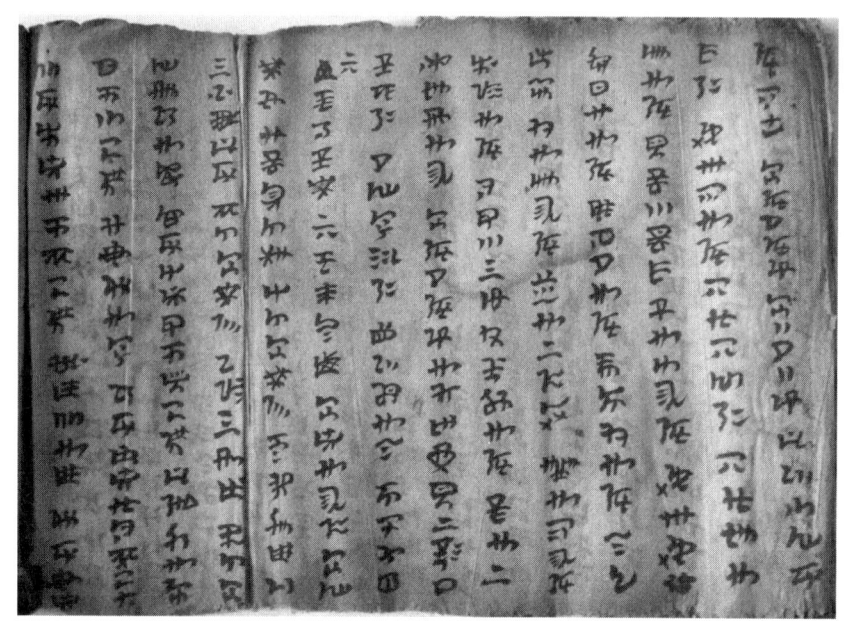

图 2-27 《解灾经》

mi^{33} sɛ^{33} ɬ o^{13} su^{33}

祭土地神书 不分卷 1 册，34 页。佚名撰。彝族消灾祈福仪式经书。通过祝告神树，请神树向土地神父母转达所还的愿信；请地方土地神作主，收掩水、涝、旱、火、疾病、瘟疫、盗贼、官非口舌等灾难祸祟，保一方、保一寨、保一户人口平安、五谷丰登、六畜兴旺。叙述"六祖"分支后各支的分布地域，乌撒部从磨弥部分支后，俄索依建基立业，依孟德开基黔边地，确定四边地界；介绍向乌撒部地盘上的山峰、河流、平坝、悬崖等所有处所的土地神献祭，使之带走或免除一切天灾人祸。贵州省威宁县龙场镇阿景毕摩家旧抄本。本色绵纸，线订册页装，楷体，墨书。页面 27.2×17cm，墨框 23.7×15.2cm，有边栏，18 行×18 字，白口。版口无特征。书页有残损。今藏贵州民族文化宫图书馆。

dz̩ y^{21} dz̩ o^{33} tʂ o^{13}

消灾经 不分卷 1 册，45 页。佚名撰。彝族消灾仪式经书。叙述鸟、虫、兽等异物进家，家畜家禽出现躁动等异常，预示灾难即将到来，为此，请天神、毕摩神、祖宗神合力相助，以驱逐称之"叟卡"的灾难神，达到消灾的目的。可供研究彝族原始宗教习俗参考。贵州省水城县果布嘎乡兴隆村罗盘组宋正昌家旧抄本。本色皮纸，线订册页装，楷体，墨书。页面 14×25cm，9 行×26

字不等，无边栏，白口。版口无特征，墨标书题。保存基本完好。今藏贵州省水城县果布嘎乡兴隆村罗盘组宋正昌家。

dʑy^{21}dʑo^{33}ndɯ^{33}su^{33}

消　　灾　　经　不分卷1册，34页。佚名撰。彝族消灾仪式经书。叙述身粘落鸟屎、见蛇交、家中甑子鸣、地陷、日月食等现象出现，是灾难来临的征兆，为此，请天神、毕摩神、祖宗神合力相助，以驱逐称之"叟卡"的灾难神，达到消灾的目的。可供研究彝族原始宗教习俗参考。贵州省水城县果布嘎乡兴隆村罗盘组宋正昌家旧抄本。本色皮纸，线订册页装，楷体，墨书。页面 14×12cm，13 行×15 不等字，无边栏，白口。版口无特征，墨标书题。保存一般。今藏贵州省水城县果布嘎乡兴隆村罗盘组宋正昌家。

dʑy^{21}dʑo^{33}pu^{13}su^{33}

局　卓　布　苏　不分卷1册，77页。佚名撰。彝族祈福消灾仪式经书。向毕摩神、所祭神、祖灵、家神、宗祠神、山坝神、土地神、毕摩神、宇宙神借神力，对本命年灾各种灾难等进行禳解、破除、驱赶。反映彝族旧时化解灾祸习俗，可供研究彝族原始宗教文化参考。贵州威宁自治县龙场镇一带旧抄本。本色绵纸，线订竹夹装，楷体，墨书。页面 27.5×30cm，墨框 17.5×23cm，上下墨单栏，14 行×20 字不等。白口。版口无特征，自然断句，朱墨框标题，彩色符号断章，麻布护封。保存一般。今藏贵州省贵州工程应用技术学院彝族文化博物馆。

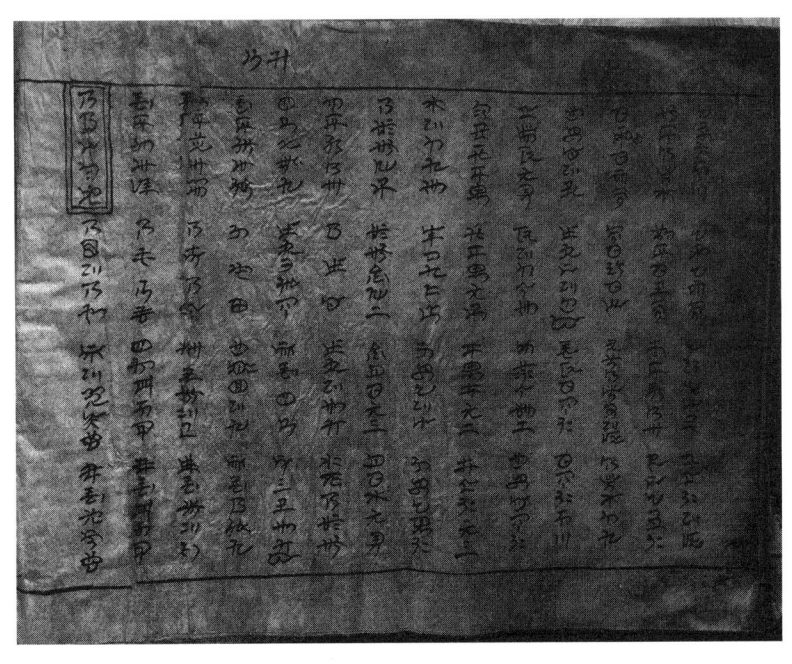

图 2-28　《局卓布苏》

vi¹³ndɯ³³su³³

解　灾　经　不分卷1册，44页。佚名撰。彝族消灾仪式经书。叙述借天神、地神、祖宗神的神威神力战胜死灾之神、污垢之邪祟，以草木石沙、猪鸡牲作献，并转嫁之与病灾死难，赎魂赎命，拯救犯病灾死难者。可供研究彝族原始宗教习俗参考。贵州省水城县果布嘎乡兴隆村罗盘组宋正昌家旧抄本。本色皮纸，线订册页装，楷体，墨书。页面 23.5×23.3cm，17 行×18 字不等，无边栏，白口。版口无特征，墨标书题。保存一般。今藏贵州省水城县果布嘎乡兴隆村罗盘组宋正昌家。

ʐɿ³³ɕɿ³³su³³

招　魂　经　不分卷1册，16页。佚名撰。彝族招魂消灾仪式经书。叙述从死界的十道门中召回灵魂，把被掩埋与被收藏的灵魂放开，把销魂、食魂的鬼魅驱赶，从树林里、山谷中、水沟边招回失落的灵魂，以拯救犯病犯弱，甚至有生命危险的人。可供研究彝族原始宗教习俗参考。贵州省水城县果布嘎乡兴隆村罗盘组宋正昌家旧抄本。本色皮纸，线订册页装，楷体，墨书。页面 15.6×26cm，9 行×20 字不等，无边栏，白口。版口无特征，墨标书题。保存一般。今藏贵州省水城县果布嘎乡兴隆村罗盘组宋正昌家。

dʐy²¹dʐo³³su³³

消　灾　经　不分卷1册，62页。佚名撰。彝族排解灾难仪式经书。本书介绍向威力神和祖宗神献酒献祭，借助他们的神威神力，荡除克星、凶星、病星、死星等灾星，拯救失魂落魄、久病不愈的人。通过为生育神和福禄神清污除秽，使之扶正，以主宰兴旺的家运。可供研究彝族原始宗教文化形态参考。贵州省水城县果布嘎乡兴隆村罗盘组宋正昌家旧抄本。本色皮纸，线订册页装，楷体，墨书。页面 14×24cm，6 行×18 字不等，无边栏，白口。版口无特征，墨标书题。保存一般。今藏贵州省水城县果布嘎乡兴隆村罗盘组宋正昌家。

vi¹³ndɯ³³ŋdʐʅ²¹xɯ¹³

解 灾 献 酒 经　不分卷1册，22页。佚名撰。彝族排解灾难仪式献酒经书。介绍酒的酿造来历，并逐一向恒特、举偶、笃慕、德布、德施、克博等祖宗神献酒，借助他们的威力来消除各种灾难。可供研究彝族原始宗教习俗与酒文化参考。贵州省水城县果布嘎乡兴隆村罗盘组宋正昌家旧抄本。本色皮纸，线订册页装，楷体，墨书。页面 14×24.8cm，7 行×18 字不等，无边栏，白口。版口无特征，墨标书题。保存一般。今藏贵州省水城县果布嘎乡兴隆村罗盘组宋正昌家。

mi³³se²¹ŋgu²¹su³³

天　神　医　书　不分卷1册，96页。佚名撰。彝族毕摩驱邪治病用书。本书叙述了邪魔降人间，给人间带来灾难。吱嘎阿鲁探测天地，驱逐邪魔，给人们带来幸福和安乐。可为研究彝族原始宗教提供参考。贵州省威宁、水城一带旧抄本。本色绵纸，麻布书壳，线订册页装，楷体，墨书。页面 23×24cm，墨框 20.5×21.5cm，墨单栏，12 行×22 字不等，白口。版口无特征，句末无标点。保存基本完整。今存贵州省六盘水市柳远胜处。

ts'ŋ²¹tɕ'ɯ²¹ndɯ³³su³³

破 除 诅 咒 经 不分卷 1 册，37 页。佚名撰。彝族消灾仪式经书。请六目银布和八耳金布等神毕摩，借助天地诸神之力，解除他人施放的诅咒及其所带灾难，并将诅咒返还给施咒者。可供研究彝族原始信仰参考。贵州省毕节市赫章县双坪乡丰沟村李朝文家旧抄本。本色绵纸，包背装，楷体，墨书。页面 14.9×22.5cm，无边栏，6 行×18 字不等。白口。版口无特征，墨框标题，无断句，有符号断章。保存一般。有破诅咒仪式神枝图 3 幅。今藏贵州省贵州工程应用技术学院彝族文化博物馆。

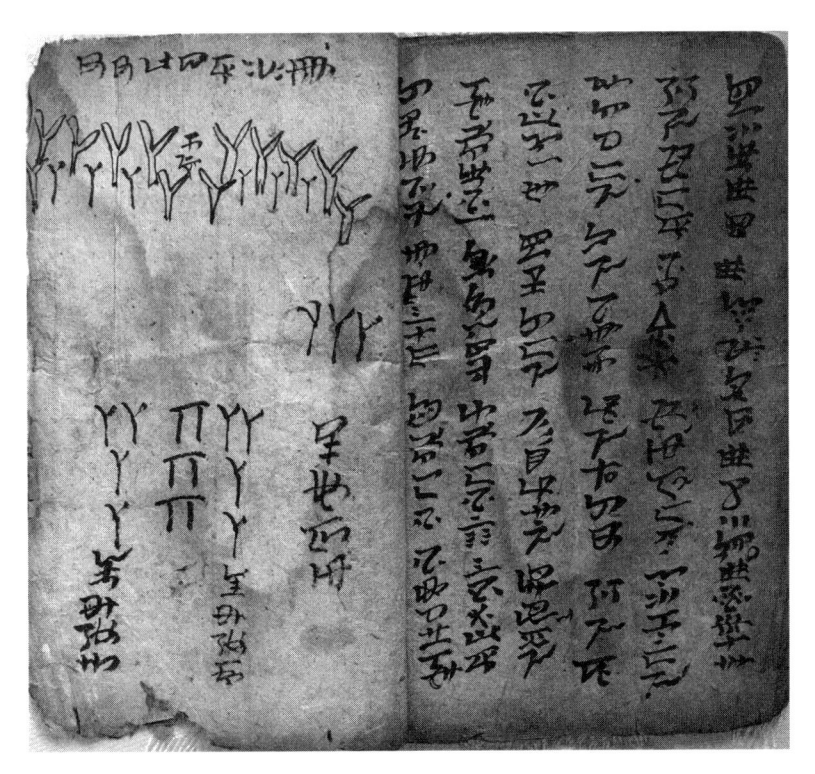

图 2-29 《破除诅咒经》

mi³³se²¹ŋgu²¹su³³、ɕi¹³dzei¹³pu¹³su³³

天 神 医 书、祭 祀 经 书 分 2 卷 1 册，48 页。佚名撰。彝族毕摩祭祀用书。第一卷天神医书介绍了人逢邪祟而患病，天毕摩耿奢哲、地毕摩署莫额安插神座，驱逐邪祟，用金银片献祭邪祟，用丝绸堵住邪祟，用黑猴胆、狮子胆、蛇胆、鹰胆等作为药物治疗后，病魔消失，人的身体痊愈。有介绍蛇进屋，家不宁。天毕摩苟布载和地毕摩载磨玖作法送蛇出门后家庭利达。第二卷毕摩祭祀书介绍从前没有威力神，苍天威不高，大地势不强，死界无日月，禽鸟不鸣叫，百兽不活跃，树木无花果。君无威，臣无势，师无知，匠无巧。天上恒颖阿买姑娘，站在戴麦山，祭祀天，祝告地之后，威力神形成。有了威力神，天威高，地势强，师识广，匠手巧。鸟兽活跃，草木花开，死界日月明，死者能进入翁米。介绍人出生要起名，人死要扬名。介绍了君臣师的起源，寿龄产生。人死要解冤、打铜织绸等，对研究彝族原始宗教具有参考价值。贵州省威宁、水城一带旧抄本。本色绵纸，麻布书壳，竹夹线订册页装，楷体，墨书。页面29.2×26.5cm，墨框23.2×23.8cm，无边栏，20 行×27 字不等，白口。版口无特征，符号断句。保存一般。今存贵州省六盘水市柳远胜处。

mi^{33} se^{21} ŋgu^{21} su^{33}

天 神 医 书 不分卷1册，38 页。佚名撰。彝族毕摩驱邪治病用书。本书介绍额依恒岳上蒙楚热纪箐中，看见一窝蛇，立即返回家。到达家里后，身患重病，是蛇邪祟作怪。密布举奢哲、投布署莫额，摆好神座，叙述蛇根源，做各种颜色的蛇，送出家门后，额依恒岳身体马上好起来。贵州省水城县开坪乡一带旧抄本。本色绵纸，麻布书壳，竹夹线订册页装，楷体，墨书。页面 26.5×24.2cm，墨框 23.6×22cm，无边栏，14 行×22 字不等，白口。版口无特征，没有标点符号，段落之间图画隔开。保存一般。今存贵州省六盘水市柳远胜处。

dʑi^{21} lu^{21} ŋgu^{21} su^{33} ŋɯ^{33}

掩 生 育 克 星 书 不分卷1册，84 页。佚名撰。彝族消灾祈福祈子仪式经书。叙述收掩克子的鲁朵、斯里鸡狗可子星，修龙神、立龙神，向生育神额索求寿祈子，安慰龙神，迎龙神，求寿，夫妻求子，安稳生育根基等仪式，还介绍正月初一看风预测年景，十二天内最初雷鸣的占算等。可供研究彝族生育习俗参考。贵州省毕节市赫章县双坪乡王正贤毕摩家旧抄本。本色绵纸，线订册页装，楷体，墨书。页面 14.5×23.8cm，墨框 10.2×21.5cm，三周墨单栏，7 行×18 字，白口。版口无特征。朱点断句，墨框标题。保存一般。今藏贵州省毕节市档案馆。

ʐ̩ I^{33} tɕ^{13} su^{33}

安 魂 经 不分卷1册，28 页。佚名撰。彝族祈福消灾仪式经书。借助哲咪、武侯等毕摩神等各种神灵的力量，将受灾者失落在山野的灵魂招来附其身，安慰被惊吓的灵魂，给予其自信力，定心力。使受灾者从灾难中解脱出来。可供研究彝族原始信仰参考。贵州省毕节市赫章县妈姑镇付文明家旧抄本。本色绵纸，线订册页装，楷体，墨书。页面 24.1×14cm，无边栏，7 行×15 字不等。白口。版口无特征，自然断句，墨框标题，保存一般。今藏贵州省毕节学院彝族文化博物馆。

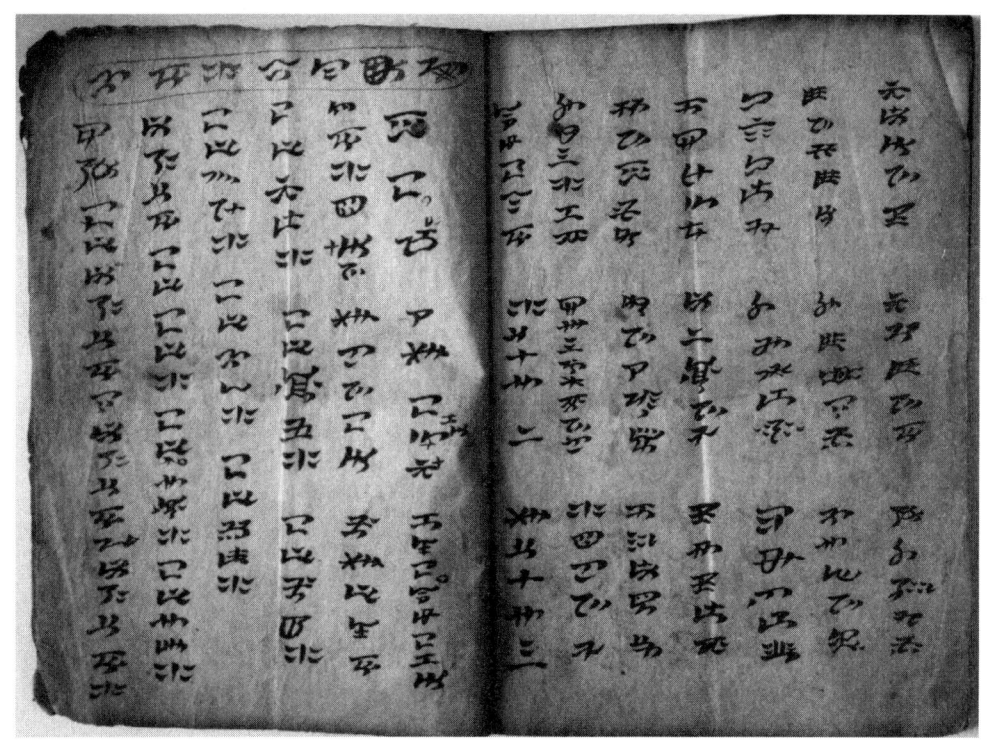

图 2-30 《安魂经》

$dʑ̩\ y^{21}\ dʑ̩\ o^{33}\ ndɯ^{33}\ su^{33}$

局　卓　斗　苏　不分卷 1 册，148 页。佚名撰。彝族祈福消灾仪式经书。叙述向笃米、克博、德施等祖宗神借神力，消除灾难。又借助世道、十二圣母、天地、祖灵、祖先神位、神台、土地、山坝、道路、土地神等各种神灵之力，解除年克月犯、挑拨离间的口舌祸祟、不吉不利、病患、犯重丧、六畜鬼灾、犯错犯讳、用错时辰、野鬼犯家、受人诅咒原因所带来的灾难。可供研究彝族原始信仰习俗与神话传说参考。贵州省威宁自治县龙场镇长坪村田伍保毕摩家旧抄本。本色棉纸，毛装，楷体，墨书。页面 19.3×27.5cm，墨框 14×23.4cm，上下墨单栏，7 行×18 字不等，白口。版口无特征，朱圈句读，朱框标题，有符号断章。保存一般。今藏贵州省毕节市档案馆。

ts ɿ²¹ tʻɯ²¹ su³³

除　垢　书　不分卷1册，41页。佚名撰。彝族除垢仪式经书。叙述天地人三界间，水土神灵受到污染，邪气上升，日月不明，人们灾难不断，所以尼能、米靡、什勺、举遏各个时期多位毕摩先师行洁净礼仪，清除污垢，驱除邪气，使苍天清白，大地洁净，人类平安。可供研究彝族宗教习俗参考。贵州省毕节市七星关区大屯乡一带旧抄本。本色绵纸，线订册页装，楷体，墨书。页面18.5×24cm，墨框8×16字不等，无边栏，白口。版口无特征。朱点句读。保存一般。今藏贵州省毕节市档案馆。

pu¹³ dʐʅ y²¹ dʐʅ o³³ su³³

净宅消灾经　不分卷1册，12页。佚名撰。彝族净宅消灾仪式经书。叙述祖宗神的神力神威，并借助来荡除克星、凶星、灾星、死星；拯救失落魂魄，退诅咒与反诅咒，隔离灾难、邪祟与污染等。可供研究彝族原始宗教习俗参考。贵州省威宁县二塘镇艾家坪村三组已故唐开贤毕摩家旧抄本。本色绵纸，线订册页装，楷体，墨书。页面16×22.5cm，无边栏，9行×24字不等。白口。版口无特征。保存一般。今藏贵州省毕节市档案馆。

vi¹³ ndɯ³³ su³³

禳解灾难经　不分卷1册，35页。佚名撰。彝族消灾仪式经书。叙述对灾难、伤害、不祥之兆、疾病、凶星、受诅咒等的禳解与扫除，反映一系列原始宗教习俗。《安魂经》《招魂经》部分为体弱多病、受惊骇、犯死星凶星者招回失落灵魂，并加以安慰安顿。贵州省威宁县二塘镇艾家坪村三组已故唐开贤毕摩家旧抄本。本色绵纸，线订册页装，楷体，墨书。页面15.5×22.4cm，无边栏，10行×22字不等。白口。版口无特征，保存一般。今藏贵州省毕节市档案馆。

dʐʅ y²¹ dʐʅ o³³ lɯ¹³ su³³

祈福消灾书　不分卷1册，44页。佚名撰。彝族祈福消灾仪式经书。记录消除犯困、犯克星、犯口舌、犯重丧、犯死等灾难，将失落在野外的灵魂招回附身，为祈福而献祭命运之神，将被埋的灵魂放出，测算死者的六种归宿等，可供研究彝族宗教信仰参考。贵州省纳雍县境内王国举家旧抄本。本色绵纸，线订册页装，楷体，墨书。页面23.2×23.2cm，墨框21.5×21.5cm，上下朱单栏，13行×18字不等。白口。版口无特征，朱点断句，墨框标题，彩色符号断章，无封页，内有插图。保存一般。今藏贵州省贵州工程应用技术学院彝族文化博物馆。

图 2-31 《祈福消灾书》

dz̩ y²¹ dz̩ o³³ pu¹³ su³³

局 卓 布 苏 不分卷 1 册，47 页。佚名撰。彝族家园禳解经书。有《求笃慕神威》《求克博神威》《求德施神威》《请毕摩神》等篇目，叙述德布德施氏发展与驱邪除秽，解除灾害灾难祸祟。求祖先神威，借助天地诸神之力帮助消除灾难。可供研究彝族形成发展史与黔西北彝族驱邪、除秽、禳解灾祸习俗参考。贵州省威宁县二塘镇艾家坪村三组已故唐开贤毕摩家旧抄本。本色绵纸，线订册页装，楷体，墨书。页面 14×23cm，上下周墨单栏，7 行×24 字不等。白口。版口无特征。朱圈句读，保存一般，左上角破损。今藏贵州省毕节市档案馆。

mi²¹ no⁵⁵ ŋgu²¹ su³³

医 治 迷 诺 经 不分卷 1 册，58 页。佚名撰。彝族祈福消灾仪式经书。认为生育上的障碍是山神鲁朵、岩神斯里，尤其水神迷觉多带来，祈求生育之神阿皮额索降予生育的福分，即吉禄。祈求皮武图、列哲舍续寿赐寿；请生育神阿皮额索收掩克子星、食人虎星与豹星，派力士斩杀水怪迷诺氏，以保生育顺畅。可供研究彝族原始宗教习俗参考。贵州省威宁自治县境内旧抄本。本色绵纸，线订册页装，楷体，墨书。页面 26.1×31cm，无边栏，9 行×28 字不等，白口。版口无特征。朱框书题，朱墨符号断章。保存一般。今藏贵州省毕节市档案馆。

$z\ y^{33}\ nd\gamma^{33}\ su^{33}\ \eta u^{33}$

驱 邪 经 不分卷1册，48页。佚名撰。彝族毕摩驱邪治病用书。本书介绍了彝族先祖笃慕俄娶三妻生六子。其六子成为后来的"六祖"。介绍了六祖迁徙的情况。介绍了"六祖"时期，鲁朵破坏了北方三山，迷觉破坏了中央三山，喜厉破坏了南方三山，导致日出不明，月出不亮，苍天朦胧，大地黑暗，出行也无路。先祖笃慕俄派白尾乌德进驱邪治理。天上乌德进到达大地上，威严地呼唤，顿时，日出即明，月出即亮，苍天大地呈现一片光明。介绍了克博氏驱邪、德实氏驱邪。介绍了驱邪的重要性。对研究彝族原始宗教具有参考价值。贵州省威宁、水城一带旧抄本。本色绵纸，线订册页装，楷体，墨书。页面13.4×24.1cm，墨框9.8×22cm，三周墨单栏，6行×22字不等，白口。版口无标记，句间没有标点符号，段末用符号断句，墨框标题。保存一般。今存贵州省六盘水市柳远胜处。

$z\ y^{33}\ nd\gamma^{33}\ su^{33}\ \eta u^{33}$

驱 邪 经 不分卷1册，169页。佚名撰。彝族毕摩驱邪治病用书。本书介绍了人因遇邪而生灾，遇邪而生病。生病需驱邪，书中分别介绍了祭鲁朵希署、祭哼哈希署、驱逐日月之邪、云雾之邪、鲁补鲁旺之邪、定鲁旺地界、定死与病之邪、离散之邪、水邪、富贵邪、福寿邪等。内容比较齐全。可为研究彝族原始宗教提供参考。贵州省威宁、水城一带旧抄本。本色绵纸，线订册页装，楷体，墨书。页面25×24.4cm，墨框21×21cm，三周墨单栏，12行×22字不等，白口。版口无标记，句间没有标点符号，段末用符号断句，墨框标题。麻布护封，保存一般。今存贵州省六盘水市柳远胜处。

$z\ i^{21}\ mu^{55}\ \varsigma\ i^{33}\ pu^{33}\ du^{33}$

驱 邪 治 病 经 不分卷1册，53页。佚名撰。彝族毕摩驱邪治病书。本书介绍了由哎沃朵、哺沃朵结合，产生尼娄娄、能朵朵。由尼娄娄、能朵朵相互结合，产生挫兜兜和那哈哈。由挫兜兜和那哈哈结合，产生一系列疾病。有一天，实阿武这人，骑着骏马，上山游玩，身上疼痛，走路有如羊被骟。实氏修天男，勺氏补地女，说这样不行，一定有邪祟，是鲁朵作孽，是迷觉作孽。于是组织力量，进行捉拿，驱逐邪祟。对研究彝族原始宗教具有参考价值。六盘水市盘县坪地彝族乡抄本。本色绵纸，线订册页装，楷体，墨书。页面17.2×24.7cm，墨框15×22.5cm，两周墨单栏，5行×15字不等，白口。版口无标记，墨点句读。保存一般。今存贵州省六盘水市盘县坪地彝族乡高忠明老毕摩收藏。

$vi^{33}\ t\ `\upsilon^{13}\ su^{33}\ \eta u^{33}$

扫 屋 经 书 不分卷1册，30页。佚名撰。彝族毕摩消灾用书。彝族人认为，若有别人家的牲口进了自己家的住宅，或者有野生动物进了住宅，那一定是邪祟所致，必须即时请毕摩请示祖灵回避，要将邪祟驱逐出去，否则将有灾难来临。对研究彝族原始宗教具有参考价值。贵州省六盘水市盘县坪地彝族乡孔令恺老毕摩旧抄本。本色绵纸，线订册页装，楷体，墨书。页面 40×27cm，墨框 37×24cm，两周墨单栏，6 行×23 字不等，白口。版口无标记，墨点句读。保存一般。今存贵州省六盘水市盘县坪地彝族乡孔令恺老毕摩收藏。

$ʂʅ^{55} sɯ^{21} mɑ^{21} p'ɛ^{33}$

去污除垢书 不分卷 1 册，36 页。佚名撰。彝族祈福消灾仪式经书。叙述灾难犹如污垢在身，亦如被锅烟所沾染。像去掉污垢、清除锅烟那样，把灾难消除，迎来平安。可供研究彝族原始信仰参考。贵州省毕节市赫章县双坪乡丰沟村李朝文家旧抄本。本色绵纸，线订册页装，楷体，墨书。页面 24×18.8cm，无边栏，7 行×15 字不等。白口。版口无特征，墨框标题，朱圈断句，符号断章，棉布护封，内有人、鸟形插图。保存一般。今藏贵州省贵州工程应用技术学院彝族文化博物馆。

图 2-32 《去污除垢书》

$vi^{33} tʊ^{13} ɖa^{33} xo^{21} su^{33} ŋɯ^{33}$

除灾祛邪经 不分卷 1 册，33 页。佚名撰。彝族毕摩消灾用书。本书介绍了古时候，天还没有出现时，先出现哪益，哪益形成日、月、星、云、高天形成了。高天形成之后，哪益又形成世间万物，哪益形成哭泣，哪益形成冤怨。喜索吐娄娄，穿白色衣服，出嫁到妥额外洛，生了梯启尼。梯启尼开始解冤。梯启尼之后,又出现一大批捉拿希署、驱逐希署的毕摩。又介绍六祖之前的尼能、实勺、耿额、姆米等各个氏族部落中最强的毕摩。那时,日、月、星、云、雾霭、喜厉、迷觉、木、竹、水、石、兽、禽等都有毕摩。有毕摩就有威荣,毕摩能够将年灾月难消除。对研究彝族原始宗教和彝族自然崇拜都具有参考价值。贵州省六盘水市盘县坪地彝族乡孔令恺老毕摩旧抄本。本色绵纸,线订册页装,楷体,墨书。页面 40×27cm,墨框 37×24cm,两周墨单栏,6 行×19 字不等,白口。版口无标记,墨点句读。保存一般。今存贵州省六盘水市盘县坪地彝族乡孔令恺老毕摩收藏。

$ʑi^{21}ei^{33}du^{33}ŋɯ^{33}$

献 祭 招 魂 经　不分卷 1 册,84 页。佚名撰。彝族毕摩招魂用书。本书介绍人魂到翁米,要献祭翁米的君臣师,才能把魂招回人世间。对研究彝族原始宗教具有参考价值。六盘水市盘县坪地彝族乡新抄本。本色绵纸,线订册页装,楷体,墨书。页面 13.7×24.2cm,墨框 12.3×21cm,两周墨单栏,5 行×15 字不等,白口。版口无标记,墨点句读。保存一般。今存贵州省六盘水市盘县坪地彝族乡高忠明毕摩收藏。

$ʑy^{33}ndʐ^{33}su^{33}$

驱 邪 除 灾 经　不分卷 1 册,179 页。佚名撰。彝族毕摩驱邪除灾用书。本书认为,人间有各种各样的灾星,如年灾月灾、土地神灾、雷电火灾、吃人肉喝人血精、鬼、寺庙、龙、星星、鼠、木、妖魔、邪祟等,解除这些灾星,人间便永远安宁。介绍了尼能、实勺、姆米、耿额、六祖等各个时期驱逐灾星的情况。对研究彝族原始宗教有着重要的参考价值。贵州省金沙县马路彝族乡一带旧抄本。本色绵纸,线订册页装,楷体书,墨书,页面 16×24cm,墨框 14×22cm,四周无边栏,7 行×15 字不等,白口,墨框标题。书的前后有几页残损。今存贵州省金沙县马路彝族苗族乡契默沟沙忠兴家。

$dʑy^{21}dʑo^{33}pu^{13}ɳdʑʅ^{21}xɯ^{13}su^{33}$

家 园 消 灾 献 酒 经　不分卷 1 册,34 页。佚名撰。彝族消灾仪式献酒经书。叙述向所请的梯罡、诺武、诺布、布苦、苦吉、吉奋、奋色等神灵逐一献酒,以借助他们的神力来消除灾难。书的最后一页录有一段《献茶经》。可供研究彝族原始信仰习俗参考。贵州省威宁县二塘镇艾家坪村三组已故唐开贤毕摩家旧抄本。本色绵纸,线订册页装,楷体,墨书。页面 14.5×25.2cm,墨框 9.6×23.1cm,上下墨单栏,7 行×21 字不等。白口。版口无特征。朱圈句读,有符号断章,墨框标题。保存一般。今藏贵州省毕节市档案馆。

$kɯ^{33}bu^{33}lɯ^{13}su^{33}$

解 身 灾 书　不分卷 1 册,11 页。佚名撰。彝族消灾仪式献酒经书。书的开头部分为彝文对联，《解身灾》部分介绍将灾难托付给鸡、蛇、茅草人、树枝等替身，由它们带走灾难或作替身去替死、替病等。可供研究彝族原始信仰习俗参考。贵州省威宁县二塘镇艾家坪村三组已故唐开贤毕摩家旧抄本。本色绵纸，线订册页装，楷体，墨书。页面 13.1×24cm，7 行×23 字不等。白口。版口无特征。书的部分为彝汉文夹杂记录。保存一般。今藏贵州省毕节市档案馆。

$dz_ı y^{21} dz_ı o^{33} ndɯ^{33} su^{33}$

家 园 禳 解 书　不分卷 1 册，72 页。佚名撰。彝族祈福消灾仪式经书。记录借助天地诸神与祖宗神的神力，为犯凶灾、病灾、死灾、精神萎靡不振、受诅咒等情况的人进行禳解解脱，为精神、福禄、命运、威势、力量、灵魂等消除灾难。可供研究彝族风俗习惯和历史参考。贵州省赫章县一带旧抄本。本色绵纸，线订册页装，楷体，墨书。页面 25×27cm，无边栏，12 行×13 字不等。白口。版口无特征，无断句，有符号断章，墨框标题。保存一般。今藏贵州省贵州工程应用技术学院彝族文化博物馆。

图 2-33　《家园禳解书》

$\eta\, dz_ı\, \underline{\imath}^{21} xɯ^{13} su^{33}$

献 酒 经　不分卷 1 册，33 页。佚名撰。彝族祈福消灾仪式经书。叙述向毕摩神献酒，请他们效仿布㩢举奢哲除污秽、解污灾方法，发挥威力，退去人间的由污染、污秽带来的灾难。可供研究彝族宗教习俗参考。贵州省毕节市七星关区大屯乡一带旧抄本。本色绵纸，毛装，楷体，墨书。页面 13.5×23cm，无边栏，7 行×17 字不等。白口。版口无特征。朱圈句读，保存一般。今藏贵州省毕节市档案馆。

$dz̩y^{21}dz̩o^{33}pu^{13}su^{33}$

局　卓　布　苏　不分卷1册，246页。佚名撰。彝族排解灾难仪式经书。通过借助天地、日月、风云、山川、河流诸神和祖宗神的神威神力，驱邪祟、除恶煞，为灵魂、精神、知识等解除灾难，达到解除所有灾难祸害的目的，包括死神、灾星、凶星、克星、怕人的诅咒等。可供研究彝族原始宗教习俗参考。贵州省赫章县朱明乡已故毕摩龙德富家旧抄本。本色绵纸，线订册页装，行体，墨书。页面24×23.1cm，无边栏，10 行×12 字不等，白口。版口无特征。朱墨双框书题，前半部分无断句，后部分朱圈句读，有符号断章。保存一般。今藏贵州省毕节市档案馆。

$zɛ^{21}ma^{13}p'i^{21}ly^{21}ko^{13}ɬɛ^{33}su^{33}$

求　寿　祈　福　去　灾　经　不分卷1册，31页。佚名撰。彝族祈福消灾经书。本书介绍第一至第七层天的君、臣、毕摩力士及其住民，向他们借神力消灾，向他们祈求延年益寿；又以蛇、虎、松柏等作替身，将死病等灾难或祸害推给这些替身。可供研究彝族宗教习俗参考。贵州省威宁县龙场镇一带旧抄本。本色绵纸，线订册页装，楷体，墨书。页面34×34.1cm，无边栏，19 行×28 字不等。白口。书口有页码。麻布护封，符号断章，朱墨双框书题，保存一般。今藏贵州省毕节市档案馆。

三、历史谱牒类、婚礼仪式类、天文地理与历法类

（一）历史谱牒类

$du^{21}mi^{33}ts'ɿ^{13}ʂu^{21}$

笃　慕　谱　系　不分卷1册，43页。佚名撰。彝族祭祖叙谱与消灾经书。记录笃慕避洪水后生彝族六祖，布支系的创业与立部，乌撒、磨弥等布支系的谱系。介绍布支系的丧事消灾仪式。可供研究彝族祭祖习俗与历史谱系参考。贵州省威宁县龙场镇长坪村王毕摩家旧抄本。本色皮纸，线订册页装，楷体，墨书。页面22.5×26.3cm，墨框19×18.5cm，13 不等行×15 字。上下朱单栏。白口。版口无特征，朱墨框书题。保存基本完整。今藏贵州民族文化宫图书馆。

$tɕ'o^{13}p'i^{33}hɿ^{21}ʂu^{21}$

六　祖　谱　牒　不分卷1册，387页。佚名撰。彝族谱牒。叙述尼能、什勺、鲁朵、斯里等和支嘎阿鲁及其家族谱系，记录慕靡经举偶到六祖的武、

乍、糯、侯、布、默各大支系及其小的分支的数百代谱系，反映彝族父子连名谱的独有特色。可供研究谱牒与历史参考。旧抄本。本色棉纸，线订册页装，楷体，墨书。页面 30×29.7cm，无边栏，13 行×15 字，白口。版口无特征，自然断句，符号断章，保存一般。今藏贵州省毕节市档案馆。

ts'ɿ^{13}ʂu^{21}su^{33}

谱　牒　书　不分卷 1 册，86 页。佚名撰。彝文谱牒文献。本书汇集有《尼能谱》《什勺谱》《鲁朵谱》《许塞谱》《策帕谱》等十余部远古氏族的各七、八、九、十代不等的连名族谱，辑录武僰族系十来支系的各数十代父子连名谱。可供研究彝族历史参考。贵州省威宁自治县龙场镇一带旧抄本。本色绵纸，线订册页装，行体，墨书，页面 45×28cm，墨框 38×26cm，四周墨单栏，18 行×20 字，白口。版口无特征。墨框书题，保存一般。今藏贵州省毕节市档案馆。

tɕ'o^{13}p'i^{33}hɿ^{21}ʂo^{21}

彝　族　创　世　志　不分卷 1 册，187 页。佚名撰。彝族谱牒文献。本书记录鲁朵、史替、署舍、密觉等古老氏族谱系，记录尼能、实勺等部族谱系，记录恒尼哺系统的支嘎阿鲁、赤娄阿木、仇洛那、竺氏、欲氏、武啥、色吞、德本、古笃、陀尼等各部具体谱系，记录希慕遮至笃慕 31 代父子连名谱，叙述君、臣、毕社会政权体制，涉及毕余、毕德、实楚、仇宙、够葛等人事，叙述濮系阿武吐部族谱系，记录南诏罗阁王族源流，记录六祖长子集团木却舍各部谱系；记录六祖乍支系各部、武支系各部、糯支系各部和侯支系三支九大部中的部分分部的具体父子连名谱牒，略叙各部分支、迁徙与分布地、活动中心、政权结构等。记录默支系自慕齐齐以下分支情况，叙述该支系勿阿克、勿阿律（伦）、勿阿纳三大支以下阿芋路、芒布、阿哲、阿外惹、安蒙余等 35 部父子连名谱，其中阿芋路、芒布、阿哲、阿外惹四支具代表性，分别有 70 至 80 余代父子连名谱；记录自慕克克以下德布支系的各代分支，尤以第 10 代后的克博、鲁罗、濮迁三大支中分出的磨弥、播勒、乌撒、罗婺、仁德、九支鲁罗最具代表性，克博分支大部有均 70 余代父子连名谱。布支系中，三大支有 22 个部的父子连名谱。可供研究彝族史参考。贵州省赫章县妈姑镇陈执忠毕摩家旧抄本。本色绵纸，线订册页装，楷体，墨书。页面 30×25cm，墨框 28×23cm，无边栏，12 行×20 字，白口。版口无特征。墨框标题。保存基本完整。今藏贵州省毕节市档案馆。

（二）婚礼仪式类

1. 摩史婚诵艺文

he^{21}vu^{33}su^{33}

进　新　房　书　不分卷 1 册，21 页。佚名撰。彝族摩史祝辞。叙述彝族先民够阿娄、葛阿德兴起建房,尼赤叩兴起建住房礼仪。将家神、富贵神、威势神、知识智慧神、生育神迎到新房,祝福进新房的人家欣欣向荣。可供研究彝族传统习俗与文学参考。贵州省水城县果布嘎乡兴隆村罗盘组宋正昌家旧抄本。本色皮纸,线订册页装,楷体,墨书。页面 24×12cm,6 行×15 不等字,两周单边栏,白口。版口无特征,墨标书题。保存一般。今藏贵州省水城县果布嘎乡兴隆村罗盘组宋正昌家。

$a^{21}\ m\ \varepsilon^{13}\ k'ı^{33}\ su^{33}$

阿 买 恳 苏　　不分卷 1 册,12 页。佚名撰。彝族婚嫁仪式唱诵词。用小鸟幼兽的孤单,引出被迫出嫁的姑娘的无助、无奈,到异地他乡后,思念自己的家乡、父母、亲人、女伴。湖水的深度、大岩的高度等,都是可以测量的,而婆家所有人的心有多高多深,就没办法测量了。可供研究彝族婚俗和诗文参考。贵州省毕节市七星关区大屯乡一带旧抄本。本色绵纸,线订册页装,楷体,墨书。页面 13.2×24.5cm,无边栏,9 行×26 字不等,白口。版口无特征。朱点句读,符号断章。书口残破。今藏贵州省毕节市档案馆。

$nu^{33}\ ɯ^{33}\ su^{33}$

努　额　数　　不分卷 1 册,44 页。佚名撰。彝族婚礼唱词。共有 11 段。讲姆吐喽迪等三人去策耿兹家,没遇着策耿兹,只有策耿兹家三个姑娘;讲耿兹家三个姑娘出嫁的事;讲朴迭布喽和阿举益苦两个摩史对歌的事;讲武陀尼和卓洛举两家联姻的故事,讲尼姆兹、能米府、哪姆勾三个天君的故事;讲从前的杰野鲁博地方君民和谐、国富民强的故事,支嘎阿鲁探天测地,治理人间后到处呈现繁荣景象的故事等。对研究彝族古代婚姻具有参考作用。贵州省金沙县马路彝族乡一带旧抄本。本色绵纸,线订册页装,楷体书,墨书,页面 16×24cm,墨框 14×22cm,四周无边栏,7 行×14 字不等,白口,墨框标题,保存一般。今存贵州省金沙县马路彝族苗族乡契默沟沙忠兴家。

2. 摩史诵词

$fu^{13}\ dᶮe^{13}\ su^{33}$

婚 仪 诵 本　　不分卷 1 册,42 页。佚名撰。彝族婚礼仪式摩史诵本。叙述彝族播勒、水西等君长嫁女排场大,仪式既隆重,又讲究,盛酒的坛子由南诏地方的卓罗纪进贡,制作精美,是坛中的上乘;武德补家提供的芦笙、灯盏、碗筷、桌椅板凳等都是舒若尼指挥名工匠用名贵竹木制作,得以使用是贵族的享受、身份的象征。可供研究彝族民间文学与诗歌参考。贵州省毕节市大屯乡陈大林毕摩家清道光三十年（公元 1850 年）抄本。本色绵纸,线订册页装,楷体,墨书,朱点断句。页面 18.2×15.5cm,墨框 16.5×9.8cm,无边栏,7 行×15 字,白口。版口无特征。保存基本完整。今藏贵州民族文化宫图书馆。

tɕ'u²¹ȵdʐɿ³³su³³

曲　　姐　　苏　　不分卷1册，46页。佚名撰。彝族婚礼仪式摩史唱词。叙述婚配由来；从尼能叙述到六祖等六个时期的婚俗，六祖的分支分布，各部的地理环境等；反映婚姻的不自由与被嫁女告别亲人与家人的依恋之情等。可供研究彝族婚俗与诗歌参考。贵州省毕节市七星关区大屯乡一带旧抄本。本色绵纸，毛装，楷体，墨书。页面12×18.2cm，无边栏，7行×13字不等。白口。版口无特征。朱点句读，墨框标题。保存一般。今藏贵州省毕节市档案馆。

tɕ'u²¹ȵdʐɿ³³su³³

曲　　姐　　苏　　不分卷1册，54页。佚名撰。彝族婚礼仪式摩史唱诵词。本书有《披毡歌》《生命线之父》《布举与布陀的世道预测》《命运树》等三十余首歌词，每首词代表一道仪式，叙述尼能、什勺、慕靡、举偶、六祖、武、乍、糯、侯、布、默等各个时期女儿线崇拜。歌词为多章迭章，采用比兴手法。可供研究彝族诗歌与婚俗参考。贵州省威宁县龙场镇一带旧抄本。本色绵纸，线订册页装，楷体，墨书。页面29×23.1cm，无边栏，15行×15字不等。白口。版口无特征。麻布护封，无断句，朱墨双框书题，保存一般。今藏贵州省毕节市档案馆。

fu¹³du⁵⁵ba¹³dʑu²¹

婚　　仪　　书　　不分卷1册，77页。佚名撰。彝族婚礼仪式摩史诵。本书有《迎公公》《迎婆婆》《迎新娘》《馈赠》《亲戚分别辞》《送客辞》《祝福》《尼能氏酿酒》《架线辞》等篇目，介绍婚事礼仪，叙婚姻起源、赞颂亲戚情谊，记录彝族各部间的联姻等。可供研究彝族婚俗与文学参考。贵州省威宁县境内旧抄本。本色绵纸，线订册页装，楷体，墨书。页面27.5×22.6cm，无边栏，7行×15字，白口。版口无特征。自然断句，墨框标题，符号断章。保存一般。今藏贵州省毕节市档案馆。

tɕa³³tsɿ²¹

甲　　子　　不分卷1册，6页。佚名撰。彝族毕摩工具书。记录天干配属相的六十甲子与金木水火土五行的分属。可供研究彝族历法参考。贵州省水城县果布嘎乡兴隆村罗盘组宋正昌家旧抄本。本色皮纸，线订册页装，楷体，墨书。页面25.2×12.5cm，12行×9不等字，无边栏，白口。版口无特征，墨标书题。保存一般。今藏贵州省水城县果布嘎乡兴隆村罗盘组宋正昌家。

nu³³ɯ³³su³³

诺　　汨　　苏　　不分卷1册，65页。佚名撰。彝族摩史宣诵用书。记录勃弄蔺（在今云南省大理州的祥云县）君长与首席大臣德朵穆魁的关于治国安邦的策略交流，记录神奇枣骝马在若干西南夷君长间流动，记录唐代阿者君长洛纳阿珂的梦、巴底草海的传说等故事。可供研究彝族历史与传说参考。贵州省赫章县妈姑镇打丰村已故付文明毕摩旧抄本。本色绵纸，线订册页装，楷体，墨书。页面27×30cm，无边框，11行×16字不等。白口。版口无特征，朱点断句，朱墨框标题，彩色符号断章，内有龙、马、人等插图。保存一般。今藏贵州省贵州工程应用技术学院彝族文化博物馆。

图 2-34 《诺沤苏》

（三）天文地理与历法类

he²¹su³³

历书（残本） 不分卷1册，23页。佚名撰。彝文历书。本书系民国时期的推算历书，残存有公元1984年至1994年十年的年历，反映对月大月小、闰月、干支、宫辰、二十四节气、五行等的推算水平。可供研究彝族阴阳历的使用参考。贵州省赫章县河镇乡恒底村白磨院子王姓旧抄本。本色绵纸，线订册页装，行体，墨书，页面13×23.8cm，墨框10.5×21.8cm，上单周墨边栏，10行×23字不等，白口。版口无特征。残破不全。今藏贵州省毕节市档案馆。

mi¹³dɯ³³ho²¹mo²¹pu¹³su³³

勘察地方书 不分卷1册，35页。佚名撰。彝族地理书。本书有相地、观风水等内容，用彝文五行、八卦分析宅基的二十四山、二十四向龙脉、山形、沙水走向，以八类宅基为中心，推断所对应的靠山、龙山、虎山、脚踏山所主吉凶。可供研究彝族习俗参考。贵州省水城县果布嘎乡大寨村小寨组陈兴平家旧抄本。本色皮纸，线订册页装，楷体，墨书。页面 12.5×25cm，墨框 11×20.2cm，6 行×15 字，无边栏，白口。版口无特征。墨标书题。有彝文"丙午年八月十五"和汉文"光绪三十四年五月二十五日在于温都克苟崽仲抄存此不可为悟也"字样。保存一般。今藏贵州省水城县果布嘎乡大寨村小寨组陈兴平家。

四、长诗与歌词类、军事类、占算预测类、年节类

（一）长诗与歌词类

k'ɿ^{33}ho^{21}su^{33}

肯 洪 书 不分卷 1 册，8 页。佚名撰。彝族丧歌歌词。以三段式的形式，比兴的手法，引出丧歌的开场，以鸟的相送、麂子的相送，引出生者与死者的送别，还叙述与丧舞"肯洪"相关的道具等，可供研究彝族诗歌与丧俗参考。贵州省赫章县一带旧抄本。本色绵纸，线订册页装，楷体，墨书。页面 23.5×13.5cm，无边栏，7 行×21 字不等。白口。版口无特征。无断句，有符号断章。保存一般。今藏贵州省贵州工程应用技术学院彝族文化博物馆。

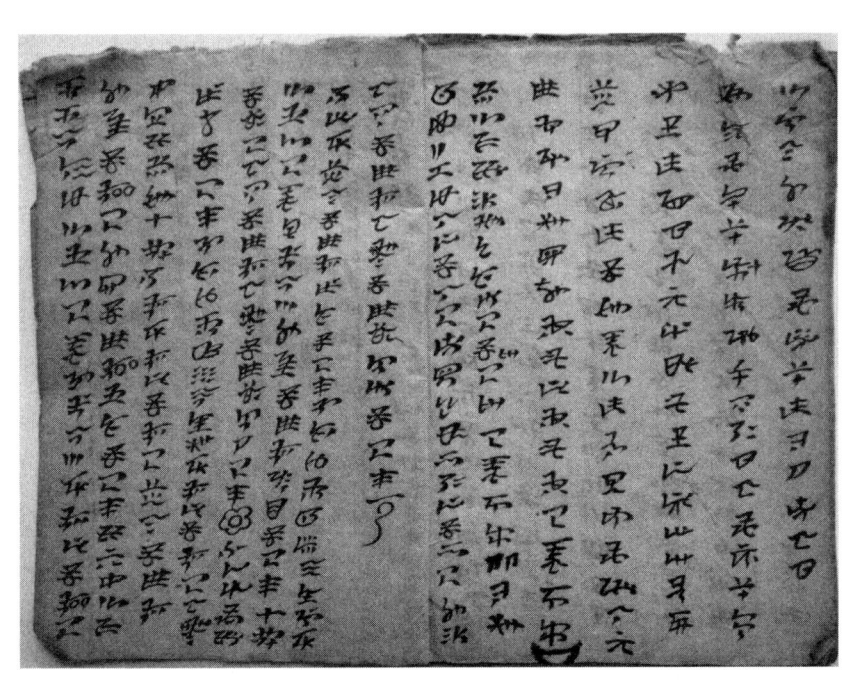

图 2-35 《肯洪书》

kɯ⁵⁵tɕ'u²¹gu²¹

勾 曲 谷 不分卷1册,10页。佚名撰。彝族情歌。叙述一对有情人因大河阻隔而无法相见,思念心切,感动过渡神,将大河隔断,使二人相会倾诉衷肠。可供研究彝族诗歌和恋俗参考。贵州省水城县果布嘎乡兴隆村罗盘组宋正昌家旧抄本。本色皮纸,线订册页装,楷体,墨书。页面12×13.3cm,7行×15不等字,无边栏,白口。版口无特征,墨标书题。保存一般。今藏贵州省水城县果布嘎乡兴隆村罗盘组宋正昌家。

kɯ⁵⁵tɕ'u²¹gu²¹

勾 曲 谷 不分卷1册,14页。佚名撰。彝族情歌。叙述汝啥和诺妮一对有情人因大河阻隔而无法相见,绝情的船匠老大、老二、老三不肯渡爱恋中的情人,汝啥一时起怒,折了三棵刺楸树条猛抽大河,大河惧而断流,二人终于得以相会倾诉衷肠。可供研究彝族诗歌和恋俗参考。贵州省水城县果布嘎乡兴隆村罗盘组宋正昌家旧抄本。本色皮纸,线订册页装,楷体,墨书。页面11.3×24cm,5行×15不等字,无边栏,白口。版口无特征,墨标书题。保存一般。今藏贵州省水城县果布嘎乡兴隆村罗盘组宋正昌家。

sɛ³³t'ɯ³³a²¹ʐu²¹

赛 特 阿 育 不分卷1册,102页。彝文诗体小说与歌词。叙述赛特阿育父母至中年不育,勤祭祀感动天帝更兹,赐子,生阿育。及三岁,丧父母。阿育卖身葬父母,守孝三秋,遂投买主阿治家为奴。天帝命幺女诺尼下凡妻之。阿治子慕其色,心生恶念,然见其工夫,知是仙女,只好惧退。阿治认之为女,诺尼认阿治女妮妮为妹,治许阿育赎身。三年期满,诺尼返天庭,有遗腹子,告育"生女则自留,生男送还君"。并促成阿育与妮妮成婚。三年后,诺尼送子来,及长有谋,阿育父子同获功名,显赫一时。还有《哭祭经》中的《买父亲》《哭失子》《阿租苏耿哭祭》《阿租苏耿买父》《舒打鍮孜》《额索哭祭母》等篇目。可供研究彝族文学及伦理道德参考。贵州省威宁县龙场镇阿景毕摩家旧抄本。本色绵纸,线订册页装,楷体,墨书。页面27.4×18.2cm,墨框24×16.2cm,有边栏,10行×19字不等,白口。版口无特征。朱墨框标题。保存一般。今藏贵州民族文化宫图书馆。

ɖu²¹mu³³ʐi²¹tso²¹hɑ³³

洪 水 与 笃 慕 不分卷1册,54页。佚名撰。彝族史诗。笃慕时期,人口发展过快,耕种了山林、石崖、江河不说,连天帝策更纪家的祭祖场、练兵场也不放过,有人甚至扬言要上到天庭居住。策更纪先派天臣额索下界探查,认为人间的道德已败坏到极点;策更纪也亲自下界探查,以笃慕三弟兄作比较,选中善良的笃慕,要把再续人烟的大任交与笃慕,告诉他上天要发洪水来灭人烟的天机，并教他避洪水的方法，凿木桶待在里面待二十一天后才能出来，保他相安无事，笃慕遵从策更纪。灾难过后，策更纪命日、月、星三天女与笃慕对歌后成亲，生了彝族六祖，完成再续人烟的大任。可供研究彝族民间文学与诗歌参考。贵州省毕节市大屯乡陈章书毕摩家清道光二十六年丙午（公元 1846 年）抄本。本色绵纸，线订册页装，楷体，墨书、朱点断句。页面 18×12.4cm，墨框 10.5×9.5cm，无边栏，7 行×17 不等字，白口。版口无特征。保存基本完整。今藏贵州民族文化宫图书馆。

a^{21} m ε ^{13} k ' e ^{33} su ^{33}

嫁 歌 歌 词 集 不分卷 1 册，26 页。佚名撰。彝族叙事诗。书中以对答的形式，三段式格式，比兴手法，或以草木、飞禽走兽的拟人化做铺垫，引出女子出嫁，远离父母，远离家乡的离情别绪，表述对未来的憧憬与艰辛的担忧的复杂矛盾心情。介绍彝族君长地域内的制度、各君长的分布范围及其境内的名山大川、奇珍异兽、名贵花草与树木等。可供研究彝族民间文学与诗歌参考。贵州省毕节市大屯乡陈章正毕摩家清嘉庆年间抄本。本色绵纸，线订册页装，楷体，墨书、朱点断句。页面 24.5×15.5cm，墨框 23.2×11.7cm，无边栏，8 行×26 字，白口。版口无特征。略有残破，今藏贵州民族文化宫图书馆。

ẓ i ^{21} tso ^{21} tsʻ o ^{21} tʂ ʻ u ^{21} ts ɪ ^{33}

洪 水 灭 人 烟 不分卷 1 册，102 页。佚名撰。彝族史诗。叙述彝族先祖笃慕的时期，六支叟厄、八大武古的人口繁衍超过了极限，山林、悬崖绝壁、大江大河悉数被耕种，失去家园的山神、水神、崖神和动物中的蛇类等纷纷上天告状，地上容纳不下的人们扬言要上天居住，但天上最高主宰的更兹却不放在心上，直到他的婚事场、祭祖场、练兵场被占耕种，且心爱的宝马被笃慕三弟兄盗走时，策更兹才发狠心倾尽天上的四大洪水把人烟淹灭。书的后部分还辑录了六祖谱系。可供研究彝族史诗、谱牒和生态观参考。贵州省威宁自治县境内旧抄本。本色绵纸，线订册页装，行体，墨书。页面 44×28cm，墨框 38.5×26cm，四周墨单栏，15 行×20 字。白口。版口无特征。墨框书题，自然断句，有符号断章。保存一般。今藏贵州省毕节市档案馆。

mi ^{55} gʊ ^{21} tʻ ɿ ^{55} su ^{33}

米 果 特 书 不分卷 1 册，87 页。佚名撰。彝族丧祭古歌。本书介绍了寻药、打剑、祭祀、织绸穿绸、解身（即禳解灾难）等历史。对研究彝族原始宗教具有参考价值。六盘水市盘县鸡场坪乡俄嘎村康氏旧抄本。本色绵纸，线订册页装，楷体，墨书。页面 25.9×20.5cm，墨框 24×20.2cm，四周墨双栏，22 行×19 字不等，白口。版口无标记，墨点句读。书的前面几页写了此《古歌》的来历，搜集的过程等。保存一般。今存贵州省六盘水市盘县古籍办搜集存放。

（二）军事类

a²¹ ŋ dz ɛ²¹ vu³³ sa¹³ gɪ⁵⁵ h ɛ²¹

水西与吴三桂交战　不分卷1册，35页。清康熙十年原水西火著则溪归宗摩史撰。彝族摩史记史文献。此书记录清康熙三年水西与吴三桂为期一年的交战，水西从开战初的占据优势到彻底的战败，君长额菲（安坤）殉职。可供研究彝族军事参考。贵州省水城县境内赤笃迪琐毕摩清光绪十五年抄本。本色绵纸，线订册页装，楷体，墨书。页面45×29cm，无边栏，19行×21字不等。白口。版口无特征。麻布护封，无断句，朱墨双框书题，保存一般。今藏贵州省毕节市档案馆。

bi²¹ nduɯ⁵⁵ mɛ³³ dzɪ²¹ ŋuɯ³³

布默战史　不分卷1册，34页。佚名撰。彝族摩史记史文献。此书录有《菲德论战》和《阿哲与乌撒的交战》等篇目。《菲德论战》以若干个战例来阐述菲德的战争观，《阿哲与乌撒的交战》叙述乌撒传47代那周德皤时，为阿哲部为首默支系所联合颠覆，君长成庶人。德皤弟折怒亲王在其叔父那周阿吉与战将德直、阿租、米勺等的帮助下光复乌撒。若干次的交战，乌撒、阿哲、乌蒙三部首领德楚仁育、那周阿吉、举足尼迫先后战死。可供研究彝族军事参考。贵州省威宁县西部旧抄本。本色绵纸，线订册页装，楷体，墨书。页面45×29.8cm，无边栏，20行×17字不等。白口。版口无特征。麻布护封，墨框标题，符号断章。保存一般。今藏贵州省毕节市档案馆。

（三）占算预测类

1. 择期书

ɪ²¹ ha¹³ tʂa³³ su³³

择期书　不分卷1册，43页。佚名撰。彝族毕摩工具书。以九星、二十八星对应每月三十日择找婚嫁、祭祖等日子，以五行八卦、九星、二十八宿、二十四局对应择找住宅、墓地等。可供研究彝族生活习俗参考。贵州省毕节市纳雍县境内旧抄本。本色绵纸，线订册页装，楷体，墨书。页面42.3×20.4cm，偶有朱墨边栏，11行×31字不等。白口。版口无特征，内有龙、马、人、树等彩色插图，夹有祭祀用白鸡毛。墨圈偶夹有朱圈断句。仿效汉文古籍右往左读，保存一般。今藏贵州省贵州工程应用技术学院彝族文化博物馆。

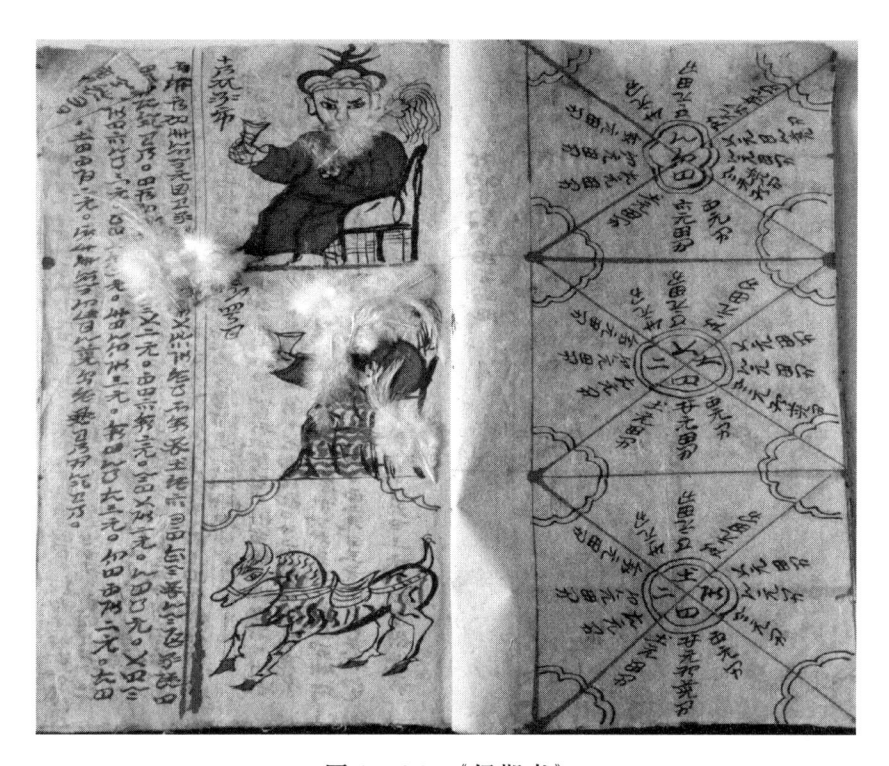

图 2-36 《择期书》

$ts\ '\ \eta^{21}\ tc\ '\ \boldsymbol{w}^{21}\ \eta gu^{21}\ na^{33}\ I^{13}$

择 解 除 诅 咒 日 子　不分卷 1 册，54 页。佚名撰。彝族毕摩工具书。本书图文并茂，主要以甲干、属相日结合，推算解除被诅咒、犯诅咒的日子，认为好日子必须有九大星和二十八宿星照应，以此阻隔诅咒，避免沾染灾难。可供研究彝族原始宗教习俗与绘画参考。贵州省水城县果布嘎乡大寨村小寨组陈兴平家旧抄本。本色皮纸，线订册页装，楷体，墨书。页面 25×24.3cm，墨框 24×19.8cm，11 行×25 不等字，上下单栏，白口。版口无特征，墨标书题。保存基本完整。今藏贵州省水城县果布嘎乡大寨村小寨组陈兴平家。

$I^{21}\ ha^{33}\ t\c{s}\ a^{33}$

择 期 书　不分卷 1 册，61 页。佚名撰。彝族选择吉日良辰通书。本书用甲干、属相、九星、二十八宿结合，为嫁女、结婚、修造、出行、行船、祭祖、祭龙、祭山、出征、结盟、庆典择找吉日良辰，有星斗运行及气候、物候变化的规律总结等。可供研究彝族历法参考。贵州省水城县果布嘎乡大寨村小寨组陈兴平家清光绪年间抄本。本色皮纸，线订册页装，楷体，墨书。页面 24.5×24.5cm，墨框 21.2×19.2cm，11 行×21 不等字，上下单栏，白口。书口有页码记号，墨标书题。绘有八卦等图案，略有残缺。今藏贵州省水城县果布嘎乡大寨村小寨组陈兴平家。

$ɿ^{21}ha^{33}su^{33}$

择　期　书　不分卷1册，48页。佚名撰。彝族毕摩工具书。以九星、二十八宿、天干、属相、五行、八卦、十二宫辰等为嫁娶、乔迁、搭桥、续寿、修造、出行、狩猎、出征、纺织、剪裁、祭祀等择找吉日，可供研究彝族生活习俗参考。贵州省毕节市赫章县双坪乡王正贤毕摩家旧抄本。本色绵纸，线订册页装，行体，墨书。页面51.8×25.5cm，17行×18字不等，无边栏，白口。版口无特征。前部分墨框标题，后半部分朱墨双框标题符号断章，残破不全。今藏贵州省毕节市档案馆。

$tʂa^{33}su^{33}ŋɯ^{33}$

择　期　书　不分卷1册，20页。佚名撰。彝族毕摩工具书。根据年月日时结合彝族的五行、八卦、十二生肖测算气象，择找搬迁、建房等日子，介绍回避犯阴木日的办法等。可供研究彝族生活习俗参考。本色绵纸，线订册页装，楷体，墨书。页面24.5×24cm，墨框20×21.5cm，上下朱单栏，14行×24字不等。白口。版口无特征，朱点或墨圈断句，朱墨框标题，有符号断章。塑料纸护封。残破严重。今藏贵州省贵州工程应用技术学院彝族文化博物馆。

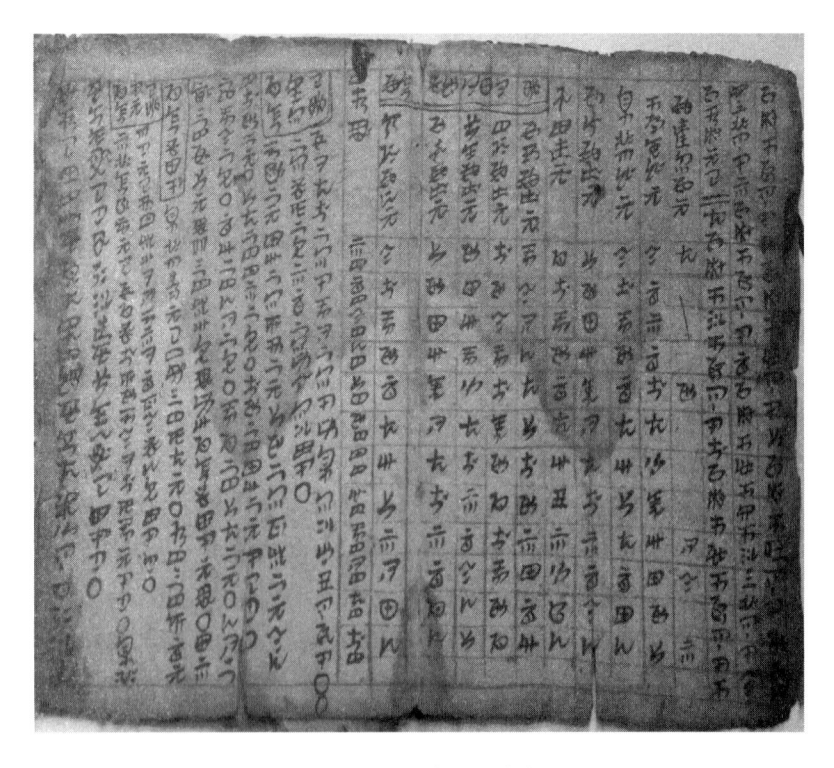

图 2-37　《择期书》

$pi^{55}p'u^{21}ɿ^{21}tʂɑ^{33}$

开 闭 日 择 期　　不分卷1册，18页。佚名撰。彝族毕摩工具书。以甲干、五行、八卦、属相结合开闭日择找吉日良辰，为丧祭、祭祖、出征、结盟仪事、嫁娶等活动服务。可供研究彝族历法与禁忌民俗参考。贵州省水城县果布嘎乡大寨村小寨组陈兴平家旧抄本。本色皮纸，线订册页装，楷体，墨书。页面25×12cm，5行×1字不等，无边栏，白口。版口无特征，墨标书题。保存一般。今藏贵州省水城县果布嘎乡大寨村小寨组陈兴平家。

$ɿ^{21}ha^{33}ʂu^{21}su^{33}$

择　　期　　书　　不分卷1册，49页。佚名撰。彝族毕摩工具书。本书用甲干、属相、九星、二十八宿结合，为嫁女、结婚、修造、出行、祭祀、出征、结盟、庆典择找吉日良辰，有星斗运行及气候、物候变化的规律总结等。可供研究彝族历法参考。贵州省威宁县二塘镇艾家坪村三组已故唐文康毕摩家旧抄本。本色棉纸，线订册页装，楷体，墨书。页面13.2×22.6cm，墨框10.6×21cm，双周墨单栏，16行×31字不等。有后记。墨框标题，无断句。白口。版口无特征。保存一般，书口破损。今藏贵州省毕节市档案馆。

$tʂɑ^{33}su^{33}ŋɯ^{33}$

占　　算　　书　　不分卷1册，105页。佚名撰。彝族毕摩工具书。本书存有丧祭择日，祭祖择日，安魂不吉日，叟卡凶兆预测，依女命排嫁娶克日，按月建看天地不在日、绝亡日、天死地烂日，按月建测宅基等。反映彝族古时择找吉日的一些特点。可供研究彝族习俗与历法参考。贵州省赫章县河镇乡恒底村白磨院子王姓旧抄本。本色绵纸，毛装，楷体，墨书，页面23.5×23cm，无边栏，11行×17字不等，白口。版口无特征。墨框书题，麻布护封，无断句。残缺不全，书口破损。今藏贵州省毕节市档案馆。

$tɕ'i^{55}k'ɯ^{21}ɿ^{21}ha^{33}ʂu^{13}su^{33}$

娶　亲　择　日　书　　不分卷1册，39页。佚名撰。彝族毕摩工具书。本书图文并茂，先以表格列上男下女从一到百岁间，各岁的金木水火土五行的照应，再以月建择找气亲的吉日良辰。可供研究彝族生活与婚姻习俗参考。贵州省威宁县二塘镇艾家坪村三组已故唐开贤毕摩家旧抄本。本色绵纸，线订册页装，楷体，墨书。页面14.1×25cm，墨框10.4×23.2cm，上下墨单栏，7行×24字不等。白口。版口无特征。朱墨框书题，内有彩色插图。保存一般。今藏贵州省毕节市档案馆。

$tʂɑ^{33}su^{33}ŋɯ^{31}$

算　　　　书　　不分卷1册，59页。佚名撰。彝族毕摩工具书。介绍以四个季节、月份、属相日测算晴雨，择找播种、尝鲜、祭祖等日子。可供研究彝族历法与习俗等参考。贵州省水城县果布嘎乡大寨村小寨陈兴平家旧抄本。本色绵纸，线订册页装，楷体，墨书。页面24.5×27cm，墨框20×23cm，上下墨单栏，11行×17字不等。白口。版口无特征，无断句，汉字标注章节，保存一般。今藏贵州省贵州工程应用技术学院彝族文化博物馆。

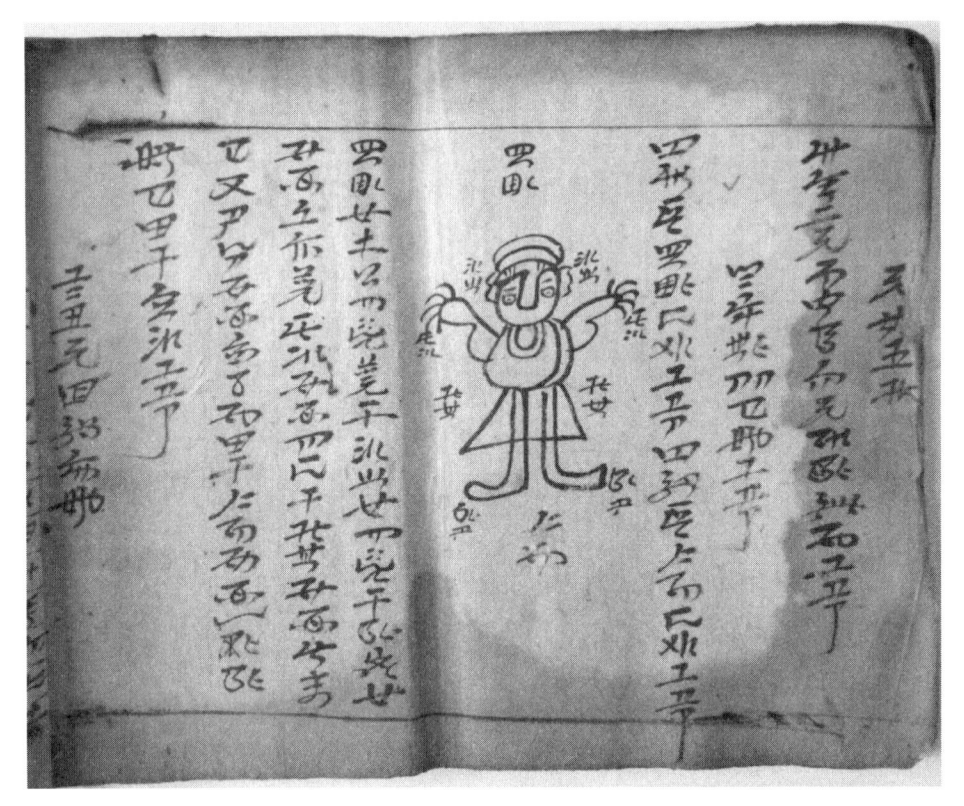

图 2-38 《算书》

2. 命运预测

$a^{21}lu^{33}dz_{\gamma}i^{21}lu^{21}tʂa^{33}$

阿 鲁 预 测 书 不分卷1册，70页。佚名撰。彝族毕摩大型工具书。以古彝王支嘎阿鲁名字作命名的书籍。根据人的出生年、月、日、时的属相，与所出生季节内占的花草树木配合，预测其前途命运。该书还采用《献水经》的方式，将总结的人生从一岁到一百岁的一般经历规律，每编为一段五言为主的诗句，突出生动性与趣味性。可供研究彝族历法、民俗、医药、诗歌参考。贵州省威宁县龙场镇阿景毕摩家清咸丰年间抄本。本色绵纸，线订册页装，楷体，墨书。页面41×28cm，墨框34×24cm，无边栏，17行×17不等字，白口。版口无特征。有人与花树示意图和十二属相山、二十八星与前程图等。保存一般。今藏贵州民族文化宫图书馆。

dʐi²¹lu²¹tʂɑ³³su³³

吉 禄 拃 苏 不分卷1册，95页。佚名撰。彝族毕摩占算命运工具书。本书以生月占、生年占、男女岁月占、生时占、六十甲子占、属相皮骨占、五行月份生命树占、男女日宫生命树占，生男生女占，年岁与月份命运占，命运变化占，是否享受丧祭占等若干算法，对人出生至死亡的命运前途进行预测，记录了一系列民俗，且图文并茂。可供研究彝族习俗与绘画参考。贵州省赫章县一带旧抄本。本色绵纸，线订册页装，楷体，墨书。页面24.1×15.8cm，墨框20×11.7cm，上下墨单栏，8行×21字不等。白口。版口无特征，朱点断句，墨框标题，内有人物、动物、植物等彩色插图，棉布护封，封面有印章。保存一般，后小半部残缺。今藏贵州省贵州工程应用技术学院彝族文化博物馆。

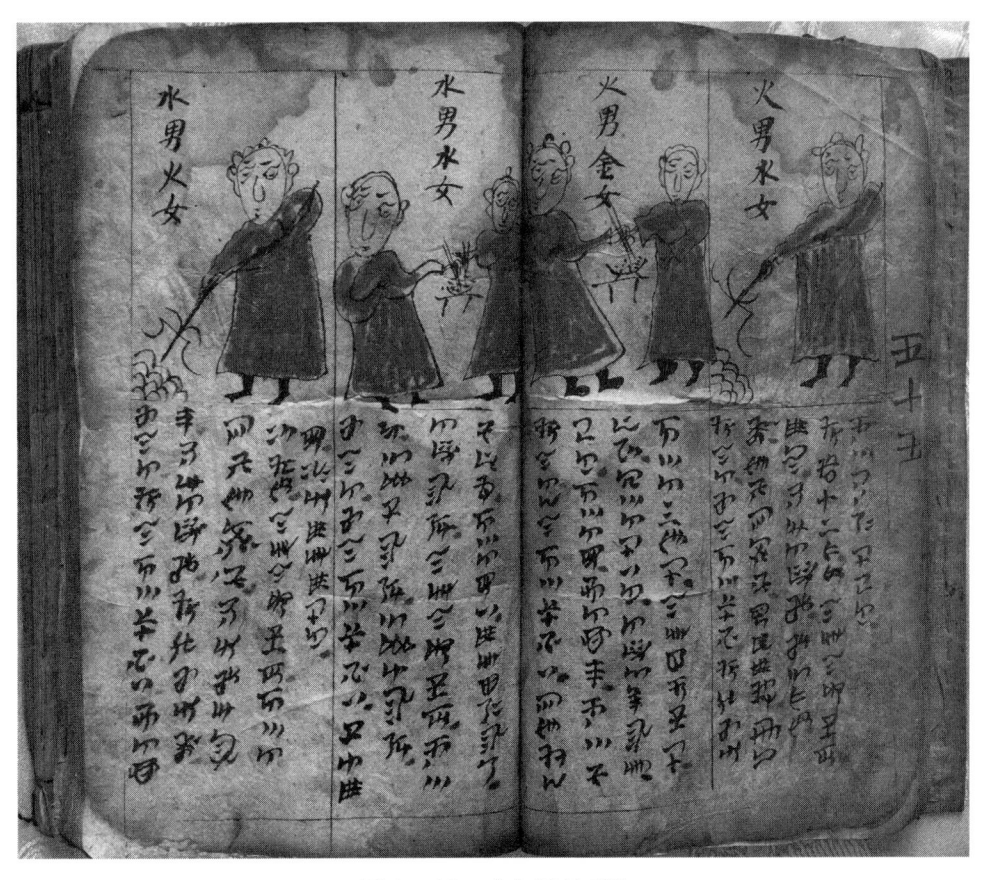

图2-39 《吉禄拃苏》

dʐi²¹lu²¹tʂa³³su³³

吉 禄 拃 苏　不分卷1册，70页。佚名撰。彝族毕摩预测命运工具书。本书图文并茂，辑有《择期》和《命理》两个部分，《择期》以甲干、属相、五行、八卦、九星、二十八宿等配对择找嫁娶、修造、交易、出猎、打仗等各种日子。《命理》采用八卦、五行、九星、二十八宿、甲干、属相等算法占算人生前途，以系列的接生命树、五行花、六阴六阳，分男女，把人生分为二十四种类型，涉及贫贱富贵、家庭、子女、房屋、财产（田土及亡畜的占有）、灾难、寿命等方面。可供彝族习俗、宗教、绘画等研究参考。贵州省毕节市赫章县珠市乡上寨村杨氏旧抄本。本色绵纸，线订册页装，楷体，墨书。页面 28.3×47.5cm，墨框 23×43.2cm，三周墨单栏，12 行×47 字不等。白口。版口无特征。麻布护封，内有彩色插图，符号断章，无断句。残缺不全。今藏贵州省毕节市档案馆。

dʐi²¹lu²¹tʂa³³su³³

吉 禄 拃 苏　不分卷1册，74页。佚名撰。彝族毕摩预测命运工具书。本书图文并茂，根据人的出生年月日时的甲干、属相，分五行占、八卦占、九宫占、九星占、二十八宿占、花卉占、生命树占、皮骨占、二十八类动物占等多种预测占算法，涉及人生的子女、婚姻家庭、富贵贫贱、荣辱得失等内容，除命运占算预测，还可作部分社会历史与民俗的载体看待。可供彝族习俗、宗教、绘画等研究参考。贵州省赫章县可乐乡李朝文毕摩家旧抄本。本色棉纸，线订册页装，楷体，墨书。页面 25.5×24.2cm，墨框 25×12.7cm 或 11.6cm，四周单栏，16 行×13 字，白口。无特殊标志。白描人物、动植物、花卉插图，麻布护封。部分书页有残损。今藏贵州省毕节地区档案局。插图部分收入《黔西北美术》一书出版。

tʂa³³su³³

札　苏　不分卷1册，20页。佚名撰。彝族毕摩工具书。叙述将十天干与十二属相搭配，循环五次为六十甲子，与天干相配的依顺序的两个属相共享五行中的一行，形成五行中的五类金、木、水、火、土，又根据人所占的五行类别占算提纲性的人生前途。可供研究彝族生活习俗参考。贵州省赫章县一带旧抄本。本色绵纸，线订册页装，楷体，墨书。页面 25.5×15.3cm，墨框 24×11.1cm，三周朱墨双栏，7 行×21 字不等。白口。版口无特征，无断句，墨框标题，彩色符号断章，内有人物彩色插图。保存一般，天头部分残损。今藏贵州省贵州工程应用技术学院彝族文化博物馆。

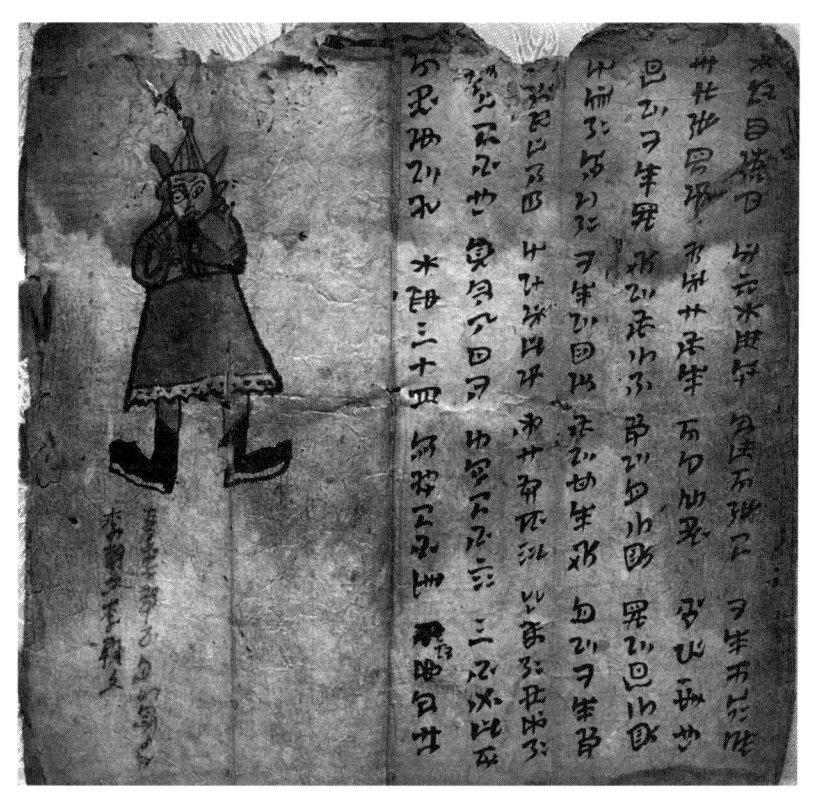

图 2-40 《札苏》

3. 占算疾病

no²¹ tʂɑ³³ su³³

占 病 书 不分卷 1 册，43 页。佚名撰。彝族毕摩占病工具书。本书根据病人生病日期，结合干支、八卦、属相占算病因、病情与结果。以干支数占算病症，八卦占算得病方位、原因，属相占算病况与结果，对延医与禳解方法作提示。可供研究彝族生活习俗参考。贵州省水城县果布嘎乡大寨村小寨组陈兴平家清光绪三十年（公元 1904 年）抄本。本色皮纸，线订册页装，楷体，墨书。页面 26×24.7cm，墨框 24×19.8cm，11 行×21 不等字，上下单栏，白口。书口有页码记号，墨标书题。保存基本完整。今藏贵州省水城县果布嘎乡大寨村小寨组陈兴平家。

no²¹ tʂɑ³³ su³³

占 病 书 不分卷 1 册，47 页。佚名撰。彝族毕摩占病工具书。根据人出生的年月日时所占的甲干、属相、五行、八卦、九星、二十八宿、十二宫辰等，分男女两性预测占算人生命运，并以此为基准点，对人的所犯疾病进行吉凶算。可供研究彝族生活习俗参考。贵州省水城县果布嘎乡大寨村小寨组陈兴平家清光绪年间抄本。本色皮纸，线订册页装，楷体，墨书。页面 26×24cm，墨框 23.5×19.5cm，11 行×21 不等字，上下单栏，白口。书口有页码记号，墨标书题。绘有生命树符号与图案，略有残缺。今藏贵州省水城县果布嘎乡大寨村小寨组陈兴平家。

no²¹ tʂa³³ su³³

占　病　书　不分卷 1 册，88 页。佚名撰。彝族毕摩工具书。以人的出生年月日时所占干支、属相、五行、九星、二十八宿结合病期所逢星宿、属相、五行等，判冲克、占命宫，断得病的起因，方位，病的寒热，病愈或加重乃至危及生命等。可供研究彝族生活习俗参考。贵州威宁自治县龙场镇一带旧抄本。本色绵纸，线订竹夹装，楷体，墨书。页面 23×28cm，墨框 17.8×26cm，上下墨单栏，14 行×22 字不等。白口。版口无特征，无断句，朱墨框标题，彩色符号断章，内有彩色插图。保存一般。今藏贵州省贵州工程应用技术学院彝族文化博物馆。

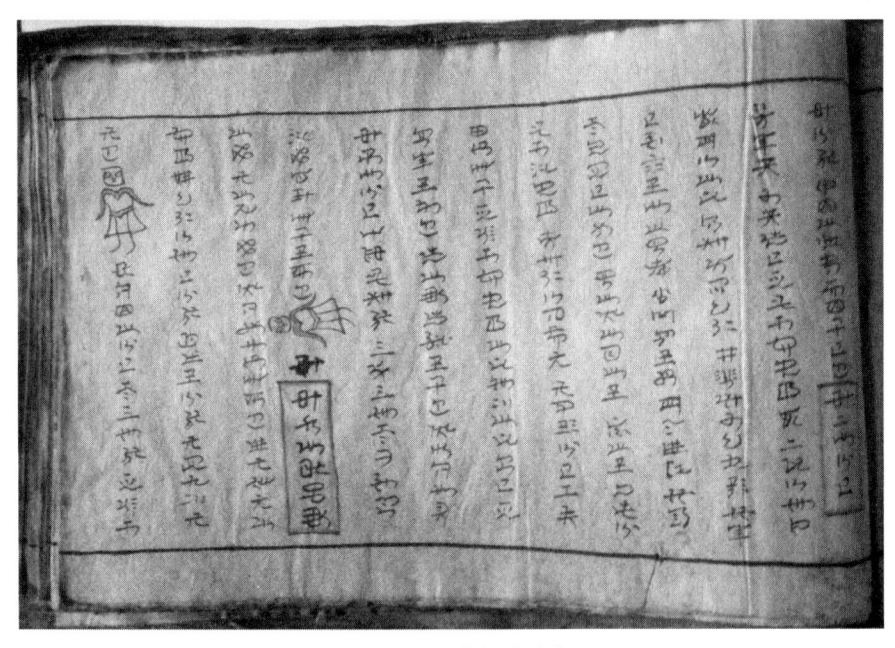

图 2-41 《占病书》

no²¹ tʂa³³ su³³ ŋɯ³³

占　病　经　书　不分卷 1 册，48 页。佚名撰。彝族毕摩占病工具书。根据病人生病日期，结合天罡、八卦、属相占算病因、病情与结果，以得病的属相日占算病因与病愈时间。可供研究彝族习俗参考。贵州省水城县果布嘎乡兴隆村罗盘组宋正昌家旧抄本。本色皮纸，线订册页装，楷体，墨书。页面 28.1×23.2cm，墨框 24×21.4cm，18 行×20 不等字，无边栏，白口。版口无特征，麻布护封。保存基本完整。今藏贵州省水城县果布嘎乡兴隆村罗盘组宋正昌家。

mo^{13}dzo^{33}su^{33}

占算伤病书 不分卷1册，34页。佚名撰。彝族毕摩占病工具书。本书根据病人生病日期，结合天罡、八卦、属相占算病因、病情与结果。以天罡数占算病症，八卦占算得病方位、原因，属相占算病况与结果，对延医与禳解方法作提示。可供研究彝族生活习俗参考。贵州省水城县果布嘎乡兴隆村罗盘组宋正昌家旧抄本。本色皮纸，线订册页装，楷体，墨书。页面 24×12cm，墨框 23.8×21cm，20 行×25 不等字，三边双栏，白口。版口无特征，墨标书题。保存基本完整。今藏贵州省水城县果布嘎乡兴隆村罗盘组宋正昌家。

no^{21}tʂa^{33}lu^{33}t'e^{13}su^{33}

甲 干 占 病 书 不分卷1册，17页。佚名撰。彝族毕摩工具书。根据人的出生年月日时所占干支、属相、五行、九星、二十八宿结合病期断得病的起因、方位，病的寒热，病愈或加重乃至危及生命，提示医延用药或禳解方法等。可供研究彝族习俗参考。贵州省威宁县二塘镇艾家坪村三组已故唐开贤毕摩家旧抄本。本色绵纸，线订册页装，楷体，墨书。页面 29.3×24.4cm，无边栏，29行×30字不等。白口。版口无特征。有符号断章，内有插图，保存基本完整。今藏贵州省毕节市档案馆。

nʊ^{21}tʂa^{33}su^{33}ŋɯ^{33}

占 病 书 不分卷1册，136页。佚名撰。彝族毕摩工具书。本书按十二地支日、时，日期、干支日等占卜生病的原因、治疗的方法、能否治好等。可供研究彝族民间医学作参考。贵州省威宁、水城一带旧抄本。本色棉纸，线订册页装，楷体，墨书。页面 23.7×12.9cm，墨框 10×22cm，三周墨单栏，5 行×19 字不等，白口。版口无标记，句间没有标点符号，段末用符号或图画断开。保存完整。今存贵州省六盘水市柳远胜处。

4. 占算死亡

çi^{33}tʂa^{33}su^{33}

占 亡 书 不分卷1册，28页。佚名撰。彝族毕摩工具书。根据死者的生卒年月日时，推算其死星的破、凶、静、乱、腐、属性等，居于其居所的某个角落等。可供研究彝族星辰崇拜与星占习俗参考。贵州省毕节市境内旧抄本。本色绵纸，线订册页装，楷体，墨书。页面 24.5×14.4cm，墨框 22×10.5cm，上下朱单栏，9 行×17 字不等。白口。版口无特征，朱墨圈断句，朱墨框标题，夹有祭祀用鸡毛。保存一般，书口有破损。今藏贵州省贵州工程应用技术学院彝族文化博物馆。

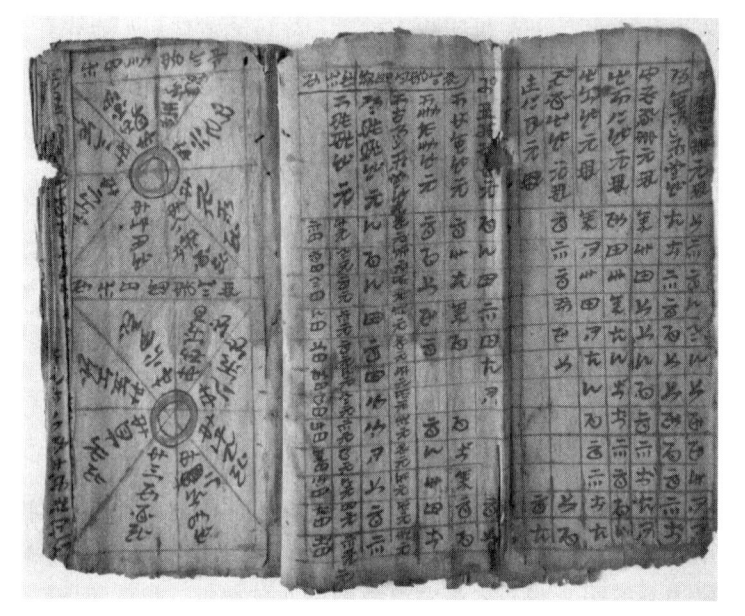

图 2-42 《占亡书》

ɕi¹³tʂa³³su³³

占 亡 经 不分卷1册,60页。佚名撰。彝族毕摩占亡工具书。本书以死者的死亡日子为主,配对十二属相占算死者灵魂的轮回,一般涉及生前的两次,死后的三至五次投生,灵魂的多次投生可为植物、野兽、家畜、人身等,有灵魂变化所依附动植物的寿命时间。还占算丧祭时的气候、墓地的地理环境等。可供研究彝族万物有灵观参考。贵州省水城县果布嘎乡大寨村小寨组陈兴平家旧抄本。本色皮纸,线订册页装,楷体,墨书。页面25×24.5cm,墨框22×20cm,11行×18字不等,上下单边栏,白口。版口无特征。墨标书题。有彝文插图。书页有残损。今藏贵州省水城县果布嘎乡大寨村小寨组陈兴平家。

n̩ɪ²¹tʂ'o²¹ɕi¹³tʂa³³su³³

日 建 占 亡 书 不分卷1册,20页。佚名撰。彝族毕摩占算预测工具书。根据人出生的日期,占算死者的死星、克星、魂归时间,死者落气的方位,生命树断与去世的间隔,有几颗死星、家人为之送死星出死煞的日期等。可供研究彝族原始宗教习俗参考。贵州省水城县果布嘎乡兴隆村罗盘组宋正昌家旧抄本。本色皮纸,线订册页装,楷体,墨书。页面23.8×28.6cm,墨框26×19cm,10行×20不等字,有边栏,白口。版口无特征。保存基本完整。今藏贵州省水城县果布嘎乡兴隆村罗盘组宋正昌家。

ɕi³³tʂa³³su³³

占 亡 书 不分卷1册,48页。佚名撰。彝族毕摩占亡工具书。本书以甲干、属相占算亡人的结局：即死者所带所克的对象、被殃及人家与对象的居住环境、长相特征、灵魂的走失时间、灵魂的归星、落气的方位、生命树断与去世的间隔，有几颗死星、家人为之送死星出死煞的日期，约何方的人作死伴，灵魂投生为何物，根据死者落气时鸦噪的方位、远近、鸣叫声数、乌鸦头所指等占算死者及其家人的灾难祸祟，提示排解方法等。可供研究彝族原始宗教习俗参考。贵州省赫章县一带旧抄本。本色绵纸，线订册页装，楷体，墨书。页面 22.8×22cm，墨框 18.7×15.6cm，三周墨单边栏，12 行×18 字不等。白口。版口无特征，无断句，符号断章，墨框标题，内有鸟形插图。保存一般。今藏贵州省贵州工程应用技术学院彝族文化博物馆。

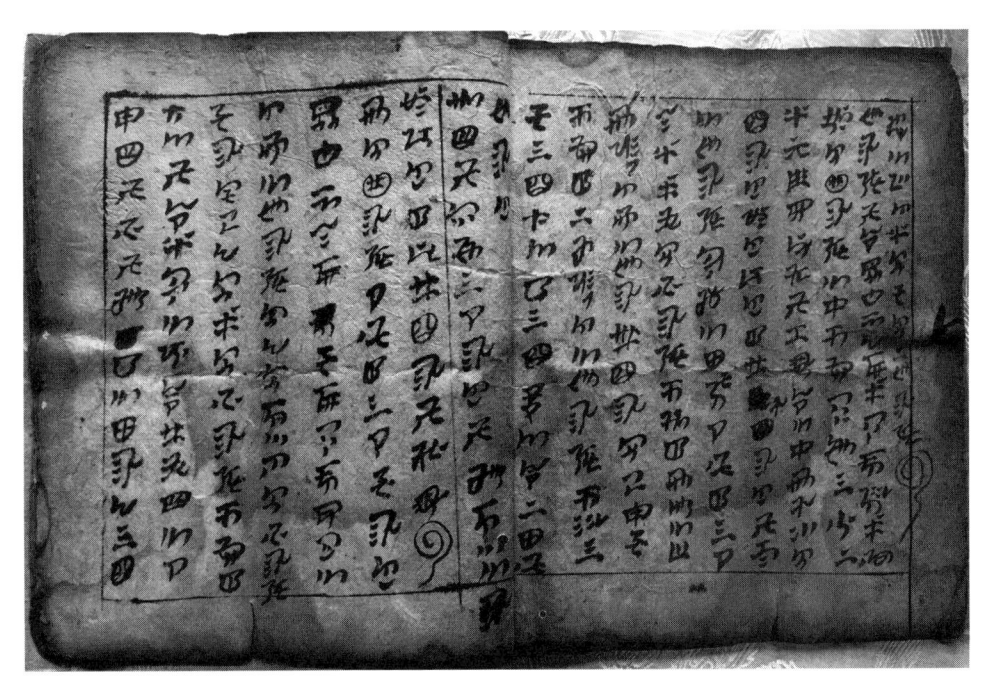

图 2-43 《占亡书》

ç i^{13} tʂ ɑ^{33} su^{33}

占 亡 书 不分卷1册，28 页。佚名撰。彝族毕摩占算预测工具书。根据人的出生年月日时所占天干、属相与五行、八卦、九星、二十宿、十二宫辰结合，占算死后的归宿，灵魂的轮回，墓地的选择，死星的陨落，带与其亲属的吉凶等；占算归宿于耿兹、度府、沽色等三吉星或苏洪、妥署、伦多等三吉星。可供研究彝族原始宗教习俗参考。贵州省水城县果布嘎乡兴隆村罗盘组宋正昌家旧抄本。本色皮纸，线订册页装，楷体，墨书。页面 23.6×23.8cm，墨框 24×21.5cm，13 行×19 字不等，有双边栏，白口。版口无特征。保存基本完整。今藏贵州省水城县果布嘎乡兴隆村罗盘组宋正昌家。

ɕi¹³tʂɑ³³su³³

占　亡　书　不分卷1册，21页。佚名撰。彝族毕摩工具书。本书以死者生卒的属相月、日、时，分男女，占算其十二死星、十二克星、十二类灵魂的轮回投生等，并以此占算两个灵魂的归宿；给其家人带来的危害程度；定丧祭及其过后对灾难的排解，收掩犯坑、犯破死、犯重丧事宜。又根据死者落气时鸦噪的方位、远近、鸣叫声数、乌鸦头所指等占算死者及其家人的灾难祸祟，提示排解方法等。可供研究彝族原始宗教习俗参考。贵州省威宁县二塘镇艾家坪村三组已故唐文康毕摩家旧抄本。本色绵纸，毛装，楷体，墨书。页面22.5×23.1cm，墨框21×21.8cm，15行×27字不等。两周墨单栏，白口。版口无特征。双墨框标题，有符号断章，残破不全，严重破损。今藏贵州省毕节市档案馆。

ɕi¹³tʂɑ³³su³³

占　亡　书　不分卷1册，150页。佚名撰。彝族毕摩工具书。根据彝文天干、属相、五行、八卦、九星结合亡者的生卒年月日时，对其归宿、葬处环境、灵魂轮回、祸及人事等进行预测推算，有干支、属相日时、宫辰、八卦专门分章的亡者结局推算。可供研究彝族习俗参考。贵州省威宁县二塘镇艾家坪村三组已故唐开贤毕摩家旧抄本。本色绵纸，线订册页装，楷体，墨书。页面16.2×26.6cm，墨框11×24cm，上下墨单栏，8行×19字不等。白口。版口无特征。符号断章，双波纹墨框标题，无断句，内有插图。保存基本完整，前几页残破，已裱糊，未装订。今藏贵州省毕节市档案馆。

ɕi¹³tʂɑ³³su³³ŋɯ³³

细　扎　书　不分卷1册，65页。佚名撰。彝族毕摩工具书。本书按十二生肖、日期、甲子、十二建星、时辰、老鸹叫，占卜死者魂落、寿尽、刑克、死后变成何物、投胎、因何罪过被抓、死星凶星出不出、死者归宿、死者葬地、祭日刑克等。贵州省威宁县、水城县一带旧抄本。本色棉纸，线订册页装，楷体，墨书。页面26.2×14.5cm，墨框12.2×24.4cm，三周墨单栏，7行×25字不等，白口。版口无标记，句间没有标点符号，段末用符号断开。书口和书页有破损。今存贵州省六盘水市柳远胜处。

tʂɑ³³su³³ŋɯ³³

占　卜　书　不分卷1册，178页。佚名撰。彝族毕摩工具书。本书占卜死者归宿、按照干支日、地支时占死者死后变（投胎）成何物、死星先往何方克和属相的人再回孝家，要用什么牲口献祭、占卜天气、占策耿梓（策举祖）添寿日、亥笃符添寿日、皮偶吐添寿日、占祭祀吉凶日、占驱邪消灾日吉凶、占生孩子命长命短、占命中有几个子女以及寿龄、占卜失物、占移居入宅时刻吉凶、占建房年月日时吉凶，占建房有火灾日，以生年占不能建房年，占动土吉凶日，占拆旧房吉日，占病，占见野物日吉凶等，贵州省威宁、水城一带旧抄本。本色棉纸，线订册页装，楷体，墨书。页面 31×22cm，墨框 21×21cm，三周墨单栏，14 行×15 字不等，白口。版口无标记，句间没有标点符号，段末用符号断句，墨框标题。麻布护封，保存一般。今存贵州省六盘水市柳远胜处。

$ɕi^{33}tʂa^{33}su^{33}ŋɯ^{33}$

测死化期书 不分卷 1 册，36 页。佚名撰。彝族毕摩工具书。本书介绍了按人死的地支日占卜死者落魂的时间、因何而死、死后变（投胎）成何物，死星往何方到什么样的家庭克（外貌）什么样的（男、女）人，死星多少日后返回孝家，要用哪些东西祭死星，按地支时刻占卜死星共有几颗，分别去何方克什么样的人，要用什么东西（如绵羊、山羊、鸡等）献祭死星。占卜死者归宿何位置。占卜死星克毕摩、毕摩的子女、克主人等。可为研究彝族原始宗教提供参考。贵州省六盘水市盘县平地彝族乡抄本。信签纸誊抄，线订册页装，楷体，墨书。页面 13.2×19.1cm，墨框 12×17cm，三周墨单栏，6 行×15 字不等，白口。版口无标记，墨点句读。保存一般。今存贵州省六盘水市柳远胜处。

$ɕi^{33}tʂa^{33}su^{33}ŋɯ^{33}$

占卜死后经 不分卷 1 册，40 页。佚名撰。彝族毕摩工具书。此书占卜死后归于何处，按死日占死星往何方克何人，占死后变（投胎）为何物，按死时占死后用什么牲口消灾，占月大月小祭祀日，按甲子占祭祀日，占毕摩神在日，按甲子占土地神在日等。可为研究历法和彝族原始宗教提供参考。贵州省六盘水市盘县平地彝族乡孔令恺老毕摩抄本。信签纸誊抄，线订册页装，楷体，墨书。页面 40×27cm，墨框 37×24cm，两周墨单栏，11 行×25 字不等，白口。版口无标记，墨点句读。书页有破损。今存贵州省六盘水市盘县坪地彝族乡孔令恺老毕摩收藏。

5. 占看鸡卦

$ɣa^{33}bu^{33}su^{33}$

占鸡卦书 不分卷 1 册，39 页。佚名撰。彝族毕摩工具书。本书汇集有数十类鸡股眼卦象，以鸡股的眼数、骨眼的位置、方向、走向、纹路卜算预测当事者的婚姻家庭、子女、行船、打仗、求财、祭祀、健康、结盟、建造等方面的吉凶祸福；指点排解灾祸的方式等。还录有人生与五行占等。可供研究彝族原始宗教习俗参考。贵州省威宁县龙场镇已故毕摩文道荣和二塘镇艾家坪村三组已故唐开贤两毕摩家联合旧抄本。本色绵纸，线订册页装，楷体，墨书。页面 25.6×25.1cm，墨框 22×21.2cm，四周墨单栏，30 行×25 字不等。白口。版口无特征。内有插图，有符号断章，无断句。保存一般。今藏贵州省毕节市档案馆。

6. 占算凶兆

su²¹ kʻa³³ tʂa³³ su³³

预 兆 占 算 书　　不分卷1册，21页。佚名撰。彝族毕摩工具算书。根据彝文八卦、属相日时推算预兆。推算属相日时异物入宅等。在预兆推算中对蛇爬房、甄子叫、缸不漏失水、鸡扇翅叫入宅、鸡生软蛋、鸡生李子蛋、半夜鸡惊叫、母鸡叫、鸡爬房叫、母猪吃猪崽、飞鸟屎落身、犬爬房、犬哭叫、日食、月食、鼠咬衣物、半夜马叫牛叫等现象所示祸祟作解答。可供研究彝族习俗参考。贵州省威宁县二塘镇艾家坪村三组已故唐开贤毕摩家旧抄本。本色绵纸，线订册页装，楷体，墨书。页面16.7×13.4cm，无边栏，12行×13字不等。版口无特征。保存一般。今藏贵州省毕节市档案馆。

su²¹ kʻa³³ tʂa³³ su³³

凶 兆 算 书　　不分卷1册，61页。佚名撰。彝族毕摩工具书。根据属相日对公鸡爬房、母鸡叫、母鸡生软蛋、鼠咬衣物、母猪吃猪崽、缸不漏失水、甄子叫、蛇爬房、半夜牛马叫、乌鸦喜鹊叫、野物进家、家中现血迹等预兆迹象作吉凶推测。可供研究彝族习俗参考。贵州省水城县果布嘎乡大寨村小寨陈兴平家旧抄本。本色绵纸，线订册页装，楷体，墨书。页面24.3×26.5cm，墨框20×23cm，上下墨单栏，11行×17字不等。白口。版口无特征，无断句，汉字标注章节，保存一般。今藏贵州省贵州工程应用技术学院彝族文化博物馆。

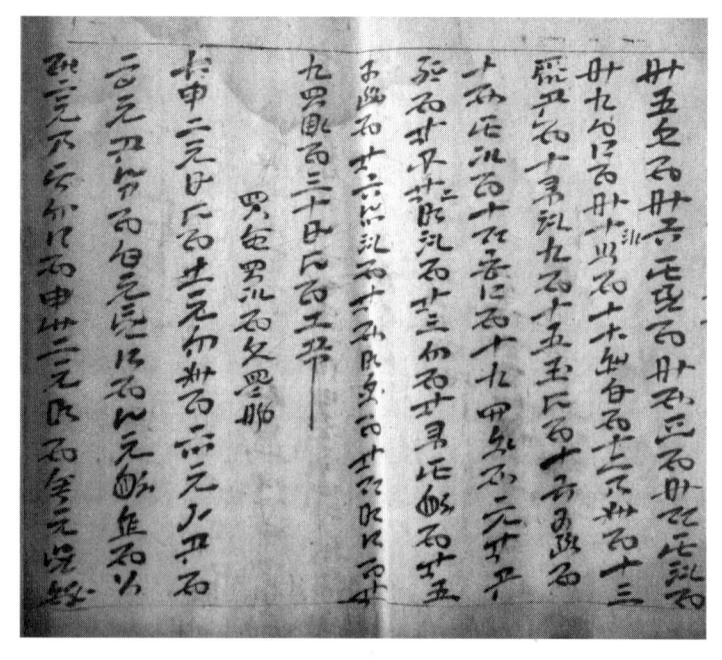

图 2－44　《凶兆算书》

ʂɯ²¹kʻa³³tʂa³³su³³

不祥之兆占算书　不分卷1册，14页。佚名撰。彝族毕摩不祥之兆预测工具书。有禽类、兽类、虫类等多种野生动物入宅的不祥之兆占算；有半夜马叫、犬狂叫、鸡不按时叫、母鸡叫、甑子叫、鸟惊巢、母猪吃猪崽、缸不漏失水、地震、日月蚀等预兆所预示灾祸占算，有见蛇交、鸟交、沾落鸟屎等预兆所预示灾祸占算等。可供研究彝族习俗参考。贵州省赫章县一带旧抄本。本色绵纸，线订册页装，楷体，墨书。页面22.2×22.5cm，无边栏，13行×18字不等。白口。版口无特征，无断句，墨框标题，有符号断章。保存一般，后几页残损，有人物插图。今藏贵州省贵州工程应用技术学院彝族文化博物馆。

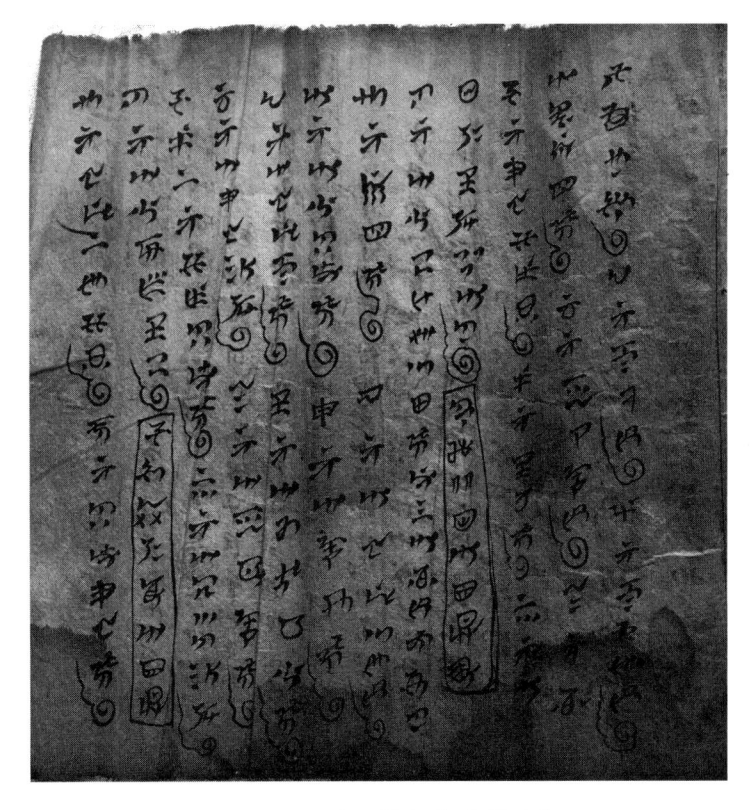

图2-45　《不祥之兆占算书》

ʂɯ²¹kʻa³³ʂɯ³³tsʻɯ³³ɕi⁵⁵tʂu²¹tʂa³³

三十七类叟卡凶兆占　不分卷1册，88页。佚名撰。彝族毕摩预测占算灾难工具书。灾难之神"叟卡"将降死病之灾于人，先发布信息，让蛇蛙等异物进入家带信，或以母鸡啼、甑子鸣、狗上房等形式昭示，计三十七种形式，根据预兆发的年月日时结合预兆类型，对凶兆进行占算预测，并提示预防和排解办法。可供研究彝族原始宗教习俗参考。贵州省赫章县珠市乡上寨村杨世明家旧抄本。本色构皮纸，线订册页装，楷体，墨书。页面27×24cm，墨框24×22cm，无边栏，12行×18字，白口。版口无特征。有部分插图，羊皮护封。前后页脚部分残缺。今藏贵州省毕节市档案局。

$tʂa^{33}su^{33}ŋɯ^{33}$

占　卜　书　不分卷1册，55页。佚名撰。彝族毕摩工具书。本书按纳音占病、占野物进屋吉凶、占野物进屋日吉凶、犬吠时吉凶、见蛇交日吉凶、蜜蜂进屋日吉凶、蜜蜂成坨在房上吊挂日吉凶、井水突然消失日吉凶、母鸡学公鸡叫、母鸡啄小鸡日吉凶、牛尾缠树、马尾有鼠巢、狗爬房等。对研究彝族毕摩文化具有参考作用。贵州省威宁、水城一带旧抄本。本色绵纸，线订册页装，楷体，墨书。页面14.2×26.1cm，墨框11.8×25.2cm，三周墨单栏，7行×24字不等，白口。版口无标记，句间没有标点符号，段末用符号断句，墨框标题。保存一般。今存贵州省六盘水市柳远胜处。

7. 解梦书

$tʂa^{33}su^{33}ʐi^{21}ma^{55}tɕi^{13}$

算　书　解　梦　书　不分卷1册，73页。佚名撰。彝族毕摩工具书。本书录有算出行、饮酒、贸易禁忌日、乌鸦叫日、上山寻找失落的牲畜日；有布夔举奢哲释梦等专门的解梦篇，书后还录有清朝从顺治到光绪历代皇帝的在位时间。可供研究彝族习俗参考。贵州省赫章县财神镇境内旧抄本。本色绵纸，线订册页装，楷体，墨书。页面18.5×18.2cm，无边栏，12行×13字不等。白口。版口无特征。墨框书题，符号断句。保存一般。今藏贵州省毕节市档案馆。

8. 占算失物

$tʂa^{33}su^{33}$

札　苏　不分卷1册，60页。佚名撰。彝族择期与卜算失物书。此书以九星、二十八宿对应甲干与属相，为婚嫁、出征、贸易、修造、播种、祭神、祭祖、丧祭等择找日期。根据财物失落的时间卜算结果，包括失物的下落、去向、能否回归、回归与否的一定期限。可供研究彝族风俗习惯参考。贵州省水城县果布嘎乡大寨村小寨组陈兴平家旧抄本。本色皮纸，线订册页装，楷体，墨书。页面25×24.5cm，墨框23×20.4cm，11行×21不等字，上下单栏，白口。书口有页码记号，墨标书题。保存基本完整。今藏贵州省水城县果布嘎乡大寨村小寨组陈兴平家。

9. 竹卦

$mo^{13}p'a^{33}su^{33}$

竹　卦　经　不分卷1册，36页。佚名撰。彝族毕摩工具书。以竹卦卦象中的数字应对九星，预测人生，预测祭祀、出行、建房、治病、求财、寻找失物的结果。符代表二十八宿星,附有卦象辞,预测时根据竹卦六阳六阴的出现比例与刻数,对照相应卦象辞判读吉凶。可供研究彝族习俗参考。旧抄本。本色绵纸,线订册页装,楷体,墨书。页面 26×30cm,墨框 20.6×25cm,三周朱单栏,15 行×16 字不等。白口。版口无特征,朱圈断句,朱或墨框标题,彩色符号断章,塑料纸护封。保存一般。今藏贵州省贵州工程应用技术学院彝族文化博物馆。

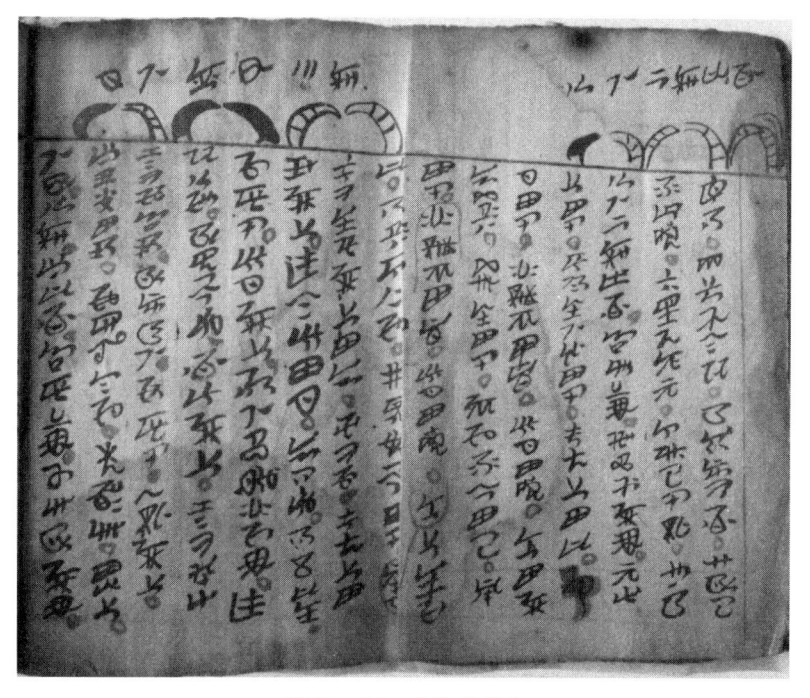

图 2-46 《竹卦经》

（四）年节类

ŋ dz ʑ²¹xɯ¹³su³³

献　　酒　　经　不分卷 1 册,16 页。佚名撰。彝族年节仪式经书。叙述尼家少女和能家少男发现酒药,用山上的六味与坝子的六味配成酒药酿酒,献上天而日月明,献大地而草木盛,献神灵而得富贵,年节时必须给天地神灵和祖先献酒。可供研究彝族年节习俗参考。贵州省毕节市七星关区大屯乡一带旧抄本。本色绵纸,线订册页装,楷体,墨书。页面 11.4×17.5cm,无边栏,6 行×15 字不等,白口。版口无特征。朱圈句读。保存基本完整。今藏贵州省毕节市档案馆。

ŋ̩ dẓ ɿ²¹xɯ¹³tɕɪ¹³xɯ¹³su³³

献 酒 献 茶 经 不分卷1册，40页。佚名撰。彝族年节等祭神仪式经书。本书由《献酒经》《献茶经》两部经书辑成，叙述酒和茶的来历，记录了向所有神灵的献酒与献茶，突出德布支系中乌撒分支的祭祀献酒茶仪式与特色。可供研究彝族原始宗教习俗参考。贵州省威宁县二塘镇艾家坪村三组已故唐文康毕摩家旧抄本。本色绵纸，毛装，楷体，墨书。页面28×26.5cm，无边栏，16行×29字不等。白口。版口无特征。有符号断章，无断句。破损严重。今藏贵州省毕节市档案馆。

ŋ̩ dẓ ɿ²¹xɯ¹³su³³

献 酒 经 不分卷1册，22页。佚名撰。彝族年节仪式经书。叙述尼家少女和能家少男发现酒药，用山上的六味与坝子的六味配成酒药酿酒，先用酒献天、地和神祖，再用酒献日、月、星三神，接着献沽、诺、布三神，祈求风调雨顺，农牧丰收，人口平安。可供研究彝族年节等习俗参考。贵州省毕节市七星关区大屯乡一带旧抄本。本色绵纸，毛装，楷体，墨书。页面22.2×21cm，无边栏，9行×13字不等。白口。版口无特征。朱点句读，保存一般。今藏贵州省毕节市档案馆。

五、翻译与故事类、综合工具书类、教育类、其他类

（一）翻译与故事类

tɕʻo¹³pʻi³³li²¹su³³ŋɯ³³

六 祖 的 来 源 不分卷1册，51页。佚名撰。彝族传说。叙述天地产生，人类形成，发展无度，破坏了生存的环境，天降洪水毁灭人烟。为恢复人烟，使天地得以享受祭祀，天帝举祖命三天女在碧谷肯嘎与先祖笃米对歌，而缔结婚姻，生下武、乍、糯、侯、布、默六祖。六祖分支后，布支系对武支系大举用兵，尽占其地。叙述阿底、阿维等四大家族在乌撒部影响等。可供研究彝族传说与迁徙等参考。贵州省赫章县妈姑镇打丰村已故付文明毕摩旧抄本。本色绵纸，线订册页装，楷体，墨书。页面23×21cm，无边栏，8行×17字不等。白口。版口无特征，无断句，有符号断章。保存一般。今藏贵州省贵州工程应用技术学院彝族文化博物馆。

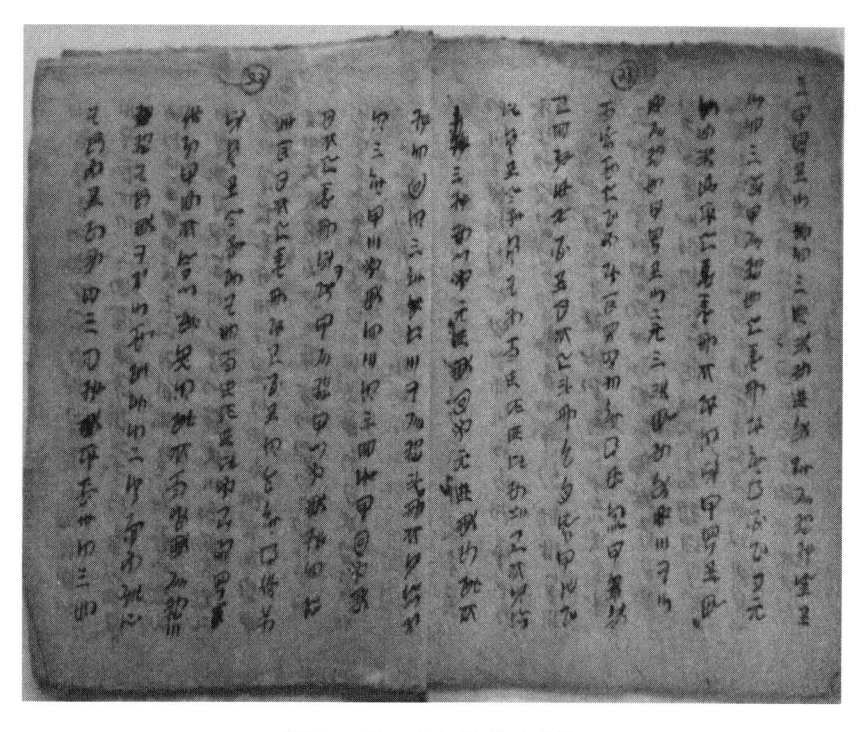

图 2-47 《六祖的来源》

tʂu¹³kɑ¹³a²¹lu³³vi¹³tʂɿ³³su³³

支 嘎 阿 鲁 除 灾 经 不分卷1册，25页。佚名撰。本书辑有《阿鲁理灾源》《遣亨鬼》等篇目。记录支嘎阿鲁战胜吃人的三支哼魔，为人间除害的传说故事。可供研究彝族祖宗崇拜、丧葬习俗、彝族文学参考。贵州省威宁县二塘镇艾家坪村三组已故唐开贤毕摩家旧抄本。本色绵纸，线订册页装，楷体，墨书。页面25.5×23cm，无边栏，6行×15字不等。白口。版口无特征。墨框标题，波纹框断章，自然断句。保存一般。今藏贵州省毕节市档案馆。

（二）综合工具书类

tʂa¹³su³³ŋɯ³³

通　　书 不分卷1册，57页。佚名撰。彝族毕摩综合工具书。书中汇辑有《传说》《婚恋》《禳病书》《五行与生期》《失物占算》《预兆占算》《气候占算》《鸡卦书》《献酒经》等多部书，至少可拆分出5种内容的古籍。在传说类中，将君归为银月亮，臣归为金太阳，毕摩归为北斗星，民众归为满天星。人类中，什勺氏先有作为，分四人擎住天的四边，按哎哺、尼能、什勺、慕靡、举偶、六祖六个时期叙述恋爱婚姻。用五行、九宫、八卦、十二宫等占算失物、气候、预兆乃至人生等,以图文列出各种鸡股骨眼数的吉凶祸福等,记录年节祭神仪式的献酒等。可供研究彝族毕摩文化参考。贵州省毕节市赫章县珠市乡上寨村杨氏旧抄本。本色绵纸,线订册页装,楷体,墨书。页面23×27.5cm,墨框22.5×24.6cm,四周墨单栏,9行×16字不等。白口。版口无特征。朱点断句,有符号断章,墨框标题,内有彩色插图。保存一般,未装订。今藏贵州省毕节市档案馆。

$mi^{13}na^{33}su^{33}$

勘 舆 书 不分卷1册,24页。佚名撰。彝族毕摩工具书。用五行与八卦分析墓地与住宅的吉凶,以左龙、右虎、前雀、后玄,墓地或住宅所居属五行中的哪一行,向何方又为五行中的哪一行,例举若干的类型。有录喜鹊、乌鸦噪的预兆,突出占算乌鸦的四十二种噪的吉凶。可供研究彝族生活习俗参考。贵州省赫章县一带旧抄本。本色绵纸,线订包背装,楷体,墨书。页面26×29.5cm,无边栏,12行×19字不等。白口。版口无特征,有符号断句,符号断章,墨框标题,内有插图。保存一般。今藏贵州省贵州工程应用技术学院彝族文化博物馆。

图2-48 《勘舆书》(米那素)

$hɿ^{21}su^{33}ŋɯ^3$

通 书 不分卷1册,69页。佚名撰。彝族毕摩工具书。书的前部分为一年里十二个月内各月九大星、二十八宿星的轮值,适合婚嫁、建造、出行等的日子。后部分为根据死者的生卒年月日时,结合甲干、属相、八卦、五行、六星、二十八宿推算亡灵的六星吉凶归宿、死者的所属星宿等。可供研究彝族原始宗教习俗参考。贵州省威宁自治县境内抄本。本色绵纸，毛装，楷体，墨书。页面 25×26cm，无边栏，11 行×16 字不等，白口。墨框标题，内有插图，保存一般，后半部右下角严重破损。今藏贵州省毕节市档案馆。

$tʂa^{33}su^{33}$

算　　书　不分卷 1 册，25 页。佚名撰。彝族毕摩工具书。用甲干、属相、五行、九宫、八卦相配合择找出行、贸易、婚嫁、修建房舍等吉日，占算失物，占算人死后墓地的情况等。可供研究彝族民间习俗参考。贵州省威宁县金钟镇大营村孔氏毕摩传二塘镇艾家坪村三组已故唐文康毕摩家之旧抄本。本色绵纸，线订册页装，楷体，墨书。页面 23.5×23.2cm，墨框 21.5×18.5cm，双墨框边栏，11 行×24 字不等。白口。版口无特征。受潮破损严重。今藏贵州省毕节市档案馆。

$tʂa^{33}su^{33}ŋɯ^{33}$

札　　苏　不分卷 1 册，134 页。佚名撰。彝族毕摩工具书。书分为四个部分，第一部分为凶兆的测算，第二个部分系失物测算，第三个部分是人生的命运前途测算，第四个部分为吉日择找和凶日的回避。该书反映彝族古代的生活习俗和毕摩的职业特点，可供研究彝族生活习俗参考。贵州省毕节市纳雍境内旧抄本。本色绵纸，线订册页装，楷体，墨书。页面 26×30cm，墨框 23×24.3cm，三周墨单栏，15 行×21 字不等。白口。版口无特征，符号填朱（墨圈填朱）断句，墨框标题，内有人、兽、鸟等彩色插图。牛皮护封。保存一般，前几页残破。今藏贵州省贵州工程应用技术学院彝族文化博物馆。

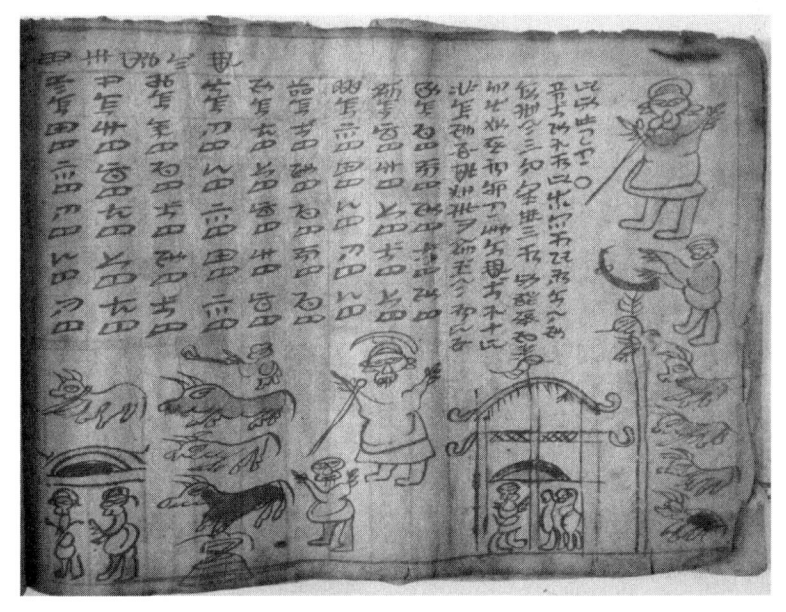

图 2-49　《札苏》

$dʑi^{21}lu^{21}tʂa^{33}su^{33}$

吉禄拃苏（残卷）　　不分卷1册，100页。佚名撰。彝族毕摩工具书。本书残存《生在疯狗咬出血关》《生在刀割关》《占受房屋大小》《占受仓廪大小》《占受牛》《占受马》《出生的年月日时与星宿》等篇目，使用时，以占算对象的出生年月日时所占的干支、属相、属星、五行等去对号。本书还残留有图画。可供研究彝族习俗与传统绘画参考。贵州省赫章县河镇乡恒底村白磨院子王姓旧抄本。本色绵纸，线订册页装，行体，墨书，页面29×49.5cm，墨框22.5×36cm，四周墨单栏，13行×30字不等字，白口。版口无特征。麻布护封，内有插图。残破严重。藏贵州省毕节市档案馆。

$mu^{55}ʂʅ^{33}su^{33}$

摩　史　苏　　不分卷1册，6页。佚名撰。彝族摩史诵词。由《摩史苏》和《肯洪苏》辑成。《摩史苏》记录勃垄睑部首席大臣德朵穆魁的治国安邦言论；《肯洪苏》强调姻亲的作用，舅舅的地位等。可供研究彝族历史与伦理参考。贵州省威宁县二塘镇艾家坪村三组已故唐开贤毕摩家旧抄本。本色绵纸，线订册页装，楷体，墨书。页面16.7×25.5cm，无边栏，10行×22字不等。白口。保存一般。今藏贵州省毕节市档案馆。

$mu^{55}ʂʅ^{33}su^{33}$

摩　史　苏　　不分卷1册，61页。佚名撰。彝族摩史诵词。记录恒摩诺娄则为策更兹解梦的故事，记录支嘎阿鲁受命于天，勘察苍天大地，除掉吃人的哼妖，赶走害人的策帕鬼等，为民排忧解难。可供研究传说参考。贵州省威宁县二塘镇艾家坪村三组已故唐开贤毕摩家旧抄本。本色绵纸，线订册页装，楷体，墨书。页面16.6×13.2cm，无边栏，12行×15字不等。白口。无特殊标记。保存一般。今藏贵州省毕节市档案馆。

$mu^{55}no^{13}su^{33}$

慰　死　经　　不分卷1册，15页。佚名撰。彝族丧祭仪式摩史诵词等。该书辑录有《慰死经》《迎毕摩献酒经》《解冤献酒经》等多部丧事仪式经书，讲述人的生死不可避免的意义；死者为尊，受到隆重打发的安慰，叙述向毕摩神的敬献酒，借助于其神力等。可供研究彝族丧仪与生死观参考。贵州省威宁县二塘镇艾家坪村三组已故唐开贤毕摩家旧抄本。本色绵纸，线订册页装，楷体，墨书。页面15.6×22cm，无边栏，10行×24字不等。白口。保存基本完整。今藏贵州省毕节市档案馆。

$su^{33}dzɛ^{21}ŋɯ^{33}$

彝文字迹（一）　　不分卷1册，26页。唐开贤辑。彝文工具书。系辑录者所辑或搜集、汇集的千余彝文文字，用同音字排列，并有彝汉文注释。可供研究彝族文字参考。贵州省威宁县二塘镇艾家坪村三组已故唐开贤毕摩家旧抄本。本色绵纸，线订册页装，楷体，墨书。页面 18.7×13cm，无边栏，16 行×9 字不等。白口。版口无特征。保存一般。今藏贵州省毕节市档案馆。

$su^{33} dz \varepsilon^{21} ŋɯ^{33}$

彝文字迹（二） 不分卷1册，23 页。唐开贤辑。彝文工具书。系辑录者所辑或搜集、汇集的千余彝文文字，用相同或相近的部首排列，并有彝汉文注释。可供研究彝族文字参考。贵州省威宁县二塘镇艾家坪村三组已故唐开贤毕摩家旧抄本。本色绵纸，线订册页装，楷体，墨书。页面 13.8×12cm，无边栏，9 行×17 字不等。白口。版口无特征。保存一般，书口有破损。今藏贵州省毕节市档案馆。

$dʑ\mathrm{ɿ}^{13} dʑ\mathrm{ɿ}^{21} mo^{55} ʂɿ^{33} su^{33}$

丧 事 摩 史 书 不分卷1册，38 页。佚名撰。彝族丧祭仪式毕摩、摩史诵词辑。本书由《献酒》《献牲》《献水》《慰死》《献牛》《子媳堂》《诺尼岱堂》《诺瓦约趟》《独角蝴蝶》等章节辑成。以仪式名称，叙述古代的丧祭故事，记录丧祭习俗的传承，强调姻亲间所必需的义务等。可供研究彝族丧祭习俗与神话传说参考。贵州省威宁自治县龙场镇长坪村田伍保毕摩家旧抄本。本色棉纸，毛装，楷体，墨书。页面 28.3×24ccm，墨框 22.7×21cm，上下墨单栏，15 行×18 字不等，白口。版口无特征。朱圈句读，有符号断章，朱框标题。保存一般。今藏贵州省毕节市档案馆。

$tʂa^{33} su^{33} ŋɯ^{33}$

占 算 书 不分卷1册，19 页。佚名撰。彝族毕摩占算用工具书。前部分为《失物占算》，根据财物在十二天的时间里的失落卜算结果，包括下落、去向、能否回归，回归与否的一定期限。后部分为《预兆占算》，占算蛇类、蛙类、鸟类进屋，意外沾鸟兽屎，牛、马、羊、猪、鸡、狗表现反常，见人交、蛇交、山崩、地裂、水没、地震、日月食等均是不祥之兆所预示的灾祸等。贵州省赫章县一带旧抄本。本色绵纸，线订册页装，楷体，墨书。页面 27.5×24.3cm，无边栏，12 行×20 字不等。白口。版口无特征，花型符号断句，墨框标题，内有插图。保存一般。今藏贵州省贵州工程应用技术学院彝族文化博物馆。

图 2-50 《占算书》

tʂa³³su³³ŋɯ³³

占　算　书　不分卷1册，68页。佚名撰。彝族毕摩占算预测工具书。本书由《占死亡》《占生病》两部书汇辑而成。根据人的出生年月日时所占天干、属相与五行、八卦、九星、二十宿、十二宫辰结合，占算死后的归宿，灵魂的轮回，墓地的选择，死星的陨落，带与其亲属的吉凶等；以同样的方式对人的病因进行占算，涉及生命树的长短、断与续，所犯病关，病因、寒热，得病方位，延医用动植物药等。反映彝族先民的生死观与人生观。可供研究彝族原始宗教习俗参考。贵州省赫章县珠市乡上寨村杨世明家旧抄本。本色绵纸，线订册页装，楷体，墨书。页面27×24cm，无边栏，12行×21字，白口。版口无特征。有墨线朱染，八卦方位等插图，墨框朱染断句，麻布护封。残缺严重。今藏贵州省毕节市档案局。

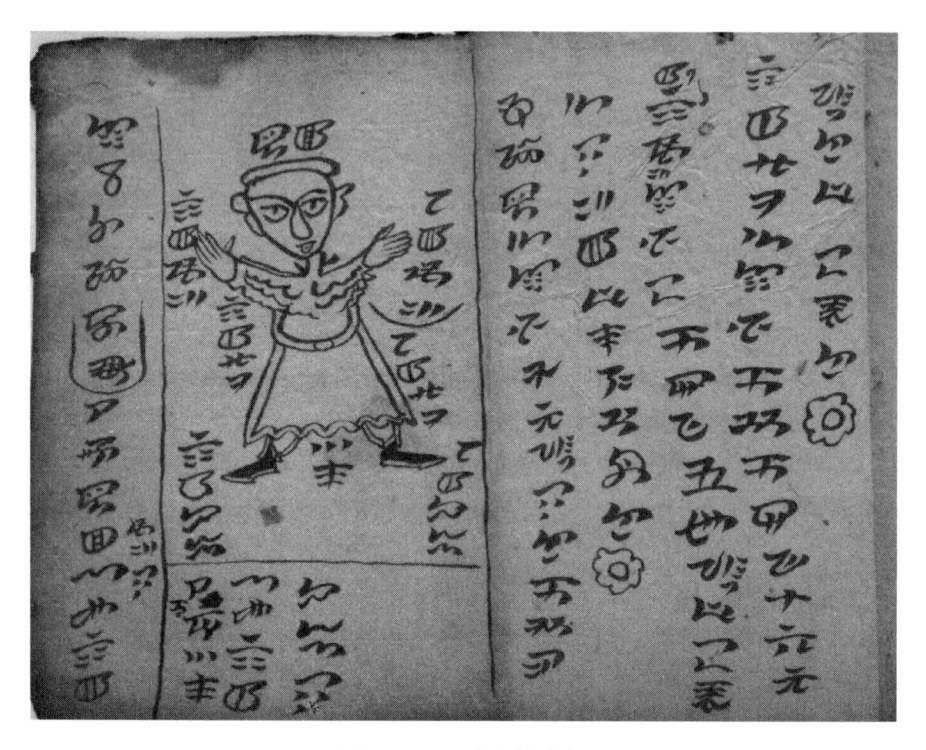

a²¹lu³³dʐi²¹lu²¹tʂa³³

阿鲁命理书　不分卷1册，64页。佚名撰。彝族毕摩工具书。本书根据干支、属相、五行、八卦原理，分篇章、分表格推断人一生中的运气，生命树断寿命，五行花断夫妻的生克，一般人生的经历从一岁到九十九岁，都以阿鲁命名。可供研究彝族习俗参考。贵州省威宁县龙场镇一带旧抄本。本色绵纸，线订册页装，楷体，墨书。页面 39×28cm，无边栏，16 行×19 字不等。白口。版口无特征。内有插图，墨框标题，墨框符号断章。保存一般。今藏贵州省毕节市档案馆。

tʂa³³su³³mo³³

大 通 书 不分卷 1 册，182 页。佚名撰。彝族毕摩工具书。以天干、属相、五行、八卦、九星、二十八宿结合当事人的生庚年月日时择找行船、访亲、打仗、行医、配药、播种、植树、建房、进新房、安门、安仓、搬迁、分家、安床、养蜂、扫地、嫁娶、谈婚、结婚、分家、改路口、置磨碓、安门、新年气候、新雷、土府、克命、求财、进财、收进账、洗头、填土、狩猎、出门、排解灾难、招魂、祭龙、祭土地神、祭山神等吉日。主要回避犯地虎食人日及地气方位等。还涵盖了相地择住宅、甲干宫辰建房、人畜走失、钱财丢失的占算，各种植物花卉与五行八卦占生育、子女等多个方面，记录了大量的民俗与宗教活动，社会生产生活实践与经验等。可供研究彝族民俗与原始宗教参考。贵州省威宁自治县与水城交界处一带旧抄本。本色绵纸，线订册页装，楷体，墨书。页面 31.5×46.5cm，墨框 24×40.2cm，四周墨单栏，11 行×39 字不等，白口。版口无特征。麻布护封，内有彩色插图，朱圈断句，彩色符号断章，朱墨双框标题。书口破损严重。今藏贵州省毕节市档案馆。

mu⁵⁵ʂʅ³³su³³

摩 史 书 不分卷 1 册，80 页。佚名撰。彝族摩史婚、丧仪式唱诵词。本书录有婚事中用的《黎咪》《诺沤·姻亲走访记》《诺沤·播勒对歌记》以及《释酒》《释盐》《释牛》《释马》《功名献酒》《开天辟地》等篇目；又录有丧事活动用的《献水》；还录有《祭土地神》和《以月建、十二属相日择找祭土地神吉日》等，可供研究彝族教育、文学、宗教习俗参考。贵州省赫章县财神镇境内自称"阿侯拯福摩史"者旧抄本。本色绵纸，线订册页装，楷体，墨书。页面 22.5×23.2cm，无边栏，8 行×14 字不等。白口。版口无特征。墨框书题，有符号断章，无断句。前后及书口破损较严重。今藏贵州省毕节市档案馆。

nɯ⁵⁵su³³mi⁵⁵tsɿ¹³

彝 文 词 迹 不分卷 1 册，24 页。唐开贤辑。彝文工具书。系辑录者所辑或搜集、汇集的近千个彝文词汇，用彝文注释。可供研究彝语词汇参考。贵州省威宁县二塘镇艾家坪村三组已故唐开贤毕摩家旧抄本。本色绵纸，线订册页装，楷体，墨书。页面 18.5×13.3cm，无边栏，20 行×18 字不等。白口。版口无特征，无断句。保存一般。今藏贵州省毕节市档案馆。

mu⁵⁵ʂʅ³³su³³

摩 史 苏 不分卷 1 册，51 页。佚名撰。彝族摩史婚丧仪式诵词合辑。

记录勃弄睐君长与其首辅大臣德朵穆魁探讨治国安邦的言论，介绍唐宋时期的彝族各部的名人，分册记录摩史在婚丧仪式里的礼仪诵词。可供研究彝族习俗与历史、诗歌等参考。贵州省威宁县龙场镇长坪村王毕摩家旧抄本。本色皮纸，线订册页装，楷体，墨书。页面 23×26.6cm。17 行×15 字。无边栏。朱墨框书题。白口。版口无特征，保存一般。今藏贵州民族文化宫图书馆。

（三）教育类

li^{21} mi^{55} su^{33}

黎 咪 苏 不分卷 1 册，110 页。佚名撰。彝族教育经典。对家庭和社会的道德行为作的规范要求，在家庭，分为祖孙之间、父子之间、婆媳之间，家族成员之间的伦理与义务；在社会上，分为君长与臣子的关系、毕摩与服务对象的关系，主人与佣人的关系等，从阿哲等各部中找典型来说明。可供研究彝族教育、法律、伦理、政治等参考。贵州省赫章县一带旧抄本。本色绵纸，线订册页装，楷体，墨书。页面 29.5×19.4cm，无边栏，8 行×23 字不等。白口。版口无特征，朱点断句，墨框标题，彩色符号断章。保存一般。今藏贵州省贵州工程应用技术学院彝族文化博物馆。

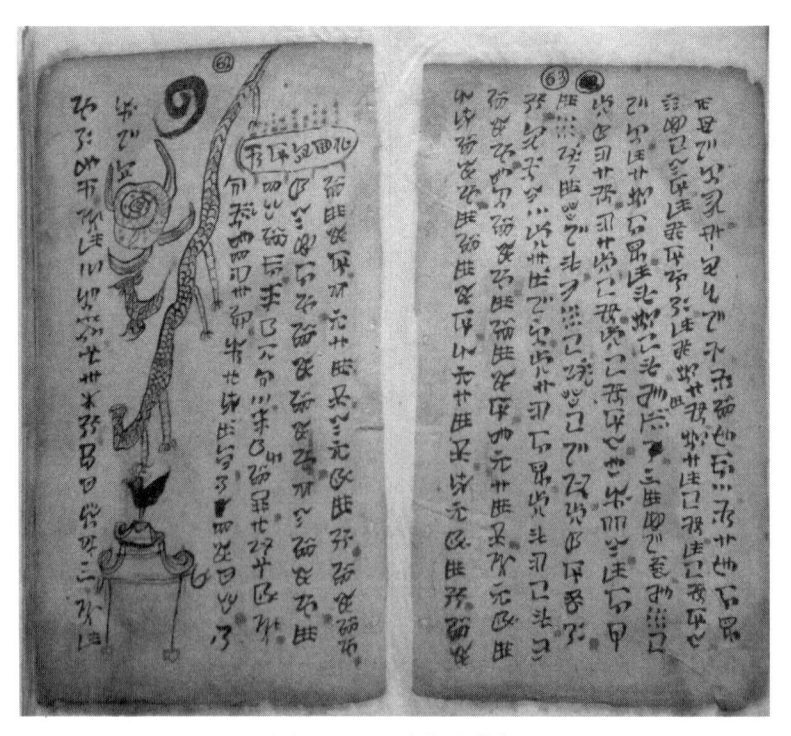

图 2-51 《黎咪苏》

（四）其他类

$ŋgo^{21}su^{33}$

对　联　不分卷1册，6页。佚名撰。彝汉文对照对联。收录三对彝汉文对照的丧事期间的思亲对联，反映彝汉文对照对联在黔西北彝区的流传，可供研究彝族对联参考。贵州省毕节市七星关区大屯乡一带旧抄本。本色绵纸，毛装，楷体，墨书。页面12.5×21cm，无边栏，4行×7字不等，白口。版口无特征。保存基本完整。今藏贵州省毕节市档案馆。

$mu^{33}mɛ^{13}dzo^{55}$

名　马　记　不分卷1册，40页。佚名撰。彝族记事书籍。记录南诏、阿眷仇部等名马的养殖，传入中原后备受赏识等，以枣骝、棕色、白色马等名马为例。可供研究彝族古代养殖经济参考。贵州省威宁县龙场镇长坪村王毕摩家旧抄本。本色皮纸，线订册页装，楷体，墨书。页面27.5×20cm。8行×21不等字。无边栏。朱圈断句。朱墨框书题。白口。版口无特征，保存一般。今藏贵州民族文化宫图书馆。

$pu^{21}mu^{55}la^{13}du^{55}$

布 摩 笔 记　不分卷1册，21页。佚名撰。彝族笔记。录有彝汉姓氏对照，地名对照，支嘎阿鲁故事等。可供研究彝族姓氏、地名与史诗参考。贵州省威宁县二塘镇艾家坪村三组已故唐开贤毕摩家旧抄本。本色绵纸，线订册页装，楷体，墨书。页面23.3×16.7cm，无边栏，23行×18字不等。白口。记录杂乱。保存一般。今藏贵州省毕节市档案馆。

第四节　黔西北彝族钞本文献译述

一、黔西北濒危彝族钞本文献概况

彝族是贵州中、西北地、西南地区最早的原住民，有数千年延续不断的分布历史可追溯，还有本民族不同群体你来我往的呈交换场地般分布的特点，即是其延续不断的分布历史的证明。贵州中、西北地、西南地区既是彝族的居住地之一，更是彝族的发祥地之一。彝族中最早的原住民当为够葛支系，据《彝族源流》《西南彝志》记载：彝族腊够支系是最早同出自武僰支系的武濮所结合的氏族，也就是最早活动在云贵高原的"夷濮"族群。"夷濮"族群也称"武僰"。早在春秋时期，在金沙江中下游、乌江和北盘江流域，活动着称之"武僰"的庞大族群，并分支出夜郎主体民族的"夷濮"。发祥于古曲州、靖州地的阿着仇部在古曲州、靖州地活动千余年，或为卢夷的阿着仇部等，都是当时的夷濮群体的组成。卢夷的阿着仇的故地又叫作朱提，称巴凡兀姑的今贵州威宁一带也曾为其活动中心。卢夷之国在春秋时期曾参加了周武王伐商纣的战争，其范围主要在今天的黔西北地区和毗连的今云南省的昭通市一带，包括今四川省的宜宾、泸州两市的部分地方，当时的一个时期，今云南省的昭通市一带彝语称"吐靡"，"吐"又音转为"曲"，故云南昭通市一带在汉文献里或名为朱提，或名为"曲州"，今贵州威宁及其周边则称"借靡""借卓"（《彝族指路书·威宁牛棚卷》之禄氏本、聂氏本等），汉文献作"靖州"。在公元前5～前4世纪时期，夜郎国始进入卢夷国地。随着彝族"六祖"中各部的入黔，夜郎国灭亡，余部远逃至云南西部。阿着仇氏势弱，被秦的势力所压制，又受他部攻打，其第27代君长沓卢乌从今贵州威宁草海一带经威宁可渡、云南宣威迁往云南的沾益和曲靖一带。

彝族武、乍、糯、侯、布、默"六祖"分支后，乍支系最先进入今威宁草海与赫章可乐一带，《彝族源流·乍氏谱》等载："乍择地可道，可道与可乐。"乍支系在这一带作短时的留住后，经今云南昭通一带，大部迁到凉山地区。前2～前1世纪时，彝族"六祖"中的第四支古侯氏更是大规模迁徙来到黔西北、黔中、黔北及周边地区，古侯氏的一大支在今贵州省的威宁草海之滨举行隆重的"九德额"分支仪式后，即东向今贵州省的安顺市和遵义市等地迁徙与活动，西向今云南省的昭通市、大理州一带迁徙与活动，北向今四川省的凉山州和泸州市一带迁徙与活动。西汉末至东汉初，彝族"六祖"中的第六支默德施氏也不遗余力地迁入今黔西北、黔中、黔西南等地，除最大的水西部，分布于贵州关岭一带的安慕役部，分布在贵州兴义、盘县等地的普安于矢部即阿外惹部都各留有近百代的父子连名谱。彝族"六祖"中的第五支德布氏的第18代（约前200年时）传人多海邓生海邓葛余、海邓阿仁两子，葛余为磨弥、乌撒两部祖、阿仁为播勒部祖。播勒部第28代毕余阿纣生阿纣阿孟、阿纣莫德两子，阿纣阿孟传播勒部大宗，莫德为罗殿国之祖。播勒部的活动范围，以今贵州安顺市的西秀区一带为中心，周边含普定、平坝、镇宁等县一带；贞丰、安龙一带属播勒分支的阿纣莫德部（罗殿国），紫云一带又属阿纣莫德部分支的举依杜颇部。

默支系发展19代后，由滇东北向黔西北迁徙，其第20～23代时先后在黔西北的今威宁草海和赫章可乐一带活动，到第24代妥阿哲（被讹为济火。济火，系妥阿哲的第二世祖）时以今贵州省大方县为中心定居下来。水西阿哲氏的父子连名谱记录和传承为彝族谱牒的典范，"凡千四百七十四年世长水西，受命于中朝，为蛮长，为罗甸王，为姚州刺使，为顺元宣抚使，为贵州宣慰使，为水西宣慰使，号凡六更，而于其国……"。水西部以四十八部辖十三"则溪"，其方国型的地方政权建构尤具特色，阿哲部的慕俄勾彝族方国政权，由阿哲蔺（尼）升格而来。水西的政权体制由定格到完善到沿袭了一千四百七十四年，并一直影响着彝民族的古今分布，其政权的沿袭是世界政权史上的一大奇迹。魏晋时期，乌撒部进入黔西北，今贵州威宁、赫章及毕节、纳雍、水城、盘县及云南宣威的一些地方属于其势力范围，存在了近1 200年，也建立了称之"纪俄勾"的政权，辖二十四部、九大"则溪"地。播勒、乌撒、水西、阿外惹、安慕役等各部，在今天的贵州的相当一些地区互为依存，共同传承着彝族各个历史时期的连接不断的分布。

黔西北彝文钞本文献藏书有着数近万部（册）。彝文这种民族文字在历史上曾一度被普遍使用，因而文献语言发育完善，文献门类齐全。值得一提的是，因彝族的分布的关系，六祖分支的德布系和默德施系所传承的文献形式和风格与内容代表了整个贵州地区，德布系的古乌撒部地的文献与古芒布部地（云南镇雄、彝良等地）、古侯系的古乌蒙部地的彝文献相同，其文献形式和风格与内容还与云南省昆明市的东川与曲靖市属的大部分东部方言彝族居住地的彝文献相同，默德施系的阿哲部（水西）地的文献与属六祖分支的古侯系的古扯勒部地所传承的彝文献相同。

二、黔西北濒危彝族钞本文献的来源

在彝族较为聚居的毕节地区和六盘水市两区市的范围，在1966年以前，民间的收藏至少在8万册以上，据毕节市彝文文献翻译研究中心掌握的材料，仅以分布威宁县原观风海、牛棚两区的一支彝族禄姓毕摩所掌握的为例，一代人中，八家都各有一位毕摩，号称"八先生"，每家的藏书都不下300册，八家八位毕摩的藏书就达2 400册之多，这些藏书的三分之二毁于1966年至1976年之间。

黔西北彝文钞本文献形成如此大的蕴藏量，是同彝族在这些地区的开发与分布历史是分不开的，单说贵州地区的情况，从东汉初以来到清初，存在着水西、乌撒、播勒、罗殿、于矢、自杞等若干彝族地方政权，势力范围涵盖了今贵阳市的部分、黔西南州的若干地方、安顺市的大部分、毕节地区、六盘水市等一带地方，这些地方政权不间断地沿袭，长的如水西部的政权，虽然先后有过多种名称，但却连续存在了1 474年；乌撒部彝族地方政权的势力范围在今威宁、赫章与云南宣威淌塘等一带地方，存在了1 200余年（参见《大定府志·旧事志·水西安氏本末》《大定府志·旧事志·乌撒安氏本末》《西南彝志》《彝族源流》等①②③），播勒、于矢等部也都连续存在了千年以上。叫毕摩的这一类人，既是传统的文化人，负有传播彝族传统文化与教化育人的职责，又是祭祖等传统祭祀活动的主持人，还是彝族地方政权体制中的三大主要成员之一，有着贵族的身份，毕摩与史官身份的"摩史"一起，参与着编写史和彝族地方政权所开展的重大活动，其中包括带有原始宗教性质的各类祭祀活动。毕摩职业为专门的家族世袭，彝文文献《迎布摩经》载："（阿芋）陡家用德歺毕摩，笃（磨弥）家用直娄毕摩，乌蒙家用阿娄毕摩，用阿娄阿阁毕摩，芒布家用依妥毕摩，用依妥洛安毕摩，……阿哲以亥索氏为毕摩，……都是世袭毕摩。"如水西阿哲氏以亥索氏为毕摩，据《彝家宗谱》记载，如阿哲氏在前期用同宗的亥索氏作世袭毕摩，亥索氏的两支分别传了二十代、二十七代。后期据《大定府志》所录的"白皆土目安国泰所译《夷书》九则"载："其先，蛮夷君长突穆为大巫，渣喇为次巫，慕德为小巫。"突穆、渣喇、慕德等都是古水西部地与乌撒部地的著名毕摩世家。这也就决定了黔西北彝文钞本文献由专门的家族收藏的属性。

有着贵族身份的世袭毕摩，在彝族地方政权存在的时期，有自己的一份领地，这份领地即是给予他做毕摩职业的付酬，由于土地的世袭传承使用，有的世袭毕摩的后代到后来还成了当地的土目。彝族的土目阶层一直残存到新中国成立前，因土目阶层也招纳毕摩，并分给其相应的一块土地作劳动付酬，为继承土地的使用权，下一代人要靠世袭的毕摩职业来保证，大量地抄录、收集、整理、传承黔西北彝文钞本文献也是为保住职业世袭必不可少的措施。正是因为如此，到了新中国成立后，属土目阶层招纳的毕摩世家，成分上多被划为地主或富农，他们所收藏和传承的彝文文献典籍，更是当时收缴或烧毁的对象，在这里面，不仅有着数量上减少的因素，还有着大量精品文献典籍失传的可能性。

三、黔西北濒危彝族钞本文献的书写装帧特点和传承特点

（1）黔西北彝文钞本文献的材质，目前能见到的主要是构皮纸和草皮纸，民国前，散藏黔西北彝文钞本文献地的周边都有做构皮或草纸的纸厂（作坊），其所生产的纸对当时的黔西北彝文钞本文献抄录提供着比较方便的条件，其次是牛羊皮及麻布，传说还用丝绢等材料抄录典籍，可能是采购困难或价格贵等原因，

---

① 贵州省毕节地区地方志编纂委员会：《大定府志·旧事志三》，中华书局 2000 年版。
② 王运权、王仕举：《西南彝志》，贵州民族出版社 1991 年版。
③ 王继超、陈光明：《彝族源流》，贵州民族出版社 2014 年版。

未被大量采用。黔西北彝文钞本文献因用牛羊皮、麻布作封面，也部分作抄录用，因此也被称作"牛皮档案"或"羊皮档案"。

（2）黔西北彝文钞本文献的装帧，基本上都是线订册叶装和细绳订册页装。

（3）黔西北彝文钞本文献的封面，多用麻布制作，约1/5用牛羊皮制作，上面书写书名，或注明从有书名的一面朝里翻阅。

（4）黔西北彝文钞本文献的书写工具，有竹笔、松尖笔和毛笔等若干种，竹笔是将竹片削尖，再捣茸，即可蘸墨书写，相比之下，松尖笔的制作则十分简单，马尾松（俗称黄松）的芽尖露出毛笔尖状时取下安在竹管里蘸墨也可作书写工具，更多的时候，彝族毕摩自己用羊毛或兔毛制作毛笔，后来也到商铺购买现成的商品毛笔，各类书写工具在使用前都必须以净水浇淋烧红的石头，做洁净仪式后才能使用，因认为文字和书都各有神灵，做洁净仪式以示对文字神和书神的敬重。

（5）黔西北彝文钞本文献几乎都是手抄书写的，极少用木刻版印刷。一般用墨，墨的制作一是取用黑色矿物质，一是用各种木炭舂成粉末，通过粘胶压制墨砖晾干，用时在砚台里加水研出墨汁来书写，部分用红矿物质书写，如红石研汁，红土捣做粉末，用制作研墨的办法，或研朱砂来书写。

（6）黔西北彝文钞本文献的开本版式没有统一的规格，一般是纸张材料大的抄录大书，材料小的纸张抄录小书，板框尺寸小的仅 10.5×21.8 cm，5行×15字，如贵州省大方县民宗局转奢香博物馆藏的《寻亡灵经》，板框尺寸大的有 55×26 cm，18行×43字，如贵州省赫章县妈姑镇砂石村扬正举家传的《人生预测》一书。黔西北彝文钞本文献的版口一般为白口，少部分的如木刻版《摩史苏》版口有鱼口纹，有页码。有无边栏，单边或双边也都没有统一的要求。

毕摩的传承特点就是典籍的传承特点，典籍是跟着毕摩走的。毕摩出现在母系社会中晚期的哎哺时期，到母系社会向父系社会过渡的哎哺后期，已基本定型，且形成了兹、摩、毕（君、臣、毕摩）三位一体政权架构的原型，即在这一政权架构里，以策举祖为君，诺娄则为臣，举奢哲为毕摩，毕摩即是这种政权架构中的主要成员之一，并作为一种模式，沿袭了数千年，为区分君、臣、师这三种职能，还各取一物作象征性标志："鹤为君、杜鹃为臣、雄鹰为布摩"[①]。从毕摩的传承上看，尼能时期，有十大毕摩，以直米亥和乌度额两人为代表，从事偶像的塑造与崇拜活动；什勺时期，有十大或八大毕摩之说，以什奢哲和勺洪额两人为代表，在点吐山里（今云南大理苍山一带）兴起丧祭制度，这种习俗一直传到现代；米靡时期有二十大毕摩，以布始楚、奭乍姆两人为代表，米靡时期是毕

---

① 佚名布摩：《迎布摩经（彝文抄本）》，毕节市彝文文献翻译研究中心藏书。

摩文化高度发展的时期，形成了十大毕摩流派，到武洛撮一代，祭祖制度由恒阿德制定，以典章的形式传了下来；举偶有十大毕摩，以额武吐、索哲舍为代表，举偶时期是毕摩文献取得辉煌成就的时期，30部《额咪》、120部《索古》都写成于这一时期。在"六祖"分支之前，邛佐氏继承了举偶毕摩，"六祖"分支后，有二十大毕摩：武家有六家奢㕧，乍家有四家开德，糯家有三家蒙蒙，侯家有三家尼礼，毕家有三家莫莫，默家有四家赫赫。六祖分支后，在今滇、川、黔彝区，林立着数以百计的彝族世袭君长统治的部政权，各部又都指定一家或数家布摩首席及其世袭毕摩，《迎布摩经》载："……主人商议请布摩，纪古地方布摩多，……东边布摩多，有举雨、有诺怒、有阿瓯威名，亥索如虎啸，却都在得远，远了请不来。西边布摩多，（阿芋）陡家有德歹布摩，笃（磨弥）家有直娄布摩，乌蒙家有阿娄布摩，有阿娄阿阁布摩，芒布家有依妥布摩，有依妥洛安布摩，……北边布摩多，阿租迫维是布摩，麻靡史恒是布摩，维遮阿尼是布摩，阿蒙举雨是布摩。""……阿哲以亥索氏为布摩，举雨的布摩神是雾形，阿载的布摩神是鹰形，阿尼的布摩神是鸡形。……陡家德歹氏，芒布有益吉氏，益吉洛安氏，阿底家有支吉氏。……乌蒙部有阿收氏，阿收阿阁氏。益支布摩声望大，麻育布摩很突出，……还有毕余孟德氏，麻弥史恒氏，赫海（芒布）地方布摩济济。笃磨（弥）以德勒为布摩，又有阿租迫维氏，都是世袭布摩。"毕摩的世袭是以土地的继承作支撑的，部政权君长直到演化为土司的漫长时期，都给毕摩世家一片可观的土地。为了土地的永久继承使用，就必须把职业一代代地传承下去，也就造成职业的排他性和技能的保守性，为君长或土司服务的毕摩成为土目，毕摩的土地俸禄往往可以和土目的土地俸禄等同。"改土归流"后，土司制残存下来的土目家所择的毕摩世家也一样给一大片土地作报酬，以至于毕摩世家后来有了地主的成分。在今贵州省及毗邻地区，水西部以妥目亥索、渣喇家为首席毕摩，有毕余莫德等若干家世袭毕摩，妥目亥索是水西阿哲的家族，共祖于俄索毕额一代。《大定府志》所录的"白皆土目安国泰所译《夷书》九则"称："其先，蛮夷君长突穆为大巫，渣喇为次巫，慕德为小巫。"突穆即妥目亥索家；乌撒部以维遮阿尼、麻博阿维家为首席毕摩，有德歹、举雨、阿都乃素等若干家世袭毕摩；磨弥部以德勒、芒部以益吉洛安、乌蒙部以阿寿等若干家世袭毕摩。这种传承形式主要延续到清康熙初年，少部分还延续到1949年前。

　　彝族部政权时代直到土司制时期，毕摩在很多时候是主持丧事祭祀和祖宗的祭祀仪式，又司教化，以家庭教育与布吐（学堂）教育的形式，教授本家族乃至于外家族子弟，传播黔西北彝文钞本文献文化。到了清代，随着承袭君长政权的彝族土司政权的结束，彝族毕摩从前台走到后台，在朝走向了在野，专为少数土目地主的丧事祭祀和祖宗祭祀服务，同时更多为彝族民间的丧祭、祖灵祭奠、祭山、祭土地、祭水等各种祭祀仪式服务，还为民众举行祈福消灾、治病、择期找日、预测命运、占卜等活动，并积极招收一部分外姓弟子，传授彝族传统典籍及其毕摩的职业，从而使演变了的毕摩职能还可能传承到近现代。

毕摩授徒与传子孙，交一部抄本给他们，最后从徒弟或子孙那里收回由他们传抄的抄本，原则上各人用自己的抄本。黔西北彝文钞本文献的一卷或册，一般都由2种以上的内容汇辑而成，多的，在1个卷（册）内汇辑有10种以上的内容。总体上来说，从前，黔西北彝文钞本文献的持有者即彝族毕摩的版本意识不强，这是基于自然崇拜的支配，认为病老死亡后，到另一个世界，还要从事生前的职业，要把属于自己的书籍带去用，于是就将其生前所抄的大部分书籍在做"开天门"仪式时都烧了给他带走，只留不多的几本给儿孙做纪念。毕摩虽然是世袭，多的达数十代，父传子时，做儿子的必须从父亲那里抄足自己要用的书籍，如此周而复始地循环。不注重著书者的署名，不注重抄书者的落款，不注重版本的留存，是黔西北彝文钞本文献版本的传承中最负面的特点之一。

四、黔西北彝文钞本文献的分布和变异

黔西北彝文钞本文献主要分布在威宁、赫章、纳雍、七星关、大方、黔西、金沙、织金、水城、盘县、六枝、钟山等县区，基本上呈现出乌撒、水西两种风格，乌撒风格的黔西北彝文钞本文献主要分布在威宁、赫章、钟山等县区并影响毗邻的云南省宣威、镇雄、彝良、鲁甸等市县，其主要特点是抄本的开本大，文内的小标题少。水西风格的黔西北彝文钞本文献主要分布在七星关、大方、黔西、金沙、织金、水城、六枝、盘县等县区，影响毗邻的四川叙永等县，其主要特点是抄本除《玄通大书》一类外的开本大外，都偏小，文内的小标题多。

黔西北彝文钞本文献的著者几乎都不留名，只有在读典籍的时候窥探其作者的名字，最早的经书的作者以布羮举奢哲和恒依阿卖妮为代表，有"布羮举奢哲，不停地讲述，恒依阿卖妮，不停地书写（记录）"。根据彝族的父子连名谱记载，他们生活在哎哺时期，迄今至少传了二百代以上，他们的事迹见之于《彝族源流》《西南彝志》《物始纪略》等典籍。稍晚一些出现的作者名字叫布娄，他生活在彝族历史的第五个时期的举偶时期，这个时期的下限约在公元前八世纪，彝族《祭祖经》载：布娄编纂有《额咪》30部，《索古》120本。汉唐时期，有举娄布陀、布笃布举、布沓额孜、沽扎阿尼、撮哎布收、阿景沙苴、杜优阿伍、阿诺布娄、尼叩布则、布姆鲁则、布姆笃任等著书者，但是他们都并不署名，尽管如此，在属于摩史文献典籍的《细沓把》，有很大部分记录的是阿诺布娄和尼叩布则关于论生死的对话，在《宇宙恩文论》和《黎咪苏》中，收录的

是布姆鲁则和布姆笃任两弟兄的谈话，以此，可将他们视为这些典籍文献的著者。黔西北彝文钞本文献的翻译，最早反映的是《桂海虞衡志》[①] 所提及事："押马者，称西南谢藩知武州节度使，都大照会罗殿国文字。"明代，随着彝族土司子弟入读国子监，明清两代官办会同馆和四夷馆所编纂的多种对译辞书，总称《华夷译语》，其中有《倮罗译语》五种，均匀分门排列的彝文单词，每词下分汉义、汉字、注音三项，但具体译者不知名。清道光《大定府志》录有"《夷志》十二则"和"白皆土目安国泰所译《夷书》九则"。1936年商务印书馆出版了由地质学家丁文江先生主编，罗文笔先生翻译整理的《爨文丛刻》[②]，这是1949年前唯一正式公开出版的一部黔西北彝文钞本文献，收录有《说文（宇宙源流）》、《帝王世纪（人类历史）》、《献酒经》、《解冤经》（上、下卷）、《天路指明》、《权神经》等多部黔西北彝文钞本文献，翻译的方法是彝文第一行，汉语注音字母译音为第二行，汉文直译为第三行，汉文意译为第四行，开启了黔西北彝文钞本文献四行译法的先河。比丁文江稍晚一些的1941年后，马学良组织翻译了《彝文作祭献药供牲经译注》等译著。

　　黔西北彝文钞本文献的绝大多数都是抄本，抄本的署名也至多仅有不到百分之十的比例，这些署名如贵州威宁"德摩洛布摩家清嘉庆十二年（1807）抄本的《彝族干支择期书》，阿哲侯布惹若布摩清道光八年（1828）抄本的《彝族伦理经》，道光九年（1829）抄本的《彝族丧祭习俗经》，清道光十年（1830）抄本的《支嘎阿鲁丧祭仪经》，妥朵亚法布摩清同治六年（1867）抄本的《乌撒彝族指路》，清同治七年（1868）抄本的《彝族顶敬祖灵经》，清同治六年（1867）抄本的《彝族丧祭经·祭母》，阿者小纠布摩清光绪十二年（1886）抄本的《解除灾星经》"等。

五、黔西北彝文钞本文献的藏量

　　目前贵州省的黔西北彝文钞本文献的蕴藏量还相当丰富，据不完全统计，在毕节地区的七县一市一区，有5 000余册（部），其中七星关区有800余册、大方县1 200余册、威宁县1 100余册、赫章县1 000余册、黔西县150余册、织金县80余册、纳雍300、金沙200余册、百里杜鹃区100余册。在六盘水市，据市民宗局典籍办统计，在水城、盘县、六枝、钟山四县区有7 000余册（部）彝文钞本文献在民间散藏。在中国革命博物馆、清华大学、国家图书馆、中央民族大

---

① 胡启望、覃光广：《辑佚校注·志蛮》，四川民族出版社1986年版。
② 马学良、罗国义：《增订爨文丛刻》，四川民族出版社1986年版。

学、北京民族文化宫、贵州省博物馆、西南民族大学、贵州省民研院、贵州民族大学、贵州民族文化宫、毕节市档案馆、奢香博物馆、毕节市彝文文献翻译研究中心、威宁县民宗局典籍办等单位收藏，贵州有 16 个收藏单位藏有黔西北彝文钞本文献 8 000 余册，除了省博物馆、省民族研究院、贵州民族大学彝文文献研究所、毕节市彝文文献翻译研究中心、贵州工程应用技术学院、六盘水市档案馆、水城县档案馆 7 个收藏单位外，其余收藏单位均为市、县民委。具体分布为：贵阳市收藏有 3 100 余册；毕节地区 4 700 余册；六盘水地区 500 余册。

六、黔西北彝文钞本文献的种类

（一）毕摩典籍

毕摩典籍从其用途上可分为丧事祭祀习俗、祭祀祖宗、祭祀与崇拜神祇、祈福与消灾、历史与谱牒、天文与历法、占算预测等几大门类，这些门类也直接用作书的大的命名。以门类作命名的，一个门类由若干部或数十部典籍组成。在大的门类下，丧事祭祀习俗有《迎布摩时献酒经》《丧祭献酒经》《丧祭献茶经》《丧祭献水经》《椎牲经》《用牲献酒》《献早饭献酒》《献晚饭献酒》《播寿命收寿命》《老死寿终》《了却心愿》《掩死礼仪》《丧祭根源》《馈献祭礼》《打铜织绸》《织绸》《确舍氏织绸》《四部洛那织绸》《破咒退神》《灵堂迎奉》《织天织地》《天地》《断识日月》《论天地》《修天地》《释天》《人类产生》《天地形成》《吉年吉月》《中部地带》《团圆地》《天高地阔》《修天补地》《武国》《六祖源》《论天地形成》《辨别日月》《理山脉》《年景气候》《断识日月》《中央山岳》《受田地》《拓土地》《扎根经》《指路经》等 1 200 余种小的书名命名。

丧事禳解经作为丧礼中使用频率最高与最多的一种，彝语称之 [ndɯ^{33} su^{33}]，音"陡数"，在丧事经文中解释为禳解，有《百解经》之说，在《解冤经》《解除伤害经》用途名称下，有《解病经》《禳病大道》《尼能氏禳病》《什勺氏禳病》《解战死经》《解冤献酒经》《解矛戟怨尤》《解诅咒怨尤》《苍天冤》《布置日月冤》《修天冤》《月诞》《修天冤》《辟地冤》《田地冤》《驱逐司署经》《清除司暑经》《遣送司署经》《破除司鬼经》《降伏恶魔》等 1 000 余种书名的命名，有的一个篇目就是一部经籍。

毕摩典籍文献中的丧事祭祀习俗门类，有的以一个书名为一部典籍文献，有的是由多个书名合订为一部典籍文献。

祖宗的祭祀有普通祭祖仪式、中型祭祖仪式、大型祭祖仪式、祖灵解除灾难几种典籍文献。

普通祭祖仪式有《招灵经》《绾草招灵经》《绾草根招灵献酒》《洁净换装献酒》《（亡灵）夫妻聚拢时献酒》《祖灵过关时诵词》《料理祖灵》《换祖筒献酒》《迎祖献酒》《献茶并献一巡酒》《聚议献酒》《洁净换装献酒》《绾草根招灵献酒》《夫妻聚拢时献酒》《祖灵过关时诵词》《与主人家的祝愿词》《掩地时献酒》《克补神座边的收掩》《理归宿献酒》《借神力赐归宿》① 等 100 余种命名。

中型祭祖仪式有《祭岩祠经》，有《祭岩上灵桶经》《理归宿经》《六代祭祖祭岩上祖桶经》《洁净祖桶经》《祭祖迎客（布局摩神）经》《祭祖时布摩堂相聚》《立长位献酒》《立嫡长位时致词》《立嫡长位经》《稳灵桶经》《灵桶除污垢》《破死》《献药》《供牲》② 等 50 余种命名。

大型祭祖仪式有《祭祖大典图文经》《送祸祟出门关外》《设嫡位的根源叙述》《设嫡位》《向祖灵献酒》《料理祖灵》《祖灵偶像》《洁净经》《求德施神威》《午饭后献词》《靠山与替身》《退野鬼》《遣侯旺司鬼》《乌撒祭祖经》《顶敬祖灵经》《祭祖迎接仪式》《祭祖献酒》《出示祖桶经》《高贵》《布摩地位》《献祭牲祭物》《点谱借神力》《献土地神》《铜状神座图及说明》《对面神座与叙知识》《贵位神座图与献祭》等 50 种命名。

祖灵解除灾难有《为祖宗除灾》《为灵桶除灾》《去祸祟》《为祖灵解灾难》《凶星带不祥兆》《为祖宗破除伤害》《为蜂进祖灵桶禳解》《为被烧的祖灵桶禳解》《为猴搬祖灵桶禳解》《为进水的祖灵桶禳解》《续根基》《为祖灵桶除污进水秽》《送污秽后献牲》《为鹰抓祖神桶禳解》《为鼠咬祖神桶禳解》《回避凶死与病神》《送蛇祛病》《送水神》《送火烟火神》《送邪秽》《排解灾星》《退犯禁忌时日之灾》《就地献酒》《布局摩退神》《退大灾难星》③ 等 50 种命名。

祭祀与崇拜神祇的典籍文献主要有《祭祀土地神》《祭祀生育神》《祭祀龙神》《祭祀寿命神》《祭祀山神》《祭祀家神》《祭火神》《祭水神》《祭崖神》等 50 来种书名命名。

祈福消灾的典籍文献作《局卓布苏》或以《禳解灾难经》《家园禳解经》《禳解经》《解灾经》《破星经》等为大书名，它在毕摩经籍中，与《丧仪大经》《解冤经》《解死灾经》等量齐观，都是大部头分为若干册、卷的经籍，有 1 000 余书名命名，如《求德布神威》《求克博神威》《借神力概要》《收掩犯丧》《解年灾月灾》《解年煞月煞》《解本命年月克星》《解犯年丧月丧》《解年伤月害》《借布摩神力》《借时世神力》《借十二圣神力》《借天地神力》《借祖灵神力》《借根本神力》《借沽能神力》《借濮诺神力》《借山、坝神力》《借土地神力》《解年灾月灾》《解怂恿之害》《解不吉不利》《解病灾瘟疫》《解游魂野鬼之害》

---

①②③　陈洛基、王继超：《中国少数民族古籍总目提要·贵州彝族卷一》，贵州民族出版社 2010 年版。

《解犯重丧之焚尸木害》《解凶星恶煞》《解司署饥寒》《解畜鬼之害》《解不端之行为》《解鬼与盗贼之害》《解犯禁忌日》《解本命年危害》《解不祥预兆》《解犯丧之害》《割断诅咒》《送祸害》《解因由》《解畜星》《解饥谨》《解灾祸》《解犯土地》《解犯神灾》《解祖宗吃人之灾》《解诅咒》《解诬陷》《解不祥之兆》《解犯丧》《解病死灾》《解凶》《解饿鬼》《解犯寺庙偶像灾》《解战死鬼灾》《解犯祖灵灾》《解犯神祖灾》《解风灾》《解焚灾》《解麻荆荆》《风灾》《解仇灾》《解分离之灾》《解污染》《解死星》《解鼠灾》《解伤害》《解犯阴木》《解司署鬼》《解身灾》《解仇杀灾》《解杂乱》《收拾灾》《送出灾》等，书名直接反映用途。

彝族毕摩典籍里的历史谱牒以《尼能源》《哎哺尼能谱》《什勺氏根源》《什勺源》《鲁朵的大宗》《鲁朵世系》《鲁朵谱》《鲁朵哺氏谱》《斯里世系》《斯氏世系》《斯里谱》《塞赤世系》《许塞氏谱》《迷觉世系》《迷氏世系》等形式命书名，这种谱系多达数百种。

天文历法方面的典籍以《二十八俗星》《宇宙生化》《宇宙人文论》《开天辟地》《历书》《天文历法》《万年历》《测算日期》《命运预测》《占算疾病》《占算死亡类》《占看鸡卦（股骨）》《占看猪膀》《占看竹卦》《占算凶兆》《占算失物》《占梦》等 10 余种分类作命名，篇目的命名则多达 3 000 余个。本课题中精选翻译整理的《丧祭慰亡经》和《打铜织绸》即是黔西北彝文钞本文献中毕摩典籍的代表。

（二）《丧祭慰亡经》和《打铜织绸》

1.《丧祭慰亡经》

《丧祭慰亡书》是彝族毕摩文献中举行丧仪大典时所必备、念诵的经籍，它的内容涵盖面相当广，涉及哲学、历史、谱系、伦理、习俗、文学艺术、甚至于音乐等。

彝族的信仰是多神崇拜，而多神崇拜又是围绕祖宗崇拜这一核心运转的，人离世后入祖是一个非常复杂的过程，涉及十分庞大的两大类经籍文献使用，一是丧仪类经籍，二是祭祖类经籍。以一家毕摩而言，这两类经籍可能就要占去他的经籍藏书的大半家产。在丧仪类经籍里，慰亡部分已是后半部，前半部为大量的禳解、消除各种灾难的文献，如解（消）血灾、精灾、污灾、冤灾、病灾、死灾、星灾、缺陷灾等，举不胜举，可谓十部、八部，走过这一系列程序后，再进入慰亡的阶段，又经过这些程序后，才能指路归祖。得指路归祖和入祖灵处所的门槛是很高和复杂的。

为了解彝族祖宗崇拜的信仰而产生的文化形态，在做《黔西北濒危彝族钞本文献》的课题时，特选了彝族《丧祭慰亡书》用于整理翻译。

作为《黔西北濒危彝族钞本文献精选翻译之一（语言文学卷）》，《丧祭慰亡书》在整理翻译时，为忠实与保持其原貌，采用了其《丧祭慰亡书》《播种与收割生命》《寿终正寝》《脱离病死神》《吵死神》《怨死神》《追病根死由》《发送丧牲礼》《了却心愿》《弥咪》《献水》《点祭牲》《除恶》《指路书》等篇目。

《丧祭慰亡书》在人生哲理方面，对生死的认识具有非常高的高度和深度。认为"就死亡而言，人若不会死亡，大地就容不下；树若不会枯倒，就会失去天日。树长天不增，人增地不增！"这正是《丧祭慰亡书》的精华与价值所在。

在解读文化符号方面，《丧祭慰亡书》关于"君是太阳星，臣是月亮星，布摩是明星。君是白翅鹤，臣是青羽鹃，布摩是灰鹰。君是细叶松，臣是薄叶柏，布摩是黄松"的论述，反映了彝族先民曾经使用的职业文化符号，曾经的星辰与动植物的崇拜。

有关"惹米那生民"和彝族是"恒氏的后裔"，记录了彝族的源流，叙述色吞、仇苏、罗纪、陀尼、输氏等部族来源与彝族的关系。

什勺取猿猴作丧祭的故事，有着叙事史诗的明显特性，反映出文学方面的价值。这一叙事诗进一步发展，又延伸为口碑诗歌和故事。

《丧祭慰亡书》通过对丧祭仪式习俗传承关系的排序，充分体现尼能、什勺、恒特（米靡）、举偶、六祖等彝族历史阶段划分的确切性。

关于"有笃无沽音，有尼无诺音，有纠无布音"的记录，反映出彝族古老的音乐记谱和音律特点。

三段式诗歌的融入，如"如今之际，在天际云边，见鹰鸟逃避，鸟已经逃避；在大地上面，虎啸群兽退，群兽退开了，在人世间，高大额车下，布摩吼则司署退，司署退去了"，充分地展示了彝族诗歌格律的应用。

《丧祭慰亡书》内所包括的《指路经》，记录丧葬习俗、迁徙路线、历史地理环境等，具有研究多种学科的参考价值。

2.《打铜织绸》

在叙述我国的历史时，都会贯之以"文明国度，礼仪之邦"的表述，这种表述不是空洞的，而是有深厚的文献史料作支撑。且不说《五经》中的《礼经》，也不说二十四史中复杂的各种《礼》《典》，在中华古老民族之一的彝族中，非常讲究在生与死后的礼仪，在生的礼仪存在于从小孩到婚恋、到家庭建立，乃至于生子女到老，死后的礼仪是后人帮着完成的，于是丧仪经籍就有《仪表的论述》等篇目的必备，人的仪表也是礼仪的一部分，表现为在生时体体面面，死后也要风风光光。彝族君王以披虎皮来表现其威仪，死后也要给他覆盖虎皮，所以要念《阻沽》（覆虎皮）。

彝族先民曾在今云南省昆明和东川一带冶炼铜，在今四川省的宜宾到成都一带种桑养蚕，纺织丝绸，为古青铜和丝绸经济的历史作出了应有的贡献。这种历史及其记忆被分别保留在古籍文献和口头传承的歌谣中。关于古青铜冶炼和丝绸纺织通常也是彝文经籍所必录必选的篇目。因此，在《黔西北濒危彝族钞本文献精选翻译之一（文化艺术卷）》的搜集、整理翻译时，考虑了这种因素，从而选择了丧仪文献经籍中《溯源》《仪表的论述》《尼能织绸》《什勺织绸》《恒特织绸》《举偶织绸》《打铜织绸》《确舍织绸》《四大城织绸》《收掩诅咒》《禹陡苏》等11个篇目。这11个篇目中，有7个篇目直接涉及丝绸的纺织和使用的内容，纵的方面，从尼能经什勺、米靡、举偶，到六祖的五个历史时期，从横的方面，色吞、陀尼、洛纪、仇苏、六祖等各西南夷部族，在古老的自给自足的小农经济形态下，无一不自己动手，从事家庭的、手工业（有精细或粗糙）的丝绸纺织。

在彝族古老的文化习俗中，有实行土葬和火葬两个主体部族，无论实行土葬和火葬，在对死者遗体进行殡埋或火化时，都用丝绸去裹护其肉体，以阐释他们所理解的人性化，同时在另一方面，在生与死都要一样地去享受的观念支配下，以等级去享受不同数量丝绸的消费，"君死九幅绸，添一幅满十。……臣死六幅绸，添一幅满七。……布摩死以三幅绸，添一幅满四。……与贤君贤臣，贤布摩不同，为民一幅绸，一幅绸高贵"。为使用和享受丝绸，而追溯丝绸的历史和来源，"四城邑织绸，流通八分野，能人所购买，聪明人享受，穿着显威风。"并列举"德氏上等绸，德朵绣鸟绸，德补黑叶绸，陀尼大岩绸"等名贵的丝绸。丝绸的纺织和使用的记录，也反映出彝族先民对中华历史文化的贡献。

追溯历史文化，缅怀先民的历史贡献，将濒危的《打铜织绸》等彝文钞本文献整理翻译面世，其必要性和历史意义与现实意义等，都是不言而喻的。

（三）摩史典籍

摩史典籍文献可分为历史谱牒、丧礼文献、婚礼艺文、教育文献、长诗与歌词、军事文献、翻译与故事等7个以上门类。

摩史典籍文献的历史谱牒有数百种书名，如《西南彝志》《彝族源流》《彝族创世志·谱牒志》《彝家宗谱》《六祖富贵根》《诺沤·侯世系》《德布氏源流》《谱牒书》《哎哺源流》《阿哲世系》等。

摩史丧礼文献有《细沓把》《哭祭经》《破死经》《比赛经》《摩史苏》《恳咪》《恳沤苏》《哭灵哭祭经》《孝敬父母》《丧礼歌》《悼念哭祭》《吊丧诵词》等50余种书名命名，内有篇目有《贤子祭母》《孙哭祭祖》《妇哭祭夫》《笃勒策汝哭祭》《陀尼哭祭母》等1 000余种命名。

摩史婚礼艺文有《诺汜苏婚事诺汜》《阿买恳苏》《阿买恳》《曲姐苏》《婚礼词》《摩史苏》《叙婚史》《婚姻史话》《摩久苏》《婚礼仪式诵词》《婚事礼仪》《诺汜曲姐》《贺词》《歌词》《婚姻史话》《婚礼对歌书》《宣诵词》《婚姻歌》《说古与论史》《联姻典故》等上百种命名，其中，《乌鲁诺纪》《英雄阿纪颂》《乌鸦反哺》《无情的兄长陇邓》《朴确侯乌记》《兄报妹仇》《妹报兄仇》《武茹阿玉哭嫁记》《则溪穆濯》《百二十君长》等表现为叙事长诗。

摩史教育文献有《黎咪》《阿野额外的箴言》《黎咪苏》《黎咪·婚礼祝辞》《布摩开场白》《苏巨黎咪》《祝福酒辞》《物事启蒙》《舍纠伟》等命名。

摩史文献的长诗《阿姆复仇》《娄纪放鹅》《朴确侯乌哭嫁记》《才女救兄》《曲谷走谷选》《曲谷精选》《阿诺楚》《益那悲歌》《支嘎阿鲁王》《俄索折怒王》《史诗选》《曲谷集》《尼曲谷》《阿始岩上》《蜜蜂采花酿蜜糖》《策耿兹的生日》《恒堵府的威荣》《阿奎的三女儿》《君、臣、师的女儿》《慕奎白乍戈》《阿纪君长家》《密姆纪阿买》《天地人文史》《论天地形态》《洪水泛滥史》《突目布孺啥》《阿鲁巡察天地》《阿诺楚与阿诺苟》《开天辟地》《天地断往来》《七层天君长》《北方云雾山》《召唤日月》《沽扎阿尼》《够阿娄寻药》《摩史苏》《吉笃阿诗形象的叙述》《策格兹之梦》《溯天地起源》《天地人道纪》《诗文汇集》《神奇的宝刀》《德施氏阿芋陡、妥阿哲、妥芒三部迁徙史》等书名命名。

军事文献有《阿芋陡世系》《水西传》《阿伍记》《摩久苏》《阿哲（水西）战史》《阿哲（水西）与乌撒的交战》《布默战史》《乌撒与惹部纠洪之战》《阿哲与乌撒巴底之战》《播勒与阿哲洪益妥太之战》《南诏与窦部道峨德太之战》《神剑记》《阿芋陡的四只酒缸》《阿芋陡九十重宫殿》《乌撒拓土记》《色特啥孜救生记》《阿哲乌撒的结盟》《理九大根源》《阿哲与乌撒交战》《历史典故新说》《煮牛论》《煮猪论》等上百种书名命名。

摩史典籍文献中翻译与故事，明洪武后期，通过彝汉文化的大量交流，尤其是两个民族在伦理道德观中对孝道的认同，汉民族的二十四孝故事等被大量翻译改写作五言体的彝文，作为彝族丧祭活动中《尼巧》《哭灵经》《细沓》等文献与仪式的补充，这些翻译故事有《凤凰记》《陈状元记》《张孝记》《赛特阿育传奇》《西京记》《神猴记》《西游记》《色特啥孜救生记》《三仙姑下凡》《卖身救母》《曹安孝子》《公子孝子》《张祝孝子》等书名命名。

本课题中精选翻译整理的《黎咪苏》即是黔西北彝文钞本文献中摩史典籍的代表。

《黎咪苏》概述

《黎咪苏》一书的作者名叫布姆笃任和布姆鲁则，是两弟兄。这两弟兄是古普安（阿外惹）部地位显赫的贵族阿吉热娄的后代。阿吉热娄是阿外惹君长国（又建毗那国）的亲王，生活在唐（南诏）初年时期，是笃慕的49代孙。《彝族源流》和《彝家宗谱》的六祖谱系记载，从笃慕经六祖第六支慕齐齐下传到毕额勿为19代，再从毕额勿的第三子勿阿洛下传到额哲阿吉为30代，额哲阿吉生有阿吉额苦、阿吉热娄等儿子。阿吉额苦作为长子继承君位，阿吉热娄做了亲王。具有贵族身份，有是天文学和道德学家的布姆笃任、布姆鲁则两弟兄，是阿外惹第30代君长额哲阿吉次子阿吉热娄的第3或第4代孙，生活在唐（南诏）中叶，以两弟兄对话的形式，留下了4部以上称《黎咪苏》的著作。

以记录布姆笃任、布姆鲁则两弟兄语论形式的这部《黎咪苏》，其"土鲁"，有"宇宙""天地""空间""范围"等含义；"黎咪"，可以理解为：先贤、哲人等经过深思熟虑而总结归纳的关于世界观、人生观、道德观等各方面的经典语言，它具有相当的权威性和不可颠覆性。

道光抄本《黎咪苏》只有《土鲁》的部分，计有29章。1978年，贵州省毕节地区民委彝文翻译组罗国义、陈英两老先生取1940年尚修民毕摩抄本《土鲁黎咪》里的28章整理翻译，定名《宇宙人文论》，这个译本经中央民族学院马学良教授审订后，于1982年由民族出版社出版发行。

本次的整理翻译，选用第三批《国家珍贵古籍名录》的清道光抄本《土鲁黎咪》，有着三个方面的考虑：一是用整理翻译的办法展示《国家珍贵古籍名录》的面貌，二是符合"黔西北濒危彝族钞本文献精选"的要求，三是符合"黔西北濒危彝族钞本文献精选"中哲学宗教卷，尤其是哲学内容的要求。当然在整理的技术层面上说，选择了用1940年摩抄本的《黎咪苏》（《宇宙人文论》）作参照是必然的，也是顺理成章的事。

探讨的是哲学问题，集中反映了彝族先民的宇宙观、人生观和天文学的理论。彝族先民对宇宙、人类的起源以及万物的产生和发展变化有自己独到的见解，彝族先民认为，由于清浊二气的分化才形成了天地人及万物。在天地未产生以前，整个太空是一片混沌景象，后来由于气的孕育发展，形成产生天和地的"太极"即"慕古鲁"和"米阿哪"，于是清气上升而成天，浊气下降而成地。人体与天地之体相似，同样由清浊二气发展变化而构成人的"形象"。万物也跟天地人一样，由清浊二气发展变化而成。因此，天地人和万物都可用阴阳二气概括之。两类属性中阳为男性，阴为女性。

关于空间的认知，空间为一定的或无限的空间，从宇宙空间、天体、天地、日月、星云、山水、自然物、被制造物（大如房屋、小如器具、工具）等，占据一定的空间活动，自己亦形成一定的空间，之所谓"一人（一物、一事）一空间，一人（一物、一事）一宇宙"，这即是其所反映的宇宙观。

宇宙或空间的构成是清浊二气，清浊二气在形象上表现为漂浮的影子、影像和固化的形象，颜色上表现为原生黑白色，或发展了的青赤二色，清气表现为纯气体，浊气表现为半气体与半固体的状态，是气体与固体凝结的纽带。小到一人、一事、一物，大到宇宙天体，无一不是清浊二气结合的产物。清浊气为物质的基本构成，在哲学上被归纳为"二元论"之"气二元论"[①]。

书中记录人们认识天地、万物，区分宇宙方位的过程。文中详细地论述了太阳和月亮的运行情况，并且分析了日、月出没的方位，按不同月份观测到太阳、月亮所行轨道不停地转动时，地球上所受光热的时间、地点不同而轮回出现冬、春、夏、秋和二十四节气出现的情况，反映了宇宙的方位、日月的行轨、季节的变化对生活和生产等的影响，并用具体图形加以说明。同时，彝族先民观测到天体运行一周为三百六十五度又四分。根据这个原理，定出年界、月界，分出大月、小月，推算出闰年、闰月，其精确的程度令人惊讶。此外书中还记述了霜、雪、云、雾、风、雨、雷、电等"天气"与"地气"的发展变化相互影响的关系，形成一整套天文历算的理论学说。

历史上曾形成和使用过多种历法，十月历和十二月历是其中较为广泛使用的两种历法。以十天干纪月则形成十月历，以十二地支纪月则形成十二月历，就以十二月历的岁首所在，在十月历间也有差异，如在彝族的德布和德施地区（德布地区在今贵州省安顺市、黔西南的西北部、威宁自治县和赫章县，云南省的宣威、富源、沾益、武定、玉溪、峨山、普洱市县。德施地区包括今贵州省贵阳、毕节两市的大部分地方，贵州省的普安、晴隆、兴义、兴仁、盘州、水城、六枝等区县，云南省的会泽、东川、寻甸、永仁等区县，四川省的会里、会东、德昌、米易等县），这种差异仍在保留，在保留和秦历差不多的威宁自治县北部地区，其岁首的正月建寅为阴阳历的十月间，阴阳历的十月亥（属猪），到了阴阳历的正月寅时，十月为岁首的纪月已到了属巳的四月。

书中还对《河图》中的五生十成和《洛书》中的十生五成进行了解说。其中一、二、三、四、五称为生数，六、七、八、九、十称为成数。五生十成是指：天一生水地六成，地二生火天七成，天三生木地八成，地四生金天九成，天五生土地十成。十生五成是指：天一与天九合为十而形成"老青"管南北二方，天三天七合为十形成"少青"，管宇宙东、西方，地二地八合为十形成"老赤"，管东北、西南二角，地四地六合为十形成"少赤"，管宇宙东南西北二角。南为首，北为尾，西东为正身，东南、西南为肩，西北、东北为足，阳居四正为首尾

[①] 参见李延良：《彝族哲学著作〈宇宙人文论〉初探》，中央民族大学学报（哲学社会科学版）1979年第4期。

正身，阴居四角，为肩为足。以此形成了彝族天文历法的理论基础，是彝族哲学和天文历法的奠基石。天文历算的理论学说是古代彝族先民对祖国文化的重要贡献，特别是对天文历法方面具有重要的学术研究价值。

书中的《人体与天体》中说"五行中的水，是人的血，五行中的金，是人的骨头，五行中的火，是人的心脏，五行中的木，是人的经络，五行中的土，是人的肉"。"人的脑髓，变水和清气，脾胃是浊气。在七门里，大小肠之间，是相通的，人生的气，通向命门。大肠与胃，生在脐底下。气络有三条：第一条经络，到达心脏；第二条经络，通过胸间，生在命门里；第三条经络，经过肺气，生在脑门。浊气经三条，第三条经络，顺着脊椎过，越过头顶上，生在尾门上。第二条经络，经过肩胛前，生在脑髓中，第一条经络，分布水位上，经过了腹部，生在头顶上。六条清浊气，复地循环，水往上爬，头火将它克，水火不相容，金同木相生。五行的聚合，生在脐底下。"这些理论，成了彝医形成的理论依据。

以日月星云为天五行，以金、木、水、火、土为地五行，以天五行应对地五行和心、肝、脾、肺、肾这人的五行。"乾坤八卦，出现久远后，五行得普及。天上的五行，在南北，在东西，为天空日月云星；地上的五行，金木水火土；人类的五行，心肝脾肺肾。"此五行形成后，随其变化，形成人体的根本。"人体像天体，天上的日月，是人的眼睛，天上的风，是人的气，天上的雷鸣，是人的讲话，天的晴朗，是人的欢乐，天上挂雾，是人的发怒，天上的云，是人的服装，天上的星辰，八万四千颗，人的毛发，八万四千根，天的幅度，三百六十度，人的骨头，三百六十节。以此对比，天生人的根，人生仿天体，用人体释天象，释天象依人体，如此来阐释。"形成了天人感应的哲学，也当然有受《吕氏春秋》和《淮南子》等文献的影响的影子。

综上所述，《土鲁黎咪》即《宇宙人文论》是一部研究彝族古代哲学思想的重要著作和一部彝族天文学的重要古籍，它的研究价值与学术地位是经受得起历史的检验的。

七、黔西北彝文钞本文献的分类

黔西北彝文钞本文献的分类，遵循一是作为信息的存取系统，以方便读者查找利用；二是作为反映科学知识系谱系统规数，以符合一般的认识水平。面对部分彝文古书手抄本是根据抄录者的需要和水平决定其内容的，形成了内容十分庞杂、包罗万象，一本书中出现了不同类别的篇章，个别书名与主要内容不相吻合的情况。在鉴别主要的分类标准和辅助分类中，基本分类是二十二个左右，若按这个标准来分类，未能包括完较细的类别。在《黔西北彝文钞本文献目录》的分类上，既借鉴前人的分类法成果和经验，又不囿于其中。因为黔西北彝文钞本文献有其鲜明的民族性，自成体系，在分类问题上若一定硬套现成的框框，那就是削足适履，不是实事求是。坚持从黔西北彝文钞本文献的实际情况出发来分类，将黔西北彝文钞本文献分为：一、丧祭习俗类：（1）丧祭献祭；（2）丧祭禳解消灾；（3）丧祭主体仪式；（4）丧祭指路。二、祭祀祖宗类。三、祭祀与崇拜神祇类。四、祈福消灾类。五、历史谱牒类。六、摩史丧礼文献类。七、摩史婚礼艺文类。八、天文历法类。九、教育文献类。十、彝文长诗与歌词。十一、军事文献类。十二、翻译与故事类。十三、占算预测类：（1）测算日期；（2）命运预测；（3）占算疾病；（4）占算死亡；（5）占看鸡卦（股骨）；（6）占看猪膀；（7）占看竹卦；（8）占算凶兆；（9）占算失物；（10）占梦。十四、其他类。与《中国少数民族古籍总目提要·彝族卷·贵州卷一》的分类相同。

八、黔西北彝文钞本文献的内容及其价值

以彝文为载体的典籍，用牛羊皮或麻布做护封，故而俗称"牛皮档案"或"羊皮档案"。它记录的历史年代久远，从哎哺时期至"六祖"时期，尤其是从尼能、什勺、慕靡、举偶到"六祖"分支，直到公元1664年的近4 000年间，近200代父子连名谱牒世系完整相连而不间断。记录涉及哲学、历史、天文、历法、算学、文学、军事、宗教、地理、民族、民俗等多方面内容，反映彝民族的发祥、发展、迁徙、分布，与各兄弟民族和睦相处，巩固西南边疆的稳定，维护祖国的统一等情况，形成独具特色的哲学、美学、伦理道德学、教育学等学科体系。内容与文字传承互为前提又彼此相互依存，正是它的这种属性决定着其文字文化的传承的生命力。

在贵州黔西北彝文钞本文献中，《宇宙人文论》《土鲁窦吉》《爨文丛刻（中、下）》《西南彝志（1-2）》《西南彝志（3-4）》《彝族源流（1-4）》等集中反映了彝族的哲学和天文与历法史观，《宇宙人文论》被收入《中国大百科全书》，为中华文明起源的认识提供了极具价值的文献资料。

《爨文丛刻（上）》《西南彝志》《彝族源流》《彝族创世志》《彝家宗谱》等文献，记录了全国彝族的数百代谱系、分布，回答了彝族的起源问题，记录了彝族在贵州分布与活动的三千年以上的历史，实际上也是反映了贵州的三千年以上的历史，在研究历史的文献、考古、田野三要素中，彝文古籍所提供了不可或缺的文献要素。威宁中水、赫章可乐考古出土能印证彝文文献的记录，成为编写正在出版的《中国彝族通史》等不可或缺的使用材料。

《益那悲歌》《夜郎史传》《彝族源流》《策尼勾则》等文献，记录了古夜郎王族的27代连续的父子连名谱系，反映古夜郎在毕节市境内活动600~700年的历史，在研究夜郎历史文化中，其文献资料属于唯一性。

《支嘎阿鲁王》《支嘎阿鲁传》《曲谷走谷选》等文献，记录的彝族史诗，堪与《荷马史诗》和《格萨尔王》等世界著名史诗媲美。

《苏巨黎咪》《海腮毪启》等文献，提供了教育、法律、伦理道德等多方面优秀的历史文化遗产，是不可多得的一笔历史文化遗产，值得去研究、继承和弘扬。

《估哲数·农事篇》《物始纪略》等文献，反映了贵州古代农业社会的历史和农业社会的经济，在全国的彝文文献中也具有唯一性。

《彝族诗文论》《彝诗体例》等文献，是我国较早的文艺理论著作，它早于同是文艺理论著作的刘勰所作的《文心雕龙》。

黔西北彝文钞本文献是中华民族文化遗产宝库的重要组成部分，是一笔珍稀而可开发利用的传统文化资源。贵州留存的彝族典籍文献里，文字传承的历史脉络线索清晰，文字发育与使用成熟，文献记录系统完善，以《西南彝志》《彝族源流》等一大批文本为例，在全国都居于领先的水平；反映彝民族的发祥、发展、迁徙、分布，与各兄弟民族和睦相处，巩固西南边疆稳定，维护祖国统一的重要历史。彝族史料、文献有贵州的彝族历史上形成的远古文化、夜郎文化、民族政权方国文化（如黔西北至黔中的罗施国文化，安顺至黔西南的罗殿国、毗那自杞国文化）、千年土司文化（水西文化、乌撒文化、普安文化等）、神秘文化（如独特的向天墓葬文化）支撑着，反过来，这些种种文化信息必须靠彝族文献来解读、解答，归纳出其优势所在。彝族文献的收集、整理和翻译及出版对贵州乃至中国的彝族发展史研究不仅有深远的历史意义，而且也有着不可低估的现实价值。

下 编

基于黔西北濒危彝族钞本文献的彝族文化思想研究

第三章

基于黔西北彝族钞本文献的彝族经籍文学研究

第一节 彝族传统经籍文学总论

一、彝族传统经籍文学的概念及其价值

在几千年的历史长河中，中国的古圣先贤创造了丰富厚重的文化，积累了琳琅满目的古籍宝藏。同时，中国有文字的各少数民族先贤，也创造了许多具有宝贵价值的少数民族古籍。但是对少数民族古籍的搜集、整理和研究工作还没有很好地开展，许多宝贵的东西还没有得到开发利用。充分挖掘、收集、整理、研究少数民族古籍，特别是其中数量极为丰富的经籍，从不同的角度开掘其中有用的价值，对于繁荣社会主义文化，展示灿烂的中华文明，有着十分重要的现实意义。彝族传统经籍是少数民族古籍重要的组成部分，是中华古籍的一串璀璨明珠，从文学人类学的角度对其展开系统的有重点的研究，对丰富世界文学宝库有着十分重要的价值和意义。①

---

① 王明贵：《论彝族传统经籍的文学特征》，载于《红河学院学报》2017年第2期。

（一）关于彝族传统经籍文学的概念

彝族传统经籍文学是一个新的概念，但也是在已有的关于彝族古籍、彝族文学、毕摩文学、经籍文学等概念的基础上，通过仔细分析和研究提出的一个新概念。

彝族传统经籍文学，是指彝族传统宗教生活——包括原始宗教生活和现代仍然为民众所信仰的彝族宗教信仰的延续形式——一直使用着的经书（包括口头传统）中，具有文学价值的古籍和民间信仰中仍然使用着的口头言说。[①] 它起源于彝族古代的宗教生活，特别是各种宗教仪式和带有宗教信仰色彩的民间仪式；有的是已经用彝文撰写、记录下来成为书面的文本，有的还保留着口头传承的形式；它仍然在当下的彝族传统宗教生活中使用和传承；但不包括全部的宗教经书，而是宗教经书中具有文学人类学价值的部分和彝族民间宗教信仰口头言说中具有文学人类学价值的部分。[②]

彝族传统经籍文学，包括了现在彝族宗教信仰活动使用的经书和口头言说中，具有文学人类学价值的部分，从形式上来说，既包括诗歌体裁的经籍，也包括散文体裁的经籍。就彝族传统经籍的情况来看，用诗歌写作、记录的比用散文写作、记录的要多许多倍。以 1930 年代商务印书馆出版发行的丁文江编辑、罗文笔翻译的《爨文丛刻》甲编（又载《丁文江文集》第五卷）为例，包括了诗歌体裁的《献酒经》、《解冤经》、《指路经》（天路指明）、《祭龙经》（权神经）4 种，和散文体裁的《玄通大书》《武定罗婺夷占吉凶书》2 种彝族经籍。[③]《爨文丛刻》中所收录、翻译的彝族传统经籍，是彝族传统经籍文学的一个缩影，同时也很具有代表性，体现了彝族传统经籍文学中诗歌类型的作品多于散文类型的作品的事实。如果换一个外延分类方法，从彝族传统经籍的内容方面去考察，彝族传统经籍文学包括自然崇拜类，如：《献山经》《祭土地经》《祭水经》等；图腾崇拜类，如《祭龙经》《祭树神经》等；祖先崇拜类，如《祭祖灵筒经》《丧祭经》《指路经》等；其他经籍文学类。[④]

彝文古籍卷帙浩繁，总数在一万册以上，[⑤] 彝族毕摩所传承的经籍占据了其中的大部分。另外，据四川省凉山彝族自治州美姑县毕摩文化研究中心的调查，

---

① 参见《肯洪书》相关内容，不分卷 1 册，8 页。今藏贵州省贵州工程应用技术学院彝族文化博物馆。
② 参见《丧仪大经》相关内容，不分卷 1 册，72 页。今藏贵州省贵州工程应用技术学院彝族文化博物馆。
③ 欧阳哲生：《丁文江文集（第五卷）》，湖南教育出版社 2008 年版。
④ 王明贵、王小丰：《论彝族传统经籍文学有概念及其价值》，载于《红河学院学报》2015 年第 3 期。
⑤ 王明贵：《彝文古籍文献述要》，载于《贵州文史丛刊》2002 年第 2 期；陈乐基、王继超主编《中国少数民族古籍总目提要·贵州彝族卷（毕节地区）》，贵州民族出版社 2010 年版。

仅该县毕摩收藏和使用的经书就有 15 000 卷。① 然而，并非所有的毕摩经籍都是各不相同的内容，有许多毕摩经籍只是掌握在不同的毕摩手中，其中的内容有一部分是基本相同的，只是在毕摩抄写、传承的过程中产生了一些变异，就像一个民间故事、传说在流传的过程中会产生多个异文一样，毕摩抄写的经籍也会在不同的毕摩手中产生一些变化，形成另外一个抄写本的异文，但是主要的内容是不会改变的。因此，实际上，根据人生婚丧嫁娶不同阶段的礼仪，毕摩所使用的经籍基本上是一样的。

（二）彝族传统经籍文学的研究价值

彝族传统经籍文学从一个全新的视角切入研究，用人类学的方法作为参考，参照传统文学理论，使用文学人类学理论和方法，探索彝族传统经籍的价值。从宏观的角度来看，彝族传统经籍文学有以下几方面的研究价值。

1. 彝族传统经籍文学具备的传统功能的价值

一是教育功能体现出来的价值。彝族传统经籍本身是在宗教生活或者日常宗教信仰仪式中使用，其中许多道德观念的教化、训导、诫勉和纠错，都是在经籍的诵读和仪式参与者的听闻过程中体现出来的。② 二是认识功能体现出来的价值。彝族历史的传承，在宗教生活中往往得到体现，特别是许多经籍中，都有关于彝族历史的记录，让彝族认识到自己的历史之根。又如《指路经》等经籍中有彝族迁徙路线的记叙，有关于迁徙途中各种山川地理形势的描述，还有到关键地方需要注意的事项的强调，等等，即使在当代，仍然有考证民族迁徙史的重要价值。③ 三是审美功能体现出来的价值。这主要是彝族传统经籍文学表现形式特别是具体表达方式如唱诵、仪式表演等方面，对参与者情感的调动和熏陶，以及其中的韵律、节奏的美感等。④ 同时，文字文本中经籍诗歌的韵律，其美的功能也得到充分的展示，让受众受到很好的美学的熏陶。

2. 文学发生论的价值

彝族传统经籍在具体仪式中的使用，有的并没有完全按照既成的经籍照本宣科，而是要在具体仪式的具体环节中，加上一些针对具体的人或者事的口头说词，这些是在既成的经籍文本中找不到的。例如彝语北部方言区在念诵《凤凰

---

① 黄建明、巴莫阿依：《中国少数民族原始宗教经籍汇编·毕摩经卷》，中央民族大学出版社 2009 年版，第 9 页。

② 参见《嫁歌歌词集》相关内容，不分卷 1 册，26 页。今藏贵州民族文化宫图书馆。

③ 参见《六祖的来源》相关内容，不分卷 1 册，51 页。今藏贵州省贵州工程应用技术学院彝族文化博物馆。

④ 王明贵、王小丰：《论彝族传统经籍文学的概念及其价值》，载于《红河学院学报》2015 年第 3 期；参见《阿买恩苏》相关内容，不分卷 1 册，12 页。今藏贵州省毕节市档案馆。

经》的时候，在仪式的开头部分，要专门念诵一段《水源经》，而这一段《水源经》在《凤凰经》中是没有文字文本的，只是靠毕摩在举行这个仪式的这一环节时口头念诵。① 这为文学发生提供了具体的实例。另外，彝族宗教职业者之一的苏尼，虽然没有毕摩地位，在举行仪式为病患者"治病"时，也没有经籍可以使用，只有一面羊皮鼓。但是他们在进入"迷狂"的状态后，所念诵的口头说词，也往往对病患者的治疗起到一定的作用。苏尼的这些说辞，目前尚没有记录，也不见于报道，但是它与萨满、巫师等的口头言说一样，也为人类学视域的文学发生提供了研究的例证，是彝族传统经籍应该关注的一部分。

3. 开掘文学禳灾和文学治疗功能新的价值

文学的禳灾功能和治疗功能古已有之，只是作为一种实践总结和理论探讨，是以人类学的方法研究文学之后才取得的重大突破。美国研究家麦地娜·萨丽芭发表了《故事语言：一种神圣的治疗空间》的论文，② 和《风湿性关节炎的旅程》（2000）等专著，以及秘鲁的维洛多在专著《印加能量疗法——一位人类学家的巫士学习之旅》中，对文学的神圣治疗作用进行了研究。而文学禳灾的功能，在苏美尔人的屠龙求雨祝咒词和中国各民族的"祭龙求雨"祝咒词中，通过各种祝咒词配合一定的仪式，达到消除旱灾的目的，都有普遍的体现。唐代时期，韩愈因为鳄鱼为害，为除鳄鱼之害还专门举行仪式、写作《祭鳄鱼文》来达到除害的目的。彝族传统经籍文学中的《祭水经》《驱鬼经》等，都有同样的禳灾、治疗功能价值，③ 开掘了文学人类学中文学价值发现的新领域。

4. 发现彝族传统经籍的新功能的价值

彝族传统经籍文学除了禳灾和治疗的传统功能之外，还有送祖与慰灵的新功能。这是彝族把祖先崇拜作为自己传统的信仰崇拜的历史文化所决定的。彝族传统经籍中，占据较大部分比重的是祖先崇拜类经籍，这类经籍包括从丧葬仪式开始使用的《献酒经》《晚祭经》《解冤经》《指路经》等，一直到为亡故许多年、相隔了许多代的祖先举行"尼目"祭祀大典使用的《送灵经》《安灵经》等经籍，几乎占据了彝族传统经籍的绝大部分。而这些经籍的主要功能，很大的部分就是送祖和慰灵，这是从人类学角度研究彝族传统经籍发现的一大功能。④

---

① 黄建明、巴莫阿依：《中国少数民族原始宗教经籍汇编·毕摩经卷》，中央民族大学出版社 2009 年版，第 32～33 页。

② ［美］麦地娜·萨丽芭：《故事语言：一种神圣的治疗空间》，叶舒宪、黄悦译，载于《广西民族学院学报》2003 年第 5 期。

③ 王明贵、王小丰：《论彝族传统经籍文学的概念及其价值》，载于《红河学院学报》2015 年第 3 期。

④ 参见《安魂书》相关内容，不分卷 1 册，13 页。今藏贵州省贵州工程应用技术学院彝族文化博物馆。

5. 拓展文学的文化空间和扩展并重修文学史的价值

文学研究的文化转向、东方转向和生态转向，是当代文学人类学研究的总体趋势。通过彝族传统经籍文学的研究，从新的角度认识彝族传统历史文化，会有更多更好的收获。例如关于《指路经》的研究可以发现彝族多个居住区的迁徙历史，通过《治星经》等的研究可以解开夜郎套头葬式之谜等。① 同时，已经出版的几部彝族文学史，对于彝族传统经籍文学的关注十分稀少，与彝族传统经籍文学在彝文古籍中所占的比重严重不对称，没有能够突出体现彝族文学的特色，通过对彝族传统经籍文学的系统研究，为重修彝族文学史提供坚实的支撑，从而充分展示出彝族传统经籍文学应有的价值和贡献。②

二、彝族传统经籍的文学特征

彝族传统经籍，是彝族古籍的主体，也是彝文古籍的主体。彝族传统经籍既是传统信仰包括原始宗教信仰和日常民俗信仰所使用的经书，也是彝族人民在宗教信仰生活和日常民俗生活中经常接受的一种文艺形式。它的文本既是古籍、经书等比较神圣、庄严的传统存在，也是通过一定的仪式载体和宣诵形式传达给广大彝族人民的一种活的形态。与仪式、民俗等相结合的时候，它是整个文化生态中的一部分，脱离开具体的仪式与民俗，彝族传统经籍仍然可以作为一种独立的文本形式保存、学习、流传。因此，彝族传统经籍也是一种文学特征突出的文本，包括文字文献和口碑文献，它们都具有很强的文学特征。无论是从传统的、主流的文学理论的视角来考察，还是从新进的文学人类学的视角来考察，彝族传统经籍都具有突出的文学性质，值得对之展开深入细致的研究。③ 下面结合传统主流文学理论的视角以及文学人类学理论的视角，对彝族传统经籍作文学性的总体描述。

（一）诗歌体多，散文体少

无论是彝族传统经籍，还是彝族古籍，其总体的体裁形式特征，都是诗歌体多，散文体少。诗歌作为彝族古籍、彝族传统经籍的总体特征，贯穿了整个从古到今的彝文经籍的形式表现，包括口碑传承的许多彝族传统经籍，都是以诗歌的形式创制、写作、演述和记录下来的。

---

① 王明贵：《夜郎故国——彝族英雄史诗的圣地》，载于《毕节学院学报》2008年第1期。
② 王明贵、王小丰：《论彝族传统经籍文学有概念及其价值》，载于《红河学院学报》2015年第3期。
③ 王明贵：《论彝族传统经籍的文学特征》，载于《红河学院学报》2017年第2期。

有专家曾经作过统计，认为彝族传统经籍有85%是诗歌体裁，另外15%为散文体裁。[1] 这个数据与彝族传统经籍的实际情况是基本相符的。王明贵在《彝族古代文学总观》中提出的彝族古代文学"以诗歌为主体"的观点，也在彝族传统经籍的诗歌体裁多、散文体裁少的实际情况中得到印证。[2]

（二）五言诗句多，杂言诗句少

在彝族传统经籍的句式特征方面，总体上又体现出五言诗句多，杂言诗句少的特征。特别是已经用古彝文写作、抄录和传承的经籍，除了散文体裁的经籍之外，在以诗歌体裁为其形式特征的经籍中，五言诗句是最多的句式。

五言诗句不但是彝族经籍的主要句式，也是彝文文学的主要句式。关于这个特点，古代彝族文艺理论家们早就有总结。魏晋南北朝时期的彝族古代文艺理论家举奢哲、阿买妮等，在他们的文艺理论中都对此有专门的研究结论。举奢哲在《彝族诗文论》中指出："一定要搞清，彝族的语文，多是五字句，七言却很少，三言也如此，九言同样是，也是少有的——五言占九成，其余十之一。在这五言中，上句扣下句，句句扣整齐。"[3] 阿买妮在《彝语诗律论》中也指出："诗有各种体，多为五言句。五言是常格，也有三言的，三言句不多，见于各种体。七言诗句少，各书中去找。"[4] 阿买妮没有说五言诗句占彝语诗歌句式有多少比例，而举奢哲则直接指出五言诗句式占了彝语文的90%。宋代文艺理论家布麦阿钮在《论彝诗体例》中的多处指出："五言诗当中，五音三字合，五音三两合，五音三不合。五言诗当中，五声三音合，五声五不合，五声五相合。"[5] "五言诗当中，五句有五连，五连有五声，五声出五韵。"[6] 虽然他没有直接说五言诗句是彝族诗歌的主要句式，但是却没有对别的三言、七言等句式作专门的分析和理论总结，可知他也将五言句式当作了彝族诗歌句式的"常格"。直到明、清之际的彝族佚名诗歌理论家在《论彝族诗歌》中，也多次提出："各种诗歌呀，它都有框架，它都有界限。有的五言诗，五言诗当中，只要你细看，在那诗句中，字有字的扣，句有句的连，意有意的美，境有境的妙，写得真是好。"[7] "上下句当

---

[1] 王继超、余海：《彝族传统信仰文献研究》，贵州民族出版社2010年版。
[2] 王明贵：《彝族古代文学总观》，载于《民族文学研究》1999年第3期。
[3] 漏侯布哲、王子尧、康健、王冶新、何积全：《论彝族诗歌》，贵州民族出版社1990年版，第8页。
[4] 漏侯布哲、王子尧、康健、王冶新、何积全：《论彝族诗歌》，贵州民族出版社1990年版，第63~64页。
[5] 漏侯布哲、王子尧、康健、王冶新、何积全：《论彝族诗歌》，贵州民族出版社1990年版，第70页。
[6] 漏侯布哲、王子尧、康健、王冶新、何积全：《论彝族诗歌》，贵州民族出版社1990年版，第106页。
[7] 漏侯布哲、王子尧、康健、王冶新、何积全：《论彝族诗歌》，贵州民族出版社1990年版，第38页。

中，五个字之间，各有各的连，各有各的意。"① 从这些论述中也可以窥探到，在《论彝族诗歌》的作者的理论中，五言诗同样是主要的分析和研究对象，可见他也将五言诗句式当成了彝语文诗歌的主流。这也印证了王明贵在《彝族古代文学总观》中提出的彝语文诗歌句式的"以五言为形式"的观点。②

在主流的五言诗歌句式之外，彝族传统经籍的句式，还有三言句式、四言句式、六言句式、七言句式、九言句式等。八言句式和十言以上句式，在成文的彝文古籍、彝族传统经籍中是非常少见的。③ 而在口碑文献中，无论是彝族民间诗歌，还是彝族传统的口头传承的经籍，都有一些五言之外的其他句式。但是从总体上看，即使是口头传承的文献，彝族传统口碑经籍的五言句式，也是占据了主流的句式形式，比其他句式形式要占据绝对的优势，这在一百零六部《彝族毕摩经典译注》中的18部口碑文献中，也得到了充分的证明。而从194部《中国少数民族原始宗教经籍汇编·毕摩经卷》中的情况看，则绝大多数都是五言诗句的形式，只是在大量的五言诗句形式中，在极个别的地方偶尔有一句、两句少量的其他句式形式而已。④ 有的翻译成汉语的虽然不是整齐的五言句式，但是它的彝文原文却是五言句式。

（三）功能和作用复杂

在传统彝族社会中，本来就没有"经籍"与"文学"的概念区分，就好像汉族历史传统中没有"文学"的概念，而只有"文""史""经""文章"等概念一样，文学对于彝族、对于汉族都是引进的概念。但是把传承的经籍等作为文学作品对待，虽然没有明确的意识和概念，在日常生活中却是常常存在的现象。例如阅读、倾听、接受、传播、想象，或者学习、演述、表达、传承、创制，实际上很多情况下都是像文学作品的传播和创制一样的过程。因此，彝族传统经籍也具有文学的功能和作用。无论是从传统的文学理论的视野来看彝族传统经籍，还是从文学人类学的理论视野中来看待彝族传统经籍，它的作用和功能，都更加显现得直接和明显。⑤

1. 传统文学理论视野中彝族传统经籍作为文学的功能和作用

传统文学理论中，对于文学功能和作用的强调主要在三个方面，即认识的功能和作用、教育的功能和作用以及审美的功能和作用。⑥

---

① 漏侯布哲、王子尧、康健、王治新、何积全：《论彝族诗歌》，贵州民族出版社1990年版，第43页。
② 王明贵：《彝族古代文学总观》，载于《民族文学研究》1999年第3期。
③ 王明贵：《彝族三段诗研究（理论篇）》，民族出版社2001年版。
④⑤⑥ 王明贵：《论彝族传统经籍的文学特征》，载于《红河学院学报》2017年第2期。

(1) 认识的功能和作用。

彝族传统经籍无论是不是作为文学作品看待，其认识的功能和作用都是比较明显和突出的。例如《献酒经》中，一般都有介绍酒的来历，特别是如何酿造酒的过程，都有记述。通常是先介绍祭祀需要有酒，而人间还没有酒，于是知识广博的艺人，到野外去寻找酿造酒所需要的酒曲花，用酒曲花制成酒药，再把粮食煮熟、蒸透，用酒药拌和熟食，将其装在器具里，经过若干天之后，再进行酿造或者蒸沥，酒制作成功，以之献祭神灵，神灵保佑人类健康长寿；以之献祭祖先，祖先保佑子孙平安康乐。① 这里边对于酿造酒的知识，实际上还在彝族传统社会生活中普遍流行，说明它是符合科学道理的可行的生存技能。彝族传统经籍认识的功能和作用的另外一种情况，是在传统信仰仪式上得以体现。例如彝族丧事祭祀活动中，一般都有主祭毕摩绘制的"哪史"绘画，悬挂在丧祭场上。这些"哪史"绘画，大部分都介绍彝族历史、传说、典故，特别是与丧事祭祀活动相关的故事、传说，以图文并茂的形式向参加丧事祭祀活动的人们传播彝族历史知识、风俗习惯和故事传说，让人们对自己的历史、文化有所了解，进行传承。"哪史"就是彝族丧祭经籍中的一种。②"哪史"一类经籍，通常是由一则一则短小的史诗、传说、故事等构成，亦文亦图，一文一图，生动形象，直观的认识与感性的想象相结合，所以能够达到认识作用，效果相当明显，容易取得成功。③

(2) 教育的功能和作用。

彝族传统经籍的教育作用，是其固有的性质所决定的，并非把它看成文学作品才有。反过来说，作为传统经籍，它的作用比作为文学作品看待，其教育作用更为突出。这一点，彝族古代文艺理论家举奢哲在讨论"经书的写法"的时候，就讲得十分清楚。彝族古代有过要把一个死者的一生进行记录，以作为经书对其一生进行总结，教育后世人的做法，这在举奢哲的文艺理论《彝族诗文论》中有记载。举奢哲指出："在写经书时，必须要抓住：这个死者呀，在他一生中，做的一切事。这个死者呀，在他生前呢，做过哪些事？哪些是好事？哪些是坏事？无论是善事，无论是恶事，一一要叙明。……还要看这人，一直到死呀，看他做的事，善事有多少？看他做的事，恶事有多少？统统要记好。记下作经文，超度死者灵。所有过往事，一一要讲清；过错也要讲，教育后世人。这样人死后，过错指出了，美德也说清。这样一来呢，所有活的人，活着的人们，都会明瞭呀！

---

① 李荣林毕摩抄本：《献酒经》，原件收藏于贵州省毕节市彝文文献翻译研究中心，作者收藏有复印件。

② 陈长友：《黔西北彝族美术·那史·彝文古籍插图》，贵州人民出版社1993年版；王继超、王子国《物始纪略（第一集）》，四川民族出版社1990年版。

③ 参见《那史释名一》相关内容，不分卷1册，78页。《那史释名二》，不分卷1册，80页，《那史释名三》，不分卷1册，92页。今藏贵州民族文化宫图书馆。

人生在世时,好事要多做,坏事要少行;善事要多做,恶事决不行。所有写经人,一定要这样,这样写分明,不能任意呀,任意去编造,把假写成真。事本该如此。"① 可见古代时期,彝族所写作的经文,并非完全像今天所传承的经籍一样,都是人人可用的比较通用的经籍,而是有专门用于个人的经文,这种经文相当于现在流行的悼词或者生平介绍。不过彝族的这种经文有别于悼词和生平介绍的隐恶扬善,而是善恶事情都要记录下来,对在生的人、后人都要有警示和教育作用,突出其真实性特点和教育的功能和作用。在彝族传统的丧事祭祀活动中,必不可少的一项是要为死者举行解冤洁净仪式,通过念诵《解冤经》,使死者生前所招致的污秽和不洁得以洗清涤净,以干净之身与洁净之灵与祖先团聚。《解冤经》中要叙述各种招致污秽和不洁的原因,以及如何对这些污染进行祛除,通过对招致污秽与不洁的叙述,教育生者哪些事情不能做,哪些情况会导致污染与不洁。例如有的《解冤经》特别要对死者生前所犯的淫秽事件进行禳解,哪怕这些事情在生前并没有被人发现。② 这一仪式及其所念诵的《解冤经》,虽然是为死者举行,实际上也是对生者特别是参与仪式的人的教谕。③

(3) 审美的功能和作用。

彝族传统经籍的审美功能,就不仅仅是像普通的文学作品的文字文本,要通过阅读才能实现。彝族传统经籍的使用,一般都在一定的仪式或者活动中来进行,也就是说主要是由毕摩或者主祭者念诵、朗读或者演述,所以它必须是在动态的、有一定的人文生态的环境中来进行。因此,对于彝族传统经籍的审美,是多重的审美。当然其中的第一个层次,是在声音传承的言说的意义层面,要通过毕摩或者主祭者对经籍进行诵读,理解清楚这是哪一部经籍。由于毕摩诵经的声音,针对不同的仪式、活动中的某一道程序,会用不同的腔调进行唱诵或者朗读,有经验的听众可以直接从毕摩的腔调中,大致了解是进行到什么程序了。例如《献酒经》一般都在各种仪式、活动的开头部分,毕摩在念诵时一般声音响亮,节奏较为急促。而《丧祭经》《丧祭大经》一般都是在其他仪式进行完一部分后,在程序的中间阶段展开,由于经籍篇幅较长,所耗费的时间也长,因此毕摩在念诵时声音较为低沉,腔调较为舒缓,节奏较为缓慢,拖腔比较常见,中途还会有休息。④ 一般来说,一些经籍是要用固定的腔调来进行念诵或者演唱的,

---

① 举奢哲、阿买妮著,康健、王子尧、王冶新、何积全:《彝族诗文论》,贵州人民出版社1987年版,第18~21页。

② 王继超、余海:《彝族传统信仰文献研究》,贵州民族出版社2010年版,第67~71页;陈世鹏《黔彝古籍举要》,贵州民族出版社2004年版,第145~155页;《解冤经》相关内容,不分卷1册,96页。今藏贵州省贵州工程应用技术学院彝族文化博物馆。

③ 王明贵:《论彝族传统经籍的文学特征》,载于《红河学院学报》2017年第2期。

④ 参见《丧仪大经》,不分卷1册,72页。今藏贵州省贵州工程应用技术学院彝族文化博物馆。

这种对应关系可以判断什么声音和腔调代表什么经籍,有经验的听众可以从这些声音与节奏中判断其程序和内容。这是声音的叙事。其中的第二个层次就是仪式所用牺牲品、插枝、挂图、物品等能够表达仪式或者活动的器物,它们一般在固定的程序中出现,因此可以从所用的牺牲、插枝、挂图和物品,与所举行的程序念诵经籍时的情况,判断经籍的内容。这是物象的活态的叙事。第三个也是最直观的层面,当然就是观看所用经籍,特别是参与其中直接念诵或者演述经籍,这是最直接的审美。经籍的内容、所表达的意义、所传达的情绪,特别是可以根据彝族传统经籍的五言一句的句式特征和彝语语法的具体情况,掌握其中的节奏、速度、声音的宏狭缓急等,都在其中了。因此,可以说对彝族传统经籍的审美,是一种综合性、多层面、复合型的审美形式,不可以用文字文本审美过程中无声的阅读或者一般的朗诵的比较单调的审美方式来看待。①

2. 文学人类学视野中彝族传统经籍作为文学的功能和作用

在文学人类学的视野中,通过人类学的方式来研究文学,则彝族传统经籍都可以纳入彝族文学的范畴。因此,从文学人类学的视角来看待彝族传统经籍,它的功能和作用,有治病、禳灾等主要方面,还有为彝族所看重的慰灵、安人等一些作用。

(1) 治病的功能和作用。

彝族传统经籍的治病的功能是治病一类经籍本身所决定的性质,就是说这类经籍的产生就是为了治病的。而经籍的治病作用,则是要通过一定的测查方式、手段,侦测清楚病人所患的是什么病症,是什么原因所导致,要通过怎样的仪式、活动,念诵相关的经籍才能达到治病的目的。同时,彝族传统经籍不只是对发生了的病患进行治疗,还有专门的预防类经籍、镇压类经籍,最后才是治疗类经籍。这些东西很多没有经过科学的检验,不能准确判断它是科学的还是不科学的。但是,由于它在彝族传统社会中起到过作用,不能简单地一概否定,也不能简单地直接肯定。②

关于预防疾病,包括预防各种伤害、污染、侵袭等,彝族有专门的经籍。第一种情况是防毒解毒,如《防毒解毒经》③《解毒经》④ 等。第二种是防范毒蛇、毒虫或其他动物侵害的,如《防毒蛇经》《防虫蚀经》⑤ 等。第三种是防止武器等伤害的,如《防矛防箭经》⑥ 等。第四种是防止自然灾害侵袭的,如《藏人防雹经》⑦ 等。第五种是防止污染的,如《防污经》⑧ 等。第六种是防止鬼怪等的,如

---

①③⑤⑥⑧ 黄建明、巴莫阿依:《中国少数民族原始宗教经籍汇编·毕摩经卷》,中央民族大学出版社 2009 年版,第 303 页。

② 参见《医治迷诺经》相关内容,不分卷 1 册,58 页。今藏贵州省毕节市档案馆。

④⑦ 黄建明、巴莫阿依:《中国少数民族原始宗教经籍汇编·毕摩经卷》,中央民族大学出版社 2009 年版,第 304 页。

《防鬼蜮经》①等。第七种是预防疾病的，这是彝族传统经籍中较多的一类，如《防痢疾经》《防风湿经》《用羊卫护防癫经》《防猴痨经》②等。第八种是把疾病、污秽等收束、断开的，如《阻塞馋鬼经》《阻塞祸祟经》《圈麻风经》《断污祟》《束缚鬼魂经》《断凶诅盟经》《间隔经》《堵凶祟》《断凶根》③等。

关于镇压各种疾病、邪祟等，也有专门的经籍。如《镇痢疾经》《镇痘疹经》《镇邪业经》《镇病经》④等。

关于诊察各种疾病的经籍，有《痢疾来源经》《死因病源》⑤等。

关于治疗疾病、侵害等的经籍，是各类防治经中比较多的一类。一种关于如何配制药物的，如《配药书》⑥《医病好药书》《双柏彝族医药书》⑦等。另一种是关于如何治疗疾病的，如《除狐臭经》《祛风湿经》《祛疯经》《治病经》《祛痨经》《除猴痨经》《祛病经》⑧等。还有一种是关于各种治疗方法的，如《蒸疗经》《吹疗经》⑨等。

（2）禳灾的功能和作用。

彝族传统经籍有禳灾、祛难的功能和作用，这是彝族传统经籍在形成之初就赋予的特别的功能，也是彝族传统社会亟需的作用。彝族传统经籍的禳灾、祛难，既有对自然灾害的禳解，也有对人类自身的身心、灵魂等的禳解。相比较而言，对人类自身的身心、灵魂所遭受灾难的禳，是彝族传统经籍的主要方面。

关于对自然灾害的禳解。彝族古代对自然灾害的认识，来自生存环境所逼迫。在古代不能对自然灾害的本质进行认识的时候，彝族通过自己的观察、想象来判断自然灾害形成的原因，然后运用人类自身当时所有的能力来进行防范、抵御、解除自然灾害的侵害。其中，通过举行一定的仪式、活动，念诵相关的经籍，来进行禳解，是其中常见的一种。⑩在文学人类学研究的成果中，通过演出仪式剧来禳解自然灾害如瘟疫、旱灾等，也是其中的一种，比如古希腊戏剧《俄

---

① ⑤ 黄建明、巴莫阿依：《中国少数民族原始宗教经籍汇编·毕摩经卷》，中央民族大学出版社2009年版，第303页。

② ③ 黄建明、巴莫阿依：《中国少数民族原始宗教经籍汇编·毕摩经卷》，中央民族大学出版社2009年版，第303页、304页、305页。

④ 黄建明、巴莫阿依：《中国少数民族原始宗教经籍汇编·毕摩经卷》，中央民族大学出版社2009年版，第303页、304页。

⑥ 黄建明、巴莫阿依：《中国少数民族原始宗教经籍汇编·毕摩经卷》，中央民族大学出版社2009年版，第304页。

⑦ 楚雄自治州人民政府、夜礼斌、杨洪卫：《彝族毕摩经典译注》，云南民族出版社，2007～2012版，第六十三卷、第九十三卷。

⑧ 黄建明、巴莫阿依：《中国少数民族原始宗教经籍汇编·毕摩经卷》，中央民族大学出版社2009年版，第303页、305页、307页。

⑩ 参见《祈福消灾书》相关内容，不分卷1册，44页。今藏贵州省贵州工程应用技术学院彝族文化博物馆。

狄浦斯王》的演出,被认为是为了驱逐由于俄狄浦斯王因为与其母的乱伦而引起的瘟疫蔓延的灾难。① 而关汉卿的戏剧《窦娥冤》的演出,也被认为是为了禳解因为受到冤屈的人而引起的旱灾。② 但是,彝族对于自然灾害的禳解却比较直接。例如发生了自然灾害,特别是常见的旱灾的时候,就要举行祭龙仪式,念诵《祭龙经》,③ 进行祸害祈祷和禳解。

关于对人类自身的身心、灵魂灾难的禳解,这类经籍在彝族传统经籍中不少,可是从各个方言区所公开翻译出版的经籍的情况看,又各不相同。在以云南省为主的中部方言区、南部方言区、东南部方言区为主的106部《彝族毕摩经典译注》中,这类经籍很少。而在《中国少数民族原始宗教经籍汇编·毕摩经卷》中,收录的北部方言区的较多,南部方言区和东南部方言区的也有。例如南部方言区的有:《驱妖秽经》《驱死邪经》《驱射乍弄经》《驱死魔邪经》《驱邪经》《驱诘邪耐邪经》《驱病疫经》《驱汝邪韵邪经》《祛禳经》④ 等。东南部方言的这类经籍有:《驱村寨瘟疫经》《甩邪经》《赶邪经》《解邪法事经》《解凶邪法事经》《驱打横阻邪经》《祛污经》《驱体内污秽经》等。⑤ 北部方言区的有:《驱鬼经》《除秽经》《诱鬼驱魔经》⑥ 等,数量十分丰富。东部方言区的有:《解除怨尤经》《禳病经》《解除灾难经》《除灾经》《破除司鬼经》⑦ 等。另外,还有《〈爨文丛刻〉甲编》中的《解冤经》。⑧

(3) 慰灵与安人。

慰灵,这里指的是安慰祖灵,即通过举行三代一次的"鄙筛",六代一次的"法丽",九代以上一次的"尼目"大典,对已经逝世的祖先的灵魂进行有秩序的排序和安顿,告慰已经去世的祖先,并祈求他们保佑子孙后代。安人,这里指的是通过各种仪式、活动、典礼等,驱邪除祟,治病除污,安顿祖灵等,达到举行仪式、活动的主人及其亲属得到平安、康乐。⑨

---

① 叶舒宪:《文学人类学教程》,中国社会科学出版社2010年版,第298~311页。
② 叶舒宪:《文学人类学教程》,中国社会科学出版社2010年版,第312~313页。
③ 马立三、普学旺、普学旺、杨六金、梁红、普璋开、罗希吾戈:《云南民族古籍丛书·祭龙经》,附录中有祭龙仪式的相关文章,云南民族出版社1999年版。
④ 黄建明、巴莫阿依:《中国少数民族原始宗教经籍汇编·毕摩经卷》,中央民族大学出版社2009年版,第5页。
⑤ 黄建明、巴莫阿依:《中国少数民族原始宗教经籍汇编·毕摩经卷》,中央民族大学出版社2009年版,第5页、第6~7页。
⑥ 黄建明、巴莫阿依:《中国少数民族原始宗教经籍汇编·毕摩经卷》,中央民族大学出版社2009年版,第5页、第1页。
⑦ 王继超、余海:《彝族传统信仰文献研究》,贵州民族出版社2010年版,第2~3页。
⑧ 王明贵:《论彝族传统经籍的文学特征》,载于《红河学院学报》2017年第2期。
⑨ 《更换祖筒经》相关内容,不分卷1册,25页。今藏贵州省贵州工程应用技术学院彝族文化博物馆。

在现在普遍流行的文学人类学著作中，还没有文学"慰灵"的研究成果，也没有专门的文学"安人"的理论。但是，文学的治疗作用、禳灾功能等，所起到的实际功效，其目的还是"安人"，这是题中应有之义，也是文学人类研究成果所证实的存在。至于文学的"慰灵"，无疑是因为彝族传统经籍的性质所决定，也就是说，是通过以文学人类学的视角和方法来研究彝族传统经籍，把彝族传统经籍用文学人类学的眼光来看待和研究时，发现的一个重要的事实。这也是基于彝族传统社会中万物有灵的观念十分浓厚，祖先崇拜是彝族传统宗教信仰的核心和基础，而祖先崇拜必然形成的祖灵信仰，需要同一祖先的后代对祖先的亡灵进行安抚、告慰、安顿等，这些重要的事务是彝族传统信仰的特别是祖先崇拜的主要任务。不对祖先的亡灵进行安顿、抚慰，祖灵会对后人产生不利的影响，后人或者会发生疾病、灾难，严重者还会死亡、暴毙等。①

在举行各种安顿代表祖先的灵牌、竹子、草木、毛发，以及祖灵筒、祖灵桶等灵物时，都有一些经籍需要念诵。特别是举行大型的"尼目"祭祖大典时，一个毕摩显然无法完成这样大型仪式，需要多个毕摩合作完成。② 所使用的经书，也是数量相当多的。根据朱崇先的田野调查研究成果，至少有"迎请祖灵筒及其仪式"的经书，③"汲圣水仪式"的经书，④"宗神御鬼与宗支祭祖献牲仪式"的经书，⑤"禳解罪孽和祛邪除污仪式"的经书，⑥"抵御和防范各种灾祸仪式"的经书，⑦"祖灵筒更替仪式"的经书，⑧"续宗接代三牲大祭献药仪式"的经书，⑨"祖灵升天和灵筒安置仪式"的经书，⑩ 等等。

关于招灵、安灵与慰灵，也有专门的经籍。如《宁蒗彝族安灵经》⑪《慰死经》⑫《益博安慰经》⑬《招魂慰魂经》《招魂经》（其中有《慰魂》《安魂》等篇

---

① 巴莫阿依：《彝族祖灵信仰研究》，四川民族出版社1994年版。
② 朱崇先：《彝族祭祖大典仪式与经书研究》，民族出版社2010年版，第88~91页。
③ 朱崇先：《彝族祭祖大典仪式与经书研究》，民族出版社2010年版，第217~242页。
④ 朱崇先：《彝族祭祖大典仪式与经书研究》，民族出版社2010年版，第278~283页。
⑤ 朱崇先：《彝族祭祖大典仪式与经书研究》，民族出版社2010年版，第297~332页。
⑥ 朱崇先：《彝族祭祖大典仪式与经书研究》，民族出版社2010年版，第335~393页。
⑦ 朱崇先：《彝族祭祖大典仪式与经书研究》，民族出版社2010年版，第394~438页。
⑧ 朱崇先：《彝族祭祖大典仪式与经书研究》，民族出版社2010年版，第467页。
⑨ 朱崇先：《彝族祭祖大典仪式与经书研究》，民族出版社2010年版，第468~573页。
⑩ 朱崇先：《彝族祭祖大典仪式与经书研究》，民族出版社2010年版，第575~616页。
⑪ 楚雄自治州人民政府编、夜礼斌、杨洪卫：《彝族毕摩经典译注第十五卷》，云南民族出版社2007年版。
⑫ 王继超、余海：《彝族传统信仰文献研究目录》，贵州民族出版社2010年版，第138页。
⑬ 黄建明、巴莫阿依：《中国少数民族原始宗教经籍汇编·毕摩经卷目录》，中央民族大学出版社2009年版，第419~425页。

章），等等。① 这些经籍，是配合相应的仪式、活动而使用，特别是要有祖灵的替代物如竹子灵牌、松树灵牌等，以及盛装这些祖灵的箧箩、祖灵桶，使用一些牺牲、物品，程序繁杂，耗时较长，仪式庄重，牵涉面广，特别是"尼目"祭祖大典，所耗牺牲众多，耗资也特别巨大。

彝族对灵魂的重视程度比其他民族更甚。一个突出的表现形式是，在人还没有死亡的时候，就可以给年老的长辈"活送灵"——即老人还没有逝世，就为他们举行一般只有在去世多年以后才能举行的"送灵"仪式，认为"活送灵不折寿，还会长寿，活送灵是好儿子为父母该做的事，也是老人和孩子都高兴的事。"②

关于安人的议题，如前所述，所有一切仪式、活动及其使用的经籍，其始终不渝的目标，就是为了安顿人类的身心与灵魂，因此这是一个十分宽泛的命题，它是整个彝族传统经籍及其功能和作用的集中的体现。③

（四）创制者、使用者和传承者身份合一

彝族传统经籍的创制者与使用者的身份合一，是其主要的特征之一。而经籍的创制，分为两种情况，一种是经籍的原创者，即经籍最早的作者；另一种是经籍的抄写和传承者，他们不创作经籍，但是他们所使用的经籍是他们自己抄写的，同时他们还起到传承经籍的作用。

关于经籍的原创作者。彝族典籍《物始纪略》等之中有记述："有布摩就有书，有布摩就有文，有布摩就有史。"（布摩即毕摩）这里的书，指的就是毕摩使用的经书，即彝族传统经籍。这类记述在《彝族源流》等史籍中也有记述，讲的都是毕摩创制了彝族书籍。从现实来看，在进入现代社会之前，彝族的所有经书，包括其他古籍，实际上都掌握在毕摩手中，或者毕摩世家及其后代的手中。

彝族传统经籍的传承，主要的渠道还是父子传承、爷孙传承和师传徒受。父子传承或爷孙传承的情况，主要是在毕摩世家。使用者和传承者身份的统一，也是彝族传统经籍传承的一个突出特征。毕摩在传承彝族传统经籍的时候，在保留全部经籍的本来面目的同时，他们也会新创制一些谱牒，编写一些历史，或者对彝族传统社会经常使用的礼俗歌、叙事诗、史诗、神话、传说、民间故事等，用彝文进行收集、整理、记录、编纂，使之传承下来。但是值得注意的一个问题是，毕摩在抄写、传承传统经籍的时候，可能会对一些经籍的篇章的秩序进行调

---

① 王继超、余海：《彝族传统信仰文献研究目录》，贵州民族出版社2010年版，第222～223页。
② 张纯德、龙倮贵、朱琚元：《彝族原始宗教研究》，云南民族出版社2008年版，第244页。
③ 王明贵：《论彝族传统经籍的文学特征》，载于《红河学院学报》2017年2月。

整。创制者、使用者和传承者身份合一，是彝族传统经籍的一个突出特征，为彝族传统社会所独有。这也是在彝族古代社会，虽然创制了古彝文和许多彝文古籍，却鲜有广大民众能够识读古彝文和彝文古籍的一个重要原因。

（五）诵而不读　听而不看

这是从两个角度上来总结彝族传统经籍的具体的传播与接受方式。从传播的方式上讲，毕摩传授经籍时，通常采取的是诵而不读的方式，就是要连同念诵经籍的腔调一起传授给徒弟而不只是教徒弟阅读经籍。从接受的方式上讲，所有的听众包括在场群众的和逝世的亡灵，他们都只能听见毕摩诵经的声音，而看不见毕摩的经籍文本。

所谓诵而不读，这里指的是毕摩在传授经籍的时候，一般不会采取直接阅读的方式，对经籍文本进行传授，而是结合经籍使用的具体程序、仪式，在念诵中来传授经籍文本。例如，毕摩外出做法事即作毕的时候，一般都要带上徒弟即"毕汝"，在教授徒弟熟悉各种礼仪、程序之后，必须要念诵经文的时候，毕摩不会先给徒弟朗读一遍，再正式进行经籍的念诵，而是直接进入念诵环节，让徒弟一起跟着念诵，久而久之，徒弟在念诵经文的过程中熟悉了经籍，也熟悉了念诵经籍的腔调。即使是平常在家中教授"毕汝"学习经籍，毕摩也是连同念诵经籍的腔调一起教授，很少有专门读经而不教授念经的腔调，这会形成学习与使用"两张皮"互相脱离，不利于经籍传承的教学。

所谓听而不看，这是从"读者"接受的层面上来讨论彝族传统经籍的受众。彝族传统经籍虽然具有文学作品的特征，但它首先是作为"经"而不是作为"文"存在的，因此它的接受方式就有自己独特的情况，它不像"文"一样必须要有"读者"，它作为"经"在传统社会中只有"受众"，因此它也不是用来阅读、观看的文章，而是通过听取来领受的经书。彝族传统经籍的受众有三类，第一类是虚幻的具体使用对象，如死亡者、神灵、祖先、鬼蜮等，他们已经不在现实生活之中；第二类是现实生活中的具体使用对象，比如遭受鬼蜮侵害的受伤者，生病的患者，需要通过一定仪式取得保佑的人，等等，他们生活现实之中，需要毕摩的帮助；第三类是举行各种仪式、活动的参与者，他们既非虚幻世界的神灵、祖先等，也不是需要毕摩帮助的人，他们只是参与了活动和仪式，但是同时也是人数最多的听众，在仪式和活动中念诵的经籍，虽然有具体的受众，然而最大的受众却是这些参与者，他们以另外一种身份获得许许多多教益。不论哪一类受众，最为明显的特征是，他们都只是听闻毕摩念诵经籍，他们不去观看、阅读经籍，他们以听的方式，得到帮助和教益。

因此，彝族传统经籍传承的两种主要方式中，从接受的角度上说，纵向的传承是通过家传、师传徒受两种主要方式，横向的传播则主要是通过听而不看的方式。纵向传承方式是一种全面的从文本到方法的总体的系统的传承，横向的传播方式，则主要通过象征性的"听闻"或实际的听取来获得经籍的形式、内涵和意义。

（六）经籍有缺空　使用才完成

彝族传统经籍，哪怕是已经完全固定了的文本，其中的内容也是有差别的。这里所谓的差别，指的是有的彝族传统经籍的内容是已经全部固定下来，在使用时不需要再增加任何内容，按照经籍所写的内容使用即可。但是，另外一些经籍，却是留下了专门的缺空，这些缺空要根据实际情况在使用时临时加上一定的内容，才能起到经籍念诵后应该起到的作用。

内容已经固定的经籍，如大量的《祭龙经》《祭祀土地神经》《献山经》等，一般都没有什么需要新增加的内容。通用的《献酒经》《献茶经》《供饭经》《献水经》等，也不需要增加新内容即可使用。

留有缺空的经籍，一般是有具体的使用对象的经书。这类经籍往往见之于祭祖类经籍和特定的亡灵所使用的《指路经》。祭祖类经籍中，特别是为祖先更换祖灵牌、更换祖灵筒、为祖考祖妣合灵等所念诵的经籍，在特定的篇章段落处，要把祖先的具体名字加进去，才能起到效果，否则连为谁更换祖灵牌、为谁更换祖灵筒、为哪一对祖考祖妣（有的是一考多妣）合灵都搞不清楚，所作的法事，所念诵的经籍就都通通作废了。特别是《指路经》，其使用的对象、时间和地点非常具体，需要在特定的地方加特定的地名、人名等，才有效用。以《彝族指路丛书·贵州卷（一）》为例，这些收集于原毕节地区八个县市的《指路经》，其指路的起点完全不同，都是以《指路经》传承地的毕摩所在地的村寨为起点进行指路，因此起始的地名就是这部《指路经》传承地的村寨的山名、水名。[①] 同时，使用《指路经》的时候，具体是为哪一位亡灵指路，在这部《指路经》的特定的段落，要念清楚这个亡灵生前的姓名，有时还要在指路指引到关键的地点的时候要念清楚亡灵的姓名，如此在多处反复喊亡灵姓名，让其不至于在返回祖先发祥地的路途中迷失方向、走错路途。[②]

经籍中留有缺空，在使用时在特定的经籍的特定的篇章和段落中，增加具体的人名、地名等，是彝族传统经籍的一个重要特征。正因为如此，彝族传统经籍

---

①　陈长友主编：《彝族指路丛书上·贵州卷（一）》，四川民族出版社1997年版。
②　参见《丧祭指路经》相关内容，不分卷1册，40页。今藏贵州省贵州工程应用技术学院彝族文化博物馆。

作为文学人类学视角中的固态文本与活态文学的综合形式,才更具有研究价值。

三、传统经籍在彝文文学中的地位

由于彝族传统经籍是彝族古籍的主体,也是彝族古代文学的主体,它的产生从口碑文献向文字文献转变的时期,应该与彝文的产生时代相侔,即最迟不会晚于汉代。因此,彝族传统经籍可谓源远流长,是彝族古代文化的一支主流。彝族传统经籍文学历史之长,及其流传之广,奠定了它在彝族文学特别是彝文文学中的崇高地位,并且产生了巨大影响。

彝族古代先民,用自己创造的文字记录和传承了彝族历史文化,彝族传统经籍是其中成就最大的一个部分。彝族传统经籍内容丰富,积淀的历史文化内涵厚重,是研究彝族历史、哲学、宗教、语言、文学等的主要文字文本。同时,彝族传统经籍在彝文文学中拥有崇高的地位,这是其他形式的作品无法取代的。

(一) 彝族传统经籍是彝文文学的主源,也是彝族文学的主源之一

法国社会学家涂尔干提出了宗教生活的初级形式是图腾崇拜的著名理论。[①] 按照他的这个理论,彝族原始宗教即传统宗教信仰的初级形式,也应该产生于图腾崇拜时期。而彝文古籍在起源之初,多半是原始信仰的口头言说,从言说走向书面之后,其宗教信仰文献的基本内涵没有多少改变。因此,彝族传统经籍的产生时代是比较早的,它成为文字文本虽然要晚一些,但是它的影响从经文一开始产生,就会发生相应的影响力。这是我们说彝族传统经籍是彝族文学的主源之一的理由。在这个主源之外,还有彝族民间口头传统,也是彝族文学的一个主要源头。然而对于彝文文学来说,它必须是在彝文创制之后才会出现。而彝文一经创制、发明,彝族传统生活中的大量口头传统就是它首先要记录的对象。在巫术和宗教普遍盛行的古代社会,彝族传统社会生活的方方面面都离不开巫术、宗教的仪式、活动,许许多多的口头言说,都会首先用彝文记录下来。就好比汉字的甲骨文,现在所发现的甲骨文多数都是用于记录占卜、预测、祭祀、战争等与"祀与戎"密切相关的事件。这些东西也是汉族文学的主源。与此相似,彝文现在所流传的经籍,其基本内容都是与彝族传统宗教生活、民间信仰密切相关,它也是彝文文学的主源,舍此,彝文文学的源头,其他发现十分稀少。从内容上来看,其他彝文文字记载的各种内容,几乎没有比传统经籍记载的更早、更远。

---

① [法] 杜尔干:《宗教生活的初级形式》,中央民族大学出版社1999年版。

（二）彝族传统经籍是彝文文学的主流

在彝文文学发展的历程中相当长的一个时期，即在明代以前，彝族传统经籍都是彝文文学的主流。以贵州为例，在先秦时期，彝族先民就在这块土地上建立了卢夷国、朱提国等政权。经过夜郎时代，蜀汉建兴三年（公元 225 年）水西阿哲家族的祖先妥阿哲受封为罗甸王，开始统治贵州西部至康熙三十七年（公元 1698 年）。毕摩是彝族政权结构"兹"（君长）、"摩"（大臣）、"毕"（毕摩）三位一体中重要的领导阶层，彝文也是长期使用的官方文字。彝族传统经籍作为彝文文献的主体，在上千年的传承中，一直也充当了彝文文学主流的角色。在明代以后，彝文史籍如《西南彝志》等才逐渐形成，同时开始大量学习汉文化，运用汉字开始创作，彝族人的汉文文学开始出现。直到清代以后，彝文经籍与史籍同时发展，彝文创作与汉文创作同时发展的情况才普遍形成。[①] 但是，由于掌握彝文的人主要是彝族毕摩，而毕摩所创制和传承的典籍，主要还是彝族传统经籍，因此，也可以说，直到当代大力推行彝文的学习、使用之前，彝族传统经籍一直是彝文文学的主流。

（三）创制彝族传统经籍的毕摩是彝文文学作家的主体

前面已经讨论过，彝族传统经籍是由彝族毕摩创制的，也是由彝族毕摩使用和传承的。彝族古代认识彝文的人相当少，主要就是毕摩群体。在连彝文都不认识的情况下，要谈到用彝文进行创作只能是天方夜谭，是不可能的事情。这就决定了不但彝族传统经籍的创制主体是毕摩，彝文文学的创作主体也是毕摩，这是整个彝族古代社会的总体情况。马学良先生曾经在云南彝族地区进行过调查研究，他指出："倮族习倮文者，多为巫师（即毕摩——引者注），必须学习倮文，方能诵经，为人祭师，人民少有通晓文字者。"[②] 人民不能通晓文字，自然无法创作文字作品。毕摩创制彝族传统经籍，也创作彝文文学作品，这几乎就形成了一个传统，因此《物始纪略》等古籍中把这种情况总结为"有毕摩就有文，有毕摩就有书，有毕摩就有史。"其中重要的一个信息，就是有毕摩就有彝文文学，这种情况在千百年来的彝族古代历史上，差不多就是一种定制。所以，除口头传承的民间文学作品之外，彝族书面文学的创作者，主要是古代彝族知识分子——毕摩。毕摩既是彝族古代文化知识的继承人，也是传播文化知识的主要传承者。

[①] 参见王明贵主编的《贵州彝族文学史》。
[②] 马学良：《倮族的巫师"呗耄"和"天书"》，见马学良：《云南彝族礼俗研究文集》，四川民族出版社 1983 年版，第 26 页。

他们既是世俗生活中拥有知识，为人民在生产、生活中提供天文、历算、节日组织等的指导者和主持者，也是沟通人间与鬼神世界之间的中介人。从积极的方面而言，毕摩是继承弘扬民族文化的有功之臣；从消极的方面说，由于毕摩的各种清规戒律的限制，也束缚了文化知识尤其是文字的普及，造成古代彝族社会民间识彝文者除毕摩之外，普通群众寥寥无几的现象。这就决定了彝族书面文学的创作主体是毕摩阶层这样一种不争的局面。①

（四）毕摩创制彝族传统经籍的同时创造了彝族古代文艺理论

许多著名的彝族古代文艺家，他们都是著名的大毕摩。毕摩在创制彝文经籍的同时，也创造了彝族古代文艺理论。个别的文艺理论作品，就包含在彝族传统经籍之中。

约当南北朝时期的彝族文化巨匠举奢哲，就是著名的大毕摩。他是彝族古代最著名的经师、史学家、思想家、教育家，同时也是最著名的诗人、作家、文艺理论家，还是医药学家和工艺美术家。因其博学多才，被历代毕摩和彝族人民尊称为"先师"，他在彝族历史上的地位，相当于孔子在汉族人民心中的地位，都属于"大成至圣先师"。他曾经写作了《彝族诗文论》《侯塞与武琐》《黑娄阿菊的爱情与战争》《天地的产生》《降妖捉怪》《祭天大经书》《祭龙大经书》《做斋大经书》等著名的著作及许多诗文。② 举奢哲也是彝族古代文艺理论的开山鼻祖，他的《彝族诗文论》至今仍然是彝族古代文艺理论的开篇之作，③ 对彝族文学创作和彝族文学理论的发展影响深远。

与举奢哲同时而齐名的大毕摩阿买妮，是极有名的女诗人、文艺理论家和作家，对彝族文化知识的发展作出过巨大贡献，产生了深远的影响，是著名的思想家和教育家，被彝族人民尊称为传播知识文化的女神。她的著作有：《人间怎样传知识》《猿猴做斋记》《奴主起源》《独脚野人》《横眼人与竖眼人》以及著名的《彝语诗律论》等，还有大量的诗文传世。④ 阿买妮同样有文艺理论著作《彝语诗律论》传世，⑤ 对彝语诗歌的创作与研究具有不可替代的指导地位，对后世的影响也非常大。

其他如古代白彝君长阿着仇家的大毕摩布独布举，著有《天事》《阿着仇家

---

① 王明贵：《彝族古代文学总观》，载于《民族文学研究》1999年第3期。
②④ 王明贵：《奥吉戈卡彝学研究》，中国文史出版社2013年版，第88页。
③ 举奢哲、阿买妮、康健、王子尧、王冶新、何积全：《彝族诗文论》，贵州人民出版社1987年版，第3~33页。
⑤ 举奢哲、阿买妮、康健、王子尧、王冶新、何积全：《彝族诗文论》，贵州人民出版社1987年版，第34~86页。

史》等名著，还有《纸笔与写作》等文艺理论著作。① 芒布君长的大毕摩布塔厄筹，著有《阿侯家史》《芒布纪年》等著作。他也有《论诗的写作》等文艺理论著作。② 芒布支系布努利君长的大毕摩布麦阿钮，著有《芒布彝书》《天地论》《酒礼歌》《论婚姻的起源》《论开亲的来历》等著作，《芒布彝书》中包括著名的《论彝诗体例》等彝族古代文艺理论。③《谈诗说文》的作者漏侯布哲，也是古代一位著名的大毕摩。④《西南彝志》的作者"热卧慕史"，也是一位著名的大毕摩兼歌师，其著作还有名著《播勒迎亲赛歌记》等。⑤《西南彝志》虽然不是经书，但是其中的《美好的文史诗篇》等，也有一些彝族文艺理论思想。

（五）彝族传统经籍是学习彝文文学创作的范本

在古代，彝族人无论是学习做毕摩，还是因为其他原因需要学习彝文，都是没有教材的，也没有汉族识字所用的《三字经》《百家姓》《千字文》等相当于学习汉文的教材一类的读物。如何学习彝文，为用彝文写作做准备？道路只有一条，直接向毕摩学习。毕摩选来作为"教材"使用的第一部读物，一般就是彝文《献酒经》。这部《献酒经》是一部正统的经书，各个毕摩所传承和使用的《献酒经》的篇章不一样，有的多有几个章节，有的少有几个章节。例如简短的《献酒经》可以只是专用的一章，⑥ 多的可以达几十章。⑦ 学习完一部简短的《献酒经》可以认识几百个彝文，学习完一部长篇的《献酒经》，可以认识约两千个彝文。在熟读《献酒经》之后，要进一步认识更多的彝文，一般又要学习《解冤经》。熟悉了这两部经籍，把这两部经籍中的彝文都认识了，彝文文字的总量将达三千字以上。从读彝文经籍的角度上看，通读常用的彝文经籍已经无大障碍。从创制彝文作品的角度来说，创作篇幅简短、用字普通的作品，也已经没有大问题。学习这些彝文经籍的另外一个重要的基础，还在于熟悉彝文古籍的基本句式、韵律和篇章结构等，这些都是在潜移默化中得来，毕摩并不一定作为必须讲

---

① 举奢哲、阿买妮、康健、王子尧、王冶新、何积全：《彝族诗文论》，贵州人民出版社1987年版，第87~92页。
② 举奢哲、阿买妮、康健、王子尧、王冶新、何积全：《彝族诗文论》，贵州人民出版社1987年版，第93~109页。
③ 布麦阿钮、康健、王子尧、王冶新、何积全：《论彝诗体例》，贵州民族出版社1988年版。
④ 举奢哲、阿买妮、康健、王子尧、王冶新、何积全：《彝族诗文论》，贵州人民出版社1987年版，第75~113页。
⑤ 王明贵：《奥吉戈卡彝学研究》，中国文史出版社2013年版，第88页。
⑥ 陈乐基、王继超：《中国少数民族古籍总目提要——贵州彝族卷（毕节地区）》，贵州民族出版社2010年版。
⑦ 马学良、罗国义：《增订〈爨文丛刻〉》，载于《献酒经》，四川民族出版社1986版，第217~295页。

解的内容来进行教学。如果再往高深处学习，就要学习《丧祭大经》了，这是学习做毕摩之必须，舍此别无他途。能够通晓《丧祭大经》的文字、内容，同时熟悉做祭祀的全套礼仪，就是一个道行较深、可以"毕业"单独自立门户的毕摩了。作为要多学习彝文、熟悉彝文所负载的历史文化内涵的要求来说，《丧祭大经》的学习也是必不可少的。因此，可以说，彝族传统经籍是学习彝文的范本，也是学习彝文文学创作的基础。

第二节 彝族传统经籍文学形式分类

一、语文形式标准的分类

（一）传统的二分法与四分法及其局限

这里所说的二分法与四分法，是基于西方文艺理论对文学作品的划分方法，而不是中国古代文学的二分法与四分法。

自从西方文艺理论传入中国之后，其对文学作品的"散文"与"韵文"的二分法，也影响到了中国文艺界。这里的"散文"与"韵文"，如果与中国汉语文学的二分法相比较，则相当于"文"与"诗"。但是，作为西方文艺理论中占据主导思想的四分法，即诗歌、散文、小说、戏剧的分类方法，则与汉语文学的四分法大相径庭，区别很大。这种四分法后来加上新兴的影视作品，发展成为五分法。但是传统的西方文艺理论，四分法仍然为绝大多数人所掌握和接受，认为影视作品是综合艺术，与文字为手段的文学作品差别较大。

（二）近年比较流行的二分法

从文字文本和口碑文献的二分法来对彝族传统经籍文学进行划分，这是民族学、民俗学、人类学的划分方法，特别是文学人类学的划分方法。

二、内容标准的分类

以内容为标准来对各种古籍进行分类，是一种常用的分类方法。对彝文古籍的分类，最早和最常用的方法，也是根据内容来进行分类。同样，这样分类在古籍分类中适用，在彝族传统经籍的分类中也很适用。

（一）解放前比较有代表性的分类

对彝族古籍的分类，最早的有马学良先生解放前在云南彝族地区从事彝族调查研究时，将他所收集到的两千余册彝文古籍进行了分类。他说："据我所搜集的两千余册经典（现分藏于中央研究院历史语言研究所图书室、国立北平图书馆及北大、清华、南开等图书馆），分门别类，大要可作九类：

1. 祭经：（1）作斋经，（2）作祭经，（3）百解经，（4）除崇经；2. 占卜经：（1）膀卜经，（2）鸡骨卜经，（3）签卜经，（4）占梦经；3. 律历；4. 谱牒；5. 伦理；6. 古诗歌及文学；7. 历史；8. 神话；9. 译著。

（二）目录和提要类型书籍中比较有代表性的分类

新中国成立后，特别是中共十一届三中全会之后，民族古籍工作进入了一个新阶段，迎来了一个良好的发展机遇期。彝文古籍的搜集、整理和编译工作，也取得了很大的成就。标志性的成果之一，就是贵州省毕节地区彝文翻译组（现已经更名为贵州省毕节市彝文文献翻译研究中心）编纂出版了"全国民族古籍重点科学研究项目"、后来获得国家图书提名奖的重要目录学著作《彝文典籍目录·贵州卷（一）》。[①] 这部目录是从毕节地区彝文翻译组收藏的 4 000 多册彝文古籍中，选择 1 270 本，分 40 类进行提要式的编译。编译者称：这种分类方法"仍有经贸等方面还未得以列出类别，若把 4 000 多册都编译完成，肯定不止 40 类。"[②] 然而这 40 类分类法，已经是目前对彝文古籍的分类中分得最多最细的一种分类，这些分类中包括了大量的彝族传统经籍。

（三）大型汇编丛书类书籍的分类

关于彝族传统经籍的大型汇编、丛书一类的书籍，目前最为著名的就是两种：其一就是《中国少数民族原始宗教经籍汇编·毕摩经卷》；其二就是《彝族毕摩经典译注》。

《中国少数民族原始宗教经籍汇编·毕摩经卷》这部大型汇编，在对彝族传统经籍的分类上，也是目前最为科学和全面的一部。这部汇编把从全国各个彝

---

① 陈长友、王继超、禄智义、陈开荣、陈朝贤：《彝文典籍目录》，成都四川民族出版社1994年版。
② 陈长友、王继超、禄智义、陈开荣、陈朝贤：《彝文典籍目录》，成都四川民族出版社1994年版，第12页。

地区的毕摩经汇集起来，用划分彝语方言区为大纲，以这些传统经籍的内容为要目，把毕摩经即彝族传统经籍分为八类。各类的情况如下（不含附录中的313部条目和10部举要，只列举有内容的一百九十四部的情况）。

第一，祭祖类：北部方言区有五部；东部方言区有十七部；南部方言区有一部；东南部方言区有二部。第二，丧葬类：北部方言区有一部；南部方言区五十五部；东南部方言区有十九部。第三，敬神类：北部方言区有一部；南部方言区有二十七部；东南部方言区有九部。第四，祈福类：南部方言区有二部；东南部方言区有二部。第五，驱邪禳鬼类：北部方言区有五部；南部方言区有十二部；东南部方言区有十二部。第六，招魂类：南部方言区有八部；东南部方言区有四部。第七，占卜类：北部方言区有三部；东南部方言区有一部。第八，其他类：北部方言区有四部；南部方言区有一部；东南部方言区有二部。①

三、信仰标准的分类

（一）自然崇拜类经籍

主要是对土地、山、水等自然神灵的崇拜。其经籍包括了：祭祀土地神的经籍，如《米色把》；祭祀水神的经籍，如《祭水经》《祭龙经》；祭祀山神的经籍，如《祭山经》《献山》等。

（二）图腾崇拜类经籍

第一，虎图腾崇拜。据杨和森的《图腾崇拜论》研究，虎图腾是彝族的原生图腾。虎图腾崇拜类还没有发现有专门的经籍，但是在一些经籍中有关于虎图腾的记述。

第二，龙图腾崇拜。龙图腾崇拜在彝族史诗《勒俄特依》《支格阿龙》以及许多毕摩经籍中都有记述。代表性的经籍有《祭龙经》等。

第三，葫芦图腾崇拜。主要流行于楚雄彝族自治州，一些毕摩经籍中有相关的记述。

第四，竹图腾崇拜。主要体现在彝族丧葬和神灵崇拜之中，其经籍与祭祀祖先的经籍往往合在一起。

第五，鹰图腾崇拜。鹰是毕摩神的象征，因此在使用毕摩经籍的时候，往往

---

① 黄建明、巴莫阿依：《中国少数民族原始宗教经籍汇编·毕摩经卷》，中央民族大学出版社2009年版，目录。

在法器中有鹰爪等物品，也念诵与鹰相关的经籍内容。

第六，其他经籍。还有大量的消灾、祛邪、驱鬼类的经籍。

（三）祖先崇拜类经籍

主要有：迎请毕摩类经籍，如《迎请毕摩经》等；献水经类经籍，如《献水经》；献茶经类经籍，如《献茶经》；献酒经类经籍，如大量的《献酒经》。

（四）其他经籍

还有神灵信仰类的其他一些经籍。

四、基于彝族古代文艺理论的分类

彝族古代文艺理论，从毕摩文献特别是五言诗歌的角度对彝族传统经籍作过许多划分，把经籍诗歌分为抒情类别和叙事类别的情况较为普遍。

从各种标准的分类中可以看出，把彝族诗歌分为抒情性诗体和故事性（叙事性）诗体的分法，其涵盖面比较完整、全面、宽泛。在这种划分方法之下，还可以对其进一步细分，但这也并非包容了所有的彝族诗歌体裁。例如举奢哲把"历史和诗""故事和诗""经书""医书"对照起来论述，把"历史""故事"独立到了诗歌之外。但事实是如《西南彝志》《彝族源流》等则是用诗体写历史的。阿买妮也认为记事诗"它不算是'诗'，它叫记事文"。然而，为了扩大故事性（叙事性）诗体的涵盖面，可将这一类诗包含于其中，"历史"可作为历史故事诗的形式，只要做到举奢哲所要求的真实、审慎、弄准、叙清等要素即可。

依照这种两大类划分法，可归于故事（叙事）性诗体的诗歌有：经文（经书）、历史、故事、纪事诗、记事诗（记叙文）、古歌（古诗）、书写诗。其中经文（经书）又包括做斋诗、献酒诗、献水诗、写妖诗、医药书、丧葬经（丧葬诗、丧葬歌）、悲哀诗、祭事诗、悔罪经（改错经）和"雨斗"等。可归为抒情性诗体的诗歌有：爱情诗（情歌）、美言诗、咏史诗、婚嫁歌（头诗、附超嘎、酒礼歌）和三段诗等。当然这种归类并不可能将诗截然分开，例如"悲哀诗"等叙事诗就有抒情成分，而咏史诗、三段诗则又包含有叙事性，甚至咏史诗还必须依照一定的历史事实才能吟咏。

第三节 彝族传统经籍文学内容分类

一、祭祖类

从《中国少数民族原始宗·经籍汇编·毕摩经卷》中的收录的经籍来看，祭祖类的经籍放在第一位，而各个方言区都列举了一些代表性的经籍。北部方言区有五部，即：(1)《死因病源经》，(2)《唤魂经》，(3)《禀神经》，(4)《招灵经》，(5)《婚配经》。附录的目录中还收录了多部祭祖类的经籍（在下文的有关内容中，还要结合仪式程序列举相关经籍，因此在此不再一一列举北部方言区的祭祖类经籍篇目）。北部方言区的祭祖类经籍中，《〈爨文丛刻〉甲编》中收录了一部《呗麂献祖经》，后来在《增订〈爨文丛刻〉》中，用更好的《呗麂献祖经》进行了更换，后面还将对这部《呗麂献祖经》专门研究。东部方言区的有十七部，即：(1)《更换祖筒仪式经典》，(2)《氏族祭祖经》，(3)《作斋供牲经》，(4)《作祭献药供牲经》，(5)《合灵献牲经》，(6)《神威祭祀经》，(7)《舍妁氏族祭奠经》，(8)《益博安慰经》，(9)彝文木刻版祭经《摩史苏》，(10)《治星经》，(11)《指路经》（节选），(12)《祭祀土地神及其经典》，(13)《火把节祭经》，(14)《丧事禳解及其经典》，(15)《家园禳解经》，(16)《祭祖驱邪经》（节录），(17)《猪膀卦经》。附录的目录中也还有几部。这些经籍，有的在前面的简介中已经述及。南部方言区的一部，即《祭祖经》。东南部方言区的二部，即(1)《制作祖灵经》，(2)《送祖灵到祖公洞经》。①

《彝族毕摩经典译注》中，有第二卷即"南华彝族口碑文献"《祭祖祈福经》，第十五卷《宁蒗彝族祭祖安灵经》，第四十一卷《罗婺彝族祭祖经》，第四十二卷《罗婺彝族祭祀祈福经》，第五十五卷"巍山彝族口碑文献"《祭祀经》，第五十八卷《夷僰祈福经》，第六十五卷《武定彝族祭祀献牲经》，第七十卷"大姚彝族口碑文献"《祭祖经》，第七十六卷《祭祖祛邪经》，第七十七卷《彝族神座布局图》，第七十九卷《宁蒗彝族祭祖经（一）》和第八十卷《宁蒗彝族祭祖经（二）》，第九十二卷《罗婺彝族献药经》。祭祖要用到的历算书，在《彝

---

① 黄建明、巴莫阿依：《中国少数民族原始宗教经籍汇编·毕摩经卷》，中央民族大学出版社2009年版，目录。

族毕摩经典译注》中收录了十二部。①

黔西北彝族的这类经籍，即收入东部方言区类别中的《祭祖经》《制作祖灵经》等。《爨文丛刻甲编》的相关经籍是这一类。

二、丧葬类

《彝族毕摩经典译注》中，丧葬类祭经，占据了很大一部分篇幅。有：第十二卷《罗婺彝族指路经》，第二十卷《丧礼祭辞·楚雄彝族口碑文献》，第二十一卷《丧礼祭经·禄丰彝族口碑文献》，第二十二卷《颂魂经·广西那坡彝族口碑文献》，第二十五卷《武定彝族丧祭经（一）》，第二十六卷《武定彝族丧祭经（二）》，第二十七卷《武定彝族丧祭经（三）》，第三十卷《昭通彝族丧葬祭经》，第三十一卷《双柏彝族丧葬祭经（一）》，第三十二卷《双柏彝族丧葬祭经（二）》，第三十三卷《双柏彝族丧葬祭经（三）》，第三十七卷《丧葬祭辞·永仁彝族口碑文献（一）》，第三十八卷《丧葬祭辞·永仁彝族口碑文献（二）》，第三十九卷《丧礼祭辞·南华彝族口碑文献》，第五十一卷《丧葬祭经·楚雄彝族口碑文献》，第五十三卷《丧葬祭经·姚安彝族口碑文献》，第五十四卷《丧葬祭经·牟定彝族口碑文献》，第八十五卷《丧祭经·漾濞彝族口碑文献（一）》，第八十六卷《丧祭经·漾濞彝族口碑文献（二）》，第九十一卷《教路经·南华彝族口碑文献》，第九十七卷《丧葬经·大姚彝族口碑文献》。② 合计有二十一卷之多。

《中国少数民族原始宗教经籍汇编·毕摩经卷》的丧葬类经籍中，北部方言区列举了一部《凤凰经》，附录的目录中有多部。东部方言区的祭祖类经籍中的《指路经》，可以归为丧葬类经籍。南部方言区列举五十五部之多，即：（1）《断气下床经》，（2）《寻水取水经》，（3）《洗尸净魂经》，（4）《入棺装殓经》，（5）《选墓地经》，（6）《释梦经》，（7）《祭活牲经》，（8）《迎客经》，（9）《诉苦经》，（10）《献夜宵经》，（11）《丧家献夜宵经》，（12）《女儿献夜宵经》，（13）《献药经》，（14）《祭早饭经》，（15）《献早饭经》，（16）《讨墓地经》，（17）《供牲经》，（18）《踩尖刀草经》，（19）《指路经》，（20）《无万物经》，（21）《生天产地经》，（22）《开天辟地经》，（23）《撒播树木经》，（24）《日耀月辉经》，（25）《子孙迁居经》，（26）《产物积财经》，（27）《定法定税经》，（28）《天地通婚经》，（29）《祖先寿命经》，（30）《寿始命终经》，（31）《采

---

①② 见楚雄自治州人民政府、夜礼斌、杨洪卫、李红民：《彝族毕摩经典译注》相关卷，云南民族出版社 2007~2012 年版。

药炼丹经》，（32）《兴死开丧经》，（33）《赎魂经》，（34）《驱邪除祟经》，（35）《解疙瘩经》，（36）《颂图纳经》，（37）《唤毕摩魂书》，（38）《唤牲魂经》，（39）《祭物经》，（40）《颂松马经》，（41）《颂神彩门经》，（42）《颂拐杖经》，（43）《颂甲嫫经》，（44）《祭嘎边经》，（45）《献水书》，（46）《寿衣经》，（47）《裁缝寿衣经》，（48）《洗晾寿衣经》，（49）《穿绸衣经》，（50）《人生经》，（51）《命名经》，（52）《敬松马经》，（53）《敬贡献经》，（54）《焚祭物经》，（55）《开路经》。然而值得注意的是，这些丧葬类经籍，多数是一部大经籍中和分题目或者分篇目。东南部方言区的，列举了十九部，即：（1）《箧箩献饭经》，（2）《献仆女经》，（3）《立摇钱树经》，（4）《放摇钱树经》，（5）《踩尖刀草经》，（6）《下床经》，（7）《装棺经》，（8）《圣人长寿经》（节选），（9）《晚斋经》，（10）《早斋经》，（11）《戴孝经》，（12）《脱孝经》，（13）《献生肉经》，（14）《苏颇·笃慕梅维》，（15）《苏嫫·挖药炼丹》，（16）《指路经》，（17）《超度经》，（18）《男子草身冷葬经》，（19）《女子草身冷葬经》。[①]

黔西北彝族的这类经籍，以《指路经》《丧祭经》为最多。

三、敬神类

彝族传统经籍中的敬神一类经籍，在总的经籍中占据的数量没有丧祭类的多，也没有驱邪禳鬼类的经籍多，但是也是一个重要的门类。

《中国少数民族原始宗教经籍汇编·毕摩经卷》中把敬神类经籍作为一类重要的经书分类进行了列举。其中，北部方言区只列举了《诵酒经》一部，但是北部方言区的附录的313部目录中还有少量的敬神类经书。东部方言区的祭祖类中的《神威祭祀经》实际上也可以列入敬神类，其附录目录中也列举了《献酒经》《献茶经》二部。南部方言区的较多，有二十七部，即：（1）《祭保经》，（2）《祭坝神经》，（3）《净祭品经》，（4）《献酒经》，（5）《献饭经》，（6）《祭箧桌经》，（7）《请善神经》，（8）《楠神下凡经》，（9）《送楠神经》，（10）《送雷神经》，（11）《送火神经》，（12）《升旗经》，（13）《祭神龛经》，（14）《献酒请歌舞神经》，（15）《敬烟经》，（16）《献酒送歌舞神经》，（17）《祭天地神经》，（18）《祭龙经》，（19）《祭井经》，（20）《祭彩虹经》，（21）《祭山神经》，（22）《祭风神经》，（23）《祭寨门经》，（24）《祭土地神经》，（25）《祭猎神经》，（26）《祭家神经》，（27）《祭命神经》。东南部方言区的也有九部，即：

[①] 黄建明、巴莫阿依：《中国少数民族原始宗教经籍汇编·毕摩经卷》，中央民族大学出版社2009年版，目录。

(1)《婚礼上向祖灵献饭经》，(2)《献饭经》，(3)《祭风调雨顺龙经》，(4)《祈雨经》，(5)《祭龙经》，(6)《寻洗牲水经》，(7)《祭圭山经》，(8)《祭陆良盆地经》，(9)《普兹楠兹》。①

《彝族毕摩经典译注》中，收录的敬神类经籍不多，仅有第五十二卷"楚雄彝族口碑文献"《母虎神祭辞》一部。②

黔西北彝族的这类经籍，以毕摩几乎人手一册的《献酒经》为最多。

四、祈福类

祈福类经籍，因为数量较少，或者夹在其他大型经籍里面，作为其他大型仪式中的经籍的一部分出现，因此，相关的汇编，或者目录、提要类著作中，作为单独一个类别进行列举、研究的也较少，多数在大型祭祀所用经籍中，如"尼目"祭祖大典中的经籍中，常常有祈福这一类经书篇目。当然也有单篇、单本的祈福类经籍，数量有限。例如，目前公开出版发行的篇幅最长的一部含有祈福内容的，是云南翻译出版《祭龙经》。③ 国家图书馆所收藏的彝族古籍中，编目时就列出了"祈祷祝颂经"一类，但是祝颂类经籍所占比例大，而祈福类的就很少，只有少量的祈福类经籍，如《宗支祭祖祈祷年吉月利经》《祈祷吉利经》《良辰祝颂经》《祭祖大典祈福经》《氏族祭祖祝福经》《祈求成功圆满经》④ 等几种，有的篇目名称和内容是相同或者相近的。在收集书目较多的《彝文典籍目录·贵州卷（一）》，也仅仅列举了一部《祝福辞》。⑤ 在《中国少数民族古籍总目提要·贵州彝族卷（毕节地区）》中，收录编纂为"祈福消灾类"的经籍条目的有299条，⑥ 但是以祈福或类似题目为书名的，也只有18条，主要在贵州省的纳雍县境内（见后文）。

《中国少数民族原始宗教经籍汇编·毕摩经卷》中，作为单列的篇目，南部

---

① 黄建明、巴莫阿依：《中国少数民族原始宗教经籍汇编·毕摩经卷》，中央民族大学出版社2009年版，目录。

② 楚雄自治州人民政府、夜礼斌、杨洪卫：《彝族毕摩经典译注（五十七卷）》，云南民族出版社2009年版。

③ 马立三、普学旺、杨六金、梁红、普璋开、罗希吾戈：《云南民族古籍丛书·祭龙经》，云南民族出版社1999年版。

④ 国家图书馆古籍馆、杨怀珍：《国家图书馆藏彝文典籍目录（附图录）》，中华书局2010年版，第155页、156页、168页。

⑤ 陈长友、王继超、禄智义、陈开荣、陈朝贤：《彝文典籍目录》，四川民族出版社1994年版，第587页。

⑥ 陈乐基、王继超：《中国少数民族古籍总目提要·贵州彝族卷（毕节地区）》目录，贵州民族出版社2010年版，第15~19页。

方言区收录了两部,即《祭福禄经》和《保福经》。在东南部方言中列举、收录了两部,即《祈福经》和《鲁方经》。①《彝族毕摩经典译注》中,以祈福为名称的,也仅仅有两部,即第二卷《南华彝族口碑文献 祭神祈福经》②,第五十八卷《夷僰祈福经》③。

黔西北彝族的这类经籍,以《祭龙经》为代表。

五、驱邪禳鬼类

提要一类的工具书中,《中国少数民族古籍总目提要·贵州彝族卷(毕节地区)》所收集的驱邪禳鬼经籍,有很大一部分是编纂在"祈福消灾类"之中,共二百六十多部。加上其他一些类别中含有类似内容的经籍,总数在三百部以上。④在《彝文典籍目录·贵州卷(一)》中,绝大多数驱邪禳鬼类的经籍被归类在"民俗"中,总数有三百四十七部,这些经籍除去少量不是驱邪禳鬼内容的,加上其他类别中一部分驱邪禳鬼类经籍,总数也在三百部以上。⑤

《中国少数民族原始宗教经籍汇编·毕摩经卷》中,收录有驱邪禳鬼类经籍内容的,北部方言区有五部,即:(1)《驱鬼经》,(2)《除秽经》,(3)《洁净经》,(4)《诱鬼驱魔经》,(5)《防癫经》。北部方言区收录了有这一内容的虽然只有五部,但是在收录在目录中的三百一十三部经籍中,有一百三十多部是有驱邪禳鬼内容的,占了三分之一还多。东部方言区的没有收录,但是数量也是很多,这在前面列举的目录、提要类经籍的情况中就反映出来了。南部方言区有十二部,即:(1)《驱妖秽经》,(2)《驱死邪经》,(3)《驱射乍弄经》,(4)《驱死魔邪经》,(5)《驱邪经》,(6)《驱诘邪耐邪经》,(7)《驱病疫经》,(8)《驱汝邪韵邪经》,(9)《埋葬吵骂神经》,(10)《反击咒语经》,(11)《驱害虫经》,(12)《祛禳经》。东南部方言区有十二部,即:(1)《召沽经》,(2)《驱村寨瘟疫经》,(3)《祭地气经》,(4)《甩邪经》,(5)《赶邪经》,(6)《祭柱经》,(7)《解邪法事经》,(8)《解凶邪法事经》,(9)《邪与洁隔离

---

① 黄建明、巴莫阿依:《中国少数民族原始宗教经籍汇编·毕摩经卷》目录,中央民族大学出版社2009年版。

②③ 楚雄自治州人民政府、夜礼斌、杨洪卫:《彝族毕摩经典译注(五十七卷)》,云南民族出版社2009年版。

④ 陈乐基、王继超:《中国少数民族古籍总目提要·贵州彝族卷(毕节地区)》,贵州民族出版社2010年版,第15~21页。

⑤ 陈长友、王继超、禄智义、陈开荣、陈朝贤:《彝文典籍目录》,四川民族出版社1994年版,第7~11页。

经》,（10）《驱打横阻邪经》,（11）《祛污经》,（12）《驱体内污秽经》。①由于内容相同或者相近,有的经籍既可以归类在祈福类经籍中,也可以归类在驱邪禳鬼类经籍中。

《彝族毕摩经典译注》中,名称上明显是驱邪禳鬼包括祛病类经籍的,是第七十三卷七十四卷第七十五卷共三卷《措诺祭》,即驱麻风病的经籍。②但是,这套大型彝族经籍中大量的丧祭经籍,都或多或少含有一些驱邪或者禳鬼、祛病、消灾的内容。

如上所述,驱邪禳鬼类经籍,在彝族传统经籍中所占的比重较大,上面列举的是其中的一些目录。要对这些经书一一给予介绍,既不可能,也无必要。现在选择破鬼降魔类中的破司署经类别,作一提要式简介,并且选择丧事活动中的禳解类经籍,以贵州省内的情况为例,选择介绍其中的一部分,选择很有名的《增订〈爨文丛刻〉》中的《解冤经》作一些深入的分析。

黔西北彝族的这类经籍,以《解冤经》为代表。

六、招魂类

彝族的招魂类经籍,也就有了招人魂灵的经籍和招其他动物、植物等的经籍的区别;有招生人灵魂和招亡人灵魂的区别。招魂的对象有区别,招魂的经籍自然不一样。

在《中国少数民族原始宗教经籍汇编·毕摩经卷》中,收录了南部方言区的招魂类经籍八部,即:（1）《招村魂经》,（2）《招老人魂书》,（3）《招中年人魂书》,（4）《招离婚人魂书》,（5）《招谷魂书》,（6）《招畜魂经》,（7）《招牛魂书》,（8）《唤谷魂经》。东南部方言区收录了招魂类经籍四部,即:（1）《招魂词》,（2）《赎魂经》,（3）《招留在坟茔处之魂词》,（4）《叫魂经》。③北部方言区的附录的三百一十三部经籍中,有少量的招魂类经籍;而东部方言区的附录的十部经书举要中,有一部《招魂安魂经》。

在《彝族毕摩经典译注》中,第六卷《双柏彝族招魂经》和第二十二卷《颂魂经·广西那坡彝族口碑文献》两卷,是明确地在书名中载明是招魂、颂魂

---

① 黄建明、巴莫阿依:《中国少数民族原始宗教经籍汇编·毕摩经卷》,中央民族大学出版社 2009 年版,目录。

② 楚雄自治州人民政府、夜礼斌、杨洪卫:《彝族毕摩经典译注（第七十三卷第七十四卷第七十五卷）》,云南民族出版社 2010 年版。

③ 黄建明、巴莫阿依:《中国少数民族原始宗教经籍汇编·毕摩经卷》,中央民族大学出版社 2009 年版。

类的经籍。其实，在大型的丧祭经、祭祖经和少分部指路经、开路经中，都有招魂的内容。

黔西北彝族的这类经籍，以《招魂经》为代表，包括招人魂、招畜魂和招粮食魂的经籍。

七、测算占卜类

测算占卜类经籍，是彝族传统经籍中非韵文一类文体，是彝族古代经书中散文类的一个重大的类别，它代表了彝族传统经籍散文体裁作品。这类作品，总数是整个彝族传统经籍的15%左右，多数图文并茂，以文说事，以表分项，以图解文，互为补充。

测算占卜类经籍是毕摩必备的工具书，遇事不能决断，就要翻开这类工具书来验算和求证，了解征兆，求出解决方法，得出相关结论，等等。因此，这类经籍往往被称呼为《玄通大书》《百解经》《金书》《大书》等，表示十分金贵，是能解决悬而未决的疑难问题的通用经典。由于这类书籍性质的重要性，它是每个毕摩都必须具备的经典，大多数毕摩至少有一部综合型的抄本，有的毕摩有多部。有的毕摩除了有一部必备的综合型经籍外，还有专门类别的占卜、预测经籍。因此，在最早公开翻译出版的《〈爨文丛刻〉甲编》和后来的《增订〈爨文丛刻〉》中，《玄通大书》就占了全书三分之二的篇幅。①

由于这类经籍所占的数量的有限性，在相关汇编类书籍中，所收录的数量也不多。

《中国少数民族原始宗教经籍汇编·毕摩经卷》中，北部方言区的收录了三部，即：(1)《占算经》，(2)《解乌鸦语》，(3)《神判经》；但是在附录的目录中，还收录了《心跳卜》《耳鸣卜》《地震卜》《猪胛骨卜经》《羊胛骨卜经》等多部。东部方言区收录了《猪膀卦经》一部。东南部方言区收录了《占卜看症经》一部。②

在《彝族毕摩经典译注》中，收录了第一卷《武定历算书》，第二十五卷《武定彝族丧祭经（一）》，第二十六卷《武定彝族丧祭经（二）》，第二十七卷《武定彝族丧祭经（三）》，第五十九卷《雷波彝族历算书》，第六十卷《罗婺彝族鸡卦书》，第六十二卷《占病书》，第六十六卷《八卦天文历算（一）》，第六

---

① 丁文江：《爨文丛刻甲编》，上海商务印书馆1936年版。马学良、罗国义《增订爨文丛刻》，四川民族出版社1986年版。

② 黄建明、巴莫阿依：《中国少数民族原始宗教经籍汇编·毕摩经卷》，中央民族大学出版社2009年版。

十七卷《八卦天文历算（二）》，第六十八卷《八卦天文历算（三）》，第六十九卷《八卦天文历算（四）》，第八十七卷《罗平彝族历算书（一）》，第八十八卷《罗平彝族历算书（二）》，第八十九卷《罗平彝族历算书（三）》，第九十卷《罗平彝族历算书（四）》。①

在公开出版的经籍中，还有一部《彝族毕摩百解经》，属于这一类经籍。②

黔西北彝族的这类经籍，以《玄通大书》为代表，包括众多的《札数》类经籍。

第四节　彝族传统经籍的文学艺术表达

彝族传统经籍文学，如果以有没有韵律的标准进行划分，包括散文体裁和诗歌体裁两大种类。在彝族传统经籍中，诗歌体裁占据了85%以上，而散文体裁只占15%以内。散文体裁的经籍，以占卜、测算一类经籍为主，如《玄通大书》《占病经》《点算死亡经》《历算书》等。其余绝大部分经籍，都是彝族传统的五言体诗歌。因此对彝族传统经籍中的五言体诗歌进行韵律分析，是彝族传统经籍艺术表达的主要方面。其他的则可以进行结构、程式等方面的艺术分析。即使不是从文学人类学的角度来研究，彝族传统经籍的文学艺术性也是比较突出的。

一、彝族传统经籍的韵律

（一）押韵

韵是诗歌固有的内在属性，是体现诗歌作为一种文学体裁区别于其他文学形式的主要的特征。彝族传统诗歌有自己的韵律特色，押韵是其中主要的一种格律形式。

押韵是诗歌格律的主要特征。一般来说，除了所谓的无韵诗之外，诗歌都要押韵。许多诗学理论家都主张没有押韵或者无韵律的诗不叫诗歌。

彝族传统经籍诗歌的押韵，主要是押尾韵，但也有押头韵，押腰韵（押中

---

① 楚雄自治州人民政府编、夜礼斌、杨洪卫：《彝族毕摩经典译注》，云南民族出版社2007~2012版。
② 吉尔体日、吉合阿华、吉尔拉格：《彝族毕摩百解经》，四川出版集团巴蜀书社2010年版。

韵）的情况。

（二）谐声

诗歌句子中同一个声在不同的诗句的同样的位置出现而构成谐调的韵律，就是谐声。彝语诗歌格律中谐声的位置，一般是一行诗中前后一两个相同的声互相谐调相押，一段诗中两句之间、三句之间或者多句之间在句子的某一相同位置谐声相押，一首诗歌几段之间结构位置相同的诗句的某一相同位置谐声相押。

彝族传统经籍中，诗歌的占比很大。这些经籍诗歌中有谐声的格律。与其他诗歌的谐声的情况有所不同的是，彝族传统经籍诗歌中的谐声，主要是一段诗中两句之间、三句之间或者多句之间在句子的某一相同位置谐声相押，构成和谐的格律形式。彝族传统经籍中的谐声，以五言诗歌中的谐声数量最多。

（三）押调

所谓押调，就是在一个诗句之中两个或两个以上相同的声调互相协调，或者两句或两句以上诗句之间相同的声调互相协调，构成一种和谐的声律，以表达诗句之内或者诗句之间的一种特殊的音韵格律。

押调之所以在彝语诗歌中运用不普遍，除了彝语自身的特殊性之外，在彝语诗歌的审美要求中，由于彝语诗句普遍以五言为主，诗句的字数本身不是很多，在一句诗句之内，过多地出现相同的声调，会造成声律的平铺直叙，缺乏铿锵起伏的美感。

一般情况下，押调和押韵的位置一致。也就是说，通常的情况，一句诗之中，前后两个调可以在任意两个音节即字之间押；一段诗的各句之间，上下两行或者多行诗句之间的押调，押在句子结构中相同的位置，可以是押在第一个字即音节上，或者中间的某一个字或音节上，或者诗句的末尾一个字或者音节上；一首诗各段之间的押调，押在各段同一位置诗句的相同位置上。但是，就彝语诗歌作品的实际情况来看，一段诗、一首诗之间各句的押调，押在句首一个字，押在句末一个字，押在句末二字、末三字的情况比较多。

彝族传统经籍诗歌的押调，主要是一段诗的各句之间，上下两行或者多行诗句之间的押调，押在句子结构中相同的位置，不管是押在第一个字即音节上，或者中间的某一个字或音节上，或者诗句的末尾一个字或者音节上。[①] 彝族传统经籍诗歌主要是五字句，一段诗各句之间的押调也主要是押在第五个字上。

---

① 王明贵：《彝族古代文艺理论及彝语诗歌中的押调实证研究》，载于《毕节学院学报》2013 年第 1 期。

（四）扣字

扣是彝语诗歌最具有民族特色的格律形式，代表了彝语诗歌的形式特征。

扣，是以同一个字为音节在一行诗句的不同部位，或几句诗行之间的同一部位，或几段诗歌之间的同一部位构成重复出现，以达到诗歌声韵的谐调效果的彝语诗歌格律形式。扣，有时又是和谐声、押韵指同一声、韵格律。

扣有多种形式。根据彝族文艺理论家们的理论阐释，有扣声，扣韵，扣字等多种。但是，仔细研究这些形式，扣声实际上就是谐声，扣韵实际上就是押韵。扣字包括了两种情况，就是扣一个完整音节，和扣一个完全一样的字。由于字包括了一个完整的音节，因此，扣字代表了扣音节的形式。但是，反过来说，扣音节却不能够代表扣字。彝语诗歌的主要格律特征，以扣字为代表形式。

扣字的形式，包括齐头扣、齐腰扣（齐中扣）、齐尾扣、顶针扣（顶真扣）等多种形式。

彝族传统经籍诗歌中也有扣的形式，而且相当普遍。

（五）对

1. 关于"对"的各种形式分析

"对"作为一个重要的彝语诗歌格律概念，其所牵涉的面是相当广泛的。除了在内容方面的比较具体的要求以外，在格律形式上的要求，可以分为以下几种。

（1）声对。

"声对"的"声"，由于在彝族古代文艺理论家的理论中没有明确地区分为声母还是声调，根据各个理论家所论述的情况来看，大多数情况下都是与韵对举，因此在这里将它考虑为声母的声，即格律形式中的谐声的声。

"声对"，指的是彝语诗歌中"声"在不同的位置——包括诗句之内和诗句之间的"声"的对应关系。从彝族古代文艺理论家的理论中来看，"声对"与"谐声"基本上是相同的。"声对"的诗例，可以从"谐"声诗例中得到说明。

（2）韵对。

"韵对"，指的是彝语诗歌中"韵"在不同的位置——包括诗句之内和诗句之间的"韵"的对应关系。从彝族古代文艺理论家的理论中来看，"韵对"与"押韵"基本上是相同的。"韵对"的诗例，可以从"押韵"诗例中得到说明。

（3）字对。

"字对"有两种情况，一种指的是彝语诗歌中词类相同或者词性相近的同一个或者几个字在诗句的相同的位置之间的字的对应关系。从彝族古代文艺理论家的理论中来看,"字对"与"押字"基本上是相同的。在这里,"字对 = 押字 = 扣字"。这种情况的"字对"的诗例,可以从"押字"和"扣字"的诗例中得到说明。

"字对"的另一种情况,指的是彝语诗歌中词类相同或者词性相近的不同的一个字或者不同的几个字在诗句之间相同的位置的字的对应关系。

(4)句对。

"句对",主要是两个诗句构成相对的格律形式。由于彝语诗歌的五言诗体的性质,有时一个五言句子不能完全表达一个完整的意思,就会产生两个或者两个以上句子共同表达一个完整意思的情况,而这种两个以上句子,多数情况是两个以上完整的五言句子,有的时候也可能是三言、四言、六言、七言句子与五言句子相接续,共同完成表达一个完整意思的任务。这种两个或两个以上结构完全相同的诗句构成一组对应关系形成的谐调格律,就是"句对"。

2. 彝族传统经籍诗歌中的句对

如前所述,在彝族传统经籍诗歌中,声对、韵对、字对等格律形式,也已经由谐声、押韵、扣字等格律形式代替。因此,分析彝族传统经籍诗歌的句对形式,是研究经籍诗歌的对的格律形式的主要方面。

彝族传统经籍诗歌中的"句对",以五言诗句形式为主,但是也有三言句式、四言句式、七言句式和各种句式接续的形式。

(六)偶

"偶"是彝族古代文艺理论中提出的一个诗学概念,是关于彝语诗歌的一个重要理论范畴。从彝族古代文艺理论的论述以及翻译家的翻译和解释,结合彝族古代文艺理论中的一些论述,笔者发现,"偶"可以有以下解析:

(1)"偶"等于"对",即二句为一"对",也就是一"偶"。根据翻译家的解释,可以认为,"偶"是彝语诗歌句子形式的一种,是两行诗(彝语诗歌从上到下一行接着一行排列的形式)组合而成的"一对",相当于汉语格律诗中的"联",其形式又相当于汉语中的"对联"。

(2)"偶"不恒等于"对",即"偶"还可能是多于二句的三句或者九句。从彝族古代文艺理论中去研究,还可以发现,"偶"还有"对""联""对联"之外的内涵。例如,《彝诗史话》中说:"各句各有主,两句主成双;三句有对正,四句双韵生;五句单韵连,六句双韵对;七句声韵转,八句变韵生;九句偶有扣,十句各韵分。十韵单双传,书写是主根。诗歌各种体,把住以上根。"[①]

[①] 漏侯布哲等:《论彝族诗歌》,贵州民族出版社1990年版,第9页。

这里的"三句对""九句偶"显然不是二句一对的形式。

（3）"偶"可以约等于"段"，是三段之中的一段的形式。在新译的彝族古代文艺理论、实乍苦木的《诗歌的连名扣》中，有"三段三段合，三段三段连，三段三段押。对于段与'偶'，段、'偶'里的字，字要用得准，韵与韵相连，写下才成体，写来才像诗"的论述。① 这里隐约表达了段与偶之间的同等的关系。同时，实乍苦木接着论述道："有的诗写法，一句三句连，一句三句扣，一句三句押；上下各有押，偶中各有连。"② 这里表述的内容，似乎是三句为一偶，并且一偶是一段的内涵。

（4）"偶"与"奇"相对应，是一种格律对应关系。漏侯布哲在《谈诗说文》中论述道："诗句强而劲，对偶必工稳。"③ 实乍苦木在《彝诗九体论》中也指出："偶句对偶句，偶偶都有连。"④ 这里虽然没有明确说出"偶"与"奇"一样是一种相对应的格律关系，但是其中明显指示了"偶句"的对应者，应该就是"奇句"。

彝族传统经籍诗歌中，也有"偶"的格律形式。在"偶"与"对"的格律形式对照中，可以发现，如果是两句的偶，与对的形式是完全一样的，因此这种偶句就是对句的一种形式，在这里不再进行举例分析。而只有三句为一偶的形式，就是"奇"句的偶才是彝族诗歌包括彝族传统经籍诗歌的特有形式。

（七）连

"连"作为一个彝语诗歌概念，既包含有格律方面的要求，也有内容方面的含义，同时还是对彝语诗歌的一种计量单位的称呼。

第一，"连"是泛指彝语诗歌格律中的押韵、谐声、扣字等的格律关系。

第二，"连"是指彝语诗歌一句之中、各句之间和各段之间在格律、内容以及结构等方面的一切联系、连接等关系，包括彝族古代诗学家经常谈到的"血肉连""主骨连"等。

第三，"连"是指彝语诗歌的一个特殊的计量单位。它可以是一段，就是诗学家们所说的"只有一段连"的"连"的一种指称；也可以是由三个段落组成的结构稳定的三段为一首的"三段诗"的指称，就是古代诗学家所说的"三段成一连"的含义。

如果和汉语格律诗比较而论，那么在声韵格律方面，押韵、谐声等音韵谐调

---

① 沙玛拉毅、王子尧：《彝族古代文论精译》，民族出版社2010年版，第462页。
② 沙玛拉毅、王子尧：《彝族古代文论精译》，民族出版社2010年版，第463页。
③ 漏侯布哲等：《论彝族诗歌》，贵州民族出版社1990年版，第99页。
④ 漏侯布哲等：《论彝族诗歌》，贵州民族出版社1990年版，第123页。

关系是"连";平仄、对仗等格律关系是"连";在结构上的起、承、转、合各个具体关系之间及全部的起承转合之间也是"连";在表达诗歌形式数量的八句一首七律的"首"和四句一首五绝的"首"也可以类比地称为"八句诗一连"或者"四句成一连"。

总之,"连"是一个十分宽泛的彝语诗歌概念,既有格律方面的要求,也有其他方面的所指。①

在彝语诗歌格律形式中,"连"是宽泛的一种形式,在彝族传统经籍诗歌中也是这样,所有一切产生了各种关系的格律,都是"连",因此不再举例分析。

二、句式

句式,简要地说,就是句子的形式。话要一句一句地说,字要一笔一画地写,然后构成一个一个词,这些词语构成一个一个的句子,也就是一句一句的话语。

句子的形式,因为所属的语言不同,就有不同的表达方式。表音体系的语文以音为主,表意体系的语文,说话时当然也是以音节为主,但是写成书面的句子,就可以以字、词为主,连续起来表达意义。因此,无论是表音体系还是表意体系的语文,它们中的每一句话,可以用音节的多少来进行分析、衡量;而在表意体系的语文中,如果是文字的形式,可以把它细分到一个字、一个词来进行划分。

(一) 字数与句数

一个字代表一个彝语的描写符号。除了彝语北部方言区,作为书面文本,字是一个完整的符号形式,它能够构成一个完整的意思。字数,在这里指的是组成彝文一个句子的文字的数量。一个句子由多少个彝文组成,就是这个彝文句子的字数。由一个文字组成一句,就是一字句,由两个文字组成一句,就是二字句,依次类推。在散文类作品中,有几个文字组成一句话,通常可以用"几字句"的来称呼这句话。而在韵文类作品中,特别是诗歌作品中,由于组成诗句的字数相对固定,组成一个诗句的字数,除了用"几字句"来称呼外,还经常用"几言句式"等来称呼。例如汉语格律诗歌,如果是五个字一句的诗句,除了称为"五字句"之外,还可以称为"五言句"或"五言句式";如果是七个字一句的诗

---

① 王显、王明贵、王继超:《论彝语诗歌连的概念及其格律特征》,载于《毕节学院学报》2012年11月。

句，除了可以称为"七字句"之外，还可以称为"七言句"或"七言句式"。彝语诗歌作品作为韵文类的代表，也可以这样来进行称呼，即：如果是五个字一句的诗句，除了称为"五字句"之外，还可以称为"五言句"或"五言句式"；如果是七个字一句的诗句，除了可以称为"七字句"之外，还可以称为"七言句"或"七言句式"。其余的依次类推，如三个字为一句的，可以称为"三字句"或者"三言句""三言句式"；四个字一句的可以称为"四字句"或者"四言句式"，等等。由于此前的研究没有涉及彝语诗句的句式问题，在这里特别给予说明。

  彝语句子的字数，从理论上讲，从一字句到无穷多的 N 字句都是有的。但是在实践中，由于一个人能够讲多长的一个句子，即他能够一口气不换地讲多长时间的一句话，是有个限度的，因此，在彝语中，超过 50 个字的句子基本没有发现。在彝族"尔比"即谚语中，在彝族"克智"即口头论辩词中，也没有发现过超过 50 个音节即字的情况。通常，能够超过 20 个字的都很少。而作为书面的文本，彝语文有比较固定的传统形式，那就是以诗歌的形式为主流。在诗歌句式中，每一句诗歌句子，以五言句式为主流。这是彝族古代文艺理论家早就发现了的事实。魏晋时期的文艺理论家举奢哲在其《彝族诗文论》中就指出："一定要搞清，彝族的语文，多是五字句，七言却很少，三言也如此，九言同样是，也是少有的……五言占九成，其余十之一。"[①] 同时期的阿买妮在《彝语诗律论》中也指出："诗有各种体，多为五言句。五言是常格，也有三言的，三言句不多，见于各种体。七言诗句少，各书中去找。"[②] 即使是流传到现在的各种经籍，除了少数散文体裁的如《玄通大书》《历算书》等之外，绝大多数仍然是五言体裁的诗歌文本。

（二）散句与韵句

  就目前流行的分类方法，所有的文字作品，从有没有韵律来进行划分，都可以分为韵文和散文两大部类。彝族传统经籍的情况也是这样。如前所述，在现在流传的各种经籍文本中，85% 以上的是韵文体，主要是五言诗歌的形式，如收入《增订〈爨文丛刻〉》中的经书，《献酒经》《祭龙经》《解冤经》《指路经》《呗耄献祖经》等都是五言体诗歌，只有《玄通大书》和《武定罗婺夷占吉凶书》是散文体。[③]

[①] 举奢哲、阿买妮等：《彝族诗文论》，贵州人民出版社 1988 年版，第 8 页。
[②] 举奢哲、阿买妮等：《彝族诗文论》，贵州人民出版社 1988 年版，第 63 页。
[③] 马学良、罗国义：《增订爨文丛刻》，四川民族出版社 1986 年版。

根据经籍语句表现形式，彝族传统经籍的语句可以分为"散句"与"韵句"两种形式。所谓"散句"，在这里指的是彝族传统经籍文本中，上下两句、多句之间不需要构成韵律的语句。所谓"韵句"，在这里指的是彝族传统经籍文本中，上下两句、多句之间需要有一定的韵律谐调的语句。

韵句在彝族传统经籍中，主要就是诗歌体裁中的句子，这在前面所举的例子中十分普遍，在此不再赘述。

散句在前面的研究中虽然没有举例，但是在彝族传统经籍的散文类的文本中，比比皆是。例如《八卦天文历算》四卷，①《罗平彝族历算书》四卷，② 几乎所有的句子都是散句，没有什么韵律。

（三）重复句式与转换句式

彝语文的重复句式与转换句式，在这里主要是指彝语文的句子与句子之间的关系。从逻辑上讲，彝语文上下句子之间的内容，即使字面上是重复的，它所要表达的意思或者情感，必然不存在重复的问题。因此谈及重复句式的时候，主要的还是形式方面的问题，转换句式也是这样。当然，讨论重复句式的时候，也不能对它在内容上的重复视而不见。

在彝族传统经籍中，重复句式与转换句式是两种普遍的句式，不论是韵文体裁的经籍，还是散文体裁的经籍，都有重复句和转换句，只是在诗歌形式的韵文体裁中，重复句出现得更多。

1. 重复句式

重复句式是指相邻的两个句式在结构形式有时同时在内容上完全相同的句式。

重复句分为两种：一种是结构形式与表达的内容完全一样的重复句，这种句式可以称为完全重复句式，它在彝族传统经籍中比较少。另外一种是句子结构形式重复，但是内容不重复的句式，这种句式可以称为一般重复句式，它在彝族传统经籍中比较多。

2. 转换句式

转换句式，就是语句从一种结构形式转换为另外一种结构形式。从整体上分类，句式结构除了重复句式，就是转换句式。因此，转换句式是彝族传统经籍中形式最多的句式，无论是散句还是韵句，它出现的数量比重复句式多得多。

---

①② 楚雄自治州人民政府、夜礼斌、李红民：《彝族毕摩经典译注（第八十七卷—第九十卷）》，云南民族出版社 2011 年版。

三、节奏

节奏往往使人想起这必然是一个音乐术语。其实在人们把这个事物内容固有的属性提炼为音乐术语之前,它是指事物内部固有的节律。比如,一部口头或文字作品的文本,本身就有一定的推进的时间安排和内容呈现,这些都是作品的节奏问题。同时,一句话,一段话,也有不同的安排方式,这也是句子的节奏问题。因此,在讨论彝族传统经籍文学的节奏问题时,要从整部作品的节奏方面和作品内部的语句的节奏方面进行总体把握和内部分析。

(一) 诗歌句子的节奏

句子内部的节奏,有两种情况:一种是散文体裁中,上下语句之间只是通过内容的转换与递进构成的语句的节奏,这种句子的节奏主要是根据句子及句子之间的内容的要求来规定句子的节律,因此是随时变化没有规律可循的,不具有研究价值。另外一种是韵文,特别是诗歌形式的句子的节奏,这种句子的节奏不但要顾及内容的表达,各个句子之间还要遵循一定的韵律要求,这种诗歌句子的节奏是值得研究的艺术形式。

彝族传统经籍的绝大部分是诗歌体裁,其中富有意蕴的节律在各个句子之间都会有所体现,因此其句子节奏是值得研究的艺术形式。

(二) 段落与小节之间的节奏

一首诗歌,或者一篇作品,往往要由几个段落或者小节构成。在这些小节或者段落间,时间、速度的节律都有一定的内在联系,这就是段和小节之间的节奏。

在彝语诗歌的节奏中,如果把句数最少的格言、谚语也算在里边,那么,成型的就是五言两句的一首短小谚语。在述说这样两句的短小谚语时,其节奏是相当快的,特别是在进行"克智"口头论辩的时候。而以彝语文最为普遍和成熟的诗歌体裁"三段诗"的情况来说,五言一句、两句为一段,是最短小的形制;两句为一段、三段为一首是最完整的短诗。这样,一首五言两句三段诗,就是成型的三段诗,它的节奏也是这类诗歌中最短促的一种了。

但是同样要注意的是,彝语中的许多三段诗是通过演唱或者念诵的形式来表达内容和情感的,从文学人类学的角度上看,其节奏的短与长,还要与具体的唱腔相结合才能完全体现出来。2013年7月,贵州省彝学研究会在赫章县举行了彝族原生态歌舞大赛,其中的情歌比赛中,演唱了不少经典的彝族歌曲,三段诗类型的经典情歌《月明的三月》等，山歌类型的《青杠树叶十二层》，婚礼歌类型的《帮忙弟兄歌》等都进行了表演。从这些歌曲特别是情歌中可以看出，多数歌曲各段之间的在曲上是一致的，而在词上虽然不同，但都是同一曲子的反复演唱。也就是说，如果它是规则的歌曲，各段之间是重复的关系，其节奏是基本一致的。

在彝族传统经籍中，由于功用不同，各种经籍的长度也不一样。有的必须是通过毕摩的演唱或者念诵才得以体现其节奏，有的则只是翻阅、查看的经籍，不需要声气的配合。例如体量最大、篇幅最长的《玄通大书》，以前述《增订〈爨文丛刻〉》中的一部为例，整部经籍有 248 个标题,[①] 它是工具书类型的经籍，不需要通过念诵或演唱的形式来配合才能使用，因此，篇幅再长也不存在节奏的问题。同样，这部经籍汇编中的《武定罗婺夷占吉凶书》也是同一性质的经籍，虽然篇幅较短，也不存在节奏问题。以上两部经籍的形式特色，都是散文形式。而除了这两部经籍之外的其他经籍，都是诗歌形式，而且必须通过毕摩的念诵才能体现出它们的功用。并且作为诗歌的句式，节奏相当突出。作为每一部经籍的体量、篇幅，也由不同的章节构成。整部经籍在长度上，就有一个连续推进的过程，在时序的先后上反映出节奏的问题。例如《解冤经》全部篇幅由 39 个章节构成，篇幅短小的如前面所引述的一节，只有十二句，而篇幅长的有几十句、上百句，所以在构成整个一部经籍的节奏的时候，不论是否由毕摩来念诵，节奏的急迫和舒缓，都已经在篇幅的长短中有所体现。彝族经籍中的《指路经》与《解冤经》等，还不是在原生态的仪式中运用时篇幅最长的经籍，篇幅最长的要数《丧祭大经》，这类大经如果是在举行"尼目"大典时念诵，有的是需要多个毕摩配合，经过七天乃至十九天才能念诵完毕。[②] 因此，这类丧祭大经的节奏，应该是彝族传统经籍中节奏最为漫长、舒缓的经籍了。

四、程式与结构[*]

从人类学的角度去进行考察，彝族传统经籍总是与一定的仪式与环境等社会生态紧密结合在一起，不像现代意义上的文学作品，主要用于阅读和欣赏。因此，考察彝族传统经籍的文学性，必须与彝族传统社会生活紧密结合，必须与经

---

① 马学良、罗国义：《增订爨文丛刻》，全部三册书，中册和下册都是《玄通大书》，四川民族出版社 1986 年版。

② 朱崇先：《彝族祭祖大典仪式与经书研究——以大西邑普德氏族祭祖大典为例》，民族出版社 2010 年版。

* 这部分成果取名为《论彝族传统经籍的程式与结构》，载于《楚雄师范学院学报》2016 年 10 月。

籍使用的具体仪式紧密结合,从经籍之外的生态仪式与环境中去理解经籍,从经籍之内的内容、形式结构中去分析经籍。所以,在整个程序与仪式即总体的程式中去考察经籍,及从整部经籍的整体结构中去分析经籍,都是必需的而且是十分重要的。①

(一) 总体程式与结构

如果说从整个彝族人的一生的总体生命时序上来探寻彝人与经籍之间的关系,显得太过于宏大、疏阔,大而无当,那么从彝族人人生的关键阶段即人类学家所谓的"通过仪式"来考察彝人与经籍之间的关系,则是比较适当的一个选择。这些关键的阶段,主要有婚、生、长、病、亡、祭、送等,在传统的社会生活中,都需要举行一定的"通过仪式"让人或者灵进行身份的转换与适应。

在彝族的所有人生仪式中,无论是生、老、病、死,在人生的关键时期都会有一些仪式,有的需要请毕摩来主持,有的则只需要有经验的长者或家人主持,有的则由当事人本身就可以进行。然而,在生的人,其仪式无论多么隆重,都比不上已经亡故的人的仪式,"薄养厚葬"是彝族传统生活的一个特点。而在亡故了的人变成祖先、魂灵之后,为他们举行的仪式又要比此前任何一个仪式要严肃、庄重、隆重。在所有的仪式中,最为隆重的就是整个一个家族为全部逝去的祖先举行的"尼目"祭祖大典。②

(二) 经籍的起头句式与结尾句式

在许多彝族传统经籍中,都有比较固定的起头句式,也有比较固定的末尾句式。这些固定的句式,在传统经籍中,除了是配合程序、仪式的分段进行外,在彝族传统的经籍文本中,由于基本上没有,或者很少有标点符号来断句,有时候只有依靠一些固定的句式来分开各段程序与仪式应该念诵哪一段经籍。同样地,有时候一些固定的末尾句式,也有这样的功能和作用。

1. 起头句式

经籍的起头句式,这里主要是指一部经籍各个部分的起头的句式,当然也包括一部经籍的起头的句式。由于不同的经籍之间的起头的句式,往往没有可比性,因此,在绝大多数情况下,经籍的起头句式,是指一部经籍各段、各个部分用于标志另外一段、另外一个部分的有明显类同特征的句式。

---

①② 王明贵、王小丰、王显:《论彝族传统经籍的程式与结构》,载于《楚雄师范学院学报》2016年10月。

彝族传统的经籍，用于不同仪式的经籍，其中的各个部分之间，有比较明显的起头句式。比如《献酒经》有《献酒经》的起头句式，《解冤经》也有《解冤经》的起头句式。在一部经籍中，各个部分的起头句式基本类同；而在不同的经籍中，有的起头句式有相同之处，而有的起头的句式又不一样。这要看具体的经籍文本的情况而定。

　　无论是公开翻译出版的彝族传统经籍文本中，还是没有公开翻译出版的经籍文本，都体现出了经籍起头句式的上述特征。例如，《实勺以陡数》是一部常用的《解冤经》，[1] 在这部经籍的 81 个标题中，有 28 个部分的起头句式，是以"努诺＊＊＊"［nu˧ no˧ ……］的句式起头的，它的意思是"后呢、接着、后来"等。还有 20 多个部分是以"投诺＊＊＊"［thɯ no˧ ……］或者"投犁＊＊＊"［thɯ li ……］的句式起头，意思是"说起、论来"等。

　　根据经籍所使用的仪式、程序的情况，在一些经籍的开头又是另外一种起头。例如，笔者所收藏的一部《指路经》复印本（原件收藏在贵州省毕节市彝文文献翻译研究中心），也分为几十个不同的标题，绝大多数部分的起头是"苦以恰姆诺，喜鲁署啊那"［khu˧ zi˧ tɕ ha mu˧ no˧, ɕi lu˧ su˧ a˧ na˧］，这是每一个部分起头的普遍的句式。另外一部《丧祭经》中的"指路经"部分，大多数标题、章节，又是以"勺兔句町人"［ʂo thu dʑy˧ ndi su］起头。这在公开翻译出版的各种《指路经》文本中也有佐证。例如收入《彝族指路丛书·贵州卷（一）》中陈学明毕摩翻译的纳雍本《指路经》，以及同书中王继超、韶明祝、王子国共同翻译的威宁本《指路经》，起头的句式就是"勺兔名町人"；[2] 而同书由王进科翻译的另外一部威宁本《指路经》的起头句式，却是"苦以恰姆诺，喜努署啊那"。[3] 但是，这些公开出版的经籍文本中，却只在整部经籍的起头部分用了这样的开头，而不像笔者收藏的经籍复印件那样，每一部分都用同样的起头句式。这也许是当年出版这些翻译本时，对这些各段起头都重复的句式进行了删减。这种情况并不鲜见，在其他公开翻译出版的文本，经常发现掐头去尾的事情，这使得这些对外的经籍好像很简洁，其实作为整部经籍不可缺少的一部分，这些"起头"和"末尾"，被人为地砍去了。所谓"选本"，也只是把"起头"几句经常重复的句式和"结尾"几句经常重复的句式删减掉，总体的主要内容并没有减少。但是作为重要的形式存在和仪式内涵，这些东西即使公开翻译出版，也不应该删减掉。同样地，作为使用的经籍，它是在特定的仪式程序中进行的活的文本，毕摩在拿着手抄的经籍念诵《指路经》的时候，这些起

---

[1] 陈大进：《实勺以陡数》，贵州民族出版社 2009 年版。
[2] 陈长友：《彝族指路丛书·贵州卷（一）》，四川民族出版社 1997 年版，第 175、第 335 页。
[3] 陈长友：《彝族指路丛书·贵州卷（一）》，四川民族出版社 1997 年版，第 273 页。

头的句子都是不能省略的。这正是人类的文学的原生态形式，不可以随便删减了去。①

2. 结尾句式

彝族传统经籍经常使用的文本，大部分都有一些比较固定的结尾句式。这些结尾句式，与起头句式一样，是一部完整的经籍的重要组成部分，在仪式、程序中是不可或缺的部分。

根据仪式程序所使用的不同经籍，各有其不同的结尾句式。例如《献酒经》，以收入《增订〈爨文丛刻〉》中的为例，整部经籍一共22个章节，绝大多数章节的结尾都是以"直吼提以扣"[ndʐɿ xɤ˦ thi ɤɤ˦ khɤ]即"献酒到尊前"为结尾句式。②这些结尾句式，与相对固定的下一个标题或章节的起头句式相连接，是区分一部分结束与另外一部分开始的重要标识，也是念诵经籍的毕摩可以中途稍事休息的断章的标志。

又如，收入《增订〈爨文丛刻〉》中的《解冤经》，整部经籍39章中，绝大多数章的结尾，是"叶无口口姆"[zɤ ʊ khuɤ˦ khuɤ˦ m]即"速去如律令"。③同样的结尾句式，在另外一部名为《实勺以陡数》的"解冤经"中，各个部分的结尾也大多数是这个句式。④和这种结尾句式完全相同的句式，在丧祭经籍的一种《载苏》之中，也随处可见。⑤

另外，在解冤一类经籍中，"提诺提罗喽"[th no˦ th lo˦ l]、"嗬贾贾木堵"[xo dʑa˦ dʑa˦ mu tu˦]等，⑥也是常见的结尾句式。丧祭一类经籍中，"提思木啊蒂"[thy sɤ mu ɤa˦ di˦]、"塔哦提啊格"[tha ɤ o thy ɤa˦ gɤ]等，⑦也是常见的结尾句式。

可见，彝族传统经籍在各个部分之间，都有一些比较固定的句式来区分段落和层次，使它们之间有比较明显的分段。这符合彝族传统经籍从口承文本向文字文本发展的历程，也符合至今仍然需要通过口头的诵唱，配合上仪式和程序才能使用的社会生态实际。⑧

（三）经籍中间叙述的一般程式

彝族传统经籍的叙述，与其他叙事文学有一定的区别，专门有一套程式或者

---

①⑧　王明贵、王小丰、王显：《论彝族传统经籍的程式与结构》，载于《楚雄师范学院学报》2016年第10期。

②　马学良、罗国义：《增订爨文丛刻》，全部三册书，中册和下册都是《玄通大书》，四川民族出版社1986年版，第143～508页。

③　马学良、罗国义：《增订爨文丛刻》，全部三册书，中册和下册都是《玄通大书》，四川民族出版社1986年版，第217～293页。

④⑥　陈大进：《实勺以陡数》，贵州民族出版社2009年版。

⑤⑦　王子国、王秀旭、王秀旺翻译：《载苏》，贵州民族出版社2006年版。

说结构上的组织与安排。从总体上看，由于经籍的实用性特点，完整性、全面性的要求明显要大于传奇性、曲折性的要求。根据经籍的总体情况，可以把彝族传统经籍的叙述大体分为并列叙述程式类型与递进叙述程式类型。而具体到每一部经籍中，由于彝族历史发展和彝族思想认识的结构性特点，也有一些可以总结的特点。

1. 并列叙述程式类型

所谓并列叙述程式类型，指的是彝族传统经籍在内容的总体安排上，把一部经籍中所涉及的所有内容，按照并列铺排的方式进行安排，如果有时候个别毕摩或使用者把其中的个别章节秩序进行前后调整，或者根据事主的要求只使用其中的一部分，它也可以代表整理部经籍的性质或效用，不会影响整部经籍效力的发挥，能够在实际使用中起到代表整部经籍的作用。

并列叙述程式类型的经籍，最有代表性的就是《献酒经》。不管流传于哪一个方言区的《献酒经》，其叙述的基本结构是类同的，除了开头部分略有区别之外，中间所叙述的内容，都是分别向各种天神、地神、山神、原神等献酒。以《增订〈爨文丛刻〉》中的《献酒经》为例，其22个章，除了第一章是叙述酒的产生与献酒的功用与威力之外，其余21章都是向不同的神灵献酒，以求平安、发展。[①] 笔者收集的一部《献酒经》复印件（原件存贵州省毕节市彝文文献翻译研究中心），是贵州省威宁彝族回族苗族自治县李荣林毕摩原来所用的经籍，全书有19个部分，除了第1部分叙述酒的生产过程与献酒的作用外，其余的18个部分也是分别敬献酒给不同的神灵，祈请他们保佑主人一家的平安、幸福、繁荣。在各种《献酒经》中，如果是举行大型的仪式，一般需要把全部内容都念诵完。但是，根据仪式的不同，特别是《献酒经》中所敬献的神灵的不同，在举行一些专门祈请某个神灵以求保佑的时候，也可以专门念诵关于这个神灵的内容。特别是彝族传统社会中，民间有许多老百姓都会举行一些小型仪式，或者是年节的时候向祖先、神灵献祭，或者为求解决某个具体的问题，他们在仪式举行时也要有献酒的程序，但是他们并不会按照已经记录在经籍的文本来念诵自己所需要的内容（大多数普通群众是不识彝文的），而是根据平时口头传承的记忆，直接念诵所需要的内容即可。这些口头传承的《献酒经》，总体上的内容是相似的，但是具体的语句会有很大的差异，演变成不同的异文，甚至可以造成一个念诵者所念诵出来的就是一个变异的文本。这种情况十分普遍。这也是彝族传统经籍中，并列叙述类经籍的特点，它的部分内容的单独使用和整部经籍的全部使用，

[①] 马学良主编，罗国义审订：《增订爨文丛刻》，全部三册书，中册和下册都是《玄通大书》，四川民族出版社1986年版，第215～294页。

其达到的效果是基本相同的。

并列叙述程式类型的经籍，在彝族传统经籍中所占的比例，要多于其他类型的经籍。即以《增订〈爨文丛刻〉》所收入的经籍来说，除了上述讨论到的《献酒经》之外，《祭龙经》《解冤经》等也都是并列叙述程式类型的经籍。收入《中国少数民族原始宗教经籍汇编·毕摩经卷》中的经籍，① 多数也是并列叙述程式类型的经籍。

2. 递进叙述程式类型

所谓递进叙述程式，指的是彝族传统经籍在内容的安排上，前面所叙述的内容与后面所叙述的内容是一步步深入、递进、转折或者有上下、前后排序安排，不能进行秩序调整的叙述程式。

递进叙述程式类型，以北部方言区的《驱鬼经》最有代表性。② 这部《驱鬼经》，是目前发现的最长的经籍之一。经籍的内容，主要讲述了青年哈乂滇古外出狩猎，在森林里遇到奇怪的动物，这只动物要被射杀时却变成了美丽的姑娘孜孜妮乍，嫁给了哈乂滇古。此后哈乂滇古身上发生了许多奇怪的事情，他请来毕摩测算，知道自己的配偶居然是祸患的根源。他根据毕摩的安排，让孜孜妮乍到远方的雪山上去找药，他请毕摩在家中举行咒鬼仪式，把美女孜孜妮乍变成了一只羊。这只羊被一个村子里的人们吃了之后，村里的人们都患上了怪病。通过毕摩施行救治，驱除孜孜妮乍变成的鬼，才挽救了哈乂滇古和遭遇祸患的人们。这部经籍叙述了鬼的来历，毕摩的流派，以及人与鬼的结缘与斗争等。这是一个不断递进的叙述程式，叙述的进程不可以调整、颠倒或者变换，是一个不断推进的叙事过程。虽然其中有一些插叙，有一些并列发生的事情，但是整个叙事和顺序中从头到尾连续不断的，无论是毕摩作为驱鬼时念诵的重要经籍，还是作为人们平时讲述的驱鬼故事，它的结构和顺序都不能够移换或者颠倒。所以，《驱鬼经》是递进叙述程式类型的代表经籍。

递进叙述程式类型的代表性经籍，还有各地都有的《指路经》。《指路经》是各地彝人去世后，要请毕摩主持丧祭仪式，把逝者的亡灵指引到祖先的发祥地。由于各个地方的彝族人居住地域不一样，他们从祖先发祥地迁徙到当下的居住地的路线当然就不一样。因此在指引亡灵返回祖地的时候，只能按照他们自己迁徙到当地的路线，反转指引回去。这就形成了各种《指路经》的指引路线，是从亡者当地出发，一站接着一站往回走的路线，是一个不能随便调整或者更换的

---

① 黄建明、巴莫阿依：《中国少数民族原始宗教经籍汇编·毕摩经卷》，中央民族大学出版社2009版。

② 黄建明、巴莫阿依：《中国少数民族原始宗教经籍汇编·毕摩经卷》，中央民族大学出版社2009版，第56~190页。

路线，否则不能把亡灵指引回到祖先的发祥地去。民间的传说就产生过因为毕摩饮酒或者其他什么原因，弄错了指路经中的指引路线，没有能够把亡灵指引回到祖地，而产生了托梦给孝家或者毕摩要求重新办理好事情的传说。这个迁徙路线对于生者来说是从祖先的发祥地一站接着一站地迁移到当下的居住地，而对于亡灵来说正好是完全相反，但是路线是一致的，只是来和去的方向完全相反而已。这样，这个路线的叙述进程，体现在文本中也是不能前后颠倒、随便更移的叙述程式。这类经籍，还有南部方言区的《开天辟地经》《生天产地经》《子孙迁居经》《驱妖秽经》等，还有东部方言区的《作祭献药盒供牲经》《摩史苏》等。这类经籍在彝族传统经籍中占有仅次于并列叙述程式类型的数量。由于这类经籍的篇幅相对较长，有的有明显的故事情节，或有不少彝族历史、神话故事，或者有一些较为详细的描写、叙述、比拟等，因此，从主流文学理论的角度看，文学色彩相当浓厚，可闻听、可阅读性比较强。在毕摩主持仪式使用这些经籍的时候，也会引来更多的参与者融会于其中。

不论是并列叙述程式类型，还是递进叙述程式类型，除了在整部经籍中有完全的体现之外，在每一部经籍中的一部分内容之中，也有一些比较常见的叙述程式，体现出交叉进行的特点。例如，在《献酒经》类的经籍中，虽然整部经籍是并列叙述程式，但具体到每一个部分，特别是大多数《献酒经》的第一段，就要按照递进的叙述程式，先献给赤叩君、皮聂君，再献给必于臣、必迭臣，再献给实楚师、乍穆师，再献给阿娄匠、阿迭匠，再献给姑娘、小伙。① 有的《献酒经》的第一段中，有先献给哎哺，再献给实勺，再献给米迷，再献给举偶，再献给六祖的程序。也就是说，在整部经籍的大的叙述程序之下，具体的一些经籍的内部，也有一些与整部经籍叙述程式不同的其他程式，并列程式的经籍中也有部分内容会是递进叙述程式，递进程式内容中也会有部分内容是并列叙述程式，这些类型在一部经籍中可能是交叉使用的。②

（四）结尾与首尾的呼应

1. 结尾的一段

彝族传统经籍非常重视结尾部分。这些经籍在使用的时候都是为了达到驱邪纳吉、禳灾避害的目的，因此对于请求举行仪式的事主都要进行祝福，进行安慰，进行达到效验的表态。这些是每一部经籍的结尾都有的内容。

---

① 马学良、罗国义：《增订爨文丛刻》，全部三册书，中册和下册都是《玄通大书》，四川民族出版社 1986 年版，第 27 页。

② 王明贵、王小丰、王显：《论彝族传统经籍的程式与结构》，载于《楚雄师范学院学报》2016 年第 10 期。

同时，一些经籍还有比较固定的结尾程式。例如，举行指路仪式念诵《指路经》的时候，毕摩将亡灵指引到固定的地点之后，要告诫亡灵安心前往，而毕摩则要将"引领"亡灵一道去其祖先发祥地的自己的灵魂指引回来。在有的《指路经》的最后一部分，有专门的"回师"一段叙述的就是这个内容。[①] 这类经书在东部方言区比较常见。

另外，在结尾部分同样要交代"回师"内容的，还有《解冤经》类的经籍。[②] 这类经籍有的也不是以"回师"的形式，而是以"要给毕（呗）禳灾"的形式来进行。[③] 不过从其功用上来看，所要达到的目的是一样的，就是要把主持的毕摩顺利、清白地从主持的仪式中解脱出来，避免受到不必要的侵害。这种结尾形式是一种十分古老的仪式内容，因为不只是在彝族传统经籍之中，在其他的仪式中也有类似的做法和内容。根据传说，彝族古代在歌场举行对歌仪式，也是一件十分严肃的事情，事前不但要请歌神莅临歌场坐镇，对完歌还礼送歌神返回，并且把参与对歌者的魂魄召唤回来。所以每一场"曲谷"对歌仪式，都有"退神"和招魂的结尾，而这些仪式程序也都有相应的吟唱。[④] 所以，有的"回师"的内容中，是专门请回祈请到场帮助毕摩完成仪式的祖师、毕摩神的内容，这时的"回师"就相当于"退神"。

2. 首尾的呼应

在前面关于对歌请神、退神及招魂的讨论中，体现出了一个仪式程序要首尾呼应的问题，虽然不是关于讨论彝族传统经籍的结构与程式，但是也接触到了与一部经籍首尾呼应相关的问题。

彝族传统经籍中的一些经籍，首尾的呼应也是比较严密的。这些经籍，以北部方言区的《防癞经》最有代表性。这部经籍有《防癞篇》《预防坎下蛇癞篇》《预防坎上蛙癞篇》《预防树上猴癞篇》《预防水中鱼癞篇》《预防雾癞霪瘴篇》《预防山癞林瘴篇》《预防崖癞壑邪篇》《预防风癞去邪篇》《预防雷癞电邪篇》《预防地癞土邪篇》《预防蚊蝇传癞篇》《预防崖中蜂癞篇》《预防绵羊传癞篇》《预防毒癞篇》《预防祈子嗣癞篇》《快神驱癞篇》《防卫阻癞篇》等多篇构成，其中每一篇的开头都是"作法防癞邪"这一句，而结尾都是"防语御词速生效"一句（个别句子翻译略有不同）。[⑤] 可见，这部经籍特别是其中的各篇的首与尾的呼应是相当严密的。

---

① 马学良、罗国义：《增订爨文丛刻》，四川民族出版社1986年版，第573页。
② 马学良、罗国义：《增订爨文丛刻》，四川民族出版社1986年版，第507页。
③ 陈大进：《实勺以陡数》，贵州民族出版社2009年版，第483页。
④ 王继超、阿鲁舍峨：《曲谷精选》，贵州民族出版社1996年版。
⑤ 黄建明、巴莫阿依：《中国少数民族原始宗教经籍汇编·毕摩经卷》，中央民族大学出版社2009年版，第201~230页。

其他类似的经籍，虽然开头的句式与结尾的句式没有《防癫经》的各篇这样严密，但是也比较普遍地体现出了首尾的呼应是一种固定的程式与结构，例如，北部方言区众多的驱鬼类经籍，经常用"一声叫朗朗"来开头，而用"速速驱除去"作为结尾。有的则以"一声颂朗朗"开头，以"恰似江河迅速流去吧"为结尾。① 可见，不管是采用什么语句开头或结尾，首尾呼应的形式确实是彝族传统经籍的一种比较常见的程式与结构。②

五、修辞手法

彝族传统经籍，要把经文说得好，要把经籍写得好，达到形象、动人、令人印象深刻，需要使用许多修辞手法。修辞，就是如何把话说得好，如何把诗文写得好。彝族传统经籍的修辞手法，有比喻、比拟、夸张、借代、对偶、对比、排比、层递、反复、摹状、设问、呼告等常见、常用的手法，以及其他一些使用较少的修辞手法。

第五节　彝族传统经籍对彝族文学的影响

彝族文学的源头，是彝语口语文学，它产生于彝文发明之前，流传在彝族人民的口头之上，传播于彝族人民的口耳之间。经过若干年的传承之后，彝族至少在汉代之前发明了自己的文字，并且开始用文字创作作品，许多作品又是从彝族人民的口头传承变成了笔之于书的文献传承。其中最为重要的一部分，就是在彝族传统宗教生活中，长期被使用和传播着的经书，这些经书一旦以文字的形式固定在竹、木、皮、纸张等载体之上，就是彝族传统经籍文献，其中的大部分也是彝族传统经籍文学。除了口头传承的民间文学外，彝族传统经籍是彝族文学中形成最早的文学形式之一，也是彝族文学中分量最重的文学形式之一，因此，彝族传统经籍对后世彝族文学的影响也是很大的，而且这种影响是多方面的。在此，从三个主要的方面作一些简要的论述。

---

① 《凉山彝学》（总第25期），2007年1月，第36~43页。
② 王明贵、王小丰、王显：《论彝族传统经籍的程式与结构》，载于《楚雄师范学院学报》2016年第10期。

一、语文和结构程式

(一) 语文

语文,在这里包括彝语和彝文两个方面。彝文,包括彝语北部方言区即凉山彝族自治州现在通用的经过规范的现代彝文,以及除了北部方言区的其他省还在使用的传统彝文(也称为古彝文)。彝族传统经籍文学,对彝族文学的影响在语文方面,主要是形式的影响。也就是说,彝族传统经籍的语文形式在诗歌形式和散文形式两个方面,对后来的彝族文学的形式的学习、借鉴、使用与传承。

彝族传统经籍对彝族文学的影响,在古代就已经有了,一直绵绵不绝地传承到当代。

(二) 结构与程式

彝族传统经籍的篇章结构并没有一个固定的模式,但是在长期的抄写、使用过程中,也出现了一些比较固定的结构与程式,这种情况我们在彝族传统经籍的艺术表达一节中已经作了分析。从现在发现的作家作品中来看,彝族传统经籍的结构和程式,对现代作家作品的影响还不明显,但是也能发现一些。

在彝族传统经籍如《献酒经》等之中,三句式或者三段式的结构,往往就是彝族传统诗歌"三段诗"的一种结构,这种结构形式在古代经籍很普遍,它也在彝族文学的发展过程中被继承下来。例如,流传于凉山地区的彝族民间抒情长诗《妈妈的女儿》,这种三句式和三段式的结构在全诗各章随处可见。流传于凉山地区的专门在火把节上演唱的"嘟载哆啰哄"即《过节调》也有受三段诗影响的痕迹。[①]

二、内容

彝族传统经籍文学,对后来文学的影响,最为广泛的是在内容方面,包括后来的作家们在选择题材、叙述历史、抒写内容、谈论人物等各个方面。也就是说,彝族传统经籍文学中的内容方面的影响,大于形式方面的影响,它们在作家作品中得到的体现更多。

---

① 王明贵:《彝族三段诗研究(理论篇)》,民族出版社2001年版,第255~256页。

(一) 题材

彝族作家作品中，以与彝族传统经籍有关的方面作为题材的，在小说创作和诗歌作品中比较多，其他文体中也能见到。

戈隆阿弘就以《扎黑毕摩》为题目，叙述了一个毕摩与彝族传统文化传承的故事。① 苏晓星的长篇小说《末代土司》《金银山》之中，② 都有关于彝族毕摩和经籍的内容。阿蕾的小说《嫂子》，③ 浸透了深厚的彝族文化内涵，内中也可以探寻到传统经籍浸染的内涵。与彝族题材相关的长篇小说中，多数都把对彝族毕摩在彝族传统社会生活中的主要角色进行描写，有的着墨多些，有的着墨少些。牵涉到毕摩话题，一般都与经籍相联系，这些也反映出彝族传统经籍对彝族作家间接的影响。

在诗歌中，毕摩和经籍，也是经常出现的题材。吉狄马加的诗歌饱含着彝族传统文化的汁液，因为其鲜明的彝族文化特色而誉满世界，成为有象征意义的中国少数民族诗人。他的诗歌中不乏用彝族传统经籍作为题材的诗歌，例如《听〈送魂经〉》④ 等。彝族母语诗人阿库乌雾，就有以《毕摩》为标题创作的诗歌。⑤ 他的彝文诗歌中，对彝族传统经籍文学的学习和继承，是彝族作家和诗人中最为充分的一个。倮伍拉且有以《经书》为标题的诗歌。⑥ 牧莎·斯加的组诗《神话与历史》之五，标题是《毕摩子额莫的命运》。⑦ 发星的组诗《对大凉山黑色情人的永远沉醉》中，专门以《黑经之一》和《黑经之二》为题目写了彝族的传统经籍。⑧ 以彝族传统经籍或者经籍的传承人毕摩为题材创作诗歌的情况，在彝族诗人中比较普遍。

众多关于支嘎阿鲁的神话、传说、故事、史诗等的翻译、出版，加上民间口头传承的关于支嘎阿鲁的传说，尤其是从传统经籍中传承下来、介绍出来的支嘎阿鲁的功业与神力，这些对整个彝族民间文学和作家文学的影响是深远的，它从作家的书面文学即毕摩经籍、民间文艺的传承、作家文学的继承等方面，无论是

---

① 戈隆阿弘：《扎黑毕摩》，载于《民族文学》1997 年第 11 期。
② 苏晓星：《末代土司》，四川民族出版社 1996 年版。苏晓星：《金银山》，贵州人民出版社 2000 年版。
③ 阿蕾：《嫂子》，载于《凉山文学》1990 年 2 月。
④ 吉狄马加：《遗忘的词》，贵州人民出版社 1998 年版，第 72 页。
⑤ 中国作家协会、吉狄马加主：《新时期中国少数民族文学作品选集》，作家出版社 2013 年版，第 692~693 页。
⑥ 发星工作室：《当代大凉山彝族现代诗选》，中国文联出版社 2002 年版，第 52 页。
⑦ 发星工作室：《当代大凉山彝族现代诗选》，中国文联出版社 2002 年版，第 144 页。
⑧ 发星工作室：《当代大凉山彝族现代诗选》，中国文联出版社 2002 年版，第 325、第 327 页。

题材还是内容，都全面渗透在整个彝族当代文学之中。

（二）内容

彝族传统经籍各个方面对后世彝族文学的影响，在内容上体现在最多，也最持久和深远。几乎每一个主动学习或者受到过彝族传统经籍影响的人，他们的作品中都会或多或少地对受到的影响有所反映。彝族传统文化与经籍对彝族诗人的创作的影响，在内容上是主要的。

三、运用

（一）写作时罗列经书名称

当代彝族文学特别是诗歌和小说，在受彝族传统文化包括彝族传统经籍的影响上，反映在作家对所受到的传统知识的运用方面，最为直观的就是在写作时罗列经书的名称，有的干脆就直接把经书的名称放到标题上去。

从作家们的各种作品中来看，《送魂经》《指路经》《作斋经》是经常被提到的经籍。另外还有洁净类经籍、献药供牲类经籍、祭祀类经籍、驱邪禳解类经籍，也常常会出现在作品中，或被提到经书名称，或者提及其中的内容。

（二）典故的化用及意象的创造

彝族历史文化中有许多典故，古代彝族毕摩们也曾经把这些典故编辑起来，或取名为《哪史纪透》，或取名为《通邛释名》等。在传统经籍中本身也有许多神话、故事、传说，特别是毕摩祖师们如何创造文字、如何撰写经籍、如何抄写和传承经书，还有毕摩如何举行仪式、取得了哪些效果，毕摩之间的竞争，毕摩流派的起源等。这些都会或多或少地在经籍中记录和传播。后世的彝族作家们，如何受到过彝族传统文化、传统经籍的影响，在自己的创作时就会不知不觉地渗透在作品之中。

总之，彝族传统经籍对彝族文学的影响，是多方面的、多层次的、长期性的。在古代彝族文学中，"夷经"的影响力十分强大，不但在本民族内部产生巨大的吸引力，也在其他民族、部族中有影响。进入当代，吉狄马加的诗歌在充分表达了彝族的传统历史文化之后，在世界上也享有很高的荣誉，对当代中国诗歌特别是彝族文学的影响是很大的，其中包括了他对彝族传统文化的继承和表现这方面，以及对彝族诗人的影响方面。同时，由于吉狄马加的示范带动作用，当代的许多彝族诗人也不同程度地从彝族传统文化中吸取营养,对作为彝族古代文学作品形式的彝族传统经籍有所学习,有所传承,体现了彝族传统经籍对彝族当代诗歌的影响力。

第六节 彝族传统宗教的生态与经籍文学的传承

彝族传统经籍是彝族传统宗教的一个重要组成部分,是依托着彝族传统宗教才能实现它的功用和价值的。因此,彝族传统宗教具有什么样的生态,彝族传统经籍就会具有什么样的状态,由传统经籍而产生的具有文学特征、具有文学价值和文学人类学功能的经籍文学,也与经籍的状态紧紧相关,它们如何传承,是命运相关的一个统一体。充分认识彝族传统宗教的变迁,对于了解传统经籍文学的传承、思考相关的问题具有重要的意义。

彝族传统宗教,在这里指的是在彝族历史上产生、并且在相当长的历史时期内在彝族传统社会中发挥作用、在当今社会仍然发挥着一定作用的所有信仰体系,主要是彝族的自然崇拜、图腾崇拜、祖先崇拜、神灵崇拜。虽然有的地方会涉及到彝族的其他信仰如土主崇拜、道教,以及其他外来宗教如基督教、佛教等,但这些不占主流,因此不是主要讨论的对象。

一、彝族传统经籍文学的传承

(一)经籍传统传承方式的式微

彝族传统经籍文学的传承,首先是依赖于彝族传统经籍的存在,同时依赖于掌握和使用彝族传统经籍的毕摩的存在。而这两个前提条件,又与其外部的政治形势、历史发展、生产生活水平,以及内部的彝族人民对自己传统文化特别是传统宗教信仰的需要、对毕摩和经籍的需求等相关,内外生态系统相统一,才能谈得上如何传承的问题。缺少外部环境的支持不行,缺少内部的需求也不行。从上文的介绍和分析中,已经看到了彝族传统信仰形式的变迁,也看到了彝族毕摩的大致生活状态,同时也对彝族的传统经籍传承情况有所了解。在此,再具体地对彝族传统经籍文学的传承情况作一些描述与分析,进一步认识它的传承生态,以期找到相应的对策。

从总体上看,彝族传统经籍包括彝族经籍文学的传承,以传统方式传承的形式逐渐式微。主要体现在几个方面：一是在全球化和现代化的过程中，使用彝语的人群迅速减少。二是原有毕摩数量的锐减。随着现代生活方式进入彝族地区，特别是彝族孩子们接受了当代的科学文化知识教育之后，对于彝族传统的信仰形式有了新的认识，对其中的一些非唯物主义的东西主动给予扬弃。三是毕摩已经很难招收到徒弟。四是传统的手抄经籍的方式受到严重挑战。现代复印技术、照相技术的发达，影响到了彝族经籍传统的手抄方式。

总之，这些实际情况，对传统的经籍传承方式带来诸多不利的影响，让经籍的传统传承方式经受着很大的考验，甚至不可避免地日渐式微了。

（二）信仰传承与经籍传承的分离

这可以从外部形势的改变和内部需求的转变两个方面得到说明。

彝族传统经籍，属于祖先崇拜类和驱邪禳鬼类的经籍远远多于其他类别的经籍，在祖先崇拜类经籍中，用于丧祭仪式的经籍又是这类经籍中数量最多、使用频率最多的经籍。祖先崇拜是彝族传统信仰的核心，因此，对丧祭信仰的研究和对丧祭类经籍使用情况的考察，对于传统信仰传承中经籍的使用情况，具有比较强的代表性。

贵州省的毕节市是全国四大彝族聚居区之一，人口八十多万。根据毕节市的殡葬改革管理规定，人去世后一般在三天内必须处理丧事。这个规定是针对所有人的。外部形势改变造成传统信仰与经籍相分离的另外一种情况，是民俗与旅游的结合。这是较为广泛存在的情况。

从内部需求改变的情况来看，主要是现代生活的影响比较大。现代社会交通发达，信息传播迅速，工作节奏快，人们对变化和发展的要求急迫，对一些需要耗费大量时间、人力、物力、财力的活动，往往缺乏耐心。彝族的丧葬礼俗，是彝族人生礼俗中最为重要的活动。一般一个人去世，丧礼时间不会少于三天。在过去，则要根据去世者的具体情况测算日期，少则三天，多的有长达十天以上的情况。所耗费的物力、财力，也是最多的，彝谚"死人不吃饭，家产去一半"描写的就是这种情况。这些与现代社会生活的节奏与方式，是有相当大的冲突的。因此，即使是拥有雄厚财力、时间比较充裕的事主，在举行丧礼时也要考虑社会发展变化的形势，考虑亲戚朋友的承受力，也不能任性地举行耗时过长的丧礼仪式了。

内部需求的变化与外部形势的变化，都是造成彝族传统信仰仪式的传承与彝族传统经籍的传承渐次分离的两个主因。随着时代的发展，这些因素都出现了不可逆转的趋势。所以，信仰的传承与经籍的传承分离的形势，也是一个不可逆转的过程。

（三）传统信仰传承弱化与改变对经籍传承产生影响的情状

信仰的传承逐渐弱化，信仰的改变，对彝族传统经籍传承的影响是很大的。这两种情况，都是当代彝族传统文化逐渐式微的表现，也是彝族传统经籍难以继续按过去传统的方式再传承的表现。

信仰逐渐弱化的情况，在彝族地区十分普遍。这种情况的主要表现，就是新一代人，有的虽然还能够讲彝语，自己也生活在彝族聚居区，但是现代科学知识的普及和信息化的覆盖，许多新知识都是通过汉语、外语传播，传统的彝语文，在升学、考试、就业等方面，面对全国、全世界的时候没有什么优势，只是在少数彝族自治地方有用武之地。这样，彝族传统的信仰例如最为隆重的丧祭活动仪式等，其中打牛、念经等，与外面的世界相比较，明显已经格格不入。

这样，有的地方，老一代毕摩去世之后，再没有人继承毕摩职业，显然也就没有再使用经籍。

在已经没有毕摩或者毕摩也改信其他信仰的地方，出现的又是另外一番景象。

一种情况是遭遇灾害之后，经籍损失。20 世纪 80 年代，贵州省纳雍县阳长区黄家屯彝族苗族乡阿龙科村安氏毕摩的木房遭遇了一次火灾，挂在楼上的毕摩经书同时被焚毁。由于没有人承继毕摩的职业，安毕摩也没有再去借其他毕摩的经书来抄写和使用，他的经书从此也归于无形。在该县董地苗族彝族乡的尖山村嘎吉寨，陈氏曾经是世袭的毕摩，后来没有人再从事毕摩职业，他家的经书就被搁置起来。1998 年笔者到该村从事彝文古籍搜集、登录的时候，陈某良所保存的 17 部经籍，已经十分腐朽，用手一提起来，朽烂的书页如同落叶纷纷掉下。但是，陈某良却不愿意将这些经籍转让给县民委收藏。时间过了十多年，这批经籍，可能早就腐烂完了。

另外一种情况，就是毕摩因为形势所迫，改信了别的宗教信仰，或者不再从事毕摩职业，自己亲手封禁了毕摩经书，或者自己亲手销毁自己的经籍。贵州省威宁彝族回族苗族自治县的龙场镇，就有一个毕摩因为改信了其他宗教，把自己的经书封装捆扎，送到了一个无人知晓的岩洞中去，举行一个仪式表示永不再开启和使用，也不允许别人开启和使用。这捆经书，只能是慢慢地在岩洞中朽烂了。在贵州省赫章县的结构乡，出于前述同样的原因，有一个毕摩就把自己多年来一直使用的经籍，亲自点火烧毁了。改变信仰后还能把经籍传承下去的较好的一种情况，就是赫章县妈姑镇九股水村的阿维老毕摩，他把自己的经书转让给了大学的彝族文化博物馆，让这批经书能够以适当的方式得以保存。

二、构建和谐社会语境下的政策

用发展着的马克思主义指导中国特色社会主义建设，用科学的发展观指导中国发展，构建和谐发展的社会，这是中国当下的主流，也是指导彝族社会发展的思想。彝族的传统信仰，虽然没有发展成为现代宗教，但是也按照宗教发展的固有规律，形成了自己的体系和特色。如何在构建和谐社会的语境下，采取适当的政策，规范和引导彝族群众的信仰需求，让彝族传统经籍也能够通过适当的方式传承下去，需要结合彝族发展的历史和当代的形势认真思考，提出对策。

（一）分类引导彝族传统信仰与社会主义社会相适应

中共十六大确定的新时期宗教工作的基本方针是：全面贯彻党的宗教信仰自由政策，依法管理宗教事务，积极引导宗教与社会主义社会相适应，坚持独立自主自办的原则。这四句话是中国共产党在执政多年的实践中进行不断探索，对马克思主义宗教观的继承和发展，是中国特色社会主义理论体系的重要内容，也是正确认识和处理社会主义初级阶段中国宗教问题的指南。它反映了中国共产党对群众的宗教信仰需求的重视，反映了党对宗教工作的重视，也反映出党在复杂的宗教信仰意识形态上理论上不断总结、探索而走向成熟，保持了处理宗教等复杂问题的清醒。这也是思考构建和谐社会语境下彝族传统信仰政策所依据的基本方针。

彝族由于居住在广阔的西南大地上，所处的地区不同，发展的情况不一样。特别是在新中国成立之前，云南的一部分彝族地区如滇东北、滇南已经产生了资本主义生产关系的萌芽，而云南的其他地区绝大部分是封建地主经济形态；贵州则还在封建社会，小部分地区甚至还处在封建农奴制社会；四川的大凉山地区基本上还是奴隶社会或农奴制社会；发展非常不平衡。因此，彝族的传统宗教信仰问题，也要根据不同的情况，按照党的宗教工作"四句话"的基本方针，进行分类引导，让群众能够接受改革的同时，把有价值的信仰特别是作为古籍的经籍传承下去，为世界文化宝库保留一份遗产。

在社会主义社会，彝族的传统文化不是一成不变的，它也还处在改革、发展、变化、转型之中。只要了解彝族地区发展的历史，彝族文化发展的轨迹，彝族人民心理的需求，通过分类引导，可以让彝族的传统宗教信仰逐步走到与社会主义社会相适应的道路上来。

（二）把彝族传统文化纳入国家文化建设发展中考量

经济建设、政治建设、文化建设、社会建设、生态建设都是中国当下重大的建设工程,是中国共产党执政为民的重大工程。彝族文化是中华文化的重要组成部分,是推动社会主义文化大繁荣大发展的有生力量,取其精华,弃其糟粕,把它纳入社会主义文化建设的大格局中考量,引领其向先进文化方向发展,是一项重要的工程。

在彝族地区的旅游文化建设中,也可以大量挖掘彝族传统文化的内涵,融入旅游设施的建设中。云南省楚雄彝族自治州建筑的彝族十月太阳历广场,昭通市建设的彝族六祖广场,峨山彝族自治县建设的阿普笃慕文化园,邱北县普者黑彝村建设中的虎形象寨门,等等,都是在彝族地区旅游中充分挖掘彝族传统信仰中的丰富内容,加以合理利用的成功典型。特别是在文化部、财政部颁布了《藏羌彝文化产业走廊总体规划》之后,滇、川、黔的大部彝族地区,都纳入了规划之中,凉山彝族自治州、楚雄彝族自治州、毕节市等彝族聚居区都纳入了核心区域。各地要积极行动起来,结合本地区的实际情况,认真分析和仔细研究彝族文化与产业发展如何形成文化走廊,充分搜集、整理、挖掘彝族古籍、彝文经籍的历史文化价值、科学传播价值、旅游开发价值、产业发展价值,通过适当的载体、平台,在文化得到一定展示的同时,促进文化产业和文化经济的发展。这样寓保护与传承于开发和利用之中,把文化建设与经济建设有机结合起来,所起到的作用将是其他保护与传承的途径无法比拟的。这样,文学故事的欣赏,经籍文化的传承,经济社会的发展,都能够步入一个良性互动的生态之中。

(三) 适当照顾部分彝族群众的信仰需求

彝族传统文化包括宗教信仰,是彝族历史发展的过程中长期的文化积淀形成的。在当代,生活在西南万山丛中的彝族人民,生产生活条件得到了改善,但是由于地理区位十分恶劣,生产条件落后,所能接受到的科学知识教育很不充分,传统风俗习惯的势力仍然主宰着部分群众的思想意识,这就形成了彝族群众中有一部分人仍然坚持着千百年来形成的传统宗教信仰。根据党的政策和国家的法律,适当照顾这部分群众的信仰需求,是当前各项工作中的一项重要工作。

要坚持充分尊重与积极引导相结合,观照现实与注重未来相结合,立足本国与坚持"三自"相结合,文化传承与科学发展相结合。

(四) 人类学视野下的经籍传承政策思考

做好政策制定的前期调查研究。这项工作十分重要,它可以校验一项政策有无必要制定,制定政策的前提条件是什么,需要解决哪些问题。如果是老政策的调整、中止,是因为什么问题、什么原因。我国的文化政策中,涉及少数民族和民族地区特别是与彝族有关的较大的一项政策,就是2014年颁布的《藏羌彝文化产业走廊总体规划》。四川大学研究藏彝走廊的学术团队,作出了前后长达十年左右的调查研究的努力,为此项政策的制定打下了雄厚的调查研究基础。彝族传统信仰与经籍文学传承方面的政策,要好好地借鉴这个做法,为政策制定提供有力的基础研究和前期调查。

上下结合做好政策制定。经籍传承政策的制定,一定要坚持上下结合。既有顶层设计的开阔视野和前瞻性眼光,又要有扎实的基层调查研究的功夫,在政策制定的过程中遵循"上下来去"的原则,反复征求各个方面的意见和建议。特别是经籍传承政策牵涉到传统宗教信仰的问题,牵涉到人的问题和物的问题,牵涉到政府层面和问题的民间大众的问题等,面宽而事杂,不仅仅是古籍的抢救、搜集、保护、开发利用和传承,还需要了解和掌握彝族群众和其他民族的群众、干部和毕摩等,许多细致的工作都需要听取大家的意见。因此一个政策文本在制定的初期,就要对上面负责,对下面负责,对牵涉到的方方面面负责。不能仅仅靠前期的调查研究就做出政策决策,政策制定过程中也有许多工作要做。进入新世纪,一些老的古籍政策虽然仍然行之有效,但是世异时移,人世变迁,政策的效力正在递减,有的已经过时,需要制定新的少数民族古籍包括经籍的抢救、保护和传承政策,充分调动民间的积极性、政府部门的积极性、企业家和社会力量的积极性,充分参与,使一些渐渐弱化和淡化的古籍抢救与保护、传承与利用的工作,得以在新政策的制定和实行中重新开展起来。

踏石留印久久为功做好政策执行。经籍传承往往与传统的信仰紧密联系,对待信仰的态度如何,直接影响到经籍传承政策的执行。任期制和干部的更替,也往往直接影响到经籍传承政策的执行。要提倡以踏石留印抓铁有痕的精神执行好已经制定的政策,贯彻落实党和政府对民族古籍工作的有关政策,从人类学认识事物的角度,充分认识少数民族古籍、经籍是人类非物质文化的宝藏,是人类文明记忆遗产,其中有许多优质神话传说等文学价值极高的经籍,值得一代又一代人去保护与传承。

适时做好政策检查与调整更新。任何一项政策都有其生命周期,对少数民族古籍、经籍的保护与传承的政策也是这样。有的政策生命周期较长,有的则较短。例如20世纪80年代国务院就下发过关于抢救和保护少数民族古籍的相关政策,其中"救书、救人、救学科"的政策,至今仍然是行之有效的政策。进入新世纪,国务院办公厅于2007年又下发了《关于进一步加强古籍保护工作的意见》,接着国家民委和文化部于2008年下发了《关于进一步加强少数民族古籍保护工作的实施意见》,这些都是国家层面上的顶层设计和政策。各级政府和有关部门,都应该及时检查过去与此相关的政策,能够适应群众需求和形势发展的,可以坚持下去;不能与时俱进、已经落伍的,应该及时调整更新,保持政策的连续性和生命力。

第七节　彝族传统经籍文学研究对文学人类学的贡献

彝族传统经籍研究，先从人类学尤其是文化人类学的视角对彝族传统经籍进行文学研究，也就是说，主要是以文化人类学的文学研究为主，也兼顾文学的人类学研究。彝族传统经籍，是世界文化宝库中的重要宝藏，也是世界艺术宝库中的璀璨明珠，无论是从文艺鉴赏的角度，还是从文化研究的角度，甚至从医学、科学研究的角度，都具有多方面的开发利用价值。从人类学的角度对彝族传统经籍进行文学研究，只是其中的一种研究方式，也只能发掘其中的一些内涵。然而，从我们的研究中，也可以发现，彝族传统经籍对文学人类学有重要的贡献。

一、为文学发生提供还原的新证

文学发生，是文学人类学重要的研究领域，是从人类学的视域研究文学产生的起点问题。通过对彝族传统经籍的研究可以发现，传统经籍的产生，最早源于彝族古代对自然的认识，对人生的构想，以及对一些特殊的人如传统巫师职业人士苏尼的迷狂。

彝族浩瀚的传统典籍中的《祭山经》《祭土地神经》《祭水经》《治星经》等，均涉及古代彝族对自然界的山岳、土地、水、星辰等的认识，这些认识未必符合现代科学原理，也未必与同一地域的其他人群的认识完全合拍，但是它是彝族特殊的认识自然、认识世界的方式，在古代乃至当今，许多彝人的思想观念和思维方式，仍然还在这种传统的惯性之中运行，还在这种文化的濡化之中传承。

彝族经籍的《义妈扎》（解梦经）、《吉禄弄》、《扎数》、《息察数》特别是《玄通大书》，对解释人类的梦，解释人类应该享受的禄福寿缘、灾难与幸福的指数等，都有具体的推演和数据说明，其中有一些是有比较严密的数学运算，而大多数则是对灾难与福禄的到来与推动的想象的演绎，是对人生祸福的还原与预测，有的得到了现实结果的验证，有的则会成为永远的谜团。

在彝族传统宗教执业人员中，毕摩是使用经籍的，而苏尼却没有经籍，也不使用经籍。苏尼在为人们解释病患之源，解除病痛苦难的时候，凭借一定的形式进入迷狂的状态，呈现出一种非人形式，口中念念有词，解释各种罹患病症的原因，施行各种奇怪的治疗。这些口头词语，既不传承给他人，也没有文字的记录。每举行一次仪式、活动就根据苏尼进入迷狂状态的情况随机发出，仪式、活动结束，苏尼苏醒，一切都归为乌有，再难寻觅踪迹，也没有人去追寻已经使用完毕的苏尼的话语。但是，苏尼在巫术中的语词，却是一种曾经发生过的存在，从文学发生学的角度来看，也是一种发生了的文学形式，是一种没有传承下来的形式，是一种自生自灭、即生即灭的文学形式。它还原了彝族经籍文学产生的另外一种方式，也为文学发生提供了一种新的实证。

因此，从人类学的角度看，彝族不同于其他民族的思维方式和文化存在，为人类学的文学发生提供了此前还没有被研究到的新证。

二、为文学形式发展从口碑到文字转型提供新证

"三代以上，人人皆知天文。"说的是远古时期的人类，为了生存和发展，必须而且已经掌握了观察天象、掌握历法的知识，借以指导农牧业生产。这种情况，在近代的彝族社会中还存在着，在当代一些彝族聚居区如四川省凉山彝族自治州的美姑县等地，也还存在着；在一些彝族与其他民族杂居的地区，50岁以上的从小就说母语的彝族，也还存在类似的情况：他们能够推算结亲、嫁女的良辰吉日，能够从事简单的祭祀活动，能够做一些简单的驱邪与禳解仪式，还有治疗一些疾病的方法，等等。

彝族传统文化的保留，就是说彝族还能让三代以上的人能自己从事一些文化学习与传承，表现在彝族传统经籍的学习和传承中，是即使不懂彝文的人只要熟悉彝语，也有一些口头的经文可以学习和传承。这就是说，对于彝族传统经籍，在这些地区还保留着一些古老的口传形式，这些口传形式是彝族经籍从口传到文字记录过程的活化石。

在黔西北彝族地区，当下还会说彝语的彝族，每当到彝族十月年、彝族火把节，或者过春节等年节时，一般都要举行一些祭祀活动。公众的、大型的活动一般请毕摩主持、举行，家庭中的祭祀特别是每家每户祭祀自己的祖先时，则在家中进行，由主人准备和陈列出一些祭品之后，自己念诵敬献酒馔的口头经文"献酒经"和一些祭祀祖先的经文内容。这些地方60岁以上的彝族老人，无论男女，在孩子受到惊吓表现出失魂落魄迹象的时候，问明孩子跌跤或受惊吓的地点与情状后，准备一个鸡蛋就可以为孩子举行招魂仪式，他们都会念诵一些口头经文"招魂辞"。这种情况，在彝族聚居的凉山、红河等地区也比较普遍。这些"献酒经""招魂辞"，有的绝大部分与被毕摩们记录在经籍中的内容是相同的，有的则有一些差异。

口传经文、口碑经籍在彝族社会中还有大量的留存，也还在社会生活中传承和使用着。从已经出版的《彝族毕摩经典译注》106卷中，可以看到还有18卷

口碑毕摩经典，占了总数的 18%。而这些还是毕摩们经常使用的口传经籍，不包括整个彝族社会中普通民众传承和使用的具有传统宗教性质的口头经文。这 18 卷毕摩经籍，只是用语音记录的方式记录和出版，还没有转变成文字文本，不是彝文经籍形式。但是，如果用彝文把这些经籍译写下来，它就变成了彝文毕摩经典。2015 年 2 月 1 日，《彝族毕摩经典译注》的主编朱琚元先生在中国彝族古代文明记忆遗产学术研讨会期间对笔者说，根据有关领导的新要求，这 18 卷口碑毕摩经典，还是要用彝文译写下来，使之成为彝文经典。这一个事例，说明彝族传统经籍的文本中的口碑文献正在从口传向文字记录、描写的形式发展，正在形成书面的典籍、文学素材。从文学人类学的角度看，这充分验证了口头向书面转换的文学模式。

三、对文学新材料的发现和新类型的发展

在人类学的研究或者文学人类学研究之中，很少有牵涉到关于彝族或者彝族传统经籍的内容。从文化人类学的视野看待、思考和研究彝族传统经籍文学，也没有专门的著作。发掘彝族传统文化中经籍所占的位置，发现彝族传统经籍的文学价值，跳出传统文学研究的框架从一个全新的视角来研究经籍与文学的关联，彝族传统经籍必然是一种新的材料，是一个前人没有涉足过的领地。

从前对彝族经籍的文学研究，有从传统的文学视角进行的思考与分析，这主要集中在对《指路经》等比较常见的经籍；也有从另外一个方面例如宗教的角度研究彝族传统经籍的，也因为宗教与经籍的不可分离的特点，要经常描写和探讨彝族传统典籍。这种从宗教角度开展的典籍研究，需要对传统典籍的文学价值进行分析论证，但是所选择的角度是宗教的视角，所采用的方法也是传统的文学分析方法，例如对典籍句子的诗歌特征的描述，对一般修辞手法特别是比喻等运用的揭示等。从文化人类学的文学研究角度来看待彝族传统经籍，借鉴所谓"六经皆史"的文化与历史分析方法，特别是建立"凡经皆文"的新思路来看待和研究彝族传统经籍，无疑会发现新的丰富的材料。

在中国，文字学家常常说中国只有"两个半"自源性文字，一个文字是汉字，一个文字是彝文，半个文字是没有完全形成体系的纳西东巴文。彝族传统经籍，主要是以彝文为记录、描写符号书写出来的彝族古代宗教经典。单是从文字经籍的角度上来看，它都有新品种的特殊意义与价值。近年来，大量彝族传统经籍的翻译与出版，其中绝大部分都把彝文原文放在了书籍中，这些彝文原文，可以提供给研究家以新研究品类，这是以前的文化人类学家、以前的文学研究家、以前的文学人类学者没有办法接触到的新文献。可以说，这也是为文学人类学研

究提供了新的研究对象,继而发现新的文学种类。

四、对文艺美学具体形式的丰富

彝族传统经籍,无论是口头传承的形式,还是文字的书写文本,绝大多数都是以彝语特有的五言体诗歌句式为表达形式。五言体诗歌在其他民族的古籍与文学形式中也有,但是在历史发展的长河中,不断地发展和更新。例如汉语诗歌,五言诗在汉魏时期最为盛行,而且是汉魏时期汉语诗歌的代表性句式,唐代时期则发展成以七言诗句为代表形式了。但是像彝族这样几千年来无论是在口头传承中还是在文字书写中,都一直坚持五言句式的情况,在世界上是少见的。这与彝族古代文学一直是经籍占据主流、起着主导作用的情况是分不开的。同样,民间传统的宗教生活,要使用一些有经文性质的口头传统的时候,也是以诗歌特别是五言诗句为其主流,这也许是与宗教生活的神圣性质和神秘性质分不开的,进而使民间传统信仰也都具有的宗教的发生、使其所使用的口头传统也具有的经籍诗歌的性质,从而为保留诗句的五言形式提供了信仰的基础。

彝族传统经籍格律形式中,除了与其他民族文学形式相同的谐声(汉语中有的只涉及双声)、押韵、押调等之外,彝族诗歌中所独有的"扣"的韵律形式,也是其他民族的宗教经籍中所没有的。

彝族传统经籍文本整体的结构形式,例如起头与结尾的方式,结尾与收掩的方法,中间叙事与铺排的程序,与传统仪式结合使用的具体仪式规程等,也为彝族所独有而其他民族所没有。特别是彝族传统经籍的诗歌文本中,有许多地方都采用了彝族独特的"三段诗"的结构形式,这是独具一格的诗歌结构和格律形式,有其独特的韵律要求与程式结构。这些都丰富和发展了文艺美学的具体形式,使文化人类学视域的文学美学形式更加丰富多彩、形态各异而个性突出,而文学也在人类学的领域中发现了新的表达形式。

五、送祖慰灵文学功能的新发明

在文化人类学的视野中,文学既有禳灾的功能,也有治疗的功能,这两大项功能的研究,也一直是文学人类学所重视的领域。对彝族传统经籍文学的研究,使文学的功能有了新发明,这就是送祖、慰灵的功能。

彝族的传统信仰形式虽然多种多样,有自然崇拜、图腾崇拜、祖先崇拜、神灵崇拜等,现代社会又融入了其他宗教信仰。但是纵观几千年的彝族传统宗教发展史,最为盛行、至今不衰的却是祖先崇拜。祖先崇拜的盛行,产生了大量的仪式活动和大量的传统经籍，从老人去世的时候起，一直到把祖灵送入特殊的岩洞，到若干代后在举行"尼目"大典时重新把祖灵请出来清洁和祭祀，等等，所有的仪式都有经籍的使用伴随其中。

无论是传统的研究重点还是当下的文学人类学研究重点，对文学功能的开掘和发明，都重在文学对人的作用方面。从文化人类学的视角来研究彝族传统经籍的文学功能却不是这样，它有其特殊的功能和作用。例如过去的文学研究对其传统功能发明，主要集中在文学的教育功能、认识功能和审判功能三个方面；而文学人类学的研究对文学功能的发明，也主要集中在文学的治疗功能和禳灾功能两个方面。但是占据了彝族传统经籍主体的大量的经籍文学作品，却是用于安慰祖灵（包括刚刚去世的老人）、敬送祖灵、祭祀祖灵，例如大量的《献酒经》《献茶经》《献水经》《献药经》《献牲经》《供牲经》《更换祖灵筒经》《招灵经》《合灵经》《送灵经》《送魂经》《送祖灵经》等。从另外的角度看，安慰和敬送神灵，首先是活着的子孙们的要求，而不是祖先的要求。然而文化传统的惯性、风俗习惯的约束、道德规范的要求，都必须从对祖先的礼敬与送别中得以体现。逝者不得安顿，生者也不能安生。这样，送祖与慰灵，成了彝族传统社会生活的重大任务，即使是已经逝世许多年的祖人，如果没有举行慰灵活动和送灵仪式，子孙的任务也始终是没有完成的，这就是近年来由于生产、生活条件的改善之后，一些彝族地区又重新兴盛起祭祖送灵活动的文化人类学的解释。从这些新情况中，可以发现这是文学人类学视角从彝族传统经籍中得到的文学功能的新发明，这样的功能所针对的不是具体的活着的人类，它所针对的是已经成为祖先的另外一个世界的人类。

从以上所举例子可以看到，开展彝族传统经籍文学的研究可以给人类学的文学发生贡献新的例证，彝族传统经籍文学促使文学形式从口传向文字文本发展，孕育了文学的新材料和新品类，丰富了文学的美学形式，创造了文学的新功能，从多个方面拓展了文学人类学的新领域，是对文学人类学的新贡献。

第四章

基于黔西北彝族钞本文献的彝族思维方式研究

第一节 黔西北彝族的原始思维

人类高度发达的思维能力并不是与生俱来的,而是在认识世界和改造世界的活动中由低级向高级,由简单到复杂地发展起来的。马克思和恩格斯都十分强调思维的这种历史发展性①。恩格斯指出:"现代思维是历史发展的结果,它凝结着历史上思维的成就,每一时代的理论思维,都是一种历史的产物。在不同的时代具有非常不同的内容。因此,关于思维的科学,和其他任何学科一样,是一种历史的科学。"② 因此,研究人类思维,无法脱离对人类思维的发端——原始思维的研究。原始思维是人类思维发展的源头,人类思维和人类文明的许多秘密均源于此。因此,深入研究原始思维及其发展的过程和特点,不但有助于把握和了解人类思维发展的脉络与规律,而且对于人类学、语言学、哲学、心理学、逻辑学、美学、伦理学,以及科学、艺术、宗教等,都有重要的理论意义和现实意义,尤其是对现代科学创新思维的研究会提供许多重要的启迪③。本章拟就黔西

---

① 陶侃:《论原始思维及其特征》,载于《江西社会科学》2004 年第 1 期。
② 恩格斯:《自然辩证法》,人民出版社 1971 年版,第 27 页。
③ 杨魁:《人类认识与思维的发生与建构——"原始思维"研究的兴起》,载于《兰州大学学报》(社会科学版)1994 年第 4 期。

北彝族的原始思维及其外部呈现做一番探讨，以期为深入把握和研究黔西北彝族思维方式的历史演进脉络乃至黔西北彝族的历史演进脉络提供原始性、规律性的认识。

一、彝族原始思维概况

彝族有自己的语言和文字。彝语属汉藏语系藏缅语族彝语支，彝文在彝族历史上有着重要的作用与影响。彝族先民在漫长的生产、生活实践过程中，为了农事的需要，经过长期观察太阳和北斗七星的升降变化，总结出季节更替规律，从而创制出彝族特有的十月历[①]。十月太阳历的基本结构是依太阳照射地球纬度的周期，把一年分为十个月，每个月是36天，每两个月（72天）为一季。因而彝族历法中一年有五季，用尼、舍、液、省、舵（土、金、水、木、火）五个元素（五行）分"闵普"（公或阳月）"闵莫"（母或阴月），彝族先民总结出的十月太阳历，主要用于记事和指导农业生产。国外学者评曰："彝族早在公元前二千多年前就有发达的天文学了……彝族不仅是中国天文学的创造者，而且还是由周王朝，甚至经过春秋战国而由秦汉继承下来的'中原文化'的奠基者，……这就意味着，中国大陆文化的开拓者，就是这些古先民。"[②]

彝族的宗教思维是一个以祖先崇拜为核心，集自然崇拜、图腾崇拜和多种信仰为一体的复杂的宗教体系[③]。彝族在长期的生产生活中形成了万物有灵的观念，并由此构成了彝族博大精深的核心文化——毕摩文化。毕摩是彝族社会中特殊的神职群体，毕摩所创造和传承的文化，以经书和仪式为载体，涉及广泛，内容丰富，是一种保存完整的存活的宗教文化[④]。毕摩是彝族社会中的知识分子，是彝族文化的维护者和传播者。

黔西北彝族的独特风情习俗，主要在民族传统节日和民间婚嫁礼仪、丧葬礼仪等活动中呈现。主要节日有火把节、丰收节、祭山节等。彝族的彝年、赛马节、跳公节、丰收节、祭山节等也都在传承着彝族文化的血脉。主要音乐舞蹈有《铃铛舞》《阿西里西》《大迁徙舞》《阿且朵》等。其中，彝族古老文化遗存"撮泰吉"久负盛名。"撮泰吉"也称"变人戏"，作为原始戏剧——古傩戏，它具有纪实性的特征，用抽象的或者表意性动作，表现先民的农耕活动、迁徙发展、民族融合、繁衍生育、图腾禁忌等过程，为人类学、民族学和戏剧学提供了

---

① 《历书（残本）》，不分卷1册，23页。今藏贵州省毕节市档案馆。
② 转引自杨军昌、李平凡：《贵州彝族文化》，载于《教育文化论坛》2013年第2期。
③ 张泽洪：《中国西南彝族宗教的毕摩与苏尼》，载于《宗教学研究》2012年第4期。
④ 《历书（残本）》，不分卷1册，23页。今藏贵州省毕节市档案馆。

宝贵的资料，是彝族文化的一笔宝贵遗产。

（一）宗教信仰

彝族有自己本民族独特的宗教信仰——"毕摩教"，在汉族文献上常被称作"鬼教"，现代一些学者称之为"巫教"，其宗教信仰具有较为浓重的原始神话色彩，因其神职人员被称为"毕摩"，故称之为毕摩教[①]。毕摩教信奉多种神祇，在万物有灵的思维的支配下，对大自然、图腾、鬼神、祖先等都怀有原始的信仰与崇拜，即使对自然界和日常生活中某些奇异或自己无法解释的现象也怀有浓厚的迷信的观念，一旦发生某种异象，就必须通过宗教法事来趋利避害。宗教普遍存在于彝族社会生活之中，影响着人们的世俗生活和精神生活，彝族的风俗习惯、文化娱乐、民间艺术及文人创作等诸多方面都或多或少打上了宗教的烙印，有的节庆娱乐活动直接就是宗教活动的一部分或是由宗教活动演化而来[②]。要研究黔西北彝族的原始思维问题，大彝族的宗教信仰是一个绕不开的话题，甚至可以说，理解大彝族地区的宗教信仰是打开黔西北彝族复杂而神秘的原始思维方式的一把万能钥匙。

毕摩教是一种具有早熟性神学特征的宗教，其中包含了原始崇拜的诸多因素，和其他宗教一样，毕摩教的宗教信仰首先也体现在自然崇拜上，即对宇宙自然及其象征物的崇拜上。自然崇拜是宗教信仰中最为原始的一种崇拜，也是人类最早也最普遍的宗教信仰，反映出原始人类在宏大神秘的宇宙自然面前的无力感和谦卑意识。自然崇拜最主要的特点是人类对自己可以感知的自然物或自然力怀有神秘、神圣的崇拜之情，对那些看似能主宰他们命运、威胁他们生存、生产的自然物或自然力怀有恐惧、敬畏和膜拜的心理，人类对这些自然物及其象征性的替代物有着莫名的崇拜和毕恭毕敬的迷信的态度。彝族毕摩教的自然崇拜也不外于此种情形，彝族还对日月星辰、风雨雷电及宇宙天象加以崇拜，从远古就有一些针对这些事象的祭祀活动，彝族认为日月星辰能保佑凡间百姓的平安，奇异的天象是人间灾祸的预兆，必须通过祭祀的方式趋利避害[③]。最典型的如对火的崇拜，人类对火的崇拜与生俱来，与人类进化的历程密切相关，人类学会燧石取火是人类生存能力的巨大飞跃，火不仅给人带来温暖和光明，也使人类脱离饮血茹毛的时代，对人类的进化有非凡的作用。彝族对火的崇拜更是痴迷，农历六月二十四前后是彝族的祭火节（即火把节），全民族都以最为隆重而热烈的方式对待这一盛大节日，虽然火把节的来历有各种各样的民间传说和神话故事，但它显然

[①] 参见《彝文字迹（一）》，不分卷1册，26页。今藏贵州省毕节市档案馆。
[②] 参见《局卓布苏》，不分卷1册，246页。今藏贵州省毕节市档案馆。
[③] 参见《开宇宙门书》，不分卷1册，26页。今藏贵州省水城县果布嘎乡兴隆村罗盘组宋正昌家。

与彝族先民对火的崇拜有极大的关系,这一点是无法否认的。彝族对其他自然物同样也怀有崇拜之情。有的地方对路神、桥神迷信,有些地方对荞神、羊神崇拜有加。总体来看,彝族毕摩教的自然崇拜具有某种原始的万物有灵的泛宗教色彩,在这种理念的支配之下,彝族对宇宙自然的许多事物怀有其他没有宗教感的人不可理解的敬畏之情。

(二) 图腾崇拜

一般认为,图腾崇拜源于某一氏族部落把自然界的某一种动物或植物当作自己的本源或始祖,这个氏族部落与这一动植物之间具有某种血缘关系,这个部落的成员都是它的子孙后裔。这种动物或植物被抽象化为某种标志或者符号(图腾),成为这个部落顶礼膜拜的对象,图腾如同一支军队的战旗一样,具有聚集、发动、指挥、号令氏族部落每一个成员的功能,并且它还具有某种神圣而神秘的灵性和禁忌,它能保护维护它利益的人,惩罚违反它旨意的人,尽管这一切都是原始氏族部落奇思妙想虚构的产物[①]。

彝族文献中有大量有关图腾崇拜的史料,在广大的彝族民间,20世纪50年代前后仍残留着某些图腾崇拜的遗迹。由于彝族地域分布广,支系繁多,各自的图腾不一而足,据学者考证,被彝族各支系奉为图腾的达60多种,而龙、虎、葫芦、古老树木等都是彝族各支系信奉的比较多的图腾。

1. 对龙的崇拜

彝族自称"lolo"或"lolu",彝语"lu"既有龙的意思,也有虎的意思,两个的音节一样,只是声调不同,在彝文中是两个不同的字。彝族对龙的崇拜早在《后汉书》中就有记载。据称有一位居住在深山老林里的妇女,在水中捕鱼的时候,腿碰触到一块沉木,因而受孕,生了十个儿子,后来沉木化为龙,欲召回十子,其他九个儿子看到龙都惊慌而逃,唯独小儿子不惧怕,龙舔舐其后背,起名九隆,长大后小儿子九隆因被龙父舔舐格外聪明,被推举为王,牢山下有一夫妇生有十女,嫁给了九隆家里的十个弟兄,生儿育女,世世相继。这一则神话故事反映出彝族对自己祖始的幻想。彝族自认为是龙的后代和传人。彝文《祭龙经》中也称,龙是彝族的祖源,彝族是龙的后代,彝族人因为龙子龙孙而在人间享受福禄与威荣,死后也要归于祖源,和龙在一起。

2. 对虎的崇拜

彝族对虎的崇拜也是由来已久,且更深入人心,虎是彝族人普遍认可的图腾。据彝族史诗《梅葛》所述,在天地混沌之时,神为了创造万物,把虎的尸体

[①] 参见《名马记》,不分卷1册,40页。今藏贵州民族文化宫图书馆。

一一分解，虎的左眼变成了太阳，右眼变成了月亮，牙齿变成了星星，油脂变成了彩云，内脏变成了大海，血变成了海水，肠变成了江河，毛发变成了森林，身上的虱子变成了家畜，虎是自然界繁衍生殖的一切的起源和始祖，可见虎的威力和神奇，彝族人自然把它当作他们的崇拜物来看待①。古代彝族的人名、地名、官名、国名多以"罗"（虎）命名，彝族的首领、祭司常身披虎皮表明自己是虎族的传人，许多部族都以"虎"或者"龙"作为本部族的族徽。一些地区的彝族自称"罗罗"，每家每户都敬"孽罗摩"（即母虎祖先），都相信彝族是虎的后代，彝族人死后火葬灵魂会转变成虎。流传于广大彝族地区的"母虎舞"，据称已有上千年的历史，每年正月的第一个属虎的日子，当地彝族居民要过母虎神祭祀节，跳母虎舞。彝族对虎的图腾崇拜在彝族的宗教生活及日常生活中能找到许多踪迹。

3. 对葫芦的崇拜

有些彝族支系把葫芦当作自己的保护神，这也是图腾崇拜的一种表现。哀牢山地区的彝族有供奉祖灵葫芦的习俗，也有相关的神话传说，这在一定程度上也是人类早期生殖崇拜的历史遗留。

4. 对古老树木的崇拜

还有一些彝族村落，对一些年代古老的树木也有狂热的崇拜之情，有些树被认为是族树或神树（多为松树、栎树等），它们的枯荣象征着一个家族、一个村落甚至整个彝族的命运，所以每到某一固定节气，族长就会带来所有的族人或已成年的男子，举行盛大的祭祀仪式。这种比较典型的树崇拜，反映出人类早期还没有从自然界分化出来之时，万物与人类同生同类的思维理念，尽管人类已经走出洪荒的时代，我们还是可以从一些图腾崇拜的仪式中窥见人类早期的某些思维特征。

（三）毕摩教的神职人员及其职责

彝族有自己专职的神职人员毕摩，毕摩在历史上还有师、法师、耆老、鬼主、祭司、奚婆、巫师、白马等多种称谓，因彝族各地各支系方言不同，称呼各异。毕摩产生于氏族社会后期，由宗教祭祀人员演化而来，毕摩的社会角色在漫长的历史中不断发生着变化，他们的社会角色大体经历了执政、佐政和从事专业神职人员三个阶段，总体上其政治权力日趋淡化，政治地位逐渐下降。

毕摩作为宗教祭司，除了主持宗教活动以外，还参与讲解彝文、撰述与翻译彝族经文的工作，对彝族宗教文化作出了杰出的贡献。毕摩"一般必须熟知天

---

① 《米果特书》，不分卷1册，87页。今由贵州省六盘水市盘县古籍办搜集存放。

文、地理、谱系、伦理、史诗、传说、神话、医药、祭祀和占卜等数百种彝文典籍①，当然在知识的深度上各有侧重。毕摩实际上是彝族中掌握本民族古代文化知识、传授典籍的知识分子"②。在某种程度上说，一个合格的毕摩就是彝族人的精神领袖和知识权威，他用他的言行影响着彝族人对现世和来世的看法，在许多重要的人生仪式上都发挥着他人不可替代的作用。毕摩身兼巫、医、文、史、法数职，在彝族人心目中享有较高的社会地位，在彝族人看来，他掌握着凡人生死祸福的大权，每个传统的彝族人无不对毕摩怀有神圣的敬仰之情。

苏尼也是神职人员，也称"苏额""苏耶"或"锡别"等，比毕摩社会地位低。苏尼的主要职责是跳神驱鬼，与毕摩的主要职责是诵经祀神祭祖相区别，所以彝族有谚语称："毕摩坐着祭，苏业跑着撵。"

毕摩教的神职人员没有统一的组织和机构，只是一个职业特殊的社会阶层。近现代以来，毕摩的政治地位今非昔比，在平时他们也只是社会中的一个普通成员和一个村民，并无特殊优待，只是他们的身份和地位比一般人要高。在一些宗教场合和其他人生礼仪的重大场合，才能显示出他们的特殊性、专业性和重要性。在一些重大的法会上，有时会有十余名毕摩共同主持宗教仪式，他们分工协作完成必要的法事，结束后各自回到各自的村寨，他们虽然有品级的不同（上、中、下三个品级），但之间并无主从、上下级之分别。古代领职的毕摩有专门的神职经济收入，毕摩有毕田、毕地，甚至村民要向毕摩缴纳赋税，而现在毕摩一般只能靠做法事获得财物馈赠。毕摩教没有其他宗教那样的教会组织，也不必通过特殊的仪式成为其教徒，也没有信徒和非信徒之分，简言之，毕摩教是内化在彝族人心目中的一种普遍性的信仰，通过毕摩和苏尼的法事、约定俗成的习俗和崇拜与禁忌等来维持。与有严格教义教规的宗教相比，毕摩教更具有某种族源性、地缘性和松散性，但它的影响力也一样巨大而深入人心。

总体来看，彝族的毕摩教是以祖先崇拜为圆心，以自然崇拜、图腾崇拜及多神信仰为半径的复杂的宗教集合体。③ 彝族的宗教信仰不仅仅是彝族精神生活的一部分，它还对彝族的政治思想、文化艺术、风俗习惯、服饰器皿等有着重大的影响，渗透于彝族日常生活和精神生活的各个方面。只有充分了解、理解、尊重彝族的宗教信仰，细心感受宗教信仰在彝族文化中的审美表现，才会使许多看似神秘莫测的文化现象迎刃而解，因为宗教信仰在一定意义上说，是一个民族文化的重要的基石，只有从这里出发，我们才能按图索骥走进彝族文化的内部和深处。

综上所述，黔西北彝族的宗教信仰与图腾崇拜等思维大致经历了一个由难于

---

① 《黎咪苏》，不分卷 1 册，第 110 页。今藏贵州省贵州工程应用技术学院彝族文化博物馆。
② 韦安多：《凉山彝族文化艺术研究》，四川民族出版社 2004 年版，第 67 页。
③ 郭宸利：《贵州彝族文化研究 20 年》，载于《毕节学院学报》2011 年第 10 期。

沟通的天界星辰到生命攸关的地上水火，再到与人类食物源和种族繁衍密切相关的动植物等对象这样一个由抽象、混沌到具体、实在的发展与演变，从中我们不难发现黔西北彝族先民传续至今的那种"天人相通""万物有灵""驱灾禳病""种族繁衍""生态平衡"的美好愿景和心灵向往。随着历史的发展和社会的进步，这一深含其中的精神内核，仍然在传统祭祀自然神仪式衍生而来的娱乐竞技、社交集会、岁时节日活动中时而闪烁其不泯的光彩。这或许也正是我们探究古老民族传统信仰习俗的真正意义所在。

二、原始思维的其他外部呈现

（一）古天文历算

彝族先民认为天地的形成，是由于清气与浊气的相互交合与发展变化而来的。天气是青的，地气是赤的。青、清之气与赤、浊之气相交，又发生变化。"清气变成蔚蓝色的高天，浊气凝成美丽的大地"[1]。

天地产生了，太阳、月亮就随之出现。它们也是清气与浊气结合而成的。如说"太阳为众阳之精，是天气的延展；月亮为太阴之象，是地气的结晶"[2]。彝族先民很早就辨识了北斗星和二十八宿。他们最早用北斗星的斗柄上指、下指来定星回节和火把节。同样又用二十八宿中的时首星作为星回节和火把节的标志。每当傍晚和早晨时首星上中天时，就是星回节和火把节到来的时候。二十八宿在四川、云南、贵州的彝文古籍中都有记载，仅是彝语发音方言差异译名不同而已。如"豹头、豹腰、豹尾、豹口、豹眼"诸星，贵州彝语作"惹举、惹佐、惹贾、惹块、惹哪"，四川彝语作"日霍、日觉、日目、日刻、日牛"；"鹦鹉头、鹦鹉翅、鹦鹉腰、鹦鹉尾"四星，贵州彝语作"吉武、吉拉、吉佐、吉买"，四川凉山彝语作"基瓦、基洛、基觉、基目"。彝族先民对这些星球命名的共同特点是以他们常见的动物躯体来给星球命名，可见他们对于星球的认识是很古老的。

据贵州乌撒地区（今威宁、赫章一带）的古籍，彝族先民辨识的星球不仅有北斗星和二十八宿，还有"天上九星"，彝称舍纪、射纪、朵纪、液纪、助舍纪、宏博纪、洪徐纪、赫拱纪，汉译为木星、金星、水星、土星、太阳星、月亮星、仙灵星、弯刀星[3]。

另有"陀尼九星"之说，这当是古夷人武陀尼族辨识的星座。彝名"洪周

---

[1] 贵州省民族研究所和毕节地区彝文翻译组：《宇宙人文论》，民族出版社1984年版，第19页。
[2] 贵州省民族研究所和毕节地区彝文翻译组：《宇宙人文论》，民族出版社1984年版，第115页。
[3] 参见《送星经》，不分卷1册，15页。今藏贵州省毕节市档案馆。

纪、啥谷纪、助舍纪、布沐纪、妥舍纪、啥史纪、厘娄纪、龚沐纪",汉称"人专星、煞贡星、直星、卜木星、或星、妖星、立早星、禾刀星、角儿星"。

彝族用于测定季节和天体方位的星座,主要是北斗星和二十八宿,也有用于星占和斋祭场中的星座,这两个方面的恒星,见于彝文经书记载者,"合计约有一百五十颗左右,通称彝族一百四十八颗星"。[①]

彝族十月历一年十个月,一月三十六天,是按十二地支纪日转三轮计算的,即每月为三个属相周,一年三十个属相周,为三百六十天,剩余五天(四年中有一年是剩余六天)作过年日,不计在月内[②]。

彝族太阳历每年十个月,每月三十六日。此"十"比"十二""十八舢十九"等数字好算好记,作为一年的总月数极为适合。"三十六"这个数字,是二、三、四、六、十二的最小公倍数,是四十以内包含约数最多的一个数,它可以容纳更多的周期。作为一个月的日数也很适当,而且它是彝族先民最早就熟悉动用的十二地支纪日法轮回三周,亦易于计算。所以,彝族太阳历在年、月、日的安排上都很合理。

彝族太阳历的元日与天文点对应。如斗柄上指为大暑,斗柄下指为大寒,以大寒或大暑为元日,如"冬分、春分、夏分、秋分"莫不与其天文点对应,准确地反映了季节变化的特点。

由于彝族十月太阳历以十二支记日,每十二日为一属相周,三个属相周为一月。只要这年元旦的属相是某动物,此年各月初一都属该动物。其他各月的同日序也是如此,易记易算。至于下一年元旦的属相,是平年则将此年元旦属相往后退五个属相,是闰年则往后退六个属相。

(二) 彝八卦

彝八卦记载于彝文古籍而运用于彝族人的古代哲学、数学以及社会科学、自然科学当中,它继承了伏牺部族韵先天八卦(又称伏牺八卦)。[③]

彝八卦的卦名是:哎、哺、舍、鲁、朵、哼、哈,相当于汉名乾、坤、离、坎、震、巽、兑、艮。[④]伏牺八卦与今传彝八卦的顺序均为:乾(哎)、兑(哼)、离(且)、震(鲁)、巽(朵)、坎(舍)、艮(哈)、坤(哺)。前四卦为阳卦,后四卦为阴卦。

彝八卦是彝族先民对宇宙八个方位的认识和定位。先定"哎、哺、且、舍",

[①] 陈久金、卢央、刘尧汉:《彝族天文学史》,云南人民出版社1984年版,第108页。
[②] 陈久金:《彝族天文学史》,云南人民出版社1984年版,第171～174页。
[③][④] 陈英:《论彝族先民天、地、人"三界"哲学、科学体系》,载于《贵州民族学院学报》(社会科学版)1994年第1期。

对应南、北、东、西"四方"，合称"体通"或"体门"。接着定"鲁、朵、哼、哈"，对应东北、西南、东南、西北"四角"。连四方、四角合称"八角"，彝名"亥启"即汉称"八卦"。由此可知，认识宇宙空间的八个方位并为之命名是彝八卦的原始概念。而后，又从方位概念推行为"理"和"数"的概念。

"理"概念之一，以"八卦"象征天地间万物的产生与发展：哎（乾）为火，哺（坤）为水，且（离）为木，舍（坎）为金，鲁（震）为山，朵（巽）为土，哼（兑）为石，哈（艮）为禾。八方的万物，以火、水、木、金、土概括之，[①] 是"五行生万物"的原始概念。

"理"概念之二，以"八卦"象征八方人类的产生和繁衍：哎（乾）为父，哺（坤）为母，且（离）为中男，舍（坎）为中女；鲁（震）为长男，朵（巽）为长女，哼（兑）为少男，哈（艮）为少女。他们首先把原始人群看作父母子女的大家庭；其霜更以哎哺、且舍、鲁朵、哼哈为氏族以至部族名称。《西南彝志》记载有十九个哎哺氏族发明用火，兴起耕牧，兴起嫁娶，用刻划文字在树上，石上记年月；又记载鲁朵人驯服野牲成家畜；哼哈人是遍布于东、南、西、北、中五方的工匠，打造擎天柱撑天镇地……[②]。

"理"概念之三，认为宇宙八方的定位与八方和万物都是在"变"的过程中产生与发展的。《宇宙人文论·宇宙八方的变化》写道："宇宙一变化，哎哺先产生，为万物根本。宇宙陆续起变化，就形成八方，即哎、哺、且、舍、鲁、朵、哼、哈"。先是由哎父、哺母、且子、舍女主管南、北、东、西四方，完成对四个方位的定位，于是"宇宙四角起变化"，变到东北为"鲁子"，变到西南为"朵女"，变到东南为"哼子"，变到西北为"哈女"。[③] 如此则表明人类的产生和繁衍是在"变"中形成的。

前书《宇宙八方的命名》一章里又说："哺变化为水，……哎变化为火、……且变化为木。"这是说四面八方"五行"变化产生，如说"鼠、猪由水变化所生"，因北方属水，鼠、猪方位在正北和偏北。"虎、兔是木变化而成"，因东方属木，虎、兔方位在偏东和正东。"龙、狗、牛、羊是土变化形成的"，因它们所在方位是东南属"石"，西北属禾，东北属山，西南属火，石、禾山均属于土类。"蛇、马是火变化形成的"，因南方属火，马和蛇的方位在正南或偏南。"猴、鸡是金变化形成的"，因西方属金，鸡、猴方位居正西和偏西。

[①] 陈英：《论彝族先民天、地、人"三界"哲学、科学体系》，载于《贵州民族学院学报》（社会科学版）1994年第1期。

[②] 参见《甲子》，不分卷1册，6页。今藏贵州省水城县果布嘎乡兴隆村罗盘组宋正昌家。

[③] 陈英：《论彝族先民天、地、人"三界"哲学、科学体系》，载于《贵州民族学院学报》（社会科学版）1994年第1期。

以上由"变"形成宇宙空间八方和万物的产生与发展,是彝族先民"变"哲学核心理论,即从发展变化的观点来看宇宙、人类和万物的起源和演变。

至于彝八卦中"数"的概念,有十进制和二进制两种。天数一、三、五、七、九与地数二、四、六、八,各自相合而成为"十"。即天一,地九(哎、哺二方),天三,地七(且舍二方)各自相合为十数。其二进制,即如"无极"(哪恒恒,哪贾贾)生"太极"(慕古鲁,骅阿哪),太极生"两仪"(慕,骅即天地),两仪生"四象"(体门——哎、哺、且、舍),四象生八卦(亥启——哎、哺、且、舍、鲁、朵、哼、哈),这样一变二,二变四,四变八,即二进制的基础。然后由二、四、八演变为十二、二十四、四十八、九十六,或十二、三十六、七十二,或十六、六十四,这些常数都是二进制的。八卦二进制用于现代社会计算机的数理,到今天信息时代计算机的迅速发展,才看到它深远的影响。

综上所述,彝八卦内涵和"理"与"数"的概念,反映出它的社会科学思维与自然学思维诸方面,都具有重要的意义。

第二节　黔西北彝族的艺术思维

艺术思维是在理性思维指导下诗意地表现世界的一种方式。[①] 它不像原始思维那样简单、混沌地观照世界,而是在理性思维的指导和约束下进行的。艺术思维对世界的观照可以从整体出发,确立思维想要表达的思想和主体,然后再扩散到局部去。当然,这不是艺术思维观照世界的唯一路径,也可以从局部出发,由某个局部的感触获得对外部世界的初步认识,然后再进一步思考,深化到对外部世界整体的观照,所谓由一片树叶看见整个森林,由一颗水珠看到整个海洋。艺术思维有丰富多样的外在表现形式,有直觉和灵感,也有联想和想象,是在理性思维约束下饱含感情、蕴含意象的形象思维。庞德说过,一个意象是表现某一瞬间的心智与感情的复合体。[②] 因此,艺术思维带有强烈的主观色彩、人性化倾向。

黔西北彝族先民在认识自然、开拓自然、征服自然的漫长艰辛的历史岁月中形成了原始的艺术思维,由于社会历史的原因,直至20世纪中期仍保持着这种原始文化形态的原始艺术思维,并且集中体现在其音乐、服饰、绘画、色彩等外在表现形式上。要对黔西北彝族的艺术思维、思维方式展开细致、深入的研究,必须对其外在呈现方式做一番整理和剖析,这样才能全面、系统地呈现黔西北彝族的艺术思维。

[①][②]　王欣:《原始思维与艺术思维》,载于《襄樊学院学报》2001年第3期。

教育部哲学社会科学研究
重大课题攻关项目

一、黔西北彝族的音乐思维

黔西北彝族的音乐思维是由其传统的思维体系所决定的，由于其传统思维具有直观性、形象性、类比性、与巫术的互渗性等人类早期思维发展阶段中所具有的一般特征，也就不可避免地使得其音乐思维具有了微观的、经验的、感性的、即兴的等类比的性质。因此，就导致了黔西北彝族的音乐思维在特征上缺乏理性和理性规范的性质，在思维层次上偏向于感性阶段的层面。它既不同于那些专业音乐家由专业训练而培养出来的思维方式，也不同于那些由于社会分工而出现的职业化、半职业化乐师由师承传统所影响的旋律思维方式和思维习惯。黔西北的音乐思维和音乐实践，由于受这种思维的约束，具有很强的经验性，是以群体的集体性创造、渐进式的经验积累为特点。这也正是黔西北彝族地区传统音乐的表现形态及其发展历程的整体状况。

思维属于哲学的范畴，人们对客观世界的认识及思维活动的发展，是一个阶段性的历史性的从感性到理性的过程。诚然，音乐作为一门艺术，它是人类内心情感和精神的外部物化表现形态，其思维方式具有很强的经验性和感性色彩，但是，音乐属于民族群体的创造物，人们在长期的生活实践过程中创作并发展它，也必然在思维活动上经历从感性到理性再由理性到感性如此循环往复和不断深化的过程。只有经历如此不断反复的螺旋式的深化与发展，人们的认识和思维才能得到从感性到理性、从简单到复杂、从低级到高级的进化与发展，并推动思维作用于客观世界的发展。传统的思维方式不断向前发展，其理性抽象能力不断得到提高，从而促进其外部表现形态得到新的创造和发展。因此，传统表现形态要想得到新的发展与更新，必须要依赖于思维方式的深化与发展。黔西北彝族地区民间传统音乐在新时代中的发展与创新就是由此推动的。

二、服饰及其图纹美学思维

黔西北彝族服饰有深厚的文化积淀，服饰中的每个细节都很有讲究，绚丽多彩的服饰文化是彝族传统文化的重要组成部分。之所以说黔西北彝族服饰中的每个细节都有讲究，原因在于其中的每个装饰都有抽象的寓意，如表示吉祥。心灵手巧的彝家姑娘，在这些寓意基础上，制作出的服饰绣工精细，图案组合巧妙，色彩搭配合理而自然。黔西北彝族服饰中还有一些几何图案，主要为漩涡纹，古朴的漩涡纹配以艳丽的色彩。除了漩涡纹以外，在女装前后襟和前后摆上还绣嵌有一些虎纹、火纹、羊角纹、八卦纹等,都富地域代表性①。

黔西北彝族服饰的图纹,集实用与装饰为一体,实用中显示了彝族人民崇尚自然的古朴意识,装饰则表现出本民族独特的审美情趣。但其中的美并不是单一的、不变的,它是在和其他民族交流中形成的,同时融入了一些近代艺术的元素,在多元美感中实现了一种和谐,生动而全面地展现了彝族的历史、文化、艺术和信仰。

(一) 多元化的整体美学思维

从整体上审视,彝族的服饰图纹给人的第一感觉是和谐统一。每件服饰上都有一种主要的图纹,和谐统一首先是全部图纹的样式与衣、帽、裤、裙、鞋、褂包相统一,其次是作为基调的图纹与其他配饰的图纹之间的协调一致。彝族的女装色彩绚丽、纹饰繁多,最能突出纹饰的整体美。如上所述,彝族服饰中的图纹是以一种图纹为主,其他图纹为辅。在女装中,主图纹多为花卉,花卉的形状主要是宽条状或呈大面积的其他形状,缀于上衣的胸、肩、腰、袖、下摆,裤子的裤腿下部以及围腰、鞋、帽的显著处,服饰图纹则搭配在其他空处。而搭配的其他图纹形状仍如主图纹,但其宽度及所占面积须减小。在服饰图纹的编排组织上,有一种主体意识和主从协调统一的整体性②。服饰图纹的安排是非常有规律的:主图纹必须安排在服饰的显著部位,辅饰图纹只能放置在边角部位,且必须与主图纹的走势相一致。这种主从相配的思路又体现了彝族服饰图纹的多样一体。彝族服饰图纹多为自然中的动植物,自然之物的多样性也反映在图纹的多样性之中,每件彝族服装上搭载的图纹都不是单一的,图纹的多样性也体现在每一件服装上,有的服装辅饰图纹多达数十种。图纹的多样性还体现为,同一种类型的图纹也可以有很多不同的变化。多样的图纹经过彝家姑娘的巧妙安排,显示了彝族服饰图纹的既多元化又有一致性的整体美③。

从整体上看,彝族服饰图纹的搭配深谙主从和谐、多样性协调之道,在图纹的样式上,图纹个体、局部、群体合理配置;在色彩上,主图纹和辅配图纹的色彩也有差别,体现主从的对比融合④。

(二) 以自然美为基础的美学思维

彝族人民崇尚自然,这种观念也体现在服饰图纹中。彝族服饰图纹中有许多

---

① 韦荣慧、何晏文、苗麒麟:《魂为衣兮文为饰——贵州彝族服饰及其民族特色》,载于《当代贵州》2013 年第 16 期。

②③④ 范例:《彝族服饰图案类型、艺术特点及美学价值》,载于《云南师范大学学报》2004 年第 2 期。

的动、植物图纹，动植物图纹以及一些几何形图纹使得彝族服饰具有了一种自然美[①]。彝族对自然万物有着特殊的情感，宇宙间日、月、星辰默无声息的规律性运动，自然景色的宁静恬美，自然界中万物的生息、繁衍，在彝族人民的心目中都是神圣的、美好的。他们把自己视为宇宙万物的一部分，要想实现生活的吉祥康泰、和平安宁，就必须按照自然的方式生活，自然万物是他们的图腾，日常着装成为他们寄托这种自然情感的载体。在自然万物中，彝族人民对植物开出的美丽花朵情有独钟，花朵不仅美丽，而且富有生气。于是在彝族的服饰中，经常可以看到彝民们把花卉作为主要的图纹，同时还原了自然花卉美丽的色彩。其他辅饰的图纹也多为自然界的动、植物，一些简单的集合形状以及具有抽象寓意的图纹，这些都来源于自然，来源于彝族人民对自然长期细致的观察，同样也表达了彝族人民对自然界万物的特殊情感。所以我们说彝族服饰图纹是以自然美作为基调的。其服饰图纹以自然美作为基调的艺术特点，是有其历史、社会、经济渊源的[②]。

（三）反映原始崇拜性思想的美学思维

彝族服饰中有一些动、植物形象的图腾式图纹，图腾对一个族群是神圣的东西，体现了对这些形象代表的自然之物的崇拜，比如龙和虎的图腾。虽然这些图腾式的图纹数量上不及其他图纹，如上文所讲的花卉，但更代表一种庄严，是有长期的历史、文化积淀的。在彝族的服饰图文中，图腾纹饰通常是作为一种吉祥物，彝民们相信在服饰上配上这样的图纹，可以使族人得到神灵的庇佑，代表了对康泰平安、吉祥如意、延年益寿的追求，同时这也是一种哲学理念[③]。这种理念就像汉族古代建筑中的雕龙，也构成一种美学要素，只不过它是以服饰作为载体的。彝族服饰中白底是"米古鲁"，黑纹是"靡阿那"，"米古鲁"与"靡阿那"其原形为纠缠回互的黑白两条龙，后演变为一种符号，经常出现在妇女和儿童的服饰上，代表阴阳，象征夫妻，包含深奥的哲学思想和通俗的伦理教育寓意，归纳起来，多元化整体美，以自然美作基调加上崇拜性思想的反映，是彝族服饰图纹艺术特点的组成元素[④]。受这些元素的影响，形成了彝族服饰图纹的美学观念，并以此为尺度指导、衡量服饰图纹的式样、色彩和装饰的方式与布局，形成彝族服饰的独特风貌，表现出其个性化的艺术特征[⑤]。

[①②] 周真刚：《黔西北彝族服饰及其图纹美学试析》，载于《贵州民族研究》2006年第1期。
[③] 范例：《彝族服饰图案类型、艺术特点及美学价值》，载于《云南师范大学学报》2004年第2期。
[④⑤] 朱进彬：《从彝族服饰看彝族文化中的吉祥崇拜——以澜沧江流域彝族为例》，载于《保山学院学报》2012年第6期。

（四）服饰图纹美学思维的价值

首先，彝族服饰具有衣物应有的基本功能，包括保暖、防护自身，以及帮助人适应生活环境的功能；其次，它作为一种装饰，体现了人对美的追求，所以有美化自身的功能；最后，服饰是文化的一部分，显示了本民族的特色，在民族内部还具有昭示内部等级的功能。三种价值都有实用的维度，在实用之外，彝族服饰还具有很高的美学价值。彝族服饰上的图纹丰富精美，使其美学价值超过了实用价值。

服饰图纹是人民群众对美的感悟的结晶，就像那些有名的书画一般，其美学价值是珍贵的、永恒的。彝族服饰上的图纹不仅仅是一种艺术品，因此不仅只有美学价值，或者说，它的美学价值有直观的，也有深层次的。直观的美学价值表现为记录了本民族的历史、习俗和文化，深层次的则是其中蕴涵的宗教信仰、哲学思想以及那些在历史长河中长存的艺术魅力。彝族服饰的图纹中常见动、植物，反映了彝民的日常生活；从一些图腾图纹中，我们可以感受到彝民朴素的哲学思想，例如，彝族服饰的图纹中有许多自然景物，代表着彝族崇敬自然的理念。而我们所说的那些超越时空的艺术魅力，则体现在彝族服饰的历史发展之中。彝族服饰中的图纹是随着服饰本身而发展变化的，而服饰的变化则体现了彝族的历史发展。从一些文献记载和实物证据来看，早期的彝族服饰图纹式样相对简单，色彩也比较单一，并且缺乏层次性。但随着服饰的变化，图纹的式样不断丰富起来，色彩也变得越加的纷繁秀丽，层次性也变得明了了。在这个过程中，彝族服饰图纹的审美也处于一个不断发展或说进化的过程，阶梯状发展的彝族服饰图纹呈现了一种系列美。系列美意指这些不同阶段的图纹的美感是一脉相承的，前一个阶段是下一个阶段的奠基石，每个阶段的图纹美又引出比之更深入一步的服饰图纹美，使彝族服饰及其装饰图纹的发展生机勃勃，生生不息，这种动态的发展即展现了这些图纹跨越时空的艺术魅力。正因为存在着这样的美学价值，彝族的服装成为彝族的一种重要标志。

三、黔西北彝族的色彩思维

色彩文化是黔西北彝族文化的一个重要组成部分，不同的色彩象征着不同的文化内涵，彝族人民普遍喜爱红、黄、黑三种颜色。三色文化是彝族人民特有的文化色彩，它隐喻了彝族人民对美的审视以及彝族人民勇敢、热情的个性特征[1]。

---

[1] 龙飞：《彝族色彩的解析与应用》，重庆大学硕士学位论文，2016年。

黔西北彝族的三色指的是黑、红、黄三种颜色,彝族人民自古就崇尚这三种颜色。

由于每一个民族生存的地理环境、宗教信仰、思维方式、风俗习惯等方面的差异,因而在各种颜色的认识上,不论是在视角上还是心理上都赋予了不同的寓意[①]。每个民族有自己独有的文化背景,会形成其自身的颜色偏好,我们可以从对颜色的这种偏好中,探索和发现这个民族的性格以及历史。每一个民族在改造自然的过程中创造了属于自己的独特文化,在认识世界和改造世界的长期实践中,彝族文化中逐渐形成了尚黑、尚红、尚黄的思维趋向,彝族人也给这三色注入了寓意深刻的象征意义[②]。其中黑色以生存的土地为代表,象征着庄重、典雅;红色以火为代表,象征着勇敢、炽热;黄色以太阳为代表,象征着光明、欢乐与美好。三色文化表达了住在黔西北地区彝族人与自然、人与天地万物的关系。这三色连接了彝族人的悲欢与梦想。同时三色文化具体体现了彝族人的宇宙观,对彝族社会的稳定和发展起到了巨大的推动作用。通过对彝族三色的解析,可以推知三色背后映射的是彝族的文化系统,即三色是彝族文化系统的折射。象征人类学曾经这样描述"文化就是社会行动者利用象征符号为自己制造的意义和组织的逻辑,象征符号规定人们理解和看待世界。符号的灵魂是它代表的意义,这个意义只为行动中的人所知,而行动中的人又随时随地赋予旧符号以新意,所以人类学家对文化符号只能尽力理解并做深度解释和描绘。"彝族三色主要包含了以下三个方面的象征意义。

第一,从视觉的角度来讲,彝族人民主要崇尚红、黄、黑三种颜色。这是彝族人民审美观的具体体现。于是彝族人民赋予这三种颜色不同的象征意义,即黑色代表土地,红色代表火,黄色代表太阳[③],这也是彝族颜色文化的表层意义。

第二,彝族三色文化所表达的实际上是彝族文化意义系统。彝族对颜色的偏好与彝族的历史、传说及其神话有着密不可分的联系。彝族的太阳崇拜、火崇拜、火塘文化等,都是彝族红色文化的体现。而彝族的黑色文化则是彝族传统家支制的体现。

第三,彝族的色彩学多采用对比色,色彩浓烈、明快。在三色中,黑色为土地之象征,具有高贵性,传达出彝族的庄重与威严;红色象征了彝族如火般的热情与豪放,显示出彝族人勇敢与不屈的精神;黄色象征着期望与信心,寓意为明天如阳光一样灿烂美好。对红与黄的崇拜其实就是彝族人对天地日月的崇拜之

[①②] 蒋维青:《彝族的"三色"隐喻及其反思——对彝族"三色"民俗工艺的艺术人类学解剖》,载于《贵州民族研究》2008年第3期。

[③] 曲比阿果:《彝族的三色文化》,载于《西南民族学院学报》(哲学社会科学版) 1999 年第 3 期。

情，传说中的"天菩萨"便是代表天地日月的神①。

综上所述，彝族三色文化表现在彝族人民生活的每一个方面，它潜移默化地影响着彝族人民的衣、食、住、行，进而渗透到彝族人民的审美意识、文化观念之中。彝族人崇尚红、黄、黑三色的观念，已成为彝族历史文化的深层积淀，表现着彝族文化意识色彩和文化基质，三色文化是彝族文化的重要组成部分。

四、黔西北彝族的绘画思维

黔西北属于彝族发祥地的范围，自古为彝族的活动中心。早在夏、商之际，就是彝族先民仇娄阿摩即"卢夷之国"的范围；春秋战国时，液那和"六祖"一支的乍部取代了卢国的统治；东汉和魏晋时期，"六祖"中的默部、布部先后在黔西北建立"慕俄勾"（水西）、"纪俄勾"（乌撒）地方政权，直至清康熙三年，达1600余年。黔西北是彝族文化比较发达的地区之一，在全国的彝文古籍文献中，黔西北的彝族古籍文献，无论是在质量上还是数量上都处于前列地位，列为全国少数民族古籍整理出版重点项目的《彝族源流》《西南彝志》《彝族指路丛书》《彝族金石图录》等书就达70余卷。彝族历史文献不仅以古老的彝文记录了彝族哎哺—尼能—什勺—米靡—举偶—六祖的500余年历史，同时还以插图等形式，保留了相当数量珍贵的彝族古代绘画，是研究彝族古老文化和绘画艺术的重要参考资料。

（一）绘画的起源与发展

关于彝族的绘画起源，彝文献《努沤数》《那史纪透》《物始纪略》等书载："在那远古时……作战归来时，杀牛马猪羊，血涂大岩上，绘各种形象。"到恒始楚、投乍姆时代，"牛马猪羊皮，上面画那史"。到了六祖时代"能沽织丝帛，用来绘那史""万事万物，各种形象，圣人所想象，由巧手绘画，挂在丧场上，传祖摩布（君、臣、师）旨意，以安慰亡灵"；或各种动植物因形象美而为师颖所绘，以留传给后世。随着人类社会的进步，科学文化的不断发展，彝族的绘画先绘于岩石上、牛羊皮上、丝帛（棉麻布）上，再绘于皮纸上（后期那史多用纸绘）。由此可见，彝族的绘画起源，不仅与世界上其他古老民族的绘画起源一样经历过漫长的历史时期，而且与自己民族的图腾紧密联系。彝族绘画最具特色的是那史，它以古朴粗犷、拙稚凝练而坚实饱满的线条为主，多施黑、白、红、蓝、绿、黄六种基本色。从绘画风格和选择的题材上看，现存于彝文古籍中的书

---

① 曲比阿果：《彝族的三色文化》，载于《西南民族学院学报》（哲学社会科学版）1999年第3期。

籍插图，以及民间各种器具器皿上的漆画都有可能由那史发展而来，或者说是以那史为蓝本的。书籍插图承袭了那史的传统特点，是显而易见的。

彝文古籍中的插图，有代表性的是那史类，它不仅数量多，而且内容也相当丰富，它从人文角度取材，以人物、动物、花卉（鸟）画为表现形式，表现方法、造型风格渐趋多样化。人物动物画求"真"、求"全"，兼有装饰性；花卉（鸟）画则以装饰为主，画得抽象。无论如何，那史古朴天真的原始艺术特征却始终保持着，总是不脱离自己的文化艺术体系。

（二）绘画的分类与题材

彝族古代绘画的分类，就我们收集到的作品而言，主要有那史、书籍插图、漆画三大类。它同民间美术一样集功利（用途）与装饰性（美）于一体，形式和内容紧密结合。那史和书籍插图，由于用途不相同，因此它们的取材也就不一样。

1. 那史的题材

在与大自然和敌人的斗争过程中，彝族先民创造了大量的艺术形象，这些艺术形象形式多样且富有想象力。它们有长着鹰头顶天立地，摘星如摘果、拔树如拔菜的英雄杜波祖；还有猪毛黑人、独脚野人、牛头马头人等。艺术形象蕴含着万物有灵的观念，是神化了的图腾符号①。图腾一词源于印第安语（totem），意思是"他们的亲族"。图腾崇拜（totemism）是在各民族中都存在过的一种原始宗教信仰。彝族的古老图腾通过那史的传统命题反映出来。"即使在原始的神灵信仰的愚昧消除之后，也将永远保留在人们的意识形态中，这种观念作为一种文化观念和艺术形态，成为丰富多彩的精神财富和全能的艺术思维符号。"②这些符号，这些传统命题题材，有着祖先崇拜、自然崇拜、图腾崇拜和原始宇宙观的深层涵义；还有天文、物候历法、数学和民族历史文化意义③。由此所衍化的艺术有着鲜明的民族特色。

2. 书籍插图的题材

彝文古籍插图，其题材由各类书的内容来确定。根据资料内容和原书的情况，我们将它分为《宇宙人文论》类、《尼哈数》类、《柞数》类、《努沤·摩史数》类。

《宇宙人文论》类插图以符号组合和示意为主，将概念符号化、图像化，便于读者对抽象概念的理解。如天数、地数、日月、五行、八卦、宇宙、清浊各有

---

① 参见《那史释名》，不分卷1册，45页。今藏贵州省毕节市档案馆。
②③ 东人达：《西南少数民族非物质文化遗产中的宗教因素》，载于《贵州民族研究》2009年第4期。

其特定符号。

《尼哈数》类插图亦多为符号组合的图像，多与星斗、鲁补鲁旺（相当于九宫八卦）、与年月日时、季节、节气等历法的内容相关。

《拷柞数》类插图不仅内容丰富，题材也十分广泛。《柞数》类书的插图以表现人为主，在人或人生问题上作文章。人的喜怒哀乐之情，对真善美、假丑恶的态度，衣食住行，生、婚、丧人生三部曲，社会地位的高低贵贱，婚姻家庭的社会关系及各种机遇等，无一不是它所选用的传统命题题材，它的作者无一不在此基础上任意发挥和创造。因此它有雷同的题材，但很少有雷同的创作构图或表现方法。

另外，因为彝族古代曾有过发达的天文历法，彝族先民有丰富的恒星知识，创立过闻名中外的历法。九大行星的象征符号，象征日月五星、二十八星的动物，二十四节气的物候符号，代表四季、象征生命的草木花卉及十二生肖等的绘画，在《柞数》类插图中也占了相当大的比例。各种动物、花草树木的造型风格多样化，集图案、装饰、神奇、怪诞于一体，融写实、写意、质朴、夸张于一身。抽象与具体，古朴与新颖，粗与细，繁与简，巧与拙，雅与俗都浑然结合，并得到淋漓尽致的表现。鲜明的主题，饱满的构图，特殊的透视，挺拔的线条，浓厚的装饰性都极富个性，无论形式还是内容，都具有鲜明的民族特色。

《努沤·摩史数》类插图多半以神话或传说故事为题材。

（三）绘画的形态与审美

作为一个古老的民族，彝族有其千百年来形成的自成体系的宇宙观。毫无疑问，在彝族古代绘画作品中包含着独特的审美意识、丰富的文化内涵、厚实的文化积淀。彝族先民曾对"天地缘何而始，人类从何而来，天地之外有何物"等问题作了长时间的苦苦探索。通过不断探索，不断总结，从而形成了系统的宇宙观。《彝族源流》《西南彝志》《物始纪略》等彝文古籍载：在天地和人类形成之前，不存在任何事物，四周都是黑洞洞的一片。后来产生清浊二气，不断结合不断分开，产生两种叫"哎哺"的物质元素，又由"哎哺"形成天地和万物[1]。《物始纪略》则进一步说：清气的"哎哺"形成白色的米古鲁；浊气的"哎哺"形成黑色的靡阿那。米古鲁又称天父，生天、生日、生鹰代表阳；靡阿那又称地母，生地、生月、生虎代表阴[2]。白色的米古鲁和黑色的靡阿那相互纠缠的符号

---

[1] 叶峰：《传承于民间的古老画语——彝族毕摩画溯源》，载于《美术大观》2007年第10期。
[2] 巴莫曲布嫫：《叙事界域与传统法则——以诺苏彝族史诗〈勒俄〉为例》，载于《民间叙事的多样性——民间文化青年论坛》2004年第8期。

称"输必孜",它们不断融合变化而产生万物。① 这种观念是对男女交配生子女的普遍现象的归纳和总结。

米古鲁、靡阿那有形有色。《物始纪略》称之"输必孜",其意为相互纠缠的黑白两条虫。作为一种符号,有人称之为涡旋纹,它虽然是彝族古代绘画的基本样态,但是除了出现在绘画中外,同时还出现在女性和儿童的服饰上。"输必孜"到了那史上,变成两条互相依恋的大龙,但它依然代表阴阳,象征夫妻。当然有的那史上画的"输必孜"也保持其原形。在"输必孜"周围,则分布由它繁衍生殖的"哎哺、采舍、哼哈、鲁朵",它们就叫"吐鲁亥启",即彝族八卦。八卦也叫"鲁旺",加中央为九数称"鲁朴"。八又可缩为四,加中央成五数,称之"翁迤",即五行。亥启、翁迤是彝族先民认识世界而总结出的思想结晶,是彝族天文、历法(太阳历、阴阳历)、数学、哲学等的基本原理,翁迤、亥启作为宇宙观的标记,作为一种文化的象征,贯穿在整个彝族古代绘画之中。

米古鲁和靡阿那是两组文化符号,它们的结合实际上是两种文化的结合。它是彝族文化的基本形态,也是彝族古代绘画的(彝族民间美术)基本形态。米古鲁和靡阿那在远古应是互为婚姻的两大氏族,白为米古鲁代表色,代表崇日崇鹰的农耕文化,黑为靡阿那代表色,代表崇月崇虎的畜牧文化。彝族传统绘画——那史中的《鹰覆天脊》《鹰爪启明星》等,以鹰作太阳的象征,代表光明;《虎主宰大地》《虎》等,则以虎为月亮的象征,代表力量和尚武②。"为了生存和发展,他们就要创造并培育自己的鲜明标志——民族特色。他们通过神话、文身、刺绣、服饰、旗徽等等来保持自己的特色,张扬自己的个性,通过一切民俗活动来有意地强化这种观念,不断在族人的头脑中刷新这种图腾性的表象。"③ 彝族古代绘画也是如此。"输必孜"本来是米古鲁、靡阿那、翁迤亥启的有形有色的符号,它是彝族古代绘画的基本形态,是点线面和构图的基本形态,还是审美的根本意念。它直接影响着彝族古代绘画(彝族民间美术)的生存和发展,其特征在那史中、在书籍插图中都充分地表现出来。

在彝族先民的绘画中,各种符号和形象都根据实用的目的而被赋予了特定的象征意义,各种艺术表象符号各具其用途。

彝族古代绘画(彝族民间美术)是原始艺术的民俗观念的形象物质载体,它从内容到形式、从创作动机、从美学结构、在艺术形态方面继承和发展了原始艺

---

① 叶峰:《传承于民间的古老画语——彝族毕摩画溯源》,载于《美术大观》2007年第10期。
② 巴莫曲布嫫:《叙事型构·文本界限·叙事界域:传统指涉性的发现》,载于《民俗研究》2004年第9期。
③ 安琪:《群体精神的美学体系——民间艺术的理想、功能与价值》,载于《文艺研究》1990年第3期。

术，并以实用为动机，以寄意为目的。它的构图形式、内容（传统命题）、色彩、表现方法，在同一个文化圈内，为大众所喜闻乐见，代代相传、发展。它具有很强的生命力和永久性的审美价值，它的社会性决定了它具有不朽的艺术魅力。

彝族的古代绘画艺术有其独成体系的审美价值和艺术风格，无论那史还是书籍插图，乃至各种绘画，以及为数甚多的民间工艺作品，都表现出一个民族的历史文化艺术积淀，具有丰富的内涵。它的发掘和整理研究是一项艰巨的开拓性工作。

第三节 黔西北彝族的逻辑思维

一、黔西北彝族的数理逻辑思维

数学是研究数量、结构、变化、空间以及信息等概念的一门学科，从某种意义上说，数学也可以归类于形式科学，在黔西北彝族地区称作"乍数"。黔西北彝族乍数就是在天文观测的基础上所得的实践科学，乍数包含多种实践形式或学问，例如占星、历法，以及人的寿时推理等。在彝族地区，乍数很难为众人所知，原因在于其是以一种秘籍的方式进行传承，再加上历代布毪皆以华丽的文采进行修辞，而后再将其附于祭祀仪式而传于民间，这种种的因素就使得黔西北彝族的乍数逐渐演变成了神秘的东西。此外，由于在彝族文化教育上没有对数学和历法进行清晰的分科和独立教育，故而人们对其都极为陌生，甚至还有人质疑彝族是否存在过数学。在黔西北地区，只有少数民间艺人发现彝族古歌（原为书传，后逐步变为口传的仪式古歌）隐含着进制数学的迹象，但他们由于文化程度受限，也只是知其然而不知其所以然。如三、六、九、十二、二十四、三十六、七十二等数，这些数在汉书里面皆有所见，在黔西北地区的歌谣中乃至书本中也随处可见，但是人们对其了解并不多，很难知其所以然。然而庆幸的是，在彝族的《啃数》《夷候巴》及浩繁的古籍文献中都能发现对乍数的清晰、明确的解释，只是没有人对其进行过细致深入的研究，因此，才使得这些数据蒙上了一层神秘的面纱。

（一）彝族的数理思维的概况

彝族的数理思维与汉族的数理思维具有同源性。彝族数学中的数从一始而终于九，一天二地三者人，三三得九，以应九宫，即天九地一，左三右七，二四为肩，六八为足，五唇和中央之躯体。其可以划分为三部，即上部为二九四、中部为三五七，下部为六一八，每部都包含天、地、人三者。三而成天，三而成地，三而成人，合则成九，九分九宫，九宫化九野，九野应九藏，九藏而合于天度，天度则合于人体。每部均为三候而求得二十四节气、七十二候及360度周天的科学术算。以上文化广泛传播，彝族先民的文化天地得以开拓。

在彝族地区，先民们无论是祭天祀地，还是祭祀祖先，都会把斯阿哺当作文明之鼻祖进行祭祀。在黔西北彝族地区，仪式称为"几"，在汉语当中，与之相对应的是"堂"。所谓"几"，一般是以杈木插示出外阳内阴的场面，也称"挣节"，是指祭祀的道场，即以一、三、五、七、九、十一之杈木数插布四周，示意出各方的主神灵位。上为天神灵位，下为地神灵位，左右则均为仙神水怪及五方帝神灵位。堂内即以双数按其祭祀所需的部位插示执法项目之要隘。如果不需设堂的小型祭祀，也少不了象征天、地和人的黑、白，便插三道退脱吉利的波木（五倍子树）杈门。就是打醋坛用的石头，也必须用9个山头石，6个山腰石，3个山脚石，只有这样，才能表示用量具备，否则的话，法事就会失灵。彝族祭祖经书《匹斋数》记载："很古很古时候起，凡立柱、丧事、办喜之际，皆设超嘎，即迎宾棚。其所设的十二道要隘，象征日月的通行关口，阿匹额索则是坐镇超嘎的第一代始祖。"《六祖源流》说："自汉兴以来，建庙作供奉，焚香又化纸，敬奉死菩萨，夷人不兴此汉俗，自古夷礼仪，杀牲作祭祀，超度插杈木，汉不兴夷俗。"《礼记·月令·孟春》说："古文所说讲五脏与五行的配合部位，是根据祭祀时所宰杀的动物（牲）向南的五脏实际部位排列的。"这些记载丰富、翔实的史料足以证实古夷人就是今天彝族的先祖，是华夏文明的保存者。建立在夏代先天八卦基础上的彝族数学就是因为其长期存在于彝族的宗教祭祀活动中才得以为今人熟知。

《易·系辞》称庖羲氏（即伏羲氏）始作八卦，乃指八索之占言之。以索之占是八卦的前身，八卦是八索之占的继续和发展。现在在彝族地区，人们为了祭祀斯阿哺所设立道场仪式，实际上就是彝族对原始祭祀制度的继承和延续，可以说是夏代巫术占验法的再现。《周易尚氏学》又说："明堂者即九室，二九四、七五三、六一八，即今书之横图数。九室即九宫。又孙星衍云：北周甄鸾注数术记遗九宫算云：'九宫者即二四为肩，六八为足，左三右七，戴九复一，五居中央。"[①] 现今在黔西北彝族地区，人们所唱的祭祀古歌《夷侯巴》说："道场设得大，三六九为经，四七二八柱，三十六神位，七十二祭师"，就是基于此理。所

[①] 刘滕：《形与数：云南少数民族建筑艺术构形的数字人类学分析》，载于《德宏师范高等专科学校学报》2015 第 3 期。

设立的祭祀道场仪式，必须以其运算所得的因数而用权木插示。如解身退脱洁净祈求长安的仪式，以 12 道权木插示，叫魂插三道，大型祭丧插 72 道，中型插 36 道，小型插 9 道，尼模即超度祖灵列谱则插 120 道，祭雷电神插 24 道等，所有的这些都是基于崇奉斯阿哺的祭祀制度而执事的，并且都必须杀牲而祭之①。《中国宗教思想史大纲》认定这种祭祀制度即是三代时期的教法纲领，夏代称为世室，殷商称阳馆或重室，周时称之明堂。三代明堂的制度，我们觉得不很清楚，惟惠栋明道大道录引《大戴礼·盛德篇》所记较为详细："明堂者，古有之也，凡九室，室而有四户八牖，三十六户，七十二牖，以茅盖屋，上圆下方。又论：明堂月令，赤缀户也，白缀牖也，二九四、七五三、六一八，堂高三尺……九室十二堂，室四户，户二牖，堂方百四十四尺，坤之莢也，屋圆径二百一十六尺，乾之英也，太庙明堂三十六丈，通天屋九丈，阴阳九六之变，圆盖方载，六九之道，八闼以象八卦，九室以象九州，十二宫以应十二辰，三十六户七十二牖，以四户八牖乘（音绳）九室之数也。户皆外设而不闭，示天下不藏也。通天屋八十一尺，黄钟九九之室也；二十八柱，列于四方，亦七宿之象也；堂高三尺，以应三统，四方五色，各象其行，外博二十四丈，以应节气也。"② 以上所说完全符合于现今彝族地区人们所崇奉的祭祀制度。其之"九室"符于彝书之九宫即八方加中央，"四户八牖"即四方八角，"三十六户"即以十个月为一年的天干之历度月日数，"七十二"牖即五方帝神的分成日数。"上圆下方"指的是以圆为天、以方为地的仪式框架。"二九四、七五三、六一八，堂高三尺"即指撑于天地间的彝族斯阿哺。"九室十二堂"，指的是九宫十二辰。"堂方百四十四尺，坤之莢也"，即是二十四乘以六气所得的因数。"屋圆径二百一十六尺，乾之英也"，即是天干之三十六数乘以六气所得的因数。故说"太庙明堂三十六丈，通天屋九丈，阴阳九六之变，圆盖方载，六九之道，八闼以象八卦，九室以象九州，十二宫以应十二辰，三十六户七十二牖，以四户八牖乘九室之数也。"③ 其所说皆同于彝族古歌所说"天地四方，四七二八柱，三十六神位，七十二祭师。青赤黑白黄，各是一方神，掌管四时数。三三而九，九九更为八十一，盛开于中央等数"。彝族先民所发明设制的八卦数理，即是开拓彝族文化的基本旋律和制度。其在汉文古籍中有着零星的记载，这是由于有部分彝族先民融于汉民族的缘故。也可以这样说，汉族的先进文化也是对各民族的优秀文化进行吸收、发展而形成的，是各民族文化的融合。

---

① 参见《祭祀星宿经》，不分卷 1 册，第 36 页。今存贵州省金沙县马路彝族苗族乡契默沟沙忠兴家。
② 王治心：《中国宗教思想史大纲》，中华书局 1988 年版，第 85 页。
③ 王正贤、龙正清、王继超：《当代彝族学者彝学研究文选》，贵州大学出版社 2011 年版，第 124～127 页。

彝族的数理逻辑，可以说是起源于伏羲氏时代的先天八卦，但是，在长期的历史发展过程中，人们对它渐渐疏远而使其近乎到了消失的境地。现在我们可以通过彝文典籍的详细介绍，如反本归一的数学原理，重新对其进行梳理，让其重新回到人们生活以及学术研究的视野当中。马克思曾经说过："人们自己创造自己的历史，但他们并不是随心所欲地创造，……而是在直接碰到的、既定的、从过去承继下来的条件下创造。"① 基于事物客观规律的彝族数理逻辑，根据彝文古书的记载即可知其透明度。《啃数》认为：一切事物都是从无到有的，但独阴而不生，独阳也不长。万物都以阴阳的互为结合而以生衍数，一而二，二生三……由此在彝族先民的思维中即产生了突破性的数学逻辑，并认为奇数属于阳性数，偶数则属阴性数。根据此逻辑思维，奇偶数相结合即产生了数学的换算法则，这就是彝族梳理逻辑的思维规律。在远古的时候，彝族先民就以人的生理常识对此逻辑规律进行了因果关系的验证，并说："天晴为喜，天雷为怒，天雨为悲。天有三百六十度，人体也有三百六十骨节，天有十二万九千六百星斗，人体也有十二万九千六百毫毛和孔窍。"由此，我们不难理解，此为彝族先民将其换算所得的因数披上神话色彩的缘故。

在古人的观念中，太极是万物之始，万物皆是由太极演化而来。万物皆始生于太极。彝语将太极称为"撒爱"，即正在宇空的中央大室进行交媾的一对神物。这里所说的神物是指变化多端的一种结合现象，彝语称之为"弭铺弭沽鲁，弥蒙弥阿哪"。彝族的八卦数理框架是以天象而定，彝族先民测定天球的经纬度的依据是日月的运转规律。太阳的终始点定作北纬，月亮的终始点定作南纬。月亮从开始点到逐渐变亮，满月又渐残缺直到终点所需要的时间刚好是三十个日头数，也就是三十天。太阳从开始点运行到东经点所需要的时间是月亮的三次周期，太阳的一次周天，则是月亮的十二次周期，即 30×12＝360 节（度）为一个年头的周天历度数，周而复始。所以彝语谓一年为"塔课"，汉意一个周圈，谓月为"塔洪"，意为一个月亮，谓日为"塔尼"，意为一个日头。可见彝族对年、月、日的称谓即是根据日月的运转规律而命名的。其计算方法，是按照十二地支的属相次序，即以鼠、牛、虎、兔、龙、蛇、马、羊、猴、鸡、狗、猪之序，周而复始。其计算法则，也是依据仪式而产生，"天地无有子，拜道度（指天干）为嗣子"，以牵制十二宫辰象。"哎（乾）父变天马（午），左翼是冰（丙），右翼是审（丁）。哺（坤）母变地鼠（子），左翼是道（壬），右翼是度（癸）。且（坎）男变玉兔（卯），左翼是遮（甲），右翼是磁（乙），舍（离）女变金鸡（酉），左翼是弟（庚）、右翼是很（辛）。鲁（震）男，左手牵牛，右手拉虎。

---

① 《马克思恩格斯选集》（第1卷），人民出版社1995年版，第585页。

朵（巽）女，左手牵羊，右手拉猴。亨（艮）男，左边一条龙，右边一条蛇。哈（兑）女，左边一条狗，右边一头猪。"天上的星辰也在变，"一变生水，六化成之。二变生火，七化成之。三变生木，八化成之。四变生金，九化成之。五变生土，虚十四应（一二三四之合数）。"是说一二三四五之星辰，其数均变成水、火、木、金、土五大行星。而水星之数以六为其数，火星之数为七，木星之数为八，金星之数为九，土星之数以反本为一之十数，照应四方。所以南斗火星有七，北斗水星有六，东方青龙木星有八，西方白虎金星有九。中央戊巳土星有十，是水、木、火、金星数的总和，即 $1+2+3+4=10$，故谓太虚有十而应于四方。天框仪式表明，古人以水、木、火、金、土五星，管束天干与地支（十二属象）的一次配合运转，作为一条龙气兴，年有萌、生、长、浮、收、藏之六气，即 $5 \times 12 \times 6 = 360$ 天。此则所谓五星管天规的原理，又名《天生经》。所以《天地人生仪式·天生经》载："轻清气上升，构成了天盖，显现了四周，形成了天宇。出现了卦象，荣日显轨道，耀月现轨迹，星辰的运行，跟随日月转，往返地旋转，产生了时辰，年月由它管，寒暑由它掌。春夏秋冬，各为三月，一年十二月，三百六十天，荣日当空转，一转是一天。一月三十日，十五或十六，月圆又明朗，三十又转溯。月规经常转，五星管天规，众星闪闪亮。星宿有轨道，形成九规天，终而复始，一章不越矩，这是天道的规律。"这也是彝族典型的逻辑思维。

（二）彝族数理逻辑中的换算思维

在长期的历史实践中，彝族先民观察、测定了天球的经纬度。周天历度数为360节（度），太阳每上下一节，就是一天。以十二属相等分，30天为一个月。

在彝族文献典籍《啃数》中这样记载：天是圆的，地是方的，东南西北和中央，立起柱撑天，方地的四角，以石板稳住，以免天摇地动，又再次合拢。东方玉兔所在的地方（卯）是太阳升起之地，滋伍吷立柱；西方金鸡之所在的地方（酉）是月亮归宿之所，勾默哪立的柱；南方天马位（午）是火旺之地，凯阿武立的柱；北方地鼠位（子）是水的蓄处，歌默哪立的柱；中央旺四季（即丑未辰戌）是在太极位（戊土己），沽鲁暑立的柱。方地的东方（寅），以鲁（震☳）石板稳定，西角（申）朵（巽☴）石板稳定，南方（巳）斯（艮☶）石板稳定，北方（亥）递（兑☱）石板稳定。天地相同道，星辰应地数。闪五星，中十宿，外三十，和共四十五，以应八角，得其三百六十程，即 $(5+10+30) \times 8 = 360$（程）。因此，《周髀算经》写道："昔者周公问于商高曰：窃闻乎，大夫善数也，请问古者疱羲立周天历度，夫天不可阶而升，地不可尺寸而度，请问数从安出？商高曰：数之法于圆方，圆出于方，方出于矩，矩出九九八十一，故折矩以为句，广三、股修四，经隅五，即方之外，半其一矩，环而其盘，得成三四五，两矩共长二十有五，是谓积矩，故禹之所以治天下者，此数之所生也。"

彝文典籍《啃数》中记载："天在上，地而在下，人居其间"，即指天地人生仪式经。头顶青天，脚踏赤地的巨人，彝语称之为"斯阿哺"，即"仙爷爷"。万物之数，即是此斯阿哺在人间传播开来的。所谓斯阿哺（仙爷爷），即是天九地一，左三右七，二四为扇，六八为足，五变生土，虎十四应的术数框架。此"仙爷爷"实际上有三个身份，即天仙、地仙和人仙，这三仙中的每一仙年龄均为 120 岁，共 360 年。以圆为天，其方为地，其间皆有"仙爷爷"俱在，三位一体，即是天地人的术数逻辑思维。彝族术数框架仪式可分上中下三个部位，上部谓之头，其数二九四，即 $2+9+4=15$，中部谓之身，其数三五七，即 $3+5+7=15$，下部谓之尾，其数六一八，即得 $6+1+8=15$，三部之数合四十五，即 $15×3=45$，是为第一仙人的阴阳总数，以应八角即 $45×8=360$。天以五星，地谓五行，人称五脏，即是宇体的有生动脉。阴阳之精气往返流通人体，无有休止。故以金木水火土五气谓之一候，天地与人谓之三候，以三候为一个节气，而天有八方，地有八角，人体有八部，均应八个节气，即得 $8×3=24$ 节气。从而可知 5 气（日）为一候，三候为一节气的数学原理，即 $5×3×8=120$ 日，即得上圆历度之数，上中下三圆合 360 日，则为周天的历度日数。故每十五日为一候，三候为一个节气，而年有二十四节气，七十二候是以金木水火土五气定为一候来换算周天历度而所得的因数。其换算的规律和法则，彝文典籍《弭弥撮斗俱》即《天地人生经》所载更为详细："重浊气下降，形成了赤地，五气来管束，五行来作主，掌天下太平。甲乙木为青，青人管东方，虎和兔伴随，管七十二天；丙丁火为赤，赤人管南方，蛇和马伴随，管七十二天；庚辛金为白，白人守西方，猴和鸡伴随，管七十二天；壬癸水为黑，黑人守北方，猪和鼠伴随，管七十二天；中央土为黄，黄人居中央，四方分掌管，狗龙和牛羊，共管七十二天。龙地十八天，兔和蛇分给。狗地十八天，鸡和猪分给。牛方十八天，鼠和虎分给。羊方十八天，马和猴分给。天干顺行流，地支落在癸，往返又复来，撑托天和地。"是说：360 度的周天，以五行分之，各为七十二候。天地无有儿，拜十大道度为嗣子，分管周天历度数，即以人们习惯所称的十大天干等分，各主 36 天。以十二属相等分，则各占 30 天，此则彝历的换算原理。

彝历的推算逻辑，是以 360 度的周天为限度，以阴阳二气分之，则定南北两纬作其终始点，即阳数生于子前终于午后，彝语谓之"俄野"，即阳极之端，阳体而就，故有端阳节。阴气生于午后终于子前，彝语谓之"俄哺"，即阴体而成之意。阴阳各以 180 度而成体，即 $360÷2=180$ 天。又以四方分之，谓之四季时令，即 $360÷4=90$ 天，以八角而分之，平均 45 日，即 $360÷8=45$ 日，故以每

45 天定为四立、二分、两至之点,即以鼠(子)为坤卦之位,定为冬至点,以马(午)为乾卦之位,定作夏至点;以兔(卯)为坎卦之位,定为春分点;以鸡(酉)为离卦之位,定为秋分点;冬至 45 日于震卦之位,是为立春之点;春分后 45 日于艮卦之位,是为立夏之点;夏至 45 日于巽卦之位,是为立秋之点;秋分后四十五日于兑卦之位,是为立冬之点。

发源于自然客观规律的彝族数理,具其独有的特色而自成体系,别具一格。它既有原始的科学成分,也有原始的文学艺术成分,因而它不仅是文学艺术的母胎,也是科学文化的母胎。它与彝族原始宗教和神话有机地粘连成同一体,曾向人类放射过科学的灿烂光辉,并照亮过古代人类意识形态的境地。但因其历史之久远而逐渐变成神秘,因而其间的科学奥秘不易于被人们发现,尚待更进一步的探索和研究。

二、黔西北彝族的类比推理思维

人类认识世界的方式多种多样,其中,类比方法是普遍存在于人们日常生活中的一种,"不依赖于各种观点,而是建立在人类整理其事物的广泛的共同方式之上"。[①] 许多思想家都认识到这样一种认知方法的重要性。康德说:"每当理智缺乏可靠的思路时,类比这个方法往往能指引我们前进。"[②] 相比较其他思维方式,人们遇到问题时往往会优先选择类比推理,这样会使人们有意识地将过去积累的知识经验用于解决新出现的问题。

类比推理与我们平常所使用的比喻有很大的相关性,几乎可以认为比喻是正式的类比方法的起源。类比的种类纷繁复杂,[③] 但是不管哪一种类比推理,其形成基础都是比喻。《墨经》里提到的"辟"就是也就是我们现在所说的比喻,"辟也者举他物而以明之也。"[④] 在修辞学中,比喻是其中一种修辞手法,用以描述、勾画修辞的对象。但是,比喻同样也是一种推理方法,只不过,比喻要演变成真正意义上的类比推理,是需要满足下面这两个条件的:一是要由事入理,构

[①] [美] 凯斯·R·孙斯坦:《法律推理与政治冲突》,金朝武、胡爱平等译,法律出版社 2004 年版,第 83 页。

[②] [德] 康德:《宇宙发展史概论》,上海人民出版社 1972 年版,第 147 页。

[③] 比如有学者将类比推理的类型归纳为如下几种:简单类比与复杂类比、近类比与远类比、性质类比与条件类比和横向类比与纵向类比等。巨朝军:《类比推理探微》,载于《齐鲁学刊》1999 年第 4 期。也有学者根据构造方式的不同将其区分为比喻式类比、仿拟式类比、诘难式类比、归谬式类比、藏钩式类比和博例式类比五种类型。盛新华:《类比推理的类别及其评判标准》,载于《湘潭大学学报》(哲社版)1998 年第 4 期。

[④] 《墨子·小取》。

成比喻的本体和喻体之间存在着事理上的相似点，结论强调的是本体也具有这种哲理特征；二是具有证据功能的喻体能够论证本体存在的合理性。《鬼谷子·反应》篇中说："像而比之，以牧其辞，同声相符，实理同归。"意思就是，采用比喻的手法，先把对方说服，然后得出产生共鸣的结论。这样一种思维方式既能够形象地说明事理，又能够得到令人信服的结论。因此，我们在处理有关法律问题时，可以采用这样一种类比推理方式，但是，我们也要考虑比喻与事理说明之间的相关性与恰当性，如果两者之间的差异特别大，那么就可能影响到抽象思维的准确性、论证的充分性。

生活中，社会角色以及复杂的社会情态，影响着人们对类比推理方式的选择。无论这种选择是出于人们有意识的行为还是无意识的行为，复杂的社会关系、多样的社会角色及与之对应的角色规范都对人们的思想和行为起到了制约作用。譬如，有一个农妇经常虐待她的婆婆，竟然用狗碗盛饭给婆婆吃，还盛气凌人地说如果这个碗被打破了就再也不给饭吃了。孙媳妇非常怜悯太婆，故意让太婆打碎了那个狗碗，抢先对着太婆吼道："你把家里这个传代的碗打碎了，我拿什么给我婆婆盛饭呢？"农妇听完儿媳妇这番责骂，幡然醒悟，改过自新，从此善待太婆。在这个故事中，孙媳妇就采用了中国传统的推理范式——推类方法中的援式方法，孙媳妇巧妙地借助媳妇—婆婆之间特殊的赡养关系，来说服农妇善待、孝敬老人①。

按照黔西北彝族地区的习惯法，对于伤害五官的赔偿问题有明确细致的规定。在五官伤害案件中，耳朵伤害是处罚最重的一种，依据对耳朵的伤害程度，相对应的罚金往往也是不同的，而且内耳的损害赔偿往往逊色于外耳的损害赔偿，甚至于听力损害或者耳聋的损害赔偿也不及外耳的形状损害赔偿。这是出于什么原因呢？我们认为，这跟黔西北彝族地区特有的民族文化密不可分。据了解，当地把"毁容"称之为"付厘勒厘"，意思就是"损角损耳"，在彝族习惯法中，"耳"与"角"具有同等的地位，这种规定的渊源，我们认为其与当地的图腾崇拜理念是密切相关的。在彝族人看来，角象征着生命的存在，同时也是护卫生命、预防非法侵害的有力屏障，如果遭到破坏，那么生命就岌岌可危了。就拿祭祀的动物而言，一旦发现其耳朵有受损的情况，那么就不能继续采用了，需要更换完整的毫发无损的动物来祭祀，不然就是对神灵的不尊重。彝族甚至有这样的传说，如果有人的耳朵受损了，那么这个人就是有缺陷的，死后也就不能回到祖先的发祥地了。彝族民间谚语这样说道：展翅飞翔的大雁，如果它的翅膀被

---

① "援也者，曰：'子然，我奚独不可以然也。'"——《墨子·小取》。援即援例，即你可以这样说，为什么我不可以这样说呢？即援引对方已经承认和肯定的命题，通过类比，以证明我的命题也应该得到承认和肯定。

老鼠啃坏，那么它就无法跟随雁群一起翱翔；深山里的毛猴，如果受伤了，那么它就不能与大部队一起攀岩；如果人的耳朵受损，那么他就不能跟随祖先上阴间。

"角者，跃也。阳气动跃。"[①] 动物和人的角耳是非常重要的部分，是完整性的体现。彝族人在图腾崇拜观念支配下，将耳朵看成动物的角，认为耳朵对人体而言，就如同角之于动物本身的重要性一样的。因此耳朵对于彝族人而言，同样是不可或缺。所以，与伤害其他五官比较而言，伤害外耳，按照习惯法规定自是最重的[②]。从中不难看出，彝族人的图腾崇拜观念和民族习惯法深深地影响着类比法。

综上，彝族人民认识世界的重要思维方式之一的类比推理，在学理上有似墨家的推类。日常生活中人们会使用到复杂多样的类比方式，这些方式的形成基础大多是基于比喻。在比喻中说明大道理，因而，比喻式类比的推理方式不管是在人们平常生活中还是在司法实践中都显得举足轻重。在复杂多样的类比推理方式中，其特点和方式呈现多样化，这些主要与黔西北民众特有的社会关系、特定角色密不可分。在司法实践中的类比推理来源于生活中的推理方式，但是在适用过程中很有可能会出现冲突与矛盾。因此，在司法实践中我们建议运用这种类比推理一定要在综合、借鉴和协调社会生活中运用的各种类比方法基础上，才能得出法律与社会效果两相符合的判决来。

三、黔西北彝族的法律推理思维

少数民族地区的法律推理与当地的民间法有着密切的联系，研究黔西北彝族的法律推理思维，就必须首先介绍一下其民间法概况。关于民间法的概念，我国法学界普遍认为其是和国家制定法相对应而又相辅相成的，在一定时空范围内具有规范力的各种民间习惯、风俗、禁忌、规矩等规范统称。具体而言，民间法应当体现为以下几个方面：在一定空间范围内人们所公认的处理纠纷的习惯或做法，该空间范围并不具有局限性，既可以小到一个家族，又可以大到一个民族，只要是该群体有着共同的社会心理即可；人们在言语行为方面的禁忌；一个家族中流传多年且仍然具有约束力的规矩（族规、家训）；由群体组织商议的事项；存在于各行各业中的规范行业内部行为的行规；随着国家的形成，国家把社会公

[①] 《白虎通·礼乐》。
[②] 当然，按照彝族习惯法，伤害上耳轮、中耳轮和耳垂的赔价是不同的，其中，在黔西北彝族地区，上耳轮、中耳轮、耳垂的赔价是层层递减的；而在受外民族影响大的地区则完全颠倒了过来。

众所认可的礼仪、习惯纳入国家的制定法体系，并制定了其他法律来保护其统治地位，这就是所谓的国家法。① 事实上，法的发展经历了一个并不算规则的递变过程，首先经历或呈现为习俗、道德、禁忌，然后到习惯法，再进一步扩展为外延更为广泛的民间法，最后才完善为具有普遍约束力的成文法，由此我们可以看出民间法的历史传承性和其具有的现代作用。

相较于国家法，民间法具有独特的特性，如调整范围多、适用范围广等，它是古今道德、习惯、族规、家规、村规民约、禁忌的统一体。民间法与国家法最大的不同就在于民间法不像国家法那样有国家强制力保证其有效实施，它之所以能够得到有效实施，是由于群体的评价、本人的羞耻心和群体公共权力整合而形成的权威性或者说约束力，民间法得以实施的强制力量就是来源于这三部分。

（一）黔西北彝族的习惯法概况

在黔西北彝族地区，尽管存在着法则，但是还没有形成完备的成文法，也没有相关的法律理论学说。与当代成文法不同的是，彝族民间法是在长期的历史发展演变过程中逐渐产生并逐步完善的，它有独特的较为完整的法律形式。在民间法中，影响最大的还要属习惯法，而且民间法的呈现方式多为习惯法，毕竟在民族地区，习惯、禁忌、族规、家训等大都以口头的方式流传下来，很少有成文法的形式呈现。因此，我们在研究黔西北彝族的法律推理思维的时候，着重介绍和分析该地区的习惯法。在黔西北地区，习惯法之所以能够长期存在且在民间法中居主导地位，这和其独有的传承方式密切相关。经过研究，黔西北彝区的习惯法存在和传播的途径主要有以下几种：

第一，神话和格言。相关的神话传说，例如在威宁地区就有彝族各支系是起源于竹的传说：相传在远古时期，山洪突然爆发，有一竹筒随着洪水漂来，把竹筒划开之后发现竹筒内有人，第一节竹筒的子孙是白彝，第二节竹筒的子孙是黑彝，第三节竹筒的子孙是青彝②。这一关于竹筒的神话传说，既说明了彝族的起源，又把彝族的分类情况也交代明白。除了神话传说，黔西北彝族的习惯法还通过格言的方式呈现出来，这样最大的优点是通俗易懂，便于人们理解和遵守，例如，"三代血亲，儿女丑如猴""夫妻和睦才能五谷丰登，宗族团结才能人丁兴旺"，等等。这些存在于彝区的格言，反映了该地区婚姻家庭的一些基本原则，并在当地得到了彝族人民的普遍遵守。

---

① 参见于语和、刘伟合：《从阳泉农村的实地调查看中国的民间》，载于谢晖、陈金钊主编：《民间法（第二卷）》，山东人民出版社2003年版，第211~243页。

② 具体可参阅林耀华：《彝族的图腾崇拜》，载于《思想战线》1981年第6期。

第二，文献和典籍。彝族地区的文献和典籍主要是由毕摩撰写，在彝族，毕摩是精通彝文的知识分子。目前来看，彝族典籍比较突出的表现在毕摩经书方面。毕摩经书主要包括历法、占卜、路经、诅咒经等，是彝族文献的主要表现形式。值得注意的是，这些彝族文献中记载了相当多的习惯法，在彝区具有广泛的约束力。例如黔西北地区重要的一部经书《指路经》，就是在葬礼上由毕摩为亡灵指路而吟诵的经书，由此而为亡灵指引一条回归祖先安乐地的途径，其中更为深层的含义就是在讲述彝族迁徙的历史，以此来对彝族子孙进行寻根的教育。此外，该经书也是彝族游牧和军旅文化的结晶，支持、鼓励人们的勇往直前，宣扬死者死后的荣光。除了《指路经》之外，黔西北彝族的政治法律制度等也记载于其他大量的文献如《水西制度》之中，这就表明文献和典籍是彝族习惯法的重要承载方式。

第三，碑文石刻。黔西北彝族的习惯法还记载于大量的碑文石刻上，这些碑文石刻的内容涉及方方面面，有墓葬碑、德碑等，包括图腾、信仰等各方面。例如，"宣慰岩石刻"（刻于明嘉靖三十九年）就记载，嘉靖年间黔西北地区就已经存在土地的买卖和典当，并且还有相应的契约文书。这交易过程涉及卖方、买方、中间人等，地价为银，但是，有时候也用牛、羊、猪、马等牲畜进行交易。除此之外，"发摩启封山碑"（立于清康熙四年），该碑文记载了黔西北彝族地区关于禁忌的事宜，碑文记载发摩启大山在献祭之后就成为了一方大山，因此，山中的草木和禽兽均不得乱动，否则的话当地人民就得不到神灵的保佑。由此可以看出，黔西北彝族既有尊敬鬼神的习惯，又有热爱自然、保护自然的习惯。

在黔西北彝族地区，习惯法被称为"节威"，包括三个部分，既涉及实体法，又涉及程序法，其中，"牧俄史俄勒"就是所谓的刑事习惯法，"木普瓦诺"是民事习惯法，"勿兹节威"则是程序习惯法。在彝族习惯法中，纠纷案件的性质和程序有不同的程度划分，这也是责任名称的划分，包括三种，即："阿曲"（白案）、"阿则"（花案）、"阿诺"（黑案）。在某些地区的划分更加地细致，他们把责任名称划分为五种，包括"阿曲"（白案）、"曲则"（花白案）、"阿则"（花案）、"诺则"（花黑案）、"阿诺"（黑案），但是最为常见且普遍使用的仍是前一种划分方法。①

在名称上，彝族习惯法有其独特的表达方式。例如在刑事赔偿的案子中就有多种独具彝族特色的名称表达，包括人命金，见面金，子女抚养金，接受调解牛，和睦金，超度送灵金，擦眼泪马，立誓金，一匹驮骨灰马，一匹包骨灰布，

---

① 巴且日火、陈国光：《凉山彝族习惯法调解纠纷现实案例——访苏德古访谈记》，中央民族大学出版社2012年版，第15页。

招待热汤一顿等；在伤害牙齿案中的名称表达，包括买一坛酒，赔一匹道歉马，赔一把菜刀，赔一匹丝绸等；在离婚休妻案中的名称表达，包括赔兄弟马，赔姊妹马，赔头戴金饰，赔脚戴铃铛等。这些都是在黔西北彝族地区独具特色的赔偿道歉的名称表达方式。

黔西北彝族地区的习惯法具有很强的适应性及灵活性，可以根据不同类别、性质的纠纷案件，灵活运用相对应的程序，根据不同的赔偿制度，来裁决出不同的适当的赔偿额度和赔偿方式。在民主改革之前，黔西北地区各类案件纠纷的调解与仲裁者，是以诺合头人为主的德古和苏易，他们是习惯法的主要执行者，同时，他们也是家支中重要事务的决策者和指挥者。每当彝族地区发生民事、刑事案件时，就会通过家支组织会议，在德古、苏易或者莫魁主持下进行调解和裁决。由此可见，德古、苏易等家支头人是彝族社会纠纷的调解者和裁决者，他们是彝族习惯法的执行者。正是这一次一次的调解，一代一代的传承，一个一个的案件参照，才形成了在彝族社会具有普遍约束力的习惯法。

黔西北彝族地区遵循着流传至今且日趋完善的习惯法，以此作为制度内的行为准则。这些制度都有其独特的行为表现方式，例如彝族社会中的家支活动（其中包括家支会议）就是习惯法执行的具体过程。

毫无疑问，黔西北彝族习惯法中最具公平色彩的部分是在家支内部。可以说，在家支内部一直延续着传统的民主制，这种民主制具有浓厚的部落色彩。不过，在德古处理案件，对纠纷进行调解时，特别是当案件涉及不同的家支、不同的等级和跨区域时能否秉持着公平公正的尺度，才是衡量和区分该纠纷调解者是苏易（一家一支、一村一寨）和大德古（跨越等级、跨越冤家、跨越民族）的标准。衡量德古的大小，不仅看其在处理不同难易程度和涉及不同地域的纠纷案件时表现出来的方式、尺度和态度，更要看其在处理跨等级、跨民族以及处理家支与冤家之间表现出来的公平正义。事实上，在黔西北彝族地区，一个好的德古和一个好的家支成员有着两种不同的衡量标准，也存在着两种截然不同的道德规范。

严格意义上来讲，黔西北彝族地区的习惯法其实是对家支活动在制度上的反映，可以说，家支制度和习惯法两者的关系是哲学思想和社会制度的关系，是一种发生与发展的关系。

（二）黔西北彝区注重习惯法调解的法律思维

在黔西北彝族地区，习惯法是其社会生活的重要组成部分，也是其道德生活和政治生活的行为准则，它是千百年来不断发展而来且被多数人所接受和遵守的。1956年在黔西北进行的民主制改革，彻底废除了彝族社会的奴隶制，中央政府颁布了适用全国的国家制定法。随着奴隶制的结束和国家法律的颁布，黔西北彝族地区的传统法律制度也发生了根本性的改变，转而被国家法律所取代。事实上，黔西北彝族地区实行民主制已多年，且当地的政治、经济、文化和社会各方面都发生了巨大的变化，例如教育、科学、法律等先进文明也在黔西北地区生根发芽，都有了很大的发展。但是，由于黔西北彝区大都处于交通闭塞的空间，且彝族分散居住，信息很难实现有效的传达和互通，人们受教育程度普遍偏低，对国家制定法并不熟悉。

因此，在这种信息闭塞的情境中，彝族人对传统的习惯法仍然存在一定的情结，或者说，习惯法在黔西北彝族又有了再次生存和发展的条件。现实生活中，黔西北彝区一旦发生民事刑事纠纷，人们首先诉诸的并不是国家法律，而是"诺牛"（彝族习惯法）。

在黔西北彝族聚居的多数县，法院实际的受案率都非常的低。我们的调查结果显示，该地区人民法院的结案率还是比较高的。其中一个很重要的原因就是因为彝族习惯法的存在，有相当多的案件人们通过习惯法就已经解决了，有些案件是通过习惯法解决了好几次没能解决才诉诸法院。还有的案件是在法院解决了之后又在"坎下法院"以习惯法再次解决。有的时候运用习惯法调解纠纷，判决案子的德古圈子就围坐在人民法院的外面，形成了一种"坎上""坎下"法庭对阵的纠纷解决方式。这种景观经常出现在黔西北彝族的腹心地区。

事实上，对于大多数居住在农村的彝族人来讲，相比较于国家制定法，他们对彝族习惯法更为熟悉，出现纠纷后，他们首先诉诸的也是彝族习惯法。习惯法不像静态的国家制定法，它是活的法律，它存在于彝族人们日常生活经常见到的格言、谚语、训世诗等各种表达形式之中，人们对它耳濡目染，非常熟悉。由于语言障碍、时空环境、思维习惯等各方面的原因，彝族人对国家法律的认识并未达到较为理想的状态，因此，在这里农村法律生活中占据主导地位的仍然是习惯法。

特殊的自然地理环境、传统文化特殊的历史演变过程，加上彝族人对自己悠久的历史传统和思维方式的认同与强烈的归属感，形成了彝族传统文化存在且不断延续的深厚的民众基础。因此，黔西北许多的彝族聚居区，尤其是那些彝族人口占较大比例的地区，彝族传统文化仍然具有很强的生命力，传统思维方式在人们的思维方式中仍然占有很大一部分比例，这就使得彝族习惯法并没有退出历史的舞台，而是继续在彝族人的生活中发挥着重要的定纷止争的作用。习惯法在黔西北彝族地区具有非常强的生命力。所以，在黔西北彝族地区，习惯法仍然是解决纠纷、化解民间矛盾最有效的途径之一。

第四节　黔西北彝族思维方式的整体特征

　　思维方式，不仅是民族智力、智慧和智能水平的整体凝结，更是民族精神素质和文化素质的总的体现。可以从时间和空间两个向度来对其解析。从时间跨度上看，思维方式的内容和形式并不是静止不变的，而是随着社会条件的变迁而不断演化和发展的；从空间跨度上看，思维方式地域特征明显，呈现出多样性的地域分布规律，无论是其形式还是内容，都深深打上了民族独特的印记，体现出了民族特性。一般而言，同一民族的思维方式体现出内部的一体性，相对定型化，为该民族之全体成员所共有。由于同一民族可能分布在不同的地域，这种广泛的地域分布必然使其内部的政治、经济和文化以不同的方式和程度进行发展，建立在这种不平衡性基础上的思维方式必然也存在着不平衡的格局。彝族便是这样的民族。主要分布于滇、黔、川、桂四省的彝族因为自然环境、人文环境、社会形态、历史经历等方面存在着差异导致了在整个彝族文化系统内部又可以划分为特色不一的亚文化系统。其中，又因黔西北彝族被封闭的自然环境所包围，社会发展相对落后，故形成了一个相对封闭的文化系统，该文化系统受外来文化影响有限，因此在文化模式及思维方式上都具有不同于其他区域彝族的独特之处。黔西北彝族独特的远古文化、宗教思维、天文历法、语言文字等文化标志的积淀是极其丰厚的，其意义、价值及其产生的影响重大而又深远。

　　思维方式，是主体认知客体的一种思想活动，在某种程度上体现了世界观水平。任何时代世界观的特征首先表现在思维方式的特征上。[①] 想要研究思维方式的特征，就要对世界观的发展水平予以揭示。黔西北彝族思维方式的特征是什么呢？经过调查研究，笔者概括了黔西北彝族思维方式最为显著的四个特征，论述如下。

一、直观性

　　黔西北彝族的思维往往与直观、具体的事物、经验相联系，抽象性较差，是一种基于直观经验的思维方式。在黔西北的日常会话中，缺乏甚至没有抽象的概念，往往用直观、具体的日常事物来回答问题。当被询问其家庭的全年收入是多

[①] 冯利：《凉山彝族的传统思维及其文化规定性》，载于《民族研究》1988 年第 4 期。

少时，一般都不直接用概括的数字来回答，只能分别列出每一项的具体收入数字而不加综合计算。他们计算数字也相对落后，或直接点着具体实物，或掰手指头计数，或者用掐草秆、在地上划道道的方式来辅助计算。在商品的交易过程中，数的集合观念不明确，甚至是模糊的，借助于商品的具体个数来进行估价，如苹果、橘子等水果一般是个数出卖的。黔西北彝族思维方式的具体性还表现在度量衡观念上。他们一般不采用通用的长度标准来描述物体的长度和空间距离，其长度的概念往往与具体事物联系在一起，比如以"方"（彝语称"兹克土"）来计算布的长短，即以布的口面的宽度作为长度的单位，如窄布则"方"单位小，宽布则"方"单位大。对其他长度的测量往往借助人的肢体某些部位的长度来进行，比如中指和拇指伸展开的长度为一"扎"（彝语称作"兹土"）；两臂完全伸开的长度为一"排"（彝语称作"兹力"）。至于更长、更远的距离空间距离，比如甲地到乙地的距离，则用"多少天路程"来表示。以上情况表明黔西北彝族的度量概念还没有从具体事物中抽象剥离出来，总是依附于具体的事物。这一点在黔西北彝语词汇中也能够体现出来，他们有丰富的表示具体事物的专门词汇，但是概括性的抽象词汇却很少，比如表示具体颜色的词语有很多，比如"红""黄""绿"等几十种，分得很细，却没有综合性概念——"颜色"；同样，有分得很细的各种具体动物和具体植物的特称，却没有"动物"与"植物"的总概念。大量事实证明，黔西北彝族的思维方式是倾向于具体物象而不是抽象概念，他们还不能抛开具体物象进行抽象性思维，同时他们也没能上升到抽象思维的水平，主要是借助生活的亲身感受，直接具体的实践经验和传统的习惯观念来进行思维活动。

二、类比性

黔西北彝族思维方式的具体性又在一定程度上与类比性存在关联。因为类比性思维往往也就是具体性思维，它总是用一定的个别经验去类比另一情况，而不能脱离具体物象作纯粹的理论概括与抽象。最能体现黔西北彝族的类比性思维的是他们的格言谚语，彝语为"尔比尔吉"，其含义为"以物言事"，指的是借助联想、对比、排比、比喻等手法，把某一具体现象和另一具体现象用精练的语言直接联系起来以表达富含哲理性的思想。在黔西北彝族地区，无论男女老少，人人均能说出大量的格言彝语。在婚丧嫁娶以及祭祀、节日聚会等情景中，当事人都能从自己的语料库中调出大量的熟悉、生动、具体的彝谚来表达自己的看法和对事物的态度。可以说，"尔比尔吉"已经成为黔西北彝族总结经验、传授知识、表达情感、教育后代、扶持正义、谴责邪恶的"活化石"和教科书。比如，在激励年轻人勤奋学习时说:"远飞的岩鹰见得多,勤学的青年懂得多。"这句话把岩鹰和青年相类比,用鲜活的例子来论证青年学习的重要性;在强调群体意识时,彝人会说的:"离群的羊被狼叼,离群的人受敌伤",这句话传达出彝族人重群体的心理诉求。在强调老人经验丰富时,彝族人会说:"马老能识途,人老经验多。"这句话生动地阐明了老人是家里的宝,遇事要向老人求教的道理。要告诫人们在取得成就后要保持谦虚时,彝人会说:"跑马摇头要失败,英雄骄傲丢荣誉。"在说明团结的重要性时,彝族人会说:"竹子拧成一股,力量胜过野牛。"这与汉族的"一根筷子容易断,十根筷子断亦难"所蕴含的哲理是一样的。在嘲笑妄自尊大者时,彝族人会说:"猴子坐在岩上逞强,水獭蹲在水里称霸。"其与"山中无老虎,猴子称霸王"道理相似。凡此种种,不胜枚举。在黔西北彝族过去漫长的历史演变过程中,"尔比尔吉"还曾扮演了道德规范和习惯法的角色,在头人那里,它成了在调解纠纷或诉讼时进行辩论或断案的依据;在老一辈那里,它成了向青年一代进行素质培养、说理教育的道德规范;在巫师那里,它成了传道、说教的宗教信仰。"尔比尔吉"成为人们的行为规范、纠纷调解的标准,因此有彝谚说:"山林有清泉,彝家有尔比。""前人不说尔比,后人难有智慧。""说话一条线,尔比是银针。"这充分说明了格言在黔西北彝族地区的社会生活中起到的巨大作用,的确是"不说尔比,无以言"。现今凡深入黔西北彝族生活之中者,不难发现,"尔比尔吉"在黔西北彝族生活中具有超出任何一种口述文化形式的重要意义,是彝族生活必不可缺的东西。而这类格言又大多借助类比的方式来阐明深刻的道理,类比构成了彝族格言得以形成的思维基础,类比性思维的历史久远,早在晋代,常璩的《华阳国志·南中志》中就已记载彝族先民"议论好譬喻物",足证这种类比性思维是黔西北彝族由来已久的传统思维方式。

三、形象性

黔西北彝族思维方式的形象性特征与思维的具体性密切相关。由于思维的具体性,人们就不能抛开具体经验作抽象性思维,只能用形象进行思考和说明问题。最能突出地表现黔西北彝族思维的形象性特征的是以形象化的方式来表达对世界的观感。在所有已被发现的彝文典籍中,没有一部抽象的理论著作。《玛木特依》是唯一一部比较系统地记载彝族传统伦理道德的文献古籍,《勒俄特衣》是唯一一部系统记叙历史、对大千世界的奥秘予以解释的古籍。前者为人们提供了传统的伦理道德规范依据,对维系社会秩序具有重要价值;后者则是提供人们传统世界观和历史知识的主要渠道。两部典籍共同构成了黔西北彝族的圣经,它们从不同的方面发挥着传授民族传统、规范人们认识的作用。这两部典籍都是以生动形象的文学语言和诗的形式来阐述自然与社会的思想的叙事诗体的民间文学作品。两部著作通篇都没有纯粹的概念，也没有抽象的概念推理，更多的是借助无数形象与情节的连续变换来传达思想，一切抽象的观念与思想都以形象化的方式呈现于人前。《玛木特依》记叙的是在从幼儿长成为成年人的过程中，一名男子的所作所为，通过讲故事的方式表达出从儿童到长者各自所应遵守的礼节与习俗，比如它写道："父亲的话如铁钉，母亲的话如墨汁，不听父言冤走十道弯，不听母言枉走五道拐。"[①] 形象生动地表达出子女尊重父母的重要性。《勒俄特衣》更能体现思维方式形象性的特征，该书用一组又一组人或神的形象，用丰富多彩的故事情节展现了黔西北彝族对整个物质世界的观感，将其古往今来对人类历史的认识概括性地浓缩在这个文学的微观世界中。宗教经书、"尔比尔吉"等黔西北彝族文献典籍所表现的思维无不是寓于形象的思维，形象化思维是黔西北彝族认知世界、探索问题、传达思想的一个主要手段。黔西北的民间口头文学创作之所以如此丰富精彩，原因之一就在于黔西北彝族的思维发展水平、思维方式上的形象性。

四、类巫术性质的互渗性

与其他诸多民族一样，古代的黔西北彝族盛行原始宗教文化，这种原始宗教文化影响了彝族人的生活的诸多层面，因此形成了各种风俗习惯与原始宗教互相联系渗透的格局。原始宗教在黔西北地区具有较大的影响力。彝族人神鬼观念浓厚，他们崇尚自然崇拜、"万物有灵"观和祖先崇拜，认为自然界中的万物都有神灵和精灵存在，从天上的日、月、星、风、雨、雷、电，到地上的山、川、草、木，再到海河里的鱼虾海怪都不例外。天父叫"磨之帕"，地母叫"沾列满"，日神叫"荷波"，月神叫"鲁波"，山神叫"木尔木谢"，水神叫"母介"，雷神叫"母兹"，并与母赫（电）结合在一起。这些神灵都有喜、怒两重情感，喜时造福人类，怒时降灾祸于人。基于这种神鬼观念，黔西北彝族不仅流传着许多神话故事，还形成了一些祈祷祭祀的仪式。比如，在黔西北彝族那里最受敬畏的神是山神，因为在彝人的观念里，山神支配了风、雨、雷、电、冰雹等自然现象，为了防止山神发怒降下冰雹等自然灾害，人们要举办重大的祭祀来孝敬山神。在祭祀中，十人左右拿着鸡、酒上山，杀鸡烧熟以献山神，接着由毕摩手执鸡翅膀、头、脚，念防雹经，只有这样祭祀，山神才不会降下灾害。黔西北彝族人认为人是有灵魂的，活着时，灵魂依附于肉体，死后，灵魂便脱离肉体单独存

---

① 马明搜集整理：《玛木特依》（彝文版），凉山日报社印刷厂1981年版，第69页。

在。为了使死者的灵魂不至于四处游荡,就要举办安灵和送灵仪式,彝语分别称作"马都果"和"撮比",做完仪式后,死者的灵魂才能得以安息。如果是非正常死亡,比如自杀或他杀,凶死者的灵魂一般会变成厉鬼,危害人间,常常作祟害人。如果发生诸如贫穷、疾病等不幸时,黔西北彝族会认为生活中的种种祸患之所以会发生,一方面是命运造成的,另一方面是恶鬼作祟,因此,一旦发生祸患,彝人会立即请毕摩做法,念经驱鬼,消灾除祸。在黔西北彝族的文化系统中,原始宗教意识全方位地渗透于生活的各个层面,无论是生活方式、文学艺术、生老病死、定亲嫁娶、建房迁居、防灾除祸、观察自然的眼光,还是企图征服环境的巫术活动等都不同程度地与原始宗教活动、宗教意识发生着有机的联系。现实世界被彝族人二重化,建构成了有形的人与物的世界和无形的魂与灵的世界,这两个世界相互作用,渗透:一方面神灵鬼怪作用于人,另一方面人通过各种巫术手段能够影响神灵、控制鬼怪,两者之间存在着一种神秘的相互作用、相互感应的互渗关系,当然二者之间也有一定的紧张关系,甚至是冲突,一旦人们会惹怒鬼怪神灵,鬼怪神灵就为祸人间,给人们带来灾难。这种互渗性的思维方式体现了黔西北彝族把同一样东西看成是它自身,同时又是其他超自然的东西。普遍存在的原始宗教意识说明带巫术性质的互渗性是黔西北彝族思维方式的又一大特征。

如果从思维方式的角度对上述四大特征加以分析的话,我们很容易就发现黔西北彝族的整体世界观水平还处于落后的阶段,也就是我们常说的"神话思维"阶段,尚没有进入哲学思维阶段,他们主要是运用具体的物象作形象的思维,这种思维带有很大的神明色彩;基本上不用抽象、比较、概括、分析、综合、归纳这种带有很强的思辨意味的概括性思维。总体而言,黔西北彝族的思维方式不属于哲学思维的范畴而是神话思维。

第五章

基于黔西北彝族钞本文献的彝族生产方式研究

第一节 黔西北彝族传统生产方式的存在及其变迁轨迹

一、奴隶制的生产方式

在彝族过去漫长的历史演进中，彝族的生产方式与其他各民族一样，同样遵循了从采集狩猎、游牧到农耕不断演进的过程。羌人（彝族先民）在迁徙的过程中，逐渐分化出了从事农耕生产的氐人。约公元前五世纪前期，河湟间的羌人也从落后的生产方式进入到较为先进的农耕生产方式，由此步入了农业定居社会。《后汉书·西羌传》有秦国逃亡奴隶爰剑被诸羌推以为豪的记载，"河湟间少五谷，多禽兽，以射猎为事，爰剑教之田畜，遂见敬信，庐落种人依之者日益众。其后世世为豪"。在彝族向西南的迁徙过程中，与西南农耕民族的交往，彝族先民的一些部落已开始了农业生产。①《史记·西南夷列传》记载了"西南夷"地区的社会经济状况，当时在滇和夜郎等地已经有了定居农业，笮、徙等地则有农有牧，嶲、昆明仍过着游牧的生活，可见当时西南地区的生产方式在地域上呈现

---

① 范晔撰、李贤等注：《后汉书》（第 14 册），中华书局 1965 年版，第 2875 页。

出了差异性。西汉王朝不仅在西南地区设置郡县统治,并且采取诸多推进当地农业生产发展的措施。西汉王朝曾派遣文齐到云南担任地方官员,他在职期间带领当地人民修凿了"龙池",蓄水灌溉稻田,对当地农耕文明的演化可谓功勋卓著。汉晋之际,西南地区已经普遍使用铁质农具,牛耕虽已开始出现,但远未普及,山地刀耕火种仍然是彝族农作主要的生产方式,畜牧业是其主要的经济来源。①②

彝区农业的发展在唐宋时期呈现了地区发展不平衡的特征。总体而言,虽然居住在山区的广大彝族居民仍然以畜牧经营为主,但是畜牧业的主导地位下降,并开始让位于农业生产,尤其是滇池地区、洱海地区的农业发展较为迅速。《新唐书·南蛮传》载:"爨蛮西有昆明蛮,一曰昆弥,以西洱河为境,即叶榆河也。距京师九千里。人辫首、左衽,与突厥同。随水草畜牧,夏入高山,冬入深谷。"南诏时期,羌人中的昆明蛮虽仍以畜牧生产为主,但其中的一部分已经学会了农耕作业,逐步摆脱了迁徙不定的生活。居住于滇西、洱海地区的昆明人的农业种植发展更为迅速,他们不仅学会了水稻种植,还使用了牛耕技术,农作物中五谷品种齐全,并有了稻麦二熟种植。除坝区的水田外,山区还有梯田。此外,麻、茶、果、蔬菜等经济作物也有种植。③ 在农业生产获得迅猛发展的同时,唐宋时期彝族地区的畜牧业也有长足发展,其原因在于南诏政权对畜牧业十分重视,设立了专官管理畜牧。《新唐书·南诏传》载,"乞托主马,禄托主牛,巨托主仓禀,亦清平官、酋望、大军将兼之"。④"乞托""禄托"便是主管牛和马的专职部门。畜牧业在彝族地区仍占重要地位,《蛮书》卷四"东爨,乌蛮也。当天宝中,东北自曲、靖州(即曲州和靖州),西南至宣城(今元江),邑落相望、牛马遍野。"卷七记:云南"猪、羊、猫、犬、骡、驴、豹、兔、鹅、鸭,诸山及人家悉有之"⑤。而在黔西北彝族地区,由于彝族先民叟人的发展,畜牧业逐渐取代原著民族的农耕生产,成为了主要产业。⑥

二、封建领主制的特殊形式——则溪制度

元明清时期,封建领主制是黔西北毕节地区彝族社会的主要生产方式。封建

---

① 李昆声:《先秦至两汉时期的云南农业》,载于《思想战线》1979 年第 3 期。
② 参见《寻药捕獐记》中的相关内容,不分卷 1 册,42 页。今存贵州省六盘水市盘县坪地彝族乡由高忠明老毕摩收藏。
③ 杨仲录等主编:《南诏文化论》,云南人民出版社 1991 年版,第 172~178 页。
④ [宋] 欧阳修、宋祁撰:《新唐书》,中华书局 1975 年版,第 6268 页。
⑤ 樊绰、向达撰:《蛮书校注》,中华书局 1962 年版,第 82 页。
⑥ 朱圣中:《论历史时期凉山彝族地区农业结构的演变》,载于《中国农史》2008 年第 4 期。

主大土地占有制是其生产关系的基础。黔西北彝族地区社会生产力的发展和社会的进步被封建大土地占有制基础之上的领主经济制度严重阻碍了发展的脚步。旧的经济制度出现弊端，必然会被先进的经济制度所取代，在社会生产力发展的背景下，地主制经济必然会取代封建领主制经济。①

历史上，统治黔西北毕节地区大部分地域的是彝族阿者部与乌撒部两个支系。土司制度是一种政治制度，建立在一定的社会经济基础之上，中央王朝在此推行土司制度源于元朝，清朝实施"改土归流"的改革。在土司制度实行期间，黔西北地区彝族实施封建领主制的政治制度，"则溪制度"是此政治制度的典型特征。② 封建主大土地占有制作为生产关系的基础，土地实行完全私有制，劳动者实行半私有制，封建主对劳动者的控制是超经济的。剥削的主要形式为劳役地租和实物地租，正是这种典型的封建领主制经济制度，使其成为黔西北地区土司制度赖以存在的经济基础。

"则溪"在彝语中的意思为"仓库"。最开始是土司划分属地为若干区域，并在每个区域的中心设立仓库，驻兵屯粮，进而演变为行政区域。"则溪"也就成为行政区域的名称。"则溪"的主要任务是掌管军事和征收赋税，是军事、行政合一的地域性组织，"则溪"之下，还有"部""祃裔"和"奕续"的划分，层层相属，最终统属于土司，形成一个严密的统治网络。彝族的家支制度是则溪制度的渊源，宗法化、地域化和政权化的家支制度是则溪制度形成的基础。在以则溪制度为特征的封建领主社会下，形成了一致的族权、政权与土地占有，统一的血缘与地缘关系。③ 则溪制度的统治下，实行的是完全私有制，土地被土司土目阶层完全占有，并且按血缘宗法关系层层分封，劳动者与土地的人身依附关系非常强烈，呈现被束缚的状态，劳役地租和实物地租是地租的主要表现形态，封建领主制经济制度就在大土地封建等级占有制的基础上形成了。④

据相关文献记载，水西有13个则溪，乌撒有9个则溪。最为典型和完整的则溪制度当属水西地区的则溪制度，本部分是以水西阿者部为主要对象来对彝族土司时期封建领主制社会经济制度进行讨论。

彝族阿者部在黔西北地区建立政权后，实行土目分治，此种制度建立在家支分化的基础之上。安氏土司的土地划为十三片，一片归属于亲领，其余的十二片则是分配给十二个大家支，构成十三则溪。则溪之下，有"四十八部，一百二十

---

① 郑宜君：《毕节彝族土司时期社会经济制度述论》，载于《毕节学院学报》2010年第10期。
② 参见《鲁补鲁旺》中的相关内容，不分卷1册，66页。今藏贵州省贵州工程应用技术学院彝族文化博物馆。
③ 李世宇：《从土司地区的经济结构看土司制度的建立》，载于《贵州大学学报》（社会科学版）1985年第1期。
④ 参见《彝族创世志》中的相关内容，不分卷1册，187页。今藏贵州省毕节市档案馆。

裓裔，一千二百奕续"。部、裓裔、奕续下的土地再层层分封。最终的统属为安氏土司，土司下面是十三则溪，则溪下面是四十八部，部的下属为裓裔，奕续隶属于裓裔，是最基层的单位。如此，在黔西北的土司统治下，宗法关系是各级封建领主间隶属的纽带，家支大小是土地分封占有的基础，家族的宗法关系同时又是政治上隶属关系的映射，从而构成族权与政权的统一，则溪制度就是在宗法化、地域化、政权化的家支制度的基础上形成的①。安氏土司对黔西北境内的全部土地享有绝对所有权，土地之上的包括政治与经济的一切特权全部由土司享有，因此，土司既掌管着全部土地的所有权，同时又掌握着政治上的最高统治权。在此基础上，土司对劳动者的最大剥削程度，不仅限于经济的手段，更多的是超经济强制的手段。②

三、封建主大土地占有制——领主制经济的基础

领主制经济隶属于封建主义经济。这种土地所有制具有两个重要特征：一是土地的等级化。土地的分封依据等级，土地的占有是封建主之间地位等级的表现。土地的封授建立在履行义务的基础之上，下级须向上级履行义务才可封授土地。受封的土地转让、出卖有严格限制，无特殊情况一般不得转让、出卖。二是土地占有权与政治统治权相统一。封建主占有土地的同时，一并享有土地之上的种种特权。

在黔西北地区，相关文献对大土地所有制的相关情况没有比较具体明确的记载，但是作为各项政治制度、经济制度赖以建立的基础，大土地所有制的重要作用显而易见。相关彝汉文献的记载可以成为找寻大土地所有制相关信息的线索。彝文《西南彝志》中有描述："太阳与月亮照耀到的地方都是黑彝占有的地方。"黑彝亦即彝族贵族。而彝语称安氏贵族为"写蒲"（意为"土地的主人"）。③古书说："安氏世居黔西北，世有其土，世长其民。"这表明黔西北土地的最高领主为安氏，黔西北地区土地以及土地上的一切权力甚至人民，都归安氏世袭占有。此外，嘉靖《贵州通志》说："贵州宣慰司，田无顷亩。岁照各属司地方广狭，以纳秋粮。"郭子章《黔记》说："田土自来无丈量顷亩。每岁皆纳粮、差，俱于土官名下总行认纳。"④"田无顷亩""无丈量顷亩"表明未经过丈量的土地，是大土地所有制而不是小土地私有制。这种土地制度下的征赋派粮的程序是非正

---

①② 郑宜君：《毕节彝族土司时期社会经济制度述论》，载于《毕节学院学报》2010 年第 10 期。
③④ 李世宇：《从土司地区的经济结构看土司制度的建立》，载于《贵州大学学报》（社会科学版）1985 年第 1 期。

常的，中央政府只好比照"各属司地方广狭"纳粮或将粮差"俱于土官名下总行认纳"。这种向政府纳粮差的方式，使得黔西北地区随着土司制度的推行而大量存在的土地所有制，得到了朝廷的认可。

黔西北地区通过两种途径进行土地分封。第一种是家族的分封。与家支的分化制度基本一致，按血统亲疏关系进行分封。这种分封体现三个特性：一是家传性，"非安氏不能有其土"；二是世袭性，子孙世代承袭；三是无限性，家支愈分愈众，土地愈分愈小。第二种是官员的分封。按照官品高低分封，"依等第而相统属，皆授以地，能事则世，否则削去"，具有采邑的性质。因而有等级性、有限性和暂时性。在这里，土地的唯一所有者是土司，其余人只是"承袭的占有者"。因此，受封的前提必须是拥有土地，被赐予土地的人才有资格获得封授，并且要承担全部义务。而土地的最终耕种者为"土民"，由土司通过各种形式分配到耕种者手里，"土民"与土地因此形成了非常强烈的、级别不同的、程度迥异的人身依附关系。①

黔西北地区低下的社会生产力发展水平是封建大土地所有制形成的主要基础，由于小土地私有制产生的条件客观上还不具备，人们只能粗略地计算耕种面积，无须精确丈量土地，只需根据自身情况选择耕种，所以，"田无顷亩"背后所代表的是土地私有制观念的淡漠，观念指导下粗放的农业、尚未确立的小土地私有制以及土地之间的无流转买卖行为。生产力的发展状况决定了黔西北地区土地生产方式的状态。这种封建大土地等级所有制必然会随着社会生产力的发展而逐步瓦解，更为先进的地主制经济必然将取代封建领主制经济。

四、封建主义生产方式的主要剥削形式——封建地租

马克思说："土地所有权实现的经济形式是借助占有地租的方式。"② 在黔西北地区，存在着不同的地租形态，背后所代表的土地占有的具体形式也是多种多样。根据不同的承担的义务和剥削方式，"官庄地"和"则溪地"是黔西北地区土地的两大主要分类。土司、土目直接占有官庄地；各则溪管理自己领域下的"则溪地"，宣慰土司是则溪地的最终统归者。各则溪领域下的土地实际上是被"土民"耕种的"份地"。"夫差地""门户地"和"人租地"是"则溪地"的三大主要类型。③ 在这种土司完全占有土地的经济制度下，与之相适应的劳役地租

---

① 李世宇：《从土司地区的经济结构看土司制度的建立》，载于《贵州大学学报》（社会科学版）1985年第1期。
② 《马克思恩格斯选集》（第2卷），人民出版社1995年版，第543页。
③ 郑宜君：《毕节彝族土司时期社会经济制度述论》，载于《毕节学院学报》2010年第10期。

和实物地租是黔西北地区两种主要的地租形态。

劳役地租的表现形态是按户、按劳力,土司土目对"土民"的剥削并不是建立在租种土地的面积和产量基础之上,主要的盘剥形式即为劳役地租。劳役地租的计算主要是"官庄地"及则溪地中的"夫差地"和"人租地"的结合。

在黔西北地区还存在着一种罕见的特殊形式的劳役地租形式,称为"人租"。所谓"人租",就是获得份地交付的筹码,子女婚配以后,可以分给他们一块"份地",由他们自己耕种,但是必须每代人中都交付一个女孩或者男孩作为奴役。被充当奴役的后代从此与家庭再无联系,一切生死存活的权利,父母都无权干涉。这种以交付子女为奴役来代替要交付地租的形式,称为"人租"。[①]

在黔西北地区,实物地租主要是与则溪地中的"门户地"相结合。租种"门户地"的土民,除缴纳粮租外,还必须交纳一头牲畜,标准是根据土地的广狭、肥瘠而定,由此而形成这种以"畜租"为标志的特殊实物地租形式。[②]

第二节　从法律的视域来审视黔西北彝族生产方式的变迁

经济法律制度是生产关系的总和并且要适应一定阶段生产力的发展。经济基础决定上层建筑,社会经济制度决定社会的政治制度和文化制度,同时政治制度和文化制度也反作用于经济制度。[③] 历史上彝族阿者部与乌撒部两个支系统治着黔西北地区,这里的经济法律制度非常独特。以清初改土归流为转折点,这些经济法律制度也发生了重大的改变。本节主要是以改土归流前后的土地法律制度、赋税法律制度以及借贷、契约法律制度的变迁为样本来窥视黔西北生产方式的变迁。

一、土地法律制度的变迁

(一)改流前的土地法律制度

1. 大土地所有制

大土地所有制的形成具有必然性,随着社会生产力的发展,旧的制度必然要被新的制度所取代。领主经济是建立在封建主的大土地占有制基础之上的,因此

---

①②③ 郑宜君:《毕节彝族土司时期社会经济制度述论》,载于《毕节学院学报》2010年第10期。

它是隶属于封建主义经济的一种制度。如在黔西北的水西地区，古书说："安氏世居水西，世代都有其土地，世代都有其子民。"① 彝文《西南彝志》记载："无论太阳还是月亮，照耀到的地方都属于黑彝占有。"如此表明了水西土地的最高领主为水西安氏，安氏世袭占有所有水西地区的土地和人民，享有绝对的所有权。② 此外，嘉靖《贵州通志》说："贵州宣慰司，田无倾亩，岁照各属司地方广狭，以纳秋粮。"郭子章《黔论》说："田土自来无丈量倾亩。每岁皆纳粮、差，俱于土官名下总行认纳。""田无倾田""无丈量倾田"，说明的是未经丈量的土地。从这些文献记载可以很清晰地看出，土司制度下的大土地所有制是黔西北彝族地区的土地所有制。社会生产力发展的状况决定了大土地所有制的形成。首先，刀耕火种的生产模式，落后的生产技术，导致土民对土地的耕种不具有长期固定性，抛荒现象时有发生；其次，人们的耕作方式为量地而耕，只需按播种籽粗略地估计耕地面积，无须精确丈量土地；如此的耕作导致耕种面积无法准确衡量，往往导致耕种面积比较大，然而技术硬件达不到而收成比较微薄，小土地所有制产生的条件客观上还不具备；最后，大的背景环境下地广人稀，田土与劳力之间的不平衡，不足以引起人们对土地的重视。

2. 土地的分封

大土地所有制是改流前黔西北土地的主要形式，这种土地看似"公有"，实质上早已经是土司贵族私有制的产品。土司贵族享有被朝廷认可的政权，而且占有土地是以"国家"主宰的形式，所以，大土地所有制背后所代表的实际上是土地私有制的利益。以黔西北为例，安氏是黔西北地区最高的且唯一的统治者，主要是通过以下两种方式对土地进行分封以达到强化统治的目的。

一是对家庭的分封。家庭的分封建立在按血统的亲疏关系基础之上，与家支的分化是一脉相承的。《新辟水西纪略》说："宣慰部下地十二则溪，分封则有四十八目濯、百二十骂裔、千二百夜所，犹之成周封建之地，如七十里、如五十里也。"③ 即土地首先被分作十三个片区，一个片区由土司直接管辖，其余的十二个片区由各则溪自己管辖；十三片区下面是四十八目，四十八目下面是骂裔、夜所，这样层层分封，有三种特征：一是家传性，土地只能由家族人员所有，就如《龄南职方纪略》所说："只有安氏的家嗣才能为官，同时非安氏的人不能拥有土地的所有权。"④ 二是世袭性，土地一旦被分封，就代代由其子孙后代承袭，

---

① 《谱牒书》，不分卷1册，86页。今藏贵州省毕节市档案馆。
② 李世宇：《从土司地区的经济结构看土司制度的建立》，载于《贵州大学学报》（社会科学版）1985年第1期。
③ 孙晓竹：《川黔彝族社会形态比较研究》，载于《贵州文史丛刊》2014年第1期。
④ 参见《笃慕谱系》的相关内容，不分卷1册，43页。今藏贵州民族文化宫图书馆。

《黔西州续志》说:"即附于朝为宣慰,嫡子仍袭其位,而分庶子为穆濯;穆濯之嫡子仍袭穆濯,而分庶子为裔、为衣苏。……遗以祭器,预之土田。"①;三是无限性,土地被无限制地分割,级别由上到下,从宣慰到宗亲,宗亲到土目,土目到初裔,初裔到夜所,家支越是庞大与分支众多,土地分到手里的就愈少。确保安氏一族的统治是分封的最大目的。

二是对官员的分封。官员的分封是建立在官品高低级别的基础上,与"九扯九纵"的官司衔一脉相承,《黔西州续志》说:"依等第而相统属,皆授以地,能事则世,否则削去。"《大定县志说》:"其任事人无禄,授以地,有功则世,否去职即撤去。"② 这种分封,实际上就是恩格斯所说的"采邑的授予,即以封主和受封者双方共同的生存时间为分封的条件",它有三个基本特征:一是等级性,官品高低的不同导致了拥有土地的广狭、俸禄的多寡的相异性;二是短暂性,任职的时候占有土地,离职的时候土地要被归还给中央;三是限制性,官员任职期间,基于土地上的权利不惠及子孙后代。土地的封授按照官品的级别;采用的是封建王朝采邑制的分封办法;官员获得土地的前提是任职期间,加强统治机构是分封最后的目的。

3. 占有土地的类型

"官庄"和"则溪地"这两种土地的类型是改流前,黔西北彝族地区土地占有的主要类型。

"官庄"地即"宣慰公土",是土司、土目直接占有的土地。《明史·朱燮元传》记载,崇祯十年(公元1637年),贵州宣慰使安位死,土目争袭,朝廷议论改土归流,总督朱燮元上疏曰:"水西有宣慰之土,有各土目之土。宣慰公土,宜还朝廷。各目私土,宜听分守。"何谓"宣慰公土"呢?他在《督蜀黔疏草》中这样解释:"其宣慰公地:以著、则窝、化角、木胯、火掌、架勒、安架、的者、朵你、胧胯十宅吉、插舀、雨朵、内庄、则你、雪革、化处、土桥、哥落、化那、仲女、木捏、租写、朵拱、沙垄、却垄、西墨、阿东普、四著、骂个、白勒等庄寨。"明代黔西北地区的"官庄地"到底有多少,《万历武功录·安国亨列传》说:"其后万历五年,又以的都、朵你地与智讼,亨竟以的都及毛家寨二十四庄与智也。"同书《安智列传》说:"亨始献的者及所私毛家之寨、可瓦之寨、大南之寨、王庄之寨、张三坝之寨、豆红崖之寨、沙锅之寨、增福之寨、阿韦之寨、阿郎之寨、黑寨之寨、蔡官之寨、赵家之寨、潘穆之寨、乾河之寨、梨儿之寨、高坡之寨、陂花之寨、陶家之寨、凉水之寨、北王之寨、左王之寨、陇

---

① 郑宜君:《毕节彝族土司时期社会经济制度述论》,载于《毕节学院学报》2010年第10期。
② 孙晓竹:《川黔彝族社会形态比较研究》,载于《贵州文史丛刊》2014年第1期。

之寨，皆请以属智，终世而后还我也。"此处记载的是万历年间安国亨与土目智争土地，纠纷呈送到朝廷，最后安国亨败讼，根据朝廷判决，将私自占有的二十三个"官庄"给予安智，通过此案例以及其中涉及到的官庄地的数目，可以得知当时"官庄"地的众多。

关于"官庄"的情况，《黔西州续志》说："其余分庄屯而理土者为清官，不拘位秩，择能而使，总谓之头人。"《大定县志》说："耕官庄者为官户"，从这两篇文献里，可以得知些许消息，"官庄"具有专属性，直属于土司、土目，并且官庄地的照管有专门的人员，耕地的门户也是专门设立的。

"则溪地"的性质实为"份地"，所有权归属于宣慰土司，由宣慰土司分配给各则溪自己管理，实际耕种者为属下的"土民"。《大定县志》说："则溪咸有官庄，……则溪之下，又置枵裔、奕续以领散地。"根据这一记载可以得出，"官庄"和"散地"是"则溪地"的两大部分。枵裔、奕续两个领域分领"散地"，散地之外的土地即为"土目地"。关于"土目地"情况的记载，《黔南识略》卷二十七说："猓夷在昔为土目之佃户，即土兵也，分地而耕，纳租于主者为公田，其余众苗通力合作，土目按亩收利者为私田"。[1]可见"土目地"也是由两部分构成，"公田"和"私田"是其组成部分，"私田"是土目的私有土地，即"官庄"地，"公田"则为土目分给生产者的"份地"。由此可知，土地的经营方式上下统一但又各自为营，宣慰、"则溪"、土目依照自上而下的级别分封土地，掌管者在分配土地的同时，先要自占一批"官庄"地，然后再把其余的土地分封给属下经营。比如宣慰先划出自己占有的"官庄"，剩余的土地交予"则溪"经营，"则溪"、土目依次如此分封。[2] 因此，就土地经营模式来讲，"则溪地"是"宣慰地"的缩小版，"土目地"又是"则溪地"的缩小版，反之，"宣慰地"则是"则溪地""土目地"的放大版。

4. 地租形式

马克思说："土地所有权实现的经济形式是占有地租。"表明封建主义生产方式的主要剥削形式是封建地租。改流前黔西北彝族地区地租的主要两种形态为劳役地租和实物地租，这是封建主义生产模式下的产物。黔西北彝族经济制度的研究学者们对这两种地租形式做了详细的分析：

劳役地租下与之相适应的土地为"官庄地"及则溪地中的"夫差地"和

---

[1] 王明东：《彝族木刻的文化解释》，载于《云南民族学院学报》（哲学社会科学版）2000年第2期。

[2] 李世宇：《从土司地区的经济结构看土司制度的建立》，载于《贵州大学学报》（社会科学版）1985年第1期。

"人租地"。① 劳役地租是土司土目对"土民"的主要剥削形式，表现形式为按户、按劳力计算，由于田无丈量，所以并不按租种土地的面积和产量计算。"官庄地"的直接占有者是土司、土目。种"官庄地"的"官户"承担的是两方面的义务，在自己的"份地"上耕作的同时还要无偿代为耕种土司、土目占有的土地，官庄地的服役是农业性质的。"夫差地"是各则溪属下"土民"耕种的"份地"。种夫差地的"土民"，与为土司、土目耕种土地的"官户"不同，他所承担的是按照属类所分的专门劳役。如：种"火把田"的人，世代为土司、土目照火把；种"马夫田"的人，世代为土司、土目牵马、喂马；种"上马田"和"下马田"的人，世代为土司、土目垫脚上马或下马；种"奶妈田"的人，世代为土司、土目的子女喂奶；如果土司、土目势力非常大的话，整个村寨都要成为他们的服务机构，与"官庄地"的农业性服役不同，"夫差地"上的劳役地租是一种非农业性的服役。②

"改流"前黔西北彝族地区还存在着一种罕见的特殊形式的劳役地租形式，称为"人租"。所谓"人租"，就是获得份地交付的筹码，子女婚配以后，可以分给他们一块"份地"，由他们自己耕种，但是必须每代人中都交付一个女孩或者男孩作为奴役。被充当奴役的后代从此与家庭再无联系，一切生死存活的权利，父母都无权干涉。这种以交付子女为奴役来代替要交付地租的形式，称为"人租"。本来应当通过劳动来交付所获"份地"的酬劳，现在通过交付子女的形式来一次性地缴清，这就是"人租"中"租"的含义。并且这种交付子女作为买卖奴役的行为更体现了"土民"对"土司"强烈的人身依附关系。③ 人租的奴隶制剥削色彩非常浓厚与强烈。不管是人租还是劳役地租，都是建立在严格的人身依附关系基础上的，通过盘剥、奴役这样"超经济强制"的手段得以实现的，"人租"这种罕见的极其特殊的地租形态是最为突出的表现形式。

在黔西北地区，实物地租主要是与则溪地中的"门户地"相结合。租种"门户地"的土民，除缴纳粮租外，还必须交纳一头牲畜，标准是根据土地的广狭、肥瘠而定，由此而形成这种以"畜租"为标志的特殊实物地租形式。"畜租"的种类一般很多，包括牛租、马租、猪租、羊租、鸡租等，相应的土地也被分为"牛租地""马租地""猪租地""羊租地""鸡租地"等不同的名目。无论何种名目的土地，都是建立在以家庭或村寨为立户单位的基础之上，地租的征收以门户为依据。④ 这种地租的形式标准下，土民一经分取"份地"，便世世代代耕种，世代相承袭，永远不得再选取"份地"另立门户。同样，与劳役地租相同

---

① 王明东：《清代彝族农业刍议》，载于《思想战线》2000年第4期。
② 参见《名马记》的相关内容，不分卷1册，40页。今藏贵州民族文化宫图书馆。
③④ 郑宜君：《毕节彝族土司时期社会经济制度述论》，载于《毕节学院学报》2010年第10期。

的是，土地的耕种者是被严格束缚在特定的土地之上的，强烈的人身依附关系仍然是不同地租形态最典型的特征。

黔西北地区的封建剥削方式具有两个特点：第一，劳役地租和实物地租相联系，"土民"与土地的占有者间强烈的人身依附关系，是土司土目阶层最主要的经济剥削方式。实物地租主要是与"门户地"相结合的，由于"门户地"的广泛存在，与之相适应的，实物地租就成为比劳役地租更为普遍和主要的剥削方式。此外，"人租"作为具有浓厚奴隶制剥削色彩的特殊劳役地租形式也是非常具有典型性。第二，"超经济强制"的封建剥削性。超经济强制下的剥削手段是在经济范围以外的，对农民的强制性的劳动。恩格斯说："拥有大地产是封建贵族剥削农民、奴役农民的前提条件。"① 然而想要实现封建地租，不仅要靠土地所有权，还必须采取超经济强制的手段。在黔西北地区的大土地所有制下，土司与土目由于世袭，对境内的土地享有绝对的所有权，生产者通过各种途径取得"份地"，被深深地束缚在土地上，权利与自由全部被剥夺，土司又是一切特权的政治统治者，土地占有权与政治统治权的相结合，在土司与土民之间形成一种土司为王、土民为仆的统治与被统治的关系，② 因此，劳役地租与实物地租统治下的经济形式，生产者始终处于一种依附状态，土地的占有者处于被生产者依附的状态，这种不同程度的人身依附关系充斥在封建大土地的经济制度管理下，生产者所受的"超经济强制"是一种猛烈的剥削方式。

（二）改流后土地所有制的变迁

黔西北彝族地区改土归流后土地法律制度的最大特征就是新兴地主经济取代了旧的大土地所有制的经济模式。这种土地法律制度变迁的主要表现形式为：

1. 改流后"里上地"代替了"官庄"

行政系统上的改革，土司被废除，土官、土目的大量土地被没收，重新分配已开垦、未开垦的田地、旱地等土地资源。一是小土地所有者的地权确权，采取清查田地亩数、丈量封授、并且做标记的方式对小土地所有者的权利进行确认；二是编制户口、制定成册。人丁户数成为国家户籍的一部分；三是制定规章条例，按照土地和人口征收赋税。经此变迁，黔西北彝族地区的土地明显地分为两个部分："庄上地"或者"土目地"与"里上地""册上地"或"除户地"。"庄上地"或者"土目地"是改流后存续下来的"土目私土"；"里上地""册上地"

---

① 《马克思恩格斯选集》（第3卷），人民出版社1995年版，第530页。
② 叶晓东：《浅议我国土地出让金制度》，载于《理论界》2010年第12期。

或"除户地"是除"土目私土"以外的广大地区的土地。[①]"里上地"是申报入册的土地,因其编入里甲之地,故云"册上地","里上地"还有一个称法为"除户地",理由为其摆脱了土目的束缚,"里上地"的数目在记载中是非常多的,如乾隆年间《贵州通志》记载:大定府亲辖地有田三万三千七百八十九亩(其八亩);平远州有成熟田三万二千七百八十九亩,成熟土三千五百六十八亩,黔西州有田五万荤千八百九十一亩(其中,成熟田五万三千四百四十三亩),土五千亩(其中,成熟土三千五百八十四亩)。

2. 新兴地主阶级的出现

土地的再分配促使了新兴地主阶级的兴起,改流后土地资源的重新分配是一项重要举措,小土地私有制确定下来,之前的"四十八"目地区的人民及其后人继续归顺朝廷,朝廷分配土地给予这些充分利用资源的地域,土地的性质发生了改变,这些土地成为所属地域人民及其后代的耕种地,与之前的大土地所有制不同的是,这些土地为小土地所有制。耕种这些土地的人从而就演变成为新兴的地主阶级。与此同时,黔西北的边缘地带大量汉族人口的涌入并逐步向腹心地带推进,汉族人口带来的是先进的生产技术,以及能干的劳动人手,对生产力的发展起到了强烈的刺激作用,"地广人稀""夷多汉少"的面貌得到改善,"刀耕火种""广种薄收"的生产场景更是得到了极大的变化,积极促进了商品经济的发展。同时土地的使用价值也随着商品经济的发展而逐渐被重视,出现了买卖土地的交易。这种土地买卖的交易行为,促使了外来人员担任本地地主角色的产生,买取本地的土地,从而成为土地的所有权人。另一类的新兴地主的产生是彝族农奴翻身转化而来的。土地改革没收了土司的土地,清王朝把没收的土地分配给彝族农奴,开垦产权归自己的荒山荒坡等,摆脱了领主制的束缚,从而顺理成章地成了新兴地主。

3. 土目转化为新兴的地主

在明朝末期,土地的争斗开始在一些土目中进行,如土目安智与宣慰安国亨争夺土地,宣慰安位被土目安邦彦挟持,从而黔西北的政局被土目安邦彦所左右,朱燮元《督蜀黔疏草·水西夷汉各目投诚措置事宜疏》中引用了一个土目的话说:"各目有见管原业者,有借管他地者,有兄终弟继者,而弟死兄受者,有人存而地为夺占者,有地存而人亡无留者。"说明了大土地所有制已经面临崩溃的边缘,将要土崩瓦解。改土归流后,仍然有数量不少的土目存在于黔西北彝族地区,这些土目占有的土地被称为"官庄地"(简称官地),或"门户地"。[②] 这

---

① 郑宜君:《毕节彝族土司时期社会经济制度述论》,载于《毕节学院学报》2010年第10期。
② 孔燕:《马克思主义地租理论与我国土地流转》,载于《南阳师范学院学报》2010年第11期。

些地的来源主要有四种形式：一是承袭祖遗对原有土地的占有权；二是由于本家族和近亲的绝嗣而留有的土地被土目承受而来；三是依附向所有的转化。占有者对出户地享有所有权，出于各种原因将此出户地投寄到土目名下，时间久了，这种依附性质的土地就变成了土目所占有的土地；四是暴力争夺。有权有势的土目，采用武力或者其他方式对出户地上的土地进行争夺，如此争夺来的土地就成为其占有的土地。这些土目对其通过各种方式占有的土地，除却自留一部分以外，其余全部都出租给租户，通过收取地租的形式对租户进行盘剥从而维护自己的政治统治。①

改流后，地主制经济登上了历史舞台，成为具有统治地位的经济发展模式，但是地域间的发展是不平衡的，经济发展模式的改变使得一些不善于耕种的彝族人口退居到山区，他们只能还是采用最原始的火耕、游牧、采集等手段进行谋生。如此便形成平原经济与山区经济的发展不平衡。而且部分土目和黑彝的领土制依然在偏远山区继续存在。

二、赋税制度的变迁

（一）改流前的赋税制度

改流前的黔西北彝族地区，大土地所有制是其主要的经济发展模式，大土地所有制下的土地由土司享有绝对占有权，里甲不享有对土地的占有权。由于黔西北地区偏远的地理位置以及独特的经济制度，中央王朝很难对其进行控制，土司对王朝除朝贡义务以外，主要义务体现为"额以赋役，供我驱调"。

1. "额以赋役"

"额以赋役"是明王朝与土司间基本关系的体现。"及洪武五年，贵州宣慰霭翠与宋蒙古及普定府女总管适尔等其后来归，皆予以原官世袭，帝方北伐中原，未遑经理南荒，又田仁智等岁修职员，最恭顺，乃以卫指挥金事顾成筑城以守，赋税听自输纳，未置郡县。"② 也就是说，明洪武五年（1372 年）黔西北归顺之初，朝廷即要求其缴纳赋税。如明朝中期，整个贵州宣慰司夏税秋粮共 8 578 余石，其中黔西北首领，贵州宣慰司使安仁所纳赋额为 3 990 石，万历八年（1580）贵州宣慰司的秋粮又从 8 546 余石减至 8 155 余石。

除去缴纳赋税外，徭役也是黔西北彝族土司须承担的义务。根据嘉靖《贵州

---

① 叶晓东：《浅议我国土地出让金制度》，载于《理论界》2010 年第 12 期。
② 吕春梅：《关于集体建设用地直接入市流转的分析和思考》，载于《广东土地科学》2011 年第 11 期。

通志》的记载,龄省的徭役各目主要有释马铺陈、渡夫、馆夫、柴薪夫……马夫、皇隶、马兵、刷历匠、站夫、门子、禁子、铺司兵、仓斗级、有马旗军、走递马、儒学斋膳夫等,其中驿传徭役是主要的义务,供馆、提供马驴、铺陈等都是驿传徭役主要的活计。驿站值日,提供服务称为供馆;提供卧具等陈设称为铺陈。贵州驿、龙里驿、新添驿、咸清释等贵州北部、西北部共十三个驿站的徭役是贵州宣慰司参与服役的驿站。

2. "土官名下总行认纳"

改土归流前,朝廷在黔西北地区并不是实行按照人头、田地的亩数来上缴粮食、履行兵役的原则,根据有关史料记载:"贵州所管田地倾亩,粮地科则,此凭诸苗认纳。""(贵州布政司)每岁该纳粮差俱于土官名下总行认纳。""以上十二释俱宣慰使安仁管下出办。"① 从上述记载我们可以得出,土司是朝廷"额以赋役"的对象,土司所辖的田土人民不包括在内。同时我们也应该了解到,"额以赋役"名义上的征收对象是土官,但是统治者总会通过各种途径把这种担负徭役的任务转嫁给最底层的住民身上,乌撒、黔西北的彝族统治者们通过一套自身的制度将这种转嫁任务实现。通过前面的讨论我们可知,则溪制度是依据家支以及血缘亲疏建立的行政区域,实施的是大土地的所有制,税制的征收以及徭役的征派都是各土司、土目转嫁到土民的无偿的义务,田亩的数量以及面积不在调查的范围之内。如崇祯年间总督西南军务的朱燮元指出:查宣慰地方原有九择,除水外三驿臣久割其土地人民,不复责成外,今尚存谷里、水西、奢香、大方、阁鸦、归化元驿,向系宣慰支应,该司分派苗民,量地方大小出供马匹,对按日派夫递。各管事目把多方掊克,苗民深苦其苛。② 此外,《黔西北制度》等彝书上亦载,君长规定各宗亲、土目向其上缴的物品数量,实际上这些土目大部分不直接向官府纳税,都是通过向下摊派的方式来缴纳,这正是"土官名下总行认纳"的体现。

(二)改流后的赋税制度

清朝的财政体制,设立户部集中统一管理,由户部决定一切赋税的征收、支出、调拨、使用。同时,中央与地方的财政分配,是通过各种制度来规范的,比如:运输途中超载的情况,就采取存留的措施;解除款项或者协助款项的解决;奏请销售等制度。"凡州县经征钱粮,运解布政使司候部拨用,曰起运";"扣留

---

① 文晓波:《农地征收利益分配机制研究——基于马克思地租理论的分析》,载于《长江论坛》2011年第2期。

② [明]朱燮文:《朱少帅奏疏钞》卷8《蜀黔疏》,见《两北分介设已明下合议善后事宜列款具陈恭谛圣载事》。

本地支给经费,曰存留"。也就是说,地方政府所征各项收入,先就本省情况存留,多余或不足皆由中央户部进行省际调拨协拨,是为"协款",又称"协饷"。除了存留和协款数,剩余银两由地方悉数解部,调拨中央,是为"解款",或称"京饷"。此外,奏销制度的设定也是为保证财政收支的集权,即自基层州、县至中央户部,逐级造送收支清册,户部于年底分省汇总向皇帝上奏。清代贵州田赋丁银,一般是以州县为单位并由州县直接征收。田赋与杂赋是清朝赋税的主要两个大类。田赋属于正供,又称正赋,即农业税,是国家的主要收入,由地赋和丁赋组成。改土归流后,清廷便在黔西北彝族地区建立里甲制度,同时,丈量土地也开始在黔西北地区展开,如大定知府宁云鹏"丈地受业,得田三万三千七百一十九亩,……得地二万二十一亩。"改流之初,曾命令大定、平远、威宁四府"地亩照正田征粮",实际的情形是新改流的田地不分等级,田每亩科米三斗,地每亩征荞八升,而原毕节赤水,乌撒三卫地方则基本上沿用明旧制,田有屯、科之分,在税目上又设了屯粮、科粮二项。"额外赋税"主要有盐课、杂税、牙税年额银,而卫所地方另有官庄赈租、学田学租等项。[①] 以上记载表明,清初改流后,黔西北的彝族原著民开始直接向官府纳税,而不再是转嫁到属下的土民代为纳税了。[②]

根据王明东教授对彝族地区农业的分析,清代黔西北彝族地区农业税的主要形式分为以下几种:

其一,"计户纳粮"。在黔西北地区大规模的改土归流之前,彝区在大土地所有制的生产规模下,土司享有最高的政治统治权,中央王朝的势力在有些彝区是很难深入的,为了维护王朝的统治,清王朝只好继续选择任用彝族土司进行统治,规定土司土目要向国家交纳一定的租赋。然而他们对土地数量的隐瞒现象非常严重,清朝延派官员去勘测田亩,造册登记的工作是很难进行的。因此,在这些地方《清会典》规定:"少数民族聚居的地带,按门户计量纳粮,免除检查其田亩手册。"[③]

其二,"计田输税"。改土归流之后,清王朝就不再任用彝族土司进行统治,开始在彝区派驻流动官员,代表中央王朝行使统治权力,其统治方式与内地基本是一致的,用登记造册的方式把彝区田亩规整到一起,征收租税,《清职贡图》记载:"黑罗罗,土宜稻黍,输税惟谨"。"撒弥,颇知耕种,输赋税"。"阿者罗

[①] 王永红:《土地用途管制:悬在土地流转头上的达摩克利斯之剑——违反土地用途管制的土地流转纠纷的法律适用问题探究》,载于《广西政法管理干部学院学报》2011年第6期。
[②] 参见《祭土地神树书》,不分卷1册,24页。今藏贵州省贵州工程应用技术学院彝族文化博物馆。
[③] 王明东:《彝族木刻的文化解释》,载于《云南民族学院学报》(哲学社会科学版)2000年第2期。

罗,岁种杂粮,计田输税"。"扯苏耕山输税","罗婺,耕种输税","拇鸡,耕山种荞、输税"。①

其三,"无田有赋"。清代,随着生产力的发展,商贸活动逐渐从内地开始进入到彝区,汉商的进入带动了彝区经济的发展。通过对彝区土地的买卖,有些汉商开始成为地主。如云贵总督高其倬称彝族土司"将所管有粮之田,作为无粮之土,卖与绅衿商民,以致完纳无资,每致派累苗户。"②

从税赋物资的变迁上来看,马匹和雨毡是宋元朝时的主要进贡物资,明朝时开始开垦旱地,荞子和燕麦就成为缴税的主要物资,到了清代,不再延续明朝的惯例,税赋实行全国统一征收的政策,一律征收大米。因为黔西北地区的地理位置以及地形结构,能够用于种植稻田的土地非常少,水稻产量非常有限,因此,黔西北地区的稻作生产,主要是用来缴税。

三、借贷、契约法律制度

黔西北彝族地区经济社会,由于改土归流和汉人的大量迁入,发生了巨大的变迁,与此同时,彝族中民事法律制度的变迁也相当明显,尤其是比较突出的借贷和契约形式。

(一) 借贷关系

贵州黔西北彝区,土司与土目享有一切政治特权,土民没有任何权利可言,土司与土目对土民的盘剥也是非常强烈的,甚至是高利贷式的剥削。借贷的形式分为两种,实物借贷与货币借贷,实物借贷的载体多为粮食。借贷关系的成立,必须以物品的抵押为前提,抵押的物品的价值一般是等于或高于所借粮食或货币;抵押品的形态一般有土地、牛、马、猪、羊等;抵押的主要目的是为防止借债者到期不归还所借物品或货币,如果真的到期不归还的话,抵押品便被债主收归己有,或者本金赚取利润以后,归还的日期往后拖延。粮食与货币借贷年利率一般都是50%,最低也都为30%,高者两者是不一样的,粮食的最高可达300%,货币的最高时达100%～300%。③ 由于借贷关系的存在,还产生了用劳作来抵销债务的新的剥削形式。

---

①② 王明东:《彝族木刻的文化解释》,载于《云南民族学院学报》(哲学社会科学版)2000年第2期。

③ 参见《黔西北苗族彝族社会历史综合调查》,贵州人民出版社1986年版,第70页。

（二）契约形式

买卖契约、典卖契经、租赁契约、借贷契约、回赎契约等构成了黔西北彝族地区的主要契约。清代彝族地区最核心的契约为买卖契约，另外，农民与地主间的租种土地的契约、典当买卖契约以及关涉到土地作用的契约也成为最主要的契约之一。

就契约的形式载体来看，本刻契约是彝族人民之间最早的契约，汉文契约、彝文契约和本刻契约是契约之债的主要表现形式。《黔书》云："居平远、大定、黔西、威宁者，为黑罗罗……期会交质无书，契用木刻。"《黔语》也记载，贵州彝族借贷关系的产生不采用书面的契约形式，是以木刻的契约为凭证。由此说明文字不是黔西北彝族社会商品交换以及相互之间发生借贷关系的凭证，选取木刻的形式作为交易依据，债权双方的权利和责任体现在木刻的载体上。在黔西北彝族地区，除去木刻，石刻契约也是通常的形式，特别是明朝，在黔西北彝族地区多起石刻文书被发掘出来，契约就包含在这些石刻文书中。

以彝族文字记录的约书成为彝文契约，在清代各契族地区，应该说彝文契约是广泛存在的，通过贵州黔西北地区族文翻译的记载，就有六份清代乾隆、嘉庆年间的彝族文田契为留存。在黔西北的彝族地区，除却彝文契约，由于汉商进入彝族地区进行商业贸易，因此汉文契约也是广泛存在的，彝汉进行的田产典买卖之中，多是采用汉文契约的形式，汉文契约的格式与中原地区大体是相一致的。这从调查到的六份清代黔西北彝族地区的彝文田契中可以看出。借贷人的住址、姓名，借出人的姓名，借出的金额、利息，返还的期限，偿还的保证，立约的时间，借贷人签字，证人签字等都有在格式上体现。这些呈现出来的契约，体现了当时清代相当发达的黔西北彝族契约的作用。

清朝在黔西北彝族地区进行改土归流后，彝族土司的土地被清政府没收，传统的彝族势力在黔西北地区没有了赖以生存的根本，从历史的舞台上消失了。打破了彝族社会原有的则溪制度，彝族的封建领土制不复存在。与此同时，清政府对土地进行重新分配，按军功行赏，有军功人员可以获得土地的封授。大批汉民被这些受赏人员招募到黔西北地区耕种，新兴的地主阶层就在这些受赏人员中诞生了。土改后，一些紧跟时代发展的彝族土目也开始充分发挥其原有的关系优势，晋升为新的地主阶级。同时，清政府加大对彝区土地的垦殖，招募流动的人民进入彝区，并且给予彝族社会中的普通民众以土地的占有权利，不论身份地位的高低大小，开垦土地交粮纳税是占有土地的前提条件。土地在改土归流以后也被允许自由买卖，使得黔西北彝族地区的土地所有制发生了根本的变迁。

黔西北的赋税法律制度在土地所有制的变迁过程中也发生了相应的变迁。在土司制度下,明王朝与土司之间最基本的关系之一是"额以赋役",即由土司作为黔西北地区的代表向朝廷缴纳税赋和承担徭役,而对土民,则实行"土官名下总行认纳",即朝廷不直接向土民苛以赋税,而是由当地的彝族土官通过则溪制度的形式摊派到土民身上。改土归流后,里甲制度在黔西北彝族地区建立,要求耕种土地者缴纳赋税需要依据土地丈量的面积大小,缴纳赋税的机构是朝廷专门规定的行政机构,取消了"土官名下总行认纳"的制度。彝文契约的记载表明土地是可以自由买卖或者租赁,但是条件却相对苛刻,因为租赁户不仅要缴纳地租,还需要负担大量的劳役和徭役。赋税方面也有了新的变化,一改过去可以纳麦子、燕麦的传统,只认谷物。特别值得一提的是改土归流后,彝族地区的社会面貌发生了巨大变化,主要体现在民族结构、生产方式和法律制度三个层面。在民族结构方面,从过去的"夷多汉少"变成了"汉多夷少",这是由于大批的汉民涌进黔西北地区的结果;在生产方式方面,由过去的畜牧业占主导地位变为农业占统治地位,这是因为汉民的涌入,不仅彻底地改变了黔西北彝族地区的民族结构,还带来了先进的农业生产技术,带动了黔西北生产技术的革新和发展,特别是随着玉米、洋芋等适合于旱地种植的农作物在黔西北彝族地区的大力推广和发展,更是推动了农业对畜牧业的替代;改土归流后黔西北彝族地区的法律制度也发生了重大变迁,因为伴随人口的增多和交往的频繁,仅靠彝族的习惯法难以处理各种矛盾和纠纷,尤其是随着黔西北地区彝族地区土地的租赁和买卖的出现,民间借贷也时有发生,这都使得法律制度赖以存在的社会基础发生了变化。

第三节 近现代黔西北彝族地区社会经济状况

黔西北彝族由于受地理环境的制约,多居住于山区,无论是该地区内部的经济文化交流还是与外部的经济文化交流都因山地的阻隔而不畅,因而大多彝族地区社会发展处于闭塞状态,又由于地域范围较广,在山地的切割下,形成了彼此相对独立的经济发展模式,因此该地区的经济社会发展状况极不平衡,多元社会经济形态在彝族地区广泛存在。

一、新中国成立前的多元社会经济形态

在新中国成立前,黔西北彝族地区的经济呈现出多元化的特征,多种社会经济形态并存,即奴隶制经济、封建领主制经济、封建地主制经济等多种经济社会

形态都存在于该地区。

彝族阶级分化以后，伴随着奴隶制经济的发展，逐渐形成了五个社会等级，最终形成了奴隶制社会经济形态。在奴隶社会的发展过程中，彝族等级开始分化，并逐渐形成了"兹""莫""毕""耿""卓"五个等级。兹作为掌权者，凌驾于其社会等级之上，"莫"是负责纠纷的调解；"毕"担负祭祀祖先职责，"耿"是负责管理工匠，而"卓"则从事畜牧生产。"兹""莫""毕"的社会地位高，逐渐演变成了统治阶级，"耿"虽然社会地位不及前三者，但是也具有一定的社会地位，"卓"在这五个等级中地位最低，是直接从事生产的被统治者。社会的发展，推动了阶级分化与融合，原来的等级地位发生了变化，比如兹与莫融合成了一个阶级，称为"兹莫"，"毕"的社会地位下降，多数沦为被统治地位，"卓"也分化为"诺"与"节"，逐渐地形成为后来的兹（部族首领）、诺（服从于兹统治的各类土目）、节（被统治者的统称）三大等级。① 元代以后，居于统治阶层的"兹莫"则发展成为具有地方统治权的"土司"，各家支则成为土目，归属于土司管辖，彝族奴隶制就在土司、土目政权的名目下得以长期保留。明清政府虽然在黔西北地区大力推行改土归流，但是中央政权很难实现有效的管理，一部分残余的奴隶主阶级仍然保留了下来。到解放前，黔西北彝族地区仍保持有兹莫、诺合（黑彝）、曲伙（曲诺）、安家（又称阿家或瓦加）、呷西的奴隶制主要等级结构。这种等级结构并非固定不变，而是随着经济的发展不断地融合和进一步分化。②

奴隶制经济曾经是黔西北彝族地区的一种经济形式。由于社会被划分为不同的等级，这种等级制度形成了社会成员之间的人身隶属关系，而人身隶属关系深刻地影响甚至是决定了被隶属者、被占有者各方面的权利，尤其是土地所有权方面形成了等级差异。作为统治阶级的黑彝等级具有完全的所有权，虽然也受到一定的限制，但总体而言，他们仍然可以任意买卖、典当或租佃土地。黑彝买卖土地的自由受到限制是为了尽量使土地保留在家支范围内，不致家支财产外流而削弱家支力量。通常而言，黑彝既不能从边远的黑彝家支那里购买土地，也不能把土地卖给居住过远的黑彝家支；当本家支确实没有人买土地时，黑彝往往会将土地卖给隶属自己的曲伙，这不仅是因为曲伙的财产权受到主子的限制和干涉，更因为黑彝主子有吃绝业的权力，可以再次收回土地，可见曲伙从黑彝主子那里购得的土地仍然无法真正摆脱黑彝主子的掌控。曲伙在人身关系上虽然隶属于黑彝，但也享有一定的人身自由，可以通过劳动开荒、钱财购买或接受奴隶主划拨

---

① 凉山彝族奴隶社会编写组：《凉山彝族奴隶社会》，人民出版社1982年版，第28~29页。
② 参见《六祖谱牒》中的相关内容，不分卷1册，387页。今藏贵州省毕节市档案馆。

获得土地。虽然曲伙对耕地也有一定的权力，但对自己土地的处理仍然受到隶属主子不同程度的限制。经过主子的同意，曲伙不仅可以在本黑彝家支范围内买卖土地，甚至也可以在距本黑彝主子较近的其他黑彝家支内买卖土地，但绝不能将土地卖给黑彝主子的仇家。瓦加作为被统治阶层，其人身完全隶属于主子，完全被主子占有，主子甚至有买卖瓦加的权力，瓦加一旦被卖，其土地主子可以收回，所以瓦加的土地，即使是自己买的，也没有所有权。瓦加的土地权限同他们的等级地位相适应。呷西是作为最低等级而存在的，被视为主子的工具，他们负责家内劳役和生产劳动，很少甚至没有额外的时间去另外经营土地，因此，一般皆无土地。但是少数呷西可在主子土地边开些荒地，也可喂牲畜等积累私房钱购买少量的土地。

从耕地的占有量来看，各阶级因政治等级的不同，土地占有情况存在显著差异。这种情况在整个彝族社会是普遍存在的社会现象，无论是凉山彝族地区，还是黔西北彝族地区，各等级的土地占有量差距悬殊。解放初期，通过对凉山彝族的各等级土地占有量的调查，我们可以发现，从旱地的总数来看，普雄县瓦曲曲乡的奴隶主阶级的土地占有量超过半数，并且其中的绝大部分是被黑彝奴隶主占有。劳动者阶层占有六分之一的土地，其中绝大部分被瓦加劳动者占有。奴隶阶级占有五分之一强的土地，呷西不占有土地。[①] 在美姑巴普区三个乡的六个行政村的统计材料中，六村共有 3 971 升耕地（包谷播种量）和 622 户的 2 148 人，如果从人均土地占有量分析，每人平均大概有 1.85 升土地；如果从各等级的土地占有量来分析的话，虽然黑彝只有 177 人，仅仅占总人口的 8.2%，却占有全部耕地的 51.2%；曲伙 1 194 人，占总人口的 55.6%，占有 40.9% 的耕地；瓦加 563 人，占总人口的 26.2%，仅仅占有全部耕地的 7.4%。如果从各等级的人均土地占有量来分析的话，就能发现其中的贫富差距之大，黑彝人均土地占有量为曲伙的 8.3 倍；为瓦加的 23 倍。[②] 在昭觉城南乡甲骨行政村，该村共 120 户，384 口人，共有耕地 1 140.05 亩（包括水田和旱地），其中：黑彝 7 户，25 人，占全部水田旱地的 39.9%；曲诺 70 户，254 人，占水田旱地的 53.7%；阿加 18 户，71 人，占田地 5.9%，呷西 25 户，34 人，其中 1 户占有旱地 5 亩。[③]

在新中国成立前夕，虽然黔西北彝族地区仍然保留有奴隶制残余，但是却不能否认另一种经济形式——封建领主制经济——的存在。经过明清改土归流后的

[①] 四川省编写组：《四川省凉山彝族社会调查资料选辑》，四川省社会科学院出版 1987 年版，第 19~20 页。

[②] 四川省编写组：《四川省凉山彝族社会调查资料选辑》，四川省社会科学院出版社 1987 年版，第 104 页。

[③] 四川省编写组：《四川省凉山彝族社会调查资料选辑》，四川省社会科学院出版社 1987 年版，第 174 页。

黔西北彝族的奴隶制经济已经慢慢地被瓦解，随着汉族地主经济的不断渗透，这种瓦解更加迅速和剧烈，因而土司统治的一些彝族地区的经济形式逐渐演变为封建领主制经济。在封建领主制经济中，土地的所有权是属于土司的，土地占有者（包括地主和农民）只有田面使用权，但是大部分地区的土地是可以自由买卖的。因为土司有土地的所有权，因此想要获得土地的使用权就要向土司交纳一定的官租，土地的占有者可以自己耕种占有的土地，也可以将之典当、抵押和出租出去。当然，除了租金以外，佃农还需承担领主分配的其他超经济负担。与奴隶制经济不同，在封建领主制经济下，拥有土地使用权的佃农与领主不再具有人身依附关系。

彝族领主制经济主要表现为家支制度。简单说来，家支是以父系血缘为纽带的集团。家支与汉族的一个姓氏相类似，但相对于汉族的姓氏相，家支成员间的血缘关系更为接近和明确。一般而言，每个家支所占据的地域范围相对固定，但可能会比较分散，有时会涵盖几个甚至几十个村寨，有时这些村寨并不是都连成一片，而是分布到各个不同的地域。每个家支都有头人，但是头人的数量会存在差异，头人主要负责解决家族内部和外部的矛盾纷争，权衡家支势力的消长，头人主要是以维护家支的利益来处理事务。除了头人有权处理纠纷外，家支和家支联合会议也同样有权力来解决人们日常生活中的大小纠纷以及公众事务。家支的重要头人往往会成为该家支的代言人，控制辖地内土地、山林以及河流的使用，封建王朝在彝族地区曾实行土司统治，最初的土司就是彝族家支中的重要头人担任的。家支的内部成员可以通过献礼领种的方式获取土地的使用权，在履行各项应尽的义务后，领种的土地可世代相传。在土司势力鼎盛之时，每户每年都得给土司拜年并奉送年礼，年礼的种类和数量没有硬性规定，或送几斤酒、肉，或送几斤蜂蜜，或送几只鸡。除此之外，在土司征调时，各户还要积极前往参战。

受汉族地主经济的影响，无论是黔西北彝族地区，还是其他一些彝族地区，都或多或少地存在封建领主制经济。[①] 比如，在云南武定万德地区未发生土地买卖的乌德坪、新衙门、多支里、路基地区的土地就不属于土司，而是属于4个那姓土舍。这四家那姓土舍是各自辖区的主人，他们不仅拥有辖区内的所有田地，就连辖区内的山林、河流也归他们所有，耕种田地的农民都是他们的佃户。当有新的农户定居在该辖区或本地因分居等原因而无田可耕的农民可以通过向那家"献鸡酒"的方式获得田地。如果那家同意，他们会立即收下献品，并给领种者指定田地让其耕种，按照旧例，领种者需要承担佃户应尽的所有义务。佃户在经济困难时可以抵押典当田地，但无权出卖；因迁出该辖区等原因导致不能耕种原

[①] 参见《赛特阿育》中的相关内容，不分卷1册，102页。今藏贵州民族文化宫图书馆。

来田地的，只有还田地给那家。① 除了上述地区外，凉山彝族的一些地方也同样有用租佃的方式来获得土地耕种的情形，比如在凉山边缘安宁河南段的会理、米易地区有几家土司，在解放以前，主要是靠租佃的方式来经营土地的，也有采用押金、加押等方法来获得土地的情形，佃户不仅要交纳地租，还要无偿负担各种各样的劳役。米易县普济州土千户吉绍虞甚至大量收回领种地，改为出租田，以进行押金和高额地租剥削。②

新中国成立以前，在黔西北彝族土目地区，作为地主的黑彝土目仍继续推行许多领主制的剥削形式。佃户不仅要交纳田租，还得承担一些额外的劳役。在少数彝族土目势力很强大的地区，还依然残存着经营土地有夫差地、人租地、牛租地、马租地、羊租地等形式。种夫差地的佃户，不交粮租，专门为土目家从事某种劳役，因所出劳役不同，有上马田、火把田、马草田、奶妈田等名称。种牛租地、羊租地的佃户，除交地租外，还需交一头中牛或一只羊。③

黔西北另一种经济形式是封建地主经济，在大多已改土归流的地区，这种以土地个体私有为基础的封建地主经济形式逐渐居于主导地位。不仅是在黔西北彝族地区，在云南大部分彝族地区和广西的彝族地区都已进入地主经济时代。地主的人均土地占有量为贫农人均土地占有量的10倍以上。1949年以前，封建地主经济在滇中地区的县区及城镇附近有了相当的发展。根据1960年8月的民族调查资料，彝族分布于易门全县，但主要是分布于普贝、铜厂这两个地区。在普贝的一些地区，汉族地主从来没有在此占有土地，这里存在的5户地主都是当地彝族人。这几户地主的土地占有较大，最多的有96亩，少的也有30~40亩。

地主经济在彝族社会虽然逐渐成为主导，但是其发展速度却呈现出区域性差异。就整个彝族社会而言，大多彝族地区已进入地主经济时期，但是1949年以前，占彝族总人口40%的彝族地区，封建地主经济的发展并不十分迅速，仍然算不上很不充分。从土地占有量分析，不少地主只占地几十亩，地主的力量并不强大；从地主的民族构成来看，在彝族和汉族杂居的一些地区，有相当面积的土地集中并非集中在彝族地主手中，而是被汉族地主掌握。比如在红河州部分高寒山区的彝族地区，虽然封建地主经济同样取得了初步发展，但多数土地集中在汉族大地主手中，这对当地地主经济进一步发展造成了阻碍。

虽然彝族的大部分地区已进入了地主经济社会，但是领主制经济形式还继续残留，也就是说在大地主制度中仍然保留有以家支制度为基本组织的领主制生产

---

① 中国少数民族社会历史调查资料丛刊修订编辑委员会编：《云南彝族社会历史调查》，民族出版社2000年版，第3~4页。
② 易谋远：《彝族史要》，社会科学文献出版社2007年版，第437页。
③ 柏果成、余宏模：《贵州彝族研究论文选编》，贵州民族学院民族研究所1985年版，第222~223页。

关系。即使在地主经济比较发达的区域,农民也无权随便采伐林木和开荒,只有在取得领主准许之后,才能够在指定的地点和范围之内进行相关活动。清末至民国时期,黔西北彝族地区的封建地主经济得到了进一步的完善和发展,但土地的获取方式主要是依靠政治特权抢占。此外,还有农民"投庄"获得的土地,在一些彝族地区,打着保护农民利益的旗号,一些地主通过军事或政治上事变强迫农民"投庄",承认他们为庄主,农民不仅要无偿地把田地献给庄主,并且还要向庄主交纳"马草粮"。通过强取豪夺,地主获得了大量土地,而农民却失去土地,更为贫穷,土地集中程度甚高。比如,在威宁、水城两属的拉呼、白岩等处的彝族土目安氏,占有土地多达六七百里;在大定县,全县田土至少有20%为旧土司私有。从1933年至1946年这短短的十年时间,贵州大方县土目安开诚就积累了多达7 000余亩自耕农田地。这种土地日益集中的现象并非独此一处,在其他地方也不同程度地上演着土地兼并的戏码,比如滇东北彝族地区的彝良县梭戛乡,土地高度集中,该地无一户不是彝族大地主陇家的佃户。

二、新中国成立后的社会经济发展

新中国成立后,各行各业百废待兴,国家推行了一系列的改革和措施,解放生产力,以推动社会经济的快速发展。对民族地区而言,新中国的成立为生产力的快速发展打下了良好的政治基础。为了进一步促进民族地区社会经济的全面发展,中央政府采取了一系列的改革措施,比如在彝族地区实行了土地改革、农业互助社、初级合作社、高级合作社等。由于各地的实际情况不同,土地的所有制形式存在差异,采取的改革措施也略有不同,但是这一系列措施的推行,结束了黔西北彝族地区的奴隶主、封建领主和封建地主的土地所有制形式。

因为黔西北彝族地区的封建土地所有制相对较为成熟,因而该地区的土地改革开展得相对较早。黔西北彝族地区于1951年11月就开始着手土地改革,经过准备和划分阶级等阶段后,根据《中华人民共和国土地改革法》的规定,[①] 依法没收地主的土地、耕畜、农具和多余的粮食及其在农村多余的房屋;依法征收祠堂、庙宇、教堂、寺院、学校和团体的土地及部分其他公地。在具体的策略上,根据不同的等级,采取灵活的应对办法。比如对大地主则采取先收后留,对中小地主和反动富农则采取先留后收,对小土地出租者,只征收其超过部分。对中农(包括富裕中农)的土地及其他财产不得侵犯。这种策略的运用减少了改革的阻力。最后一个阶段则是分配财产,财产分配涉及人民的根本利益,处理不当,改

---

① 《中华人民共和国土地改革法》第二十六条第三款。

革的成效就会打折扣。黔西北彝族是通过召开农代会、自报公议、民主评定、群众审查的办法来分配财产的。大致可以划分为四个步骤，第一步先分配田地，第二步是分配房屋，第三步是分配耕牛、农具，最后是分配浮财。分配过程中既突出重点，也兼顾原佃户的利益。分配的重点是优先分给无土地、无房屋或少地缺房的贫困雇农，然后分给少地少房的部分中农，同时还对原耕佃户的利益进行了照顾。分配的过程和结果需要复查，才能发现疏漏和差错，因此在分配完毕后，所有做的就是进行复查，解决遗留问题。至1953年土地改革结束，黔西北彝族地区的许多无地或少地的农民获得了土地。

土地改革的完成使黔西北彝族分得了土地，为社会经济的进一步发展创造了基本条件，但由于长期处于落后状态，导致了诸如耕牛、籽种、农具等生产资料的供应不足；以个体私有制为基础上的小农经济在生产生活方面会面临许多困难，难以克服各种自然灾害，因而仅仅依靠土地改革还无法真正促进农业生产的发展，还需开辟合作化的道路。土地改革完成后，黔西北彝族地区又开展了从互助组、初级社、高级社互助合作运动。到1953年秋，加入互助组的农户已超过农村总人口的半数。滇、黔、桂等彝族地区于1956年初基本上实现了初级合作化。因为合作社的土地在本质上仍然属于私有，其收益的分配主要以按劳动分配为主，土地则按25%分红的原则分配，因为合作社的目的就在于把个体农民联合起来以克服生产方面的困难，所以合作社统一安排劳动力和集中使用土地，这样的模式基本上把互助组中共同劳动和分散经营的冲突很好地解决了，同时也兼顾了个人利益和集体利益，在冲突的基础上实现利益的最大化。合作社的顺利开展进一步促进了生产力的发展，提高了社员的收入。在1956年至1957年间，在汉族地区高级农业合作化浪潮的推动和影响下，全国各地刮起了转社并社的旋风，这种浪潮也涌入到了黔西北彝族地区，到1957年底，滇、黔、桂三省区彝族地区也先后走上了高级农业合作化道路。

生产力决定生产关系，生产关系对生产力具有反作用。黔西北生产关系的改革解放了社会生产力，在一定时期内的确是促进了社会经济的发展，但是在土地改革以及合作社运动后期，与全国其他地方一样，黔西北地区也产生了农业指导上的急躁冒进和浮夸、瞎指挥等失误，在这种错误作风的影响下，又开展了"吃大锅饭"，搞单一经济等一系列的运动，这种违背农业生产规律的运动并没有取得良好的效果，相反却阻碍了农业的发展，但是得益于农业生产技术的进步，以及农业投入的加大，彝族地区农业的发展在种种不利条件下仍然发生了较大的改变，比如，自农业合作社开展以来，彝族地区大力开垦荒地、治河造田、优化土壤、兴修水利，并推广了现代农业生产技术，农业生产取得了一定的发展。

1978年后，农村推行联产承包责任制，再一次调动了彝族人民农业生产的积极性，农产品产量的增加，解放了农业生产的劳动力，彝族经济逐渐从单一的经济体制中走出来，不仅养殖业、经济作物生产、畜牧业得到发展，还出现了从事交通、服务业、建筑业、工业、运输、商业和其他行业的专业户、重点户和新的经济联合体，商品经济得到了快速的发展。1990年以后，彝族地区产业结构进一步得到改善，第一产业的比重下降，第二、第三产业的比重逐年增长，但由于工业基础薄弱，彝族地区工业化水平普遍偏低，经济增长主要集中于资源型的重工业以及与农业相关的烟草业。由于工业大多集中于省会、州会等城市地区，除部分有矿产、水利资源产业开发和建有卷烟产业的地区外，农业仍然是广大彝族聚居地区最为重要的产业。

虽然彝族地区工业经济有较大发展，部分地区工业总产值已超过了农业总产值，但这种快速发展在很大程度上是通过乡镇工业和招商引资的数量扩张来实现的。长期以来，由于彝族地区工业经济主要集中在烟草制品业、有色金属冶炼、电力、化工等少数几个行业，但这些能源、钢铁、矿产等以重工业为主导的产业结构并不是内部自发生长形成的，而是在计划经济体制下由政府为主投资推动形成的，因而不能有效带动当地相关产业的发展，不利于吸收当地劳动力就业和实现就业结构转换。在工业产值不断上升的同时，彝族农业从业人口并没有大幅度下降。[①]

由于长期以来依靠农业发展的积累非常有限，使得乡镇工业投资资本的积累不足而难以有更大的发展，企业规模普遍较小。乡镇基础设施建设的不足，在一定程度上又制约了县域工业的快速发展。此外，由于人才匮乏和劳动者素质偏低，致使多数企业无自主开发和引进新产品、新技术能力，在传统的制造业中，生产的产品多是初级的加工产品，产品附加值较少，市场的竞争力不强，产品销售和市场占有率较小，产品抵御市场风险的能力较差。一部分企业管理粗放，生产效益低下。这些因素的影响和制约加剧了彝族与汉族地区发展的差距，至今，彝族聚居地区大多是国家级和省级的贫困区。

[①] 黄正山：《关于加快发展楚雄州县域工业的思考》，载于《云南政报》2006年第3期。

第六章

基于黔西北彝族钞本文献的彝族法律道德思想研究

第一节 黔西北彝族地区的法治思想

在我国悠久的历史长河里,国家制定法与非国家制定法或习惯法并存的客观事实早已存在。彝族习惯法也成为民族法律比较重要的渊源。黔西北彝族钞本文献反映的法治思想,对研究我国的少数民族习惯法以及对发掘少数民族法律文化、促进民族地区的稳定发展、确保社会主义法治贯彻实施具有一定的意义。

彝族是我国一个有着悠久历史的民族,其先民原居住在金沙江流域,后来逐渐扩散到滇东川南和黔西等地。黔西北地区是彝族主要的聚居地区之一,彝族习惯法作为传统文化的重要组成部分,对彝族社会的和谐建设有着重要的作用。在社会治理方面,用各种规章制度法令推行法治,也注重用道德来感化人们的心灵。在长期的历史发展进程中,民族地区的安定和发展、人际关系、社会生活、民族利益、民族秩序都离不开它们的维护。本章以彝族习惯法的法治思想为对象,剖析彝族习惯法的断裂及国家制定法在少数民族地区的失范,进而重构两者。通过良性对话后的衔接,以期能加强黔西北彝族习惯法研究在社会主义法治建设中的意义。由此可见,对其进行总结对中国当代的法治建设具有一定的意义。

内生于彝族社会特殊的历史与文化传统的法律体系，其分为两种类型：一种是成文法，一种是口头法。① 彝族法律思维通常是以习惯法的形式呈现出来的，彝族习惯法是在长期的历史实践中形成且通过口耳相传的方式流传下来的，它在形式上并无系统的文字记载，属于口头法。而口头法条款的特点是简明扼要，成为有韵律、有节奏的艺术语言，朗朗上口，易学易记。彝族社会成人均能吟诵有关法律条文，并经常使用这些法律来调整生活中的方方面面。成长于彝区血缘家族组织家支林立的社会环境中，它既以家支利益为上，又重视更为广泛的社会正义，习惯法维护传统彝族社会的血缘等级制度，但又体现出超越等级的公平性。因此，彝族的习惯法是彝族人民法律思维最为集中且最为确切的呈现方式，虽然说彝族法律思维属于不成文的口头法，但是，它却包含着丰富的理性思维。产生于彝族生活实践的法律思维渗透在彝族习惯法的各个方面，且全方位影响着彝族习惯法的运行，使其呈现出不同的纠纷解决样式。其典型特征大致包括以下几种。

一、习惯法思想与宗教密不可分

在彝族地区，习惯法的发展与变化集中反映了当地的社会物质生活条件，事实上，习惯法不仅是具有强制力的法律规范，而且也是一种道德规范。彝族习惯法具有调整、裁判、教育等功能，其主要的评价标准是传统习惯、社会舆论以及内心信念，通过这三个标准来认定某种行为是否具有合法性或合道德性。彝族习惯法不像国家制定法那样具有国家强制力，但是其在当地也具有很强的约束力，对人们的行为具有很强的调整能力，这在某种程度上也完善了彝族地区的法制建设。② 无论在东西方，早期法律思维与宗教和道德相互融合。人们的日常生活与宗教是紧密地联系在一起的。彝族习惯法的很多规则都来源于当地的宗教禁忌，例如针对火塘就规定有严禁踩踏和跨越，又例如严禁触摸他人头上沟通人神的发髻等，这些宗教禁忌进入习惯法的形态后就得到习惯法强制力的保障。在裁判方式上，宗教的神明裁判是习惯法判决生成的重要辅助；在习惯法裁决的执行上，宗教观念是其强有力的保障。在彝族人的法律思维中，宗教思维对习惯法的形成与发展及运行有着十分重要的作用。实践中，彝族人对习惯法的判决会严格地遵守和执行，很少有人去质疑裁决的合法性与合理性；除了伦理道德和社会结构等制约和决定外，宗

---

① 殷秀峰、李剑：《简论彝族习惯法的四个特征》，载于《法制与经济》2011年第3期。
② 吴大华：《论民族习惯法的渊源、价值与传承——以苗族、侗族习惯法为例》，载于《民族研究》2005年第6期。

教思维也是影响习惯法的重要原因。宗教是孕育产生彝族法文化的母体，早期禁忌则是彝族法文化诞生的雏形，风俗礼仪、火文化、酒文化等在彝族法文化中均有所体现，成为其不竭之源和文化基石。① 而险峻恶劣的山地环境、刀耕火种的农牧经济、封闭独立的地域统治，则是彝族法律思维孕育生成和顽强存续的土壤。

二、法治思想之民刑一体及诸法合一性

前文讲到，彝族法律思维通常是由其习惯法表现出来的，从彝族习惯法的特征就能反映出彝族法律思维的形态样式。彝族习惯法没有成义法规，欠缺系统的、体系化的条文体系。习惯法调整社会关系主要依靠的是习惯、禁忌等，在纠纷解决的过程中非常重视运用"调解"手段。彝族习惯法一个典型的特点就是诸法合一、民刑不分，所有的法律都混合在一起。总之，彝族习惯法相比现代国家的法律显得有些混乱。相比较于民事行为，在较为严格的刑事法律实践中，彝族地区既没有固定的司法组织，也没有固定的司法人员，刑事处罚是比较常见的，如鞭笞、逐出村寨等方式。值得注意的是，彝族习惯法的适用空间只局限于彝族地区或者是某族寨管辖的范围之内，在辖区之内的人们必须遵守。② 由于彝族习惯法的诸法合一性，使得彝族习惯法的实体和程序部分区分并不明显，且两部分呈现出混杂的状态，在某些领域甚至缺乏可供遵循的程序手段。在彝族传统的法律思维当中，彝族地区的治理主要是通过本民族内部完成且得到中央政权认可的，在长期的历史实践中逐渐形成了以家支、家族和部落为依托的彝族治理。在彝族地区，传统的彝族思维习惯历来皆重视和解与赔偿。其传统的刑罚中虽有死刑，但一般仅对家支内部的恶性杀人案才适用，一般纠纷包括非恶性人命案均可通过赔偿（赔命金）解决。且在赔偿制度中，酒被认为具有代替血进行补偿的作用，打酒赔罪被视为请求宽恕的最高礼节，是化解纠纷的润滑剂。这一方面反映了彝族先人因生存环境恶劣而尽可能保存有生力量的动机；另一方面在当时的生活环境下，以补偿的方式可以更好地安顿死者遗属，并且，实践中经济上的赔偿对赔偿一方来讲是一种负担非常大的惩罚方式，在生存环境恶劣的地区，这丝毫不逊色于以命抵命的惩罚方式。③ 这种民刑合一且民刑惩罚方式在某种条件下可以转换的法律思维方式在一定程度上维持了彝族社会的正常运转。

---

① 孙伶伶：《彝族法文化》，中国人民大学出版社 2007 年版，第 25 页。
② 田成友：《从法律起源与运行方式看民族习惯法的重要作用》，载于《云南学术探索》1995 年第 5 期。
③ 韩牡丹：《略论我国少数民族习惯法的效力》，载于《内蒙古电大学刊》2005 年第 2 期。

三、法治思想的根基——家支制度和德古制度

在彝族法律思维产生和发展的过程中,家支制度一直发挥着极其重要的作用。人类学家通常研究的社会中,必须先了解亲属关系才能了解其他事物的意义,[①] 对彝族社会也是如此。家支亲属关系是以父系血缘为纽带的群体集团。这种关系联结起来的宗族组织是彝族社会最基本的生活单位,历史上,彝族社会并未形成一个统一的政权组织,因此,家支的活动形态一直以来都比较稳定,且并未受到中央政府较大的约束,每个家支都具有高度的自治性。在彝族地区,人们的日常生活都紧紧围绕着家支来展开,法律思维的产生以及彝族习惯法的产生及运作都与家支的存在密切相关。彝族法律思维具有典型的家支主义的特征,实践中,彝族社会中的私人恩怨并非仅限于当事人之间,而是在案件发生后会迅速地成为整个家支内部的重大事件,根据案件的大小或严重程度,家支组织会通过头人会议甚至召开家支全体成员大会来商讨解决之道,以求本家支成员顺利摆脱纠纷之苦,更重要的是维护本家支的稳定与团结。因此,在彝族法律思维中,维护家支利益、促进家支和平稳定发展是其首要的核心目标。

除了家支制度外,类似凉山地区的德古制度在彝族法律思维形成与发展的过程中也发挥着十分重要的作用。所谓"德古",是指既有威信、能言善辩、学识过人、经验丰富,又对彝族习惯法的运用异常熟悉,且能够以公平公正的态度按照习惯法来处理各种形式纠纷的人。"德古"并非中央政府的官员,不是受中央的任命,而是在彝族社会中自然形成的。在彝族社会,绝大多数纠纷都是由"德古"调解的。因此,在凉山等彝族地区有这样一句谚语:汉区的官府,彝区的"德古"。这充分反映了"德古"在彝族社会的纠纷调解中具有十分重要的作用。"德古"是人们拥戴出来的自然领袖,其产生不受等级的限制,黑彝、白彝以及家奴,只要其熟悉习惯法,知识渊博,善于解决纠纷、维护家支利益,就可以成为"德古"。一个成年男子只要符合条件就能成为"德古",有才能的妇女一样可以成为"德古",虽然说德古不能世袭,但可以为自己的子女创造有利的环境,使其逐渐成才,而后成为"德古"。在彝族社会,"德古"的主要职责就是运用习惯法解决彝族社会中的各种纠纷。从实践可以看出,彝族习惯法是人们长期实践的产物,在彝族地区,人们普遍地遵从习惯法的规则,彝族习惯法在当地发挥着巨大的积极作用,可称之为"良法",这就符合亚里士多德的法治理论——良法之治与对良法的普遍服从。因此,"德古"是彝族社会习惯法创制和发展的最

---

① [美]基辛:《文化·社会·个人》,甘华鸣等译,辽宁人民出版社1988年版,第89页。

为关键的角色，其具有法律人、司法官等多重身份，他们利用自己对彝族社会的热情、对习惯法的热情以及其高度的职业素养，使杂乱无章的习惯法逐步朝着概念化、抽象化和体系化演进，[①] 这在我国的少数民族的习惯法中可谓是独树一帜。

此外，彝族法律思维不仅与彝族自身密切相关，还与其所在地域的自然条件、生存条件有着紧密的联系。这也就使得彝族习惯法无论是在内容上，还是在形式上，或者是执行方式上都有不同的表现形态。值得注意的是，彝族法律思维只形成于本民族所在的空间范围内，其对彝族社会的影响也有着地域上的限制，彝族法律思维有很强的地域性特征。

第二节　黔西北彝族婚姻习惯法

所谓黔西北彝族婚姻习惯法，是指该民族男女双方缔结婚姻所遵循的规则、习惯和惯例，是既包含实体性内容，又包含程序性内容的有机整体。"婚姻形态是地理环境、历史渊源、心理素质、宗教信仰、经济发展等诸多因素综合作用的结果。"[②] 因此，婚姻习惯法也同样是地理环境、历史渊源、宗教信仰等诸多因素碰撞、挤压、融合、调适的结果。

彝族古代婚姻的产生，可溯源到乾阳运年时代。[③] 根据乾坤理论，彝族先民兴起了分封，之后才兴起嫁仪，才兴起了媒妁，才兴起了娶妻[④]。这一时期的彝族人就根据象卦的匹配观念，再综合其他因素，创制了自己的婚姻制度，确立了本民族的婚嫁规矩。

一、结婚习惯法

（一）缔结婚姻的习惯法原则

1. 同族内婚

有专家认为政治制度、习俗、语言、宗教、地域等因素构筑起一个民族的内

[①] 张明泽：《彝族习惯法之效力渊源考》，载于《甘肃政法学院学报》2006年第1期。
[②] 王学辉：《从禁忌习惯到法起源运动》，法律出版社1998年版，第214页。
[③] 于正贤、龙正清：《夜郎史籍译稿》，贵州民族出版社2007年版，该书第36页中指出，根据彝族文献的记载和彝族传统的历史年代学标尺和历史分期期标，用纪和世推算，其古代历史可以分为四个历史时代；公元前46世纪至公元前22世纪为第一个时期——乾阳运年时代；前21世纪至前8世纪为坤阴运年时代；前7世纪至前4世纪为人文运年时代；前3世纪至公元17世纪为六国分封和遗裔君长时代。
[④] 于正贤、龙正清：《夜郎史籍译稿》，贵州民族出版社2007年版，第378页。

婚壁垒。① "同类联姻"的倾向在人类婚姻家庭的发展进程中得到了很好的证明，其旨在繁衍种族、稳定婚姻和统一、团结该群体。同族内婚规则即是同类婚姻的一个重要体现②。一切择偶制度都倾向于"同类联姻"。③ 这种倾向也同样反映于我国少数民族的婚姻历史进程中。有学者指出，历史上我国各民族之间的通婚状况大致有三种。④ 第一，严格的民族内婚制，禁止与外族通婚。比如广西金秀瑶族在清代就立石牌规定"女人招外客，罚银60两"，以此来禁止瑶人与外族成亲。第二，不严格的民族内婚制，即允许在一定条件下与外族通婚。例如古代傣族、达斡尔族曾实行民族内婚制，但是随着时代的变迁，开始陆陆续续与汉族通婚，不过数量很少。第三，允许与外族人自由结婚，对通婚问题不加限制。该情形比较普遍，因为大多数民族都没有明确的成文法或习惯法规定不许与外族通婚。我国黔西北彝族属于第一种情形，实行严格的族内婚姻制度，严禁与外族通婚，违者将受到严厉的处罚，这在客观上限制了选择婚姻对象的范围。

新中国成立前，黔西北彝族一直遵守彝族只能同彝族通婚，严禁在族外进行婚嫁的习惯法规定，因此彝族的通婚就局限在本民族内部。彝族不与外族通婚的状况植根于彝人的观念深处，彝谚有"汉族是山羊，彝族是绵羊；山羊是山羊，绵羊是绵羊""黄牛自是黄牛，水牛自是水牛；黄牛不入水牛围，水牛不同黄牛牧"的说法。同族内婚原则是整个彝族社会婚姻缔结所遵循的首要原则，不仅在黔西北彝族风行，同样为其他地区的彝人所恪守。比如，在大小凉山彝区，如果有人违背该原则而与外族通婚，往往会受到从家支开除或被处死的惩罚；在贵州织金一带的彝族一般也不与外族通婚，如果与外族通婚也同样会受到严厉的处罚；威宁县板底村彝族也同样不与其他民族通婚，实行严格的族内婚。当然，不与其他民族通婚是就一般而言的，并非绝对。比如，从前的土司、土目就会突破同族内婚原则的束缚，选择与汉族通婚。究其原因，一方面因为等级制度的存在造成土司、土目阶层人数过少，如果在该狭小的范围内同时执行严格的等级内婚和同族内婚，则会出现宜婚男女的逆差，另一方面是出于利益的考量，选择汉族的强势家族联姻可巩固自身的统治，获取更大的利益。

新中国成立后，旧的落后的制度被废除，新的先进制度得以确立，风气为之一变。改革开放后，民族内婚制度的坚冰得以缓缓消融，族际通婚的大门正在开启。随着党的民族政策的深入贯彻，彝族地区各项事业飞速发展，与各民族之间的经济文化交流日益增多。一方面，随着外来人进入彝族地区，传统的观念受到

---

①② 李晓霞：《中国各民族间族际婚姻的现状分析》，载于《人口研究》2004年第3期。
③ ［美］W. 古德：《家庭》，魏章玲译，社会科学文献出版社1986年版，第75页。
④ 陈明侠：《关于民族间通婚问题的探索》，载于《民族研究》1993年第4期。

了一定程度的冲击、瓦解，婚姻观念也受到了影响；另一方面，许多彝族人也走出家门，到外地求学、工作、经商等，眼界得以开阔，新思想得以确立。随着各个民族之间交流频繁，彼此平等相待、相互了解，各民族建立起了深厚的感情，超越了民族的界限，阻碍彝族人与外族通婚的障碍被打破，传统婚姻的壁垒得以破除。随着民族交往的进一步深入，人口流动速度和规模的扩大，媒体的正向引导，社会的协同发展，彝族的婚姻观念也将进一步转变，由过去重"民族成分"逐步转移到注重个人的感情和观念。现在的彝族青年男女顺应时代发展的要求，主动调适自己的婚姻行为，绝大多数都是通过自由恋爱的方式来缔结婚姻，很少考虑民族成分问题。尽管彝族的婚姻制度中落后因素正在被消除，并且逐步融入新的元素，尽管这些"不符祖制"的婚姻正在被理解和认可，但是在一些彝人心中仍然保留着根深蒂固的同族内婚观念。毕竟，传统的改变非一日之功，仍需要社会进一步的融合和观念的调适。我们应该认识到，族际通婚有利于加强交流和理解，加强民族团结，有利于增强中华民族的凝聚力，对促进民族间的协同发展有着积极的影响和意义。

2. 宗支外婚

彝族实行宗支外婚，即家支外婚的制度。① 它禁止属于同一家支的任何成员在本家支内部进行婚配，而且同一家支的成员，"即使血缘关系极为疏远的结婚也被视为邪恶的犯罪"。② 正如恩格斯所说："这是极其肯定的自缘亲属关系的否定表现，赖有这种血缘亲属关系，它所联合起来的人才成为一个民族。"③ 这种家支外婚制度在彝族地区被人们普遍遵守，成为彝人所共同奉行的第二个基本原则。比如，在贵州龙场彝族地区，只要是同一姓氏血亲，无论血缘关系之远近，均不得通婚；威宁县板底地区的彝族的习惯法也同样规定本民族内不同自称的支系间不通婚；纳雍地区的彝族同样遵守"本民族内同姓的不通婚"。官寨地区的彝族的"同姓同宗不能通婚"和大方寨地区彝族的"同宗间禁止开亲"的要求无不反映了家支外婚原则。兴义地区的彝族禁止"父系血缘实行内婚，若要通婚，则必须举行分家仪式之后"。现在兴义一带彝族常说"同姓不婚"，就指同一彝姓不通婚，如"阿珠"与"阿珠"不能通婚。源于氏族社会的氏族外婚制的家支外婚制度是维系彝族各支系完整的重要纽带。一个支系有共同的祖先和姓，支系内婚将危及以父系制和父权制为基础的支亲的巩固，因此为彝族社会所禁止，违反这一准则将受到习惯法的严厉制裁。家支内婚被认为是乱伦的严重事件，因此惩罚很严厉。比如有的地方习惯法规定违反宗支外婚进行婚配的男女双

---

① 马学良：《彝文经籍文化辞典》，京华出版社1998年版，第541页。
② [美] 摩尔根：《古代社会》（下册），杨东莼、马雍、马巨译，商务印书馆1981年版，第367页。
③ 《马克思恩格斯选集》第四卷，人民出版社1972年版，第56～82页。

方将被处以"火焚"的极刑；有的地方规定由家族会议根据情节的轻重对违反者处以惩罚：轻者则失去血亲扶助权；重者施以火刑（用熏烤）或木刑（将木楔打进拇指内）。

但是，由于彝族地区同时实行同族内婚和等级内婚制度，这就决定了婚姻的范围有限，由于既不能同外族通婚，又不能与不在同一等级的其他家支联姻，久而久之，伴随着本家之规模的不断扩大，如果再实行支系外婚则意味着通婚面的变窄，通婚的困难则会进一步加剧。为了使族群的发展持续下去，就必须找到一种方法来打破这种僵局。于是在严格遵守家支外婚的前提下必须寻求一种变通，一种冲破家支外婚带来的不利局面的解决方案，于是派生出了另一条彝族习惯法规则：当支系满九代或十一代时要叙一次总的宗谱，称为"尼姆"。叙宗谱时举行分支仪式。① 经过祭祖分支仪式，原家支分立为不同的小家支，然后各支之间就可以通婚。同姓的两家，虽然已隔数代，但是如果并未举行分宗仪式，仍然被认为是属于同一宗族，无论相隔多少代，都是不可以开亲的。未分宗前，在同一宗族内部，若发生两性关系，便被称为"几约"，意为"人错"，相当于汉语的"乱伦"之意，为人们所不齿。至于只隔三代、五代，彼此以兄妹相称的，犯下这一禁令者即有被处死的危险。

这种家支外婚制度的形成是多种因素综合作用的结果。首先是伦理方面的考量。美国学者 C. 恩伯和 M. 恩伯指出，有关婚姻的唯一文化普遍性在于没有任何社会允许人们与自己的父母、亲兄弟姐妹结婚。沃尔夫提出，"人类的乱伦禁忌制度依赖于对两种人的区分，一种是那些我们与之有某种共同基质的人，这象征性地体现为血统的共同性，从而我们不能与这些人进行婚配，另一种是我们可以婚配的人，我们同这些人并未继承什么共同的象征基质。"② 彝族人认为一个支系拥有共同的先祖和姓，而家支则是以血缘为基础的亲属集团，家支内部同辈之间"均为兄弟姐妹"，因此婚姻的选择必须在家支以外进行，严禁家支内部成员通婚。尽管同一家支的成员可能分散各地，尽管彼此间的血缘关系已经极为疏远，但是在彝族人的传统观念里仍然是兄弟姐妹。其次，为避免近亲结婚带来的危害而实行家支外婚。彝谚有云："亲上加亲，其子如猴。"③ 汉文史籍有云："异姓异行，异行则异类也。异类虽近，男女相及，以生民也。同姓则同行国，同行则同心，同心则同志，同志虽远，男女不相及，畏黩乱也，黩则生怨，怨则毓灾，灾则灭性，是故娶妻避其同姓，畏灾乱也。"还云"同姓不婚，惧不殖

---

① 参见《谱牒书》部分内容，不分卷 1 册，86 页，今藏贵州省毕节市档案馆。
② ［美］埃里克·沃尔夫：《欧洲与没有历史的人民》，赵丙翔等译，上海人民出版社 2006 年版，第 109 页。
③ 肖建国：《云南小凉山彝族比尔》，云南民族出版社 1996 年版，第 333 页。

也"。虽然古代社会缺乏科学证据来证明近亲结婚的弊端，但是通过长期的经验观察，还是得出较科学的结论。从中，我们可以发现家支外婚的实行是为了保障家族子嗣的健康，为的是族群的绵延相续、持续发展。再次是基于政治方面的考虑，旨在寻求一种政治的联合。沃尔夫指出，随着血缘集团进入政治领域，姻亲关系随之成为政治关系。① 彝族习惯法规定的家支外婚，还可从家支联盟的视角考察。在没有统一政权的或中央政权难以进行有效控制的彝族社会，家支林立，在频繁的冤家械斗中，唯有强大的姻亲家支联盟的支持，才能立于不败之地。婚姻便成为一种寻求联盟的交易。一些弱小的家支通过与强势家支联姻来壮大实力，巩固自身；而一些实力大的家支、家族借联姻来增强本已经很强大的实力。家支外婚实际上成为整个彝族社会保存和发展家支力量的途径之一。如历史上西北的彝族与相邻的四川、云南地区的彝族进行联姻从而形成很大的势力。

以现在的观点来审视家支外婚制度，可以发现其具有合理的一面，虽然它主要是建立在维护统治阶级利益的意识形态之上，但是客观上符合了自然规律和生物科学，防止了近亲结婚导致的弊端。这无疑是与现在的婚姻观念相协调的，因此还是有值得肯定的一面的。

3. 等级内婚

在漫长的奴隶或封建阶级统治时期，婚姻讲究门当户对，这多少与当时的阶级制度的存在有关，门当户对成为制约各民族婚姻的普遍规律，只是各少数民族往往有自己的本民族特色。彝族也不例外，他们也形成了同样强调门第的等级内婚原则。以阶级制度为基础的等级内婚，指的是处于不同社会阶层的男女不能结婚，只有同一阶级内的男女才可以婚配，禁止跨等级联姻。它反映出了彝族地区的血缘习俗的观念。民间流传下来的谚语生动形象地传达出实行等级内婚的心理诉求，彝谚说："我与我之上的人通婚，我会受到他们歧视；我与我之下的人通婚，我会受他们欺侮。"

随着土司制度的发展和强大，贵州地区的彝族形成了包括土司在内的血缘等级。土司，是水西彝族社会的最高统治者；黑彝，即贵族等级，一般来说属于统治阶层，"黑者为贵白者为贱""乌蛮富而强白蛮贫而弱"；白彝，亦称"白蛮""白罗罗"，是被统治阶级；奴隶，这是黔西北彝族社会的最低等级。除此之外，黔西北彝族还存在着一些来自特殊家支的特殊阶级，如"红彝""青彝""果彝""干彝"等。这种等级划分以经济为基础，但却是从"根骨"即血缘来划分的。②

---

① ［美］埃里克·沃尔夫：《欧洲与没有历史的人民》，赵丙翔等译，上海人民出版社2006年版，第113页。

② 邹渊：《贵州彝族习惯法概略》，载于《贵州民族学院学报》（哲学社会科学版）2000年特刊。

可以说，血缘等级制是水西彝族婚姻家庭习惯法乃至其整个习惯法体系的核心内容和根本制度。

按照等级内婚原则，其中娃子或者是与娃子通婚，或者是与主子出面用抢来或买来的子女通婚。《毕节县志稿》说："猡罗，亦曰罗罗，亦称罗鬼，有黑白二种，以黑为贵，蔺州奢蛮旧部也。土目不与其下为婚，黑种不与白种为婚。"① 黔西一带："黑罗罗，丞报旁通，不恶也，不与下姓结婚。"② 威宁境内彝族之间限制很严，"土目最贵，黑种次之，白彝最贱。婚姻往来，丝毫不容假错"。③《黔西北苗族彝族社会历史综合调查》中可知，这一带彝族："土目不和黑彝开亲，黑彝也不和白彝、红彝、干彝等开亲。黑彝仅和黑彝开亲，一般是有钱有势的黑彝和有钱有势的黑彝开亲。穷黑彝和穷黑彝开亲。黑彝再穷也不和有钱有势的白彝开亲。""红彝也不和白彝、红彝、娃子开亲，干彝仅和干彝开亲。""其他等级不与娃子开亲，娃子仅和娃子开亲，土目家的娃子不与黑彝家的娃子开亲。"④ 等级内婚观念扎根于彝人的观念之中，内化到血液里，可以说是根深蒂固。不同等级通婚的情况是很少的，只有当某一个等级的家族没落时，他们才能接受较低等级的姻亲；或某一等级的家族势力扩大后，他们亦希望通过姻亲的关系来提升自己的等级地位而同意与比自己等级高的宗族开亲。违反等级内婚，根据情节的轻重、等级高低的不同而进行制裁：轻的失去血亲扶助权，重的则会受火刑、木刑之罚；等级较低者受到的惩罚较等级较高者更为严重，而且往往被卖到远方。因此彝族人在婚姻的缔结上首先要做的就是论"根骨"、查家谱，而后议亲事，如果与"根骨"不正者联姻，不仅不会被父母承认，甚至还会因此而断绝父母与子女的关系。与其他民族一样，彝族的等级内婚制，实际上是森严的等级制度在其婚姻关系上的反映。这种婚姻制度的形成旨在维护等级制度。

（二）婚姻形式

如果从婚姻的组成以及自主程度的角度去分析，彝族地区的婚姻形式可以划分为两大类。

（1）从婚姻组成来说，彝族旧时的婚姻形式以一夫一妻制为主要组成形式，而以一夫多妻制为次要的组成形式。⑤

与父权制小家庭相适应的一夫一妻制是黔西北彝族地区占主导地位的婚姻

---

① 《毕节县志稿》·二十卷，1965 年贵州省图书馆油印本。
② （清）刘永安、徐文壁：《嘉庆黔西州志》，方志出版社 2018 年。
③ 《威宁县志》·十八卷，1964 年毕节地区档案馆油印本。
④ 《黔西北苗族彝族社会历史综合调查》，贵州人民出版社 1986 年版，第 54~57 页。
⑤ 邹渊：《贵州彝族习惯法概略》，载于《贵州民族学院学报》（哲学社会科学版）2000 年特刊。

形式①。如贵州"黔西县的彝族家庭基本上一夫一妻制，父母子女组成家庭。除幼子外，男子长大娶妻一般与父母分居，自立门户，自谋生活"。其他一些彝族地区也存在一夫一妻的婚姻形式。这种婚姻形式是习惯法所认可的婚姻制度。

彝族一夫多妻制的特点是第一妻的优越地位与多妻的相对平等地位并存。第一妻的优越地位主要体现在三个方面：第一方面为第一妻享受其他妻子尊敬的地位；第二方面在不同地区稍有差别，在有的地方，多妻制家庭中各妻所生子女，不论年龄大小均称第一妻所生子女为兄姐，其余各妻子女依次被称为弟妹，不过在贵州多数的彝族地区不分是否是第一妻所生，一律按出生的顺序来决定是兄姐还是弟妹；第三方面是如果男子要纳妻，则必须取得前一妻的同意。多妻之间的地位相对平等是指：各妻虽然分居在不同的地方，但是各自控制一份财产，各妻经济地位平等；第一妻不享有管理其他妻子的权利。②

（2）从婚姻自主的程度进行分析的话，彝族旧时以父母包办为主要婚姻形式，同时还存在诸如包办、抢婚、转房等补充形式。

1）包办婚姻。

古代婚姻的缔结讲求"父母之命，媒妁之言"，该要求不仅为汉族所尊奉，许多少数民族也同样对此有要求，黔西北彝族也不例外。这种要求的存在为包办婚姻提供了土壤。彝族社会青年的恋爱不必然导向婚姻，虽然能够自由恋爱，但却难婚姻自主，因此，在多数情况下婚与恋是脱节的。彝族谚语说："恋不恋是自己的事，婚不婚是父母的事。"根据习惯法，彝族男女结婚普遍较早。父母在儿子年幼之时就开始到处物色女孩，为结婚做准备。强大的舆论压力助长了早婚的现象，比如，如果男孩过了十六岁还没有对象，就会被认为太穷或者太窝囊没本事；如果姑娘十五岁没有婆家，就会被认为有毛病或说没人要。在心智尚未成熟的幼年，还未步入恋爱的阶段就已被父母做主包办订婚。包办订婚实际上就是包办婚姻，因为彝语中没有未婚和已婚的区别，未婚夫和丈夫都称为"苏雨"，妻子和未婚妻均称作"妻"。成年子女的婚姻也无法自己做主，也是由父母包办。包办婚姻最典型的当属指腹为婚。也会有彝族男女想冲破包办婚姻的藩篱选择自主结婚，然而命运大多悲惨。如果是女儿违抗父母之命，父母或者采取早嫁的办法，或者私下与亲家勾结，让男方家组织人来抢婚；如果是儿子违抗父母之命，其父母或者将其从家庭成员开除，或者从此切断经济后援。有勇敢的男女选择远走他乡，以此来摆脱被包办婚姻的命运的，即使如此，亲家会变为仇人，甚至要"打冤家"。正如彝族谚语所说："亲家时好话说尽，冤家时坏事做绝。"由此引

---

① 《黔西县彝族简介·贵族民族志》。
② 参见《娶亲择日书》部分内容，不分卷1册，39页，今藏贵州省毕节市档案馆。

发的矛盾有时可通过调解解决，往往是互相赔偿经济损失，从而将激化的矛盾给按下水面，表面上问题得以解决，但彼此内心的仇恨不会消亡，甚至传至后代。从提亲、订婚到出嫁的每个联姻环节，无不体现出父母全权包办婚姻的意志。

2）恋爱结合。

除了包办婚姻这一主要的婚姻结合形式之外，还少量地存在恋爱结合的形式。彝族男女青年可以自由恋爱，这就决定了还是会存在一些满足婚姻缔结要求的情形的，如果恋爱可以发展到盟定终身的程度，则男女双方可以约定，男方按照婚姻缔结的程序去女方家提亲，如果成功，则实现了恋爱与婚姻的统一。尽管这种婚姻体现了男女双方相当程度的婚姻自主意志，但在形式上仍需托媒提亲，得到父母的同意，还是要走完"父母之命，媒妁之言"的程序，并非完全的自主。

3）抢婚。

随着父系氏族取代母系氏族，古老的彝族社会中诞生了抢婚。这种习惯在彝族婚姻的历史中占据了特殊的地位，并且盛行的时间较长，有些地方在解放前还保留了抢婚的遗风。一般在四种情形下才会发生抢婚现象：第一，女方父母同意或默认下的抢婚，这属于父母的强制形态。此情形一般发生在双方亲家都同意并且协商好但姑娘不愿嫁给对方情形下，为了顺利缔结婚姻，男方便安排人将姑娘抢走成婚。第二，在男女私下约定成婚，但明媒正娶不便或女方父母不同意的情况下，男方以抢婚方式先把姑娘抢到家中，再进行调解，按照结婚的程序缔结婚姻。第三，如果正常的嫁娶按照习俗被认为是不吉利的，就容易发生抢婚。此情形是男女双方及父母都同意的，采取抢婚只是为了避免不吉利。第四，违背女方意志的抢婚，该情形一般是姑娘以及姑娘父母都不同意。当某男看中某女，但姑娘已经订婚或不同意，男方则先组织人将姑娘抢回家中，再安排中间人去调解，如果双方和解，再正式举行结婚仪式，此时抢婚才宣告成功。这种方式往往引起姑娘和其父母强烈不满，甚至酿成流血冲突。如果抢了已经订婚的姑娘，原订婚的男方家会以此为辱，最终可能打冤家，直到一方失败，另一方胜利为止。在解放前夕，抢婚甚至发展到了抢有夫之妇的地步，某妇女生得漂亮，尽管已经结婚，也有可能被抢走。有的女子被抢过多次直至落入无人敢抢的大势力人家手中为止，因此抢亲者必须依附有势力人家才能取胜。如果被抢的女子还未定亲，则有可能为习惯法所认可，但被抢者多属他人之未婚妻，因而很容易引起严重纠纷，带来严重后果，因而一般较少采用抢婚这种方式。

4）转房。

与其他地区的彝族一样，黔西北彝族也存在针对寡妇再婚的严格的转房制。如果丧夫妇女的子女尚未成人，且仍在生育年龄，则按照父系血统的亲疏远近来安排再婚的对象，一般先是丈夫的同胞兄弟或其他近亲，然后是亲房，再次是远房兄弟。有的地方将转房描述为"兄终弟继"和"弟死兄接",不过前者占主要地位。兄长亡后,先在死者的弟弟中选择再婚对象,因此弟娶兄嫂是被视为理所当然的现象;如果死者无弟或弟因年龄太小等原因而无合适人选时,哥哥才能娶弟媳,不过这被视为迫不得已的无奈选择,并且在举行转房仪式上要说明原委。如果平辈中没有合适的人选,除姑表婚以外,还可转房给三代以内的长辈或晚辈,由此就产生了侄媳可以转房给叔父或后母转嫁给前母所生儿子的情形。古籍《黔记·诸夷》曾记载"父死收其后母,兄弟死则妻其妻",可作佐证。寡妇转房的次数和年龄均无限制。

转房制与妇女地位低下以及经济利益直接相关。因为妇女被视为亡夫家族可以转让的财产,并不是作为主体存在;转房的经济目的是防止家族的财产外流。因为娶女人时给付了财礼,寡妇再嫁被视为一种损失,因此转房成为彝族社会一种特殊的婚姻形式,成为寡妇再婚的主要形式。当然年轻寡妇也有守寡不再婚的;不转房另改嫁的很少,一般只有在不能转房时,寡妇才有改嫁他家的自由。

5)招赘。

与汉族相类似,招赘是招女婿上门入赘女方家的一种婚姻形式,贵州彝族也称之为"上门"。在有女无男的人家,父母为了老有依靠或传香火,往往会采取招女婿上门的方式来为女儿选择结婚对象,往往是经济情况较女方家更为困难的才会愿意上门为婿,但社会上对上门女婿并不歧视。"上门"者所生子女,不随父姓随母姓,受女方家庭支配,体现出母系制的遗风。

(三) 结婚程序

婚姻的缔结需要经历一系列的过程,它是代代相传的习俗或习惯。各民族都有自己相关的结婚程序,只是在具体内容层面存在差异。黔西北彝族结婚也需要履行相关的程序,这种结婚程序既具有丰富多彩的文化民俗的意义,更是彝族婚姻习惯法的重要组成部分,是缔结婚姻的习惯法的形式要件,是婚姻得到承认的一种标志。姑娘出嫁前的有关活动全由父母操办,不以姑娘的同意为必须,这种程序体现的基本精神是"父母主持,媒人说合"。这里论述的结婚程序与前面论述的婚姻原则与婚姻形式是相互映衬的,互为补充,构成了彝族婚姻习惯法的有机整体。

1. 提亲

提亲彝语称为"妻哼",又叫说亲。通常的情况是,男方父母看中姑娘后请媒人到女方家提亲。[①] 彝族提亲,媒人(富色)一般要往女家跑三次,所以

[①] 邹渊:《贵州彝族习惯法概略》,载于《贵州民族学院学报》(哲学社会科学版) 2000 年特刊。

称作"富色三提亲",故彝谚云"一回不打狗,二回不装烟,三回得句话"的民谚。

2. 订婚

提亲成功之后,按照习惯,男女双方家庭都要为正式订婚作一系列的准备,创造各种条件。准备的内容相当之多,包括"论根骨""盘家底""合八字论五行"等。当然,其中的某些部分已经化作历史尘埃,成为旧规矩,但是其中某些部分仍然为彝人所遵守,在今天的婚嫁中仍然发挥作用。"论根骨"即按照等级内婚原则,探究男女双方的阶级与阶层的血统。因为不同等级的彝人之间是严禁通婚的,所以对男女双方的"根骨"要寻根问底,不能有丝毫马虎。"盘家底"是调查了解彼此的家庭财产情况,看是否门当户对。"合八字论五行"是按五行相生相克的理念和男女双方的生辰八字来确定是否宜于联姻。彝族民间流传的说法是:"五行相生最为佳,五行相合理应当,五行相逢皆可用,相克相冲不应当。""虎马相兔方割断,金鸡遇犬泪汪汪,猪见猿猴一旦休,自古白马怕金牛。""合八字论五行"在今天的彝族仍然扮演着重要角色。

经过双方上述诸多准备,如果男女双方联姻不违反禁(通)婚原则,符合彝族传统习惯,则可以举行订婚仪式(彝语称为"米合初塞底")。一般在提亲成功后不久举行订婚仪式。

3. 烧鸡吃

烧鸡吃,又叫烧鸡卦,因为吃鸡后要以鸡骨卜卦。"烧鸡吃"仪式有两层含义:其一,彝族人认为,凡事经过火熏烧后即能驱魔避邪,图个吉利的开端。其二,将鸡骨进行一番细致的占卜,判断婚姻的吉凶祸福。烧鸡吃的目的是向更多的人公开亲事,防止有人悔婚,同时也是为了进一步占卜亲事是否吉祥如意。在这个过程中,有时还会商定男方应付的礼银(姑娘的身价)。"烧鸡吃"是订婚后必须履行的一种缔婚程序,旨在巩固原有的订婚关系。

4. 送期

"送期"又称为"择婚期",彝语称之为"泥哈何",是指在男方选好婚期后,由媒人带上期单和鸡、酒等礼物送至女方家。女方家则举办酒席宴请亲人,并告知亲戚结婚日期,以便准备出嫁礼物。此外,席间女方家要告知男方送亲的人数多少、嫁妆如何;媒人则要说明接亲的礼物;双方要互通财礼数目情况。

5. 拜大年

在男女双方家庭议定结婚后的当年春节,未来的女婿要到岳父家拜年。因为此次拜年的对象包括岳父家族各户,比过去拜小年的对象要多,故称之为"拜大年"。拜大年要携带礼物前往,礼物的品种和质量根据男方家的经济情况而定,

349

传统的礼物有米、肉、酒、糖等，即使经济困难，至少也要置办其中的一两种，富者则可能置办齐全。受拜者也要回赠钱或物，至少是毛巾一方。岳父要回赠酒一瓶，以便女婿在归途中祭奠山神、土地、山精、水怪、路神等，祈求保佑来回平安，彝族称之为走亲路上的"放马酒"。

6. 行聘

行聘即下聘礼，在彝语里叫"纣合"，是送畜之意，源于古代彝族的游牧社会，与汉族的送彩礼相当。彩礼由媒人当面清点交予女方家长。从彩礼给付次数来看，有一次给付完毕的，也有多次给付的。多次给付主要是为了吉利，故意留有欠尾不给付。送彩礼时，男方要奉敬女方家的同宗各亲，主要是舅舅叔伯等亲戚；女方的亲戚各家通过大办招待来承认该门亲事的合法性。在婚期前的一两个月内，男方须将所留的尾欠补足给女方。最后，女方家长要从送达的足额彩礼中抽出少部分退给男方，意为有用不完的财宝。[①] 当然，在说亲、订亲等环节也会有男方给女方家礼物的情形，因此行聘不是一个独立的单一程序，会与其他过程有交叉。至于聘礼的数量一般是协商确定，主要是根据男女双方的家庭情况及经济承受能力来确定。在现实生活中，也有因为男方家所出的彩礼达不到女方家的要求而导致婚姻无果的情况。

从习惯法的视角分析，在前述的一系列程序中，最关键的是"烧鸡吃"和"送聘礼"，分别代表了彝族民间婚约成立的两个过程。在人类社会发展的早期，婚约为婚姻缔结必经程序，被视为一种契约。黔西北彝族的"烧鸡吃"是婚约在习惯法上开始生效的标志，婚约一经生效就具有习惯法上的效力，其效力主要体现在两个方面，一是双方家庭均负有不得将子女另聘或另嫁的义务，因为彝族婚姻习惯法和彝族语言对未婚和已婚并不加以区分，婚约一经缔结，女方便"生是男家人，死是男家鬼"了；二是男女双方社交自由的限制，主要是针对女方。此时女方如果移情别恋，与其他男子相约私奔，男方可"合法"抢婚，甚至会引发冤家械斗。送聘礼则是婚姻成立的证明。

7. 嫁娶

黔西北彝族的嫁娶仪式颇具特色，且规矩繁多，各环节都有相应的习惯和传统要遵守。一般而言，嫁娶依次包括接亲、送亲、迎亲、回亲等几个环节，还会有若干其他传统穿插其中，比如禁食、打亲、泼水、盘歌、哭嫁、歌会等。彝人对嫁娶各个环节的次序有严格要求，不能顺序错乱，如果发生程序性的差错，将会引发纠纷，酿成严重后果。

[①] 邓超、王真真：《对彝族婚姻家庭习惯法的探索性研究》，载于《新西部》2009年第24期。

二、婚姻终止习惯法

婚姻关系的终止是指合法有效的婚姻关系因为某种原因而归于消灭。世界各民族一般均以夫妻一方死亡或离婚作为婚姻终止的缘由。彝族习惯法上导致婚姻归于消灭的理由与其他民族相似。

（一）夫妻一方死亡

（1）妻子死亡的，婚姻关系终止。如妻子在坐家①期间死亡的，娘家只需退还已交付聘金的一半作为补偿即可，但是其无权向男方索要嫁妆；如夫妻已经共同生活、生有子女后死亡的，包括嫁妆在内的家产全归丈夫所有，女方不得向男方索还嫁妆，同时也无须退还聘金。

（2）丈夫死亡的，婚姻关系终止。但是在此情形下，妻子的再婚受到严格限制，尤其是子女年幼且妻子仍在生育年龄的情况下，必须转房给亡夫的同胞兄弟等平辈，出现平辈无合适人选的特殊情况时，还可以转房至亡夫的晚辈或者长辈近亲属。一般而言，丈夫死后，寡妇离开丈夫家回到自己娘家的情形极少，只是个别的特例。且只有在下述条件下方有可能：丈夫家支无可与之合适的婚配对象；尚未生育子女；娘家退回聘金等。如果亡夫家没有合适的人选，寡妇才有可能去改嫁，此时此刻，新婚夫要偿还亡夫生前交付的聘礼作为补偿。

（二）离婚

婚姻固然在维系整个社会稳定的过程中起着非常重要的作用，但是当婚姻难以维系之时也需要一套特定的离婚程序，彝族地区的离婚程序有自己独特之处，其中也包含着夫妻之间的财产分配和子女抚养等婚姻习惯法规则。彝族婚姻的解除有一般的情形，也有逃婚这种特殊形式，如下论述：

一是解除婚姻。在黔西北彝族地区，婚姻解除一般都遵循如下的习惯法规则：第一，订婚后举行婚礼前，若女方家主动提出退婚的，则要全部或加倍退还聘金；如果是男方家主动提出退婚的，女方则无须退还聘金。第二，婚礼举行后离婚的。丈夫可以以女子不能生育、偷窃等直接赶走妻子，但无权要求退还聘礼，有"好汉休妻不要钱"的说法，甚至还要给女方家一定的经济赔偿，表示赔

---

① "坐家"又被称为"不落夫家"，指的是婚后新娘不在夫家居住，而是回到娘家长住，只是在农忙或节日期间返回夫家，帮助干一些农活，过后又回到娘家。这种"不落夫家"的生活，一直要坚持到怀孕或生了第一个孩子后，才回到夫家。

罪。"如贵州官寨彝族历史上自然形成的规矩，如果男方要求解除婚约，女方可以不退男方过去送的财礼。"① 如果妻子与他人通奸，丈夫不仅可以此为由离婚，甚至还享有让奸夫赔大礼的权利，如果丈夫当场抓到奸夫打死或致使妻子死亡的，也不负偿命的义务。虽然丈夫在离婚方面占有优势地位，但是也会受到一定的限制，习惯法是不允许以对方患有重大疾病或不治之症为由提出离婚，不然将会受到家支的冷漠和舆论的谴责。夫妻间感情不和是彝族社会中离婚的重要原因。因为早婚、包办婚姻、买卖婚姻以及姑舅表优先婚等传统的存在，导致夫妻间感情基础淡薄，建立在无感情基础上的婚姻很难顺利持续下去，如果婚后无法增进夫妻感情，婚姻最终可能面临分崩离析的命运。② 在彝族社会，彝族妇女一般是不能提出离婚的，但是如果妻子当场抓住丈夫与他人通奸，就可以提出离婚。虽然一般情况彝族妇女不得主动提出离婚，但是个别性格强的女子也会坚持要求离婚，如果亲友调解无效，仍坚持离婚的也可离婚，但此时必须满足两个要件：一是必须征得女方的父母同意，否则即使离婚，也有可能被父母捆回丈夫家；二是女方要加倍赔偿男方因结婚所花费的费用，包括彩礼和结婚的一切开销等。当然如果一方执意离婚，另一方坚持不离婚时，不同意的一方的家支视之为奇耻大辱，有时候会成为导致家支矛盾激化械斗的导火索，可能导致严重的后果。

二是女方逃婚。逃婚是一种特殊的婚姻解除方式，故单独论述。如上文所述，彝族妇女一般不享有提出离婚的权利，正如彝谚所说："嫁猪随猪，嫁狗随狗，嫁给木桩也要抱着守。"个别刚强的女子因主动要求离婚受挫，比如父母不同意，只好选择逃婚，乘机逃回娘家或去到早已物色好的新夫家，逃婚意味着要与原夫离婚，但是其结果大多悲惨。如果逃婚顺利，只要娘家或新夫家将彩礼退还原夫家即可；如果不顺利，夫家并非以退回聘礼为满足，妇女逃走后，夫家会兴师动众到女方家问罪，女方家一旦妥协，逃婚女子会被送回夫家，还会受到虐待；如果女方抗拒坚持不回夫家，会发展为冤家械斗结成仇敌。有些逃婚后的女子不敢公开露面，更不敢选择再婚，否则男方可能会采取武力抢回。一般地说，敢于从夫家逃走的女子，必有势力强大的娘家为后台，才能以势力迫使夫家只退聘礼，不致生非。③

婚姻关系解除的后果主要涉及财产关系和子女的抚养问题。在家庭财产方面，无论是谁提出离婚，且女性地位本来就低，甚至被视为一种财产，因此家庭

---

① 《织金官寨乡彝族社会历史调查》，载于《民族志资料汇编》第八集（彝族），贵州省族志编委会1984年版，第84页。
② 参见《择期书》部分内容，不分卷1册，20页，今藏贵州省贵州工程应用技术学院彝族文化博物馆。
③ 舒华：《贵州彝族传统婚姻习惯法研究》，载于《法制与经济》2012年第1期。

财产包括其陪嫁在内都成为丈夫的财产，妇女不享有财产权。关于子女的抚养问题，因为受父权男尊女卑观念的影响，不论多少子女，不论性别，夫妻离婚后，一律归男方抚养，成为家支的成员，而女方则不享有子女的抚养权，离婚后只得回娘家居住或改嫁。

三、再婚和复婚习惯法

所谓"十年修得同船渡，百年修得共枕眠"，男女双方因缘分走到一起，结成连理，本身就是难得之事，但有缘聚就有缘散日，花好亦有花落时，有婚姻缔结就有婚姻结束，婚姻如果结束就需要重新寻找结婚对象，再造良缘。与其他各民族一样，黔西北彝族在离婚之后也可以破镜重圆，再续前缘，抑或再寻新欢，重获伴侣。

（一）再婚程序

彝族地区的再婚主要是指彝族寡妇再婚和离异的彝族男子重新缔结婚姻的情形。寡妇再婚有时间的限制，一般丧偶三年之后才享有再婚的权利。经过三年期限，寡妇再婚才是合乎彝族习惯法的要求，才能享有与其他女子同样的权利而不受原亡夫家族的责备和他人的歧视。三年后再婚的要求，与守孝守节的伦理要求相协调，体现了女性对丈夫的妇道伦理，是加在女性身上的枷锁，是相当不公平的，因为女性青春易逝，年华易老，这种限制可能会让她们在这段时间里错失大好姻缘。相比较而言，离异的彝族男子在再婚方面享有更大的自由，不受此限制。

再婚会因为属相的不同而采取不同的结婚程序。如果属相是"羊"，那么再婚就不能举行婚礼。因为在彝族社会的观念中，"羊"属相的寡妇会克夫，不举行婚礼的目的是防止新丈夫再次被"克死"。虽然不能正常地举行婚礼，但是男女双方可以通过同居生活来向外界传达出他们已经是习惯法上的合法夫妻的信息。

黔西北彝族地区的另一种再婚形式是转房，即丈夫去世之后，妻子可转嫁给亡夫家的其他男子，不过有一定的顺序限制，关于这一点，前面已经阐述，此处不再赘述。转房最合适的人选是由整个家庭来决定的，决定的标准是避免女方生活的不稳定和家族财产外流。基于上述标准可知，转房时候是不能够转移财产的，同时男方还应该送给女方一定数目的礼钱及牲畜以作为赔礼，因此才有彝语中所说的"哥哥与弟媳，本该有距离，如今住一起，理应去赔礼"。如果丈夫死后，的确没有合适的传房对象，女方的改嫁就不会受到夫家的阻挠，也不必退还彩礼。

（二）复婚程序

虽然离婚了，但是还是会存在复婚，然后和好如初的可能的。因此，黔西北地区彝族的男女双方即使离婚，只要双方没有处于再婚状态，他们既可以自行复合，也可以经过他人的撮合来实现复婚，因而复婚在形式上并没有特殊要求。当然，如果男女一方已经再婚，不再是单身状态，则不能复婚，否则，就违背了彝族习惯法的规定。综上可知，彝族的复婚程序与当代婚姻对复婚的要求基本一致。

四、违反婚姻习惯法的制裁

黔西北的彝族地区的婚姻习惯法并非没有相应的处罚措施，它既有一套完整的婚姻习惯法规则，也有对违反者的处罚措施，这两方面的统一构成了整个婚姻习惯法的大厦。这些制裁如下：

第一，对乱伦的制裁。[①] 与其他民族一样，彝族的宗法、习俗中严禁发生乱伦。如果近亲或同宗有乱伦者，将会被施以火刑或被活埋。

第二，对休夫的制裁。休夫是妻子找各种各样的借口来嫌弃丈夫，与丈夫离婚的行为。妻子嫌弃丈夫的可以休夫，但是也要承担一定的责任，女方不仅须退还双倍聘金礼金，还要为其寻找好配偶后方可离婚。

第三，对休妻的制裁。和上述休夫相似，当丈夫对妻子不满意时，会以种种借口嫌弃其妻。无论男方理由多么充分，根据习惯法规定，只要嫌弃妻子的，男子不仅要向女方献酒道歉，并且一切家产都要平分。

第四，对强奸的制裁。如果没有得到女方同意而强行与其发生性关系的强奸犯，一律处以阉刑。

第五，对淫乱的制裁。指违反彝族社会道德伦理原则随意发生的性行为，凡淫乱罪，男子一律处以阉刑，女子幽闭。

第六，对私奔的制裁。男女如果违背宗法或父母之命私下约定终身而投奔异乡的，一旦抓获，将被挑脚筋。

第七，对不同等级通婚的制裁[②]。彝族社会实行等级内婚制，严禁跨等级通婚。按照习惯法规定，一旦发现不同等级男女通婚，男女均处以火刑。

[①] 龙正清：《赫章彝族词典》，贵州族出版社2002年版，第492页。
[②] 龙正清：《赫章彝族词典》，贵州族出版社2002年版，第493页。

第三节 黔西北彝族地区的继承规则

彝族社会曾经长期处于奴隶制社会的形态之中，因此彝族的习惯法带有浓厚的奴隶制因素。彝族习惯法，彝语称"里布家布"，即规矩的意思，或称"尔德杰威"（即规矩、道理之意），简称杰威（也有翻译为"简伟"或"介伟"的）。[1] 彝族的继承思维集中体现在其继承规则之中，继承规则是彝族民事习惯法的重要组成部分，它是植根于彝族社会本土资源，逐步形成和发展起来的关于继承方面的较为完整制度。作为一种非正式的习惯法，继承规则蕴含了彝族的家庭观念、财产观念，具有鲜明的民族特色和地方特色，虽不能否认其落后消极的因素，但其对国家法确实起到了丰富和补充的作用。通过对彝族继承规则的研究，我们可以大致了解彝族的继承思维概况。

一、继承制度的基础

彝族继承思维的形成不是凭空出现的，而是植根在其深厚的历史传统和家庭、社会结构以及价值观念的基础之上，其中家支和社会等级在彝族的继承关系中扮演着重要的角色。

（一）家支

研究彝族的继承思维，必须要对家支组织有所了解，只有对家支组织进行充分的分析和解读，才能对彝族的继承思维或者说继承制度有一个全面、深刻的理解。在彝族地区，家支为"此伟"，该词是"家族"和"支系"的总称。"家支"在彝族地区有一个形象的比喻，人们把它比喻为由树干节外生枝而逐渐发展起来的茂密大树。从家支的语义及其比喻我们就可以知道，家支是以父系血缘为纽带联结起来的宗族组织，在家支制度中极具特色的是其嫡长子继承制。[2] 这就形成了以父系血缘为基础的血缘家支群体。每个家支成员都生活于各自的家支群体之中，家支关系到每个成员的财产、婚姻、社会地位等利益。彝谚说："人类生存靠亲友，彝族生存靠家支"。因此，在彝族的继承思维中，家支的影响力是

---

[1] 四川省编写组：《四川省凉山彝族社会调查资料选辑》，四川省社会科学院1987年版，第83页。
[2] 邹渊：《贵州彝族习惯法概略》，载于《贵州民族学院学报》2000年第2期。

巨大的，甚至在特殊情况下会起到决定性的作用。比如在身份的继承中，为了巩固家支，彝族社会在长期的发展中形成了祭祀共同的祖先传统。但是对于该身份的继承却要根据成员在家支中的地位来确定，因此，在祭祀中能够作为"正祭者"的只能是嫡长子或长房，非长房不会得到"正祭者"的身份。在财产的继承中，为了保障家支的财产不因外流而稀释，就会形成彝谚所说的"家支吃绝业"的情形。意思是说，家支内如果出现绝户家庭的话，那么该绝户家庭的财产则由家支继承。[①] 对于嫁入本家支的女性，如果丈夫亡故，家支拥有对该寡妇的转婚权。转婚权从经济目的的角度分析，是为了避免家支财产的减少。家支制度是彝族传统习俗、道德规范等因素形成的一种道德和法律约束机制，它对彝族继承规则的确立起到了奠基性的作用，这种家支利益至上、个人利益服从家支利益的思维，也渗透到了继承关系的环节之中。

（二）社会各等级的财产状况

不同的学者对传统彝族的社会结构有着不同的划分。通常认为彝族的社会等级可以分为五个等级或三个等级，这里主要介绍五个等级的划分方式。按照社会等级的不同，可以分为土司、诺（也就是黑彝）、曲诺（白彝）、阿家（彝语"阿图阿家"的简称，意为"住在主子寨旁的奴隶"）和呷西（是彝语"呷西呷落"的简称，意为"锅庄旁边的手脚"）。由于社会等级的不同，导致各个阶级在财产所有权上存在巨大差异、贫富分化明显。根据财富的不同，彝族的诺可以进一步划分为耶莫、耶都和耶沙。通过对比可以发现，他们无论是财富的数量还是种类都有显著不同，比如耶莫的土地占有量为六十到七十块，耶都的土地为二十块左右，而耶沙却只有五六块；在占有的银子方面，耶莫大概有三百到四百锭，耶都为一百锭左右，至于耶沙是不拥有银子的。这导致了在继承过程中，无论是继承财产的数量还是种类都会出现巨大的差距。

二、继承规则的释义

彝族的继承包括身份职位的继承和财产的继承，这两方面在彝族的继承习惯法中占据了重要的地位。虽然身份职位的继承在民主改革之后已经慢慢退出历史的舞台，但是作为一种继承制度，曾经在彝族的社会政治生活中具有深远的影响，在此也一并进行论述。

---

① 参见《那史释名一》相关内容，不分卷1册，78页，今藏贵州民族文化宫图书馆。

（一）身份的继承

在彝族社会中，身份职位的继承包括两方面的内容，一方面是个人在国家政治生活中身份地位的继承，另一方面是个人在家支和家族中的身份地位的继承。身份继承主要包括祭祀身份的继承、官职的继承和社会等级的继承。

1. 祭祀身份的继承

黔西北彝族具有祖灵信仰，"默德施之世，虔诚敬祖宗，设宴祭其祖，慕齐齐以下，追荐十一代。"[①] 祖灵信仰是彝族文化的一大中心，与之有关的祖灵文化也同样渗透到彝族人生活的诸多方面，久而久之就形成了一套习惯法，形成了特定的行为规范与模式。有祖灵信仰就会有相关的祭祀活动，祭祀在彝族人的心目中是神圣和严肃的，如果祭祀失当，彝族人会认为触犯祖灵，得不到庇佑，因此祭祀的人选在某种程度上是身份地位的象征，这种身份和地位并非每个彝族人都能享有。

祭祀可以分为家支祭祀与家庭祭祀两种，它们主持者也会有差异。家支祭祀较家庭祭祀更为重要，所以由毕摩或男性中德高望重者主持，而家庭祭祀则由男主人主持即可。受传男不传女的思想的影响，家庭中男性具有同等的继承权。具体到祭祀权的继承上则意味着所有儿子都能继承到祭祀权，均享有相同的对祖灵、神灵的祭祀权。对女子而言，则比较复杂。在幼年时期，可以参加家庭的祭祀，但是举行了成年礼后就不再享有参与家庭的祭祖的权利，祭祀资格逐渐丧失；嫁入夫家后，也不能立刻享有参与夫家祭祀的资格，直到生育儿子后，才真正拥有夫家族籍、享有祭祀资格。对私生子而言，其祭祀权利受到很大的限制，"在祭祀权上，私生子只能祭祀生父及其妻的亡灵，而不能供奉亲生母亲的亡灵。"所以在祭祀身份的继承方面由于对象的不同会呈现不同的面向。

2. 官职的继承

土司在彝族是一个特殊的阶层，他们的地位是最高的，土司是一种官职，它的继承不像祭祀权一样可以诸子同等继承，因为该职位具有独占性，所以是最能直接反映彝族社会身份的继承特点。

彝族在职位继承上实行嫡长子优先，次及正妻所生诸子，再及他妻所生子，无子则以元妻为继承人。"正妻曰耐德，非耐德所生不得继父之位。""其部长元妻曰耐德，非年生不得继父位。若耐德无子，或有子早夭者，始及庶出者，无嗣者则立妻女。"从上述记载中我们还可以发现，女性也在一定的条件下享有继承官职的权利，但是其继承地位比较特殊。一般是在父亲无子可以继承官职的情形下，妻子或女儿才享有了继承官职的权利，可见职位的继承还是以父子血缘关

---

① 毕节地区彝文翻译组编：《西南彝志》（第八卷），贵州民族出版社2004年版。

系、子承父业为主要原则的，以妻女的继承为补充形式。彝族上层女性能够参与政治表明女性地位有了提高。这也是彝族习惯法所赋予女性在继承法上的权利义务的延伸，但是这种继承权又受到很大的限制，现实中能够继承的女性很少。

3. 社会等级的继承

如前文所述，彝族社会有着严格的等级划分，各个等级之间有着严格的界限，等级的不同不仅体现了社会地位的不同，也体现了他们之间权利享有的差别。这种血缘等级在黔西北彝族社会起着基础性的作用，渗透到彝人生活的方方面面，比如不同等级的男女不得通婚，但是这种等级地位并非与财富多寡直接挂钩，即下一等级的人即使拥有大量的财产，也不必然晋升到上一等级中去，说明这种身份等级在出生时就已经决定了。社会等级的继承是由严格的等级制度所决定的，不同等级中的人继承自身所处等级是其阶级性的表现。无论男女，一经继承，各自的身份等级就很难改变，只能局限在父辈所处的等级内。由于等级内婚制的制约，不同等级的男女一般不会通婚，但如果同等级里不同层次的人缔结婚姻的，后代有的继承父亲身份、有的继承母亲身份；现实中也会出现不同等级通婚的情况，由于阶级的分化加剧，也会出现贫困的曲诺和富裕的阿家互相通婚的情况，但这会影响后代的等级地位。根据习惯法的规定：男方为曲诺，女方为阿家，其所生子女一半为曲诺、一半为阿加；反之，第一个子女为曲诺，其余均为阿家。因此，曲诺一般不会选择与阿家通婚。其他不同等级彝族男女也极少跨阶级通婚，因此其后代大多还是继承父辈的社会等级，并无太大变化。

（二）财产继承

财产继承是现代继承制度的核心，是财富的再分配方式。彝族财富的再分配方式主要有两种，一是分家析产，指儿子成家后不愿与父母一起生活，就会把家庭财产进行分割从而组建新的家庭；二是财产的继承，这里的财产继承与现代国家法意义上的财产继承有其相似之处，即父辈死亡之后，儿子继承其遗产。在彝族社会，财产继承的内容涵盖广泛，从继承的类型上可以分为家庭内的继承，家支继承和不同等级的继承；根据继承标的的不同，可以分为不动产的继承和动产的继承，也可以分为奴婢、娃子等特殊财产的继承。以下从有无遗嘱的角度来论述。有遗嘱的，则按照遗嘱来继承，无遗嘱的则按习惯法继承。

1. 有遗嘱情形下的遗嘱优先原则

虽然彝族的财产继承主要是遵循习惯法，但是出于人性化的考量，如果立有遗嘱的，就不能按照习惯法的规定来分配遗产，必须遵循遗嘱优先的原则。彝族有谚语："死者留遗嘱，活人应听从。"这也与彝族人的祖灵崇拜密切相关，遵循遗嘱被视为对先辈的尊重。因此，彝族继承规则中，在有遗嘱的情况下遗嘱优先。遗嘱继承具有很大的灵活性，可以突破习惯法的限制，甚至可以超越继承习惯法里的吃绝业和等级界限。但这并不意味着立遗嘱者可以随意处理财产，仍然会受到继承习惯法的制约。

2. 无遗嘱情形下的习惯法原则

黔西北彝族的继承，主要有父系继承、男性继承和长子继承优先与幼子继承并存。①

（1）父系继承。

在彝族地区，父系继承指的是死者的遗产只能由与父亲有血缘关系的亲属来继承，因此，父系继承又称为宗亲继承。根据父系继承的原则，父系一方的宗亲或族亲享有对族内财产的继承权，母系血亲则被排除在外。彝族地区的婚姻习惯法带有浓厚的母系氏族遗风，比如姑舅表优先婚，但是在财产继承方面，母系氏族的遗风影响有限。在财产的继承权方面，占据主导地位的是父系继承原则，例如外甥对舅父的财产就没有继承权，姨侄对姨母的财产也没有继承权。寡妇在特定条件下也可享有继承财产的权利，但限制较多。具体而言，如果说寡妇不改嫁，那么在丈夫去世后其有权继承亡夫的所有财产，但是如果其改嫁则会丧失对亡夫的财产继承权。还有另外一种较特殊的情形，如果寡妇有幼女，改嫁时可以带走抚养，待幼女长大成人后送回原夫家的，其可以继承亡夫财产，如果不送回，继承权会丧失。

（2）男性继承。

在传男不传女的思想的支配下，彝族财产继承主要是以男性为主。所谓男性继承，是在财产继承方面，主要由男性来继承财产，女性继承财产只是特殊情况。在彝族地区，男性继承的情况主要有以下三种：第一，父母的遗产，对于该遗产，一般来说女儿无权继承，只能是由儿子继承。在不动产的继承方面，更是只能由男性继承。第二，血亲吃绝业，指无继承人的遗产由亲族继承。彝族人把无儿无女或有女无儿的情况称之为无后嗣，如果说父母无后嗣，那么其遗产就被称为"绝业"，按照彝族的继承思维或继承规则，"绝业"只能由本房家族继承，即使有女儿，其仍无法继承父母的遗产。男性继承实际上剥夺了女性的继承权，以现代的视角来看，是很不公平的。第三，赘婿继承。上门女婿有"半子"之称，因此也会享有遗产的继承权，至于继承数目的多少，则需要商定，如果在商定后决定赘婿不能继承全部的遗产，那么，剩余的遗产则会由叔父、伯父或叔伯兄弟等继承。但是，亲生女儿却不能继承，充分说明了男性在财产继承方面的优势地位。

（3）长子继承与幼子继承并存。

彝族继承思维中一个独具特色的地方就在于长子优先继承制。之所以实行长

---

① 邹渊：《贵州彝族习惯法概略》，载于《贵州民族学院学报》2000年特刊。

子继承优先制，其原因有二：其一，长子优先继承源自封建宗法制；其二，长子在家庭中承担着抚育弟妹的重要责任。但是不同地区的财产继承方式也会存在差异。比如赫章地区的彝族，他们在分配财产的时候一般都是先把好地、好房等优质的财产分给长子，再给父母留下养老地后，才把剩余的部分财产分给其他的弟兄，由其他弟兄均分。除了长子继承外，有些彝族还实行其他的制度，比如贵州黔西县彝族，在财产继承方面就和赫章地区的彝族有所不同，他们实行的是诸子均分与幼子继承相结合的制度。也有些地方是实行幼子继承制的，比如威宁的彝族盛行的就是幼子继承财产制，该地之所以实行幼子继承制，是因为这是由古代彝族结婚不落夫家的遗俗导致的，在丈夫的眼中，长子不是自己亲生的，所以，在该地区，父亲对幼子尤为喜爱，幼子享有继承权但也有养老之责。综上分析，在彝族的不同地区，在财产的继承制度方面存在显著的差异，但主要仍以长子继承和幼子继承为主。

3. 特殊情形下财产继承的具体规则

（1）女性的继承财产的规则。

上文已经论述了，彝族地区关于财产继承的习惯法是以男性继承为原则的，女性大多数情况下是被剥夺了财产继承的权利的，但是在特殊情形下，女性也是能够继承相应的财产的。第一，妻子继承财产的规则。妻子原则上是不享有继承丈夫遗产的权利的，但是在特殊情况下例外。如果丈夫绝嗣，此种情形，妻子是可以继承丈夫的遗产的。第二，妻子姐妹继承财产的规则。彝族以父系继承和男性继承为原则，因此妻子的姐妹一般是不会享有财产继承权的，但是存在一种例外情况，如果妻子是被丈夫虐待致死的，那么，妻子家里的姐妹是可以对该财产享有继承权的。第三，女儿继承财产的规则。彝族的习惯法中，女儿一般是不享有财产继承权的，如果没有儿子，一般也会招婿上门，财产最终是由女婿继承。但是这也并非绝对，如果没有儿子，又没采取招婿上门，那么财产最终是有可能被女儿继承的。当然，如果女儿未婚，她还可以从其母亲那里继承财产，这在彝族地区称之为"某曲木登"，这是因为母亲自娘家所带来的财产一般不参与遗产分配，这样就出现了男性继承财产的原则之外女儿继承母亲的私房钱、首饰、衣服的情形。

（2）一夫多妻下子女的财产继承规则。

在一夫多妻情形下关于儿子的财产继承会更复杂。虽然一夫多妻在古代是客观存在的，但是一般也只有少数富裕的贵族阶层会出现一夫多妻的情形，就整个社会而言，一夫一妻还是普遍现象，所以笔者将一夫多妻下的财产继承当作一种特殊情形进行处理。在中国古代，在继承方面，普遍遵循嫡长子继承制，在彝族地区也同样遵循了长子继承原则，但是在一夫多妻这种情形下，也会出现其他子嗣在财产继承方面的习惯法。在此种情形中,继承规则会相对复杂,容易产生纠纷,但是大致上可以分为两种情况:第一,如果正妻有子,通常是由正妻之子继承祖业,次妻所生之子是不享有继承祖业的权利的,一般而言,其只能继承分家时所获得的那部分财产。① 显然正妻之子具有完整的财产继承权,而次妻之子会面临不能继承财产的可能,在这方面,彝族的继承习惯法显示出不平等的特性,与现代继承规则有着不小的冲突和矛盾。第二,如果正妻无子,次妻之子才能继承全部家业。

(3)绝业的继承。

在财产的继承过程中,会出现没有子嗣继承的产业,这就是所谓的绝业,在彝族地区,关于绝业的继承在不同等级之间是有着很大的差异的,这体现出了财产继承方面的阶级性。

对于绝业一般是按照血缘关系的远近来决定继承顺序。先是由血缘最近的男系亲属(如兄、弟、叔伯等)平分,若未有男性亲属,则由家支中血缘最近的支系平分。但是女儿及女系后裔不能继承绝业。绝业的继承在不同阶级之间也会存在差别。

黑彝的绝业的继承大致上可以分为两种情况:第一,如果家庭出现绝嗣的,如果家支内有兄弟的,则按照血缘由近到远的顺序在其家支内的兄弟之间继承,一般是按照同胞兄弟优先于非同胞兄弟,非同胞兄弟优先于堂兄弟进行的。如果家支内无兄弟的,这部分绝业通常会被本支继承。第二,如果家支出现绝嗣的,那么遗留下来的绝业则由其余各支均分。因为黑彝在彝族是处于统治阶层的,一般很少出现黑彝的绝业被其他阶层侵占的,当然伴随土司阶层的出现,由于土司是最具权势的,其也有可能侵占黑彝的绝业。清末以后,土司侵占黑彝绝业的情形逐渐消失。

在一般情况下,白彝(曲诺)死后的遗产主要由儿子继承,不存在吃绝业的情形,但是特殊情况下也会形成事实上的吃绝业,如曲诺的儿子年幼无靠,无力保护自己的财产,黑彝主子往往以代为管理的名义侵吞其财产,虽然名为代为管理,但当曲诺儿子长大后去索要,往往要付出一定的代价,比如赎回或用劳动换,这实际上已经形成了吃绝业。与事实上的吃绝业不同,曲诺如果绝户(无嗣),就会出现真正的绝业,这部分财产大多被主子侵占。但主子吃曲诺的绝业有一定的限制。根据习惯法,在五种情形下,主子是不能吃绝业的。第一,如果曲诺七代以内有继承人,主子无权吃绝业。第二,如果曲诺所处的家支势力强

---

① 参见《交待生育经》部分内容,不分卷1册,50页,今藏贵州省水城县果布嘎乡兴隆村罗盘组宋正昌家。

大，对主子的帮助较大，主子也可以不吃他们的绝业。吃绝业主要是针对那些家支势力弱的曲诺。第三，习惯法规定，主子只能吃由阿家上升为曲诺的绝业，因此其他曲诺的绝业是不能吃的。第四，如果外来曲诺事前与主子商定或花钱购买不让主子吃绝业的，则主子就不能违背习惯法的规定。第五，在为家支或主子的械斗中死亡的曲诺，主子不能吃其绝业，这主要是曲诺立了功，此时如果吃绝业显得不近人情。综上所述，曲诺地位虽然卑微，但仍高于奴隶，主子要吃他们的绝业，要在习惯法的规定之内行事。

奴隶主（黑彝或土司）吞食奴隶绝业的情况相当普遍。由于阿家、呷西地位十分卑微，他们的人身权和财产权完全掌握在主子手里，甚至他们自身也是作为主子的财产而存在。因此一旦阿家、呷西出现了绝业，主子会毫不犹豫地采取一切手段、利用一切机会侵吞绝业，不需任何其他理由，只有在极少数的情况下阿家或许能得到绝业财产。

（三）债务继承

前面涉及的身份继承和财产继承主要给被继承人带来利益，至少不是负担，是各个子嗣乐于接受的，但是还存在着一种负担的继承问题，那就是债务继承。中国俗语言："父债子偿"。它虽然在一定程度上并不与现在的继承规则相一致，但是也反映出对债务继承的处理方式。

黔西北彝族是债权与债务同时一并继承的。如果是家中丈夫去世遗留下的债务，由配偶和子女偿还，子女幼小，可以由再婚的后夫代为偿还。

总之，在彝族地区，传统的继承思维有着深厚的文化和经济根基，并在长期的实践中形成了具有权威性的社会规则，在今天仍然具有重大的现实意义。在这些地区，我们仍然可以感受到传统继承思维的作用和力量，某种程度上，继承习惯法仍然是处理财产继承纠纷的准则，对于防止纠纷恶化、稳定社会秩序也发挥了积极的作用。

第四节 黔西北彝族传统纠纷解决机制

彝族传统纠纷解决机制曾在历史上发挥了重要的功能和作用，是其纠纷解决思维的集中体现。但随着社会变迁的加剧，原有的纠纷解决机制正在随之发生改变。反思彝族传统纠纷解决机制在社会变迁中所处的境遇：传统型权威纠纷解决的影响力正在呈现下降趋势，而国家法律和国家正式纠纷解决机构认可度正在提高。因此，必须重视传统和现代资源的整合，重构与彝族地区实际相协调的多层次、多元化、立体化的纠纷解决机制。

一、传统的纠纷解决制度

(一) 处理纠纷的方式

由于利益的分化，致使社会生活中难免出现冲突与矛盾，为了修复被破坏的社会关系，因此，不得不诉诸于一套纠纷解决机制。在漫长的社会实践的基础上，彝族社会形成了自己独特的纠纷解决思维，具体方式主要表现为以下三种：

1. 德古调解

前已提及，在凉山彝族地区，流传"汉区的官府，彝区的德古"的说法，由此可见，"德古"在凉山等彝族地区具有较高的社会地位。就德古的产生方式来看，既非来自选举，也非来自任命，而是自然形成的，只要学问高深、见识广博、熟谙习惯法，办事公道，能够很好地维护家支利益就可能被拥戴为德古。德古的产生不受性别和阶级的限制，无论男女，也无论是来自哪个社会等级，只要满足条件，都可以成为德古。但是德古职位并非世袭得来，自己是"德古"并不意味着德古职位可以世袭给子女，子女能否成为德古是由他们自己的能力决定的，如若自身才能平庸，难以胜任，也无法担当德古一职。由此可见，德古的产生是唯才是举，具有一定的公平性。也正是这种自然形成的德古因为受人爱戴，又处事公平，往往能够很好地运用彝族习惯法调解各种纠纷，使各类纠纷妥善解决。作为调解者，德古处理纠纷的权限主要集中在以下几个方面：第一，土地使用权及财产所有权；第二，各项人身权利侵害；第三，典当、租佃、债务、买卖等民事活动；第四，婚姻、家庭及继承关系；第五，盗窃、抢劫等财产类犯罪。[①]而解决上述刑事、民事纠纷的主要依据是彝族习惯法。习惯法有其地域性的限制，主要在一套关系网络中予以实施。[②] 在彝语中，这种用来调解各种利益纠纷关系的习惯法，被称作"节威"（或译为"简伟"），其实质内涵等同于制度、规范。彝族普遍严格遵循这种习惯法，违反者要受到制裁，具有一定程度的强制性。在彝族谚语中广泛流传："祖先制法，子孙遵循。上留下的规矩，'诺伙'儿孙要遵守，前人道理没有错，'曲诺'儿孙要服从。"由此可见，彝族习惯法在彝族社会具有较高的权威性，它既是日常的行为规范，又是化解纠纷的裁判规

---

① 高其才：《中国少数民族习惯法研究》，清华大学出版社 2003 年版，第 8~11 页。
② 梁治平：《清代习惯法：社会与国家》，中国政法大学出版社 1996 年版，第 1 页。

范。德古调解纠纷的活动具有程序性,在调解过程中,其不仅要依靠习惯法的实体内容来分配权利义务,明确责任,而且还要经过受理、调解、监督、结案和执行等程序。

(1) 受理:这是纠纷调解的发起程序,缺少了该过程,后续的过程将无法启动。有权告知纠纷的范围很广,不仅是受害者本人,其亲戚和近亲属都可以到德古处报告受害事实,确定指控对象。德古一般都会把受理案件当作自己的职责,因此拒绝受理的情形极少。德古一旦受理告诉后,即会尽快把调解的时间和地点告诉当事人双方。

(2) 调解:作为纠纷处理的关键环节,由于调解的事项大多关乎当事人的重大利益,因此调解过程一般以公开的方式进行,在涉及家支秘密和个人隐私的情形下才会以非公开的方式进行调解。而在调解场所的选择上较为灵活,基于公开公正原则的考虑,德古通常会将调解的地点确定于当事人所在地的场院或者户外的草地上进行。在调解过程中,为避免双方当事人正面接触情绪激动而发生武力冲突,大多采用"背对背"原则,即双方当事人远距离背向而立,德古在二者之间不断穿梭往返传递相互间的信息,其结构和流程一般表现为:原告→德古→被告→德古→原告。① 在听取了各自对纠纷的陈述与辩解后,不断将一方意见传达给另一方。至于德古往返于当事人双方的次数,完全取决于案件的当事人之间的矛盾激烈程度,根据调解过程中双方的态度以及案件复杂程度,少则几次,多则十几次。在往返传递中,德古尽可能将双方带有负面情绪的话语降至最低,最终使双方关系缓和,矛盾化解。当双方意见趋于一致之时,德古即根据彝族习惯法,并结合案件的实际情况和当事人的要求作出处理决定。

(3) 结案:当双方和解结案之时,一般为了表明当事人之间已经冰释前嫌重归于好,通常会由被告一方主动邀请原告和德古喝和解酒。当然此举也意在表明双方对德古的裁决的最终效力予以认可,不再反悔,对有些比较复杂的重大案件,为了防止当事人后悔,有时还要请毕摩"打鸡"。②

(4) 执行:裁决只有被执行,双方的权利义务才能真正实现,纠纷才算最终解决。一旦双方就纠纷解决方案达成共识后,当事人就必须依照德古的裁决履行义务,既不得迟延履行,更不得拒绝履行。在彝族社会中任何人都不得违反德古对案件的调解结果,且必须无一例外地严格履行,对此彝谚云"穿草衣的不怕披羊皮的",只要调解结果作出,即使是无权无势的草衣阶层也无须畏惧统治阶层。"用金子做腰带的你,推翻不了用麻绳做腰带的人调解成功的纠纷"。③ "最没有

---

① 张居盛:《彝族纠纷解决:过去、现在和未来》,大众文艺出版社2006年版。
② 由毕摩念咒语并把鸡砍死,寓意为谁若反悔将像这只鸡一样死去。
③ 马学良:《彝族文化史》,上海人民出版社1989年版,第107页。

名望的人调解成功的纠纷，即使是最有名望的人也不能重新调整。"上述谚语都深刻地道出了德古作出的裁决在彝族社会具有较强的约束力，在一定程度上具有打破社会中森严等级和利益结构的作用。如此高的裁决效力反映了德古在彝族社会绝对的司法权威，但是这种权威是建立在德古处事公正基础上的，正如上文所述，德古并非天生，一旦处事不公正，失去人们的爱戴，其权威就会丧失。

2. 家支会议

在彝族社会中，家支是指以血缘为基础并由男性祖先开始世代相传的父子联名谱系作为一根链条贯穿起来的群体。由此可见，家支是构筑在稳定的血缘关系基础之上，且在彝族社会具有重要地位，在彝族谚语中就有"少不得的是牛羊，缺不得的是粮食，离不开的是家支"的说法，由此彰显出家支是彝族人得以生活和立足的基础，失去了家支，其将生活艰难。尤其是在处理纠纷方面赋予了家支的特殊地位，具体而言，家支承担了一部分执行"族法""族规"，调解族内纠纷的重要职责。[①] 一般来讲，彝族社会中的小纠纷都是由德古解决的，当然本家支的苏易也有解决权，如发生较为严重的例如不赡养老人、兄弟不和等家庭纠纷时，通常都会由苏易来解决。大纠纷时就得由当事人请的德古联合家支中的苏易一起解决，如不同家支间产生纠纷或者同一家支内出现命案时，就可能需要开会解决。会议一般可分两种形式：

（1）吉尔吉铁会议。其主要处理家支内部发生的盗窃、通奸、伤害和财产纠纷案件，有时候也研究诸如冤家械斗和外敌防御的策略。这种会议的形式比较小，一般只有家支内的头人、苏易和德古参加，特殊情况也会有少数家支成员参加。会议的举行多以秘密方式进行。它有时会成为蒙格大会的预备会。

（2）蒙格大会。其主要处理家支与外部的严重纠纷或重大案件，比如家支成员被杀害、土地被侵占、外族入侵等，有时也涉及家支内部的重大纠纷。会议一般由德高望重的德古主持，在开会之时首先将开会的缘由予以声明，接着由受害者将受害的事实予以陈述，然后德古提出解决的建议，参会众人听取陈述和建议后作出相应的决议。值得注意的是该决议在一定程度上具有习惯法上的效力，如果不从，将会受到舆论的谴责。

3. 神明裁判

所谓神明裁判，就是借助关于审判神的力量和方式来检验当事人所述事实的真实性，从而判定有罪或无罪的原始审判方式。神明裁判是早期人类社会普遍存在的一种纠纷解决方式。神判能否顺利进行的前提和基础主要是基于某个群体具

---

① 参见《解决经》部分内容，不分卷11册，110页，今存贵州省六盘水市盘县坪地彝族乡车明旭收藏（复印件）。

有神鬼观，确切地说是双方当事人都相信鬼神观下的因果报应观。倘若有一方当事人没有神鬼观念，神判则难以持续下去。由于黔西北彝族的思想观念有宗教性的一面，因此被披上神圣外衣的神明裁判更能使人诚心信服。审判一般是由通神灵的介质——毕摩主持。彝族人认为毕摩是沟通人与神的中介，由他来主持神判就是让神判对象与鬼神发生联系，来传达神的旨意。当案件纠纷证据不足，但是又难以解除嫌疑之时，如当原告没有明确的、确凿的证据来证明被告犯盗窃之罪，而被告也没有相反的证据证明自己并无偷盗事实之时，根据当事人的意志，可以选择当地的毕摩主持"审判"（神明裁判）。① 当事人之所以选择将案件交由神判，一是因为案件本身难以断定，二是相信鬼神能够查明自己的冤情，为自己主持公道，并能惩罚那些违法者。"神判"主要适用于证据不足的盗窃疑案，就可能采用神判来判定事实。查证事实常用的方式为：折篙子秤、捧铁桦、捞油锅、捧烧红的石子、嚼生米、捞开水打禽诅咒等。其中就有"畏官府，无讼。有争者，告天煮沸汤，投物以手捉之，屈则糜烂，直则无恙"捞开水的神判记载。

（二）纠纷解决机制的特点

黔西北彝族社会的纠纷解决有自己鲜明的特色，与本民族社会生活条件和文化观念紧密相连，一般而言，这种纠纷解决呈现出了非诉讼性、神秘性和权威性的特征。

（1）非诉讼性。由于以前没有统一的政权来实行有效的统治，因此黔西北彝族地区没有专门的纠纷解决机关，其社会生产、生活主要是靠习惯法的力量来维系，制定法的作用有限，因而该地区纠纷的解决具有浓厚的非诉讼的特征。在解决纠纷的形式上，彝族社会的纠纷解决方式主要是依靠德古调解，可以说德古调解是一切纠纷解决的必经程序，无论案件大小、轻重，无论是民间纠纷还是刑事案件都能够通过调解的方式结案。② 之所以经由德古调解的方式具有广泛的适用性和可接受性，其原因在于德古既不是经过选举或任命产生的，也不是世袭得来，而是依靠人们的拥戴，靠自身的才能获得，德古的产生方式决定了他们往往能够在免受其他情感因素干扰的前提下进行公正的调解，人们也愿意调解止纷。因此，德古调解纠纷是彝族社会主要的纠纷解决方式，这种方式带有鲜明的非讼性质。

（2）神秘性。由于彝族人具有朴素的敬神明、神鬼观念，因此，他们的纠纷解决具有了神秘性。无论是纠纷解决所依据的习惯法，还是解决纠纷的过程和结果，都具有神秘的原始宗教色彩，因此具有不确定性。在依据层面，在彝族的神

---

① 参见《家园禳解书》部分内容，不分卷1册，72页，今藏贵州省贵州工程应用技术学院彝族文化博物馆。

② 苏力：《制度变迁中的行动者——从梁祝的悲别说起》，载于《比较法研究》2003年第2期。

职人员"毕摩"的经书里，保留了大量关于彝族习惯法的记载。"毕摩"不仅能够熟练背诵，而且可以对其中的内涵做出相关的解释，但一般的民众却对经文中的专业化表述无从理解。对于另一部分不成文的习惯法（主要指判例）则主要通过德古的活动得以延续，即这部分习惯只有从事德古的人知晓，由于受众面较窄或不熟悉，使得裁判的依据无形中具有了神秘性。在程序层面上，在彝族传统社会里，不管是德古的调解，还是召开吉尔吉铁会和蒙格会，都要举行一些宗教仪式。按照马克斯·韦伯的理论来看，这是一种典型的形式非理性的理念，即判决具有一套严格的程序和步骤，因而是形式化的；但对于结果却不具有预见的可能性，只能听天由命，因而又是非理性的。再加之传统彝族地区的封闭性，彝族纠纷解决方式不为外族人所知，放大了彝族纠纷解决的神秘性。

（3）权威性。由上述可知德古的产生，首先要在家支内部树立威信，再逐步扩张威信范围，最后依靠自身的才能受到整个社会的信任和尊重。也就是说要成为德古，关键取决于能否获得普遍的认同与接受，与其聚集财富的多寡并无任何关系。即使是贫者，如果众望所归，也能够成为德古；即使是富者，如若失去了众望，也同样会失去德古的地位。同时，既有的社会政治地位也并不能成为当选德古的筹码，即使是某个氏族的首领，也不一定能成为德古，也正是由于脱离了对金钱权势的依附，才使得德古做出的裁判更具有公正性、可接受性。确切地说，德古作为彝族社会公共语境的符号，是公正的代言人，经其调解达成的协议具有权威性、可接受性，整个社会都会严格遵守。

二、近年来传统纠纷解决制度的嬗变

彝族社会的转型有其独有的节奏和特色，这种转型与彝族社会内部的那种常态化的变化过程不同，整体上看，它不属于"演进型"的过渡，不是那种缓慢的演变，而是属于一种迅疾的、取代型的过渡。随着现代文明的快速发展，主流文化对彝族社会的影响可谓迅速，彝族人传统的生活方式随着外来文化的进入而逐渐地瓦解。这种翻天覆地的变化使得彝族本地的文化和社会生活出现较大的混乱和动荡，文化的多样性凸显了出来，与此同时，作为子文化的规范体系以一种异于常态的情况存在于彝族社会。当然，彝族社会秩序中最基本的构成要素即人与人之间的关系及矛盾纠纷解决机制也发生了前所未有的变化，从而导致了彝族纠纷解决思维的嬗变。彝族传统纠纷解决机制中最显著的变化是解决纠纷的依据发生了重要的变化。

（一）解决纠纷的依据发生了变化

传统上，彝族社会是依靠习惯法来处理社会纠纷的，以调解为主。但是随着社会的发展，尤其是商品经济的持续发展，在农耕文明基础上衍生的习惯法就难以解决社会中出现的矛盾和冲突，因为该习惯法内容很少涉及贸易、商品、教育等多个方面；尤其是该民族封闭的环境被打破，其与外民族进行经济往来、文化往来，从而不可避免地要与外界发生冲突，此时具有地方性特征的习惯法就难以突破空间的限制，发生普遍的效力，因而就需要新的纠纷解决规则；随着人类社会从野蛮走向文明，文明的进程不断提高，社会不断进步、生产力水平不断提高，与现代文明背离的习惯法规则势必要加以废止，比如在前面婚姻习惯法中已经论述的对私奔者处以挑脚筋的制裁，显然与现代的观念相背离，又比如以前要求抵命或是残肢的刑罚已经被变通为人道的赔偿刑；随着国家权力在全社会范围内占据主导地位，民族地区形成了统一的政权，国家法在彝族地区的施行，习惯法作用的范围正在逐步收窄。基于上述现实原因的存在，作为彝族解决纠纷的习惯法发挥作用的空间越来越小，现在，虽然部分习惯法仍为人们所遵从，在调解过程中也具有一定的适用空间，但是从整体而言，彝族社会纠纷解决的依据已经从习惯法为主变为以国家法为主。

（二）德古处理案件程序发生了变化

现在，不仅纠纷解决的依据发生了变化，德古调解案件的程序也发生了相应的变化，前文已经论述德古对案件的调解一般要经历几个阶段，这几个阶段都或多或少地发生了变化，但主要集中在案件受理、调解、执行等方面。

1. 案件受理方面的变化

第一，受理案件的范围变窄。现在由于政府的明令禁止，德古不能再受理任何类型的案件，较之过去，案件受理范围受到了很大的限制，比如某些重大刑事案件，如故意杀人案件、贩毒案件等，德古都无权进行调解。现阶段，德古可以调解的刑事案件类型已经大大减少，仅对部分轻微的刑事案件进行调解。在民事领域，德古调解依然发挥着重要作用。由于受调解结案的影响，加上调解能够尽可能地不破坏当事人之间的关系，因此民事案件中，德古调解占据了一定地位，比如，不少诉至法院的案件，经法院开庭审理并判决后，纠纷并不能解决，双方还得再用习惯法重新调解一次。实践中"坎上""坎下"[①]这两种法律权威也会

[①] 彝语称"坎上"为"地各列托"，"坎下"为"地各列勿"，由于人们在调解纠纷时多选择背风向阳的地坎上或地坎下围坐，故"坎上""坎下"也成为纠纷调解场合的代称。在彝族人的宗教活动中，大型庄重的祭礼多在地势较高的坎上举行，而普通的或者非正常的（如黑巫术）则多在地势较低、较隐蔽的坎下举行，故"坎上""坎下"又被引申出"善"与"恶"、"吉"与"凶"、"正常"与"反常"、"高级"与"普通"、"公开"与"私下"的含义。新中国成立后，人们将人民法院贴切地称为彝区的"坎上法庭"，同时将民间调解称为"坎下法庭"，以此表明当今凉山彝区的纠纷解决活动在形式上形成"官方—民间"二元并存的特点。

引发管辖冲突。在彝族人心目中，国家法和习惯法存在对立的一面，认为法律是一回事，习惯法是另一回事。国家制定法和民族习惯法的双重制约下形成了两次判决的现象，即一方面国家司法机关根据现行法律进行判决或调解；另一方面还得根据彝族习惯法来判决或调解，经过两次判决才能使当事人真正息讼，但是它给案件的当事人造成了较重的负担。

第二，德古不再把受理作为自己的天职。现代社会，纠纷解决的途径呈现多元化的特征，德古在解决纠纷方面发挥作用的空间有限，另外，德古已经不像过去那样对绝大多数案件都有处理权限，调解范围的收窄也要求德古不能超越权限去调解纠纷，因此德古并不会受理所有的纠纷。

2. 在正式的调解阶段，也出现了一系列新变化

第一，调解场所及原则的变化。在调解的场所方面，以往主要在院场、村外草地等处进行，但是随着国家意识到德古在定纷止争方面的重要性，于是在村里普遍建立起来了村民调解委员会，其中的大部分职位是由德古担任，实质上它已经成为德古的专门组织。政府、法院、司法局等统一组织会对德古进行教育和培训，德古逐渐成为政府和法院的得力助手。被组织化的德古主要在村委会展开调解工作，只有发生重大纠纷，才有可能沿用过去的场所进行调解。不过，这种变化集中表现在村一级，因为就目前而言，只有村一级建立了德古组织——村民调解委员会，而县一级和乡一级并未建立相关组织，这就将德古的作用限制在了村一级的纠纷处理上，使其无法在更大的范围内发挥调解作用。① 过去调解案件实行"背靠背"原则，现在由于案件主要在村民调解委员会进行调解，所以"背靠背"原则适用的空间就被挤占，但是当案件冲突激烈，双方当事人态度强硬，容易引发肢体冲突时，仍然会坚持用"背靠背"原则。

与"死给案"不同，对一些重大的刑事案件，比如故意杀人、故意伤害致死等严重刑事犯罪行为，国家司法权威则发挥了主导性作用，因为这类案件对当事人的权利影响较大，如果按照民间权威和习惯法去处理，会引发重大问题。以故意杀人为例。当发生命案的时候，依照彝族传统习惯法，有赔偿"命金"作为惩罚的惯例。此时，如果被告人一方表示积极赔偿并诚恳道歉，被害人一方表示谅解，愿意以赔偿的方式"私了"，在此情形下，法院就会陷入困境，法院非常熟悉他们所面临的情况——当事人在庭外以"赔命金"的方式调解纠纷，但重大刑事案件又不可放任民间"私了"，而被害人家属不仅不希望法庭对犯罪嫌疑人从严处置，反而请求从宽处理，但依据现行《中华人民共和国刑法》第二百三十四

---

① 吴英姿：《"大调解"的功能及限度——纠纷解决的制度供给与社会自治》，载于《中外法学》2008年第2期。

条规定，故意伤害他人身体致人死亡的，处十年以上有期徒刑、无期徒刑或者死刑，在这种两难的境地，法院就需要综合运用国家法、彝族习惯法，既不能破坏法律的权威，又不能破坏当事人之间此已和解的良好关系。从案件性质来看，故意杀人应当与"调解"无关。因为对于严重的刑事案件，司法机关只需按照法律进行判决即可，当事人是无权自行调解的。但是黔西北彝族地区的司法活动毕竟是植根于当地社会环境之中，多年的纠纷解决经验表明，如果不对当事人的调解活动给予足够的重视，对当事人的实际诉求不予考虑的话，极易引发案了事不了的困境，案子虽然被判决，但双方的矛盾依然不会消解，甚至导致更严重的大案。因为，一方面被告人一方希望以赔命金的方式减轻或免除对被告的惩罚；受害者一方的家庭因为生活困顿急需得到赔偿，所以双方当事人就会积极谋求庭外和解，但此时如果审判机关严格按照国家法律进行审判，对被告人并未减轻或免除处罚，双方当事人之间就会因案件结果重新走上对立面，双方的矛盾也难以缓和。从彝族地区的司法实践来看，受彝区"大调解"的思维方式的影响，审判机关往往会充分考虑当事人私下和解的因素，从而大幅度地在法定刑的基础上减轻处罚，让双方如愿以偿。事实上减轻被告人处罚的缘由主要并不是自首情节，而是双方的和解，"自首"只是一个表面的不重要的理由，而赔命价、双方和解才是潜在的、主要的理由。因为这个主要理由难以在国家法律那里找到依据，因此只好借助一个表面上符合国家法而实际上是根据习惯法的理由来作出减轻或免除处罚的决定。

从客观过程分析，这是在传统纠纷解决方式的特质以及彝区"大调解"思维的共同作用下促成的。而彝族传统的纠纷解决方式就如一套"系统工程"——引导双方对话、积极赔偿、恢复物质与象征利益、修复受损的社会关系……这简直是一套彝人原创的恢复性司法实践。所谓"大调解"指的是调动各种积极力量化解纠纷，把矛盾化解在基层、维持稳定，强调解纷解决的社会效果的纠纷处理模式。"大调解"方式在收到成效的同时，也产生出不少漏洞和弊端。在有的案件中，由于过度追求纠纷的社会效果，片面强调息事宁人，从而在解决纠纷时将正式司法程序和制度边缘化、表面化。

从长期来看，却是以牺牲法律的公平性、普适性和权威性为代价的，这从长远看势必破坏国家法治建设的进程。当然，如果只去苛责彝区的司法机关的做法对于问题的解决是无益的，我们要做的是如何在形式正义与社会效果之间找到一个恰当的平衡点，使其发挥协同作用。① 由于"恢复性司法"等理念的缺乏，更

---

① 吴英姿：《"大调解"的功能与限度——纠纷解决的制度供给与社会自治》，载于《中外法学》2008年第2期。

没有相关的制度设置，彝族地区民间调解也并未纳入"立体化"的纠纷解决机制之中，缺乏正式制度和正式程序，因此司法机关只好通过一些"表里不一"的手段来"兼顾"形式正义与社会效果。

（三）尊重"主体"的创造性，构建多元化的纠纷解决机制

现代社会，利益多元、价值多元，纠纷也呈现出复杂的样态，纠纷的主体会选择不同的方式来解决纠纷，这就需要建立多元化的纠纷解决机制，单一的手段也越来越乏力。

一个和谐稳定的社会，必然存在多元的纠纷解决方式，其不仅有依靠国家权力的司法救济，更应该有当事人的自我解决和社会协助解决。提高农村社会的自我组织能力、自治能力以及对于纠纷的自我消解能力，这是建立新型乡村社会的重要实践课题。对于彝族地区而言，无须担心的正是社会对于纠纷的自我消解能力，只要民间调解人和古老的"伍兹节威"依然活跃，就不会有泛滥成灾、无法化解的社会矛盾和纠纷。① 因此，问题的关键不在于培育自我消解能力，而在于如何建立多种纠纷解决机制互补、合作的多元化格局。

纠纷意味着利益群体或个体之间的冲突，纠纷解决的过程不仅是社会关系和利益的协调与重构过程，还是法律产生的重要机制。人们希望这种机制能够对以后纠纷的解决产生制度性和程序性的约束。无数事实证明，个体在纠纷的解决中绝不是被动地接受规范，很多时候，他们还通过主动选择纠纷解决的渠道，重新阐释已有的规范，甚至还能积极地创造新规范。中国当前正处于社会变革与转型的敏感时期，各种观点碰撞争鸣，各种价值观相互对话调适，因此如何进行制度设计成为推动社会良好发展的关键，其中的法制变革成为重中之重。我认为成功的法制变革必须是在新旧制度之间的契合点衍生出来的，合理吸收旧制度的合理内核，才能使新的制度逐渐潜移默化至人们的观念、意识和行为之中，并且在纠纷中被信赖、被选择、被运用。单向度的"送法下乡"也许并不能树立法律和司法的权威，反过来，人们"自下而上"的选择和认可往往决定了制度运行的成败。② 新制度取代旧制度，新法律取代旧法律是利益和权力重新组合和调整的过程，自上而下的改革固然重要，但是积极发挥下层个体的创造性也是必不可少。法律和制度的变革就如同一场大的纠纷的解决一样，是各种利益主体通过不断的博弈，最终形成的共识，而不是一种结构消灭另一种结构的简单过程。

---

①② 李剑、杨玲：《民族地区多元化纠纷解决机制的重构——以当代彝区的法律实践为例》，载于《法学杂志》2011 年第 8 期。

法制现代化的变迁主要是借助国家力量"自上而下"的强行推动，往往忽视了来自民间和社会的力量，在这种实践模式中，民众的行为方式成为变革关注的对象，国家法具有不容置疑的合理性。① 这种"单向"的改革模式已经造成了国家法与习惯法、现代与传统、正式与非正式制度之间的紧张和对立。

法律的变革不能只关注国家法在纠纷解决中的作用，还要关注来自民间的习惯和惯例，不仅要重视专家学者的研究和建议，还要重视民间的力量。在彝族地区"生活的主人"具备创造和革新法律规则的能力；习惯法本身就有灵活易变的特性，它总是随着外部或内部条件的变化做出适应性变迁，同时它又有与国家法相协调的一面。

因为国家法与习惯法之间存在紧张关系，在实践中就可能需要综合解读。在彝族地区，由于德古和国家权威并存，所以当事人能够接受调解者对于国家法与习惯法之间融合式的解读。实践也反复证明，这种融合式的解读还是能够得到认可的，在这种融合中，习惯法在悄然地发生变化，逐步与国家法靠拢，国家法也在与习惯法的碰撞中不断地渗入彝族人心中。在规范的变迁过程中，德古发挥了关键作用，这些彝族民间的智者为了能更好地解决纠纷，他们是乐于学习新事物的。在具体的纠纷解决过程中，他们能够将国家法与习惯法很好地融合，并创造性地将它们用于纠纷的解决中，这不仅使习惯法获得了"生命"，还使国家法在民族地区得以普及。

多元纠纷解决机制的建立，要尊重"主体"的创造性。国家法与习惯法之间的对话，不是自然而然地发生的，是需要建立平等对话的商谈渠道的，在这个渠道中，国家法和习惯法才能相互弥补、相互借鉴和吸收。但是这一过程既不能忽视了主体的作用，更不能忽视主体的创造性。经过多年的纠纷解决实践，黔西北彝族地区基层司法机关和德古已经积累了相当丰富的宝贵经验，这些具有乡土气息的经验在纠纷解决的层面上发挥了非常重要的作用，但没有正式的制度和程序来约束调解工作的随意、无序和多变的问题。② 这既损害了国家法律的权威，也不利于更好地保障和发挥民间解纷机制的作用。对此，基于现代法治文明的理念，我们应当超越二元对立的法治思维，建立多元化的、分工明确的纠纷解决机制，尊重民间主体创造的纠纷解决方式、程序和规则，积极引导民间力量，吸收民间智慧，总结民间经验。不同的权威可以通过分工配合，建立"立体化"的纠纷解决模式来化解纠纷。不同的解纷方式不妨作出以下分工：

（1）当案件中涉及判处刑罚等具有严重社会危害性的行为之时，必须启动司

---

①② 季卫东：《调解制度的法律发展机制——从中国法制化的矛盾情境谈起》，参见强世功编：《调解、法制与现代性：中国调解制度研究》，中国法制出版社2001年版，第61页。

法程序，通过法庭审判进行。

（2）当纠纷中涉及赔偿事宜之时，则需要充分尊重当事人的意愿；既可选择法庭审判，也可选择由德古调解。

法律创制的根本目的在于调整社会关系解决社会纠纷，因此，法律必须植根于社会文化土壤并切实回应社会生活的现实需求。彝族地区的纠纷解决机制兼具乡土性和民族性，在构建多元化的纠纷解决机制时，必须要融合国家法和习惯法，实现两者的有效沟通。

第五节 黔西北彝族的道德思想

作为一个崇尚礼仪道德的民族，彝族传统社会、家庭极为重视伦理道德，并将其融入生产、生活的所有方面。彝民认为：人与人、人与家庭以及人与社会之间的人文伦理和高尚的道德品质是家庭幸福、社会安宁最根本的要素。[①] 因此，约定俗成成为彝族社会秩序维护和发展的契约力量，长幼有序、长幼尊卑等礼仪观念，团结互助、勤俭节约、尊老爱幼等道德规范经历了千年的历史沉淀，并延续至今。因此，了解彝族，特别是黔西北彝族，应从其道德观念入手，并考察其社会作用。一定的经济基础产生了诸如法律、道德、礼仪等上层建筑。从当前我国的少数民族道德建设中可以发现，合理属性与不利因素共存是其主要特点，两者交互发挥作用，影响着少数民族社会的发展。在研究黔西北彝族法律文化、道德文化的过程中，我们应当辩证地看待道德观念，力争在道德传承中"取其精华，去其糟粕"。

一、彝族传统道德的主要内容

（一）传统礼义廉耻观念

1. 礼仪观

礼仪是维护人际关系和伦常秩序的一整套语言行为规范。彝族社会历史上存在各种礼仪，构成了彝族社会的日常行为准则，调整着彝族的社会关系和社会秩序。彝族社会固有的礼包括：等级身份之礼、家庭伦常之礼、长幼尊让之礼以及

---

① 普珍：《彝族民间法的历史传承与现代作用》，载于《毕节学院学报》2007年第6期。

各种节庆祭祀礼仪。"有父才有子，有兄才有弟，有家才有支"① 这一不可动摇的家支观念，则是其核心。

首先，彝族内部各等级之间存在着严格的等差礼仪，尤其是低等级阶层对土司、黑彝等贵族统治阶层，必须遵循一定的礼节，否则在过去将被视为侮辱而受到惩罚。其次，对于毕摩、家支头人等有知识、有威望的人必须尊重，遵守一定的礼仪。家支头人的权威受到普遍的认可与尊重，其依据习惯法做出的判决被无条件地服从和执行。而兼具知识分子与祭司身份与职责的毕摩，在彝族社会的地位很高，去土司家可以直达室内，无须服从见土司的一套礼节，土司到来时，毕摩也无须起身行礼②。再次，彝族的长者享有一定的社会地位，年轻人对长者必须以礼相待。彝族人路上遇到老者，须下马侍立，长者入室，晚辈须起身让其上座。这在不同等级之间也是适用的，即使黑彝等级的晚辈，见到低等级的长辈，也应遵守礼节，否则会受到社会舆论的非议。这种尊重长者的礼仪规范，是彝族社会千百年来维系整个民族的纽带。

2. 伦理观念：独特的荣誉感与羞耻观

彝族社会发展中形成的荣誉感与羞耻感与其他民族稍有差异。一方面，彝族，特别是黔西北彝族长期以来生活在相对封闭、独立的环境中，其赖以形成并长期遵守的道德规范源于这个民族的生产生活活动；另一方面，彝族历史发展形成的一整套维护整个社会秩序的伦理观念，如"回避"观念、"羞耻"观念等，已经渗透到每个成员的血脉、基因当中，短暂的与外来文化交往和互动难以改变这一伦理观念。因此，这一种约定俗成的习惯法规范具有其独特的荣誉观与羞耻观。

3. 契约观：义与盟誓

彝族地区的社会契约观念不发达，信誉的维持依靠的是自我约束，对对方的约束则是通过某种神灵的力量。其中盟誓是最普遍和最重要的方式，一般于冤家械斗双方和解、几个家支联合对敌或向朝廷效忠订盟时举行。《华阳国志·南中志》中有对贵州彝族地区的盟誓习俗的记载："其俗征巫鬼，好诅盟，投石结草，官常以盟诅要之。"明代郭子草《黔记·诸夷》称："罗罗……其期会交货无书契，用木刻。重信约，尚盟誓，凡有反侧刹牛抚谕，分领片肉，不敢复背约。"③ 彝族人相信违背誓约之人定会遭到神灵的惩罚，因此都会严格遵守盟誓内容。

---

① 《彝族格言》，四川民族出版社1981年版。
② 余洪模：《黔西北乌蒙山区的彝族》，载于《彝族文化》1988年（年刊）。
③ （明）郭子章著；杨曾辉、麻春霞编著：《黔记·诸夷》考释，贵州人民出版社2013年版，第49~51页。

盟誓习俗一直延续到新中国成立前。1935年5月，红军长征经过彝族地区，彝族头人果基小叶丹和刘伯承在彝海边上喝血酒结约盟誓就是采用的这种方式。通过按彝族传统方式盟誓，彝族人信守承诺护送红军顺利通过彝区，为中国革命的胜利建立了不朽的功绩，彝海结盟亦成为民族团结和友谊的见证。

（二）血缘等级观念

北宋时期，贵州水西彝族已基本进入封建社会，并逐渐形成了一整套维系社会统治的封建等级制度，这远远早于土司制度的设立。水西彝族社会存在着严格的等级制度，主要划分为：兹莫①、黑彝②、白彝③（彝称"苏且"）和奴隶④（彝称"濮自"）。

在贵州威宁地区，至新中国成立前仍保留着五个等级：土目、黑彝、依附农（彝称"勾则"）、家外奴（彝称"陆外"）和家内奴（彝称"搏吉"），停留在带有奴隶制等级残余的初级封建制阶段。

1. 家支制度概述

彝族实行父子连名制，自远古时起口耳相传的父子连名家支谱系⑤具有编年史的性质。背诵家支谱系是彝族男子自幼便必须接受的教育，上至自己家支谱系二三十代祖先。通过父子连名谱系，可以找寻到彝族家支的起源、世系及其相互关系。

家支制度是推动黔西北彝族社会发展的主要力量，是整个家支成员团结奋斗的载体，是维持彝族人民的道德纽带，是彝族社会历史上影响社会进程的主导性社会力量，彝族奴隶制社会的整体文化观念都建立在以家支为本位的群体意识之上，家支制度是彝族道德的存在基础，也是彝族长期停滞在奴隶社会的根本原因所在。

---

① 兹莫，即土司，是彝族社会的统治者，占有辖区的全部土地，分配给各等级耕种，领种的各等级对土司承担一定的义务。

② 黑彝是贵族等级，"居十二营、宁谷、马场、漕溪者为黑罗罗，亦曰乌蛮"他们掳掠其他外族人尤其汉族人为奴隶。

③ 白彝，是被统治等级，"居慕役者（今关岭县属）为白罗罗，亦曰白蛮"主要从事生产劳动，部分充当土司、土目的随身侍卫。他们租种兹莫的土地，除交纳实物地租外，还要交纳牛、羊、猪、鸡等作为年例年租、在主子家婚丧嫁娶时给银钱食物。此外，有的还要承担养马、抬轿、做饭、养猪等特殊劳役。

④ 奴隶是彝族社会最低下的等级，其来源主要有：一是从白彝中抽取的子女；二是冤家械斗中的俘虏或掳掠的其他外族人。直至新中国成立前，水西地区仍残存着"人租"，即租种土地的农民必须送一个子女给地主当奴隶，以其无偿劳役作地租的方式。这种剥削方式，把奴隶的人身隶属关系固定在土地上，是奴隶制向封建制过渡的产物。

⑤ 彝族家支谱系是用彝文以父子连名的形式记载彝族家支的谱系。在一些古老氏族的谱系中，其第一代祖先的名字前往往冠以一种动植物或自然物、自然现象的名称，其后才行父子连名。

2. 家支内部成员的关系

家支以彝族社会牢固的血缘等级制为基础，把散居各地的父系血亲联结而成一个紧密的群体。彝族社会以小家庭为基本单位，具有较大的分散性，而家支正是适应于这种家庭结构的需要而形成的专制性政治组织。家支与其所属的每个家庭之间都有着稳定的经济联系，每个黑彝与属于其的白彝、呷加、呷西构成一个独立的经济单位，在此基础上，每个家支形成了政治经济合一的小社会。直至目前，在某些偏远的彝族山区，家支制度仍深深根植于彝族人心中，成为判断每个彝族人归属及其社会地位的重要标准。

家支、家庭到个人构成了整个彝族社会，家支内部成员关系牢固而紧密，旧时彝族人只有自己的家支才能在彝族社会立足；没有或失去家支（被家支开除）的人是卑贱的，不仅在政治上没有地位，而且意味着因无靠山而会落入极其不幸的社会境地。彝谚说："人靠亲戚，猴子靠树林，想家支想得流泪，怕家支怕得发抖。"[1] 家支对每个成员的生存与安全给予保护，对有困难者予以帮助，为受到欺侮者出面主持公道或报仇，但同时家支对于违反习惯法、行为不端的成员也严惩不贷。家支使每个彝族人和家庭被局限于家支的范围内，成为驯服的工具和传统习俗的奴隶，各等级都不能摆脱家支的影响。彝族奴隶制社会能延续到20世纪中叶，主要是以家支为核心的向心力发挥了不可估量的作用。

3. 各家支之间的关系

黔西北彝族中每个家支间的关系常常伴随着冲突和争斗，这一现象一直延续到新中国成立之后。各家支相互之间或战或和，因不同的利益需要而调整彼此间的关系。同等级的各家支通过相互结亲的方式，建立起较为有力的联盟，相互支持；但不时又因矛盾或利益冲突而变成冤家仇敌，连年争战不休；而一旦面临外族来犯或当政者征伐，又会因共同利益的需要而摒弃前嫌，联合行动。通过这种结盟和联合行动，增强了本家支对其他家支或其他民族侵犯的防御能力和本家支的扩张能力，使彝族不断发展和壮大。

（1）黑彝家支与白彝家支。

黑彝家支与白彝家支是彝族血缘等级制度下形成的不同利益集团，每一个黑彝家支都有一两个较大的白彝家支作为支柱；多数白彝有自己的家支，有一定的独立性和自保能力，分别隶属于不同的黑彝家支以寻求保护，二者之间是相互依存、共同发展的关系。黑彝家支为了巩固腹心统治区的安全，对白彝家支采取离散、分土定居的措施，同一白彝家支往往分属几个黑彝家支统治，其血缘归属感

---

[1] 徐铭：《社会主义时期凉山彝族家支问题探索》，载于《西南民族学院学报》（社会科学版）1986年第8期。

不及地域认同感，更关注自己隶属于哪一黑彝家支。①

奴隶制社会中，白彝家支因其人口规模、身份属性等而成为土司和黑彝争相笼络、收买的对象。虽然白彝家支的社会地位较低，往往只能依附于黑彝家支之内，但少数人口众多、特别富裕的白彝家支，其势力与一般黑彝势力相比较有过之而无不及。历史上曾经有白黑彝之间禁止通婚的习俗②，但在近代民族融合和社会变迁下，这些习俗禁忌慢慢瓦解。这使白彝家支也形成了诸多颇有影响力和号召力的权力人物——白彝家支头人，在黑彝家支"政权"中占有一席之地，也使白彝家支成为彝族社会中除黑彝外最主要的政治集团。可以说，彝族地区主要是由黑彝家支血缘集团和白彝家支地缘集团相联合而得以巩固和发展的。

（2）姻亲家支。

由于各黑彝家支各自为政、互不隶属，因此，彝族实行严格的同等级家支外婚制，实际上是一种高等级之间彼此维护共同利益以及政治联姻的需要。大的家支之间通过联姻结成一个结构松散、互不隶属，但却休戚相关、患难与共的实力集团，在危难之时可以彼此支持。正如岭光电所指出的："俗云土司靠百姓，黑彝靠亲戚，即讲求人口繁殖，多结亲戚之意。每一个黑彝，均准此原则，组织家庭，对人处事，于是凡人成年，即立一小家庭，自求生活，自结亲戚，以为援助……结无数亲戚，发生无限力量，平时相助过日，有事关节抵抗，以图发展也。"③

各独立的家支之间通过联姻搭建起了桥梁，可以患难共助、遥相呼应，使整个彝族社会得以紧密地联系起来，成为有共同的政治机制、共通的习惯法体系、利害攸关、休戚相关的整体。

（3）家支联盟。

各黑彝家支之间尽管平素存在各种矛盾和纠纷，彼此之间冤家械斗不断，但整个彝族家支统治集团的利益是共同的，也是相互联合的，一旦统治等级的利益被触犯，则各家支会很快化解冤仇，联合一致对外。如黑彝阿侯阿沙所说："任何一户的黑彝娃子逃跑，只要向家支头人说一声，互通声息，就可以抓回。娃子掉在这里，犹如青蛙掉在缸底一样，休想逃走。"④ 遇到娃子反抗时，各黑彝家支会团结一致，镇压娃子的反抗。黑彝家支在对内维护等级制度方面利益是一致的，被黑彝

---

① 唐文娟、张居盛：《彝族传统法文化与社区矫正研究》，载于《民族论坛》2014年第1期。
② 大定府志点校领导小组：《大定府志》，中华书局2000年版。
③ 岭光电：《傈情述论》，见《忆往昔：一个彝族土司的自述》，昆明：云南人民出版社1988年版，第223页。
④ 《四川省凉山彝族社会历史调查（综合报告）》，国家民委民族问题五种丛书之一、中国少数民族社会历史调查资料丛刊，四川省社会科学院出版社1985年版，第155页。

所统治的各等级，所畏惧的不是某一黑彝家支，而是整个黑彝家支制度。

在遇到外族入侵时，各家支也会联合起来，彼此呼应，携手作战。明代时曾对彝族土司之间既争斗又联合的状态有过描述："东川、乌撒、乌蒙、芒部、禄肇、水西，无事则互起争端，有事则相为救援。"① 即，中央王朝与彝族土司之间平安无事时，各彝族土司之间则会相互争战、进行冤家械斗；而当彝族土司与中央王朝之间发生事端时，相互之间则会暂时妥协、相互救援。

（4）冤家家支。

新中国成立前，彝族人常因婚姻、土地、娃子、日常偷窃、酗酒闹事等琐碎问题引起争执，并进而矛盾激化，冤家械斗频发。而冤家械斗的根本原因和深层原因，多是物质利益的驱使。如黑彝家支曾于明代嘉靖、万历时期，联合起来驱赶土司，土司败退后遗留下的土地，由出兵的各黑彝家支按各自人员损失情况，主要是根据各方黑彝有无死亡及死亡人数，按比例分割土地。在分割土地过程中，因分割不公及其他原因，经常引发新的战争。如阿尔家与马家，因瓜分沙马土司和姐觉土目的土地不均，引起的械斗持续了几百年，直到新中国成立后人民政府出面，纠纷才得以解决。② 彝族的冤家械斗具有传承性，即祖辈传给父辈，父辈传给子辈，子辈传给孙辈。

（三）道德传承与维系者

传统礼仪观念、等级观念、家支观念造成的矛盾需要社会维持使得社会结构得以存在和维持。社会稳定的维持就需要专门的调解者存在，即头人、毕摩等道德传承者与维系者。

1. 世俗执法者：德古与苏易

各黑彝家支及大的白彝家支一般均由数个有威望者主持掌管，彝语称为"德古"或"苏易"，从某种意义上他们也是各家支的头人。家支头人不同于原始社会的氏族酋长，也有别于国家政权中的官吏，他们的产生不经过选举或任命，而是根据他们自身的才能和族人的信任，自发地产生形成或自动丧失地位。头人是彝族习惯法的执掌者和解释者，负责调处家支内部的各种纠纷与代表家支处理与外部发生的各种问题，保护家支成员的利益。

"德古"意为多谋善断、擅长辞令的尊者，每个家支内部都有一个或多个德古，其地位高于苏易，人数比苏易少。他们完全凭借个人的智慧才能，勇敢善

---

① 《洪武实录》，卷一九二，第3页。
② 参见《四川彝族历史调查资料、档案资料选编》，国家民委民族问题五种丛书之一、中国少数民族社会历史调查资料丛刊，四川省社会科学院出版社1987年版，第72~74页。

战，见多识广，熟悉家支习惯法和历史典故，善于排解纠纷，办事符合家支规矩等，在家支内外享有较高的威望，赢得本家支全体成员的自觉尊敬与拥戴。①

"苏易"意为家支办事的长者，一般具有德才兼备、顾全大局、为了家支利益不计较个人得失的品格，部分有社会地位而无实际能力的长者也可被尊称为苏易，故一个家支总有一个乃至多个的苏易。

2. 仪式主持者：毕摩

毕摩是彝族掌管宗教事务的神职人员，主要从事诵经、礼赞、作祭等活动，他既是宗教活动的主持者，又扮演着保存和传播彝族文化的角色，同时也是神明裁判、盟誓、诅咒等法律活动的主持者。

毕摩一职最初由兹莫执掌，后转交给黑彝，再后来由白彝的某一些家支专司其职，到近代彝族社会，绝大多数毕摩已由白彝担任。至新中国成立前，黔西北黑彝中只有阿陆家、马家、甘家、底底家还保留着少数毕摩，其余均为白彝。在等级森严、家支林立的彝族社会，毕摩代表的是一种神授的职权，是唯一脱离了等级出身束缚和影响的阶层。毕摩不论出身兹莫、黑彝或是白彝等级②并不影响其法力和社会地位，而且毕摩还可借助其特殊地位跨家支范围活动。因此，毕摩与家支头人分别通过神明的力量和世俗的权威，共同谋求家支利益、维持家支秩序，共同维护彝族社会的奴隶制和等级制。

3. 议事机构：家支会议

一旦家支成员发生重大事件或整个家支出现问题，头人负责召集本家支内具有影响力的成员或全体成员，共同商议事件。每个家支成员都可以申请召开家支会议，就具体事件请求调解，并享有自由地陈述自己的愿望和意见并表决的权利。家支会议没有具体的议程，参会者较为自由地陈述自己的意见，最终通过简单多数表决或头人决定的方式作出正式决议，之后付诸实施。根据情况，家支大会有"吉尔吉天"③和"蒙格"④两种。

---

① 牛绿花：《少数民族习惯法：构建西部和谐社会的法治源泉——一种法律人类学的阐释》，载于《武汉科技大学学报》（社会科学版）2009年第2期。

② 呷加和呷西根本没有做毕摩的资格。

③ "吉尔吉天"，意为"开会讨论"，参加者十余人至数百人不等，公开或秘密举行，多为解决家支内部的问题，如杀死家支成员的抵命与赔偿问题。有时也由本家支人向亲戚家支头人或友好家支头人发木刻信，召集各家支头人共同参加，商讨当事人的请求，确定是否由各家共同采取行动。

④ "蒙格"，意为"会议"，根据情况举行不同性质的蒙格。其中最常见的是"乌尼蒙格"，即由家支全体成员参加的大会，主要为解决成员被外家支欺害、娃子被抢、土地被侵占等重大事件。遇到重大事件的当事人希望家支出面支持和讨回公道的一般按如下的程序：首先请头人或家支中有声望的人喝酒，向之陈述事实和请求；其次是召集家支会议商讨，会上先由当事人陈述纠纷的经过并请求帮助，接着主持会议的头人发言，陈述个人纠纷与整个家支的利害关系，各家支头人也纷纷发表意见。会议结果一般是决定实行复仇械斗。

通过家支内部的权力机构及内部议事机制，道德规范得到严格执行，使彝族社会长期稳固有序。家支会议既是解决家支内部和不同家支之间纠纷的一种方式，也是家支成员共同参与的一种宗教仪式，在家支群体的生存呈现不稳定和潜伏危机时，共同的祖先崇拜起着凝聚血缘亲属集团的作用。① 同时，家支会议的召开还是对彝族人进行的一次习惯法普及宣传，以统一家支全体成员对习惯法的认识，加深自觉遵守习惯法的意识和观念。

二、现代彝族社会道德的演变

（一）社会变迁下传统道德的演变

1. 等级观念的演变

随着黔西北地区的交通发展，彝族对外交往逐渐增多，传统的血缘等级观念呈现出逐渐弱化的趋势，但在偏远的彝族地区仍有一定的影响，不同程度地存在于人们的头脑中。如原属黑彝、白彝的正统彝人仍清楚地划分、固守着自己所属的血统和等级，交往主要限于本等级集团内，维护着自己的尊严，不与原属于呼加、呷西者通婚。此外，血缘等级观念在现代社会也变异融入社会政治生活中，黑彝和白彝等级在选举基层干部、调解纠纷和利益分配中仍占有较大的优势地位，原出身低等级的呼加、呼西的后代仍不同程度地处于受歧视、被排斥的现状。

目前，白彝在彝族社会占主导地位，其人口数量、政治地位和经济实力已大大改善和提高，成为彝族社会的主体。然而，他们也认同传统社会形成的等级观念，并不去谴责和反对，相反只是通过提高自己原有的等级身份，力图在彝族社会固有的家支观念下，提高自己的社会地位。② 从某种意义上讲，血缘等级观念已经成为彝族社会所公认的社会存在，每个彝族人都已习惯在这种环境中生活。

随着商品经济的发展，原属低等级的彝族后代出现了部分先富裕起来的群体，但在彝族人的传统观念中，财富并不能改变其社会地位。由于彝族血缘等级是决定社会地位的唯一标准的旧观念，即使目前彝族地区原属黑彝的有些人虽然

---

① 参见《献酒经》部分内容，不分卷1册，42页。今存贵州省六盘水市盘县坪地彝族乡高忠明老毕摩收藏。

② 徐铭：《凉山彝族等级观念的考察》，载于《西南民族学院学报》（哲学社会科学版）1992年第3期。

生计状况不佳，原属呷加的人在经济上已经非常富裕，打破旧的血缘等级交往、通婚者仍未达到预期。

上述血缘等级观念的存在，妨碍了彝族社会的现代化进程，影响了彝族人之间的团结和谐等。由于不少彝族人保持固有的等级贵贱差别，原出身低等级的人在社会活动、经济活动中受到歧视，一定程度上影响了社会的和谐。等级势力和等级观念以及黑彝和白彝等级的家支作用，随着经济发展和社会进步，虽已在逐步弱化，但远未完全破除。

2. 礼仪观念的演变

目前彝族人在通婚方面仍注重传统习俗和等级出身，旧血缘等级观念对彝族人的婚姻起着不容忽视的作用。彝族人固有的血统贵贱、"骨头软硬"的观念始终未被彻底根除，不仅"骨头硬"的黑彝、白彝不愿和"骨头软"的呷加、呼西通婚，甚至来彝区较早的汉根呷西的后代也不愿与来彝区较晚的汉根呷西的后代通婚[①]，这种观念在彝族地区仍有一定的市场。

在偏远的彝族地区，也有违反婚姻法有关婚姻自由原则的现象，如不允许与外族通婚，延续着姑舅表优先婚、娃娃亲、转房等陋习。近些年来，彝族地区的大多数纠纷多因婚姻纠纷而起。尤其是解除婚约关系或离婚纠纷，对方家支常认为是对本家支的轻视和侮辱而发起械斗，即使同意离婚的，也必须按习惯法向对方家支请罪获得原谅，并给予巨额赔偿方可平息。[②] 1988 年，在云南省小凉山马家窝子村，发生了一起因姑舅表亲婚姻纠纷引起的家支间的大规模械斗。事情的原因是：马海家和阿西家是关系甚密的姻亲家支，但由于阿西家与马海家定了娃娃亲的女儿不愿意嫁到马海家，马海家认为这是对本家支的侮辱，于是便与阿西家展开了旷日持久的打冤家。经过 5 年的冤家械斗，这起婚姻虽然通过赔偿被解除了，但阿西、马海两个家支从此结下了冤仇且长达 10 年之久，直至 2002 年 9 月马海和阿西两家才在多方的努力下和解。

落后的婚姻观念导致彝族人通婚对象的选择范围非常狭小，而姑舅表优先婚及早婚的落后观念，致使彝族地区近亲结婚、早婚早育盛行，已经影响到彝族家庭关系的幸福稳定和下一代的身体素质。姑表婚等近亲结婚的结果，影响了彝族后代基因，不能不说这是一定程度上受近亲通婚影响的结果。

3. 家支活动的复苏

目前彝族地区的经济仍相对落后，对自然灾害等的抵御力较弱，家支内部成

---

① 徐铭：《凉山彝族等级观念的考察》，载于《西南民族学院学报》（哲学社会科学版）1992 年第 3 期。

② 牛绿花：《少数民族习惯法：构建西部和谐社会的法治源泉——一种法律人类学的阐释》，载于《武汉科技大学学报》（社会科学版）2009 年第 2 期。

员的相互帮助、相互救济非常重要，因此，家支一直是彝族人心目中的靠山和避风港，彝族人的家支观念依旧很浓，家支感情依旧很深，为寻求安全感，在新的历史条件下，家支观念还有所恢复和发展。由于家支活动的思想基础仍摆脱不了等级观念和狭隘血缘家族观念的束缚，其行为规范仍是习惯法，目前家支观念及家支活动的动向及对彝族社会的影响是不容忽视的，这一复杂问题影响到彝族地区的社会文化与发展进步，应当引起重视。

4. 毕摩和迷信活动

彝族人有着非常浓厚的神鬼观念，宗教迷信活动充斥着人们的日常生产生活。彝族人生病不去医院，而是请人来驱鬼；家中遇到大事，要请人占卜。很多彝族人家经常举行各种宗教仪式。[①] 同时，频繁的宗教迷信活动造成了极大的浪费，阻碍着彝族地区科学知识的传播和科学的发展。

（二）传统道德留存的客观因素

彝族传统道德目前仍旧存在，源于一些客观现实因素：（1）封闭的环境塑造了狭隘封闭的思维。目前彝族地区封闭、交通不便的情况仍未完全改善。（2）落后的经济培育了守旧落后的观念。彝族传统的保守意识、小农意识相当严重，难以摆脱对自然界的依附，易形成顺从天命、知足常乐的惰性，不少彝族人缺乏开放发展、平等竞争意识，难以适应现代市场经济大潮。（3）文化惯性决定了社会发展。文化决定了一个民族的历史、现状和未来发展趋势。彝族传统道德是一种地缘文化，是以居于一个相对封闭环境中的人与人之间的紧密联系为基础的。处于这一地缘范围内的彝族人，不可避免仍要受到根深蒂固的传统文化的影响，其道德也深深打上了传统文化的烙印。

彝族传统道德要实现现代化，就必须消除上述作为其孳生繁衍土壤的经济基础和意识形态因素，这是一项长期、艰巨的任务，需要中央政策的倾斜和输血，需要发达地区的技术支持和投资支援，需要有知识的高科技人才的奉献，更重要的是需要彝族人自身更多地走出自我封闭，走出旧传统的禁锢，走出自我，走向发展和现代化之路。随着市场经济的发展，民族群体与民族文化的延续与发展不再是彝族社会所面临的首要问题，彝族地区所面临的首要问题和主要矛盾已转化为如何摆脱其自身的落后状况，实现民族繁荣富强。换言之，发展经济已成为彝族地区的当务之急，没有现代商品经济的土壤，便难以结出现代道德之果。

---

① 参见《献酒经》部分内容，不分卷1册，18页，今藏贵州省水城县果布嘎乡兴隆村罗盘组宋正昌家。

三、彝族社会道德的社会影响

习惯法存在于通常所说的风俗礼仪中，它首先应该是一种社会规范——习惯法与制定法的差异主要不是来自显现方式上的区别，而是在于权威性和公正性来源的差异。① 因此，研究道德观念必将有助于更好地理解习惯法的表征与内涵。彝族传统道德的存在同时还有其自身的价值因素。彝族口耳相传的社会道德是建立在每个彝族人的广泛心理认同基础之上的，因而直至今日仍有着生存土壤。彝族社会道德中的多数内容在稳定彝族社会、维持彝族内部团结、实现彝族社会民主和谐等方面发挥了重要作用。

（一）社会道德规范维系社会秩序

无论是国家法律、政策，还是作为习惯法的道德规范，其生命力都源自每个成员的内心认同。从自然法的角度讲，权威机关制定与国家强制力保证实施并不成为法实施的必要条件。相反，社会成员的普遍认同与自觉遵守才是法真正得以实施的前提和基础。彝族社会道德规范是在长期社会发展中逐渐形成的规范体系，属于习惯法的一部分，其生命力来自每个彝族成员接受、承认并遵守，正如萨维尼在其名著《近世罗马法体系》中所论述的："成法者，其生命存于人民之普通意识者也。吾人所称之为民族法者，意竟在此……成法者，由各个人共同生存活动之民族精神而生者也；故各个人之意识，非为合，乃有同一之法必然的存在者也……法之基础，存在于人民之普通意识，故法者，原属无形，视之而不见；然则何由知之乎，曰，吾人所得知之者，要唯发现于其外形上之行为而已。"彝族传统道德之所以被彝族人普遍认同与自觉遵守，源于彝族社会自身的文化背景。

（1）彝族人的道德观念，作为一种社会意识，具有不可低估的信仰力量，世世代代、年深月久地沉积在彝族民众的意识里。彝族道德已成为彝族人生活的一部分，人们感觉不到它是外在的，是自然而然的存在。在没有其他外来生活方式、法律规范的对比和冲击之下，甚至难以觉察其存在。

（2）彝族道德观念本身是族群利益的体现，直接维护本民族、本地区、本家支的利益。彝族传统社会与现代社会不同，是基于同一祖先、有共同血缘关系的群体，彼此之间有巨大的凝聚力和亲和力。基于这种群体意识和共同利益，彝族人认识到个体必然要受到约束，每个成员均自觉按道德观念和风俗禁忌对自己的

---

① 周勇：《习惯法在中国法律中的历史地位》，载于《上海社会科学院学术季刊》1991年第4期。

行为作出约束，对于违反者也必须加以制裁。

（3）道德观念的内容反映了彝族人的需要。彝族道德观念源自族群的日常生产生活，具体而细致地反映了彝族人的需求和利益，更具针对性和可操作性，因而彝族人对彝族道德观念的认知和感受更直观、更深刻。① 彝族道德观念用彝族人共同接受的方式对特定群体成员的各种行为作出约束和规范，家支传承并加以优化，因而具有深厚的社会基础。

（4）道德观念的惩处手段符合彝族地区的实情。目前家支在适用道德观念中，摒弃了道德观念中限制或剥夺人身自由的处罚方式，只作赔偿、补偿等经济处罚，此外还采用由被处罚者"打酒认罚"（即赔礼道歉）的方式，对行为的处罚结果，当事人可以预先推知，更易于接受和执行。② 这些符合彝族地区实情的惩处内容和方式，对当事者而言，具有比国家法更大的威慑力和息事宁人的效果。

（二）朴素原始的民主平等观加强社会稳定

彝族道德观念不只是特权阶层用以压迫被统治阶级的工具，也体现了一种朴素原始的民主平等观念，它并非仅由少数有权阶层独占的秘密法、垄断法，而是为群体成员所共知、共议、自觉遵守的法。彝族社会中长期实行的是原始的民主议事制度，每个人都有权发表意见，不论是属于哪一阶层的，只要是聪明、睿智、勇敢者，其领导地位和权威会得到公认，其决断结果会得到普遍接受和严格遵守。

家支内部还保留着对成员一视同仁的朴素的平等观念和民主权利，没有常设的权力机构，也没有经过选举的领导人，不存在凌驾于家支成员之上的具有特殊地位和支配其他成员的特权者。作为彝族头人的德古和苏易，是基于其个人的杰出才能、处事断案公平无偏、众望所归而自然有权威，且同样是直接从事生产者，不享有任何特权或特殊利益，与同等级其他成员完全平等。这体现了彝族道德观念一定的民主性和平等性，并随着时代的发展被赋予了新的内容。

（三）和谐内核是彝族道德规范精华所在

彝族道德观念中虽然有血亲复仇、打冤家等③同态复仇方式，但应当清楚地认识到，以复仇或惩罚来达到公平并不是争议与冲突化解的目的，彝族社会更强

---

① 邹渊：《贵州彝族习惯法概略》，载于《贵州民族学院学报》（哲学社会科学版）2000 年第 12 期。
② 苏红丽：《峨边彝族习惯法存在的必然性分析》，载于《人民论坛》2011 年第 3 期。
③ 王真真：《对彝族婚姻家庭习惯法的探索性研究》，载于《新西部》（下半月）2009 年第 12 期。

调的是纠纷和解、矛盾化解，进而恢复正常的社会秩序。举例来说，彝族社会长期存在以赔偿来宽减处罚的传统，并成为家支解决纠纷的核心思想，是彝族传统社会道德规范精华所在。除不可调和的冤仇或不可容忍的恶行外，一般的纠纷，包括非恶性的人命案，均可通过赔偿命金予以解决。对于受害方的损失，要按照道德观念予以补偿，但补偿的数额，很多时候是象征性的，并不一味强调与损失相当。①

对于家支内部而言，和谐更是其道德规范的精华。家支内部发生的冲突与矛盾一般会通过双方自愿和解、头人调解或家支会议调解处置的方式消解。除极端事件外，加害人自行打酒与打杀牛羊向对方赔礼，并按道德观念进行赔偿，受害方一般会予以宽恕。此外，在宗教祭祀、婚丧嫁娶等活动中，也要讲述家支谱系和祖先的业绩，加强家支内部的团结。②

正如其他社会道德规范一样，彝族社会道德规范更加注重实质正义。这也是在生活条件恶劣、生存环境艰苦的情形下，彝族人民为了保持有生力量的必然选择。从另外一方面讲，"同态复仇"对于受害方来说只能换取精神的慰藉，而通过经济赔偿、补偿更能帮助受害方走出痛苦，同时，在艰苦的生活环境中，经济上的赔偿、补偿更是一种长期的负担和惩罚。和谐毕竟是整个人类群体的共同追求。宽以待人、和谐共存成为彝族社会得以延续和发展的主要原因之一。

---

① 张殿军：《刑法变通缺失语境的民族自治地方刑事司法路径》，载于《贵州民族研究》2009年第2期。

② 王真真：《对彝族婚姻家庭习惯法的探索性研究》，载于《新西部》（下半月）2009年第12期。

第七章

基于黔西北彝族钞本文献的彝族孝文化研究[*]

孝道文化是中华文化的重要组成部分。我国历史上的汉王朝就"以孝立国",认为"孝"是国家精神所在。近代著名的学者梁启超先生也提出了"百善孝为先"的观点。彝族是一个崇尚孝道的民族,"孝文化"是彝族钞本文献中的重要内容,在记载彝族孝文化的钞本文献中,尤以黔西北的《赛特阿育》最具代表性,本章以《赛特阿育》[①]为研究文本,对彝族传统的孝文化进行研究。

第一节 翻译文献中的彝族传统孝文化

彝族先民留下了丰富的彝文文献文化遗产,其中,有的是对其他民族相关文

---

[*] 按结题评审专家意见,经专著《彝族传统孝文化载体〈赛特阿育〉》第一作者罗曲教授同意,第二作者、课题组成员王俊博士对《彝族传统孝文化载体〈赛特阿育〉》(中国社会科学出版社 2013 年版)中的相关内容再次进行了梳理研究,形成了第七章,在此对罗曲教授的大力支持表示感谢。

① 彝族钞本文献《赛特阿育》是由王继超、张和平翻译,彝汉文对照,贵州民族出版社出版,只有出版书号无出版日期,但其前言写作时间为 1995 年 4 月,当是 1995 年出版。包括三个部分,第一部分是以主人公"赛特阿育"命名的彝族孝文化长诗作品《赛特阿育》,第二部分是彝族孝道故事,第三部分是彝族古代文献《细沓把》中的《献酒书》和《献茶书》的开头部分。该书的第一部分"赛特阿育"是汉文文献董永孝道故事的翻译,第二部分是彝族传统孝道故事,是我们主要的研究对象。我们将对此进行详尽的研究。

献的翻译和改写，称为彝族译文文献①。《赛特阿育》的作者采用五言诗的形式，利用古彝文将古代汉族文献中的董永行孝故事进行改写。根据这本书的翻译整理者考证，"约当明末清初，最迟不晚于清雍正年间，随着汉文化的大量输入并占主导地位，部分熟悉汉文的彝族传统知识分子——毕摩，积极传播汉文化。在这期间，《西游记》《陈状元记》《凤凰记》《张礼张孝》等汉族文学作品和民间传说被译作彝文，传播到彝族民间。正是在这一时期，在这一种背景下，黔西北地区的一位具有一定汉文造诣的名叫阁尼舒叔的彝族毕摩，他把读过的《孝子传》《搜神记》《灵芝篇》（三国曹植作）中的董永故事与相同等的彝族民间故事综合整理，用彝族所喜闻乐见的《细沓把》和'摩久'（集会或丧葬等场合或叙或诵或唱）的形式移植创作出叙事长诗《赛特阿育》"②。

一、彝族孝文化长诗《赛特阿育》

彝族孝文化长诗《赛特阿育》，分为自序和正文两个部分，一共13个章节。其中，自序部分的内容如下：

> 彝家有悠久的历史，古老的文化，但都成了过去。现在汉文化占了统治地位。我阁尼舒叔，虽然没有明说，心头总是在想。现将书上看到的一则故事，改编后用彝文写下来，让后人，尤其是有知识的后辈，从中领悟作者的用心，发扬彝家的固有传统，把自家的父母孝敬好。

人类一切的行为都不是漫无目的的。因此，人类的每一个行为都有自身的目的。《赛特阿育》的翻译者在自序部分里面，已经明确地表达了翻译本文的目的，即："让后人，尤其是有知识的后辈，从中领悟作者的用心，发扬彝家的固有传统，把自家的父母孝敬好。"作者叙述完上面的部分后，开始对原文进行翻译。为了便于相关学者和读者了解《赛特阿育》故事的内容，我们将《赛特阿育》全文摘录于下：

> 1. 举祖赐子
> 从前，勤劳善良的赛特董哲安和釜史妮妮夫妇俩住在七里坑地方。哲安已过而立之年却膝下无子。养儿防老、送终是人生大事，夫妇俩为此食寝不安，

---

① 罗曲、王俊：《彝族传统孝文化载体〈赛特阿育〉研究》，中国社会科学出版社2013年版，第1页。
② 王继超、张和平：《赛特阿育》，贵州民族出版社（原书未标明出版时间），第2页。

一天，妮妮对丈夫说：我替人缝补挑花尚有几文积蓄，不如买些祭品去祈求神灵，倘天见可怜，保佑我们生个儿子，也未可知。一天，天君策举祖在瞿塔邓宝座上坐立不安，急命杜那沓恒诺布两使者打探天地间是什么把他惊扰。两使者探得是董哲安夫妇为求子烧油香所致，禀告举祖。举祖命微察鲁特汝下凡到董哲安家投生。是夜，妮妮梦见从天上掉下一个桃子，正好落入她口中。次年，喜得贵子，取名赛特育参，他就是后来的赛特阿育。

2. 三岁丧父

阿育三岁那年，其父哲安不幸身染重病，临死前，董哲安叫来妻子说："看来不能与你共抚娇儿，白头偕老，同享天伦了，只是阿育幼小，养大尚须时日，难为你一人。寂寞难耐，寻个好人家，改嫁过去，安度后半生吧。"妮妮不允，替人缝补，好歹也要赖着抚养孩子。哲安又叫来阿育，未及吩咐完毕，即撒手归天。妮妮母子悲痛欲绝。众乡邻苦苦相劝，要节哀保重，死者入土为安。多亏众乡邻大力相助，孤儿寡母方得把哲安归葬。

3. 举学维艰

一天，阿育对母亲说："为人不读书识字，与禽兽无异！"母亲对他说："你我母子，麻布襟襟尚不蔽体，猪狗之食都不裹腹，哪来钱供你上学啊！"阿育执意要读书，妮妮无奈，含着泪水领阿育到学堂去求先生："阿育逼着要读书，无钱米供他上学，请先生收下他，我替先生纺线织布效劳，恳求答应！"先生见阿育相貌不凡，且聪明伶俐，答应收下阿育。免费教他读书，并将他赛特育参的名字改为赛特阿育。

4. 神童失母

阿育果然天资聪颖，读书一目十行，过目不忘，三年下来，满腹经纶，学业惊人。先生决意资助盘缠路费，亲自带他去应试，育回家告诉母亲，妮妮虽然过意不去，但只得勉强同意。应试下来，阿育高中榜首，官府差人往阿育家报喜，第一趟差人告诉喜讯，妮妮不信，第二批差人敲锣打鼓送来喜报，妮妮高兴过度不留神，跨门槛时失足跌死，差人回报噩耗，阿育痛不欲生。

5. 卖身葬母

失去父母，悲痛归悲痛，及时做道场下葬，才是人子之道，尽孝之举。阿育身无半文，只好到七里坑集市身插草标，自卖本身来葬母。当地富豪色特阿治问及缘由，阿育实情相告：说他三岁丧父，四岁入学，得功名之日，正是痛失慈母之时，因身无分文，只得卖身葬母，求阿治买下他，阿治允应。阿育随阿治到阿治家，阿治说："需要的银钱、酒米、猪羊，你尽管取去，但须留下契约字据。"阿育为母举办七日道场，又将阿治处所得钱买下武采加的一穴地购得棺木，刨出其父哲安遗骸同母一起安葬。

事后一账算来，银钱、酒米、猪羊连同买地、买棺木、做道场，阿育花了阿治三百四十两银子，阿治相让七十，阿育欠债二百七十两。阿育到阿治家为奴，阿治准许他守满三年孝再前来服役。

6. 绿树为媒

阿育无时不为自己的身世、处境悲伤。三年守孝期满，往阿治家为奴还债到半路，见有一棵大树，他便坐下乘凉，不觉又啼哭起来，再次惊动了举祖。当举祖知道是自己派下凡间的微察鲁特汝，即赛特阿育令人同情的遭遇后，特命爱女举祖伦霓下凡嫁他三年助他渡过难关。伦霓来到大树下，把阿育摇醒，对他说：同是天涯沦落人，一个有家难回，一个无家可归。并伴称她三岁丧父母，为嫂子不容，赶出家门，正好同阿育是一对，要阿育收留，娶为妻子。阿育说他身不由己，已卖给别人。娶妻已与己无缘。再则，无父母之命，媒妁之言，婚姻大事岂可视为儿戏？坚持不肯。伦霓执意非嫁他不可，略施神通，便让绿树开口说话，既做媒又证婚，阿育同伦霓在树下成亲。伦霓告诉阿育："朋友无假话，夫妻无实话，真话告诉你，我本是天女，奉命嫁你三载，为的是帮助你渡难关！"两人到阿治家，阿治好生不快，原说孤身一人，现在来了两口，伦霓来历不清，恐怕招来灾祸。伦霓说她也是孤儿，被嫂子赶出门，既嫁阿育，是患难夫妻，一道给阿治家拾柴背水，纺纱织布，早日还债替阿育赎身，有何不可。说得阿治语塞。岂料阿治之子阿治汝额见伦霓貌美，遂起了歹心，要阿育出让妻子抵债再加二百七十两，以五百四十两银买伦霓，阿育说他不能作主。

7. 伦霓神通

阿育告诉伦霓，阿治汝额要以阿育的身价再加倍共五百四十两银买伦霓为妻。伦霓要阿治汝额出脸样厚的纸、三种风、四种雾、七轮日、八轮月四、从阿育家门头上牵到阿治家门上长的青绸、一百箱珠宝、每半重千斤的八百块猪头为聘礼，方能允应。阿治家被难住。

阿治心生一计，叫来伦霓，交给她二十四捆丝纱，限她赶织出来。傍晚，伦霓点燃黄杨火，烟冒上天，举祖得知，忙派他的六位姑娘下凡相助。天女七姐妹纺的纺、浣的浣、织的织，天上人间，人神鬼怪帝王将相，飞禽走兽，城池荒野尽织锦上，一夜之间织好，次日早晨交给阿治。阿治惊呆了，始知伦霓不是凡人。阿治认伦霓为女，要自己的女儿阿治嫩念称伦霓做阿姐。

8. 生离死别

光阴似箭，日月如梭，一晃三年过去。一天，阿治取出五十铜钱和阿育的卖身契，要阿育夫妇回去安家。来到当年成亲的树下，伦霓一脸愁容。阿爸让我嫁你三年，定期已满，你我缘分已尽，离合有定数，我要上天复命。现已怀你的骨肉，若是男孩我送还给你，是女孩我自留身边。记住，色特嫩念才是你命中注定的妻子！阿育扯住不放，伦霓要阿育去问大树，阿育哭着叫着阿三声大树，大树无声，伦霓却乘机脱身回天庭。阿育哭断肠，万念俱灰，想到寻死。天臣诺娄则变做个身披金蓑的老人安慰阿育："男儿只有哭爹哭娘的，哪有哭妻的道理呢？古往今来，闻所未闻，男人痛哭，不吉利啊！"阿育一心思念伦霓，心灰意懒，不期来到他的先生家。阿育哭诉衷情，先生为之感动，又非常同情。先生开导阿育："皇帝家张榜选拔人才，你不妨去一趟，走走散散心，或许能减轻你的痛苦。"阿育答应试试。

9. 阿育得志

阿育遵从师命，到皇城应试，一展文才，领尽风骚。随即回归故里。这时，阿治汝额、阿治汝鸠两弟兄奉父命前来告诉阿育，说其父决定将嫩念许配阿育，还准备了一笔丰厚的资财陪嫁。阿育推辞不过，答应了亲事，立下了信约。不久，皇帝任命阿育做管理侯戈录姆的大官，阿育忠心耿耿，励精图治，治理着一方。

10. 悲欢离合

举祖伦霓把刚出生三天的儿子从天庭送到阿育处，故人相见悲喜交加，他俩把共同的儿子取名阿育董伏。伦霓说，从此再也无缘相聚，她要阿育把阿治嫩念请来。阿治家得信后乘此把嫩念嫁了过来。伦霓为他们完婚，并托付嫩念好生抚养董伏，三人难分难舍，伦霓忍痛回天庭，阿育、嫩念再次忍受离别之苦。嫩念精心抚养董伏，胜似亲出。三年后，阿育又喜得一子，兄弟手足情深，两小无猜。董伏七岁时，同弟弟一起被送到学堂念书。

11. 思母情切

董伏在学堂同武贴呷的儿子发生争吵，武贴呷的儿子羞辱董伏说："你阿妈是阿治家刮灰扫地的奴隶，没有资格同我争吵。"董伏哭着回家，跪在嫩念面前要他说出生母来历。嫩念只好道出董伏的身世和家世，告诉他阿妈是天君举祖的女儿。董伏不听劝阻，一定要找阿妈。嫩念说："天之高，不是像山那样可以随意爬上去的；地之远，不是像想象那般可以随便到达的。听说鬼谷子先生精通天文地理，知千年世道，善卜算生死，你去找他卜算看看。"并告诫："能见到你生母就去，否则，不能贸然前去！"

12. 鬼谷失算

董伏找到鬼谷先生，说明来意，鬼谷热情接待。打竹卦，又翻书，说南边有座山，山顶有七个塘，六月二十四那天，你生母的七姐妹，将下凡到那七个水塘洗澡。穿青穿红的，不是你生母，那穿黑衣的，才是你生母。鬼谷画了地图，标上路线山水位置给董伏，董伏依鬼谷子指点，来到南边的山顶藏着候着。六月二十四日，天上飘下七只蝴蝶，变成七个女郎进塘洗澡。待她们洗澡更衣后，董伏牵着黑衣女，声声叫阿妈，恳求带他上天。于是母子抱头痛哭。伦霓问董伏："山高水深，天隔地远，你如何找到阿妈的？"董伏将鬼谷如何指点的情由实说了出来。伦霓将一本书交给董伏，说"明年此时，皇帝一家大小都将生怪病，到时你翻开书，按书上的法子去治病，皇帝会赐你富贵。"交一封信给董伏，要他面交鬼谷先生。又交三小袋菜种给董伏，要他回去时沿路撒播。今后找阿妈时，路上有标记。最后，伦霓要董伏闭上眼睛，她领他上天。董伏睁开眼时，生母已不见，董伏放声恸哭，山中树木、飞禽走兽无不为之流泪。董伏沿路撒菜种，回身一看，只见一片森林，原路已荡然无存。董伏沮丧着回家，到鬼谷先生门前，连叫三声先生，鬼谷应着出来。他一气之下，将伦霓的信掷到鬼谷先生门槛，只见燃起熊熊大火，把鬼谷先生的算书烧得只剩六十轮甲子，这就是今天预测不准的原因。

13. 时来运转

董伏安下心来闭门读书。却说皇帝家错斩了五个人，五个冤魂去翁祖处告状，翁祖准许冤魂到阳世把皇家缠住，降病在他们身上，皇帝为此会给予平反、给予供奉。

皇家大小及所有臣子都得怪病，世间的郎中都束手无策。皇帝张榜，谁能医治，委以高官。董伏得知，去揭榜，依书上指点，要皇帝给五个定冤案错杀的人平反，并加以供奉，人人的怪病自然痊愈。皇帝依计而行，众人果然病愈。皇帝一边委任阿育董伏为高官，一边下旨召赛特阿育进京任职。赛特阿育父子同享荣华富贵。这就是孝敬父母的结果啊！

二、《赛特阿育》的文本源

彝族长诗《赛特阿育》是翻译文献，译自汉族文献"董永孝道故事"，它们之间有诸多联系。但董永孝道故事的版本和变文较多，由于篇幅的限制和董永孝道故事本身内部的大同小异关系以及与赛特阿育故事的关联性，本章只选择其中比较有典型性的文本作对比研究，并且将《赛特阿育》的文本源锁定为汉族文献《天仙配宝卷》和《大孝记》。

（一）《赛特阿育》文本源与《天仙配宝卷》

与变文相比，从情节素方面来看，《赛特阿育》与《天仙配宝卷》中情节素的共同点比变文要多。

从情节素方面看，《赛特阿育》中的第一个情节素"举祖赐子"对应《天仙配宝卷》情节素中的"开场白"，二者都交代主人公董永（赛特阿育）的家庭基本信息，也就是家庭住址和家庭经济情况，不同的是《天仙配宝卷》还交代了董永所处的具体时代为唐代，居住在今天湖北的黄州，并且家境富裕殷实。董永也不是烧香拜佛而降生的，他的父亲是因为家业被大火烧光，一气之下生了一场大病而去世的。而在《赛特阿育》里，赛特阿育家住在一个现在已经难以考证的地方，这个地方叫作七里坑，赛特阿育家也不富裕，父母都是勤劳善良的农民。赛特阿育是其父母以祭品向天祈求以后，由管理天上人间的最高统治者策举祖赐予的，因而开始就说明了赛特阿育即董永是一个不平凡的人，赛特阿育的父亲是在赛特阿育三岁的时候才因病去世的，所以在《天仙配宝卷》的开场白中包括了《赛特阿育》中的第二个情节素"丧父"内容。

《天仙配宝卷》中的"送子上学馆"和《赛特阿育》中的第三个情节"举学维艰"相对应。

《天仙配宝卷》中的"董永痛失母亲，卖身葬母"和《赛特阿育》中的第四个情节素"神童失母"和第五个情节素"卖身葬母"相对应。但在葬母费用的数量上，两个文本中孝子卖身所得的卖身钱是不相同的，《天仙配宝卷》的是三百七十两白银，而《赛特阿育》中却只有二百七十两白银。关于卖身钱数量上的差别，是实际欠的数字还是文献抄录者在抄录时的失误，还有待考证。

《天仙配宝卷》中的"大孝感动上天，仙女下凡配董永"和《赛特阿育》中的第六个情节素"绿树为媒"相对应。

《天仙配宝卷》中的"夫妻到尤华家还债，仙女以计难贪色尤大"和"仙女显织技，尤大、尤二贪色受惊吓""仙女再显织技，尤华守承诺消债"和《赛特阿育》中的第七个情节素"伦霓神通"相对应。但两个版本相比较而言，《天仙配宝卷》里的情节更曲折、内容更丰满。

《天仙配宝卷》中的"姻缘期满，夫妻痛别"和"师徒相见，夺取功名"与《赛特阿育》中的第八个情节素"生死离别"及第九个情节素"阿育得志"相对应。

《天仙配宝卷》中的"仙姑送子，仲书受侮寻母"与《赛特阿育》中的第十个情节素"悲欢离合"、第十一个情节素"思母心切"及第十二个情节素"鬼谷失算"相对应。

《天仙配宝卷》中的"董氏父子富贵不忘师恩"对应于《赛特阿育》中的第十三个情节素"时来运转"，二者都以孝子根据母亲所给天书的指示为冤魂平反而得富贵为内容，只是在《天仙配宝卷》中，还有谢师等故事情节，在内容上更丰满了。

（二）《赛特阿育》文本源与评讲《大孝记》

《大孝记》中的"开场白"和《赛特阿育》中的第一个情节素"举祖送子"相比较，《大孝记》只是简单地交代董永父母的姓名及其所处的时代和家庭住址，以及董永父母的性格特征是为人正直但膝下无子。但《赛特阿育》中却有向神求子，管理天、地人间的最高统治者策举祖派遣天神下凡变桃投生孕育为赛特阿育等内容。

《大孝记》中的"七岁丧母"和《赛特阿育》中的第二个情节素"三岁丧父"相对应。只不过失去亲人时的岁数和失去的亲人身份却不相同，即一个失去的是母亲，另一个失去的是父亲，但其失去亲人的悲惨遭遇却是一样的。

《大孝记》中的"送子读书"这一情节素所对应的是《赛特阿育》中的"举学维艰"。

《大孝记》中的"乐极生悲"则和《赛特阿育》中的第四个情节素"神童失母"相对应。就这个情节素而言，《大孝记》和《赛特阿育》在安葬亲人的费用即董永的卖身价钱在数量上是相同的，即欠债270两，但消费名目有所不同。《大孝记》记载的是"蔡家庄阴地一穴，要两50两，让你50两，还该200两；衣棺银30两，本利共该50两；人工、食费、修房该银20两"，总的数量是270两。但在《赛特阿育》中是"银钱、酒米、猪羊连同买地、买棺木、做道场，阿育花了阿治三百四十两银子，阿治相让七十两，阿育欠债二百七十两"。

《大孝记》中的"槐荫树下遇仙女"和《赛特阿育》中的第六个情节素"绿树为媒"相对应。

《大孝记》中的"傅大公子贪色被拒"和《赛特阿育》中的第六个情节素"绿树为媒"中的部分内容和第七个情节素"伦霓神通"的部分内容相对应。

《大孝记》中的"仙姑初显织技"和《赛特阿育》中的第七个情节素的部分内容相对应。

《大孝记》中的"贪色狼受罚"和《赛特阿育》中的第七个情节素"伦霓神通"的部分内容相对应。

《大孝记》中的"夫妻分别"和《赛特阿育》中的第八个情节素"生离死别"相对应。

《大孝记》中的"考中状元"和《赛特阿育》中的第九个情节素"阿育得志"相对应。

《大孝记》中的"仙姑送子"和《赛特阿育》中的第十个情节素"悲欢离合"相对应。

《大孝记》中的"寻母"和《赛特阿育》中的第十一个情节素"思母心切"

相对应。

《大孝记》中的"仙姑设计烧算卦书"和《赛特阿育》中的第十二个情节素"鬼谷失算"相对应。

《赛特阿育》中有一个情节,说皇帝家错斩了五个人,这五个人的冤魂去翁祖(阎王)处告状,翁祖准许他们到阳世缠住皇帝家族和大小官吏——即在他们身上降下病魔,致使皇室一族及所有官吏都得了怪病,世间的郎中对此束手无策。皇帝张榜,若有人能医治此病,必将委以高官厚禄。赛特阿育(董永)之子董伏前去揭榜,根据其母所给天书上的指点,替被皇帝错杀的五个人平反,并加以供奉,从而消除了这场怪病。皇帝便委任阿育董伏为高官,并且下旨召赛特阿育进京任职。《天仙配宝卷》中也记叙了这些内容,但在《大孝记》中,只记录到"仙姑设计烧了袁天罡的算卦书",之后的内容就没有记载了。

综上所述,从情节素方面分析,比起《小董永卖身宝卷》以及《董永遇仙传》《张七姐下凡槐荫记》、民间地摊贩卖的《大孝记》以及各种文献零星记载的董承故事等文本比较,评讲《大孝记》和《天仙配宝卷》与《赛特阿育》的情节素相同或相似者更多,因此,《赛特阿育》的文本源应为《天仙配宝卷》和评讲《大孝记》。

除了可以从情节素方面分析探寻《赛特阿育》的文本源外,我们还可以从文化力因素方面去考虑。经翻译改写后的《赛特阿育》中的文化力因素与汉文文献中各种版本的董永行孝故事文本的文化力因素,一方面是衡量董永行孝故事翻译后的文化涵化情况,另一方面也是探寻《赛特阿育》文本源的重要因素。[①]《赛特阿育》中记载的"烧香求神祈子",和梦食"仙桃"怀孕生子这两个文化力因素,就目前笔者所见的各种关于董永行孝的汉文文献中都没有发现,但像"烧香求神祈子"这种文化现象,很明显是汉文化中的传统。传统的彝族文化中只有以贡品祭祀掌管生育的神仙"乌阿碧"来祈子的文化现象,而烧香这种行为在固有的彝族传统文化中是没有的。至于妇女因桃果而得子的现象,四川彝族的民间流传的《惹底索夫》传说讲述,大力士惹底索夫的母亲见桃树上有颗特别好看的桃子,将其摘下放于柜中,打开柜发现桃果变成了一个小男孩,就是大力士惹底索夫了。很明显,翻译者将汉族董永行孝故事翻译成彝文版的《赛特阿育》时,为了让主人公董永的形象民族化,运用了彝族的传统民间文学素材。作为一种"文化力因素",文本中的"灾难"(疾病、焚家业之火等),无论是在《天仙配宝卷》、评讲《大孝记》和《赛特阿育》中都不同程度地存在着。这里的各种灾

[①] 罗曲、王俊:《彝族传统孝文化载体〈赛特阿育〉研究》,中国社会科学出版社2013年版,第118页。

难，是为了突出孝道文化和因为行孝而得荣华富贵的一种媒介和铺垫。而锣鼓、字据、银钱、酒米、猪羊、算卦、棺木、葬地等文化力因素，则已经带上了彝族丧葬文化的特点，如猪羊等牲品是彝族丧葬仪式上祭奠逝者的必用品，而风水集地、地图指木等则显示出鲜明的汉文化色彩。槐树是汉文化中重要的文化符号，但在彝族文化中则没有，所以彝化后的《赛特阿育》将槐树改写为绿树（大树）。

在《赛特阿育》的文化力因素中，最为典型的是"农历六月二十四日"。

作为时间顺序农历的六月二十四日仅仅表示一个年份中第6个月的下旬，但是结合古人对这种天体运行规律的认识，"农历六月二十四日"无疑成为中国大地上一个很特别的文化符号。农历六月二十四日是北斗星斗柄变位从而导致季节变换的时日，在生产力水平不发达、认识能力有局限的古代社会，人们还无法科学解释这一自然现象，于是就产生了星辰崇拜——即北斗七星的崇拜。因此在中华大地上，很多地方在农历六月二十四日这天要举行相关的民俗活动。记载这一现象的文献材料不绝于史，如宋孟元老在其著述中载："（六月）二十四日，州西灌口二郎生日，最为繁盛。庙在万胜门外……一里许，敕赐神保观。二十三……于殿前露台上设乐棚、教坊、钧容直作乐，更互杂剧舞施至二十四日，夜五更争烧头炉香，有在庙止宿，夜半起以争先者。天晓，诸司及诸行百姓献送甚多，其社火呈于露台之上，所献之物动以万数。"四川的《灌口镇志》还有类似的记载。除了四川在六月二十四日这一天举行祭奠川主活动以外，贵州也在这天举行祭祀川主的活动。《遵义府志》云："六月廿四日，各醵钱祀川主，宰牲歌舞。"在过去的湖北，祭二郎川主的活动则已演变为"赛二郎"的娱乐活动。届时，"一人前导，山民呼行者，举行者名，则元人小说所载孙悟空也。是日蕲人无远近，皆来就观。辍市肆，肃衣冠，立于门，出只鸡百钱为寿，必请命于行者，以至于神。一不与，则行者机变毕动，矫捷苦生，击人屋瓦器皿，应手皆碎。乾隆十九年，知州钱望悉取像焚之，二郎神如故"。除了有关六月二十四日祭川主二郎神、赛二郎神的民俗活动记载外，就是有关西南地方志方面的材料，把六月二十四日称为星回节（火把节）、过年节。诸如，清光绪时的《越制厅志》卷十《夷俗》条说："倮猡以六月二十四日为小年，满山星火，名火把节，十月朔为过大年。"民国《禄劝县志》卷三《风俗志》载："六月二十四、五日为火把节，亦谓星回节，夷人以此为度岁之日，犹汉人之星回而除夕也。"这里所说的倮猡、夷人，都是现在彝族的先民，而火把节，是现在彝族仍在过的隆重节日。

农历六月二十四日是中华大地上崇拜北斗星的一个重要的文化符号，所以在以"七仙女"为文化因子的董永行孝的故事中，董永之子见母亲的日子是农历六月二十四日，即是被翻译《赛特阿育》后进入彝族文化系统中后，见天上母亲的日子也是农历六月二十四日。

第二节 《赛特阿育》在黔西北彝区传播的历史镜像

作为彝族文化变迁与涵化的经典案例,《赛特阿育》的成书与流传具有必然性,它是黔西北彝族社会历史发展过程中重要而具体的文化事件。将其置于具体的历史背景下进行解读是对《赛特阿育》进行研究的重要步骤,作为特定历史时期的重要文化载体,《赛特阿育》承载着太多的历史文化信息。《赛特阿育》是对董永行孝故事的彝化翻译,对于这种彝化翻译需要明确一个问题,那就是汉文化博大精深,汉文的名篇佳作浩如烟海,可供选择彝化翻译的很多,为什么熟谙汉文化的毕摩阁尼舒叔只选择了"孝子董永"的故事?《赛特阿育》得以成书并在黔西北彝区影响深远的原因是什么?这就需要对汉文化进入黔西北的历史作一个简单的梳理。

一、宋朝及以前的君长国:完全自立的彝族文化系统

这里的君长,其实就是彝族历史上的部落酋长[①]。通过从彝、汉历史文献的记载可以知道,宋朝以前,彝族在黔西北建立过不少如"夜郎""牂牁"等有影响的君长国。因为本课题研究的需要,本章将汉朝到宋朝时期彝族在黔西北的君长国作一个概述,以便完整地了解黔西北彝族文化的变迁与涵化过程。

弘治《贵州图经新志》卷一《建置沿革》载:黔西"汉为西南夷地,唐武德三年改牂州,四年,又改柯州。诸夷杂处,其部落有七,曰卢鹿蛮者,即今罗罗也,俗尚鬼,号主祭者为鬼主,居普里,数出兵侵河地,为罗甸国。元和八年,上表请尽归牂柯,开成元年,鬼主阿佩内属,会昌中封为罗甸王,遂以其地为罗甸国。"[②] 在宋朝以前,黔西北彝族君长国与中原王朝处在一种几乎松散的结合关系之中,只不过是名义上的并且时断时续的臣属关系。中原王朝的实力、耐心与关注程度是影响这种松散的羁縻关系能否维持的根本原因。北宋中期至南宋时期,因为南宋王朝的腐朽堕落而无力羁縻,"罗施鬼国"就成为完全独立的彝族地方政权。南宋时期,西南潼川府路(驻今四川三台县)南部边境羁縻州中

[①] 君长,参见汉典网,http://wwwzdicnet/cd/ci/7/ZdicE5Zdic90Zdic9B109156.htm,最后访问时间,2012 年 9 月 10 日。

[②] (明)沈庠修、赵瓒纂:《弘治贵州图经新志》,贵州省图书馆影印本。

"乌蛮"（彝族）贵族的势力发展起来，统治了今川南与贵州省西部连接的大片地方，脱离南宋王朝的羁縻，建立了独立的民族地方政权，称为"罗施鬼国"，或写作"罗氏鬼国"。① 因为黔西北的彝族君长国是独立的政权，所以在宋代以前，黔西北彝族文化是一个完全自立的文化系统。这个阶段彝族文化的作用是服务于彝族政治制度和经济制度，根据彝族社会的特点及规律自行发展。

唐朝以前的彝族，是一个处在不断的分化整合过程中的族群，这个时期的"彝族"还不完全是现在概念上的民族群体。唐朝彝族在西南建立的"南诏"政权第一次通过强大的政治力量，整合了之前不断分化和整合的族群——"彝族"，使其成为现代意义上的"民族"雏形。"南诏统一滇西各部之前，'施蛮'、'顺蛮'都被视为'乌蛮'中的一部分，所以'乌蛮'还不能说是近代彝族的先民；南诏统滇西各部之后，'施蛮'、'顺蛮'从乌蛮中分化出去，各处的'乌蛮'所指即为近代彝族先民中的各个部分。"② 宋朝的历史文献中多以"乌蛮"的名称和"部"的单位来记载彝族先民。如中国历史上著名的彝族"三十七部"，其分布遍及现今的云南、贵州、四川等省份。北宋时期，大理国国王段素顺曾经与三十七部的首领会盟于石城（今曲靖城），立会盟碑。该碑现作为全国重点文物保护单位保存在云南省曲靖市第一中学校园内。乌蛮三十七部的"部"相当于当时的行政区划或区域组织。由此可知，宋朝时期乌蛮（彝族）地域分布之广、人口数量之众。现今的云南、贵州、四川等省份的大部分地区在唐宋时期都是完整连片的彝族文化区。

宋朝以前，处在君长国时期的黔西北是一个完全自立的彝族文化系统，与汉文化的交流十分有限，主要体现为黔西北少数汉族刑徒及其他流民的进入，但这些进入彝区的刑徒及其他流民很快便被"彝化"，对彝族文化产生的影响比较小。历史上，部分彝族统治者与中原王朝或官吏也有一定程度的交往。宋朝时期，黔西北彝族政权与中原王朝的交往主要体现于"市马"的经济活动中。由于宋政权与北方的辽金政权长期对抗争斗，北方的马匹进入宋地受限，所以黔西北彝区的"水西马"和"乌撒马"是宋朝统治者的重要选择。"水西马"和"乌撒马"主要通过四川和广西与宋朝接壤的马市与宋朝进行交易，而无论是四川的嘉（治今四川乐山县）、雅、黎、戎、泸（治今四川泸州市）五州、南平军（治原四川綦江县南），还是广西的横山寨、宜州，都是历史上的蛮夷聚居区，宋朝也多通过寻找少数民族代理人等形式进行马市贸易，所以终宋一朝，这种"马市"活动虽然加强了黔西北彝区与中原王朝的经济交往，但这种因经济交往产生的文化交流

---

① 尤中：《南宋时期西南边疆的民族地方政权"罗施鬼国"和"自杞国"》，载于《思想战线》1996年第3期。
② 尤中：《唐宋时期的"乌蛮"（彝族）》，载于《云南社会科学》1982年第5期。

影响则微乎其微。①

二、元朝至 1726 年前的土司制度：被动或主动的文化变迁

（一）元朝：中央王朝势力对于黔西北的首次直接介入

从宋以前的羁縻政策到元朝土司制度的形成和实施，是中央王朝逐渐加强对少数民族地区控制的结果，土司制度的实施第一次创造性地建立了中央王朝与少数民族地方政权的联系，把地方民族政权的合法性直接纳入中央王朝的政治伦理和法律范畴。

需要强调的是，虽然元朝在行政方面强化了对黔西北彝族政权的掌控，但正如宋朝以前一样，元朝的统治几乎没有对黔西北彝族文化造成任何影响。主要是因为元朝本身也是少数民族建立的政权，蒙古族文化是元政权的文化基础。元代官学体制大致分为三种类型：一是以汉文进行教学的儒学教育机构，即国子学；二是以少数民族文字进行教学的教育机构，即蒙古国子学和回回国子学；三是专业技术教育机构，如太医院等。关于元代官员的选拔制度，元代中期的文人姚燧曾有过一段十分著名的叙述："大凡今仕惟三途：一由宿卫，一由儒，一由吏。由宿卫者言出中禁，中书奉行制敕而已，十之一；由儒者则校官及品者，提举、教授出中书，未及者则正、录以下出行省宣慰，十分之一之半；由吏者省台院、中外庶司、郡县，十九有半焉。"按现在的百分比计算，由宿士、儒官、吏职进入流品官的比率，大概分别为 10%、5% 和 85%。② 元初并未设科取士，后虽实行科举制度，但对整个官僚构成的影响远不能与唐宋诸朝相比较。元代官学体制中虽有国子学，但科举入仕的概率很低，且即便入仕也大多是中下层官员。元朝也曾在贵州进行过用儒学教化民众的尝试，设置过顺元路儒学和文明书院，但由于元朝政府并未对此真正重视，因此儒学仅限于在府首所在地贵阳，其他地方并未设置。儒学没有像元朝之前的汉族政权那样是唯一的官学内容，儒家文化也不可能像在元之前的汉族政权中那样发挥重大作用。作为王权代表被派到黔西北彝区的官员或工作人员也多是操蒙语、写蒙文的蒙古族。因此主客体两方面都不可能对黔西北彝族文化产生影响。

---

① 参见《中国农史》1986 年第 3 期《宋朝马市三题》一文。
② 铨选制度，参见中国通史网：http://www.xiexingcun.com/zhongguotongshi/13115.htm，最后访问时间，2012 年 9 月 10 日。

（二）明朝：儒学在黔西北的形成发展

对于少数民族地方政权，明朝依然沿用元朝建立的土司制度进行管理，并逐渐将其发展完善。明廷分别在黔西北建立了贵州宣慰司（后改为水西宣慰司）和乌撒宣慰司两个彝族宣慰司。受中央王明的影响，黔西北彝族的政治制度和经济制度也更加完善。完备了独具彝族文化特色的"九扯九纵"[①] 彝官制和"则溪"行政区划制。

历史上彝族内部存在着明晰的社会分层和严格的等级制度。而社会分层及等级制度产生的时间及原因不是本章讨论的重点，在此不作详细阐述。与其他彝区相似，按马克思的社会分层理论，从汉唐至1644年近1400年间，黔西北彝族社会大体分为以君（彝语称为"苴"）、臣（彝语称为"摩"）、师（彝语称为"毕摩"，指祭师和经师）三位一体的统治阶级和其他被统治阶级。君是君长国的最高统治者，有一个从统治部落内部的轮流坐庄到宗法世袭的演变过程，臣和师是君的辅佐者，根据家族出身、能力大小及占有生产资料的多少，臣与师又可分为不同等级，形成"九扯九纵"的彝族官制及"则溪"行政区划制度。在"九扯九纵"的彝族官制中，"穆魁""濯魁"是级别最高的官员，相当于汉制中的"宰相"，参与重大决策，居第二级；"诚察"与"白摩"次之，居第三级，"诚幕"掌管"宗祠祭祀和修世系谱牒"，"白慕""掌丧葬之斋醮"；"慕史"司文书，"掌历代之阀阅，宣歌颂之乐章"，与"执事左右"的"诺唯""祸葩"[②] 共同构成第四级；"骂初""骂写"是兵帅，管军事，"弄余"掌礼仪、办外交，"崇闲"督农事、管生产，共同构成第五级；"濯苴""拜书"管接待，"拜项"管门禁，"扯墨"管祭祀牲口，同为第六级；"项目"管器物，同管礼物的"弄都"、管环卫的"初贤"、作为队长的"黑乍"为第七级；其余服杂役者为第八级。[③] "则溪"是黔西北彝族政权的行政区划，也是黔西北彝族文化在空间上的具体分布区域。

对比彝汉文献可知，在明朝时期，水西彝族政权有十三个则溪，分别是：木胯则溪（今大方县境），管钱粮阿户，兵马阿五；火著则溪（今纳雍县境），管钱粮归宗，兵马以义；化角则溪（今大方县境），管钱粮德处，兵马法沙；架勒则溪（今水城县境），管钱粮阿隆，兵马扒瓦；则窝则溪（今黔西县境），管钱粮褒舍，兵马法胯；熊所则溪（今金沙县境），管钱粮阿乌密，兵马密苏；以著

[①] "九扯九纵"指的是辅佐君长的臣和布的九个品级。

[②] 彝语称"兵、军"为"ma¹³"这里的"祸"，实为对彝语"兵"的异读异写。"穆魁"的"穆"埠"骂写"、"骂初"中的"骂"也是对彝语"ma¹³"音的异读借词。

[③] 史继忠：《论明代"水西"的政治制度》，载于《贵州文史丛刊》1984年第3期。

则溪（今黔西县境），管钱粮以苴，兵马阿布；的独则溪（织金），管钱粮这借，兵马叉戛那；朵泥则溪（今织金县境），管钱粮那威，兵马卧这；陇胯则溪（今织金县境），管钱粮陇胯，兵马支铺；安架则溪（今水城县境），管钱粮阿则七，兵马底苏；六慕、于的则溪，在清镇、修文等处，即水外六目地也。宜慰时，管地方钱粮之夷目号六慕濯色，管操练兵马之夷目号慕苴骂色。① 乌撒彝族政权有九个则溪，分别是：绿竹茵茵的莫则洛那洪，设置第一则溪；稻花芳香的俄补甸吐，设置第二则溪；松涛呼呼的德珠杓嘎，设置第三则溪；山清水秀的六曲博果，设置第四则溪；巍巍笃洪木谷，设置第五则溪；雾霭像青纱般绕着的耐恩，设置第六则溪；荞花像彩虹落地般的辞吐，设置第七则溪；五彩索玛簇拥的女武溢恒，设置第八则溪；好比斗柄绕者北极星，笃洪那娄是中央则溪。② "九扯九纵"的彝官制和"则溪"区划制正好构成黔西北彝族文化系统的重要组成部分，基于黔西北彝族政权统治者和被统治者之间的事实关系，黔西北彝族文化系统呈统治者与被统治者两个文化子系统，两个文化子系统之间是种相互促进、二元互渗的关系。统治者的文化以彝族文字和经籍为代表，以"毕摩"为主要传承者，这是以统治阶层为主体的文化；被统治者的文化则是与普通彝族大众生产生活息息相关的各种民俗文化。这两种文化既然是黔西北文化系统中的两个子系统，所以二者之间不是完全对立的关系而是一个有机整体。比如，统治阶层的生活离不开各种民俗文化，以彝文传承的"精英文化"亦在一定场合为百姓所享用，所以这两个子系统共同构成黔西北彝族文化。之所以要对黔西北彝族文化系统作这样的划分，一是因为客观事实，二是因为对黔西北彝族文化进行变迁解读的需要。

　　自从元朝统治者利用武力实现对地方民族政权的真正控制后，黔西北彝族政权的统治者就必须适应并学会运用两套政治理论来证明并维护自己统治的合法性。这两套理论中，第一套是基于彝族文化的族权理论，宋朝以前，这是黔西北彝族政权唯一的政治理论。第二套是中央王朝的政治理论。从元朝开始，除了沿用千年的族权理论外，黔西北彝族政权还必须认识并接受中央王朝制定的政治理论。族权理论证明了黔西北彝族统治者对内统治的合法性，族权伦理维系着统治区域所有人群的社会交往；中央王朝的政治理论评判并赋予黔西北汉族统治者统治的合法性，中央王朝的政治伦理维系着黔西北彝族统治者与中央王朝统治者之间的政治交往。从元朝开始，族权政治理论要慢慢服从于中央政权理论，对于黔西北彝区而言，这就产生了基于汉文化的"大传统"和基于黔西北彝族统治者

---

① 贵州省毕节地区地方志编纂委员会点校：《大定府志》，中华书局2000年版，第989页。
② 阿洛兴德：《支明网鲁王·俄索折怒王》，贵州民族出版社1994年版，第138页。

"小传统"之间的二元矛盾。在中原地区属于"大传统"的汉文化在黔西北地区却变成只有彝族统治者与中央王朝打交道的"小传统",从而促使黔西北彝族统治者需要不断地在两种文化系统之间调适和转换角色。对于黔西北的彝族统治者而言,彝族文化是族群存续的基础,是维护自身统治的内在动力和依据,绝对不能舍弃;而汉族文化却是维护自己统治不得不面对的外力和工具。这种彝汉文化的特殊作用,自然会对黔西北彝区的文化发展产生很大的作用。

1. 卫所制在黔西北地区的建立

较元朝以前而言,明朝对黔西北地区进行了更加有效的控制,这种控制就是通过明朝著名的卫所制而实现的。"天下既定,度要害地,系一郡者设所,连郡者设卫。大率五千百人为卫,千一百二十人为千户所,百十有二为百户所。所设总旗二,小旗十,大小联比以成军。"[①] 从上述可知,所是卫的基本单位,所听命于卫的指挥。明朝在贵州前后设置了20余卫,按时间顺序,在黔西北彝族政权地区分别于洪武四年（1371）建立了贵州卫（隶属四川行都指挥使司,洪武十五年改隶贵州都指挥使司,治所在贵州宣慰司城内,即今贵阳城内）;洪武十五年（1382）设置了乌撒卫（隶属贵州都指挥使司,治所在今威宁县）;在洪武十七年（1384）设置了毕节卫（毕节卫初为贵州宣慰使司领地,建卫后隶属于贵州都指挥使司,治所在今七星关区）,毕节卫还兼领七星关所（七星关所初属乌撒卫,明永乐中政属毕节卫）;洪武二十年建赤水卫（该地初为永宁宣抚司,建卫后隶属于贵州都指挥使司,治所在今赤水河）,赤水卫下辖四个所,分别是摩尼千户所,在卫北;白撒千户所,在卫东南;阿洛密千户所,在卫南;前千户所,在卫南;洪武二十四年（1391）建立了贵州前卫（贵州前卫均于贵州宣慰司城内,即今贵阳城内）;灌灵守御千户所,在卫北;息烽守御千户所,在卫东北;修文守御千户所,在卫东北。崇祯三年（1630）建立了敷勇卫（初属贵州宣慰使司,建卫后隶属贵州都指挥司,治所在今修文县）,领四所,分别是:于襄守御千户所,在卫西。崇祯三年还建立了镇西卫（初属贵州宣慰司,建卫后属于贵州都指挥使司。治所在今清镇市）,下辖四所,分别是:威武守街千户所,赫声守御千户所,柔远守御千户所和定远守御千户所。[②]

按明朝的典制,居民分为军户、民户和匠户三种,三者各有户籍,各行差役。军户世代为军,多为无业游民或"充军"的刑徒。军户编入卫所,为了军户安心从军,采取一人在军则全家同往的方式。因而起解新军时必须同时解妻,无妻者则予以婚配。每一军户有一名"正军",充役,户下一人辅佐正军料理生活,

---

[①] 许嘉君主编:《二十四史全译·明史》第三册,卷九十,《兵（二）》,汉语大词典出版社2004年版,第1755页。

[②] 刘如仲:《明代费州卫斯的建置》,载于《中国国家博物馆馆刊》1984年第00期。

称为"军余"或"余军",正军和余军都有妻室儿女。在贵州都指挥司所辖十八卫二千户所中,原配军户如下:贵州卫五千七百四人,贵州前卫六千八百八十六人,威清卫五千九百六十人,平坝卫五千八百九十人,普定卫八千八百六十四人,安庄卫九千九百七十六人,安南卫五千七百七十九人,普安卫三万九十三人,龙里卫七千三百八十八人,新添卫五千九百七十八人,平越卫六千九百七十五人,清平卫九千八百三人,兴隆卫八千六百六十一人,都勾卫七千一百六十九人,乌撒卫九千三百三十八人,毕节卫六千六百四十一人,赤水卫一万三百七人,永宁卫五千九百四十二人,黄平千户所一千一百二十九人,普市千户所一千四百四十五人,以上共计一十五万九千九百二十八名。① 如果加上湖广都司在贵州境内的六卫二所,那么,编入贵州各卫所的军户绝不少于二十万户,即便以现三口之家计算,在洪武年间随军而来的汉人至少也有六十万人。以明初洪武年间建立在黔西北彝区的卫所算,洪武年间黔西北彝区约有军户44 818人,按每名军人有妻儿3人算,加上在卫所周围为卫所服务的匠户,及聚卫所而居的其他汉族民屯和商屯人口,保守估计,洪武年间黔西北共约有汉族人口30万人。明天启年间,黔西北约有彝族50万人。② 自明洪武年间开始,进入黔西北地区的汉族人口是一个持续增加的过程,使贵州人口由"夷多汉少"逐渐变为"汉多夷少"。各卫所又于要害处设关隘、堡、哨等若干,据郭子章《黔纪》中的统计,贵州都司所属十八卫二所共有哨四百一十四处,堡三十九处,关隘一百六十三处。③ "贵州卫所在地理分布上有两个显著的特点:第一个特点是分布在由湖广、四川经过贵州通往云南的交通要道上;第二个特点是卫所建立在少数民族聚居区,卫所与土司犬牙交错。"④

从明朝开始,中央权威和汉族文化真正进入黔西北地区,汉族人口逐渐变多,汉族文化也与当地彝族文化发生着触碰和交融,民族间的交往交流交融不断深化,从而使黔西北彝族文化逐渐渗入汉文化并发生着变迁。黔西北彝族文化的这种变迁过程首先就是从卫所开始的。明朝卫所制是一种军制,初衷和目的是为军事服务,但在某种程度上说也是一种文化制和经济制。卫所首先是军事据点,但同时也是文化据点和经济据点。这是由卫所制的特点决定的,明朝的军事实行世籍不户制,军人世袭,军户进行军电,军户以家庭为单位。如果说将每个卫所比喻为汉族文化水池的话,那么明朝发展完善的驿道则充当了"水管"的作用。

2. 奢香夫人与龙场九驿

明朝对黔西北彝族政权的重视首先是基于对边疆云南安稳的考虑,作为中原

---

① ④ 陈国安、业继忠:《试论明代费州卫所》,载于《贵州文史丛刊》1981年第3期。
② 徐铭:《彝族历史人口概说》,载于《西南民族学院学报》(哲学社会科学版)2000年第8期。
③ (明)郭子章:《黔记》。

通往云南的必经之地，黔西北地区具有重要的战略地位。以卫所为依托，明朝已具备了大力发展贵州交通的时机和条件。于是，以修筑驿道为判断地方民族政权合法性的重要依据，从而调动地方民族政权修筑驿道便成了明廷顺理成章的事情。鉴于卫所设置及大量中原汉民涌入黔西北的既成事实，从对汉文化的被动接纳到主动学习便成了当时黔西北彝族统治者的智慧选择，这种明智选择成就了贵州宣慰使司女宣慰使奢香夫人的千古美名。

从八番顺元等处宣慰司到贵州宣慰司不仅是名称的简单改变，更体现了中央王朝对黔西北彝族政权的不同态度和考量。奢香夫人与马晔的冲突是黔西北族权政治与王权政治调适的最好诠释：站在明王朝的角度，马晔虽然贪功冒进，但不可谓不忠。奢香夫人忍辱负重、委曲求全，首先是基于族群生存的考量，也是对族权政治的考量。马晔认为族权政治和王权政治势不两立，二者不能兼容，奢香夫人则希望族权政治和王权政治共存。冲突中虽然马晔付出了生命的代价，但对于明王朝而言，奢香夫人与马晔的冲突事件却对各地方民族政权起到了巨大的广告示范作用。黔西彝区族权政治与王权政治的调适结果，直接导致了西南地区，尤其是黔西北北驿道的蓬勃发展。

贵州驿道作为连接中央王朝与云南最近的和必经之道，表现出重要的价值。明朝的黔西北驿道主要由两部分构成：一条是由四川叙永经贵州到达云南沾益，这条驿道是自永宁驿（在今四川叙永）开始，经赤水驿（在今毕节赤水河）、层台驿（在今毕节层台）、毕节驿（在今毕节）、周泥驿（在今毕节西境）、黑张驿（在今赫章）、瓦甸驿（在今威宁东境）、乌撒驿（在今威宁）、普德归驿（在今威宁南境）、可波驿（在今滇、黔交界可费河）到云南。另一条是具有重要政治意义的由奢香夫人开的"龙场九驿"。"龙场九驿"将重庆到贵阳的驿道及永宁到云南沾益的驿道进行了沟通，从而在王朝政权建设中表现出特别的价值。龙场"九驿"分别是：龙场驿（在今修文）、六广驿（在今修文六广）、谷里驿（在今黔西谷里）、水西驿（在今黔西县城）、奢香驿（在今黔西西溪）、金鸡驿（在今大方金鸡）、阁鸦驿（在今大方阁丫）、归化驿（在今大方归化）、毕节驿（在今毕节市七星关区）。归纳起来，卫所以点为辐射，驿道以线连接，共同将黔西北彝族文化区穿插分割为不同的文化区域。并通过卫所持续的文化辐射，驿道不停的文化流动在潜移默化中促成了黔西北彝族文化的逐渐变迁。

有了卫所的点，加上驿道的线，儒家文化进入黔西北彝族文化区这个面便是迟早的事情。明廷通过两种方式达成了这个目的，一是卫所及驿道建立后，通过卫所和驿道流动而来的先进的生产方式和经济方式，对地方生产和经济方式的改变间接促成了黔西北彝族文化的变迁；二是以国家名义或私人名义在黔西北建立的各种层次的儒学教育制度，其中就包含了最为重要的科举考试制度。

3. 儒家文化在黔西北的发展

将黔西北地区纳入"王化"一直是历代中原封建王朝的构想，但明朝以前，这种愿望一直没有实现。随着明朝的建立，明廷的卫所军屯制才使得这种"王化"教育成为可能。

（1）黔西北卫所儒学教育体系的形成与发展。

黔西北卫所儒学教育体系由社学、书院及卫学构成。明朝前期，官学兴盛。明太祖立国之初，在全国地方行政机构所在地设置都司儒学、宣慰司儒学等有司儒学。明洪武二十七年（1394）置贵州宣慰司学在省城，明末革。[①] 在全国府、州、县设立府、州、县学。在防区卫所设有卫学，在乡村设社学。终明一代，贵州彝族政权贵州宣慰司、乌撒宣慰司等虽名称前后有所变化，但始终是黔西北持续连贯的彝族政权。黔西北地区并未设置府、州、县等行政机构，因此也就没有府、州和县学。卫学是明朝在黔西北最早建立同时又是最重要的儒家文化教育机构。卫学首先是为军屯的武将及其家属服务的，后来也为随军屯进入黔西北的民户和匠户服务。随着军户、匠户和民户进入黔西北带来人口的增多，与本地土著居民的交往日益密切，潜移默化中改变着当地人的生产生活习俗。明成化年间定卫学之例：四卫以上，军生80人，三卫以上军生60人，二卫、一卫军生40人，有司儒学20人。卫学的具体课程是礼、乐、射、御、书、数六科，后来，乐、御两科合并，保留礼、射、书、数四科。"礼"，指由中央颁发经、史、律、诏、礼仪各书；"射"，指练习射箭；"书"，指练习书法；"数"，指九章算法。卫学的发展促进了贵州教育的发展。明代在贵州建立了卫27所，卫学18所，未设卫学的卫也大多有附学。大部分卫所均设置了卫学，黔西北卫学设置情况大体为：普定卫学，明洪武二十七年（1394）设置，儒学在卫治内东北隅，万历三十一年，改普定卫学为安顺军民府学；威清卫学，明宣德八年建，儒学在卫治东北；平坝卫学，宣德半年建，儒学在卫治内西，毕节卫学，明正统三年建，儒学在卫旧治所；乌撒卫学，明正统八年建，儒学在卫治内西；赤水卫学，明正统五年建，儒学在卫治内西；敷勇卫学，崇祯三年建；镇西卫，寄威清卫学；贵州卫和贵州前卫均附学于贵州宣慰司司学。社学是元代创立的由地方官奉朝廷诏令在乡村设立的"教童蒙始学"的学校，相当于现如今的小学校。元、明、清三代均以社学为地方小学。教育内容包括御制大诰、本朝律令及冠、婚、丧、祭等礼节，以及经史历算等。凡近乡子弟，年12以上20以下，有志学文者，皆可入学肄业，入学者得免差役。社学是当时农村启蒙教育的一种形式，明清两代，社学成为乡村公众办学的形式，带有义学性质，多设于当地文庙。黔西北普定卫有社学

[①] 贵州省毕节地区地方志编纂委员会点校：《大定府志》，中华书局2000年版，第423页。

5 所；威清卫有社学 2 所。① 万历十九年（1591），宣慰使安国亭在大方建立社学一所。②

（2）明朝在贵州的开科设考过程。

贵州卫所教育体系的建立促进了贵州儒学教育的长足发展，为贵州科举制度的发展奠定了基础。自明永乐十一年（1413）贵州设置布政使司，成为独立的省级行政区之前，贵州生员的科考一直附于四川、湖广、广西、云南等省。随着科考生员的发展壮大，在贵州开科设考成为儒学教育需要解决的问题。嘉靖十六年（1537）丁酉科，贵州首次乡试在贵阳隆重举行。终明一世，贵州共录取举人 1 759 名（其中武举人 20 名）；进士 137 名（其中武进士 32 名）。③ 儒学在黔西北的发展壮大，从某种程度上改变了黔西北彝族文化的主流状态，大大影响了黔西北的彝族文化生态。科举制度的实施，使得黔西北居民有了改变自己政治命运的可能，这在无形中挑战了黔西北彝族统治者的权威，使得政治生态呈二元化特点，相比中央王朝的官吏和黔西北彝族政权的官吏而言，中央王朝的官吏在选择方面具有更大的包容性和发展前景。这样的语境，"改变了贵州统治阶层的文化构成，打破了贵州地区长期由土司豪强把持政治权力的历史，强化了中央集权制度，在一定程度上解决了统治阶级内部权力的再分配。"④ 明朝在贵州开科设考极大地促进了汉族文化在黔西北地区的传播，普遍改变了彝族统治者的文化结构，并在一定范围内改变了彝族人民的生产生活方式，使得黔西北由彝族文化区变成彝族、汉族文化交融区。但需要强调的是，虽然明朝的儒学教育对于黔西北的彝族文化产生了一定的影响，但这种影响其实非常有限，也仅局限于彝族统治阶层中，由于参加科考的一个重要条件是要编户纳粮的人，黔西北地区并未真正实现编户纳粮，因此黔西北地区的平民百姓被排除在科考之外，大家缺失参加科考的必要和意义，所以绝大多数彝族人民受汉文化的影响不是很大，这是外部因素。黔西北彝族政权的存在使得彝族文化具有明确的服务对象和功能，因而在明朝时虽受汉族文化的强烈冲击，但并未打破其完整健全的文化系统和形态，彝族文化仍然是黔西北彝族社会的主流文化，这是内部原因。

（3）王阳明与《象祠记》。

除了上述的儒学教育体系外，明朝对黔西北地区汉文化的输入还必须提到一个人，那就是著名的思想家和教育家王守仁（王阳明），他对黔西北民族文化的

---

① 参考《明代贵州卫学研究》，上海大学王文慧硕士学位论文，2008 年，第 11~13 页。
② 温春来：《从"异域"到"旧疆"：宋至清贵州西北部地区的制度、开发与认同》，生活·读书·新知三联书店 2008 年版，第 103 页。
③ 参考《明代贵州卫学研究》，上海大学王文慧硕士学位论文，2008 年，第 40 页。
④ 张羽琼：《论明朝科举制度在贵州的推行与发展》，载于《贵州师范大学学报》（社会科学版）2001 年第 2 期。

影响深远，意义重大。王守仁原为兵部主事，因反对宦官刘瑾，于明正德元年（1506）被廷杖四十，贬谪贵州奢香夫人开设的龙场（修文县治）驿做驿丞。正德五年（1510），王阳明受调离开贵州。王阳明共在贵州生活了三年时间，在龙场生活的三年中，王阳明创建龙岗书院、主讲文明书院。谪贬龙场的三年，无论是对王阳明、贵州抑或中国儒学的发展等都具有重要意义。王阳明入选《古文观止》的三篇文章中，有两篇是被谪贬龙场后写的，一篇是《瘗旅文》，另一篇就是《象祠记》。如果说《瘗旅文》反映的是贵州真实的自然环境的话，那么《象祠记》便反映的是黔西北真实的人文环境。现将《象祠记》抄录如下，然后进行简单解读，附释其文章发现的文化内涵，以助了解《赛特阿育》的历史文化背景。

<h3 style="text-align:center">象祠记</h3>

（明）王守仁

　　灵、博之山，有象祠焉。其下诸苗夷之居者，咸神而祠之。宣慰安君，因诸苗夷之请，新其祠屋，而请记于予。予曰："毁之乎，其新之也？"曰："新之。""新之也，何居乎？"曰："斯祠之肇也，盖莫知其原。然吾诸蛮夷之居是者，自吾父、吾祖溯曾高而上，皆尊奉而禋祀焉，举而不敢废也。"予曰："胡然乎？有鼻之祀，唐之人盖尝毁之。象之道，以为子则不孝，以为弟则傲。斥于唐，而犹存于今；坏于有鼻，而犹盛于兹土也，胡然乎？"

　　我知之矣：君子之爱若人也，推及于其屋之乌，而况于圣人之弟乎哉？然则祀者为舜，非为象也。意象之死，其在干羽既格之后乎？不然，古之骜桀者岂少哉？而象之祠独延于世，吾于是盖有以见舜德之至，入人之深，而流泽之远且久也。

　　象之不仁，盖其始焉耳，又乌知其终之不见化于舜也？《书》不云乎："克谐以孝，烝烝乂，不格奸。"瞽瞍亦允若，则已化而为慈父。象犹不弟，不可以为谐。进治于善，则不至于恶；不抵于奸，则必入于善。信乎，象盖已化于舜矣！《孟子》曰："天子使吏治其国，象不得以有为也。"斯盖舜爱象之深而虑之详，所以扶持辅导之者之周也。不然，周公之圣，而管、蔡不免焉。斯可以见象之既化于舜，故能任贤使能而安于其位，泽加于其民，既死而人怀之也。诸侯之卿，命于天子，盖《周官》之制，其殆仿于舜之封象欤？

　　吾于是盖有以信人性之善，天下无不可化之人也。然则唐人之毁之也，据象之始也；今之诸夷之奉之也，承象之终也。斯义也，吾将以表于世，使知人之不善，虽若象焉，犹可以改；而君子之修德，及其至也，虽若象之不仁，而犹可以化之也。

文中提到了一个重要的人物，就是宣慰安君；一些族群，诸苗夷；一件事情，修象祠。这里的宣慰安君就是安贵荣。安君安贵荣是明顺德夫人摄贵州宣慰使奢香夫人的第八代孙，贵州宣慰使赐正三品封昭勇将军安观之子。自明宪总而成化十年六月（1474年7月）代父（安观）职任贵州宣慰使至武宗正德八年（1513）六月死时，共在位四十年。其间17次派人遣使到京朝贡。安贵荣是彝汉文化交流的杰出代表，他精通汉文化，对谪贬龙场的王阳明充满同情和尊重，并因此建立了良好的感情。王阳明利用他和安贵荣的良好关系，影响了安贵荣对于明朝政府的一系列决策，对巩固边疆，加强民族团结等方面产生了深远的影响。《象祠记》虽然表达的是儒家文化孝仁的观念，但其中所记录的安贵荣修象祠，并对修象祠的行为进行了解释，虽然没有准确的原因，但"斯祠之肇也，盖莫知其原。然吾诸蛮夷之居是者，自吾父、吾祖溯曾高而上，皆尊奉而禋祀焉，举而不敢废也"。就像一篇民族志样的散文为如今的我们提供了这样一个历史事实，即历史上黔西北彝族有祭拜象的传统，象的形象在所有彝文古籍中都未曾有反映，象的信仰对于当时黔西北的彝族到底意味着什么。象祠后毁于清吴三桂的兵火。《象祠记》所反映的历史情况本身就很值得现在好好研究。王阳明的《象祠记》反映了明代中期彝汉文化交流融合的现象。黔西北彝族文化的这种变迁是在一种积极友好的氛围中进行的。但到了明末，随着明廷的腐化堕落，明廷有意无意将国家危机转嫁到黔西北，黔西北彝族政权面临诸多挑战，直接关系到族群文化和族群的发展，对于具体的族群来说，这是生死攸关的大事，在没有办法和中央王朝就生存问题达成和解妥协的时候，起义就成了不得已的唯一选择，于是明末众多的民族起义就爆发了。其中永宁宣抚司奢崇明和水西宣慰司安邦彦领导的"奢安起义"就是在这样的背景下产生的。"奢安起义"从明天启元年（1621）至崇祯三年（1630），历时10年的时间。

当时中国大地有数支大的反明力量，如北边的满族人，李自成部，张献忠部，黔西的彝族奢安起义军等。从明王朝腐朽统治的结束来看，奢安起义军在西南牵制了明朝的兵力，并使明朝的财力大量消耗于镇压黔西彝族起义军方面。所以从客观上说，奢安起义有力地支持了北方的清兵及中原的李自成起义军对明军的作战，大大减轻了明王朝对清兵及李自成农民军的"征剿"。因此，黔西彝族的奢安起义，对于结束腐朽明王朝的统治作出了一定的贡献。黔西的彝族奢安起义，一是明王朝的腐朽统治不得人心，二是这场起义之所以能够坚持10年，有其广泛的群众基础，否则不要说10年，10天也很难。纵观历史，有一点是可以肯定的，即自明朝开始直到民国时期，所有的民族政策大多具有强制性和反动性，少数人掌权的国家政权性质决定了统治阶级主观上将消灭民族和民族文化作为维护自己统治的手段，所以在彝区的"改土归流"表现得尤为突出。

三、清朝吴三桂无端剿灭水西：彝族文化体系受到严重摧残

明末持续 10 年的黔西北民族起义被镇压下去之后，黔西北彝族政权受到了极大的打击和削弱是可想而知的，但独具特色的彝族文化系统依然得以保持。顺治十五年（1658）洪承畴率清兵进攻南明永历政权，被李定国军队阻击于沅州（现湘西北地区）。洪承畴派使臣招抚安坤，"许以阿画、蔼翠故事。"安坤派人带领清军抄小路攻占了贵阳。滇黔平定后，清廷令安坤袭任水西宣慰使。安坤孙安重圣于顺治十六年（1659）归附，被授予乌撒土知府。康熙三年（1664），吴三桂以水西、乌撒联合南明旧将反叛为由，率兵平定黔西北。[①] 也就是说为清朝统一中国作出过重要贡献的黔西北彝族政权在归附清朝四年后即遭到了剿灭，使这个在中国历史上延续了 1 400 余年的地方民族政权从此退出历史舞台。

1664 年吴三桂剿灭水西前，黔西北一直是一个完善而自立的彝族文化系统。正如上文所述，这是由长（普通民众）、宽（"则溪"政权区划制）、高（"九扯九纵"彝官制）构成的三维立体的彝族文化系统。因生命具有延续性，民众对于文化的传承是历时性的，因而长（普通民众）代表时间；彝族文化首先是为彝族服务的，同时也为生活在彝族文化区内的其他民族服务，具体体现便是"则溪"区划有多大，彝族文化传播的区域便有多大。所以，"则溪"政权区划制度代表着黔西北彝族文化的基本空间，对于历史上的黔西北彝族文化而言，其文化内涵的深广程度取决于"九扯九纵"彝官制的运行情况。

组成立体三维结构的长、宽、高既有各自独立发展的特点，又有互相齿合共同运行的特点，因而在文化传承上长、宽、高既体现个性，又体现出共性，共同有机构成彝族文化系统。文化功能论学派认为文化是一个整体，任何文化现象都应将其置于文化整体中去考察研究。文化功能论大师马林诺夫斯基认为人有七种"基本需要"，即吃喝、繁衍、身体舒适、安全、运动、成长、健康。人类通过文化而非自然的方法来满足以上这些要求。为了实现这些需求，人类为自己创造了一个新的、派生的环境，这就是文化。于是人类为自己构建了两个环境，一个是自然环境，另一个就是文化（社会）环境。对于自然环境，人们秉承自然规律，对于文化环境，人们做工具性调适。随着吴三桂剿灭水西，黔西北彝族政权的完全崩溃，彝族文化系统也就随之受到摧残。没有了君，自然也就没有了臣，毕

[①] 温春来：《从"异域"到"旧疆"：宋至清贵州西北部地区的制度、开发与认同》，生活·读书·新知三联书店 2008 年版，第 164 页。

（摩）从中央流落到民间，随着高（"九扯九纵"彝官制）的坍塌，宽（"则溪"制）的溶蚀，彝族文化就只剩下长（普通民众）了，而因没了高的支撑，宽的涵养，长就变成一种无序的平面自娱过程。因此可以这样说，除完全消失的部分外，黔西北彝族传统文化自1664年以降就处于一种几乎停滞的发展状态，即总体上没有什么发展，核心部分却在不断消失。

第三节　彝文古籍中的孝文化

经现代学者翻译出版后的《赛特阿育》一书，共分为三个部分。除了上述的彝族长诗《赛特阿育》外，还有彝族传统的孝道文化故事19则，以及"献酒书"节选和"献茶书"的节选。在本章里，笔者将选取其中的19则彝族孝道故事与汉族孝道故事——"二十四孝"作一个对比研究。

汉族孝文化系统中的"二十四孝图"和《二十四孝》故事文本，虽然版本繁多，但这些不同的版本，其故事内容大体相同，只是在行文上稍有差异而已。为了便于相关学者和读者能全面了解《赛特阿育》中的孝道故事和汉族孝文化系统中的"二十四孝"故事，笔者分别将其原文摘录于下并加以分析。

一、彝族原生态孝道故事

在现代学者翻译出版的《赛特阿育》里，除了翻译文本长诗"赛特阿育"外，还附有19则彝族孝道故事，以及"献酒书"节选和"献茶书"节选内容。其中，十九则彝族孝道故事，为彝族传统文化系统中原生态的民间故事，对于相关学者了解彝族传统孝道文化有着极为重要的参考价值。出于本课题的研究的目的，以及研究彝、汉民族在孝道文化的差异性，笔者将《赛特阿育》原文录于下，以便读者能对彝族传统孝道文化有较全面的了解。

1. 孝敬父母的蟠娄阿逊

古时，有个名叫蟠娄阿逊的人到啥靡卧甸（今云南大理），见万物之母整齐排列着，他不禁伤心痛哭起来。万物之母问他为何啼哭？他回答说：触景生情啊，在他乡见到他人的母亲，不由思念自己的母亲，因此而痛哭。万物之母听后很感动，赐给他寿岁、富贵。蟠娄阿逊因孝敬父母而得到好处。

2. 祭祀儒愁阿维

嘎娄甸体（地名，今水城县南开）的儒愁阿维去世了，他的儿子阿维乃娄十分悲痛。阿维生前购置了一套名贵的马具，乃娄见物思人，犹睹其父音容，乃娄为父举行了隆重的祭祀，以此表示对其的孝敬、思念，同时也减轻悲痛。

3. 祭祀额哲布嘎

有名的布摩额哲布嘎去世了，他的祭祀隆重非凡，惊动上策举祖忙派使者探查，结果非常满意，于是赐给布嘎的儿子笃则寿岁和富贵，任他走遍天下能谋生。

4. 祭祀色吞史汝

武的起源很早，遍地是他们的人，习俗也大有差异，但其祭祀礼俗与内地有共同之处。① 举骄洛姆的色吞史汝死了，在珠古嘎娄为他举行祭祀。根据天地之数制作的翁车（祭祀时安亡灵的处所）突出鹤和杜鹃形象，转场等活动同内地异。更主要的是，生老病死人人都无法抗拒。

5. 祭祀吉沽合伟

远古时，吉沽打卧的吉洁舍伟死了，享受了庞大的祭祀，连鄂莫氏、惹恩氏、额索、白人九掐脸、恒布始楚这些神圣都亲自到场为之操办。然而，祭祀的规模对人们无足轻重，追溯人类的历史才是重要的。假若人不会死亡，大地如何容纳，假若树不会倒，天地间也将失去光明。

6. 孝子祭慈母

芒布家的笃颖乌舍去世了，其子阿楚益吉悲伤至极，为不能尽孝而自责。磨弥部的鲁则阿租走访亲戚正好碰上，他劝益吉：万事万物都有好形象，作为人来说，恸哭会失去形象。对母亲思念的最好办法是举行祭祀。益吉欣然依计而行。

7. 寻父记

有个叫阿赖合启的人，自小失去了阿爸，他却不知缘由，只以为他阿爸宛若晨星，失去了影，好比松树下的草，不明了下落。于是他走遍东西南北、天涯海角到处寻找。他向能洁录略的织绸人打听，向德晋录略的打铜人询问，访问君、臣、布摩。最后布摩告诉他，你阿爸并非走失，而是因染重病，想尽千方百计医治都未能挽救下来，最后去世了。阿赖舍启于是用酒水和茶奠祭了他阿爸的亡灵，实实在在地痛哭了一场。

---

① 过去有的彝家称自己居住的地方为内地。

8. 寻子记

克博阿杼好不容易才生得个儿子，取名叫阿杼额苦。长到七岁，有天到古米旨宏去打猎，去了再没回来。思子心切的克博阿杼急得四处寻找，终于在罗纪父子那里寻得下落，原来他错穿了死人衣服、披毡，骑错了死人的马，领错了死人的狗，被恒颖阿买扣留（对死去的婉转说法）了，克博阿杼花了许多钱打通关节，父子才得以相见。在这天底下，实在是没有不替子女着想的父母啊！

9. 额索哭母灵

额索是司生养育之神，他忙着救济穷人，医治病人，惩治坏人，开导愚钝，扶老携幼，以至于他的老母米祖宏则去世也不知道。当他见到自己母亲的遗容黯然失色，憔悴无光，完全失去生前那副奕奕神采时，禁不住恸哭起来。飞禽安慰他说："当我们羽毛还没丰满时，得到你精心抚育，等到翅羽丰满时，你教我们飞翔为了报答你，我们挑选最好的布摩给你母亲作祭祀，你的母亲交给我们祭祀！"百鸟组成绚丽的"那史"图。走兽为报答额索的恩情，提出挑选最好的布摩，并要由它们为额索的母亲作祭祀，百兽组成了阵容庞大的方阵。草、木、竹、水也提出了同样强烈的要求"六祖"为报答额索替他们传宗接代付出的辛苦，选派出学问高深的布摩阿鲁祖、阿洛佐，选用肥壮的猪、牛、马、羊作祭牲，要为额索的母亲举行隆重的祭祀，卓罗纪、武德本、武陀尼、武色吞也表达了他们共同强烈的愿望，并都准备了丰富的祭品祭牲。真是善有善报，额索感动不已，得到了最大的安慰。他终于用自己的力量，把他母亲的亡灵送到一个理想的世界去了。

10. 鹤哭树

狂风暴雨把参天的松树，荫地的桃树给折断了，一对鹤鹃飞翔在天空，声声鸣咦，哭诉着："参天的松啊，树枝是我的家，叶是我的披毡，松果是我的食物。今后让我用什么来挡狂风，用什么来遮猛雨啊！"鹤鹃，还有鹰也哭得很伤心，它们的哭声召来了百鸟，百鸟无不为之落泪。鸠开辟了地方，锦鸡召来暖风，云雀迎来了太阳，鹤鹃才止住了哭。

11. 阿祖苏耿买父

德歹濮卧（今云南省昭通市一带）的乌蒙君长家，从君长德娄、德娄素、素那赢、阿赢阿可（又叫阿祖苏耿）一共四代人都生不见父。为此，他到四面八方去买父，可是都没有见卖父的集市。他来到武德鲁家，德鲁不在家，只有德鲁的小女儿奢色在家好生款待了客人，并问及缘由。阿可如实相告。奢色听了好笑，告诉他用彝家的传统习俗招祖灵敬供。阿可依计而行，乌蒙家的人终于长寿，三代人能共同生活，祖、父、子孙三代人得以相见。

12. 舒打特苴

有个叫舒打特苴（射日英雄）的人，他试图寻觅一个不会生病死亡的地方。他走遍天下，看见西方的黄人群里虽有黄牙老，但却准备办丧事；在北方，虽有白人的皓发老翁，却体枯如柴，不久于人世；南方的红人在抓药治病，东方的黑人也与常人无异的，都要经历生老病死。舒打特苴明白了道理，并告诉人们。万事万物都有生有灭，说风不死也是假的。黑、白、黄三种风此起彼落，它不是有呼呼的哭声吗，蜂子正昏昏沉沉的，正为消逝了的风的气召唤灵魂。

13. 祭德楚赫保

乌撒女杰（宋时人）德楚赫保所受到的祭祀规格很高。祭祀她时，远近四方都有人来参加。安孟余、阿外惹、阿哲等各部都取他们祭祀时用的神泉的净水奠献她。

14. 祭阿恒鸠朵

阿外惹部女杰阿恒鸠朵临终留下遗嘱，她死后，如果东边武陀尼、西边卓罗纪、北边阿德葛、中部阿着仇不到，就不能为她举行祭祀。她死后，武陀尼等四部得知其死讯都前来参加祭祀，祭场上拴满了他们牵来作祭牲用的豹子，她的祭礼的确奇特。

15. 土地哭

从前的一天，任洪鲁、皮能博、尼洪鲁等九大山相聚，它们哭诉说，一样地托着土地、森林、河流、大岩，让人类和各种动物繁衍生息，可是天君地王不给公平，对中部却另眼相待，让四面八方去服从中部，以中部为主，四面八方为从属，为中部的圆满服务。贤良的君臣、布摩出自中部，中部战争、祭祀、婚姻等都受到格外重视，它们边哭边诉说着。

16. 孙哭祖灵

德歹濮卧的支迫颖赫去世后，乌蒙家为她举行了传统祭礼。那支阿吉前去哭灵，他说："慈祥的祖母，你生前，教化有方，抚老携幼，而今再也见不到你的音容笑貌。"常言说，替死去的亲友及有关系的人哭灵是人生的一项义务。

17. 贤妇哭夫灵

乌蒙的德歹仆娄为死去的丈夫笃比举足哭灵，她哭诉说："在深山，猎狗失了伴；在原野，羊失了嫩草；在家里，恩爱的夫妻死别！你生前，我们夫妻你唱我和，你备我骑，我替你穿戴，而今你抛下了我！"乌蒙众头目来劝慰，德歹仆娄说，她没能为作君长的丈夫生下后代，忧心如焚，头目们都很感动。次年，举足的遗腹子额直降生，后来成为一代有名望的君长。仆娄真是一位替夫解忧的贤妇。

18. 笃勒愁汝哭

孝敬父母，天上人间情同此理。相传第一个下地的笃勒愁汝也不例外，他三岁丧父，六岁丧母。被策举祖派去测量天地，无功而返，到克侍妥姆地方，见到万物之母整齐排列，勾起他对母亲的思念，不觉泪如泉涌。他对第一个在地上出头的撮艾阿颖说："绵羊所依靠的，是商山原野的草；幼子所依靠的，是家中的父母啊！"两人同时痛哭着。天君策举祖念他至孝至诚，赐给他和妻子很高的地位。

19. 麒麟哭母灵

花斑虎阻依娄的女儿是白麒麟的母亲，有天在洱海边不幸失足落水溺死而亡，白麒麟悲痛至极，为其母举行盛大的祭祀。百鸟来了，鹤鹃领头，蝙蝠押尾；百兽来了，虎豹领头，狐狸押尾；百木来了，松柏领头，羊奶木押尾。它们为麒麟哭母灵，哭得动情，哭得悲伤。此情此景，着实使天地也为之感动。

通过阅读上述的文本，我们可以看出，彝族长诗《赛特阿育》中的二十则孝道故事，从主题和内容上可以分为以下几个类型。

第一，孝敬父母会有好报。

孝敬父母是中华民族的传统美德，作为中国56个民族之一的彝族亦不例外。人们行孝的行为不仅表现于日常的生产生活之中，也在不同形式的文学作品中加以记述，让人们在欣赏文学作品的同时，对文学作品中的行孝行为加以褒扬，以起到教育后人和弘扬孝道文化的作用。在传统的彝族孝道文化中，认为行孝是义务，是不需要回报的，但为了激励人们行孝，也出现了一些因行孝好而得到好报的内容。所以《赛特阿育》里的二十则彝族孝道故事中，有一则故事的标题直接反映主人公孝敬父母，其内容反映出因主人公对母亲的至孝情怀而得到增寿、富贵等好报，而且反映出彝族古代所特有的"粮中荞子大，人类母亲尊"的观念。这则故事叫《孝敬父母的嶓娄阿迤》：

古时，有个名叫嶓娄阿迤的人到啥麋卧甸（今云南大理），见万物之母整齐排列着，他不禁伤心痛哭起来。万物之母问他为何啼哭？他回答说：触景生情啊，在他乡见到他人的母亲，不由思念自己的母亲，因此而痛哭。万物之母听后很感动，赐给他寿岁、富贵。嶓娄阿迤因孝敬父母而得到好处。

第二，用祭祀方式怀念先灵来尽孝。

用祭祀方式怀念先灵来尽孝，一共有七则，占了《赛特阿育》一书所载的彝族孝道故事的相当分量。祭祀先祖的亡灵是彝族传统孝道文化中行孝行为的突出事项。第一则叫《祭祀儒愁阿维》的故事中，其情节是说一个因孝子睹物思人而举行盛大的祭祀活动，以表达自己心中对先人的思念。第二则叫《祭祀额哲布嘎》的故事中说，一个叫笃则的毕摩，因为他在祭祀他的父亲（去世的老毕摩）时场面的隆重而得到天上的君王策举祖（即四川彝族所称的恩梯古子）的赏识，而赐给他寿岁和富贵，任他走遍天下也能谋生。第三则叫《祭祀色吞史汝》，这则故事在描述完对色吞史汝的祭祀仪式后说道："更主要的是，生老病死人人都无法抗拒。"这说明了彝族人当时已经有正确的生死观，对先灵的祭祀仪式仅仅是表达自己的孝心而已。第四则叫《祭祀吉洁舍伟》，所反映的精神与第三则相似，在故事的结尾说"假若人不会死亡，大地如何容纳，假若树不会倒，天地间也将失去光明"。由此可知，这则故事也表现了彝族人当时的生死观。第五则故事叫《祭德楚赫保》，故事叙述宋代的乌撒部落一位女杰去世后规模宏大的祭祀场面。第六则故事叫《祭阿恒鸠朵》，叙说阿外惹部的一个女杰临终时留下遗嘱，说在她死后，如果相关的人不到场就不能为她举行祭祀。第七则故事叫《孝子祭慈母》，故事说一个叫阿楚益吉的人未能对去世的老人生前尽孝而自责，悲伤不已，一个叫鲁则阿祖的人劝他说："万事万物都有好形象，作为人来说，恸哭会失去形象。对母亲思念的最好办法是举行祭祀。"于是，益吉欣然接受了他的建议，为母亲举行隆重的祭祀仪式。

第三，以哭表达孝敬之心。

以哭表达孝敬的有八则，在彝族的这二十则孝道故事中所占比例是最大的类型。在以哭表达孝敬的故事中，有子女哭母的、孙哭祖的，还有风、土地哭灵哭冤的，甚至有贤妇哭夫灵和麒麟哭母灵的，这相对于其他民族的孝文化而言是很有特点的。它所呈现出的是彝族文化里，从人类社会到自然生态，都充满着情感，都有孝的伦理，也就是专家学者所说的"万物有灵"观念。

第一则故事叫《额索哭母灵》，说的是一个掌管生育的神灵叫额索，因为忙于救济穷人，医治病人，惩治坏人，开导愚钝，扶老携幼，以至于连他的老母米祖宏则去世了也不知道，因此极为悲伤而恸哭不已。看到这个情况，飞禽走兽为报答额索的恩情，提出挑选最好的毕摩为额索的母亲作祭祀，百兽和草、木、竹、水也都强烈地要求请最好的毕摩给他的母亲祭祀。"六祖"为报答额索替他们传宗接代付出的辛苦，选派出学问高深的毕摩阿鲁祖、阿洛佐，选用肥壮的猪、牛、马、羊作祭牲，要为额索的母亲举行隆重的祭祀。卓罗纪、武德本、武陀尼、武色吞也为他准备了丰富的祭品祭牲。故事最后说"真是善有善报，额索感动不已，得到了最大安慰"。第二则故事叫《鹤鹃哭树》，这是一则表现自然界和谐的故事被纳入彝族孝道故事系列中,充分说明了彝族孝道文化的特色。故事说鹤、鹃、鹰因为风把他们的家园——树毁坏而痛哭,结果百鸟闻之无不落泪。鸠开辟了地方,锦鸡召来暖风,云雀迎来了太阳,鹤鹃才止住了哭。第二则故事叫《风哭》,第三则故事叫《土地哭》。前者说:黑、黄、白三种风的声音此起彼落,也是死的表现,昏昏沉沉的蜂子是在为消逝了的风声招魂。后者说:从前的一天,任洪鲁、皮能博、尼洪鲁等九大山相聚,它们哭诉说它们都提供森林、河流、大岩,让人类和各种动物繁衍生息,但是没有受到中部地方大地的待遇。第五则故事叫《孙哭相灵》,故事叙述孙哭祖灵后在其结尾说:替死去的亲友及有关系的人哭灵是人生的一项义务。第六则故事叫《贤妇哭夫灵》,故事说乌蒙一个叫德歹仆娄的人,为名叫举足的丈夫去世而哭述生前的恩爱,为没有给作为君长的丈夫生下后代而极为伤心,在场者为之感动。次年举足的遗腹子降生取名为额直,后来当了君长。为此,当地的人都说仆娄真是一位替夫解忧的贤妇。第七则故事叫《笃勒愁汝哭》,文本记载说,第一个下地的笃勒愁汝三岁丧父,六岁丧母。受天君策举祖派去测量天地的使者经过克待妥姆地方,见到万物之母整齐排列,勾起他对母亲的思念,不觉泪如泉涌。他遇到一个叫撮艾阿颖的人说:"绵羊所依靠的,是高山原野的草;幼子所依靠的,是家中的父母啊!"两人同时痛哭着。天君策举祖念他至孝至诚,赐给他妻子很高的地位。这则故事很简短,但给人的印象似乎有董永少年失亲人和行孝品行而得好报的影子。第八则故事叫《麒麟哭母灵》,文本记述说:花斑虎阻依娄的女儿是白麒麟的母亲,有天在洱海边不幸失足落水溺死而亡,白麒麟悲痛至极,为其母举行盛大的祭祀。百鸟中鹤鹏领头,蝙蝠押尾;百兽中虎豹领头,狐狸押尾;百木中松柏的领头,羊奶木押尾。它们浩浩荡荡地来为麒麟哭母灵,哭得动情,哭得悲伤,使天地也为之感动,这则故事是彝族孝道故事中,反映自然和谐的又一内容,而且比前述的《鹤鹃哭树》《风哭》《土地哭》内涵还要丰富。

第四,以寻父寻子和买父表达孝道。

在反映彝族传统文化的民间传说中,"石尔俄特寻父买父"的故事反映彝族历史上的婚姻从母系到父系制的内容;在关于彝族孝道文化的故事中,则以寻父、买父、寻子的方式,向人们传达彝族的孝道文化。《赛特阿育》中收录了三则以寻父寻子和买父表达孝道的故事。第一则故事叫《寻父记》,文本记述说:过去有个叫阿赖舍启的人,从小失去了父亲。但他不知自己失去父亲的缘由,于是他走遍东西南北,到处去寻找父亲。他向能沽录略(成都)的织调人打听,向德晋录略的打铜人询问,还去访问君、臣、毕摩。最后毕摩告诉他,他的阿爸并不是走失的,而是因为染上了重病,想尽千方百计都未能治愈而去世了。于是,阿赖舍启用酒水和茶来祭奠他阿爸的亡灵,伤心地痛哭了一场。第二则故事叫

《寻子记》，文本记述说：过去有个叫克博阿杼的人，好不容易才生了个儿子，给他取名叫阿杼额苦。儿子长到七岁那年，有天去古米旨宏打猎，之后再没回家。思子心切的克博阿杼急得四处去寻找，终于在罗纪父子那里寻得下落，原来他错穿了死人衣服、披毡，骑错了死人的马，领错了死人的狗，被恒颖阿买尼扣留（对死去的婉转说法）了，克博阿杼花了许多钱打通关节，父子才得以相见。文本最后说："在这天底下，实在是没有不替子女着想的父母啊！"这则反映孝道的故事，其表现手法是很特别的，即这是一则以反映父慈而倡导后辈要感恩行孝的故事。第三则故事叫《阿租苏耿买父》，其情节为：德歹濮卧（今云南省昭通市一带）的乌蒙君长家，从君长德娄、德娄索、素那赢、阿赢阿可（又叫阿租苏耿）一共四代人都生子不见父。为此，阿赢阿可到四面八方去买父，可是都没有见卖父的集市。他来到武德鲁家，德鲁不在家，只有德鲁的小女儿奢色在家，奢色好生款待了客人，并问及缘由。阿可如实相告。奢色听了好笑，告诉他用彝家的传统习俗招祖灵敬供。阿可依计而行，乌蒙家终于长寿，三代人能共同生活，祖、父、子孙三代人得以相见。这则故事中的女主人公奢色与四川彝族中的《什尔俄特寻父买父》中的女主人公同名，但这里的生子不见父是父亲早逝，而不是《什尔俄特寻父买父》中的母系婚所导致的生子不见父。这则故事称乌蒙君长招祖灵敬供后，人长寿了，从而生子见父。所以，这则故事的核心还是以祭行孝得好报，反映了彝族的孝文化特色。

第五，对生老病死自然规律的认识。

人的病痛生死只是存在于日常生活中的一种自然现象，但是人们对此的认识则经历了一个漫长的过程。在彝族孝道故事中，有则叫《舒打特苴》的反映了对这种规律的认识过程。故事说：有个叫舒打特苴（射日英雄）的人，试图寻觅一个不会生病和死亡的地方。他走遍天下，但他在任何地方所看见的都是准备办丧事的、皓发老翁体枯如柴将不久于人世的、抓药治病的，因此舒打特苴明白了人都是要经历生老病死的道理，并将这个道理告诉了人们。

二、汉族《二十四孝》故事

自古以来，中国就对孝道行为有着独特的见解，不仅是民间流传着"养儿防老""尊老爱幼"等谚语，连中国古代的汉王朝也"以孝立国"。因此，将汉族文化系统中的《二十四孝》与彝文古籍《赛特阿育》中的二十则孝道故事进行对比，可以更好地突出彝族孝道文化的特征。现将汉族《二十四孝》抄录于下文，以飨读者。

1. 大孝感天

虞舜是瞽瞍的儿子，为人极为孝顺。父亲愚钝蛮横，后母愚蠢顽固，异母弟弟傲慢无礼。凄舜在历山耕作时，有大象为他耕地，百鸟为他锄草。这是他的孝心感动出来的结果。尧帝听说了虞舜的故事后，派来许多男丁帮他，并把两个女儿娥皇和女英嫁给他，最后还把天下让给了虞舜。

2. 戏彩娱亲

春秋时期的老莱子极其孝顺父母，尽拣美味供奉双亲，70 岁尚不言老。常穿着五色彩衣，如小孩子般在父母身旁戏耍。有一次为双亲送水，假装摔倒，躺在地上学小孩子哭，以逗得二老开心。

3. 鹿乳奉亲

春秋时期的郯子，天性非常孝顺老人。父母年纪大了，双眼都患有疾病，他们想喝鹿乳。郯子就穿上鹿皮缝制的衣裳，进入深山混在群鹿之中，取鹿乳以供父母饮用。一次取乳时，猎人误以为是鹿，想要射杀他。郯子赶紧现身大声说明情况，这才避免了被误杀。

4. 百里负米

春秋时期的仲由，字子路。早年家中贫困，自己常常采野菜做饭食，却从百里之外背米回家侍奉双亲。父母死后，他到楚地做了大官，随从的车马有百乘之众，所积的粮食有万钟之多，坐在垒叠的褥毯上，钟鸣鼎食，他感叹说："即使我想吃野菜，为父母亲去背米，已经不能够再得了啊。"

5. 啮指痛心

春秋时期的曾参，字子舆，侍奉母亲十分孝顺。他曾经有一次入山打柴，家里来了客人，母亲不知所措，看看儿子还不回来，就用牙咬自己的手指。他忽然觉得心口疼痛，便背起柴返回家中，跪问缘故。母亲说："有客人忽然到来，我咬手指希望令你知晓。"

6. 芦衣顺母

春秋时期的闵损，字子骞，早年丧母。父亲娶了后母，生了两个儿子，这两个儿子的棉衣絮都是棉花；后母嫌弃闵损，棉衣里填充的是芦花。父亲让闵损赶车，闵损因为衣服不暖，感到寒冷，冻得拿不住缰绳，牵不住牲口。父亲知道了其中的原因之后，就想将后母赶出去。闵损说："有后母在，只是我这一个儿子挨冷，后母走了，三个儿子就都受冻了。"后母听到这番话以后，悔恨自己过去偏心，变得善良贤惠了。

7. 亲尝汤药

西汉时的汉文帝，名叫刘恒，是汉高祖刘邦的第三个儿子，早期被封为代王。他的生母是薄太后，汉文帝奉送母亲从不轻慢。薄太后曾生病三年，这期间汉文帝惦念母亲常常睡不着觉，即使睡了也不脱衣服，煎了汤药不亲口尝过就不奉上。汉文帝的仁孝天下闻名。

8. 拾葚异器

东汉的蔡顺，少年丧父，侍奉母亲十分孝顺。当时正值王莽之乱，又遇饥荒，柴米昂贵，他只得拾葚充饥，用不同的容器盛。一天，巧遇赤眉军，兵士问他为什么要这么做。蔡顺回答说：“黑色的成熟桑葚供老母食用，红色的未成熟的桑葚留给自己吃。”赤眉军怜悯他的孝心，送给他二斗白米、一只牛蹄带回家。

9. 为母埋儿

汉代的郭巨，家境贫寒。有个三岁的儿子，郭巨的母亲常常少吃，以省下食物给这个孩子。郭巨对妻子说：“咱家贫穷，供养不好母亲，儿子又分吃母亲的食物，何不埋了这个儿子？儿子可以再生，母亲不可再有。”妻子不敢违抗丈夫的说法。于是郭巨挖坑，挖到三尺多深的时候，忽然见到黄金一釜，上面写作："上天赐给孝子郭巨，官家不得取走，民众不得存去。"

10. 卖身葬父

汉代的董永家境贫寒。父亲亡故后，董永卖身至一富家为奴，换取丧葬费用以安葬父亲。他上工路上，于槐荫下遇一女子，请求嫁给他为妻。两人一起来到主人家，主人令他们织出三百匹细绢，才能放他们回家。女子以一月时间织成，返家途中，行至槐荫他们相遇的地方，女子就向董永告别离开了。

11. 刻木事亲

汉代的丁兰，幼年父母双亡，未能侍养，他经常思念父母的养育之恩，于是用木头刻成双亲的雕像，侍奉木像就像是侍奉活人一样。时间一长，其妻对木像便不太恭敬了，有一天开玩笑地用针刺木像的手指，而木像的手指居然有血流出。木像见了丁兰，眼中垂泪。丁兰问知实情，遂将妻子休弃。

12. 涌泉跃鲤

汉代的姜诗，非常孝顺母亲。妻子庞氏，侍候婆婆尤为慎重细致。母亲喜欢饮江水，妻子就去距家六七里的地方取来江水供婆婆饮用。母亲又喜欢吃鱼，夫妇就经常做，但是，母亲又不一个人吃，于是夫妇请来邻居老母共同食用。有一天房屋一侧忽然涌出泉水，味道如同江水，每天又跃出两条鲤鱼。夫妇就用这泉水和鱼供母亲受用。

13. 怀橘遗亲

东汉的陆绩，年仅六岁的时候，去九江晋见袁术。袁术拿出橘子招待，陆绩将两个橘子藏在袖子里。拜别时，不慎橘子掉在地上。袁术说："陆郎来我家做客，走的时候怎么还要怀藏主人家的橘子啊？"陆绩跪在地上回答：

"我母亲爱吃橘子,想带回去让母亲尝尝。"袁术对此十分惊奇。

14. 扇枕温衾

东汉的黄香,九岁时母亲去世,他非常怀念,乡里人都盛赞他孝顺。他做事勤恳,不怕辛苦,对于父亲非常孝敬。夏天炎热,他就为父亲扇凉枕头和睡席;冬天寒冷,他就用身体为父亲温暖被窝。太守刘护表彰了他,觉得他的孝行超越了寻常。

15. 行佣供母

东汉的江革,少年丧父,与母亲相依为命。战乱中,江革背着母亲逃难,几次遇到匪盗,贼人欲劫掠他,江革哭告自己尚有老母,贼人见他孝顺,不忍杀他。后来,他迁居下邳,自己贫穷赤脚,做雇工供养母亲。而母亲所需他全都供奉甚丰。

16. 闻雷泣墓

魏晋时的王裒,作奉双亲十分孝顺。其母在世时怕雷,死后埋葬在山林中。每当风雨天气,听到雷声,他就跑到母亲坟前,跪拜哭泣,安慰母亲说:"裒儿在这里,母亲不要害怕。"他教书时,每当读《诗经》看到《蓼莪》篇,就会泪流满面。之后他的学生也不忍再读这首诗了。

17. 哭竹生笋

晋代的孟宗,少年丧父,母亲年老病重,适值严冬,想吃鲜笋做的羹汤。孟宗无计可施,独自一人跑到竹林里,抱竹哭泣。他的孝心终于感动了天地,片刻间地面开裂,长出数茎竹笋,孟宗采回做成羹汤,奉给母亲,母亲喝了后便病愈了。

18. 卧冰求鲤

晋代的王祥,字休征。早年丧母。继母朱氏不仁慈,在父亲面前多次说王祥坏话,由于这个缘由他失去了父亲的关爱。一次继母想要吃活的鲤鱼,当时正逢天寒冰冻,王祥脱了衣裳,卧在冰上,想用身体化掉冰后弄到活鱼。冰忽然自己融化了,跳出两条鲤鱼,王祥将鲤鱼拿回家里供继母食用。

19. 扼虎救父

晋代的杨香,十四岁的时候,有一次跟随父亲杨丰去田间收割粮食。父亲被老虎扑倒后拖拽而去。当时杨香手无寸铁,赤手空拳,但是,一心想救父亲的他不顾一切,急忙跳上前,用尽力气,掐住老虎的脖子拼命搏斗。老虎终于倒下了,只得放下他父亲跑了,杨香的父亲这才幸免于难。

20. 恣蚊饱血

晋代的吴猛,年方八岁,非常孝顺父母。他的家境贫寒,睡觉的地方没有蚊帐。每到夏天夜间,很多蚊子咬人。吴猛让蚊子任意地咬自己,吸血吃饱，虽然蚊子很多，却不驱散，唯恐蚊子飞离自己去咬父母。爱护父母之孝心真是到了极点。

21. 尝粪忧心

南朝齐代的庾黔娄，任孱陵县令。赴任不满十天，忽觉心惊流汗，预感家中有事，当即辞官返乡。回到家中，知父亲已病重两日，医生嘱咐说："要知道病情吉凶，只要尝一尝病人粪便的味道，味苦就好。"黔娄于是就去尝父亲的粪便，发现味甜，内心十分忧虑。他夜里跪拜北斗星，乞求以己身代替父亲去死。

22. 乳姑不怠

唐代崔山南的曾祖母长孙夫人，年纪大了，没有牙齿。祖母唐夫人，每天为婆婆梳洗，并到堂前给婆婆喂食。婆婆虽然不能吃饭食了，但多年来一直身体健康。长孙夫人病重时，她把一家老少都召集到跟前，郑重地说："我用什么也报答不了儿媳妇的恩德，但愿儿媳妇的子孙媳妇也像她孝敬我一样孝敬她，我就知足了。"

23. 弃官寻母

北宋的朱寿昌，宋代天长人，七岁时，生母刘氏被嫡母（父亲的正妻）嫉妒，不得不改嫁他人，五十年母子音信不通。神宗时，朱寿昌决心弃官到陕西寻找生母，与家人诀别，发誓不见到母亲永不返回。终于在陕西同州遇到生母，母子欢聚，这时母亲已经七十多岁了。

24. 涤亲溺器

北宋的黄庭坚，是宋哲宗元祐年间的太史，非常孝敬老人。虽然官高显耀，但侍奉母亲至诚至孝。每天晚上，他亲自为母亲洗刷便桶，没有一刻不尽孝子之职。

二十四孝故事，可以说是中华孝道文化发展积淀的表现。在这二十四则孝道故事中，以不同的艰难困苦甚至自残或灭绝人性的埋亲生儿等"孝"行为，烘托出孝行的伟大，不仅可以感动凡间世人，还可以感动神灵，出现冬天生笋、冰裂出鱼等奇迹。其中关于董永行孝的故事，与其他部分行孝故事相比，没有愚孝到为孝埋儿的程度，但作为表现孝道观念的内容的故事作品，亦算是一种特别的类型。

前述的彝族《赛特阿育》一书所载二十则孝道故事和汉族的二十四则故事相比较，民族差异性极为明显。对于了解中华孝道文化增添了新的材料，对于全面研究中华孝道文化有着极为重要的参考价值。

从上述可知，彝族的孝道故事里，既没有以"为母埋儿"这样失去人性的愚孝，也没有"涌泉跃鱼"和"卧冰求鲤""哭竹生笋"这样只表达心里愿望而不可能实现的童话。在上述彝族孝道的五类型故事里，其内容主要是以对先灵的"祭"和"哭"表达对先灵亲人的怀念；其次，以艰辛寻子的故事情节，表现父亲对儿子的情感，以激励人们的孝道情结；以寻父买父的情节，表达人们对上辈应有的孝敬。除此之外，在彝族的孝道故事里还有表现自然和谐的《鹤鹃哭树》《风哭》《土地哭》，反映人与自然和谐的《额索哭母灵》可视为孝文化营造和谐社会的延伸。所以，彝族孝道故事所倡导的，主要是一种自然界、人和自然、人和人的一种"和谐"。而且，故事在反映这种内容时，直接而朴素。

结　语

经过项目组全体成员四年多的共同努力，教育部哲学社会科学研究重大课题攻关项目"黔西北濒危彝族钞本文献整理和研究"终于完成了，其间的艰辛和欣喜都是难以言表的。

黔西北彝族在历史长河中创造出了异彩纷呈的彝族文化，这些大都记录在彝族钞本文献里。黔西北濒危彝族钞本文献既有珍贵的学术价值，也有特殊重要的实用价值。学术价值蕴含在彝族钞本深厚的文化中，为历史学、民族学、人类学、宗教学、考古学、文字学等学科的相关研究提供了不可替代的学术资源。而实用价值则体现在对彝族钞本内容，如彝学、美术、文学等内容的开发利用方面。

通过对黔西北濒危彝族钞本文献的整理和研究，本研究认为，黔西北濒危彝族钞本文献是中华民族的瑰宝，从政府到民间都应当加大保护和传承力度。

立足黔西北彝族文化和钞本文献的生存现状，从弘扬中华优秀传统文化，丰富人类文化创造性和多样性的角度提出活态保护的意义和措施，对当下保护和传承彝族钞本文献有着重要的参考意义。就学科的差异而言，不同的学科对黔西北濒危彝族钞本文献关注的面和侧重点都会有所不同，对文献中的多重价值会有不同的选择，因而不同学科视野下的黔西北濒危彝族钞本文献抢救保护，所指的对象和内涵都会各有差别。综合来看，采取如下措施对黔西北濒危彝族钞本文献进行保护是可行和有效的。

一、现行两大抢救保护模式的竞合。在实践层面上，目前黔西北濒危彝族钞本文献的抢救保护主要存在着两种模式，一种是传统的档案馆或博物馆的征集收藏；另一种是民间分布式的村寨原地抢救保护模式。整体来看，任何一种模式在实施过程中都存在着一定的局限性，只有两种模式结成竞合，而非互相替代的关系才能相得益彰，才能使不同类型分布区里的濒危文献得到尽可能全面的抢救和保护。

二、设立保护区及保护点。文化需要有其生存的土壤，彝族钞本文献也不例外。就黔西北濒危彝族钞本文献而言，设立相应的保护区应该是可行和有效的。首先建立彝文古籍保护区，其次在彝文古籍保护区中设立保护示范点。逐渐做到以点带面，辐射延伸是一个值得尝试的做法。

三、建立健全行政保护机制。行政保护是有效的，但也常常带有某些人为因素。建立健全有效的行政保护机制是保护黔西北濒危彝族钞本文献的必要措施。当然，行政机制对黔西北濒危彝族钞本文献的抢救保护利大于弊，如何在操作层面上最大限度地发挥其有利的一面，规避不利的一面是我们在构建多重保护机制的过程中必须注意解决的问题。

四、完善法律保护机制与立法。由于现有法律资源对黔西北濒危彝族钞本文献的保护力度有限。在条件成熟的前提下，应及时启动专门法的立法调研，尽快草拟《黔西北濒危彝族钞本文献保护条例（草案）》提交省、市两级人大常委会审理、立法。

五、发挥市场的激励机制作用。在黔西北濒危彝族文献留传的典型村寨或上述的保护示范点上建立濒危彝族文献生态博物馆，这既有利于濒危彝族钞本文献的保护、传承，也有助于当地社区民族文化旅游事业的发展。但是，在开发利用过程中，如何建立一个公平的惠益分享和分配机制，是最主要的难点问题。市场激励机制是把双刃剑，需要强调的是适度的市场化开发利用可以促进抢救保护工作的开展，但如果过度市场化，则必然会带来对濒危钞本不可估量的灾难性破坏。

六、厘清学术机构和学者的角色。学术机构和学者往往不是相关文献遗产的权利主体，但却是最主要的受惠者。由于黔西北濒危彝族钞本文献特有的主体权利，使得学术机构和学者在整理、出版相关钞本时都或多或少带有一定程度的侵权性；黔西北濒危彝族钞本文献数据库的建设和利用也存在着类似的法律问题。如何在整理出版或通过数据库系统公布黔西北濒危彝族钞本文献的过程中处理好与持有人之间的关系，规避这些侵权性，是学者必须履行的责任和义务。

七、充分利用遗产名录机制。在黔西北濒危彝族钞本文献抢救保护的多重形态机制中，以文化遗产名录制度为基础的评鉴监测及预警机制是一种居于最高端的保护机制。黔西北濒危彝族钞本文献应择机申报国家级和世界级的文化遗产名录。前此述及，2008年3月，毕节地区彝文古籍《彝族源流》被选入首批《国家珍贵古籍名录》；2009年6月，《彝族诺沤书》《彝家宗谱》《摩史诺沤苏》等10部古籍被选入第二批《国家珍贵古籍名录》；2010年6月中旬，毕节地区在申报的33部古籍中，又有《宇宙人文论》《阿鲁玄通书》《扯勒丧仪经》等9部彝文古籍被选入第三批《国家珍贵古籍名录》。经过三次申报，毕节市已有20部彝文古籍被选入《国家珍贵古籍名录》等。国家实行的"国家珍贵古籍名录"制对于濒危彝族钞本文献的保护传承发挥了重要的作用。

当然，在多民族文化大发展大繁荣背景下，彝文古籍保护与开发利用工作必须与文化、经济建设相结合，还需要运用管用的支持政策和更多的技术手段进一步助推彝文古籍保护的开展，可谓任重而道远。

总之，我们认为本项研究实现了预期的目标，且有较大的创新，主要体现在内容和方法两个方面。

一、内容创新。本研究是目前对黔西北濒危彝族钞本文献最为全面、深入的研究，这种"最全面"体现在内容上，在研究成果方面，除按要求提交教育部社科司项目管理部门的40万字总报告外，还形成了5部专著（已出版2部，3部已交民族出版社待出版），4部译著（已交民族出版社待出版）、文集1部（已由民族出版社出版），发表学术论文50余篇。本研究涉及对彝族非物质文化遗产，彝族传统经籍文学，黔西北濒危彝族钞本文献的彝族思维方式、生产方式、法律思想等的系统性研究，已形成研究专著《彝族非物质文化遗产研究》《黔西北彝族经籍研究》和《黔西北濒危彝族钞本文献的彝族思维方式、生产方式、法律思想研究》。在黔西北濒危彝族钞本文献的翻译整理方面，形成研究专著《黔西北濒危主义钞本文献总目提要》《黔西北濒危彝族钞本文献精选翻译·语言文字卷》《黔西北濒危彝族钞本文献精选翻译·文化艺术卷》和《黔西北濒危彝族钞本文献精选翻译·哲学宗教卷》，相关翻译整理均为首次，丰富了彝族钞本文献的内涵。"最深"则体现在内容的精细深入等方面。

二、研究方法的创新。本研究使用了民族学、文学、文献学、法学等学科的研究方法，通过跨学科的比较研究，将黔西北濒危彝族钞本文献研究提升到了一个新的高度。

参考文献

[1]《马克思恩格斯选集》(第1卷),人民出版社1995年版。

[2]《马克思恩格斯选集》(第2卷),人民出版社1995年版。

[3]《马克思恩格斯选集》(第3卷),人民出版社1995年版。

[4]《马克忠恩格斯选集》(第4卷),人民出版社1995年版。

[5] 恩格斯:《自然辩证法》,人民出版社1971年版。

[6] 阿蕾:《嫂子》,载于《凉山文学》1990年第2期。

[7] 阿洛兴德:《彝学纵横》,贵州民族出版社2014年版。

[8]《阿买恳苏》,不分卷1册,12页。今藏贵州省毕节市档案馆。

[9] [美]埃里克·沃尔夫:《欧洲与没有历史的人民》,赵丙翔等译,上海人民出版社2006年版。

[10]《安魂书》,不分卷1册,13页。今藏贵州省贵州工程应用技术学院彝族文化博物馆。

[11] 安琪:《群体精神的美学体系——民间艺术的理想、功能与价值》,载于《文艺研究》1990年第3期。

[12] 巴莫阿依:《彝族祖灵信仰研究》,四川民族出版社1994年版。

[13] 巴莫曲布嫫:《叙事界域与传统法则——以诺苏彝族史诗〈勒俄〉为例》,载于《民间叙事的多样性——民间文化青年论坛》2004年第8期。

[14] 巴莫曲布嫫:《叙事型构·文本界限·叙事界域:传统指涉性的发现》,载于《民俗研究》2004年第9期。

[15] 巴莫曲布嫫:《鹰灵与诗魂——彝族古代经籍诗学研究》,社会科学文献出版社2002年版。

[16] 巴且日火、陈国光:《凉山彝族习惯法调解纠纷现实案例·访苏德古访谈记》,中央民族大学出版社2012年版。

[17] 柏果成、余宏模:《贵州彝族研究论文选编》,贵州民族学院民族研究所1985年版。

[18] 包和平、何丽、王学艳：《中国少数民族古籍管理学概论》，民族出版社 2006 年版。

[19] 毕节地区彝文翻译组：《西南彝志》（第 8 卷），贵州民族出版社 2004 年版。

[20] 《毕节县志稿》二十卷，1965 年贵州省图书馆油印本。

[21] ［英］布林·莫里斯：《宗教人类学》，周国黎译，今日中国出版社 1992 年版。

[22] 布麦阿钮：《论彝诗体例》，康健、王子尧、王冶新、何积全翻译整理，贵州民族出版社 1988 年版。

[23] 陈长友：《黔西北彝族美术·那史·彝文古籍插图》，贵州人民出版社 1993 年版。

[24] 陈长友、王继超、禄智义、陈开荣、陈朝贤：《彝文典籍目录》，四川民族出版社 1994 年版。

[25] 陈长友：《彝族指路丛书上·贵州卷（一）》，四川民族出版社 1997 年版。

[26] 陈大进：《实勺以陡数》，贵州民族出版社 2009 年版。

[27] 陈光明、李平凡：《贵州彝文古籍整理翻译研究》，贵州民族出版社 2008 年版。

[28] 陈国安、史继忠：《试论明代贵州卫所》，载于《贵州文史丛刊》1981 年第 3 期。

[29] 陈久金、卢央、刘尧汉：《彝族天文学史》，云南人民出版社 1984 年版。

[30] 陈乐基：《民族古籍论丛》，贵州民族出版社 2011 年版。

[31] 陈乐基、王继超：《中国少数民族古籍总目提要·贵州彝族卷（毕节地区）》，贵州民族出版社 2010 年版。

[32] 陈明侠：《关于民族间通婚问题的探索》，载于《民族研究》1993 年第 4 期。

[33] 陈世鹏：《黔彝古籍举要》，贵州民族出版社 2004 年版。

[34] 陈英：《陈英彝学研究文集》，贵州民族出版社 2004 年版。

[35] 陈英：《论彝族先民天、地、人"三界"哲学、科学体系》，载于《贵州民族学院学报》（社会科学版）1994 年第 1 期。

[36] 楚雄自治州人民政府编，夜礼斌、杨洪卫：《彝族毕摩经典译注》，云南民族出版社 2007～2012 年版。

[37] 大定府志点校领导小组：《大定府志》，中华书局 2000 年版。

［38］代唯良：《中英颜色词语及其文化象征意义比较》，载于《广东技术师范学院学报》2004年第2期。

［39］邓超、王真真：《对彝族婚姻家庭习惯法的探索性研究》，载于《新西部》2009年第24期。

［40］丁文江：《爨文丛刻》，贵州大学出版社2011年版。

［41］丁文江：《爨文丛刻甲编》，上海商务印书馆1936年版。

［42］东人达：《黔西北滇东北彝族教会及其自立特征》，载于《毕节学院学报》2011年第11期。

［43］东人达：《西南少数民族非物质文化遗产中的宗教因素》，载于《贵州民族研究》2009年第4期。

［44］《笃慕谱系》，不分卷1册，43页。今藏贵州民族文化宫图书馆。

［45］［法］杜尔干：《宗教生活的初级形式》，中央民族大学出版社1999年版。

［46］杜宇：《当代刑法实践中的习惯法——一种真实而有力的存在》，载于《中外法学》2005年第1期。

［47］发星工作室编：《当代大凉山彝族现代诗选》，中国文联出版社2002年版。

［48］樊绰、向达：《蛮书校注》，中华书局1962年版。

［49］范晔、李贤：《后汉书》（第14册），中华书局1965年版。

［50］冯利：《凉山彝族的传统思维及其文化规定性》，载于《民族研究》1988年第4期。

［51］冯晴君：《现代图书馆地方文献工作理论与实践》，中央文献出版社2008年版。

［52］傅衣凌：《明清社会经济史论文集》，人民出版社1982年版。

［53］高其才：《通过村规民约的乡村治理——从地方法规规章角度的观察》，载于《政法论丛》2016年第2期。

［54］高其才：《中国少数民族习惯法研究》，清华大学出版社2003年版。

［55］高其才：《中国习惯法论》，湖南出版社1995年版。

［56］戈隆阿弘：《扎黑毕摩》，载于《民族文学》1997年第11期。

［57］《更换祖筒经》，不分卷1册，25页。今藏贵州省贵州工程应用技术学院彝族文化博物馆。

［58］［美］W·古德：《家庭》，魏章玲译，社会科学文献出版社1986年版。

［59］贵州省毕节地区地方志编纂委员会点校：《大定府志》，中华书局2006

年版。

[60] 贵州省毕节地区地方志编纂委员会：《毕节地区志地理志》，贵州人民出版社 2004 年版。

[61] 贵州省毕节地区地方志编纂委员会点校：《大定府志·旧事志三》，中华书局 2000 年版。

[62] 贵州省毕节地区地方志编纂委员会点校：《大定府志·旧事志五》，中华书局 2000 年版。

[63] 贵州省民族研究所和毕节地区彝文翻译组：《宇宙人文伦》，民族出版社 1984 年版。

[64] 郭宸利：《贵州彝族文化研究 20 年》，载于《毕节学院学报》2011 年第 10 期。

[65] 国家图书馆古籍馆主编、杨怀珍编著：《国家图书馆藏彝文典籍目录（附图录）》，中华书局 2010 年版。

[66] 韩牡丹：《略论我国少数民族习惯法的效力》，载于《内蒙古电大学刊》2005 年第 2 期。

[67] 胡启望、覃光广校注：《辑佚校注·志蛮》，四川民族出版社 1986 年版。

[68] 胡小平：《说说凉山彝族》，载于《森林与人类》2004 年第 1 期。

[69] 黄建明、巴莫阿依：《中国少数民族原始宗教经籍汇编·毕摩经卷》，中央民族大学出版社 2009 年版。

[70] 黄建明：《彝族古籍文献概要》，云南民族出版社 1993 年版。

[71] 黄建明：《彝族文字学》，民族出版社 2003 年版。

[72] 黄平、刘敏：《色彩与凉山彝族传统民俗文化》，载于《西昌学院学报》（人文社会科学版）2004 第 4 期。

[73]《婚仪诵本》，不分卷 1 册，42 页。今藏贵州民族文化宫图书馆。

[74] 姬安龙：《建国以来贵州民族语文的发展》，载于《贵州民族研究》2000 年第 1 期。

[75][美] 基辛：《文化·社会·个人》，甘华鸣等译，辽宁人民出版社 1988 年版。

[76] 吉狄马加：《遗忘的词》，贵州人民出版社 1998 年版。

[77] 吉尔体日、吉合阿华、吉尔拉格：《彝族毕摩百解经》，四川出版集团巴蜀书社 2010 年版。

[78]《吉禄拃苏》，不分卷 1 册，70 页。今藏贵州省毕节市档案馆。

[79]《祭祀星宿经》，不分卷 1 册，36 页。今存贵州省金沙县马路彝族苗族

乡契默沟沙忠兴家。

[80]《祭土地神树书》，不分卷1册，24页。今藏贵州省贵州工程应用技术学院彝族文化博物馆。

[81]《家园禳解书》，不分卷1册，72页。今藏贵州省贵州工程应用技术学院彝族文化博物馆。

[82]（清）嘉庆《黔西州志》八卷。

[83]《甲子》，不分卷1册，6页。今藏贵州省水城县果布嘎乡兴隆村罗盘组宋正昌家。

[84]《嫁歌歌词集》，不分卷1册，26页。今藏贵州民族文化宫图书馆。

[85]蒋维青：《彝族的"三色"隐喻及其反思——对彝族"三色"民俗工艺的艺术人类学解剖》，载于《贵州民族研究》2008年第3期。

[86]《交待生育经》，不分卷1册，50页。今藏贵州省水城县果布嘎乡兴隆村罗盘组宋正昌家。

[87]《解决经》，不分卷11册，110页。今存贵州省六盘水市盘县坪地彝族乡车明旭收藏（复印件）。

[88]《解冤经》，不分卷1册，96页。今藏贵州省贵州工程应用技术学院彝族文化博物馆。

[89]《局卓布苏》，不分卷1册，246页。今藏贵州省毕节市档案馆。

[90]举奢哲、阿买妮：《彝族诗文论》，康健、王子尧、王冶新、何积全翻译整理，贵州人民出版社1987年版。

[91]《开宇宙门书》，不分卷1册，26页。今藏贵州省水城县果布嘎乡兴隆村罗盘组宋正昌家。

[92]［美］凯斯·R·孙斯坦：《法律推理与政治冲突》，金朝武、胡爱平等译，法律出版社2004年版。

[93]《勘舆书》，不分卷1册，24页。今藏贵州省贵州工程应用技术学院彝族文化博物馆。

[94]［德］康德：《宇宙发展史概论》，上海人民出版社1972年版。

[95]《肯洪书》，不分卷1册，8页。今藏贵州省贵州工程应用技术学院彝族文化博物馆。

[96]孔庆明、胡留元等：《中国民法史》，吉林人民出版社1996年版。

[97]孔燕：《马克思主义地租理论与我国土地流转》，载于《南阳师范学院学报》2010年第11期。

[98]《黎咪苏》，不分卷1册，110页。今藏贵州省贵州工程应用技术学院彝族文化博物馆。

[99] 李宏荣：《彝族文字由来的传说》，载于《山茶》1987年第5期。

[100] 李剑、杨玲：《民族地区多元化纠纷解决机制的重构——以当代彝区的法律实践为例》，载于《法学杂志》2011年第8期。

[101] 李昆声：《先秦至两汉时期的云南农业》，载于《思想战线》1979年第3期。

[102] 李荣林毕摩抄本《献酒经》，原件收藏于贵州省毕节市彝文文献翻译研究中心，作者收藏有复印件。

[103] 李世宇：《从土司地区的经济结构看土司制度的建立》，载于《贵州大学学报》（社会科学版）1985年第1期。

[104] 李晓霞：《中国各民族间族际婚姻的现状分析》，载于《人口研究》2004年第3期。

[105] 李永勤：《彝族习惯法在现代社会中的作用》，载于《楚雄师范学院学报》2007年第4期。

[106] 《历书（残本）》，不分卷1册，23页。今藏贵州省毕节市档案馆。

[107] 凉山彝族奴隶社会编写组：《凉山彝族奴隶社会》，人民出版社1982年版。

[108] 梁治平：《清代习惯法：社会与国家》，中国政法大学出版社1996年版。

[109] 林耀华：《彝族的图腾崇拜》，载于《思想战线》1981年第6期。

[110] 刘红军：《存世华夷译语及其研究》，载于《民族研究》2008年第2期。

[111] 刘朦：《形与数：云南少数民族建筑艺术构形的数字人类学分析》，载于《德宏师范高等专科学校学报》2015第3期。

[112] 刘如仲：《明代费州卫所的建置》，载于《中国国家博物馆馆刊》1984年第00期。

[113] 刘云生：《中国古代契约法》，西南师范大学出版社2000年版。

[114] 刘志一：《论民族文字的起源、发展与消亡》，载于《中央民族学院学报》1988年第1期。

[115] 六盘水市志民族志编纂组织机构：《六盘水市志·民族志》，贵州人民出版社2003年版。

[116] 《六祖的来源》，不分卷1册，51页。今藏贵州省贵州工程应用技术学院彝族文化博物馆。

[117] 《六祖谱牒》，不分卷1册，387页。今藏贵州省毕节市档案馆。

[118] 龙正清：《赫章彝族词典》，贵州族出版社2002年版。

[119] 龙正清：《彝族数理初论》，载于《彝族历史文化研究文集》，贵州民族出版社 2006 年版。

[120] 漏侯布哲等：《论彝族诗歌》，贵州民族出版社 1990 年版。

[121]《鲁补鲁旺》，不分卷 1 册，66 页。今藏贵州省贵州工程应用技术学院彝族文化博物馆。

[122] 吕春梅：《关于集体建设用地直接入市流转的分析和思考》，载于《广东土地科学》2011 年第 11 期。

[123] 罗曲、王俊：《彝族传统孝文化载体〈赛特阿育〉研究》，中国社会科学出版社 2013 年版。

[124] 罗树杰、许杰舜：《民族理论和民族教程》，民族出版社 2005 年版。

[125] 骆牛牛：《彝族语言传承与保护的思考》，载于《贵州民族研究》2015 年第 3 期。

[126] 马锦卫：《彝文起源及发展考论》，西南大学博士论文 2010 年。

[127] 马立三、普学旺主编：《云南民族古籍丛书·祭龙经》普学旺、杨六金、梁红、普璋开、罗希吾戈译注，附录中有祭龙仪式的相关文章，云南民族出版社 1999 年版。

[128]［英］马林诺夫斯基：《巫术宗教科学与活动》，李安宅译，中国民间文艺出版社 1986 年版。

[129] 马学良、罗国义：《增订爨文丛刻》，四川民族出版社 1986 年版。

[130] 马学良：《彝文经籍文化辞典》，京华出版社 1998 年版。

[131] 马学良：《彝族文化史》，上海人民出版社 1989 年版。

[132] 马学良：《云南彝族礼俗研究文集》，四川民族出版社 1983 年版。

[133] 马学良主编、罗国义审订：《增订〈爨文丛刻〉》《献酒经》，四川民族出版社 1986 年版。

[134] 麦考密克、魏因贝格尔：《制度法论》，周叶谦译，中国政法大学出版社 2004 年版。

[135]《米果特书》，不分卷 1 册，87 页。今存贵州省六盘水市盘县古籍办搜集存放。

[136] 米新丽：《关于交易习惯的几点思考》，载于《政法论丛》2016 年第 2 期。

[137]《名马记》，不分卷 1 册，40 页。今藏贵州民族文化官图书馆。

[138]［美］摩尔根：《古代社会》（下册），杨东莼、马雍、马巨译，商务印书馆出版社 1981 年版。

[139] 母进炎、王明贵：《黔西北文学史》，贵州大学出版社 2011 年版。

[140]《那史释名》，不分卷 1 册，45 页。今藏贵州省毕节市档案馆。

[141]《那史释名二》，不分卷 1 册，80 页，今藏贵州民族文化宫图书馆。

[142]《那史释名三》，不分卷 1 册，92 页，今藏贵州民族文化宫图书馆。

[143]《那史释名一》，不分卷 1 册，78 页，今藏贵州民族文化宫图书馆。

[144]《努额数》，不分卷 1 册，44 页。今存贵州省金沙县马路彝族苗族乡契默沟沙忠兴家。

[145] [宋] 欧阳修、宋祁：《新唐书》，中华书局 1975 年版。

[146] 欧阳哲生：《丁文江文集（第五卷）》，湖南教育出版社 2008 年版。

[147] 普珍：《彝族民间法的历史传承与现代作用》，载于《毕节学院学报》2007 年第 6 期。

[148]《谱牒书》，不分卷 1 册，86 页。今藏贵州省毕节市档案馆。

[149]《祈福消灾书》，不分卷 1 册，44 页。今藏贵州省贵州工程应用技术学院彝族文化博物馆。

[150]《黔西北苗族彝族社会历史综合调查》，贵州人民出版社 1986 年版。

[151] 曲比阿果：《彝族的三色文化》，载于《西南民族学院学报》（哲学社会科学版）1999 年第 3 期。

[152]《曲姐苏》，不分卷 1 册，54 页。今藏贵州省毕节市档案馆。

[153]《娶亲择日书》，不分卷 1 册，39 页。今藏贵州省毕节市档案馆。

[154]《赛特阿育》，不分卷 1 册，102 页。今藏贵州民族文化宫图书馆。

[155]《丧祭指路经》，不分卷 1 册，40 页。今藏贵州省贵州工程应用技术学院彝族文化博物馆。

[156]《丧仪大经》，不分卷 1 册，72 页。今藏贵州省贵州工程应用技术学院彝族文化博物馆。

[157] 沙玛拉毅主编：《彝族古代文论精译》，王子尧等整理翻译，民族出版社 2010 年版。

[158]（明）沈庠、赵瓒：《弘治贵州图经新志》，贵州省图书馆影印本。

[159] 舒华：《贵州彝族传统婚姻习惯法研究》，载于《法制与经济》2012 年第 1 期。

[160] 四川省编写组：《四川省凉山彝族社会调查资料选辑》，四川省社会科学院出版社 1987 年版。

[161] 宋自华：《尼施传彝文》，载于《山茶》1987 年第 5 期。

[162]《送星经》，不分卷 1 册，15 页。今藏贵州省毕节市档案馆。

[163] 苏力：《制度变迁中的行动者——从梁祝的悲别说起》，载于《比较法研究》2003 年第 2 期。

[164] 苏晓星：《金银山》，贵州人民出版社2000年版。

[165] 苏晓星：《末代土司》，四川民族出版社1996年版。

[166] 孙伶伶：《彝族法文化》，中国人民大学出版社2007年版。

[167] 孙晓竹：《川黔彝族社会形态比较研究》，载于《贵州文史丛刊》2014年第1期。

[168] 唐文娟、张居盛：《彝族传统法文化与社区矫正研究》，载于《民族论坛》2014年第1期。

[169] 田成友：《从法律起源与运行方式看民族习惯法的重要作用》，载于《云南学术探索》1995年第5期。

[170] 田涛等：《黄岩诉讼档案及调查报告》（上卷），法律出版社2004年版。

[171] 王继超、阿鲁舍峨：《曲谷精选》，贵州民族出版社1996年版。

[172] 王继超、陈光明主编：《彝族源流》，贵州民族出版社2014年版。

[173] 王继超：《解码历史——彝文价值及整理》，载于《当代贵州》2013年第6期。

[174] 王继超：《试论古代彝族在黔西北的迁徙发展》，载于《毕节学院学报》2010年第11期。

[175] 王继超、王子国：《物始纪略（第一集）》，四川民族出版社1990年版。

[176] 王继超、王子国：《彝族源流（第十七——二十卷）》，贵州民族出版社1994年版。

[177] 王继超：《彝文古籍整理与历史文化研究》，贵州出版集团（贵州民族出版社）2013年版。

[178] 王继超：《有代表性的两部彝文古籍的整理与翻译——以〈西南彝志〉与〈彝族源流〉为例》，载于《贵州民族宗教》2008年第4期。

[179] 王继超、余海：《彝族传统信仰文献研究》，贵州民族出版社2010年版。

[180] 王继超、张和平：《赛特阿育》，贵州民族出版社。

[181] 王俊：《彝族非物质文化遗产研究》，民族出版社2015年版。

[182] 王理嘉、林涛：《语音学教程》，北京大学出版社1992年版。

[183] 王明东：《清代彝族农业刍议》，载于《思想战线》2000年第4期。

[184] 王明东：《彝族木刻的文化解释》，载于《云南民族学院学报》（哲学社会科学版）2000年第2期。

[185] 王明贵：《奥吉戈卡彝学研究》，中国文史出版社2013年版。

[186] 王明贵：《论彝族传统经籍的文学特征》，载于《红河学院学报》2017年第2期。

[187] 王明贵：《水西简史》，贵州民族出版社2011年版。

[188] 王明贵、王小丰、王显：《论彝族传统经籍的程式与结构》，载于《楚雄师范学院学报》2016年第10期。

[189] 王明贵、王小丰：《论彝族传统经籍文学的概念及其价值》，载于《红河学院学报》2015年第3期。

[190] 王明贵：《彝文古籍文献述要》，载于《贵州文史丛刊》2002年第2期。

[191] 王明贵：《彝文古籍状况述要》，载于《贵州文史丛刊》2002年第2期。

[192] 王明贵：《彝族古代文学总观》，载于《民族文学研究》1999年第3期。

[193] 王明贵：《彝族古代文艺理论及彝语诗歌中的押调实证研究》，载于《毕节学院学报》2013年第1期。

[194] 王明贵：《彝族三段诗研究（理论篇）》，民族出版社2001年版。

[195] 王明雯：《彝族习惯法对构建凉山和谐社会的影响及对策探讨》，载于《社科纵横》2008年第11期。

[196] 王显、王明贵、王继超：《论彝语诗歌连的概念及其格律特征》，载于《毕节学院学报》2012年第11期。

[197] 王欣：《原始思维与艺术思维》，载于《襄樊学院学报》2001年第3期。

[198] 王学辉：《从禁忌习惯到法起源运动》，法律出版社1998年版。

[199] 王永红：《土地用途管制：悬在土地流转头上的达摩克利斯之剑——违反土地用途管制的土地流转纠纷的法律适用问题探究》，载于《广西政法管理干部学院学报》2011年第6期。

[200] 王运权、王仕举：《西南彝志》，贵州民族出版社1991年版。

[201] 王正贤、龙正清、王继超：《当代彝族学者彝学研究文选》，贵州大学出版社2011年版。

[202] 王正贤、龙正清：《夜郎史籍译稿》，贵州民族出版社2007年版。

[203] 王治心：《中国宗教思想史大纲》，中华书局1988年版。

[204] 王子国、王秀旭、王秀旺：《载苏》，贵州民族出版社2006年版。

[205] 《威宁县志》十八卷，1964年毕节地区档案馆油印本。

[206] 韦安多：《凉山彝族文化艺术研究》，四川民族出版社2004年版。

[207] 温春来：《从"异域"到"旧疆"：宋至清贵州西北部地区的制度、开发与认同》，生活·读书·新知三联书店2008年版。

[208] 文晓波：《农地征收利益分配机制研究——基于马克思地租理论的分析》，载于《长江论坛》2011年第2期。

[209] 吴大华：《论民族习惯法的渊源、价值与传承——以苗族、侗族习惯法为例》，载于《民族研究》2005年第6期。

[210] 吴道军：《有关黔西北地区基督教历史与现状认识》，西南民族大学硕士论文，2006年。

[211] 吴英姿：《"大调解"的功能及限度——纠纷解决的制度供给与社会自治》，载于《中外法学》2008年第2期。

[212] 武自立：《彝文的起源和发展》，载于《凉山彝族奴隶制研究》1981年第1期。

[213] 夏征农、陈至立：《辞海》，上海辞书出版社2010年版。

[214]《献酒经》，不分卷1册，18页。今藏贵州省水城县果布嘎乡兴隆村罗盘组宋正昌家。

[215]《献酒经》，不分卷1册，42页。今存贵州省六盘水市盘县坪地彝族乡高忠明老毕摩收藏。

[216] 肖建国：《云南小凉山彝族比尔》，云南民族出版社1996年版。

[217] 徐铭：《社会主义时期凉山彝族家支问题探索》，载于《西南民族学院学报》（社会科学版）1986年第8期。

[218] 徐铭：《彝族历史人口概说》，载于《西南民族学院学报》（哲学社会科学版）2000年第8期。

[219] 许嘉君：《二十四史全译·明史》第三册，卷九十，《兵（二）》，汉语大词典出版社2004年版。

[220]《寻药捕獐记》，不分卷1册，42页。今存贵州省六盘水市盘县坪地彝族乡高忠明老毕摩收藏。

[221] 杨军昌、李平凡：《贵州彝族文化》，载于《教育文化论坛》2013年第2期。

[222] 杨仲录：《南诏文化论》，云南人民出版社1991年版。

[223] 叶峰：《传承于民间的古老画语——彝族毕摩画溯源》，载于《美术大观》2007年第10期。

[224] 叶舒宪：《文学人类学教程》，中国社会科学出版社2010年版。

[225] 叶晓东：《浅议我国土地出让金制度》，载于《理论界》2010年第12期。

[226] 衣家奇:《赔命价———一种规则的民族表达方式》,载于《甘肃政法学院学报》2006年第5期。

[227]《医治迷诺经》,不分卷1册,58页。今藏贵州省毕节市档案馆。

[228]《夷书九则》,贵州省大方县县志编纂委员会,《大定府志》,白皆土目安国泰所译,重庆渝新印刷厂1985年版。

[229]《彝文词迹》,不分卷1册,24页。今藏贵州省毕节市档案馆。

[230]《彝文字迹(二)》,不分卷1册,23页。今藏贵州省毕节市档案馆。

[231]《彝文字迹(一)》,不分卷1册,26页。今藏贵州省毕节市档案馆。

[232]《彝族创世志》,不分卷1册,187页。今藏贵州省毕节市档案馆。

[233] 易谋远:《彝族史要》,社会科学文献出版社2007年版。

[234] 殷秀峰、李剑:《简论彝族习惯法的四个特征》,载于《法制与经济》2011年第3期。

[235] 尤中:《南宋时期西南边疆的民族地方政权"罗施鬼国"和"自杞国"》,载于《思想战线》1996年第3期。

[236] 尤中:《唐宋时期的"乌蛮"(彝族)》,载于《云南社会科学》1982年第5期。

[237] 余宏模:《贵州彝文典籍翻译工作的历史和现状》,载于《贵州民族学院学报》1981年第1期。

[238] 云南省编辑组中国少数民族社会历史调查资料丛刊修订编辑委员会:《云南彝族社会历史调查》,民族出版社2000年版。

[239]《择期书》,不分卷1册,20页。今藏贵州省贵州工程应用技术学院彝族文化博物馆。

[240] 曾令士:《彝族传统音乐思维探幽》,载于《音乐探索》(四川音乐学院学报)1992年第3期。

[241] 张纯德、龙倮贵、朱琚元:《彝族原始宗教研究》,云南民族出版社2008年版。

[242] 张居盛:《彝族纠纷解决:过去、现在和未来》,大众文艺出版社2006年版。

[243] 张明泽:《彝族习惯法之效力渊源考》,载于《甘肃政法学院学报》2006年第1期。

[244] 张启睿、和秀梅、张积家:《彝族、白族和纳西族大学生的基本颜色词分类》,载于《心理学报》2007年第1期。

[245] 张晓蓓:《彝族婚姻家庭习惯法的特征》,载于《贵州民族学院学报》2006年第3期。

[246] 张晓辉、方慧:《彝族法律文化研究》,民族出版社2005年版。

[247] 张秀芬、张德元:《彝族服饰文化论略》,载于《楚雄师范学院学报》2002年第5期。

[248] 张羽琼:《论明朝科举制度在贵州的推行与发展》,载于《贵州师范大学学报》(社会科学版) 2001年第2期。

[249] 郑宜君:《毕节彝族土司时期社会经济制度述论》,载于《毕节学院学报》2010年第10期。

[250]《指路经》,不分卷1册,64页。今存贵州省六盘水市盘县坪地彝族乡高忠明老毕摩收藏。

[251] 中国作家协会编、吉狄马加主编:《新时期中国少数民族文学作品选集》,作家出版社2013年版。

[252] 朱崇先:《彝文古籍整理与研究》,民族出版社2008年版。

[253] 朱崇先:《彝族典籍文化研究》,中央民族大学出版社1996年版。

[254] 朱崇先:《彝族祭祖大典仪式与经书研究》,民族出版社2010年版。

[255] 朱圣中:《论历史时期凉山彝族地区农业结构的演变》,载于《中国农史》2008年第4期。

[256] 邹渊:《贵州彝族习惯法概略》,载于《贵州民族学院学报》(哲学社会科学版) 2000年 (特刊)。

后 记

教育部重大课题攻关项目"黔西北濒危彝族钞本文献整理和研究"的总成果，在送审后顺利通过结项。在报送出版社申请出版前，根据评审专家意见进行了修改完善，并得到经济科学出版社的支持。在成果出版之际，我们对所有为此课题的立项、研究和编校付出辛劳的单位和个人表示由衷的谢意！

在项目执行过程中，得到诸多力量的指导和帮助。参加开题研讨会的领导和专家有教育部社会科学司何键处长，贵州省民族宗教事务委员会刘晖副主任，贵州省少数民族古籍办公室罗世荣主任，中国逻辑学会会长、中国社会科学院哲学所博士生导师邹崇理研究员，西南民族大学彝学学院罗曲教授，云南省社会科学院民族文学研究所李永祥研究员，云南民族大学民族研究所白兴发研究员，贵州省民族研究所党委书记、所长李平凡研究员，贵州民族大学西南夜郎文化研究院王子尧译审。参加总成果上报前的评审专家有贵州民族大学民族学与社会学学院杨昌儒教授，贵州民族大学非物质文化遗产博物馆龙耀宏教授，贵州民族大学西南夜郎文化研究院柳远超译审。另外，还有中期成果评审、最终成果评审的匿名专家，对子课题成果、总成果都给予了充分肯定，同时对总成果的修改和完善提出了宝贵的意见，这些意见在修改时得到了充分的采纳，已经体现在总成果之中。

在课题申报、研究和结项的服务管理过程中，贵州工程应用技术学院科研处、财务处、彝学研究院都给予了大力支持，使这个重大课题的研究得以顺利完成。贵州民族大学科研处、西南夜郎文化研究院在课题研究的中后期，也提供了无偿的支持。项目首席专家现供职单位贵州省社会科学院为本书的出版给予诸多帮助。经济科学出版社的编辑为本书的出版付出了艰辛的劳动。

这个重大课题的研究历时较长，整整一个五年计划。课题组五个子课题的成员学科背景交叉互补，覆盖了项目研究所需要的所有学科及方向，人员甚众、力量较强。大家本着求真务实、团结协作的精神，克难攻坚，让这一具有标志性意义的总成果和各子课题成果都得以完成。该课题的实施，既出了丰硕的成果，也出了研究能力较强、研究水平较高的人才，培养了一支精诚团结、水平较高的学术团队，把彝学研究进一步引向深入，这是一件很有意义的事。

　　本书即将付梓，令人欣慰！但是，限于水平，书中错漏之处在所难免，恳请读者批评指正。

本书课题组
2024 年 1 月 27 日

教育部哲学社会科学研究重大课题攻关项目成果出版列表

序号	书　名	首席专家
1	《马克思主义基础理论若干重大问题研究》	陈先达
2	《马克思主义理论学科体系建构与建设研究》	张雷声
3	《马克思主义整体性研究》	逄锦聚
4	《改革开放以来马克思主义在中国的发展》	顾钰民
5	《新时期　新探索　新征程——当代资本主义国家共产党的理论与实践研究》	聂运麟
6	《坚持马克思主义在意识形态领域指导地位研究》	陈先达
7	《当代资本主义新变化的批判性解读》	唐正东
8	《当代中国人精神生活研究》	童世骏
9	《弘扬与培育民族精神研究》	杨叔子
10	《当代科学哲学的发展趋势》	郭贵春
11	《服务型政府建设规律研究》	朱光磊
12	《地方政府改革与深化行政管理体制改革研究》	沈荣华
13	《面向知识表示与推理的自然语言逻辑》	鞠实儿
14	《当代宗教冲突与对话研究》	张志刚
15	《马克思主义文艺理论中国化研究》	朱立元
16	《历史题材文学创作重大问题研究》	童庆炳
17	《现代中西高校公共艺术教育比较研究》	曾繁仁
18	《西方文论中国化与中国文论建设》	王一川
19	《中华民族音乐文化的国际传播与推广》	王耀华
20	《楚地出土戰國簡册〔十四种〕》	陈伟
21	《近代中国的知识与制度转型》	桑兵
22	《中国抗战在世界反法西斯战争中的历史地位》	胡德坤
23	《近代以来日本对华认识及其行动选择研究》	杨栋梁
24	《京津冀都市圈的崛起与中国经济发展》	周立群
25	《金融市场全球化下的中国监管体系研究》	曹凤岐
26	《中国市场经济发展研究》	刘伟
27	《全球经济调整中的中国经济增长与宏观调控体系研究》	黄达
28	《中国特大都市圈与世界制造业中心研究》	李廉水

序号	书 名	首席专家
29	《中国产业竞争力研究》	赵彦云
30	《东北老工业基地资源型城市发展可持续产业问题研究》	宋冬林
31	《转型时期消费需求升级与产业发展研究》	臧旭恒
32	《中国金融国际化中的风险防范与金融安全研究》	刘锡良
33	《全球新型金融危机与中国的外汇储备战略》	陈雨露
34	《全球金融危机与新常态下的中国产业发展》	段文斌
35	《中国民营经济制度创新与发展》	李维安
36	《中国现代服务经济理论与发展战略研究》	陈 宪
37	《中国转型期的社会风险及公共危机管理研究》	丁烈云
38	《人文社会科学研究成果评价体系研究》	刘大椿
39	《中国工业化、城镇化进程中的农村土地问题研究》	曲福田
40	《中国农村社区建设研究》	项继权
41	《东北老工业基地改造与振兴研究》	程 伟
42	《全面建设小康社会进程中的我国就业发展战略研究》	曾湘泉
43	《自主创新战略与国际竞争力研究》	吴贵生
44	《转轨经济中的反行政性垄断与促进竞争政策研究》	于良春
45	《面向公共服务的电子政务管理体系研究》	孙宝文
46	《产权理论比较与中国产权制度变革》	黄少安
47	《中国企业集团成长与重组研究》	蓝海林
48	《我国资源、环境、人口与经济承载能力研究》	邱 东
49	《"病有所医"——目标、路径与战略选择》	高建民
50	《税收对国民收入分配调控作用研究》	郭庆旺
51	《多党合作与中国共产党执政能力建设研究》	周淑真
52	《规范收入分配秩序研究》	杨灿明
53	《中国社会转型中的政府治理模式研究》	娄成武
54	《中国加入区域经济一体化研究》	黄卫平
55	《金融体制改革和货币问题研究》	王广谦
56	《人民币均衡汇率问题研究》	姜波克
57	《我国土地制度与社会经济协调发展研究》	黄祖辉
58	《南水北调工程与中部地区经济社会可持续发展研究》	杨云彦
59	《产业集聚与区域经济协调发展研究》	王 珺

序号	书名	首席专家
60	《我国货币政策体系与传导机制研究》	刘　伟
61	《我国民法典体系问题研究》	王利明
62	《中国司法制度的基础理论问题研究》	陈光中
63	《多元化纠纷解决机制与和谐社会的构建》	范　愉
64	《中国和平发展的重大前沿国际法律问题研究》	曾令良
65	《中国法制现代化的理论与实践》	徐显明
66	《农村土地问题立法研究》	陈小君
67	《知识产权制度变革与发展研究》	吴汉东
68	《中国能源安全若干法律与政策问题研究》	黄　进
69	《城乡统筹视角下我国城乡双向商贸流通体系研究》	任保平
70	《产权强度、土地流转与农民权益保护》	罗必良
71	《我国建设用地总量控制与差别化管理政策研究》	欧名豪
72	《矿产资源有偿使用制度与生态补偿机制》	李国平
73	《巨灾风险管理制度创新研究》	卓　志
74	《国有资产法律保护机制研究》	李曙光
75	《中国与全球油气资源重点区域合作研究》	王　震
76	《可持续发展的中国新型农村社会养老保险制度研究》	邓大松
77	《农民工权益保护理论与实践研究》	刘林平
78	《大学生就业创业教育研究》	杨晓慧
79	《新能源与可再生能源法律与政策研究》	李艳芳
80	《中国海外投资的风险防范与管控体系研究》	陈菲琼
81	《生活质量的指标构建与现状评价》	周长城
82	《中国公民人文素质研究》	石亚军
83	《城市化进程中的重大社会问题及其对策研究》	李　强
84	《中国农村与农民问题前沿研究》	徐　勇
85	《西部开发中的人口流动与族际交往研究》	马　戎
86	《现代农业发展战略研究》	周应恒
87	《综合交通运输体系研究——认知与建构》	荣朝和
88	《中国独生子女问题研究》	风笑天
89	《我国粮食安全保障体系研究》	胡小平
90	《我国食品安全风险防控研究》	王　硕

序号	书名	首席专家
91	《城市新移民问题及其对策研究》	周大鸣
92	《新农村建设与城镇化推进中农村教育布局调整研究》	史宁中
93	《农村公共产品供给与农村和谐社会建设》	王国华
94	《中国大城市户籍制度改革研究》	彭希哲
95	《国家惠农政策的成效评价与完善研究》	邓大才
96	《以民主促进和谐——和谐社会构建中的基层民主政治建设研究》	徐 勇
97	《城市文化与国家治理——当代中国城市建设理论内涵与发展模式建构》	皇甫晓涛
98	《中国边疆治理研究》	周 平
99	《边疆多民族地区构建社会主义和谐社会研究》	张先亮
100	《新疆民族文化、民族心理与社会长治久安》	高静文
101	《中国大众媒介的传播效果与公信力研究》	喻国明
102	《媒介素养：理念、认知、参与》	陆 晔
103	《创新型国家的知识信息服务体系研究》	胡昌平
104	《数字信息资源规划、管理与利用研究》	马费成
105	《新闻传媒发展与建构和谐社会关系研究》	罗以澄
106	《数字传播技术与媒体产业发展研究》	黄升民
107	《互联网等新媒体对社会舆论影响与利用研究》	谢新洲
108	《网络舆论监测与安全研究》	黄永林
109	《中国文化产业发展战略论》	胡惠林
110	《20世纪中国古代文化经典在域外的传播与影响研究》	张西平
111	《国际传播的理论、现状和发展趋势研究》	吴 飞
112	《教育投入、资源配置与人力资本收益》	闵维方
113	《创新人才与教育创新研究》	林崇德
114	《中国农村教育发展指标体系研究》	袁桂林
115	《高校思想政治理论课程建设研究》	顾海良
116	《网络思想政治教育研究》	张再兴
117	《高校招生考试制度改革研究》	刘海峰
118	《基础教育改革与中国教育学理论重建研究》	叶 澜
119	《我国研究生教育结构调整问题研究》	袁本涛 王传毅
120	《公共财政框架下公共教育财政制度研究》	王善迈

序号	书名	首席专家
121	《农民工子女问题研究》	袁振国
122	《当代大学生诚信制度建设及加强大学生思想政治工作研究》	黄蓉生
123	《从失衡走向平衡：素质教育课程评价体系研究》	钟启泉 崔允漷
124	《构建城乡一体化的教育体制机制研究》	李 玲
125	《高校思想政治理论课教育教学质量监测体系研究》	张耀灿
126	《处境不利儿童的心理发展现状与教育对策研究》	申继亮
127	《学习过程与机制研究》	莫 雷
128	《青少年心理健康素质调查研究》	沈德立
129	《灾后中小学生心理疏导研究》	林崇德
130	《民族地区教育优先发展研究》	张诗亚
131	《WTO主要成员贸易政策体系与对策研究》	张汉林
132	《中国和平发展的国际环境分析》	叶自成
133	《冷战时期美国重大外交政策案例研究》	沈志华
134	《新时期中非合作关系研究》	刘鸿武
135	《我国的地缘政治及其战略研究》	倪世雄
136	《中国海洋发展战略研究》	徐祥民
137	《深化医药卫生体制改革研究》	孟庆跃
138	《华侨华人在中国软实力建设中的作用研究》	黄 平
139	《我国地方法制建设理论与实践研究》	葛洪义
140	《城市化理论重构与城市化战略研究》	张鸿雁
141	《境外宗教渗透论》	段德智
142	《中部崛起过程中的新型工业化研究》	陈晓红
143	《农村社会保障制度研究》	赵 曼
144	《中国艺术学学科体系建设研究》	黄会林
145	《人工耳蜗术后儿童康复教育的原理与方法》	黄昭鸣
146	《我国少数民族音乐资源的保护与开发研究》	樊祖荫
147	《中国道德文化的传统理念与现代践行研究》	李建华
148	《低碳经济转型下的中国碳排放权交易体系》	齐绍洲
149	《中国东北亚战略与政策研究》	刘清才
150	《促进经济发展方式转变的地方财税体制改革研究》	钟晓敏
151	《中国—东盟区域经济一体化》	范祚军

序号	书名	首席专家
152	《非传统安全合作与中俄关系》	冯绍雷
153	《外资并购与我国产业安全研究》	李善民
154	《近代汉字术语的生成演变与中西日文化互动研究》	冯天瑜
155	《新时期加强社会组织建设研究》	李友梅
156	《民办学校分类管理政策研究》	周海涛
157	《我国城市住房制度改革研究》	高 波
158	《新媒体环境下的危机传播及舆论引导研究》	喻国明
159	《法治国家建设中的司法判例制度研究》	何家弘
160	《中国女性高层次人才发展规律及发展对策研究》	佟 新
161	《国际金融中心法制环境研究》	周仲飞
162	《居民收入占国民收入比重统计指标体系研究》	刘 扬
163	《中国历代边疆治理研究》	程妮娜
164	《性别视角下的中国文学与文化》	乔以钢
165	《我国公共财政风险评估及其防范对策研究》	吴俊培
166	《中国历代民歌史论》	陈书录
167	《大学生村官成长成才机制研究》	马抗美
168	《完善学校突发事件应急管理机制研究》	马怀德
169	《秦简牍整理与研究》	陈 伟
170	《出土简帛与古史再建》	李学勤
171	《民间借贷与非法集资风险防范的法律机制研究》	岳彩申
172	《新时期社会治安防控体系建设研究》	宫志刚
173	《加快发展我国生产服务业研究》	李江帆
174	《基本公共服务均等化研究》	张贤明
175	《职业教育质量评价体系研究》	周志刚
176	《中国大学校长管理专业化研究》	宣 勇
177	《"两型社会"建设标准及指标体系研究》	陈晓红
178	《中国与中亚地区国家关系研究》	潘志平
179	《保障我国海上通道安全研究》	吕 靖
180	《世界主要国家安全体制机制研究》	刘胜湘
181	《中国流动人口的城市逐梦》	杨菊华
182	《建设人口均衡型社会研究》	刘渝琳
183	《农产品流通体系建设的机制创新与政策体系研究》	夏春玉

序号	书　名	首席专家
184	《区域经济一体化中府际合作的法律问题研究》	石佑启
185	《城乡劳动力平等就业研究》	姚先国
186	《20世纪朱子学研究精华集成——从学术思想史的视角》	乐爱国
187	《拔尖创新人才成长规律与培养模式研究》	林崇德
188	《生态文明制度建设研究》	陈晓红
189	《我国城镇住房保障体系及运行机制研究》	虞晓芬
190	《中国战略性新兴产业国际化战略研究》	汪　涛
191	《证据科学论纲》	张保生
192	《要素成本上升背景下我国外贸中长期发展趋势研究》	黄建忠
193	《中国历代长城研究》	段清波
194	《当代技术哲学的发展趋势研究》	吴国林
195	《20世纪中国社会思潮研究》	高瑞泉
196	《中国社会保障制度整合与体系完善重大问题研究》	丁建定
197	《民族地区特殊类型贫困与反贫困研究》	李俊杰
198	《扩大消费需求的长效机制研究》	臧旭恒
199	《我国土地出让制度改革及收益共享机制研究》	石晓平
200	《高等学校分类体系及其设置标准研究》	史秋衡
201	《全面加强学校德育体系建设研究》	杜时忠
202	《生态环境公益诉讼机制研究》	颜运秋
203	《科学研究与高等教育深度融合的知识创新体系建设研究》	杜德斌
204	《女性高层次人才成长规律与发展对策研究》	罗瑾琏
205	《岳麓秦简与秦代法律制度研究》	陈松长
206	《民办教育分类管理政策实施跟踪与评估研究》	周海涛
207	《建立城乡统一的建设用地市场研究》	张安录
208	《迈向高质量发展的经济结构转变研究》	郭熙保
209	《中国社会福利理论与制度构建——以适度普惠社会福利制度为例》	彭华民
210	《提高教育系统廉政文化建设实效性和针对性研究》	罗国振
211	《毒品成瘾及其复吸行为——心理学的研究视角》	沈模卫
212	《英语世界的中国文学译介与研究》	曹顺庆
213	《建立公开规范的住房公积金制度研究》	王先柱

序号	书　名	首席专家
214	《现代归纳逻辑理论及其应用研究》	何向东
215	《时代变迁、技术扩散与教育变革：信息化教育的理论与实践探索》	杨　浩
216	《城镇化进程中新生代农民工职业教育与社会融合问题研究》	褚宏启 薛二勇
217	《我国先进制造业发展战略研究》	唐晓华
218	《融合与修正：跨文化交流的逻辑与认知研究》	鞠实儿
219	《中国新生代农民工收入状况与消费行为研究》	金晓彤
220	《高校少数民族应用型人才培养模式综合改革研究》	张学敏
221	《中国的立法体制研究》	陈　俊
222	《教师社会经济地位问题：现实与选择》	劳凯声
223	《中国现代职业教育质量保障体系研究》	赵志群
224	《欧洲农村城镇化进程及其借鉴意义》	刘景华
225	《国际金融危机后全球需求结构变化及其对中国的影响》	陈万灵
226	《创新法治人才培养机制》	杜承铭
227	《法治中国建设背景下警察权研究》	余凌云
228	《高校财务管理创新与财务风险防范机制研究》	徐明稚
229	《义务教育学校布局问题研究》	雷万鹏
230	《高校党员领导干部清正、党政领导班子清廉的长效机制研究》	汪　曦
231	《二十国集团与全球经济治理研究》	黄茂兴
232	《高校内部权力运行制约与监督体系研究》	张德祥
233	《职业教育办学模式改革研究》	石伟平
234	《职业教育现代学徒制理论研究与实践探索》	徐国庆
235	《全球化背景下国际秩序重构与中国国家安全战略研究》	张汉林
236	《进一步扩大服务业开放的模式和路径研究》	申明浩
237	《自然资源管理体制研究》	宋马林
238	《高考改革试点方案跟踪与评估研究》	钟秉林
239	《全面提高党的建设科学化水平》	齐卫平
240	《"绿色化"的重大意义及实现途径研究》	张俊飚
241	《利率市场化背景下的金融风险研究》	田利辉
242	《经济全球化背景下中国反垄断战略研究》	王先林

序号	书 名	首席专家
243	《中华文化的跨文化阐释与对外传播研究》	李庆本
244	《世界一流大学和一流学科评价体系与推进战略》	王战军
245	《新常态下中国经济运行机制的变革与中国宏观调控模式重构研究》	袁晓玲
246	《推进21世纪海上丝绸之路建设研究》	梁 颖
247	《现代大学治理结构中的纪律建设、德治礼序和权力配置协调机制研究》	周作宇
248	《渐进式延迟退休政策的社会经济效应研究》	席 恒
249	《经济发展新常态下我国货币政策体系建设研究》	潘 敏
250	《推动智库建设健康发展研究》	李 刚
251	《农业转移人口市民化转型：理论与中国经验》	潘泽泉
252	《电子商务发展趋势及对国内外贸易发展的影响机制研究》	孙宝文
253	《创新专业学位研究生培养模式研究》	贺克斌
254	《医患信任关系建设的社会心理机制研究》	汪新建
255	《司法管理体制改革基础理论研究》	徐汉明
256	《建构立体形式反腐败体系研究》	徐玉生
257	《重大突发事件社会舆情演化规律及应对策略研究》	傅昌波
258	《中国社会需求变化与学位授予体系发展前瞻研究》	姚 云
259	《非营利性民办学校办学模式创新研究》	周海涛
260	《基于"零废弃"的城市生活垃圾管理政策研究》	褚祝杰
261	《城镇化背景下我国义务教育改革和发展机制研究》	邬志辉
262	《中国满族语言文字保护抢救口述史》	刘厚生
263	《构建公平合理的国际气候治理体系研究》	薄 燕
264	《新时代治国理政方略研究》	刘焕明
265	《新时代高校党的领导体制机制研究》	黄建军
266	《东亚国家语言中汉字词汇使用现状研究》	施建军
267	《中国传统道德文化的现代阐释和实践路径研究》	吴根友
268	《创新社会治理体制与社会和谐稳定长效机制研究》	金太军
269	《文艺评论价值体系的理论建设与实践研究》	刘俐俐
270	《新形势下弘扬爱国主义重大理论和现实问题研究》	王泽应

序号	书名	首席专家
271	《我国高校"双一流"建设推进机制与成效评估研究》	刘念才
272	《中国特色社会主义监督体系的理论与实践》	过　勇
273	《中国软实力建设与发展战略》	骆郁廷
274	《坚持和加强党的全面领导研究》	张世飞
275	《面向2035我国高校哲学社会科学整体发展战略研究》	任少波
276	《中国古代曲乐乐谱今译》	刘崇德
277	《民营企业参与"一带一路"国际产能合作战略研究》	陈衍泰
278	《网络空间全球治理体系的建构》	崔保国
279	《汉语国际教育视野下的中国文化教材与数据库建设研究》	于小植
280	《新型政商关系研究》	陈寿灿
281	《完善社会救助制度研究》	慈勤英
282	《太行山和吕梁山抗战文献整理与研究》	岳谦厚
283	《清代稀见科举文献研究》	陈维昭
284	《协同创新的理论、机制与政策研究》	朱桂龙
285	《数据驱动的公共安全风险治理》	沙勇忠
286	《黔西北濒危彝族钞本文献整理和研究》	张学立
……		